제 7 판

행정법총론

길 준 규

법 영 사

제 7 판 머리말

최근 행정법에도 다시 수험교재가 유행하고 있다. 물론 수험서는 주요 판례를 중심으로 간략하게 소개하여 간편하지만, 행정법의 기본개념과 법리를 정확하게 담아내기는 어려운 한계를 가진다. 그래서 강의시간에 학생들에게 질문을 하거나 각급시험에서 채점을 해 보면, 개별 판례는 잘 알지만, 전체적인 체계는 물론 기본개념 조차 법리에 맞게 설명하지 못한다. 법학은 '지식'이자 '학문'이다. 특히 행정법은 단편적인 판례로 법리를 꿰뚫을 수 있는 학문이 아니어서 기본개념부터 정확히 이해하고, 그에 따라 논리적으로 법리를 알아야 한다. 이러한 방편으로 가능하면 쉽고 빠르게 이해하여 정리하는 컴팩트한 교재가 필요하다고 생각된다.

나아가 그동안 경향제현의 호평을 받았던 행정법입문을 바꿀 때가 되었다. 더욱이 교내교재로 써 오던 행정법각론도 출판할 필요가 있었다. 그래서 출판시장의 단권화요구로 고민하던 중, 총론과 각론을 나누어 출판해 줄 곳을 찾았다. 물론 통합본을 생각한 탓에, 분량 때문에 내용이나 판례는 많이 보강하지는 못하였으나, 각급 시험에서 문제된 판례나 법리를 보완하였으나 여전히 종래의 간략하고 짜임새 있는 구조를 유지하였다. 따라서 초학자나 각급 시험 준비생들이 정확한 개념을 이해하고 암기하며, 마지막 정리용으로 한번 전체를 훑어 볼 수 있도록 하는 편제는 그대로 유지되었다.

교정은 아주대학교 법학전문대학원을 졸업하는 김민찬 법학석사가 맡아 주었다. 변호사로서 앞날에 영광이 있기를 기원한다. 어려운 출판환경에도 불구하고 기꺼이 출판을 맡아준 법영사의 고호균 사장님과 조판을 도와주신 정정희 팀장님에게 다시 한 번 감사의 인사를 전한다.

2015년
廣敎軒에서
저 자

일러두기

☞ 학습요령

1) 입문자는 본문중심으로 읽어 나가되, 중요 개념은 암기한다. 2회독은 작은 글자체의 세부학설이나 판례도 읽는다. 해당 주제의 개념(의의)을 외우고, 이를 바탕으로 다른 개념과의 구분, 법적 성질, 요건, 효과, 권리구제 등을 마인드맵을 생각하면서 읽는다.
2) 심화학습자는 법령과 본문을 대비하여 작은 글자체까지 읽으면서 학설과 판례의 내용을 확인한다.
3) 시험마무리는 목차와 볼드체, 판례, 각주 위주로 읽어나간다.

☞ 교과서 작성방식

1. 본문 읽기(글자크기)
   1) 이해를 돕기 위하여 장이나 새로운 주제의 첫머리에 도입내용을 넣었다.
   2) 입문자를 위하여 기본적인 내용은 본문의 크기를 유지하였다.
   3) 심화학습자를 위한 자세한 학설이나 내용은 글자크기를 줄였고, 각주에 참고문헌을 달았다.
   4) 기본적인 정의나 중요주제어는 강조체나 따옴표(' ')로, 법령이나 판례의 내용은 인용부호(" ")로 표시하였다.

2. 법령읽기(표시)
   1) 법령은 가능한 한, 의미를 알 수 있을 정도로 약어를 사용하였다(법령약어표 참조).
   2) 법령명이 없는 것은 그 분야의 일반법이거나 앞서 법령명을 언급하였다.
   3) 중요한 관련법령은 본문 또는 각주에 인용하였다.
   4) 법령인용은 항상 전년도 12월을 기준으로 하나 시행일이 발행연도 전반기인 경우에는 직접 인용하였다.

3. 판례읽기(표시)
   1) 본문에서는 가능한 선판례(처음 판시한 판례)를 인용하려고 하였다.
   2) 판례의 사건명이 볼드체로 되어 있는 것은 선판례이다. 대판 1988.3.12, **87누123**
   3) 따름 판례가 많은 경우는 두 개만 인용하고자 하였다.
   4) 판시내용의 차이가 있는 경우는 전부 인용하고자 하였다.

법령 약어표

‘가족관계등록법’	「가족관계의 등록 등에 관한 법률」
‘각급법원설치법’	「각급법원의 설치와 관할구역에 관한 법률」
‘감염병법’	「감염병의 예방 및 관리에 관한 법률」
‘개발이익환수법’	「개발이익환수에 관한 법률」
‘경직법’	「경찰관직무집행법」
‘공공기관법’	「개인정보 보호법」
‘개인정보법’	「공공기관의 개인정보보호에 관한 법률」
‘공유수면법’	「공유수면 관리 및 매립에 관한 법률」
‘공정거래법’	「독점규제 및 공정거래에 관한 법률」
‘공토법’	「공익사업을 위한 토지 등의 취득 및 보상에 관한 법률」
‘국가계약법’	「국가를 당사자로 하는 계약에 관한 법률」
‘국가소송법’	「국가를 당사자로 하는 소송에 관한 법률」
‘국민권익위법’	「부패방지 및 국민권익위원회의 설치와 운영에 관한 법률」
‘국배법’	「국가배상법」
‘국토계획법’	「국토의 계획 및 이용에 관한 법률」
‘군사시설보호법’	「군사기지 및 군사시설 보호법」
‘도시정비법’	「도시 및 주거환경정비법」
‘디자인법’	「디자인보호법」(구 의장법)
‘마약법’	「마약류관리에 관한 법률」
‘민간투자법’	「사회기반시설에 대한 민간투자법」
‘민소법’	「민사소송법」
‘민원사무처리법’	「민원사무처리에 관한 법률」
‘법령등공포법’	「법령 등 공포에 관한 법률」
‘법조법’	「법원조직법」
‘보건범죄법’	「보건범죄단속에 관한 특별조치법」
‘보조금법’	「보조금의 예산 및 관리에 관한 법률」
‘부동산명의법’	「부동산 실권리자명의 등기에 관한 법률」
‘사법경찰관법’	「사법경찰관리의 직무를 수행할 자와 그 직무범위에 관한 법률」

‘산림법’	「산림자원의 조성 및 관리에 관한 법률」(구 산림법)
‘산재보험법’	「산업재해보상보험법」
‘상고심절차법’	「상고심절차에 관한 특례법」
‘석유사업법’	「석유 및 대체연료 사업법」
‘약관법’	「약관의 규제에 관한 법률」
‘위임위탁령’	「행정권한의 위임 및 위탁에 관한 규정」(대통령령)
‘자배법’	「자동차손해배상 보장법」
‘재건축이익환수법’	「재건축 초과이익 환수에 관한 법률」
‘정보공개법’	「공공기관의 정보공개에 관한 법률」
‘즉결심판법’	「즉결심판에 관한 절차법」
‘지방교육자치법’	「지방교육자치에 관한 법률」
‘질서위반법’	「질서위반행위규제법」
‘체육시설법’	「체육시설의 설치 및 이용에 관한 법률」
‘총포단속법’	「총포・도검・화약류 등 단속법」
‘통신사업법’	「전기통신사업법」
‘한미행정협정’	「대한민국과 미아메리카 합중국 간의 상호방위조약 제4조에 의거한 시설과 구역 및 대한민국 내에서의 미합중국 군대의 지위에 관한 협정」 (주한미군 지위협정, The ROK - US Agreement on Status of Forces in Korea, SOFA)
‘항공안전법’	「항공안전 및 보안에 관한 법률」
‘해양심판법’	「해양사고의 조사 및 심판에 관한 법률」
‘행소법’	「행정소송법」
‘행심법’	「행정심판법」
‘행절법’	「행정절차법」
‘행정업무규정’	「행정업무의 효율적 운영에 관한 규정」(구 사무처리규정)
‘행정위원회법’	「행정기관 소속 위원회의 설치・운영에 관한 법률」
‘행정조사법’	「행정조사기본법」
‘헌재법’	「헌법재판소법」
‘형집행법’	「형의 집행 및 수용자의 처우에 관한 법률」(구 행형법)

* 법령명이 긴 것은 처음 인용시만 원래 법령명을 기재하고, 이후에는 약어를 사용함.

** 잘 알려진 법령은 처음부터 약어를 사용함.

*** 본문에서 법령명이 없이 조문만 인용한 것은 앞서 언급한 법령이거나 해당 분야의 기본법임.

차　　례

제 1 장　행정과 행정법

제 2 장 행정법의 기초이론

제 3 장　행정작용법 Ⅰ (행정행위)

제 6 장 행정강제법

제 7 장 국가책임법

제 8 장 행정소송법

제 1 장

행정과 행정법

행정법이 행정을 규율하기 때문에, 행정은 행정법에 근거하여 행해진다. 한편 행정법은 '행정에 대한 법'이다. 따라서 행정법은 행정을 대상개념으로 하므로 우선 행정의 개념이 전제된다. 행정은 근대국가의 발전에 따라 비로소 국가와 통치권자(국가원수)로부터 독립되면서 다양한 형태의 전문적이고 독립적인 행정으로 발전하였다. 이러한 행정에 대하여 다양한 개념 정의가 시도되었다. 나아가 일반사회와 다른 국가영역을 인정하는 대륙법계에서 행정은 사적 자치가 지배하는 일반사법과는 다른 공익추구, 공권력행사 등의 특수성을 가진다. 이러한 특수성이 행정의 특징이 되었다. 한편 근대국가의 형성과정에서는 종래의 일반행정과는 다른 국가원수의 정치적 행위가 통치행위로 인정되었다. 아울러 행정법은 근대국가를 초석으로 발전한 다양한 '헌법원리'를 기반으로 하여 형성되었고, 여전히 행정법의 이념적인 기초로 남아 있다. 한편 개별 행정법영역의 학설과 판례에서 발전한 법리가 입법과정에서 '행정법상의 일반원리'로서 정착되어 새로운 법적 기준으로 사용되고 있다. 또한 국가 외에도 여러 행정주체가 생겨나면서 각기의 규범제정자로서 다양하고 세부적인 행정규범을 형성하였다. 따라서 행정법은 어떠한 형태로 존재하며 행정은 어떠한 법적인 기준에 따라 활동하는가를 행정법의 '법원론'에서 설명한다. 마지막으로 행정법은 국가를 기준으로 어떠한 시간적·공간적·인적 효력을 가지는가 하는 것이 행정법상의 '효력론'이다.

제 1 장　행정과 행정법

☞ 행정법은 행정을 규율하므로 규율대상인 '행정'을 알아야 한다. 즉, 국가의 행위라도 입법부와 사법부의 행위나 사인의 행위는 행정법의 대상인 '행정'이 아닐 수 있기 때문이다. 따라서 어떠한 행위가 행정인지는 행정의 개념과 특징에 따라 구분할 수 있다. 특히 국가나 지방자치단체가 아닌 공법상 사단법인의 행위는 '행정'에 속하는지 논란이 된다.

제 1 절　행정이란 무엇인가

Ⅰ. 행정의 관념

1. 행정법의 적용대상인 행정

행정법은 '행정'에 관한 법이다. 따라서 행정법을 이해하려면, 그 규율대상이자 구체적인 사실관계인 '행정'에 대한 분명한 관념을 가져야 한다.[1] 따라서 행정법의 적용대상인 '행정'(Verwaltung)의 의미를 살펴보자.[2]

역사적으로 국가는 근대국가에서야 비로소 (근대)헌법에 따라 통치권자(왕)에서 분리되면서 점차 그 기능에 따라 입법, 사법으로 분리되었다(권력분립주의). 그 과정에서 '통치권자와 국가로부터 분리된 전문적인 행정'이 생겨났다. 오늘날과 같이 (국가나 국가원수로부터) '독립된 전문적인 행정'을 '근대적 의미의 행정'이라고 한다(김남진).

오늘날 사람은 태어나서(출생신고) 죽을 때까지(사망신고) 행정과 관련된다(행정의 일상성). 그러나 행정은 모든 일상생활이 아니라 국민의 공적 생활만 규율한다(행정의 특수성).

그러나 행정에 대하여 우리 헌법은 단지 "행정권은 대통령을 수반으로 하는 정부에 속한다"고만 규정하고(제66조 제4항), 헌법이론은 국가는 권력분립주의에 따라 분리되고, 법에 의하여 통제된다는 법치국가원리와 행정부의 구조에 대한 국가조직론만 있다. 따라서 행정이 무엇인지는 전적으로 역사적 경험과 행정법이론에 맡겨져 있다.

국가(권력)를 기능에 따라 구분하는 국가기능론에 따르면, 국가는 법을 제정하는 '법정립', 제정된 법률을 해석하여 집행하는 '법집행', 최종적으로 법을 해석하여 확인하는 '법판단'으로 구분될 수 있다. 따라서 법정립기능은 의회(입법권), 법집행기능은 행정부(집행권) 그리고 법판단기능은 법원(사법권)에 권한이 부여되었다. 그러므로 행정은 '법에 규정된 국가임무(Staatsaufgabe)를 수행하는 기관' 내지는 법령을 집행하는 기관의 의미에서 '집행권' (vollziehende Gewalt)이라고 부르게 되었다.[3]

---

1) *Maurer*, S. 1.

2) 실무에서는 어떠한 행위가 '행정'에 해당하는지는 행정법의 적용과 관련하여 중요하다. 즉 행정법을 적용하려면, 우선 '행정'에 해당되어야 하기 때문이다. 따라서 행정이 무엇인지를 알 필요가 있다.

3) 독일 기본법상 '집행권'은 통치행위와 행정을 포함하는 개념이다. *Bull*, Rn. 19; *Peine*, Rn. 8 ff.

2. 행정의 의미

행정은 1) 일반적으로 '국가에 의한 행정', 즉 국가행정(Staatsverwaltung)을 말한다.[4] 이는 '국가'를 협의로 보는 것이다. 2) 국가를 광의로 보면 국가, 지방자치단체, 공법상 사단, 공법상 재단, 영조물, 공무수탁사인을 포함한 '행정주체에 의한 행정'으로 볼 수 있다.

'행정'이라는 용어는 일상적으로 사용되지만, 행정은 전체 국민에 대하여 공익 목적으로 국가임무를 시행한다는 점에서 다른 사적인 활동(민간단체, 기업 등의 관리나 경영활동)과 명확하게 구분된다(*Schmalz*, 31).

Ⅱ. 행정의 개념론

☞ 행정을 일률적으로 그리고 일반적으로 통용되는 개념으로 정의하려는 시도는 역사적으로 다양하게 행해졌다. 즉, 행정에 대한 개념정의는 주로 행정의 특징인 조직(주체), 활동(행위), 고유성(공익 등)을 중심으로 다양하게 시도되었다.

1. 조직적 의미의 행정

행정의 개념은 우선 행정의 특수성으로 행정의 행위주체(행위자)가 일반 사인과는 달리 공권력을 행사하고 수직적인 관료제로 구성된 '조직'(Organisation)을 갖는다는 점을 생각할 수 있다. 물론 사인도 일정한 조직을 가지므로 그 구조나 조직원리는 행정조직과 유사하지만, 행정은 실제로 민간분야와 확연히 구분되는 '조직상 기능상 그리고 법적으로 폐쇄적인 단위'인 특유한 (관료)조직을 가진다(관료제).

따라서 행정을 그 특성인 '조직'을 중심으로 정의하면, '모든 국가기관의 전체'로서,[5] '국가임무를 수행하는 모든 행정주체와 행정기관의 총체'로 볼 수 있다.[6]

그러나 조직적 의미로는 행정을 행하는 행위자인 행정주체(행정기관)는 쉽게 알 수 있지만, 행정주체만으로는 행정의 실체에 접근하거나 행정현실을 완전히 고려하기 어렵다. 예를 들면, 행정기관이 아닌 입법기관이나 사인도 행정을 행하기 때문이다.

2. 형식적 의미의 행정

형식적 의미의 행정개념은 '행정이 행하는 행위'(Handlungen)를 중심으로 정의한다. 1) 행정이 행하는 행위의 내용에 상관없이 '조직적인 의미의 행정이 행하는 행

---

4) *Erbguth*, Rn. 1.
5) *Erbguth*, Rn. 2.
6) *Erbguth*, Rn. 2; *Maurer*, S. 1; *Peine*, S. 7.

위', 즉 행정주체(행정기관)가 행하는 모든 행위를 말한다.7)

2) 한편 전통적인 견해는 형식적 의미의 행정에서 '형식적'을 '법제상 내지는 제도나 조직상의 권한'으로 이해하여, '실정법상 행정부의 권한(Kompetenz)에 속하는 것으로 규정된 모든 작용'이라고 본다.8)

형식적 의미의 행정은 행정을 '행정기관이 행하는 모든 행위'라고 보므로 일단 행위자가 행정기관인가만 판단하면, 무엇이 행정인지를 구분하기는 쉽다. 하지만 '행위의 내용'과 상관없이 '행정기관이 행하는 모든 활동'을 포함하기 때문에, 형식적으로는 행정주체의 권한에 속하거나 행정기관이 행하므로 '행정'으로 볼 수 있지만, 실질적으로 행정이 아닌 법정립작용(입법)인 행정입법이나 법판단작용(사법)에 속하는 행정심판도 포함되므로 행정의 정확한 개념설명이 곤란하다는 문제가 있다.

3. 실질적 의미의 행정

1) **개 념** 위의 행정개념에 따르면, 행정의 명확한 개념정의가 곤란하다. 따라서 행정의 개념을 '행정이 행하는 행위의 내용'에 따라 실질적으로 정의할 필요가 생겼다. 즉, 행정이라는 국가작용의 성질상 차이에서 착안하여 '무엇이 행정의 고유한 활동이냐'를 찾는 것이 '실질적인 의미의 행정' 개념이다.

실질적으로 행정개념을 정의하려는 시도는 무수하게 행해졌지만, 크게 소극적인 방법(소극설)과 적극적인 방법(적극설)으로 나뉜다.

2) **소극설(공제설)** 최초로 시도된 것은 권력분립주의에 근거한 공제설 내지 '공제방식'(Subtraktionsmethode)이다. 공제설은 행정을 '전체의 국가활동에서 입법과 사법을 제외한 나머지 국가활동'이라고 정의하였다.9) 그러나 공제설에 따라 모든 국가작용을 국가기능상 세 가지의 국가권력으로 분류하기가 쉽지 않고 때로는 중복되기도 한다. 또한 나머지 국가활동에는 행정뿐만이 아니라 '통치행위'도 포함되는 문제가 발생한다.

3) **적극설** 적극설은 실질적 의미의 행정을 보다 적극적으로 정의하려는 시도이다. 행정의 고유한 특징인 '국가', '국가목적', '공익', '법질서' 등의 중요개념을 중심으로 아래와 같이 행해졌다.10)

목적설 - 행정은 '국가법질서하에서 국가목적을 실현하기 위한 사법 이외의 국가의 활동'이라고 본다(*O. Mayer*, 13). 공제설과 유사하게 행정을 보다 기능적으로 설명하려

---

7) *Erbguth*, Rn. 2; *Maurer*, S. 1; *Peine*, S. 8.
8) 형식적 의미의 행정을 '행정기관의 권한에 속하는 작용'이라고 보는 견해는 장태주, 3쪽.
9) 이 학설은 오토 마이어가 주장하고 옐리네크가 지지하였다 *O. Mayer*, 7; *Jellinek*, 6.
10) 자세히는 석종현, "행정의 개념적 징표", 『고시계』 81/5, 78쪽; 장태주, 4쪽 이하; 홍정선(상), 5쪽 이하; 박균성(상), 4쪽 이하.

는 시도이다. 행정을 공익, 법질서 등의 국가목적을 실현하는 작용이라고 설명하지만, 다시 '국가목적'이 무엇인지가 문제된다(장태주).

기관양태설 - O. *Mayer* 이래로 행정법은 국가의 기관형태에 착안하여 '행정을 행하는 국가와 신민과의 법률관계를 규율하는 법'이라고 보고, 행정은 '국가와 국민과의 관계가 상하복종관계에 있는 기관에 의한 법집행작용'이라고도 한다(Kelsen).

결과실현설 (양태설) - 행정을 국가목적의 결과실현이나 수행과정을 중심으로 구체적으로 설명하는 견해로서 1) "공익상 필요한 결과의 실현을 목적으로 하는 기술적·정신적·법률적 사무의 전체"(*Fleiner*, 4), 2) "법률의 범위 안에서 법에 기반하여 행해지는 장래에 대한 계속적인 사회형성활동"(*Forsthoff*, 6), 3) "법하에서 법의 규제를 받으면서 현실적·구체적으로 국가목적의 적극적 실현을 향하여 행하여지는 전체로서의 통일성을 가진 계속적인 형성적 국가활동"(다나까 지로), 4) "국가 등의 행정주체가 미리 설정된 목적에 따라 법의 테두리 내에서 구체적인 조치를 통하여 고유한 책임으로 지속적으로 수행하는 공공임무의 실행작용"(Stern)이라고 본다.

최근에는 행정을 '법집행작용' 내지 '국가임무의 수행'으로 보아 "법령에 근거하여 행정사무의 수행을 대상으로 하는 국가활동"이라고도 정의한다.[11]

4) **행정개념의 포기** 행정의 개념정의에 대한 다양한 시도에도 불구하고, 행정(활동)의 시대에 따른 변화와 다양한 특징 때문에 결국 '행정은 일의적으로 정의될 수 없다'는 결론에 도달하였다. 따라서 이미 포르스트호프는 "행정은 정의할 수 없고 단지 묘사할 수밖에 없다"고 고백하였다(*Forsthoff*, 3).

행정을 일률적으로 정의하기가 어려운 이유는 근대국가 이후 행정이 계속 변화하였기 때문이다. 1) 근대국가 초기에는 국가존립을 위한 상비군과 권력과시를 위한 화려한 궁정의 유지가 우선이어서 군사(경찰)행정, 조세행정 등의 질서행정이 중심이었다. 2) 산업혁명 이후 산업사회에서 국가는 국민의 인간다운 삶을 배려해야 하기 위하여 공공재(전기, 수도, 가스, 통신 등)의 공급(행정), 사회복지행정 등의 각종 서비스(급부)행정을 발전시켰다. 3) 세계화에 따라 국가 등이 공공재를 직접 공급하던 급부행정이 민영화되면서 국가는 종래의 서비스제공을 국민에게 보장하기 위하여 서비스사업자(사인)을 규율하는 보증행정이 중요하게 되었다.

Ⅲ. 행정의 특징론

☞ 행정을 일률적으로 정의하려는 시도(개념론)는 포기되고, 대신에 다른 국가활동이나 사인의 활동과 구분되는 행정의 고유한 특징을 설명함으로써(행정의 특징론), 행정을 쉽게 이해하거나 어떤 행위가 행정인가의 문제를 구성요건처럼 쉽게 구분할 수 있다.

---

11) *Maurer*, S. 1.

1. 행정주체에 의한 수행 – 행위자

우선 행정의 특징은 조직적인 의미에서 본 것처럼, 형식상 원칙적으로 '행정주체'에 의해 수행된다는 것이다. 즉, 행정의 행위자가 행정주체라는 것이다.

다만, 국가와 지방자치단체를 넘어서 어디까지 행정주체로 볼 것인지가 문제된다. 특히 우리나라는 실무에서 행정주체를 국가나 지방자치단체를 중심으로 좁게 인정하기 때문에 공공단체(공법상 사단 등)의 행위나 비록 사인이 행위하더라도 기본권과 깊은 관련을 가진 경우(언론법, 환경법, 개인정보법)에는 '행정'으로 볼 것인가 그리고 행정으로 보는 경우는 '행정법의 적용'여부가 문제된다.

2. 법집행작용 – 행위의 내용

행정은 실질적인 의미에서 '법령에 규정된 국가임무를 수행하는 법집행작용'이다. 따라서 행정은 입법부가 제정한 법령을 떠나서는 행위할 수 없고, 법에 규정된 국가임무를 수행하는 것이다.

3. 공익 추구 – 행위의 목표

행정의 목표는 사익이 아닌 공익(öffentliche Interesse)을 추구하거나 또는 공공복리(Gemeinwohl),[12] 즉 국민 전체를 위한 일반이익(Allgemeine Interesse)에 기여하는 것이다. 따라서 행정은 특정한 개인이나 특정집단이 아니라 국가나 사회와 같은 공동체(Gemeinwesen)를 위하여 행해진다.

4. 개별적·구체적 조치

행정은 국민 전체를 대상으로 추상적이고 일반적인 규율을 하는 입법과는 달리 법집행으로서 개별 국민에 대하여 직접 개별적이고 구체적인 조치를 시행한다는 특징을 가진다(Maurer). 예를 들면, 영업허가를 신청한 개인에게 영업허가를 발급한다.

5. 사회형성작용

행정은 사법처럼 과거지향적이 아니라 '미래지향적'이며 사회정의를 실현한다는 점에서는 사회형성작용을 한다는 특징을 가진다.[13]

---

12) *Peine*, Rn. 13; *Ipsen*, Rn. 46. 공익과 공공복리의 개념에 대하여는 이기철, "공공복리 내지 공익의 개념", 『토지공법연구』 제18집, 2003, 147쪽 이하; 장태주, "행정법상 공익이론의 함의", 『법학논총』(한양대), 제24집 제2호, 2007, 197쪽 이하.

13) 참여정부가 여러 행정분야에서 일종의 마스터플랜(이정표)에 따라 로드맵(일정표)을 작성한 것

■ 다른 국가작용과의 구별 - 국가작용을 권력분립주의에 따라 기능적으로 구분하면, 입법은 국가 등 통치단체가 일반·추상적인 성문의 법규범을 제정하는 '법정립작용'이지만, 행정은 제정된 입법에 따른 구체적인 법집행으로 국가목적을 실제로 실현하는 작용이다. 아울러 사법은 '법률상의 분쟁에 관하여 쟁송제기가 있는 경우에 독립한 지위에 있는 심판기관이 법령을 적용하여 그 분쟁을 해결하는 작용', 즉 '법판단작용'이어서 피동적·일회적인 작용이지만, 행정은 능동적·계속적인 작용이다.

Ⅳ. 행정의 유형

1. 질서행정

질서행정(Ordnungsverwaltung)은 '공공의 안녕과 공공의 질서를 유지하거나 이에 대한 위험방지작용을 하는 행정'이다. 따라서 주로 개인의 권리를 침해하거나 의무를 부과하는 침해행정(Eingriffsverwaltung)의 성격을 가진다. 예를 들면, 위험방지를 위하여 개인의 자유를 제한하거나 일정한 의무를 부과하는 경찰행정과 보건, 위생, 도로 등의 협의의 질서행정 등이다. 질서행정에는 법률유보의 원칙이 적용되므로 항상 엄격한 법적 (수권)근거가 요구된다.

2. 급부행정

급부행정(Leistungsverwaltung)은 '국민의 일반적인 생존배려를 위하여 개별 국민에게 직접 서비스나 편익을 제공함으로써 사회국가원리를 실현하는 행정'이다. 주로 수익적 행정의 성격을 가진 서비스행정이다(급부행정). 국민의 '생존배려' (Daseins-vorsorge)[14]를 위하여 국민에게 재화나 서비스를 제공하는 행정으로 공공재(전기, 수도, 가스 등)의 제공, 공공시설의 설치, 사회보장 등이 있다. 급부행정에는 엄격한 법적 근거가 필요하지 않지만, 예산조치 등의 입법근거는 필요할 수 있다.

3. 보증행정

최근에는 전통적인 급부행정으로 국가가 직접 제공하던 행정임무가 민영화되면서 사인(사기업)도 제공하게 되었다. 따라서 국가는 1) 사인이 국민에 대하여 이러한 행정임무(공공서비스)를 제공하도록 보장하여야 하고, 2) 사인의 서비스제공을 공익에 맞도록 관리·감독하여야 한다. 이를 '보증행정'(Gewährleistungsverwaltung)이라고 한다. 이때 서비스를 제공하는 사인(사업자)에 대한 규율(관리수단)을 '규제'(Regulierung)라고

은 미래지향적이고 사회정의실현을 위한 사회형성적 작용이라고 볼 수 있다.

14) 생존배려는 '국민의 기본수요를 충족하기 위하여 필요한 모든 행정서비스'를 말하는데, 현대사회에서는 주로 생활에 필요한 공공재의 공급이나 사회기반시설의 설치 등을 말한다. 자세히는 길준규, "Forsthoff의 생애와 생존배려사상", 『공법연구』 제37집 제4호, 2009. 6, 257쪽 이하.

하여 '규제행정법'이 형성되었다. 통신사업자에 대한 요금규제 등이다.

4. 유도행정

유도행정(Lenkungsverwaltung)은 '국민의 보다 나은 사회적, 경제적, 문화적 생활을 위하여 유도, 촉진, 조정하는 사회형성적 활동'이다. 촉진행정이라고도 한다. 예는 사회적 약자보호, 지역균형발전, 경기부양, 문화행사지원, 보조금 교부 등이 있다. 장래에 일정한 행정목적을 달성하기 위하여 모든 행정활동을 통하여 사전에 계획하고 형성하는 계획행정도 크게는 유도행정에 속한다. 이러한 유도행정은 법치국가의 측면에서 '국민적 합의'라는 사회적 공감대(정당성)가 필요하다.

5. 그 밖의 행정유형

그 밖에도 1) 국가의 재정수요를 충족하기 위한 목적으로 국민에게 조세나 공과금 등을 부과하는 조세행정, 2) 국가의 수요를 충족하기 위하여 물자조달, 공무원채용, 공사입찰 등을 하는 조달행정 등이 있다.

Ⅴ. 행정의 예외 – 통치행위

1. 개 념

근대국가이후로 국가의 법집행작용인 집행권은 '협의의 행정'인 '일반행정'과 '통치행위'로 구분된다. 그중에서 일반행정이 아닌 고도의 정치적인 행위를 통치행위라고 하였다. 통치행위(Regierungsakt, Regierungstätigkeit)는 '국가의 집행작용 중에서 입법, 사법, 일반행정도 아닌 고도의 정치성을 가지므로 사법심사의 대상에서 제외되는 작용'라고 정의할 수 있다.15) 한편 종래의 행정 등과 다르므로 '헌법상 보조작용'인 '제4의 국가작용'이라고도 한다.

통치행위의 개념적 특성은 1) 고도의 정치성을 띠므로(권력분립주의) 2) 예외적으로 사법심사에서 배제된다는 것이다(법치국가원칙).

역사적 발전 : 1) 영국은 근대국가형성기에 국왕과 의회의 대립관계에서 서로 본질적인 권력행위를 인정하였다. 즉, 의회는 의원의 징계, 의회의 소집 등을 '의회특권행위'로 형성하자, 국왕은 국가승인, 선전, 강화 등에 관한 권한을 국왕의 '대권행위'로 통치행위를 형성하였다. 2) 프랑스는 과거 국사원(Conseil d'État)의 결정을 중심으로 일반행정과 구분되는

---

15) 한편 통치행위는 '의회특권'을 포함한다는 점에서 '집행권'에 한정하지 않고, '헌법기관이 자신의 헌법상의 권한을 직접 행사하는 조치'라고도 정의한다. 이러한 의미에서 '주로 국가를 유도하거나 방향을 정하는 통치행위 내지는 정치적 결정'이라고 본다. *Detterbeck*, Rn. 4.

'재판에서 자유로운 통치행위'를 형성하였다. 이는 주로 외교, 전쟁 등 국제관계, 계엄선포와 의회에서의 일정한 행위에 인정되며, 대부분 합목적성통제가 목적이나 점차 축소되고 있다. 3) 독일은 2차대전 이후 「행정법원법」에 따라 '모든 공법상 분쟁'이 소송대상이 되었으나(개괄주의), '재판에서 자유로운 고권행위'이론에 의하여 통치행위를 형성하였다. 주로 선거 또는 국회에 의한 선거심사 등 헌법보조활동과 국가긴급권, 수상선거, 의회해산, 조약의 비준, 전쟁행위 등이고, 제4의 국가작용으로 인정된다. 4) 미국은 1849년 판례 이래 '고도로 민감한 정치문제'(political question)에는 권력분립주의에 근거하여 행정부의 전권사항으로 인정하였다. 5) 일본은 「미일안보조약」(주일미군주둔), 국회의 해산 등을 기점으로 이론과 판례가 모두 통치행위를 인정하고 있다.

2. 이론적 근거

통치행위는 주로 법원의 사법심사가 문제된다. 따라서 법원이 어떠한 행위를 '일반행정작용'으로 보아 사법심사를 할 것인가, 아니면 고도의 정치성을 가진 통치행위로 인정하여 사법심사를 배제할 것인가의 문제이다.

1) **부정설(사법심사긍정설)** 고도의 정치적인 문제라도 법률문제가 포함되면, 현행 행정소송법상의 개괄주의하에서는 모두 사법심사의 대상이라고 보아, 사법심사를 할 수 없는 통치행위를 부정한다(홍준형).

2) **긍정설** 통치행위에 대하여는 사법심사가 불가능하다고 보아 통치행위를 긍정하는 견해는 다음과 같은 근거를 갖는다.

(1) 권력분립설(내재적 한계설) - 사법권은 권력분립주의에 따라 사법기관으로서 내재적 한계를 가지므로 정치문제를 사법심사하는 것은 사법권의 한계를 넘어선다는 입장이다(미국의 초기판례, 일본판례, 우리나라의 다수설과 판례).

(2) 사법자제설 - "사법권이 정치에 간섭하면 정치는 얻는 것이 아무것도 없으나, 사법은 모든 것을 잃는다"(Guizot)는 명언처럼 법원이 통치행위에 대하여 사법심사를 할 수는 있지만 사법이 정치문제에 휘말리어 정치화되는 것을 막기 위하여 스스로 자제한다고 보는 입장이다(미국의 다수판례, 헌재결정).

(3) 재량행위설 - 통치행위는 정치적인 문제에 대하여 국가최고기관이 가지는 자유재량행위로서, 단지 합목적성 통제의 대상일 뿐, 위법성문제가 아니라고 본다.

(4) 독자성설 - 통치행위는 일반 국가작용과 구분되는 제4의 국가작용인 독자적인 정치행위라고 본다.

3) **제한적 긍정설(정책설)** 통치행위에 대한 사법심사를 인정하되, 국가존립 등의 민감한 정치적 사안에는 정책적 관점에서 예외를 인정하자는 주장이다(홍정선).

4) **소 결** 국가비상시나 남북문제처럼 고도의 정치성이 필요한 경우에는 정치적인 책임만 물을 뿐, 사법심사라는 법적 책임을 묻는 것은 타당하지 않다. 따라서 통치행위에 전면적인 사법심사를 인정하는 부정설은 타당하지 않고, 판례도 대법원은 내재적 한계설, 헌법재판소는 사법자제설적인 경향을 보인다.

3. 현행법 규정

1) **헌법규정** 헌법상 '국회의원의 면책특권'(제45조)과 '국회의원의 자격심사, 징계, 제명처분'(제64조 제4항)에서만 명문규정으로 사법심사를 배제하였다.[16] 영국처럼 의회특권의 일종으로 인정한 것이다.

2) **학 설** 법리적으로는 대통령의 헌법상 지위중 국가원수로서의 지위에서 나오는 권한에 통치행위를 인정할 수 있다.

법률안재의요구권(제53조 제2항), 국민투표부의권(제72조), 외교(제73조), 국군통수권(제74조), 긴급재정경제명령·처분권(제76조), 계엄선포(제77조), 사면권(제79조), 영전수여권(제80조), 국무총리 및 위원 임명(제86조, 제87조) 등이다.

4. 판 례

1) **군사독재시대** 주로 국가긴급권 선포를 통치행위로 보아 사법심사를 하지 않았다. 즉, 계엄선포는 "고도의 정치적·군사적 성격을 띠는 행위"이므로 "계엄의 해제요구권을 가진 국회만이 그 부당여부를 판단할 수 있는 것이고, 당연무효가 아닌 한, 요건의 구비여부나 선포의 부당여부에 대한 법원의 사법심사는 사법권의 내재적인 본질적 한계를 넘어선다"고 보았다(대재 1964.7.21, 64초3).

대법원 1979.12.7. 선고 79초70 재정 **【재판권쟁의에관한재정신청】**
국가를 보위하며 국민의 자유와 복리의 증진에 노력하여야 할 국가원수인 동시에 행정의 수반이며 국군의 통수자인 **대통령(권한대행)이 제반의 객관적 상황에 비추어서 그 재량으로 비상계엄을 선포함이 상당하다는 판단밑에 이를 선포하였을 경우**, 그 행위는 **고도의 정치적, 군사적 성격을 띠는 행위**라고 할 것이어서, 그 **선포의 당, 부당을 판단할 권한과 같은 것은 헌법상 계엄의 해제 요구권이 있는 국회**만이 가지고 있다고 할 것이고, 그 선포가 **당연 무효의 경우라면 모르되**, 사법기관인 법원이 **계엄선포의 요건의 구비 여부나 선포의 당, 부당을 심사하는 것은**, 사법권의 **내재적인 본질적 한계를 넘어서는 것**이 되어, 적절한 바가 못된다 할 것이다(대법원 1964.7.21. 자 64초3, 64초4, 64초6 등 각 재정 참조).

【판례해설】 국가긴급권에 속하는 1) '계엄선포행위'(대재 1964.7.21, 64초3; 1979.12.7, 79초79; 대판 1981.9.22, 81도1833), 2) '긴급조치'(대판 1978.5.23, 78도813) 외에도 3) '군사시설보호구역의 설정'(대판 1983.6.14, 83누43)까지 통치행위로 보아 사법심사의 대상에서 제외하였다. 단, '계엄선포에 따른 집행행위'나 '포고령 등'(대재 1964.7.21, 64초4; 대판 1985.2.28, 81도45)은 예외적으로 사법심사의 대상이 된다고 보았다.

2) **민간정부 이후** 민주주의의 진척에 따라 통치행위에 대한 사법심사여부가 문제되기 시작하였다. 1) 대법원은 여전히 종전의 판례를 지지하며, '국헌문

---

16) 장태주, 9쪽.

란의 목적을 달성하기 위한 비상계엄의 선포나 확대행위'가 범죄행위에 해당하는 경우(대판 1997.4.17, 96도3376)나 '통치행위 외에 부수하여 행해지는 부수행위'에는 사법심사를 제한적으로 인정하였다(대판 2004.3.26, 2003도7878). 2) 헌법재판소는 통치행위라도 '국민의 기본권침해와 직접 관련되는 경우'에는 적극적으로 사법심사를 인정하였다(헌재 1996.2.29, 93헌마186).

대법원 1997. 4. 17. 선고 96도3376 전원합의체 판결 【반란수괴·반란모의참여 등】
대통령의 비상계엄의 선포나 확대 행위는 고도의 정치적·군사적 성격을 지니고 있는 행위라 할 것이므로, 그것이 누구에게도 일견하여 헌법이나 법률에 위반되는 것으로서 명백하게 인정될 수 있는 등 특별한 사정이 있는 경우라면 몰라도, 그러하지 아니한 이상 그 계엄선포의 요건 구비 여부나 선포의 당·부당을 판단할 권한이 사법부에는 없다고 할 것이나, 이 사건과 같이 **비상계엄의 선포나 확대가 국헌문란의 목적을 달성하기 위하여 행하여진 경우에는 법원은 그 자체가 범죄행위에 해당하는지의 여부에 관하여 심사할 수 있다.**

헌법재판소 1996. 2. 29, 93헌마186 【긴급재정명령등위헌확인】
이른바 **통치행위를 포함하여 모든 국가작용은 국민의 기본권적 가치를 실현하기 위한 수단이라는 한계를 반드시 지켜야 하는 것**이고, 헌법재판소는 헌법의 수호와 국민의 기본권 보장을 사명으로 하는 국가기관이므로 비록 **고도의 정치적 결단에 의하여 행해지는 국가작용이라고 할지라도 그것이 국민의 기본권 침해와 직접 관련되는 경우에는 당연히 헌법재판소의 심판대상이 될 수 있는 것**일 뿐만 아니라, 긴급재정경제명령은 법률의 효력을 갖는 것이므로 마땅히 헌법에 기속되어야 할 것이다(판례집 제8권 1집, 111~125쪽).

【판례해설】 민간정부에서도 1) 대통령의 지방자치단체장 선거일 불공고행위(헌재 1994.8.31, 92헌마74), 2) 사면권(헌재 2000.6.1, 97헌바74; 서울행정법원 2000.2.2, 99구24405), 3) 일반사병의 이라크 파견결정(헌재 2003.12.18, 2003헌마255·256병합; 2004.4.29, 2003헌마814) 4) 한미연합군사훈련(헌재 2009.5.28, 2007헌마369) 등은 정치적 성격이 있는 통치행위로 인정하여 사법심사의 대상에서 제외하였다.17)

대법원은 1) '국헌문란 목적의 비상계엄의 선포나 확대행위 - 5.18사건'(대판 1997.4.17, 96도3376), 2) '남북회담에 따른 대북송금사건'(대판 2004.3.26, 2003도7878)에 사법심사를 인정하였고, 헌법재판소는 통치행위라도 국민의 기본권침해와 직접 관련되는 경우에는 1) '긴급재정경제명령 - 금융실명제 사건'(헌재 1996.2.29, 93헌마186), 2) '수도이전결정과 관련법률' - 신행정수도건설법(관습헌법)사건(헌재 2004.10.21, 2004헌마554·566병합)에 사법심사를 인정하였다.

5. 통치행위의 한계 – 위법판단기준

어떠한 행위가 통치행위로 인정되면, 사법심사의 대상이 아니므로 사법심사를 하지 않는다. 통치행위라도 명백한 위법이 있거나 기본권침해와 직접 관련되는 한계를 넘으면, 사법심사를 한다. 다만, 통치행위로 인정하여도 그 부수행위는 통치행위가 아니므로 위법판단을 하여 처벌하게 된다.

17) 물론 '5.18사건'에서도 소수의견은 여전히 '군사반란 및 내란행위'도 '통치행위'로 인정한다. 대판 1997.4. 17, 96도3376.

1) **한 계** 통치행위를 포함한 모든 국가작용은 '국민의 기본권적 가치를 실현하기 위한 수단'이라는 한계를 반드시 지켜야 한다. 따라서 통치행위일지라도 '누구에게나 일견하여 헌법이나 법률에 위반되는 것으로 명백하게 인정될 수 있는 특별한 사정이 있는 경우'(대판 1997.4.17, 96도3376), '국민의 기본권 침해와 직접 관련되는 경우'(헌재 1996.2.29, 93헌마18)에는 통치행위의 한계를 넘어 사법심사의 대상이 되므로 그 위법여부를 판단하게 된다.

▣ **상대적 통치행위론** - 통치행위를 절대적 통치행위와 상대적 통치행위로 구분하여, 절대적 통치행위는 1) 국가의 고도의 정치성을 띤 행위로, 2) 헌법도 그 절차와 내용을 규제하지 않고, 3) 국민의 기본권과도 직접적인 관련성이 없어서 사법심사의 대상이 되지 않는 행위이지만, 상대적 통치행위는 1) 고도의 정치적 성격은 가지나, 2) 헌법이나 법률에서 그 행사절차와 요건을 규정하고 있고, 3) 국민의 기본권보장에 중대한 영향을 미치므로 사법심사의 대상이라는 이론이다.[18)]

2) **부수행위** 한편 통치행위가 인정된다 할지라도 '통치행위에 부수하여 행해진 행위'(부수행위, 가분행위)는 사법심사의 대상이 되어 위법할 수 있다. 예를 들면, 남북정상회담개최는 통치행위이지만 그 과정에서 법령에 규정된 신고나 승인을 얻지 않은 송금행위는 사법심사의 대상이라고 보았다(대판 2004.3.26, 2003도7878).

대법원 2004. 3. 26. **선고** 2003**도**7878 **판결 【남북교류협력법률위반】**
남북정상회담의 개최는 고도의 정치적 성격을 지니고 있는 행위라 할 것이므로 특별한 사정이 없는 한 그 당부를 심판하는 것은 사법권의 내재적·본질적 한계를 넘어서는 것이 되어 적절하지 못하지만, 남북정상회담의 개최과정에서 위 피고인들이 공모하여 재정경제부장관에게 신고하지 아니하거나 통일부장관의 협력사업 승인을 얻지 아니한 채 위와 같이 북한측에 사업권의 대가 명목으로 4억 5,000만 달러를 송금한 행위 자체는 헌법상 법치국가의 원리와 법 앞에 평등원칙 등에 비추어 볼 때 사법심사의 대상이 된다.

6. 행정상 손해전보

최근 통치행위에 따라 피해를 입은 국민에 대한 손해전보가 문제된다.

1) **손해배상** 우선 위법한 통치행위로 인하여 사인이 손해를 입은 경우에 행정상 손해배상을 인정할 것인가에 대하여 1) 부정설은 통치행위의 위법성판단이 사법심사에서 배제되므로 국가배상의 대상이 아니라고 보고(장태주, 박균성), 2) 제한적 긍정설은 사법심사가 가능한 범위에서 허용된다고 보고(홍정선), 3) 긍정설은 통치행위의 위법과 달리 국가배상법상의 요건(위법 등)만 충족하면 인정된다고 본다(김남진). 4) 통치행위는 국가배상의 전제인 위법성이 인정되기 어려우므로 국가배상도 부정적이라고 보아야 한다.

---

18) 권영성, 835쪽; 장태주, 10쪽.

2) 손실보상 한편 통치행위로 인하여 국민에게 특별한 희생이 가해진 경우에 행정상 손실보상의 인정여부에 대하여 1) 평등의 원칙에 비추어 행정상 손실보상을 해야 한다는 견해(박균성)가 있으나 2) 적법성여부를 판단할 수 없거나(장태주), 보상규정이 없으므로(홍정선) 불가하다고 본다. 3) 국가에서 시혜적인 차원이라면 몰라도 국민에게 손실보상청구권을 인정하는 것은 어렵다.

제 2 절 행정법이란 무엇인가

Ⅰ. 행정법의 성립

☞ 근대국가 이전에는 로마시대부터 주로 사법이 중심이었고 '공법'은 관념조차 존재하지 않았다. 공법은 통치권자와 국가가 분리되고 국가를 법으로 제한하기 시작한 근대국가의 성립과 더불어 (근대)헌법에 따른 법치국가, 권력분립주의, 국민주권원리 등의 근대법이론과 새로 설치된 행정재판제도를 기반으로 하여 생성되었다.

근대 시민혁명의 결과로 근대국가가 들어서면서 '국왕도 같은 법의 지배를 받는다'는 영국의 보통법과는 달리, 대륙법계국가에서는 국가를 별도로 취급하여 1) 근대헌법을 비롯한 실체법인 '공법'이 형성되었고, 2) 법치국가원리에 따라 독립한 '행정재판제도'가 설치되면서 행정법이 발전하기 시작하였다. 따라서 같은 대륙법계인 우리나라는 성문법을 중심으로 행정법이 크게 발전하였다.

한편 영미법계는 원칙적으로 공·사법의 구별이 없이 행정이 같은 법과 일반법원에 기속되어 판례법이 발전하였다. 그러나 최근 행정법분야에는 다수의 성문법(제정법)이 제정되어 중요한 법적 근거가 되고 있다.

☞ 우리나라의 행정(실체)법은 일본을 통하여 19세기 전후의 독일행정법학을 계수하였으나, 사법제도는 미군정에 의하여 일본처럼 미국식 사법제도가 도입되어 일본의 법조실무에 따라 운용되었다. 최근 같은 미국식 대법원제도를 가진 일본과 달리 우리나라는 1) 헌법재판소가 설치되고, 2) 사법개혁으로 지방법원급의 행정법원이 설치되면서 행정재판에서도 대륙법에 가까워졌다.[19] 그러나 로스쿨 등을 중심으로 한 법학교육제도에서는 '제2의 미국화'가 이루어지고 있다.

19) 우리 행정재판권의 발전과정에 대한 개관은 길준규, "우리 사법제도하의 행정재판권", 『한양법학』 제10권, 1999. 12, 267쪽 이하.

Ⅱ. 행정법의 개념

1. 행정법의 의의

행정법은 종래 '행정의 조직과 작용 및 구제에 관한 국내공법'이라고 보았다. 최근에는 사법적인 행정도 행정에 포함되므로 '행정에 관한 법(Recht der Verwaltung)'이라고 정의한다.20) 나아가 "특별한 방식으로 행정(행정활동, 행정절차, 행정조직)에 대하여 적용되는 법규의 총합개념"으로 보기도 한다(Maurer, 37).

행정법은 성문법과 불문법으로 구성되며, 행정의 내부사항과 국민과의 법관계(외부법관계)를 규율한다(*Peine*, 40).

2. 행정법의 개념적 특징

1) **'행정'에 관한 법** 행정법은 행정에 관한 법으로 행정을 규율한다. 행정법은 다양한 분야의 행정(활동)을 규율하는 법령으로 구성되며, 행정활동을 위한 법적 근거를 제공한다(*Erbguth*, 35). 따라서 헌법, 입법법, 사법법과 구별된다.

☞ 즉, 헌법은 '국가조직(헌법기관)에 관한 법'이고, 입법법은 '입법부의 조직 및 권한에 관한 법'이며, 사법법은 '사법부의 조직, 권한에 관한 법'이다. 물론 실질적 의미의 행정은 법원조직법처럼 다른 법의 대상인 것을 제외하고는 '행정'에 포함된다. 한편 형식적 의미의 행정은 성질상 입법(행정입법), 사법(행정심판, 행정소송)이더라도 '행정'이라고 본다.

2) **공 법** 행정법은 주로 행정에 관한 '공법'이므로, 권력행정인 행정행위를 중심으로 발전하였다. 권력행정은 국가가 우월적인 지위에서 개인에게 직접 명령하거나 강제하는 작용이다. 다만, 무엇이 공법이냐는 공·사법의 구별이론에 의하여 정해진다. (☞ 455쪽 행정재판권 부분 참고)

3) **국내법** 행정법은 주로 '국내법'이므로, 원칙적으로는 국제법과 구별된다. 그러나 최근 국제관계에 따라 국제(행정)법도 행정법에 영향을 미친다.

3. 행정법의 기능

행정법은 전통적으로 행정이 국민의 자유와 권리를 침해하는 경우에는 법률에 의하여야 한다는 법치국가원리에 따라 행정에 대한 적법성(Legalität) 통제가 매우 중요하다. 그러나 현대 민주국가에서는 단순히 선거에 의한 인적 정당성 확보뿐만이 아니라 행정은 행정법을 통한 물적 정당성도 확보하여야 하는 정당성(Legitimation) 통제기능도 한다. 이러한 의미에서 행정법은 '행정작용의 정당화법'이다(*Ipsen*, 55).

---

20) 행정활동 중에는 공법상 행정뿐만 아니라 사법적인 행정도 포함된다. *G. Püttner*, 1; *Peine*, 7.

Ⅲ. 행정법의 분류

1. 일반행정법과 특별행정법

행정법은 일반행정법과 특별행정법으로 구성된다.

1) 일반행정법(Allgemeines Verwaltungsrecht)[21]은 '모든 행정법의 기준이 되는 일반원리, 법개념, 법제도 등을 포괄적으로 이론구성한 법'이다. 2) 특별행정법(Besonderes Verwaltungsrecht)은 '개별 행정법분야에 관한 법이론을 모은 법'이다(*Detterbeck*, 12).

> 특별행정법은 별도의 하나의 법령이 아니라, '지방자치법', '경찰법', '공무원법', '경제행정법', '환경법', '국토계획법 및 건축법', '사회보장법', '세법', '정보통신법' 등과 같은 개별분야(법영역)의 행정법을 포괄하는 명칭이다.[22]

2. 행정내부법과 행정외부법

행정법은 국민을 규율하는가 여부에 따라 외부법과 내부법으로 구분된다.

1) 외부법(Außenrecht)은 '행정주체와 행정조직 외부에 있는 사인 등과의 관계를 규율하는 법'으로 외부효에 따라 국민의 권리를 침해할 수 있으므로 법규성을 가진 대부분의 법규범으로 규율된다(*Maurer*, 39).

2) 내부법(Innnenrecht)은 '행정주체와 행정청 또는 행정조직 내부를 규율하는 법'으로 주로 법규성이 없는 내부효만을 가진 행정규칙과 지시를 중심으로 행정의 내부관계를 규율한다(*Maurer*, 40).

3. 행정조직법, 행정작용법, 행정구제법

> 행정법은 규율내용을 중심으로 하여 1) '행정주체나 행정기관 등의 설치와 조직에 관한 법'인 행정조직법, 2) '행정주체가 행정의 상대방에 대한 규율과 활동을 정한 법'인 행정작용법, 3) '행정작용으로 인한 국민의 권리구제를 규율하는 법'인 행정구제법으로 구분할 수 있다.[23]

---

21) 슈미트아스만은 개별 행정법분야(특별행정법)에서의 공통적인 헌법원리를 모은 것을 '일반행정법'이라고 본다(헌법 - 일반행정법 - 특별행정법).

22) 분야별 특별행정법에 대한 개괄적인 설명으로는 *Ipsen*, S. 18 ff.

23) 다만 '행정구제법'은 일본과 우리나라에서만 존재하고, 독일은 '국가책임법'과 '행정소송법'으로 구분한다. 이 책의 편제도 이러한 방식을 따른다.

Ⅳ. 행정법의 특수성

1. 헌법과의 관계

행정법은 '국민의 기본권과 국가의 기본구조'를 정하는 헌법과 같은 공법으로 밀접하게 관련된다. 1) 헌법은 행정활동이 지향하여야 하는 일련의 기준을 제시하는데, 우선적으로 행정은 국민의 기본권에 기속되고(*Erbguth*, 38), 행정조직의 대강은 헌법의 국가조직편에서 정해진다는 것이다. 따라서 행정법은 헌법의 이념에 따라 헌법이 정한 국가구조 내에서 국민의 기본권을 구체적으로 제한하거나 형성한다. 이러한 의미에서 개별 법령으로 구성된 행정법은 '헌법의 집행법'의 성격을 가지므로, '구체화된 헌법'(konkretisiertes Verfassungsrecht)이라고 말한다.[24]

2) 한편 헌법이 시대에 따른 '이념성'을 갖는 것과 달리 행정법은 '기술적인 성격'을 가지므로 보편성이 있어서 "헌법은 사라져도 행정법은 남는다"고 주장되기도 한다(*O. Mayer*).

2. 권력행정과 성문법주의

행정법은 행정주체가 국민에 대한 우월적인 지위에서 일방적으로 명령하고 강제하는 권력행정이 중심이라는 특징이 있다. 즉, 사적 자치 위주인 사법과 달리, 공익을 목적으로 국민에 대하여 강제로 권리를 제한하거나 의무를 부과하므로 획일성, 강제성을 갖는다(강행법규성). 물론 행정법은 국민의 권리를 침해할 수 있으므로 엄격하게 법과 기본권에 기속되어야 한다(법치국가원리).

따라서 행정법은 국민에게 예측가능성을 주기 위하여 주로 명확한 성문법 위주로 형성되었다(성문법주의). 불문법국가에서도 행정법분야에서는 성문법이 늘고 있다. 다만, 행정법은 다른 법분야와 달리 다양한 법원을 가진다.

3. 공익에 따른 특별한 규율

행정법은 개별 국민이나 특정 집단을 위한 것이 아니라 공익을 목적으로 다수의 국민에게 획일적으로 적용된다. 따라서 행정법은 공익에 따른 특별한 규율을 받는 공법으로서, 일반 사법과는 별도의 행정절차제도, 국가배상제도, 행정강제제도, 행정소송제도 등이 적용된다.

---

24) *F. Werner*, Verwaltungsrecht als konkretisiertes Verfassungsrecht, DVBl. 1959, S. 527.

☞ 행정법은 사인간의 법적 규율과 달리 '국가목적의 수행이라는 공익적인 견지에서 행해지는 특수한 규율'이다. 예를 들면, 행정법을 위반하면 보통재판권이 아닌 행정재판권(법원)의 관할이다. 이러한 공익목적 내지 국가임무의 수행이라는 점에서 행정주체에게 공권력의 우월적인 지위라는 특수한 지위가 부여되기도 한다.

4. 미래지향적 행정에 대응하는 법

행정법은 복잡한 사회현상의 변화에 따라 빠르게 변화하는 행정(국가)을 규율하는 법이다. 따라서 다양한 사회현상에 맞추어 다양한 법원을 가지고, 다양한 영역에서 빠르게 제 · 개정된다. 더욱이 촉진법은 사회현상보다 앞서 가기도 한다.

5. 통일적인 법전의 부재

행정법은 역사가 길지 않으므로 오랜 역사를 가진 민법 등과 달리 통일적인 단행법전이 없다. 그러나 행정실체법의 내용을 규정한 1976년 독일의 「행정절차법」 제정을 시작으로 점차 영역별로 일반법이 제정되고 있다.[25)]

우리나라에서도 행정법은 「행정절차법」, 「행정심판법」, 「행정소송법」, 「국가배상법」, 「행정대집행법」 등의 '(영역별) 일반법' 외에 '개별 특별법'(다양한 성문법령)이 제정된다. 특히 특별행정법분야는 기본적인 내용을 담은 하나의 기본법 (Rahmengesetz)하에 기술적 · 수단적인 성격을 가진 다양한 하위법령이 제정된다.

제 3 절 행정법의 기본원리

☞ 행정법은 헌법의 구체화법으로서, 헌법에서 그 이념과 방향성을 확보하고, 그 근거와 범위 내에서 제정된다. 따라서 행정법의 기본원리는 헌법에서 도출되어 행정(법)의 근간을 이룬다. 그러나 행정법의 일반원칙과는 구별되어야 한다.

Ⅰ. 민주주의

1. 민주국가와 행정의 정당성

우리 헌법은 국민이 주권자인 민주국가임을 선언한바, 행정(법)에서도 중요하다. 특히 오늘날 행정은 우선 국민의 대표인 국회가 제정한 법령을 집행하므로 적법성(Legalität)을 확보해야 하고, 나아가 국민의 지지를 얻어 행정의 정당성(Legitimation)을 확보해야 한다.

---

25) 이를 '법전화'라고 한다. 특히 독일 행정절차법은 많은 행정작용을 규정하므로 일반행정법에 대한 통칙법의 기능을 하기도 한다.

2. 민주주의를 확보하기 위한 제도

1) **기본권의 보장** 행정의 제1존재목적은 주권자인 국민의 권리(기본권)를 보장하고 실현하는 것이다. 따라서 행정은 국민의 기본권을 실현하여야 하며, 특히 다수의사에 따른 정책결정에서도 소수의 기본권은 최대한 보장되어야 한다.

2) **권력분립주의와 대의제** 근대국가는 민주주의를 위하여 국가권력을 상호 견제와 균형을 이루도록 삼권으로 분리하였고, '국민에 의한 행정'은 기술적인 문제로 선거를 통한 대의제를 채택하였고 이를 여론과 정당을 통하여 보완하고 있다.[26)]

3) **헌법상 지방자치의 보장** 우리나라는 국가권력분산을 위한 자치행정으로 헌법상 지방자치제를 보장하여(제117조), 근거리 행정과 참여행정을 구현한다.

4) **직업공무원제도** 헌법은 행정의 전문성과 독립성을 확보하기 위하여 우선 정치에 구애되지 않도록 신분보장을 위하여 직업공무원제도를 보장하고, 공무원의 정치적 중립성을 규정하여 행정의 제도적 안정성을 유지한다(제7조 제2항).

5) **행정투명성 확보와 국민참여의 보장** 최근 대부분의 민주국가들은 대의제를 보완하기 위하여 직접민주주의적 요소를 반영한 다양한 국민참여제도(주민참여)를 둔다. 즉, 국민의 참여를 보장하기 위하여 우선 행정정보를 공개하고(정보공개제도) 주민의 참여를 유도하는 다양한 행정절차를 도입하여 행정의 투명성을 확보한다.[27)]

Ⅱ. 법치국가

1. 개 념

근대국가 이후 국가는 (의회에서 제정된) 법에 의하여 부여된 권한(Kompetenz)이 없으면 활동할 수 없다. 따라서 행정은 국민으로부터 정당성을 인정받은 의회입법인 '형식적 의미의 법률', 즉 '법률'(Gesetzesrecht)에 근거하여 법을 집행한다.

법치국가원리는 '국가는 법과 법률에 기속된다'는 것이다. 행정법상 법치국가원리는 1) 행정작용이 국민에 대하여 예측가능하고(법적 안정성의 원리), 2) 내용적으로 명확하여야만 한다는 것이다(명확성의 원리).

이러한 법과 법률에 의한 행정을 확보하기 위한 제도는 권력분립주의, 기본권보장, 사법심사제도 등이 있다. 특히 법치국가를 가늠하는 척도는 1) 행정의 법과

---

26) 국회의 대정부견제로 국정감사 · 조사권(헌법 제61조), 국무총리 · 국무위원 해임건의권(제63조), 예산의 심의 · 확정권(제54조) 등이 있고, 국민에 의한 행정참가(청문회, 공청회, 입법예고, 행정위원회) 등이 있다.

27) 길준규/강주영, 『주민참여를 통한 재정투명성 확보방안』, 한국법제연구원, 2007. 9, 19쪽 이하.

법률에 의한 기속(행정의 법률적합성), 2) 행정재판제도의 설치여부이다.

2. 형식적 법치국가

형식적 법치국가는 '행정이 의회가 제정한 형식적 법률에 의하여 집행되는 국가'로서 1) 의회제정법률에 근거하여 법을 집행하고, 2) 행정의 법집행에 대하여 독립된 법원이 사법심사를 해야 한다는 것이다.

그러나 역사적으로 독일의 나치스정권이 수권법(률)을 제정함으로써 헌법과 국민의 기본권을 유린하고 독재를 하였으므로 (형식적) 법률이 만능이 아니고 그 통제장치가 필요하다는 교훈을 얻었다. 따라서 형식적 법치국가는 개선되어야 하였다.

3. 실질적 법치국가

전후 독일은 나치스정권에 대한 반성으로서 법률이 만능이 아니고 (자연)법과 보편적 정의에 맞는 법만이 '올바른 법'이란 것을 깨달았다. 따라서 이러한 법에 의한 행정을 지향하는 실질적 법치국가를 모색하였다. 그리하여 실증적으로 '올바른 법'은 헌법에 적합한 법률이어야 한다는 경험에 의하여 법률에 대한 통제장치로서 '헌법재판소제도'를 창설하였다.

헌법재판소 1989. 7. 21, 89헌마38【상속세법제32조의2의위헌여부에관한헌법소원】
조세행정에 있어서의 법치주의 적용은 조세징수로부터 국민의 재산권을 보호하고 법적생활의 안정을 도모하려는 데 그 목적이 있는 것인바, 오늘날의 법치주의는 국민의 권리·의무에 관한 사항을 법률로써 정해야 한다는 형식적 법치주의에 그치는 것이 아니라 비록 국회에서 제정한 법률이라 할지라도 그 법률의 목적과 내용 또한 헌법이념에 부합하는 등 정의에 합치되는 것이라야 한다는 실질적 법치주의를 의미하여 헌법 제38조, 제59조가 선언하는 조세법치주의는 이러한 실질적 법치주의를 뜻하는 것이므로 조세에 관한 법률도 그 목적이나 내용이 헌법이념과 정의에 합치되는 것이 아니면 아니 되고 그렇지 아니하면 위헌법률이 되는 것이다.

4. 법의 지배

불문법국가인 영국이나 미국 등에서는 판례의 축적을 통한 판례법에 따른 '법에 의한 지배'(Rule of Law)가 행해진다. 다이시에 따르면, 1) 자의적인 권력에 의한 지배가 아닌 정당한 법의 지배를 통한 법의 절대적 우위, 2) 국가도 사인처럼 보통법에 지배되고, 보통법원의 지배를 받는 법적 평등, 3) 인권과 헌법도 판례를 통하여 형성된 보통법의 산물이라고 한다(장태수, 33).

Ⅲ. 사회국가

사회국가는 사회주의와 달리 법치국가와 기본권의 보장이라는 법질서의 틀 안에서 '모든 국민이 인간다운 생활을 할 수 있도록 사회정의를 적극적으로 실현하는 국가'이다.

우리 헌법은 사회국가 실현을 위하여 인간다운 생활을 할 권리로서 '인간의 존엄과 가치, 행복추구권'(제10조), '최저생활권'(제34조), '환경권'(제35조) 등을 보장하고, 경제민주화를 위한 '사회적 시장경제'(제119조) 등을 규정하였다.[28)]

행정법에서는 1) 조세를 통한 부의 재분배로서 조세정의의 실현, 2) 각종 공급행정을 통한 국민의 생존배려 확보, 3) 사회보험(헌재 2004.9.23, 2004헌가12)과 사회보장법상의 각종 사회적 약자에 대한 배려 등을 통하여 사회국가원리를 실현한다.

제 4 절 행정법의 법원

☞ 행정법의 법원은 행정법이 어떠한 규범으로 구성되는가의 문제이다. 나아가 실무에서는 구체적 사건에서 어떠한 규범을 행정법으로서 적용할 것인가의 문제이기도 하다.

Ⅰ. 행정법은 무엇으로 이루어지는가

1. 법원의 개념

법원(法源, Rechtsquelle)이란 '무엇으로 법을 알 수 있는가'의 문제이다. 따라서 행정법의 법원은 '행정법의 인식근거' 내지는 '존재형식'을 말한다. 최근에는 행정법의 법원은 '행정에 대하여 기준이 되는 법으로 행정작용을 결정하는 법적 근거'라고 본다.[29)]

특히 행정법은 전통적으로 다양한 법원으로 구성되었다. 따라서 행정법의 법원을 어디까지 볼 것인가의 범위문제(법원론)에서, 1) 과거에는 주로 '국민에 대하여 직접 구속력을 가지는 외부법인 법규범', 즉 법규(Rechtssatz)만을 법원으로 보는 법규설(협의설)에 따라 내부법인 행정규칙을 제외하였다. 2) 최근에는 '행정사무처리의 기준이 되는 모든 법'을 법원으로 보는 행정기준설(광의설)에 따라 넓게 인정하고 있다.

---

28) 사회적 시장경제질서의 개념과 발전에 대하여는 길준규, "경제행정법의 전제로서의 경제질서", 『公法硏究』 제28집 제2호, 2000. 1, 455쪽 이하.

29) *Detterbeck*, Rn. 86.

2. 행정법의 성문법주의

우리 행정법은 대륙법상 법치국가원리에 따라 법적 안정성(예측가능성), 명확성, 권리보호를 위하여 주로 성문법으로 구성된다(성문법주의). 우리 헌법도 국민의 기본권은 '법률'로써만 제한할 수 있고(제37조 제2항), 특히 행정각부의 설치 및 조직에 대하여 '행정조직법정주의'를 규정한다(제96조).

☞ 물론 불문법이 이론적으로는 자연법적 정의에 가깝지만, 행정이라는 공적 활동에서는 공개성·명확성이 문제되므로 원칙적으로 적용되기는 어렵다. 한편 행정법은 민·상법처럼 통일법전은 없지만, 행정절차법 제정 이후 점차 법전화하고 있다.

Ⅱ. 성문법원

1. 헌 법

헌법은 '기본권과 국가의 기본구조를 정한 법'으로서, 역시 행정권에 대하여도 행정의 조직, 작용, 구제의 기본원칙을 규정한다. 특히 헌법원리와 기본권, 행정부, 사법부에 관한 조항들은 행정법의 근본적인 범위를 설정하고 있다.

따라서 행정에는 헌법이 최상위의 규범으로 당연히 적용되지만, 분쟁이 발생한 경우에는 법률이 적용의 우위를 가지므로 헌법은 보충적으로 적용될 뿐이다.

2. 법 률

법률은 권력분립원리에 근거한 의회주권을 표현하는 것으로서, 국민의 의사를 대변한다. 따라서 법을 집행하는 행정의 입장에서는 가장 중요한 법원이다.

특히 헌법이 규정한 일정한 사항은 법률로 제정하여야 하며(헌법상 법률유보), 행정활동에서도 국민의 기본권은 법률로서만 제한할 수 있다(헌법 제37조 제2항).

법률의 개념에는 형식적 법률과 실질적 법률이 있다. 1) 형식적 법률(formelle Gesetze)은 '입법부가 헌법상 규정된 입법절차에 따라 법률로 제정·공포한 규범',[30] 즉 '의회가 제정한 법률'(의회법, Parlamentsgesetze)을 말한다. 이때 기준은 '규범의 내용'이 아니라 '외부적인 형식'과 '절차'이다. 2) 한편 실질적 법률(materielle Gesetze)은 제정주체와 제정형식에 상관없이 '실질적으로 국민에 대하여 권리와 의무를 설정, 변경, 폐지하는 모든 일반적·추상적 규정'을 말한다(*Detterbeck*, 89). 따라서 형식은 '법률'이 아니지만, '법률적 효력(법규성)을 가진 규범'으로 긴급명령, 법규명령, 조약 등을 포함한다.

법률은 근대국가 이후로 특정인(개별적)에 대한 적용이 아니라, 원칙적으로 누구나(일반

---

30) *Detterbeck,* Rn. 87; *Erbguth,* S. 70.

적)에게 적용되고, 특정한 개별사례(구체적)가 아니라 불특정한 다수사례(추상적)에 적용된다. 물론 대부분의 형식적 법률은 실체적 법률이지만, 예산(법)이나 정부조직법은 국민에 대한 어떠한 직접적인 권리나 의무도 규정하지 않으므로 실체적 법률이 아니다. (☞ 법률의 충돌은 27쪽 규범의 충돌 부분을 참조).

3. 명 령

명령은 '행정권이 법률의 범위 안에서 제정하는 법형식'이다(*Ipsen*, 105). 이는 의회입법 내지 의회주권에 대한 예외이지만, 행정부의 전문성을 위하여 인정된다. 형식적 법률과의 차이는 내용이나 구속력이 아니라 '제정기관'으로 구분된다. 명령에는 법규명령, 행정규칙, 자치입법 등이 있다.

법규명령은 '법률의 수권에 의하여 행정권이 정립하는 법규의 성질을 가지는 법형식'이다. 국민에 대하여 법률과 같은 구속력을 가진다(*Erbguth*, 71). 행정규칙은 '행정조직 내부나 특별권력관계에서 내부질서를 규율하기 위하여 다루어지는 법형식'이다. 자치입법(Satzung)은 국가로 볼 수 있는 '공법상 사단이 법률상 부여된 자치권의 범위에서 자신에게 속하거나 예속되는 사람에 대한 효력으로 제정되는 법규범'이다.[31] 다만, 우리나라는 주로 지방자치입법을 중심으로 하는데, 지방자치입법(조례, 규칙, 교육규칙)은 '지방자치단체가 법령의 범위 안에서 제정하는 법형식'을 말한다.

4. 조약 및 국제법규

행정에 적용되는 국제법은 헌법에 의하여 체결·공포된 '조약'과 '일반적으로 승인된 국제법규'이다(제6조 제1항).

조약은 협약(convention), 협정(agreement), 약정(arrangement), 의정서(protocol) 등의 명칭에 상관없이 '국가와 국가·국제기구간의 문서에 의한 합의'를 통칭한다. 일반적으로 승인된 국제법규는 '우리나라가 당사국이 아닌 조약이지만 국제사회에서 일반적으로 그 규범성이 승인된 것과 국제관습법'을 말한다.

국제법이 국내법과 같은 법체계 내에 있느냐의 문제에 이원론보다는 일원론으로서 하나의 법체계안에 포함되며, 다만, '국내법화'과정으로 체결과 비준·동의의 절차를 거쳐 「헌법」 제6조 제1항에 의하여 국내법과 같은 법적 효력을 가진다. 국제법의 효력에 대하여는 국내법 우위설, 국제법 우위설, 국내법·국제법 동위설이 있으나, 국제법은 비준과 국회의 동의에 의한 절차가 있으므로 헌법보다는 하위이고, '입법사항'이면 법률과 동위이다. 따라서 행정작용이 국제법규를 위반하면, 효력이 없다.

대법원 2005. 9. 9, 2004**추**10 **판결 【전라북도학교급식조례재의결무효확인】**
<u>GATT는 1994.12.16. 국회의 동의를 얻어 같은 달 23. 대통령의 비준을 거쳐 같은 달 30. 공포되고 1995.1.1. 시행된 조약인 WTO협정(조약 1265호)의 부속 협정(다자간 무역협정)이고, '정부조달에 관한 협정'(Agreement on Government Procurement, 이하 'AGP'라 한다)은</u>

31) *Detterbeck*, Rn. 95.

1994.12.16. 국회의 동의를 얻어 1997.1.3. 공포·시행된 조약(조약 1363호, 복수국가간 무역협정)으로서 각 헌법 제6조 제1항에 의하여 국내법령과 동일한 효력을 가지므로 지방자치단체가 제정한 조례가 GATT나 AGP에 위반되는 경우에는 그 효력이 없다고 할 것이다.

Ⅲ. 불문법원

1. 행정관습법

1) 개 념

행정관습법은 '행정에서의 관행이 법적 확신을 얻어 법적 규범으로서 승인받은 것'이다. 지형도상의 해상경계선은 행정관습법이다(헌재 2004.9.23, 2000헌라2).

관습법의 승인근거로서 법으로 적용되기 위하여는 국가의 (명시적·묵시적) 승인이 필요하다는 '국가승인설'(변재옥)이 있지만, 국민의 대다수가 법적으로 믿었을 때는 국가의 승인이 불필요하다는 '법적 확신설'이 다수설이다.

관습법의 효력은 성문법과 충돌시에는 관습법이 우선한다는 '성문법 개폐적 효력설'이 있지만, 행정법은 성문법주의이므로 성문법이 우선한다는 '성문법 보충적 효력설'이 옳다. 행정에서 불문법은 원칙적으로 성문법의 흠결시에만 기능하기 때문이다.

2) 종 류

(1) 행정선례법 행정선례법(Verwaltungsgewohnheitsrecht)은 '행정조직이나 운용에서 행정청의 선례가 장기적으로 반복되어 시행됨으로써 국민의 법적 확신을 얻은 것'이다(행절법 제4조 제2항; 국세기본법 제18조 제3항; 대판 1954.6.19, **4285행상20**; 1986.3.25, 85누561).[32] 판례는 '행정관습법'이라고 한다(헌재 2004.9.23, 2000헌라2). 지형도상의 해상경계선에서 인정하였다(헌재 2004.9.23, 2000헌라2). 이는 법규성이 있다.

대법원 1952. 6. 19. 4285행상20 【광업권등록취소】
행정선례라 함은 행정기관에 있어서 실제로 처리한사건이 선례로서 존중되어 법규로서의 효력을 가지게 된 것으로 재판례의 경우와 동일하게 처리되는 것이 통설이다.

헌법재판소 2004. 9. 23. 2000헌라2 전원재판부 【당진군과평택시간의권한쟁의】
위와 같이 수산업법, 공유수면관리법 등에 의한 행정에서 지형도상 해상경계선을 사용한 행정관행이 존재하고, 이러한 **행정관행이 오랜 기간동안 존재하여 왔고, 지형도상 해상경계선이 해상에서의 행정구역 경계선이라는 점에 대한 지방자치단체들과 일반국민들의 법적확신이 존재한다고 할 것이다.** 따라서 지형도상 해상경계선은 해상에서의 행정구역 경계

32) 「행정절차법」 제4조(신의성실 및 신뢰보호) ② 행정청은 법령등의 해석 또는 행정청의 관행이 일반적으로 국민들에게 받아들여진 때에는 공익 또는 제3자의 정당한 이익을 현저히 해할 우려가 있는 경우를 제외하고는 새로운 해석 또는 관행에 의하여 소급하여 불리하게 처리하여서는 아니 된다. 「국세기본법」 제18조(세법 해석의 기준 및 소급과세의 금지) ③ 세법의 해석이나 국세행정의 관행이 일반적으로 납세자에게 받아들여진 후에는 그 해석이나 관행에 의한 행위 또는 계산은 정당한 것으로 보며, 새로운 해석이나 관행에 의하여 소급하여 과세되지 아니한다.

를 구분하는 관습법의 성립요건을 충족하고 있다. 그렇다면 국립지리원이 간행한 지형도상의 해상경계선은 행정관습법상 해상경계선으로 인정된다고 할 것이다.

법령이 모든 행정을 전부 규정할 수 없으므로 법령에 규정되지 않은 행정실무상의 관행(행정관행)은 '행정청의 관행을 국민이 신뢰한 경우(일반적으로 국민들에게 받아들여진 때)에는 공익 또는 제3자의 정당한 이익을 현저히 해할 우려가 있지 않는 한' 행정법의 일반원칙에 의하여 보호된다(행절법 제4조 제2항). (☞ 신뢰보호의 원칙 참조).

【판례해설】 1) 재량권 행사의 준칙인 행정규칙(재량준칙)이 되풀이 시행되어 행정관행이 성립되면 평등의 원칙이나 신뢰보호의 원칙에 따라 행정기관은 그 상대방에 대한 관계에서 그 규칙에 따라야 할 자기구속을 받게 되고, 위반하면 재량권을 일탈·남용하여 위법하다(대판 2009.12.24, 2009두7967). 2) 비과세의 관행은 단순히 '상당기간 비과세하였다'는 객관적 사실 외에도 '과세관청의 과세하지 않겠다는 의사표시로 볼 수 있는 사정이 있어야 한다'(대판 1985.3.12, 84누398). 3) 국립지리원이 간행한 지형도상의 해상경계선은 행정관습법으로 인정되어 불문법상의 해상경계가 된다(헌재 2004.9.23, 2000헌라2).

대법원 1985. 11. 26. **선고** 85누676 **판결 【징계처분취소】**
행정선례가 잘못된 것이라는 상급관청의 해석이나 시정조치가 있었다면 모르되 그렇지 않는 한 원고들이 위와 같은 재직기간의 통산방법에 관하여 적극적으로 상급기관의 유권해석이나 지휘를 받음이 없이 종전의 행정선례에 따라 재직기간의 통산을 하였다고 하여 이를 지방공무원법 제69조 제1항 제2호에 규정된 직무상의 의무에 위반하거나 직무를 태만히 한 경우에 해당한다고 할 수는 없다.

(2) 민중적·지방적 관습법 민중적·지방적 관습법은 '공법관계에 관한 개인의 일정한 관행이 오랫동안 계속됨으로써 일반적으로 인식·존중된 것'이다. 즉, 행정이 행정법관계에서 국민의 관행을 법적 기준으로 삼겠다는 것이다.

주로 공물이용관계, 관행어업권, 공유수면의 인수·배수권(공유수면법 제31조 제5호), 관습법상 하천용수권(대판 1972.3.31, 72다78; 1968.6.4, 68다337), 유지(溜地)사용권(대판 1966.3.15, 66누4) 등이 있다. 최근 관행어업 등이 실정법화되면서(마을어업) 관습법의 영역이 좁아지고 있다.

대법원 2000. 7. 28. **선고** 98두4849 **판결 【손실보상재정신청기각재결취소】**
구 공유수면매립법(1999. 2. 8. 법률 제5911호로 개정되기 전의 것) 제16조 제3항에 의하여 손실보상의 재정신청을 할 수 있는 권리를 가진 자란 같은 법 제6조 제1호 내지 제4호가 정하는 권리를 가진 자를 의미하고, 그 중 제6조 제4호가 정하는 관습에 의하여 공유수면으로부터 인수하는 자에 해당하는지 여부는 공유수면으로부터의 인수로 인한 이익이 다년간 특정인이나 특정한 주민 또는 단체 등 한정된 범위 안의 사람에 대한 특별한 이익으로 인정되고 그 인수가 평온·공연하게 계속적으로 행하여져 일반으로부터 정당한 사용이라고 인식되는지 여부에 의하여 결정되는 것이다.

2. 법관법(판례법)

성문법이 적고, 불문법중심인 영미법계에서는 판례의 집적에 의하여 형성된 판례법이 지배한다. 특히 '선례구속의 원칙'이 지배하여 '선(판)례'가 하나의 '법'으로 기능한다(법원).

그러나 대륙법계에 속한 성문법주의인 우리나라에서 법관은 성문법을 넘어선 어떠한 법도 새로 창조할 수 없으므로 판례도 규범적인 기속력이 없어서 '판례(법)'에 어떠한 법적 효력도 부여할 수 없다.

> 물론 성문법주의국가에서도 성문법이나 불문법이 흠결되어 있거나 최소한 해석이 필요한 경우에 법원은 판결에 근거하여 '판례원칙'을 발전시킬 수 있고, 그 종류와 방식이 바로 '확립된 판결'(ständige Rechtsprechung)인 '법관법'(Richterrecht)이다. 그러나 성문법주의국가의 판례는 원칙적으로 법원의 다음 결정을 구속하지 못하고, 구조적으로도 통일적이지 않다. 다만, 어떠한 법질서도 법관의 법형성을 허용하지만, 그 양과 한계가 문제된다. 따라서 판례는 법원에서 배제해야 한다는 견해도 있다.[33]

이러한 이유에서 우리나라에서는 판례를 판례법으로 인정할 수 없고, 「법원조직법」 제8조도 "상급법원의 재판에 있어서의 판단(판결)은 당해 사건에 관하여 하급심을 기속한다"고 규정하여, 판례의 효력은 원칙적으로 당해 사건에서만 하급심을 구속할 뿐이다.

> **대법원 1996. 10. 25. 선고 96다31307 판결【소유권이전등기】**
> 대법원의 판례가 법률해석의 일반적인 기준을 제시한 경우에 유사한 사건을 재판하는 하급심법원의 법관은 판례의 견해를 존중하여 재판하여야 하는 것이나, 판례가 사안이 서로 다른 사건을 재판하는 하급심법원을 직접 기속하는 효력이 있는 것은 아니므로, 하급심법원이 판례와 다른 견해를 취하여 재판한 경우에 상고를 제기하여 구제받을 수 있음은 별론으로 하고 민사소송법 제422조 제1항 제1호 소정의 재심사유인 법률에 의하여 판결법원을 구성하지 아니한 때에 해당한다고 할 수 없다.

그러나 실무에서는 1) 대법원판례와 상반되게 해석한 경우 상고를 기각하며(상고심절차에 관한 특례법 제4조 제1항), 2) 대법원판례의 변경은 대법관 전원의 2/3 이상의 합의체에서 결정하고(법조법 제7조 제1항 제3호), 3) 소액사건심판에서 대법원의 판례에 상반되는 판단을 한 때에는 상고사유가 되는(소액사건심판법 제3조 제2호) 등으로 판례가 하급법원이나 행정권에 대한 사실상의 구속력을 발휘하고 있다. 이는 법리에 맞지 않게 스스로 권위를 부여한 것이므로 개정되어야 한다.

한편 헌법재판소의 위헌결정은 법원과 그 밖의 국가기관 및 지방자치단체를

---

33) *Detterbeck*, Rn. 95.

기속하고, 위헌으로 결정된 법률 또는 법률의 조항은 그 결정이 있은 날로부터 효력을 상실하므로 행정법의 법원으로 인정할 수 있다(헌재법 제47조).

3. 조 리

성문법이나 불문법조차도 존재하지 않는 경우에 법해석이나 법적용 및 법판단을 위하여는 '최후의 보충적 법원'으로 '사물의 본질적인 원칙'인 조리가 사용된다. 학설과 판례는 조리의 법원성을 인정하며, 조리는 법령해석, 법령불비에 대한 보완, 재량권행사의 기준으로 보충적으로 기능한다.

최근 행정청의 거부행위에서 조리상 신청권여부로 준용된다. 종전에는 행정법의 일반원리를 조리로 보았으나, 최근에는 법규성이 인정되므로 더 이상 조리가 아니다.

대법원 1997. 10. 10. 선고 96누4046 판결 【교원임용절차이행】
새로운 대학 설립자인 인천광역시의 집행기관인 시장이 종전 사립대학 소속 교원의 신분에 대하여 "교육공무원으로의 임용결격사유가 없는 한 전원 교육공무원으로 임용한다."고 약정하였고, 그 후 교육행정의 최고 감독관청인 피고 교육부장관이 위와 같은 약정을 한 인천광역시장을 개교사무처리취급 책임자로 임명하였으며, 피고 교육부장관 스스로도 학교법인 선인학원에 대하여 설립자변경과 관련하여 교원의 신분보장에 문제점이 있으니 이를 보완하도록 지시까지 하였다면, 대학의 설립자변경 과정에서 인천광역시장과 피고 교육부장관이 차지하는 지위 및 임무 등에 비추어 볼 때, 위 약정과 지시에 의하여 종전 사립대학 소속 교원들은 임용권자에 대하여 **조리상 교육공무원으로의 임용을 신청할 권리가 있다고 봄이** 상당하다(대법원 1997. 4. 25. 선고 96누3654 판결, 1997. 4. 25. 선고 96누7151 판결 등 참조).

Ⅳ. 규범충돌시 우선순위 (적용의 우위)

행정법에는 다양한 법원이 존재하므로 각기의 규범이 서로 충돌할 수 있다. 이 경우에는 1) '상위법이 하위법에 우선한다'는 '상위법우선의 원칙'이 적용되어 하위법은 효력이 없게 된다. 다만, 이때 상위법은 반드시 '적법한 법규범'이어야 한다. 그리고 상위법에 위반되면, '위법'하고, 그 효력은 원칙적으로 '무효'이다. 2) 성문법이 원칙적으로 불문법에 우선한다. 사법과 달리 행정법에서의 불문법은 성문법의 흠결시에만 기능하기 때문이다. 3) 같은 동위의 법규범인 경우에는 '특별법우선의 원칙'에 따라 '특별법이 일반법에 우선한다'(lex specialis derogat legi generali).[34] 민법은 일반법이므로 행정법령이 우선 적용된다. 4) 개별 행정법에서 'ㅇㅇ기본법'과 하위 특별법과의 관계는 기본법은 일반법이 아니므로 단순히 특별법우선의 원칙이 적용되지 않는데, ㅇㅇ기본법에 따라 하위 특별법이 제정되어야 하기 때문이다. 따라서 '기본법이 상위

---

34) *Detterbeck*, Rn. 120 f.

법으로 개별법에 우선한다'(대판 1989.3.14, 88누2632). 5) '신법우선의 원칙'에 따라 '신법이 구법에 우선한다'(lex posterior derogat legi priori).

대법원 2012. 5. 24. **선고** 2010두16714 **판결** 【농지보전부담금부과처분취소】
법률이 상호 모순, 저촉되는 경우에는 신법이 구법에, 그리고 특별법이 일반법에 우선하나, 법률이 상호 모순되는지 여부는 각 법률의 입법목적, 규정사항 및 그 적용범위 등을 종합적으로 검토하여 판단하여야 한다(대법원 1989.9.12. 선고 88누6856 판결 등 참조).

기본법우위의 원칙 – 대법원 1989. 3. 14. **선고** 88누2632 **판결** **【증여세등부과처분취소】**
국세기본법 제14조의 규정은 실질과세의 원칙을 선언하고 있으나, 한편 같은 법 제3조 제1항의 규정에 의하면, 세법이 위 제14조에 대한 특례규정을 두고 있는 때에는 그 세법이 정하는 바에 따르도록 하여 위 국세기본법 규정의 우선적용을 배제하고 있는 바, 위 특례규정으로서 상속세법 제32조의2는 권리의 이전이나 그 행사에 등기·등록·명의개서등을 요하는 재산에 있어서 실질소유자와 명의자가 다른 경우에는 국세기본법 제14조의 규정에 불구하고 그 명의자로 등기등을 한 날에 실질소유자가 명의자에게 증여한 것으로 본다고 규정하고 있으므로, 위 상속세법 제32조의2는 상위법인 국세기본법에 전혀 저촉되지 않을 뿐 아니라 헌법 제59조가 규정한 조세법률주의에도 반하지 않는다.

제 5 절 행정법의 일반원칙

Ⅰ. 행정법의 일반원칙의 개념

행정법의 일반원칙(Allgemeine Grundsätze des Verwaltungsrechts)은 '행정법령이 불충분하게 규율한 경우에 적용하기 위하여 판례와 이론에 의하여 발전시킨 원리'를 말한다(*Erbguth*, 72). 이는 헌법에서 도출되기도 하고, 개별법에서 형성되어 일반화되거나 최근 실정법에 규정된 것도 있다.35)

행정법의 일반원칙은 1) 행정법 해석과 적용의 기본원리로서 기능하고, 2) 행정의 재량권행사기준으로서, 법규범의 흠결시 보충적 법원으로 사용된다. 실무에서는 법규정의 흠결시는 재판에서 직접 재량권의 남용여부를 판단하는 위법판단기준으로 적용되어 행정법의 일반원칙을 위반하면 위법하게 된다.

Ⅱ. 신뢰보호의 원칙

1. 개 념

신뢰보호의 원칙(Vertrauensschutz)은 '행정기관이 행한 일정한 행위에 대하여 국민이 신뢰한 경우에 보호가치가 있는 신뢰는 보호되어야 한다는 원칙'이다. 즉, 행

35) 이론적 측면은 김동희, "독일행정법상의 행정법의 일반원리", 『고시연구』 1989. 1, 91쪽 이하.

정이 추구하는 이익보다 행정기관에 대한 국민의 신뢰를 우선하겠다는 것이다.

신뢰보호의 원칙은 독일 판례에서 인정되어 조세법을 거쳐 행정법의 일반원칙으로 정착하였고, '이미 행한 행위는 뒤집지 못한다'는 영미법상 '금반언(estoppel)의 원칙'과도 유사하다. 실정법에서는 1976년 독일 「행정절차법」에서 규정되었고, 우리나라도 「국세기본법」(제18조 제3항), 「행정절차법」(제4조 제2항)에서 명문화되었다. 다만, 판례는 '신의성실의 원칙'으로 보거나 같이 쓰기도 한다. 조세법 분야 외에도 교육행정, 토지행정, 건축행정 등 주로 수익적 행정분야에서 널리 적용된다.

신뢰보호원칙의 근거는 1) 사법상 신의칙이 공법에도 적용된다고 보는 신의칙설, 2) 현대국가는 국가의 급부에 의존하여야 인간다운 생활을 할 수 있다는 사회국가원리설, 3) 사인의 신뢰는 헌법상 재산권과 인격권의 내용을 이룬다는 기본권설, 4) 독립한 비헌법적인 보충적 법원칙으로 보는 독자성설, 5) 법치국가의 하부원리인 법적 안정성에서 도출하는 법적 안정성설 등이 있다. 6) 다수설은 법적 안정성설이고, 판례에서 대법원은 신의칙설(대판 1980.6.10, 80누6; 1996.1.23, 95누13746), 헌법재판소는 법적 안정성을 근거로 본다(헌재 1995.6.29, 94헌바39).

2. 성립요건

☞ 행정의 어떠한 행위에 신뢰보호원칙을 적용하려면, 아래의 성립요건을 충족하여야 한다. 판례는 4가지 요건을 제시하나, 실질적으로는 5가지 요건이다.

1) **행정기관의 선행행위의 존재** 사인의 신뢰를 보호하기 위한 제1요건으로서 행정기관의 일정한 행위, 즉 사인의 신뢰에 전제가 되는 '선행행위'(Vornahme)가 존재하여야 한다. 판례는 '행정청의 공적인 견해의 표명'이라고 한다.

(1) 정당한 권한을 가진 행정기관(행위주체) - 해당 행정기관은 선행행위에 대한 '정당한 권한'을 가져야 한다. 1) 선행행위의 행위주체는 '행정청'으로 보지만(홍정선, 판례), 판례의 내용이나 '행정의 상대방보호'라는 신뢰보호원칙의 취지상 '행정기관'으로 확대하여야 한다(장태주, 박균성). 2) 선행행위에 대한 행정기관의 '정당한 권한'여부는 형식적인 행정조직법상 권한분장에 구애되지 않고 실질적·기능적으로 판단해야 한다. 판례는 '권한 있는 기관의 행위일 것'을 '일정한 책임 있는 지위에 있는 공무원이 행한 것'으로 본다(대판 1996.1.23, 95누13746).

대법원 2008. 1. 17. **선고** 2006**두**10931 **판결 【국적이탈신고서반려처분취소】**
행정청의 공적 견해표명이 있었는지의 여부를 판단함에 있어서는, 반드시 행정조직상의 형식적인 권한분장에 구애될 것은 아니고, 담당자의 조직상의 지위와 임무, 당해 언동을 하게 된 구체적인 경위 및 그에 대한 상대방의 신뢰가능성에 비추어 실질에 의하여 판단하여야 한다(대판 1997.9.12, 96누18380 등 참조).

(2) 일정한 선행행위 - 행정기관이 선행행위를 하였어야 한다. 판례는 선행행위를 '공적인 견해의 표명', 즉 '명시적 또는 묵시적 공적인 견해의 표명'으로 본다(대판

1985.3.12, 84누398). 다만, '추상적 질의'는 공적인 견해의 표명으로 보지 않는다(대판 2000.2.11, 98두2119). 따라서 비과세의 경우, '단순한 과세누락이 아니라 '권한 있는 행정기관의 과세하지 않겠다는 의사표시가 있을 것'이 요구된다(대판 1995.11.14, 95누10181).

(3) 선행행위의 범위 - 선행행위에는 '행정청의 법령', '행정지도', '행정법상 확약', '행정계약', '행정규칙' 등이 포함되고, 반드시 명시적이거나 적극적인 언동일 것을 요하지는 않고 그 위법여부도 따지지 않는다. '위법상태의 장기간 묵인이나 방치'와 같은 묵시적 언동도 포함된다.

2) **사인의 보호가치있는 신뢰** 행정기관의 선행행위에 대한 사인의 신뢰는 '보호가치'가 있어야 한다.

(1) 관계인 - 사인의 신뢰의 보호가치여부는 소극적 요건인 '관계인의 귀책사유'여부로 결정된다. 이때 귀책사유를 묻는 사인의 범위는 '행정청의 견해표명에 대한 직접적인 상대방뿐만 아니라, 상대방의 대리인, 수임인 등을 포함하는 관계인'이다.

(2) 보호가치 있는 신뢰 - 관계인은 귀책사유가 없어야 신뢰의 보호가치가 인정된다. 귀책사유는 '관계인의 신청서 허위기재', '뇌물제공', '사기' 및 '강박' 등의 부정행위에 기인한 것이거나 하자가 있음을 알았거나 중대한 과실로 알지 못한 경우로 이 경우에는 보호되지 않는다(대판 1989.3.28, 88누2694; 1992.5.8, 91누13274).

대법원 2008. 1. 17. **선고** 2006**두**10931 **판결 【국적이탈신고서반려처분취소】**
그 개인의 귀책사유라 함은 행정청의 견해표명의 하자가 상대방 등 관계자의 사실은폐나 기타 사위의 방법에 의한 신청행위 등 부정행위에 기인한 것이거나 그러한 부정행위가 없더라도 하자가 있음을 알았거나 중대한 과실로 알지 못한 경우 등을 의미한다고 해석함이 상당하고, 귀책사유의 유무는 상대방과 그로부터 신청행위를 위임받은 수임인 등 관계자 모두를 기준으로 판단하여야 한다(대판 2000.11.8, 2001두1512 등 참조).

(3) 적극적 요건론 - 최근에는 위의 '관계인의 귀책사유'라는 소극적 요건을 넘어서 '관계인의 신의가 정당한 상태에 있고, 그 권리행사가 정의관념에 비추어 용인되어야 한다'는 적극적 요건이 주장되기도 한다(대판 2004.7.22, 2002두11233).

3) **신뢰에 따른 사인의 행위**(처리행위) 사인은 행정기관의 선행행위를 신뢰하여 선행행위 이후에 '일정한 행위'를 하여야 한다. 이때의 행위(처리행위)는 적극적·소극적 행위여부에 관계없이 '행정기관의 선행행위에 따른 관계인의 모든 행위'를 말한다. 이는 주로 행정기관의 선행행위를 신뢰하여 사인이 행한 건축준비, 설계비용, 허가요건(시설)의 설치 등을 말한다.

4) **상당인과관계** 행정기관의 선행행위와 사인의 행위간의 상당인과관계가 성립해야 한다(대판 1996.11.29, 95다21709). 즉, 행정기관의 선행행위를 원인으로 하여 사인의 행위가 발생했어야 한다.

5) **선행행위에 반하는 후행행위** 행정기관이 '선행행위에 반하는 후행행위'를 하거나 '선행행위에서 약속한 행위를 하지 않는 것(부작위)'이 요구된다. 이러한 후행행위가 선행행위를 신뢰한 사인의 이익을 침해하는 것이다.

대법원 1997. 9. 26. **선고** 96**누**10096 **판결 【택지개발예정지구지정처분취소등】**
행정상 법률관계에서 신뢰보호의 원칙이 적용되기 위해서는, 첫째, 행정청이 개인에 대하여 신뢰의 대상이 되는 공적인 견해를 표명하여야 하고, 둘째, 행정청의 견해표명이 정당하다고 신뢰한 데 대하여 개인에게 귀책사유가 없어 그 신뢰가 보호가치있는 것이어야 하며, 셋째, 개인이 견해표명을 신뢰하고 이에 따라 어떠한 행위를 하였어야 하고, 넷째, 행정청이 견해표명에 반하는 처분을 함으로써 견해표명을 신뢰한 개인의 이익이 침해되는 결과가 초래되어야 하는 것이다(대판 1993.9.10, 93누5741 참조).

3. 한 계

행정기관의 선행행위 이후에 대상이 되는 사실관계나 법령이 변경된 경우에도 후행행위에서 신뢰보호원칙을 인정하여 사인의 신뢰를 보호할 것인가 하는 '신뢰보호원칙의 한계'가 문제된다. 한편 법령개정에 따른 경우는 동시에 '개정된 법령의 소급효 인정'도 문제된다.

즉, 법령의 개정에도 불구하고 구법에 대한 사인의 신뢰보호를 인정하면, 이는 신법에 따른 새로운 적법한 법질서 유지에 대한 도전이 되어 사회전체의 공익 내지 법적 안정성과 충돌한다. 이 때 행정의 적법성이 우위이면 사정판결을 해야 한다는 입장(김남진)도 있지만, 다수설과 판례는 양자의 이익형량을 해야 한다고 본다. 즉, 판례는 사인의 신뢰보호에 따른 '법적 안정성'과 행정기관의 적법한 후행행위를 통한 '적법성확보'(법질서확보)의 관계에서 1) 양자의 이익을 종합적으로 비교형량하도록 이익형량의 원리를 소극적 요건으로 요구하거나 2) 신뢰보호원칙을 인정하기 위하여는 행정의 적법성을 희생할 만한 특별한 사정을 요구한다.

대법원 2007. 10. 29, 2005**두**4649 **판결 【한약사국가시험응시원서접수거부처분취소】**
법령의 개정에 있어서 신뢰보호원칙이 적용되어야 하는 이유는 어떤 법령이 장래에도 그대로 존속할 것이라는 합리적이고 정당한 신뢰를 바탕으로 국민이 그 법령에 상응하는 구체적 행위로 나아가 일정한 법적 지위나 생활관계를 형성하여 왔음에도 국가가 이를 전혀 보호하지 않는다면, 법질서에 대한 국민의 신뢰는 무너지고 현재의 행위에 대한 장래의 법적 효과를 예견할 수 없게 되어 법적 안정성이 크게 저해되기 때문이라 할 것이고, 이러한 신뢰보호는 절대적이거나 어느 생활영역에서나 균일한 것은 아니고 개개의 사안마다 관련된 자유나 권리, 이익 등에 따라 보호의 정도와 방법이 다를 수 있으며, 새로운 법령을 통하여 실현하고자 하는 공익적 목적이 우월한 때에는 이를 고려하여 제한될 수 있다고 할 것이므로, 이 경우 신뢰보호원칙의 위배 여부를 판단하기 위해서는 한편으로는 침해받은 이익의 보호가치, 침해의 중한 정도, 신뢰가 손상된 정도, 신뢰침해의 방법 등과 다른 한편으로는 새 법령을 통해 실현하고자 하는 공익적 목적을 종합적으로 비교·형량하여야 할 것이다(대판 2006.11.16, 2003두12899 등 참조).

4. 위반의 효과

신뢰보호원칙을 위반한 행정활동(후행행위)은 '위법'하여, 원칙적으로 '취소사유'가 된다. 다만, 행정입법이나 행정법상 계약은 무효이다. 따라서 국가배상도 청구할 수 있다. 물론 정당한 이익을 갖는 제3자가 있는 경우에는 신뢰보호가 제한된다.

Ⅲ. 비례의 원칙

1. 개 념

비례의 원칙(Verhältnismäßigkeitsgrundsatz)은 '행정은 실현하고자 하는 행정목적과 시행하는 수단 사이에 합리적인 비례관계를 유지하여야 한다는 원칙'이다. 즉, 모든 국가작용은 추구하는 목적과 관련하여 필요하고 적절한 조치를 넘어서 개인의 법적 이익을 침해해서는 안 된다는 것이다.[36] 이는 개인의 자유를 제한하는 모든 영역에서 인정되며, 특히 부담적 행정작용에서는 더욱 중요하다.

이는 '광의의 비례의 원칙'이며, 헌법에서는 기본권을 제한하는 경우에 과도하게 침해해서는 안 된다는 의미에서 '과잉금지의 원칙'(Übermaßverbot)이라고 한다. 협의의 비례의 원칙은 하부원리인 상당성의 원리만을 말한다. 주로 '재량권의 행사', '행정행위의 부관', '행정강제', '행정행위의 취소' 등에서 광범위하게 사용된다.

2. 법적 근거

비례의 원칙은 헌법에서도 적용되는 헌법원칙이다. 따라서 그 법적 근거에 대하여 1) 기본권제한을 규정한 「헌법」 제37조 제2항(장태주, 홍정선), 2) 기본권보장규정, 「헌법」 제37조 제2항 및 법치국가원칙(박균성)으로 보지만, 3) 이는 고대의 정의론에서 시작하여 국가권력은 법과 정의에 맞게 행사되어야만 한다는 법치국가원리와 자유권적 기본권에서 도출되는 것이다.

비례의 원칙은 독일 프로이센시대 판례에서 시작하여 실정법에서는 독일 경찰법에서 처음 규정하였고, 우리나라는 「경찰관직무집행법」(제1조 제2항)에서 시작하여, 「행정절차법」(제48조 제1항), 「식품위생법」(제79조 제4항) 등에 규정되었다.

3. 성립요건 (하부원리)

☞ 어떠한 행정작용이 아래의 성립요건(하부원리)에 따른 적법심사를 하여 어느 하나라도 충족하지 못하면, 비례의 원칙을 위반하여 위법하게 된다. 헌재는 독일처럼 아래의 성립요

36) *Andreas Voßkuhle*, Der Grundsatz der Verhältnismäßigkeit, JuS 2007, S. 429.

건을 '방법심사'라고 하고, 그 전 단계에 '목적심사'로서 합목적성의 원칙이라 하여 '해당 행위가 법령의 해석에 따라 행정기관이 추구하는 목적에 합치되는지 여부'를 심사한다. 대법원은 주로 상당성의 원리와 유사한 비교형량(교량)을 한다.[37]

1) **적합성의 원리** (목적의 타당성) '행정기관이 취한 조치나 수단은 의도한 목적달성에 적합해야 한다'는 것이다. 즉, 그 행정조치로 행정목적을 달성할 수 있어야, 그 조치가 '적합한' 것이다. 이는 목적달성에 더 나은 또는 더 효과적인 수단의 선택문제가 아니라 해당 행정조치가 일반적으로 행정이 얻고자 하는 목적에 기여할 수 있어야 하는 것이다.

2) **필요성의 원리** '행정조치는 행정목적의 실현을 위해 필요한 한도 이상으로 행해져서는 안 된다'는 것이다. 또한 '목적달성에 여러 수단이 있다면, 행정기관은 가장 피해가 적은 수단을 채택해야 한다'는 의미에서 '최소침해의 원칙'이라고도 한다. 이는 행정기관이 취한 조치보다 행정의 목적달성에 다른 완화된 수단, 즉 덜 부담을 주거나 더 효과적인 수단이 존재해서는 안 된다는 것이다.

3) **상당성의 원리** '행정목적의 실현을 위한 조치라도 상대방인 사인이 받는 피해(이익)가 행정조치로 달성하고자 하는 공익보다 더 커서는 안 된다'는 것이다. 이때에 행정조치로 실현하고자 하는 공익과 피해를 입는 사익을 비교형량해야 하고, 행정조치는 예측가능한 한도에서 행해져야 한다. 만약 사익의 피해가 달성하고자 하는 공익보다 크면, 그 조치는 위법하므로 시행해서는 안 된다. 이는 '협의의 비례원칙'이다.

☞ 행정은 법령에 규정된 행정목적을 달성할 수 있는 조치를 선택하여야 하고(적합성), 이러한 적합한 조치는 가장 최소한의 피해를 주는 것을 선택하여야 하며(필요성), 이 적합하고 필요한 조치는 얻고자 하는 공익보다 상대방(사인)의 피해가 큰 경우에는 시행하여서는 안 된다는 것이다.

대법원 1997. 9. 26. **선고** 96누10096 **판결 【택지개발예정지구지정처분취소등】**
비례의 원칙(과잉금지의 원칙)이란 어떤 행정목적을 달성하기 위한 수단은 그 목적달성에 유효·적절하고 또한 가능한 한 최소침해를 가져오는 것이어야 하며 아울러 그 수단의 도입으로 인한 침해가 의도하는 공익을 능가하여서는 아니된다는 헌법상의 원칙을 말하는 것인데, 어떠한 지역의 토지들을 토지구획정리사업법에 의한 구획정리의 방식이나 택지개발촉진법에 의한 택지개발의 방식 또는 도시계획법에 의한 일단의 주택지조성의 방식 중 어느 방식으로 개발할 것인지의 여부는 각 방식의 특성, 당해 토지들의 입지조건이나 개발당시의 사회·경제적 여건, 사업의 목표 등 각각의 특성에 따라 결정하여야 할 것이다(대법원 1993.7.16, 92누12148 판결 참조).

37) 이기철, "헌법재판소는 비례의 원칙에 목적의 정당성을 포함시켜도 좋은가?", 『공법연구』 35집 제1호, 2006. 10, 379쪽 이하.

4. 위반의 효과

개인의 자유나 이익을 제한하는 행정작용이 위 비례원칙의 성립요건 중 어느 하나라도 위반하면, 비례의 원칙을 위반하여 '위법'하게 된다. 위의 목적심사를 포함하여 비례의 원칙을 위반하면 '헌법위반'으로 헌법소송도 가능하다. 판례는 주로 법령에 규정이 없는 경우에 '재량권의 남용'의 판단근거로 많이 사용한다.

Ⅳ. 평등의 원칙

1. 개 념

평등의 원칙은 '행정권은 행정작용시에 특별한 합리적인 사유가 없으면 국민을 차별하지 말고 동등하게 대우하여야 한다는 원칙'이다. 이는 헌법상 평등권에 근거한 것으로 독일행정법에서는 동등대우의 원칙, 즉 '행정은 항상 객관적으로 행위하여야 하므로 자의적인 행위는 금지된다'는 것을 말한다. 우리 판례는 '자의금지의 원칙'이라고 한다. 한편 평등원칙에서 '행정의 자기구속원리'가 파생되었다.

행정법에서는 평등의 원칙에 대하여 현행법상 근거규정이 없으므로 1)「헌법」 제11조에서 도출되는 불문법원칙으로 보는 견해(박균성)가 있으나,[38] 2) 평등의 원칙은 「헌법」 제11조상의 성별, 종교, 신분상의 차별을 금지하고 법 앞에 평등을 보장하는 평등권에 근거한다(대판 2007.10.29, 2005두14417). 3) 판례는 '본질적으로 같은 것을 자의적으로 다르게 판단하는 것을 금지한다'는 자의금지의 원칙에서 평등의 원칙을 도출하며,[39] 이를 위반한 경우는 '헌법상 평등권 위반'으로 판단한다.

대법원 2007. 10. 29. 선고 2005두14417 판결 【개발제한구역훼손부담금부과처분취소】
헌법 제11조 제1항에 근거를 둔 평등원칙은 본질적으로 같은 것을 자의적으로 다르게 취급함을 금지하는 것으로서, 법령을 적용할 때뿐만 아니라 입법을 할 때에도 불합리한 차별취급을 하여서는 안 된다는 것을 뜻하는바, 앞서 본 사정을 종합하여 보면, 위 시행령 제35조 제1항 제3호에서 집단에너지공급시설에 대한 훼손부담금의 부과율을 전기공급시설 등에 대한 훼손부담금의 부과율인 100분의 20의 다섯 배에 이르는 100분의 100으로 정한 것은, 피고들이 상고이유에서 주장하는 것처럼 집단에너지공급시설과 전기공급시설 등의 사이에 그 공급받는 수요자가 다소 다를 수 있음을 감안한다 하더라도, 부과율

38)「헌법」 제11조는 단지 '법 앞의 평등'만 규정하지만, 평등원칙은 모든 국가권력을 구속하므로 「헌법」 제11조에 직접 근거한 성문법원이 아니라 그로부터 도출되는 불문법원칙으로 보자는 것이다. 박균성(하), 45쪽.

39) 일부 판례는 "법적용의 형평성의 원칙 또는 평등의 원칙이라고 하는 의미 속에는 전제요건이 동일한 사안을 동시에 판단하는 경우에는 동일하게 취급해야 할 것과 유사한 사건에서 이루어진 행정관행과 다르게 또는 불평등하게 행위하지 말아야 할 것 등의 의미가 내포되어 있다"고 본다(대판 1993.9.10, 93누5741).

에 과도한 차등을 둔 것으로서 합리적 근거 없는 차별에 해당한다.

2. 성립요건

평등의 원칙이 인정되기 위하여는 다음의 요건을 충족하여야 한다.

1) **동일한 사건** 우선 자신의 사건과 근거로 주장하는 사건(선례)이 본질적으로 '동일한 사건'이어야 한다. 만약, 다른 사건이라면 행정이 다르게 취급할 수 있기 때문이다.

2) **차별대우(조치)의 존재** 행정이 종전의 사건과 동일한 사건에서 법적용이나 행정입법을 하면서 차별, 즉 다르게 취급해야 한다.

3) **불합리한 차별** 행정의 차별대우가 '불합리한 차별'(취급)에 해당해야 한다. 즉, 차별대우에 대한 합리적인 이유 내지는 차별을 정당화할 만한 사유가 없어야 한다.

이때 '불합리한 차별'의 여부를 판례는 '본질적으로 같은 것을 자의적으로 다르게 취급했느냐'는 자의금지의 원칙으로 구분한다. 만약 같은 사건에서 본질상 같은 것을 다르게 취급했다면, 이는 불합리한 차별로 평등원칙에 위반된다. 이때 평등원칙은 행정기관이 모든 것을 획일적으로 동일하게 처리해야 한다는 원칙이 아니다. 따라서 객관적인 기준에 의한 합리적인 차별은 가능하다.

3. 위반의 효과

평등의 원칙을 위반한 행정입법은 헌법상 평등권을 위반하였다고 보아 '무효'가 되고, 이에 따른 처분은 위법하다(대판 2008.11.20, 2007두8287). 평등의 원칙은 주로 행정의 재량권행사를 통제하는 기준이므로 평등의 원칙을 위반하면 '재량권행사의 일탈·남용'으로 보아 위법이 된다. 재량권행사기준을 정한 재량준칙에 따른 재량권행사도 평등원칙을 위반하면, 역시 위법하다.[40] 따라서 재량에 따른 법집행이나 공무원에 대한 징계권행사에서 문제된다. 나아가 헌법소송에서 헌법상 평등원칙 위반에 이르면, '위헌'이 된다.

【판례해설】 판례는 1) '사회단체등록신청에서 요건의 불비가 없이 선등록단체를 이유로 반려한 경우'(대판 1989.12.26, 87누308), 2) '지방의회의 조사 등을 위한 증인의 불출석 등에 따른 과태료를 사회적 신분에 따라 차등을 둔 경우'(대판 1997.2.25, 96추213), 3) '플라스틱제품의 수입업자가 부담하는 폐기물부담금의 산출기준을 제조업자와 달리 그 수입가만을 기준으로 정한 것'(대판 2008.11.20, 2007두8287)은 평등권위반으로 보았다. 판례는 주

---

40) 이 경우 재량준칙은 재량권행사에 따라 예외적으로 간접적인 대외적 효력을 갖게 된다고 보고, 이 때 평등원칙이 재량준칙의 대외적 효력을 갖게 하는 '전환규범'으로 기능한다고 보기도 한다. 박균성(상), 43쪽.

로 '헌법상의 평등권'위반으로 보거나 '행정의 자기구속'위반으로 본다.

한편 1) '인천광역시 공항고속도로 통행료지원 조례안'(대판 2008.6.12, 2007추42), 2) '도시재개발조합의 임원을 형법상 뇌물죄의 벌칙적용에서 공무원으로 의제하는 조항(헌재 1997.4.24, 96헌가3, 96헌바70 병합), 3) 외국군에 소속되거나 소속이 없는 유격대의 경우를 적용대상에서 제외하고 있는 특수임무수행자 보상에 관한 법률 시행령 제2조(대판 2008.11.13, 2007두13302)는 평등권을 위반하지 않은 것으로 보았다.

Ⅴ. 행정의 자기구속

1. 개 념

행정의 자기구속(Selbstbindung der Verwaltung)은 '행정청이 같은 사안인 경우에는 이전에 제3자에게 행한 결정과 동일하게 상대방에게 결정하도록 스스로 구속당한다는 것'이다. 이는 재량통제기준인 '행정의 자의금지'에서 출발한다. 이것은 법률이나 다른 행정행위에 근거한 선례(구속)와는 구별되는 것으로, 행정이 스스로 설정한 자신의 기준에 구속된다는 의미이다. 주로 재량행위나 행정규칙에 따른 행위에서 문제된다.

행정의 자기구속은 법령 등이 존재하지 않는 사안에서 재량행위를 기속하는 데 기여하는 이론이다. 반대로 행정의 탄력적인 운용을 저해하고, 행정결정의 경직성을 가져올 수 있다. 아울러 행정규칙에 의한 행정에서도 법적 통제기능을 한다.[41]

2. 인정근거

행정의 자기구속의 인정근거는 1) 행정실무의 존재에 대한 상대방의 신뢰를 보호하는 것이라는 신뢰보호원칙설, 2) 동등한 재량권행사로서 자의금지에서 인정된다는 평등원칙설[42] 등이 주장되나, 3) 다수설과 판례는 '평등원칙과 신뢰보호원칙에 근거한다'고 본다.

【판례해설】 헌법재판소는 행정의 자기구속의 근거를 '평등의 원칙 또는 신뢰보호의 원칙'으로(헌재 1990.9.3, 90헌마13), 대법원은 '재량권행사의 한계'로 본다(대판 1993.6.29, 93누5635).

헌법재판소 1990. 9. 3, 90헌마13 【전남도교육위의1990학년도인사원칙헌법소원】
행정규칙이 법령의 규정에 의하여 행정관청에 법령의 구체적 내용을 보충할 권한을 부여한 경우, 또는 재량권행사의 준칙인 규칙이 그 정한 바에 따라 되풀이 시행되어 행정관행이 이룩되게 되면 평등의 원칙이나 신뢰보호의 원칙에 따라 행정기관은 그 상대방에 대한 관계에서 그 규칙에 따라야 할 자기구속을 당하게 되는 경우에는 대외적인 구속력을 가지게 된다.

---

41) 김향기, "행정의 자기구속의 법리", 『토지공법연구』 제25집, 2005. 2, 356쪽 이하.
42) '평등원칙의 구체화'라고 본다. 장태주, 64쪽.

3. 성립요건

1) **재량행위**　　해당 행위는 행정이 가진 재량권의 영역에 존재해야 한다. 따라서 '재량준칙'에서는 문제되지만, 규범해석적 행정규칙에는 적용되지 않는다.

2) **동종의 사안**　　해당 행위가 '동종의 사안'이어야 한다. 이는 '같은 행정청이 행한 같은 사안'을 말한다. 이때 상급청과 하급청은 '같은 행정청'으로 본다.[43)]

3) **선례의 존재**　　해당 사인에 대하여 행정청이 행한 선례가 존재하여야 한다. 즉, '반복된 행정관행'이 필요하다. 선례는 물론 '적법'해야 하고, 위법한 경우에는 자기구속력을 가질 수 없다(대판 2009.6.25, 2008두13132).

'선례의 존재'에 대하여 1) 행정관행설은 계속 반복해서 행해진 외부적인 행정관행이어야 한다고 보고, 2) 행정선례설은 과거에 한 번이라도 선례가 있으면 족하다고 보고(박균성), 3) 행정관행추정설(예기관행설)은 직접 외부적인 선례가 없어도 재량준칙 등이 있으면 선례를 대체한다고 본다(장태주, 홍정선). 4) 판례는 선례나 재량준칙 등으로 되풀이 시행되어 행정관행이 생기면 평등원칙이나 신뢰보호원칙에 따라 자기구속을 당한다고 본다(헌재 1990.9.3, 90헌마13). 5) 재량준칙이 있다고 관행이 성립하는 것은 아니고, 선례가 상당기간 반복되어 관행이 되어야 하므로 행정관행설이 타당하다.

4. 한　계

1) 행정의 자기구속을 인정하려면, 선례 이후에 특수한 사정변경이 없어야 한다. 즉, 형평과 합리성에 반한다고 여겨질 정도의 객관적인 특별한 사유가 있는 경우인 특수한 사정변경에는 행정의 자기구속이 적용되지 않는다.

2) 아울러 같은 사안에 위법한 결정이 있는 경우, 즉 선례가 위법한 경우에는 행정에게 자기구속을 요구할 수 없다(대판 2009.6.25, 2008두13132). 이는 위법의 평등한 적용이 인정될 수 없기 때문이다.

5. 위반의 효과

행정의 자기구속원리를 위반하면 그 재량행위는 재량권을 일탈·남용하여 위법하게 되고, 행정규칙에 따른 행위는 행정규칙이 대외적인 구속력을 갖게 되어 위법하게 되므로 항고소송의 대상이 되고, 국가배상도 가능하다.

---

43) '처분청'에 한정된다는 견해는 홍정선, 12판, 31쪽.

Ⅵ. 부당결부금지의 원칙

1. 개 념

부당결부금지의 원칙(Koppelungsverbot)은 '행정기관이 행정작용을 행하면서 그와 실체적 관련이 없는 반대급부와 결부시켜서는 안 된다는 원칙'이다. 부당결부금지의 원칙은 주로 수익적 행정행위를 하면서 그에 대한 반대급부를 조건으로 하는 것으로 예는 택지개발사업자에 대한 공공용지 등의 기부채납과 같은 의무를 부과하는 것이다. 그러나 위법사실에 대한 제재로서 다른 법상의 권리를 제한하는 경우로 위법건축물에 대한 공급거부, 세금체납에 따른 관허사업의 제한 등은 할 수 있다.

법적 근거는 1) 부당결부는 행정청의 원래 권한을 벗어나므로 권한법정주의와 권한남용금지의 원칙에 근거한다는 보는 법률적 효력설(박균성)이 있으나 2) 헌법상 법치국가원리와 자의금지의 원칙에서 도출된다고 보는 것(장태주, 홍정선)이 타당하다. 따라서 헌법적 지위를 갖는다. 적용영역은 '행정행위의 부관'(기부채납), '공법상 계약', '행정의 실효성확보수단'(관허사업의 제한이나 공급거부) 등이다.[44] 특히 '기부채납사건'에서 주로 문제된다.

【판례해설】 1) 주택사업계획을 승인하면서 주택사업과는 아무런 관련이 없는 토지를 기부채납하도록 하는 부관을 붙인 경우에는 그 부관은 부당결부금지의 원칙에 위반되어 위법하다(대판 1997.3.11, 96다49650). 2) 건축물에 인접한 도로의 개설을 위한 도시계획사업시행허가처분은 건축에 대한 건축허가처분과는 별개의 행정처분이므로 사업시행허가에 조건으로 내세운 기부채납을 이행하지 않았다고 건축물에 대한 준공거부처분은 건축법에 근거 없이 이루어진 것으로서 위법하다(대판 1992.11.27, 92누10364). 3) 제1종 특수, 대형, 보통면허를 가진 트레일러 운전사가 운전면허취소사유가 발생한 경우에 트레일러는 제1종 특수면허만 필요하므로 다른 면허는 취소사유가 되지 않는다(대판 1997.5.16, 97누1310).

대법원 2009. 2. 12. **선고** 2005다65500 **판결 【약정금】**
부당결부금지의 원칙이란 행정주체가 행정작용을 함에 있어서 이와 실질적인 관련이 없는 상대방의 의무를 부과하거나 그 이행을 강제하여서는 아니 된다는 원칙을 말한다.

대법원 1997. 3. 11. **선고** 96다49650 **판결 【소유권이전등기말소】**
수익적 행정행위에 있어서는 법령에 특별한 근거규정이 없다고 하더라도 그 부관으로서 부담을 붙일 수 있으나, 그러한 부담은 비례의 원칙, 부당결부금지의 원칙에 위반되지 않아야만 적법하다고 할 것이다.

2. 성립요건

부당결부금지의 원칙을 인정하기 위한 요건은 1) '행정청의 행정작용'이 있을

44) 박종국, "부당결부금지의 원칙에 관한 연구", 『공법연구』 제25집 제4호, 1997. 8, 249쪽.

것, 2) '상대방의 반대급부와 결부시킬 것', 즉, 행정청이 행정작용을 하면서 행정작용의 상대방에게 반대급부를 요구하여야 한다. 3) 행정청의 '행정작용과 반대급부간에 실질적인 관련성(부당한 내적관련)이 없을 것' 등이다. 이때 행정작용과 반대급부간의 '실질적 관련성'은 원인적 관련성, 목적적 관련성으로 구분된다.

원인적 관련성은 행정작용과 상대방에 대한 반대급부 부과행위 사이에 상당인과관계가 있어야 한다는 것이고, 목적적 관련성은 상대방에 대한 반대급부 부과행위가 근거법령과 해당 행정작용의 시행목적과 관련이 있어야 한다는 것이다.

3. 위반의 효과

행정이 행정작용을 하면서 실질적 관련성이 없는 반대급부를 부과하여 부당결부금지의 원칙을 위반하면, 1) 법률에서 근거가 있는 경우에만 위법하다고 보기도 하지만(박균성), 2) 다수설은 법령에 근거가 없어도 '위법' 및 '위헌'이라고 본다(김철용, 장태주, 정하중). 행정행위의 부관(부담)인 경우는 위법하여 부관만 무효나 취소가 될 수 있다.

Ⅶ. 신의성실의 원칙

1. 개 념

신의성실의 원칙(Grundsatz von Treu und Glauben)은 '행정은 국민에 대한 행정권의 행사에서 신의에 따라 성실하게 행하여야 한다는 원칙'이다.

「민법」 제2조 제1항에서 유래하여 행정법에서도 「행정절차법」 제4조 제1항, 「국세기본법」 제15조, 「관세법」 제6조 등에 규정되어 있다.

2. 판례의 입장

우리 판례는 신의성실의 원칙에서 실권 또는 '실효의 법리'가 파생된 것이라고 보고 있고, 공법관계에도 적용된다고 본다(대판 1988.4.27, 87누915). 다만, 신뢰보호원칙과 구분하지 않는 경향이 있다.[45]

대법원 1988. 4. 27. 선고 87누915 판결 【행정서사허가취소처분취소】
<u>실권 또는 실효의 법리는 법의 일반원리인 신의성실의 원칙에 바탕을 둔 파생원칙인 것이므로 공법관계 가운데 관리관계는 물론이고 권력관계에도 적용되어야 함을 배제할 수는</u>

---

45) 홍정선, 53쪽. 신뢰보호원칙과의 관계에 대하여는 임현, "조세법상의 신의성실의 원칙", 『토지공법연구』 제16집 제2호, 2002. 12, 411쪽 이하.

없다 하겠으나 그것은 본래 권리행사의 기회가 있음에도 불구하고 권리자가 장기간에 걸쳐 그의 권리를 행사하지 아니하였기 때문에 의무자인 상대방은 이미 그의 권리를 행사하지 아니할 것으로 믿을만한 정당한 사유가 있게 되거나 행사하지 아니할 것으로 추인케 할 경우에 새삼스럽게 그 권리를 행사하는 것이 신의성실의 원칙에 반하는 결과가 될 때 그 권리행사를 허용하지 않는 것을 의미하는 것이다.

3. 위반의 효과

신의성실의 원칙을 위반하면 위법한 행정작용이 된다. 위법의 효력, 즉 하자의 문제는 행정행위의 하자일반이론에 따른다.

제 6 절 행정법의 효력

Ⅰ. 개 념

행정법령은 일반법령과 마찬가지로 제정·시행되어야 규정된 법적 효력을 갖는다. 따라서 행정법의 효력은 언제부터 어느 범위까지 관련자를 구속하는 힘을 가지는가의 문제이다.

Ⅱ. 시간적 효력

1. 효력발생시기

행정법령은 일반법령처럼 제정되면, 대외적으로 공포되어야 하고, 공포한 날로부터 일정한 기간(시행유예기간)이 지나면 시행일에 법적 효력이 발생한다. 법령과 조례·규칙은 시행일에 대하여 "특별한 규정이 없으면, 공포한 날부터 20일이 경과함으로써 효력을 발생한다"고 규정한다(헌법 제53조 제7항, 법령등공포법 제13조, 지방자치법 제26조 제8항).

공포는 '제정된 법령을 법적 안정성을 위하여 국민에게 널리 알리는 행위'로서, 국가의 법령과 조약에서는 '관보에 게재하는 행위'이고(법령등공포법 제11조), 지방자치단체의 조례나 규칙은 '당해 지방자치단체의 공보나 일간신문에 게재하거나 게시판에 게시하는 행위'이다(지방자치법시행령 제30조 제1항).[46] '공포일'은 '해당 법령 등을 게재한 관보 또는 신문이 발행된 날'이다(법령등공포법 제12조).

46) 최근 법령등의 공포는 (종이)관보를 기본으로 하여 '전자관보'를 보완적으로 운영한다(법령등공포법 제11조 제3항).

행정법령은 '효력이 발생한 날'(시행일)로부터 국민 등에게 적용된다(장래효). 한편 행정의 상대방인 일반 국민을 기준으로 보면, 형법상 행위시법주의처럼 '일정한 행정작용을 발급받은 때'(처분시)의 법령이 현행법으로 적용된다.

2. 소급효

1) 개 념 행정법령이 제정・공포되면, 원칙적으로 시행일 이후의 장래에 대하여 법적 효력이 발생한다(장래효). 그러나 법령을 법령시행 이전의 행위(사실관계)에 대하여 소급하여 적용하기도 한다. 법령의 소급적용에 따른 효력을 소급효라 한다.[47]

2) 유 형

(1) 진정소급 진정소급은 법령을 시행이전에 종결된 사실에 대하여 적용하는 것이다. 원칙적으로 법령은 법적 안정성과 국민의 신뢰보호를 위하여 그 시행(효력발생) 이전에 종결된 사실에 대하여는 소급하여 적용하지 않는다. 이는 법령의 소급효 금지의 원칙이다(국세기본법 제18조 제2항).[48] 일반적으로 '법률의 불소급'은 '진정소급효금지의 원칙'을 말한다. 이는 주로 정치적인 사건에 적용된다.

진정소급효금지의 원칙에 대한 예외는 1) 실정법에서는 형벌에 관한 법률 또는 그 법률의 조항이 헌법재판소에서 위헌으로 결정된 경우에는 소급하여 법적 효력을 상실한다고 규정한다(헌재법 제47조 제2항). 2) 판례는 일반 국민의 이해에 직접 관계가 없는 경우, 개인에게 이익을 주거나 오히려 불이익이 감소되는 경우 등의 특별한 사정이 있는 경우(대판 2005.5.13, 2004다8630), 일반적으로 소급입법을 예상할 수 있었던 예외적인 사안인 경우, 개인의 신뢰보호보다 달성되는 공익적 중대성이 압도적인 경우(대판 2011.2.23, 2010두17557) 소급적용이 허용된다. 3) 그 외에 소급효가 인정되어도 법적 안정성을 해치지 않는 경우에도 허용된다고 볼 수 있다.

대법원 2005. 5. 13. **선고** 2004다8630 **판결 【구상금】**
<u>법령의 소급적용, 특히 행정법규의 소급적용은 일반적으로는 법치주의의 원리에 반하고, 개인의 권리・자유에 부당한 침해를 가하며, 법률생활의 안정을 위협하는 것이어서, 이를 인정하지 않는 것이 원칙이고(법률불소급의 원칙 또는 행정법규불소급의 원칙), 다만 법령을 소급적용하더라도 일반 국민의 이해에 직접 관계가 없는 경우, 오히려 그 이익을 증진하는 경우, 불이익이나 고통을 제거하는 경우 등의 특별한 사정이 있는 경우에 한하여 예외적으로 법령의 소급적용이 허용된다.</u>

47) 길준규, "법률의 소급효", 『부동산법학』 제12집, 2005, 199쪽 이하.
48) 「국세기본법」 ② 국세를 납부할 의무(세법에 징수의무자가 따로 규정되어 있는 국세의 경우에는 이를 징수하여 납부할 의무. 이하 같다)가 성립한 소득, 수익, 재산, 행위 또는 거래에 대해서는 그 성립 후의 새로운 세법에 따라 소급하여 과세하지 아니한다

(2) **부진정소급** 한편 다른 법령과 달리 행정법령은 사회변화에 따라 부단히 제·개정되므로 적용대상인 '사실관계가 새로운 법령의 시행일 이후에도 계속 진행중인 사항에 대하여 소급적용하는 것'을 부진정소급이라고 한다. 원칙적으로 부진정소급에는 소급효를 인정한다(부진정소급효).

부진정소급효는 원칙적으로 허용되지만, 예외적으로 소급효를 요구하는 공익상의 사유와 침해되는 신뢰보호이익 사이의 형량과정에서 신뢰보호의 관점이 입법자의 형성권에 제한을 가하게 된다(헌재 1995.10.26, 94헌바12; 1996.2.16, 96헌가2 등).

대법원 2007. 10. 12. **선고** 2006**두**14476 **판결 【주택재개발사업시행인가처분취소】**
법률의 개정에 있어서 구 법률의 존속에 대한 당사자의 신뢰가 합리적이고도 정당하며, 법률의 개정으로 야기되는 당사자의 손해 내지 이익 침해가 극심하여 새로운 법률로 달성하고자 하는 공익적 목적이 그러한 신뢰의 파괴를 정당화할 수 없다면, 입법자는 경과규정을 두는 등 당사자의 신뢰를 보호할 적절한 조치를 하여야 하며, 이와 같은 적절한 조치없이 새 법률을 그대로 시행하거나 적용하는 것은 허용될 수 없다 할 것인바, 이는 헌법의 기본원리인 법치주의 원리에서 도출되는 신뢰보호의 원칙에 위배되기 때문이다. 이러한 신뢰보호 원칙의 위배 여부를 판단하기 위하여는 한편으로는 침해받은 이익의 보호가치, 침해의 중한 정도, 신뢰가 손상된 정도, 신뢰침해의 방법 등과 다른 한편으로는 새 법률을 통해 실현하고자 하는 공익적 목적을 종합적으로 비교·형량하여야 할 것이다(대판 2006.11.16, 2003두12899 참조).

(3) **경과규정** 실무에서는 법령의 제정·시행 이전에 사실관계가 시작하여 종결되지 않았거나 기존의 이익을 보호할 필요가 있는 경우에는 부진정소급으로 법령을 소급적용하기보다는 개인의 권리보호와 법적 안정성을 위하여 주로 해당 법령의 부칙에 언제까지는 종전의 규정을 적용한다는 식의 '경과규정'을 두어서 새로 제정된 법령 적용에 대한 별도의 예외를 인정하기도 한다.

대법원 2014. 4. 30. **선고** 2011**두**18229 **판결 【양도소득세부과처분취소】**
법령의 전부 개정은 기존 법령을 폐지하고 새로운 법령을 제정하는 것과 마찬가지여서 특별한 사정이 없는 한 새로운 법령이 효력을 발생한 이후의 행위에 대하여는 기존 법령의 본칙은 물론 부칙의 경과규정도 모두 실효되어 더는 적용할 수 없지만, 법령이 일부 개정된 경우에는 기존 법령 부칙의 경과규정을 개정 또는 삭제하거나 이를 대체하는 별도의 규정을 두는 등의 특별한 조치가 없는 한 개정 법령에 다시 경과규정을 두지 않았다고 하여 기존 법령 부칙의 경과규정이 당연히 실효되는 것은 아니다(대법원 2002. 7. 26. 선고 2001두11168 판결 등 참조).

3. 폐지 (효력의 소멸)

행정법령은 시행일부터 그 법적 효력을 가지나, 1) 상위법령의 제정에 의한 '상위법 우선의 원칙'에 따른 폐지(명시적 폐지), 2) 같은 단계에 있는 새로운 법령의 제정에 의한 '신법우선의 원칙'에 의한 폐지, 3) 새로운 법령과의 내용상 충돌에 의한 폐지(묵시적 폐지), 4) 상위 근거법령의 폐지에 따라 하위법령의 폐지 등에 의하여 그 법적 효력을 잃는다.

【판례해설】 구법을 개정하거나 폐지하는 신법이 제정된 경우에 별도의 명문규정이 없는 이상 구법 시행 당시에 발생한 사유에 대하여는 개정·폐지된 구법이 그대로 적용된다(대결 1984.7.26, 83두2; 대판 1994.3.11, 93누19719). 따라서 구법 당시의 발생한 행위에 대하여는 신법에서는 처벌하지 않더라도 구법을 적용하여 처벌한다(대판 1997.2.28, 96도2247).

한편 한시법은 '법령 제정 당시에 그 효력기한이 미리 정해진 법'으로, 이는 그 법령에서 정한 기한의 경과(종기)로 폐지된다. 다만, 한시법의 소멸 이후에 '소멸 이전의 행위'에 대하여 한시법을 적용하여 처벌할 수 있을 것인가가 문제되는데, 행위시법주의에 따라 가능할 것이다.

Ⅲ. 지역적 효력

1) 행정법의 효력은 원칙적으로 속지주의이므로 '대한민국의 영토 내에 있는 모든 자연인과 법인'에게 적용된다(질서위반법 제4조 제1항). 외국인에게도 당연히 적용된다.[49] 영토 밖의 대한민국의 선박 또는 항공기 안의 외국인에게도 적용된다.

2) 속지주의에 대한 예외는 우리나라 영토이지만 대한민국의 주권이 미치지 않는 외교사절(숙소), 외국군주둔지역(한미행정협정에 따른 주한미군 등)과 외국인 토지 소유물 등에 대하여 그 적용이 제한되는 경우이다.

한편 행정법에서도 1) 법령(대통령령, 총리령, 부령)은 전국적 차원의 것이므로 대한민국 영토의 모든 영역에 적용되고, 2) 지방자치단체의 자치입법(조례, 규칙)은 해당 지방자치단체의 '구역' 내에서만 효력이 있는 것이 원칙이다. 물론 특정지역개발이나 제한을 목적으로 하는 지역계획에 해당되는 법령은 '해당 지역'만을 대상으로 할 수 있다(수도권정비계획법, 접경지역지원법 등). 3) 공법상 사단, 영조물 등의 자치입법도 한정된 인적·물적 범위 내에서만 효력이 있다.

Ⅳ. 대인적 효력

한편 행정법은 예외적으로 속인주의이므로 외국에 있는 대한민국 국민에게도 적용될 수 있다(질서위반법 제4조 제3항). 예는 출생신고, 질서위반행위 등이다.

행정법에서는 원칙적으로 해당 행위를 신청한 자나 행정활동의 상대방에게만 법령상 규정된 법적 효력이 부여된다. 그러나 해당 행정청(처분청)이나 신청자가 아니더라도 그 효력은 제3자에게도 주장할 수 있는 경우도 있다(대세효).

49) 예를 들면, 주한미군이 주둔지역의 영외에서 교통법규를 위반한 경우에 당연히 행정법상 범칙금 납부의무가 있다. 다만, 범칙금 미납시는 치외법권지역이기 때문에 강제집행을 못할 뿐이다.

제 2 장

행정법의 기초이론

행정법의 기초이론에서는 행정법 전반에 적용되는 일반적인 행정법원리를 다룬다. 행정은 우선 법치국가원칙에 따라 법에 맞게 내지는 법률에 따라 시행되어야 한다(행정의 법률적합성이론). 행정이 법집행으로서 법령을 해석하고 집행하는 과정에서 법에 어떻게 기속되고, 어떠한 결정여지를 갖는지에 대한 행정법상의 법해석과 적용원리가 '불확정 법개념'과 '재량이론'이다. 한편 근대국가 초기에 국가의 국민에 대한 일방적인 명령-지배복종관계를 기반으로 하였던 권력관계는 민주주의의 진척에 따른 국민의 지위향상으로 행정상 법률관계로 발전하였다. 근대국가 이후 권력관계는 일반권력관계와 특별권력관계로 구분되었고, 오늘날에도 여전히 행정목적의 실현을 위하여 특정한 유형의 국민에게만 적용되는 특별권력관계가 필요하다. 한편 이러한 행정상 법률관계에서는 누가 행정주체가 될 것인가의 문제와 그에 대응하여 개인이 행정에게 적법성의무의 준수를 소송상으로 요구할 수 있는 주관적 공권이론 등이 문제된다. 마지막으로는 사인이 행정의 공법행위에 관여하는 사인의 공법행위로서 신청과 신고가 문제된다.

제 2 장 행정법의 기초이론

제 1 절 행정의 법률적합성원리

Ⅰ. 행정의 법률적합성의 개념

법치국가원리는 '법과 법률에 의한 기속'으로, 일반적으로 '민주주의원리(권력분립원리)에 따라 행정은 1) 법을 집행하고(입법자의 규율에 기속되고), 2) 법(행정재판권)에 의해 통제된다는 원리'를 말한다. 법치국가원리가 행정법에서는 '행정이 법과 법률에 적합해야 한다는 것', 즉 '행정의 법률적합성'을 의미한다.

☞ 대륙법계에서는 '법치국가원리'(Rechtsstaat), 영미법계에서는 '법의 지배'(rule of law), 일본에서는 '법치행정'이라고 한다. 근대국가 초기의 법치국가는 의회가 제정한 법률에 의하여만 국민의 자유와 권리를 제한할 수 있다는 '법률의 지배'를 의미하는 형식적 법치국가이었다. 따라서 의회가 제정하는 법률이 곧 국민의 의사를 대변한다고 보았다. 그러나 독일의 국가사회주의(나치스)치하에서는 의회가 제정한 법률(수권법)이 헌법의 효력을 정지시키고 국민의 기본권을 유린하였다.

전후 독일은 이러한 역사적 경험에 따라 형식적 법치국가에 대한 결함을 극복하고자, '자연법에 맞는 법률' 내지는 '정당한 법률'을 모색하다가 법률에 대한 통제장치로서 헌법재판소를 설치하여 위헌법률심사제도를 도입하였다. 따라서 현대국가에서는 이러한 법률의 정당성심사를 통하여 '헌법에 합치하는 법률'에 의하여 지배되는 국가를 실질적 법치국가라고 한다. 그렇다고 현재 우리나라가 형식적 법치국가가 아닌 것은 아니고, 그를 넘어서 실질적 법치국가를 지향하고 있는 것이다.

Ⅱ. 법률의 법규창조력

1. 원 칙

법률의 법규창조력은 근대국가 이후 '의회가 제정한 법률만이 국민의 권리를 제한하거나 의무를 부과하는 법규적 성질을 가질 수 있다는 원칙'이다.[1] 즉, 국민의 대표인 의회만이 법규의 성질을 가진 법률을 제정할 수 있다는 것이다. 따라서 우리 헌법도 "입법권은 국회에 속한다"고 규정하여(제40조), 헌법상 '의회주권의 원

1) 독일은 최근 법률의 법규창조력은 행정의 법률적합성원리의 당연한 전제이므로 논의하지 않는다.

리' 내지 의회입법의 원리를 선언하고 있다.

2. 예 외

의회입법의 원리에 대한 헌법과 법률상 예외는 의회가 제정하지 않음에도 법규성을 가질 수 있는 것으로 1) '행정입법'(법규명령, 헌법 제75조, 제95조), 2) '비상입법'(긴급재정 · 경제명령이나 긴급명령, 헌법 제76조 제1항과 제2항), 3) '조례'(국민의 권리침해시, 지방자치법 제22조 단서) 등이 있다. 물론 이러한 입법형식도 법률의 명백한 위임근거에 의해서만 제정할 수 있다.

아울러 이론적으로는 '관습법', '행정규칙', '행정법상 일반원칙'에도 법규성이 인정되는 경우에는 의회입법의 예외가 될 수 있다(장태주).

Ⅲ. 법률의 우위

1. 개 념

법률의 우위(Vorrang des Gesetzes)는 '행정이 기존의 법률, 즉 법과 법률에 기속된다는 것'이다. 이는 1) 행정은 법률이 규정한 대로만 집행해야 한다는 원칙(행위의무)과 2) '행정은 어떠한 경우라도 국민이 수권한 헌법에 합치되는 법률을 위반해서 활동할 수 없다는 원칙'이다(부작위의무).[2] 즉, 행정은 '법률의 집행의무'와 '법률로부터의 일탈금지의무'를 부담한다. 법률의 우위는 행정은 국민의 대표자인 의회가 제정한 형식적 법률을 위반해서는 안 된다는 것으로 모든 행정활동에 적용되므로, 모든 행정활동의 소극적 기준이 되고 있다.

한편 법률의 우위에서 '법률'의 범위는 1) '형식적 법률'에 한정하거나(장태주), 2) 실질적 의미의 법률로서 헌법, 형식적 법률, 위임에 의한 법규명령, 행정법상 일반원칙도 포함된다고 본다(홍정선). 3) '형식적 법률'을 강조할 수 있지만, 실질적 의미의 법률로 보아야 할 것이다.

2. 위반의 효과

법률의 우위는 '행정의 법률적합성의 소극적 원칙'이므로 위반시 행정입법은 위법하여 무효가 되고, 공법상 계약은 일정한 요건하에 무효가 되고, 기타 행정작용은 무효나 취소의 대상이 된다(장태주). 그러므로 행정이 법률을 위반하지 않기 위해서는 실무에서 법을 집행하는 행정공무원의 법령 숙지와 법령의 범위 내에서

2) *Detterbeck*, Rn. 257.

의 행위가 요구된다.3)

Ⅳ. 법률의 유보

1. 개 념

행정이 법과 법률에 기속된다는 법률의 우위는 법률의 유보에 의하여 보충된다. 즉, 행정은 일정한 사건과 일정한 전제조건하에서는 특히 '형식적 법률'에 의한 수권을 받아야만 적법하게 행위할 수 있다. 따라서 법률의 유보(Vorbehalt des Gesetzes)는 '일정한 경우에 행정은 반드시 법률에 수권(근거)하여서만 활동해야 한다는 원칙'이다. 이것은 근대국가 이후로 행정의 원칙은 '의회'만이 결정할 수 있고, 행정은 이를 준수해야만 한다는 것이다.

한편 기본권의 제한과 관련된 '법률유보'(헌법 제37조 제2항)는 법률의 유보와 구분하여 '특별한 법률유보'라고도 한다(*Erbguth*, 78).

법률의 유보는 단순히 법률을 존중할 뿐만 아니라 적극적으로 행위에 대한 근거를 요구한다는 점에서 '행정의 법률적합성의 적극적 원칙'이라고 한다. 아울러 이때의 '법률'은 '의회가 제정한 형식적 법률'을 말한다. 이는 법률의 우위와 달리 일정한 사항에서는 반드시 법률상 근거가 있어야 한다는 것이기 때문이다.

법률의 유보는 1) 기본권의 제한은 법률로써 하여야 하며 법률이 기본권제한의 최소조항이라고 보는 '헌법상 법률유보설', 2) 국가공동체의 중요한 사항은 반드시 의회의 동의가 있어야 한다는 원칙이나 이는 사항유보일 뿐, 형식유보가 아니므로, 위임입법이 가능하다는 '의회유보설', 3) 행정의 고유한 영역은 다른 국가기관의 방해를 받지 않고 행정에게 유보되어 있다는 '행정유보설'과 구분되어야 한다.

2. 적용범위

행정의 활동이 법률에 유보되어야 한다면, 어느 범위에 한정할 것인가의 문제이다.

1) 침해유보설 침해유보설은 '행정이 국민의 권리를 침해하거나 의무를 부과하는 경우에는 반드시 법률의 근거를 요한다'는 것이다. 이는 근대국가 초기인 입헌군주제 당시에 국가에 대한 방어권성을 근거로 하여 발생하였다. 오늘날에도 침해행정의 모든 영역에 법률의 근거가 필요하다는 것은 일반적으로 인정되고 있다. 그러나 이 설에 따르면, 급부행정에는 법률의 근거가 필요하지 않다.

3) 실무에서 공무원이 법률을 숙지하지 못하여 행정관례나 지침에 의해서 행정활동이 행해질 수 있다. 이 경우에 만약 해당 행위가 '위법'으로 판단되면, 국가배상 나아가 구상권의 문제가 따른다. 따라서 공무원(임용, 보수)교육에서 법학교육, 특히 행정법교육이 절대적으로 요구된다.

2) **전부유보설** 전부유보설은 '모든 행정작용은 법률의 근거를 요한다'는 것으로서 Jesch가 주장하였다. 그러나 이 이론은 모든 행정의 자의를 배제한다는 점에서는 이상적이나, 모든 행정작용에 대한 법률의 수권은 현실적으로 법기술상 불가능하고, 만약 가능하더라도 행정의 경직성을 가져오게 된다.

▣ 그 밖에 일본과 우리나라에서만 주장되는 학설

(1) 권력행정유보설 - 행정권의 일방적 의사에 의하여 국민의 권리의무를 결정하게 되는 모든 권력적 행정작용은 법률의 근거가 요구된다는 설이다.

(2) 신침해유보설 - 침해유보설에 '특별권력관계'에도 법률의 유보가 필요하다는 설이다.

(3) 사회유보설 - 침해행정뿐만 아니라 급부행정, 특히 사회보장행정에 법률의 유보가 필요하다는 설이다.

(4) 급부행정유보설 - 침해행정뿐만이 아니라 급부행정에도 법률의 근거를 필요로 한다.

3) **본질성이론(중요사항유보설)** 독일 연방헌법재판소 판례로 형성된 이론으로 '국민의 기본권을 실현하기 위하여 가장 중요한 사항과 공동체를 위하여 근간을 이루는 결정은 반드시 법률에 유보되어야 한다'는 것이다. 다만, 결정형식에 상관없이 의회에 유보되어야 한다는 측면에서 '의회유보설'이라고 한다. 그러나 이 학설은 이론적으로는 타당하지만, 행정이 모든 사무마다 기본권과 공동체에 중요한 사항인지를 판단하기는 쉽지 않다는 약점이 있다.

헌법재판소 1998. 5. 28, 96헌가1 **【의료보험법제33조제1항위헌제청】**
우리 헌법 제40조의 의미는 적어도 국민의 권리와 의무의 형성에 관한 사항을 비롯하여 국가의 통치조직과 작용에 관한 기본적이고 본질적인 사항은 반드시 국회가 정하여야 한다는 것이다.

헌법재판소 2008. 2. 28, 2006헌바70 **전원재판부 【방송법제64조등위헌소원】**
헌법재판소는 98헌바70 사건에서 수신료의 금액에 대하여 국회의 결정 내지 관여를 배제한 채 한국방송공사로 하여금 결정하도록 한 구 한국방송공사법 제36조 제1항이 법률유보원칙에 위반하여 헌법에 합치되지 아니한다는 결정을 하면서 수신료와 관련하여 법률유보의 원칙상 반드시 법률로 규율하여야 할 사항에 대하여 판시한 바 있다. 즉, 수신료는 국민의 재산권보장의 측면에서나 한국방송공사에게 보장된 방송자유의 측면에서나 국민의 기본권 실현에 관련된 영역에 속하고, 그중 수신료의 금액, 수신료 납부의무자의 범위, 수신료의 징수절차는 수신료 부과·징수의 본질적인 요소이며 따라서 입법자가 스스로 결정하여야 할 사항이라고 판시하였다(헌재 1999.5.27, 98헌바70 참조).

V. 행정의 권한과 권능

근대국가 이후로 국가는 법치국가원리에 따라 반드시 법에 의하여 권한을 부여받아야만 활동할 수 있다. 이는 법에 의하여 행정이 권한을 부여받는다는 점에서는 '수권근거'라고도 하며, 행정은 법에 의하여 부여된 권한만 행사할 수 있다. 이러한 수권 내지 근거법령을 권한규범이라고 한다.

권한규범(Kompetenz)에는 1) 행정기관을 법령에 근거하여 설치하고 일반적인 행위를 할 수 있는 권한을 부여하는 임무규범(Aufgabeverteilungsnorm)이 있다. 임무규범은 행정기관을 설치하는 조직규범과 일반적인 직무권한을 분배하는 권한배분규범(직무규정)으로 구분되고, 양자를 포괄적으로 규정하기도 한다. 그러나 임무규범은 단순히 행정조직을 설치하고 포괄적인 직무권한을 부여하는 데에 불과하다. 2) 따라서 행정이 구체적인 사건에서 국민의 권리의무를 직접 침해하는 경우에는 반드시 권능규범(Befugnisnorm)이라고 하는 구체적인 수권규정이 필요하다.[4)]

권한과 '관할'(Zuständigkeit)은 혼용되기도 하는데(Ipsen, 71), 어느 행정청에 권한이 부여되면, 그 행정청 내의 권한분배가 바로 관할의 문제이다. 즉, 치안사무가 경찰청의 권한이면, 경찰청 내의 경찰기관간의 지역·상하에 따른 권한배분이 바로 '관할'이다.

▣ 법치국가원리의 예외

1) 법률유보와 예산 : 급부행정은 수익적 행정작용이므로, 법률상의 근거는 필요없이 단지 예산상의 근거(예산조치)만 있으면 된다고 보았다(BVerfGE 58, 45 (48)).
2) 통치행위 : 법률유보의 대상은 아니나, 국가긴급권이나 기타의 경우도 법제화되거나 사법심사의 대상이 되는 추세에 있다.
3) 특별권력관계 : 특별한 공법상 원인에 의하여 조직된 각종 근무관계 및 사용관계로서 이는 과거의 특별명령에 의한 지배와 달리 국민의 권리 등을 제한하는 경우에는 법률의 유보가 필요하다는 논의가 늘고 있다.
4) 행정조직 : 우리나라는 헌법상 행정조직법정주의를 규정하고 있다(제96조). 따라서 법률의 유보로 오해될 소지가 있으나, 이것은 이론에 의한 것이 아니라, 헌법규정에 의한 일종의 헌법상 법률유보이다. 과도한 법률유보일 수 있다.
5) 사법적인 행정 : 이는 '법치국가원칙을 회피하기 위하여 사법상 형식을 이용한다'는 지적(Fleiner)에 따라 공법상 제한을 부과하고 있다.
6) 비전형적 행정작용 : 최근에 행정기관의 공표, 권고, 경고 등도 '권리침해'라고 보아서 법치국가원칙에 의해 심사해야 한다는 논의가 있다.

제 2 절 행정법의 해석과 적용

Ⅰ. 행정의 법집행을 위한 법해석

행정의 법률적합성원칙은 행정(청)에게 법률을 집행하도록 의무지운다. 따라서 행정은 입법부가 정해준 헌법과 법률의 틀에서 기존의 형식적·실체적 법률에 따라 국가임무를 집행하는 법집행기관으로서 행정권을 행사하여야 한다. 이때 행정은 관련

4) 최근에는 권한규범을 '조직법상의 법률유보'(수권근거), 권능규정은 '작용법상의 법률유보'(수권근거)로 번역하기도 한다(홍정선, 박균성).

행정법령을 해석하여 법집행으로서 상대방에게 적용하여야 한다. 따라서 행정은 법령을 제일 먼저 해석하는 제1차적인 법해석기관이다. 아울러 이러한 행정의 법해석에 대하여 전통적으로 권위를 부여하였는데, 그것이 바로 행정행위에 예선적 효력과 강제력 등의 우월적인 지위를 부여한 것이다.

Ⅱ. 행정법령의 해석과 적용

1. 법규정의 규범구조

행정기관이 관련 행정법령을 적용하기 위하여는 우선 해당 법규정을 (법)해석을 하여야 하므로 먼저 해당 법규정의 규범구조를 살펴야 한다. 일반적으로 행정법령은 조직법을 제외하면, 주로 '～하면, ～한다'는 명제로 구성되어 있다.[5]

법령의 규범구조상 '～하면'은 조건명제로서 법령의 구성요건규정이고, '～한다' 등은 법률효과규정이라고 볼 수 있다. 따라서 행정기관은 해당 사실관계가 법령에서 정한 요건규정을 충족하면, 법규정에서 정한 법률효과를 부여하는 것이다.

2. 법령규정의 해석과 적용구조

위의 규범구조를 중심으로 행정기관의 법해석과 법적용과정을 일반적으로 개관하면 다음과 같다(*Maurer*, 133). 이러한 행정의 법해석과 적용의 단계는 실무에서는 법령에 따라 여러 단계가 함께 발생할 수도 있고, 순서가 바뀔 수도 있다.

1) **사실관계의 확정** - 주장된 사실은 일상적인 생활관계이므로, 그 중에서 법적용에 필요한 사실관계를 요약하여 정리한다. 이는 복잡한 생활관계에 대한 설명에서 필요한 법적 사실관계(Verhältnis)를 도출하는 것이다.

2) **적용법령의 확정** (legal mind) - 정리된 사실관계가 구체적으로 어떠한 행정법령에 해당되는지를 찾아서 확정한다. 이 과정에서 법률뿐만 아니라 해당 시행령(법규명령), 시행규칙(부령)은 물론 훈령, 고시, 지침 등의 행정규칙도 조사하여야 한다.

3) **법령의 해석** - 해당 법령의 관련규정을 해석하여 구성요건규정과 법률효과규정으로 구분한다.

4) **법포섭작용** (사실관계의 법규정에의 대입) - 사실관계가 법규정의 구성요건 규정의 내용에 부합하는지를 검토한다. 이때 행정권의 법해석은 불확정 법개념의 해석이 문제될 수 있다.

5) **법률효과의 결정** - 행정기관은 해당 규정에 따른 법률효과를 부여할지를 결정한다. 이때 법률효과를 부여할 선택권이 행정기관에게 있는지 여부에 따라 기속행위와 재량행위로 나뉜다.

---

5) 물론 '～하여야 한다', '～할 수 있다'로 규정될 수 있다. 다만, 편의상 '～한다'로 약칭한다.

3. 법해석방법론

행정법령의 해석은 일반적인 법해석방법론과 마찬가지로 해석한다. 다만 행정법령은 문리해석이나 체계해석 등 외에도 (행정)정책적인 해석이 요구될 수도 있다.

1) **문리해석** - 법규정에 사용된 용어의 뜻을 문리로 파악하는 것으로 가장 기본적인 법해석이다. 가장 기초적인 해석방법이지만, 이것만을 고수하면 문제가 된다.

2) **체계해석** - 법규정을 관련 법규정은 물론 헌법과 해당 법영역 또는 법령의 입법목적에 맞도록 법령간의 법체계적인 해석을 하는 것이다. 특히 행정법령은 다양한 전문영역이 있으므로 관련법령간의 법체계적인 해석이 중요한 경우가 많다.

3) **역사해석** - 신법인 경우에는 정부안, 국회 심의록, 입법이유서 등의 입법자료나 입법사를 반영하여, 개정안은 구법령과 연결하여 해석하는 것이다.

4) 목적해석 - 법령해석의 결과가 헌법질서나 해당 법질서에 나타난 가치와 시대적인 합리성에 부합하는지 여부를 판단하는 일이다(대판 1978.4.25, 78도246).

5) **토픽(관점론)적 해석** - 문제적·관점론적인 입장에서 관점에 따라 설득력 있게 해석을 시도하는 논증적 해석방법이다.

6) **규범합치적 해석** - 해당 법규정에 여러 헌법해석이 있다면, 그중에서 헌법에 맞는 해석을 채택하여야 한다는 헌법합치적 규범해석 등이 있다.

대법원 2005. 2. 18. **선고** 2004**도**7807 **판결 【건축법위반】**
당해 법령 자체에 그 법령에서 사용하는 용어의 정의나 포섭의 구체적인 범위가 명확히 규정되어 있지 아니한 경우 법령상 용어의 해석은 그 법령의 전반적인 체계와 취지·목적, 당해 조항의 규정 형식과 내용 및 관련 법령을 종합적으로 고려하여 해석하여야 할 것이다.

Ⅲ. 공법규정의 유추적용

행정법은 역사가 짧고, 통일법전이 마련되지 않은 관계로 법령의 흠결시에는 다른 법상의 규정을 원용하기 어렵다. 이때 다른 공법규정의 유추적용은 같은 법치국가원리에 근거하여 제정된 것이므로 적극적으로 인정된다(대판 1985.9.10, 85다카571; 1987.7.21, 84누126).

유추적용은 어느 사건에 관하여 적용할 법령이 흠결된 경우에 유사한 사건에 적용한 법령을 적용하는 것이다. 판례는 어떤 법률이 재산권 침해를 규정하면서 명문의 보상규정이 흠결된 경우, 유사한 재산권 침해를 규정한 관계 법률의 보상규정을 유추적용하고 있다.

대법원 1985. 9. 10. **선고** 85**다카**571 **판결 【부당이득금】**
국세기본법 제52조 제1호, 동법시행령 제30조 제2항에 의하면 부과처분의 취소변경으로 인한 국세환급금에 있어서는 그 납부일 다음날부터 환급받은 날까지 환급금 100원에 대하여 1일 3전의 비율에 의한 이자를 가산하여야 한다고 규정하고 있으나, 본건 환급당시 시행된 구 관세법 및 동법시행령에는 과오납관세의 환급에 있어서 환급가산금(이자)에 관한 규정이 없는 바, 부당하게 징수한 조세를 환급함에 있어서 국세와 관세를 구별할 합리적인 이유가 없고 과오납관세의 환급금에 대하여만 법의 규정이 없다 하여 환급가산금을 지급치 아니한다는 것은 심히 형평을 잃은 것이라 할 것이므로(따라서 현행 관세법에는 환급가산금에 관한 규정을 신설하였다) 국세기본법의 환급가산금에 관한 규정을 유추적용하여 과오납관세의 환급금에 대하여도 납부한 날의 다음날부터 환급가산금(이자)을 지급하여야 한다.

특히 유추적용할 수 있는 법령으로 공·사법 규정이 둘 다 존재하는 경우에는 사법규정에 앞서 공법규정을 우선 적용해야 한다(공법형식우선의 원칙). 다만 준용할 법령이 전혀 없는 경우, 즉 유사법령이 없는 경우에 행정기관은 실정법 전체에 비추어 타당시되는 규율을 스스로 발견할 의무를 갖는다. 이때 유사한 판례나 관련 학설이 중요한 기준이 된다.[6]

Ⅳ. 사법규정의 적용

1. 개 념

구체적인 사건에 대하여 적용할 수 있는 공법규정의 흠결 및 공백시에 행정기관은 기존의 사법규정을 적용할 수 있는가의 문제가 행정사건에 '사법규정의 적용' 문제이다. 이 경우에 법령상에 사법규정을 적용할 수 있다는 명문규정의 여부에 따라 다르다.

2. 명문에 의한 사법규정의 적용

해당 행정법령에서 관련 법규정은 없고 사법규정을 준용한다는 규정만 있는 경우에는 행정법령과 모순되지 않는 한도에서 관련 사법규정을 적용할 수 있다.

「국가배상법」 제8조 "국가 또는 지방자치단체의 손해배상의 책임에 관하여는 이 법에 규정한 것을 제외하고는 민법의 규정에 의한다."

3. 명문의 규정이 없는 경우

실제 문제되는 경우는 해당 법령에서 사법규정의 준용에 관한 명문규정이 없는 경우이다. 이에 대하여는 '소극설'(공법적용설)은 공법과 사법은 서로 다른 별개의 법체계이고 본질적으로 서로 다르기 때문에 공법규정의 흠결에는 사법규정을 적용할 수 없다고 본다(Otto Mayer). 그러나 실무에서 '적용불가'는 고려될 수 없다.

보통 '적극설'(사법적용설)에 따라 공법규정이 흠결된 법률관계에는 사법규정을 적용

6) 우리나라의 법조실무는 일부를 제외하고는 판결작성시 법령, 판례 외에는 학설을 연구하거나 인용하지 않는데, 이는 외국과 비교할 때 판결의 법리성을 취약하게 만드는 큰 문제이다.

할 수 있다고 보는데, 그 적용범위에 따라 1) '직접적용설'은 공·사법관계간의 본질적인 동질성 및 다수 사법규정이 가진 법의 일반원리성을 이유로 공법관계에도 사법이 직접 적용될 수 있다고 보고, 2) 유추적용설(개괄적 구별설)은 공·사법관계의 유사성은 인정하지만 공법관계의 특수성을 고려하여 사법규정을 유추적용하자는 것이다. 즉, 적용할 사법규정과 적용될 행정법관계의 성질을 개별적·구체적으로 검토하여 적용하자는 것이다(장태주). 3) 유추적용설이 통설과 판례이다(대판 1961.10.5, 4292행상6).[7]

대법원 2006. 4. 13. **선고** 2005**두**15151 **판결 【압류처분취소】**
부부공유 유체동산의 압류에 관한 '민사집행법' 제190조의 규정은 체납처분의 경우에 유추적용을 배제할 만한 특수성이 없으므로 이를 체납처분의 경우에도 유추적용할 수 있다 할 것이다.

4. 사법규정의 유추적용 및 그의 한계

행정기관이 구체적 사건에서 공법규정의 흠결시에 사법규정을 적용하는 경우에는 해당 사법규정을 해석하여 일반법적인 성격을 도출하고 이를 유추적용하여야 한다. 특히 사법상의 일반원리는 비교적 유추적용이 가능하다.

☞ 사법상의 일반원리는 민법의 총칙에 해당되는 신의성실·권리남용금지의 원칙(민법 제2조), 기간(제155조~제161조), 시효(제162조~제184조, 제245조 이하), 주소(제18조~제21조), 사무관리(제734조), 부당이득(제741조), 불법행위(제750조 이하), 권리의무의 승계(제449조, 제452조, 제1005조, 상법 제235조) 등이 있다.

전통적으로 행정상 법률관계를 권력관계와 사법관계로 나누어 주로 사법관계에는 사법이 적용된다고 보아 사법규정의 적용을 주장하기도 하였다. 그러나 행정상 법률관계에는 일반적인 사법원리인 '사적 자치의 원리'를 그대로 적용하기 어려운 법치국가적인 특수성이 있는 경우는 일정한 '공법상의 제한'을 할 수 있다.

제 3 절 행정법해석의 특수성

☞ 행정에 의한 행정법의 해석과 적용은 행정기관에 의한 사실관계의 확정과 법령해석을 거쳐 법에서 정한 법률효과를 부여하는 것을 말한다. 물론 행정은 법집행으로서 법령에서 규정한 엄격한 기준을 준수하여 집행해야 하지만, 행정이 일반적·추상적인 규범을 개별사건에 구체화하여 해석·적용하는 과정에서 판단의 여지를 가지는 특수성이 있다. 특히 법령에 규정된 구성요건에 대한 법해석은 '불확정 법개념'의 문제로, 법령이 정한 법률효과의 선택은 행정의 '재량'문제로 발전하였다.

---

7) 한편 유추적용설은 '개괄적 구별설'이라고도 한다. 즉 공법관계를 권력관계와 비권력관계로 구분한 후에 사법규정 중의 일반원리는 그대로 적용하지만, 사법 중 이해조절적인 규정은 비권력관계에만 유추적용해야 한다고 주장한다. 홍정선, 62쪽.

제 1 항 불확정 법개념

Ⅰ. 개 념

입법자는 입법기술상 다양한 사회현실을 법으로 규율하기 위하여 일반적·추상적인 법규범으로 법령을 제정한다.8) 따라서 법규정에는 다양한 사실관계를 포괄하는 추상적인 개념을 사용하여 하나의 법개념으로 입법한 후에 실제의 다양한 개별 사실에 대하여 행정이 법개념의 해석을 통하여 집행하도록 한다.

이 때 법령에 사용된 추상적 용어를 불확정 법개념(Unbestimmter Rechtsbegriff)이라고 한다. 예를 들면, 법령에 규정된 '공공복리', '공공질서', '위험' 등의 개념이다. 다만, 판례는 '불확정 개념'으로 표현하면서, 법적 성질은 '재량'으로 본다.

불확정 법개념은 1) 주간, 야간, 위험 등 지각하거나 경험할 수 있는 대상과 관련된 개념인 '경험적 개념'과 2) 공공복리, 공공질서 등 주관적인 가치평가를 통하여 파악하는 개념인 '규범적 개념'으로 구분할 수 있다. 특히 규범적 개념은 예외를 인정할지라도 경험적 개념은 사법심사의 대상이 되어야 한다는 점에서 구별의 필요성을 강조하기도 한다(홍정선, 207).

Ⅱ. 재량과의 구별론

불확정 법개념은 법령의 요건규정에 규정된 추상적 개념을 해석하여 실제 구체적 사실관계에 해당되는지 여부에 관한, 즉 '어떻게 법을 인식할 것인가'라는 행정의 법해석의 문제이다. 반면에 재량은 법령의 효과규정에서 행정청에게 재량권(선택권)을 부여한 경우에 '행정청이 어떠한 법률효과를 선택할 것인가'하는 결정의 문제이다(재량·불확정 법개념 2원론).

☞ 종래의 재량이론 중에서 요건재량설에서는 요건규정으로 '재량'을 판단하므로 불확정 법개념이 인정되지 않고, 최소한 효과재량설은 되어야 구성요건 부분의 규정해석을 불확정 법개념의 문제로 볼 수 있었다. 한편 불확정 법개념에도 판단여지가 인정되는 경우에는 굳이 '요건'과 '효과'를 구분하지 말고 어차피 사법심사의 배제이므로 하나의 재량으로 보자는 주장이 있다(재량과 불확정 법개념 일원론). 그러나 이는 재량과 불확정 법개념이 분화되기 이전의 이론으로 원칙을 무시한 것이어서 타당하지 않다.9)

---

8) 입법 자체가 일반적·추상적 규율이다. 왜냐하면, 1) 입법기술상 모든 개별 사실을 규범화할 수 없으므로 보편성을 가져야 하고, 2) 법은 상황에 따라 변하는 게 아니라, 일정한 지속성을 가져야 하고, 3) 입법과정에서 정치적 타협으로 추상적 표현을 사용하기 때문이다.

9) 재량과 불확정개념의 분화에 대하여는 홍정선(상), 304쪽, 주 3.

Ⅲ. 불확정 법개념과 사법심사

1. 원 칙

행정청이 법령의 요건규정에서 사용된 불확정 법개념을 해석하여 구체적인 사실관계에 적용하는 경우에는 원칙적으로 '하나의 올바른 법해석'만이 존재해야 한다. 따라서 행정의 불확정 법개념에 대한 제1차적인 법해석은 전통적으로 최종적인 법해석기관인 법원에 의하여 전면적인 사법심사의 대상이 된다. 그러므로 구체적인 사실이 법령상의 개념에 포섭되지 않는 것으로 법원이 판단하면, 행정의 법해석과 그에 따른 법적용으로서의 행정작용은 위법하게 된다.

2. 사법심사의 예외 - 판단여지설

1) **판단여지설의 개념** 행정청이 행정법령의 요건규정에서 불확정 법개념을 해석하여 사실관계에 적용하는 경우에 그 개념의 범주 내에서 사실관계와 불확정 법개념인 요건규정 사이에 일정한 포섭의 자유가 인정될 수 있다. 따라서 이러한 한도 내에서는 행정의 전문성을 인정하여 사법심사가 제한되어야 한다는 이론이 바로 행정에게 일정한 법해석의 정당성을 부여하여 사법심사를 하지 말자는 판단여지설이다(장태주).

2) **인정근거** 행정법령의 요건규정상의 불확정 법개념의 해석에서 실제로 행정청의 해석이 1) 극도로 전문적이거나(전문성), 2) 타인이 판단대상을 다시 재생할 수 없거나(비대체성), 3) 법원이 행정청이 내린 판단의 전문성을 존중하여 특수성을 인정하거나(정책성, 미래예측), 4) 행정청의 결정이 대체가능한 범위 내에서 이루어졌다면 법원이 이러한 해석을 존중해야 한다는 것이 '판단여지설'(Bachof) 또는 '대체가능성설'(Ule)의 근거이다.

특히 바호프는 법원이 더 이상 심사할 수 없는 행정청의 독자적인 평가나 결정의 영역을 불확정 법개념으로 확보해 준 경우에는 행정청의 결정을 받아들여야 하고, 법원은 단지 해당 영역에서 한계의 준수여부만 심사해야 한다고 주장한다(장태주).

한편 울레는 법판단자 사이에 서로 다르지만 동가치적인 판단을 할 수 있는 한계사례에서는 행정청의 판단이 법원의 판단을 대체할 수 있다고 주장하여 행정의 전문성을 강조하였다.

3) **적용분야** 위의 판단여지를 인정하는 기준은 그 적용분야를 보면, 보다 명확해진다. 독일에서는 1) 시험결정, 2) 학교분야에서 시험과 유사한 결정, 3)

공무원법상의 근무평정, 4) 전문가위원회의 전문적인 평가에 따른 행정청의 결정, 5) 환경법 및 경제법영역에서의 장래에 대한 미래예측결정 및 위험평가, 6) 행정청의 행정목적달성을 위한 행정정책적인 결정 등에서 판단여지설이 적용된다.

판단여지를 인정하는 근거는 1) 비대체적 결정은 주로 시험평가결정(국가고시), 시험유사결정(학위수여결정) 등의 '학문적인 지식과 경험에 근거한 결정'이거나 공무원근무평정과 같은 시험위원 등의 '주관적 판단'이 중심을 이루거나 시험 등의 '상황재현이 불가능한 경우'에 전문적 판단을 존중하는 것이다. 2) 구속적 평가결정은 이익대표나 전문가로 구성되거나 직무상 독립성을 갖는 전문가위원회의 결정은 전문분야에서의 '객관적이고 전문적인 중립적 기관의 결정'이므로 가능한 한 존중되어야 한다는 입장에서 판단여지로 인정한다. 3) 미래지향적인 결정은 환경행정이나 경제행정에서 장래에 발생할 수 있는 위험(리스크) 판단 등에서 그 '평가특권'이 인정된다. 4) 행정정책적 결정은 경제, 사회, 문화 등을 일정한 방향으로 유도하거나 조정하는 정치적인 판단영역에 속하는 '형성적 결정'으로 보는 것이다(장태주).

헌법재판소 2004. 8. 26, 2002**헌마**107 **【사법시험출제방향및기준에 관한 심의사항취소】**
<u>행정행위로서 시험출제업무를 담당하는 시험위원은 법령규정의 허용범위 내에서 어떠한 내용의 문제를 출제할 것인가, 어떤 유형의 문제를 출제할 것인가, 특정 문제유형을 어느 정도 출제할 것인가 등 시험문제의 구체적인 내용을 자유롭게 정할 수 있다고 할 것이다.</u> 종합해 보면, 입법자가 사법시험 제1차 시험의 시험방법에 대하여 출제담당시험위원에게 요구하는 것은 논술형이나 면접이 아닌 선택형 또는 선택형과 일부 기입형을 요구하고 있을 뿐이고, <u>그 외 시험방법에 관한 구체적인 내용, 즉 시험의 난이도, 문항수, 문제유형, 출제비율, 배점비율, 시험시간, 출제범위 등(이하 '문제유형 등'이라고 한다)은 시험위원들의 재량에 맡겨져 있다고 할 것이다.</u>

대법원 1997. 11. 28. **선고** 97**누**11911 **판결 【검사임용거분처분취소】**
<u>공무원 임용을 위한 면접전형에 있어서 임용신청자의 능력이나 적격성 등에 관한 판단은 면접위원의 고도의 교양과 학식, 경험에 기초한 자율적 판단에 의존하는 것으로서 오로지 면접위원의 자유재량에 속하고, 그와 같은 판단이 현저하게 재량권을 일탈 내지 남용한 것이 아니라면 이를 위법하다고 할 수 없는 것이다. … 위와 같은 면접전형 결과에 따라 한 피고의 이 사건 임용거부처분이 신뢰보호의 원칙에 반하거나 재량권을 일탈 또는 남용한 것으로 볼 수 없다.</u>

【판례해설】 판례는 행정청의 판단여지를 '재량'으로 보면서, 주로 1) 시험과 관련한 주관적인 평가인 비대체적 결정, 2) 전문가위원회의 평가결정에서 적용하고 있다. 즉, 시험과 관련된 결정으로는 '의사고시의 채점기준'(대판 1964.6.30, 63누194), '사법시험의 출제행위'(대판 2001.4.10, 99다33960), '출제방향 및 내용의 결정행위'(헌재 2004.8.26, 2002헌마107), '한약조제시험의 평가방법 및 채점기준설정행위'(대판 1998.7.10, 97누13771), '감정평가사시험의 합격기준의 선택'(대판 1996.9.20, 96누6882), '공무원 면접전형의 판단'(대판 1997.11.28, 97누11911; 2008.12.24, 2008두8970) 등이 있고, 전문가의 판단행위로는 '토지형질변경행위를 수반하는 건축허가'(대판 2005.7.14, 2004두6181), '문화부의 유적발굴허가'(대판 2000.10.27, 99두264), '교육부의 교과서 검정기준'(대판 1988.11.8, 86누618; 1992.4.24, 91누6634) 등이 있다.

4) **판단여지의 한계** 물론 불확정 법개념에 대한 사법심사에서 행정청의 법해석에 판단여지를 인정한다 하더라도 전면적으로 사법심사가 배제되는 것은 아니고, 1) 판단기관의 적절한 구성여부, 2) 절차규정의 준수여부, 3) 사실관계의 판단이 정당한가의 여부, 4) 행정법상 일반원칙(평등, 비례원칙)의 준수여부 등을 고려하게 된다. 이는 판단여지의 한계로서 이를 넘어서면 위법하다.

판례는 판단여지를 '재량'으로 보아 1) 행정부의 법적인 판단이 '사실적 기초가 없다거나 2) 사회통념상 현저히 부당한' 경우에만 재량권을 일탈한 것으로 보고, 그 외에는 적법한 것으로 본다(대판 1992.4.24, 91누6634).

제 2 항 행정청의 재량

☞ 행정청이 사실관계를 확정하고 관련 법령을 해석하여 사실관계가 해당 법령에서 규정한 구성요건(규정) 내지 요건에 정한 사실(요건사실)에 해당된다고 판단되는 경우에, 해당 법령에서 규정한 법률효과를 부여할 것인지가 문제된다.

Ⅰ. 재량 등의 개념

1. 재량의 개념

재량(재량행정)은 '사실관계가 법령에 규정된 구성요건을 충족하는 경우에 해당 법령규정이 행정청에게 법률효과 부여에 대한 결정여지를 수권한 것'을 말한다. 행정행위에 대한 재량은 '재량행위', 행정청이 법령에 의하여 수권받은 재량에 대한 판단권한은 '재량권'이다. 재량은 '법률효과를 부여할지 여부에 대한 결정'(결정재량)과 '여러 법률효과가 존재하는 경우에는 하나를 선택하는 결정'(선택재량)으로 나뉜다. 입법자가 행정청에게 판단권을 준 경우이다. 실무에서는 반대로 법령에 규정되지 않은 것은 재량권을 준 것으로 해석하기도 한다.

대법원 1993.10.12. **선고** 93누4243 **판결 【개인택시면허예정자등결정제외처분취소】**
자동차운수사업법에 의한 개인택시운송사업면허는 특정인에게 권리나 이익을 부여하는 행정행위로서 법령에 특별한 규정이 없는 한 재량행위이고, 그 면허를 위하여 필요한 기준을 정하는 것도 역시 행정청의 재량에 속하는 것이므로(대판 1992.7.10, 91누10541; 1993.5.27, 92누19033 등 참조), 행정청이 정한 면허발급의 우선순위 등에 관한 기준을 해석·적용함에 있어서도 그 기준이 객관적으로 보아 합리적이 아니라거나 타당하지 아니하여 재량권을 남용한 위법한 것이라고 인정되지 아니하는 이상 행정청의 의사는 가능한 한 존중되어야 할 것이다.

2. 기속행위의 개념

기속행위는 '사실관계가 법령상의 구성요건을 충족하는 경우에, 해당 법령이 법령에서 정해진 법률효과(일정한 행위)를 반드시 부여하도록 규정한 것'이다. '기속행정'이라 한다. 즉, 사실관계가 구성요건규정상의 요건사실에 해당되는 경우에 행정청은 그 법규정에 기속되어 결정의 여지가 없이 법에서 정한 법률효과인 일정한 행위를 기계적으로 집행해야 한다. 이를 위반하면, 위법이 된다. 입법자가 행정청에게 판단권을 주지 않고 법령에 따라서만 집행하도록 한 경우이다.

Ⅱ. 구분이론

1. 기속재량과 공익재량의 구분

1) 종래 학설과 판례는 기속행위와 재량행위를 구분하고, 재량행위를 다시 '무엇이 법인가'의 재량인 '기속(법규)재량행위'와 '무엇이 공익에 적합한가'의 재량인 '자유(공익)재량행위'로 구분하였다. 이때 기속재량행위는 '무엇이 법인가'의 재량이므로 기속위반시에는 위법하여 사법심사의 대상이고, 자유재량행위는 '무엇이 행정의 편의성(합목적성) 내지 공익인가'의 재량으로서 그 위반시에는 단순히 부당행위에 그치므로 사법심사의 대상이 아니라고 보았다(김도창, 변재옥, 윤세창).

2) 판례는 1) 다수판례는 재량행위를 "기속재량 또는 자유재량"으로 단순구분하고(대판 1995.12. 12, 94누12302; 2003.6.13, 2002두9407; 2008.5.29, 2007두18321 등), 2) 일부 판례는 재량의 강도로 양자를 구분하고(대판 2002.10.11, 2001두151), 3) 기속재량이든 자유재량이든 막론하고 사법심사의 대상이라고 본다(대판 1984.1.31, 83누451). 4) 다수 판례는 "기속행위 내지 기속재량행위와 재량행위 내지 자유재량행위"로 구분하면서, 기속재량행위를 기속행위로 해석한다(대판 1994.9.13, 94누3544; 2001.2.9, 98두17593; 2002. 9.24, 2000두5661 등).[10)]

3) 재량은 행정의 자의나 자유를 의미하는 것이 아니므로 자유재량(freies Ermessen)은 존재하지 않고 단지 의무에 맞는 재량, 즉 법적으로 기속된 재량만 존재한다(*Maurer*, 140). 따라서 최근 학설은 일본식인 양자의 구분을 포기하고 독일식으로 기속행위와 재량행위만 구분하고 있다. 아울러 일부 판례가 기속재량과 자유재량을 모두 사법심사의 대상으로 보는 점에서 종래 입장에서 양자를 구별할 필요가 없다고 본다(김남진, 장태주, 홍정선). 그러나 양자가 사법심사의 대상이라도 그 심사강도가 다르므로 구별을 부인할 수 없다. 오히려 다른 다수판례가 '기속재량행위'를 '기속행위'로 보면서 최근 학설에 따라 양자를 구분하는 것으로 보아야 한다. 해결책은 법원이 일본식의 '기속재량'

---

10) 기속재량행위에 대한 자세한 논의는 김용섭, "기속행위, 재량행위, 기속재량", 『판례연구』(서울변회) 제15집하, 2001. 12, 18쪽, 특히 40쪽 이하.

을 포기하고 기속행위와 재량행위로 양분하여 일관되게 판결하여야 할 것이다.

2. 재량행위와 기속행위의 구별

1) **요건재량설** 요건재량설은 법령상 구성요건규정이 행정청에게 요건사실의 인정에 대한 재량을 부여하였는지 여부를 판단하는 것이다. 따라서 법률효과규정은 판단하지 않는다. 즉, 행정법령상의 요건규정이 처분에 대한 수권규정만 두고, 처분의 요건에 대하여는 아무런 규정이 없는 '공백규정'이거나, '공익상의 필요'와 같은 '종국목적'만 규정한 경우는 재량행위로 보고(장태주),[11] 법령이 종국목적(공익) 이외에 '중간목적'을 규정한 경우는 기속행위로 본다. 실무에서 법령에 세부규정이 없거나 '공익'규정만 있으면, 재량으로 보는 경우이다.

그러나 요건재량설에 따를 경우에는 종국목적과 중간목적의 구분이 불명확하고, 요건사실의 인정을 '재량'으로 보는 문제가 있다(이상규, 석종현). 요건재량설은 요건규정상의 공익 등의 개념이 재량이 아니라 불확정 법개념의 해석(판단여지) 문제로 보면서 극복되었다.[12]

2) **효과재량설** 요건재량설에서 발전하여 법령상의 요건규정의 판단은 법인식작용이어서 하나의 적법한 판단이 존재해야 하므로 재량이 아니고, 법률효과의 선택과 관련된 효과규정만으로 재량을 판단하는 것이 효과재량설이다.

효과재량설에 따르면, '개인의 권리나 자유를 침해하거나 의무를 부과하는 부담적 행정행위'는 기속행위이고, '개인에게 이익을 부여하는 수익적 행정행위'는 재량행위이다(장태주). '행위재량설'이라고도 한다.

그러나 현대행정의 투명화로 수익적 행정행위도 법령상 요건이 명확해지고 재량이 축소되면서 기속행위로 바뀌고 있고, 부담적 행정행위에도 재량이 인정되기도 하므로 양자의 구별이 쉽지 않다(김도창, 김남진).

3) **기본권 기준설** 1차적으로는 법문의 표현에 따르되(종합설), 법령상 표현이 불분명한 경우에는 헌법상 최상위 조항인 제10조와 제37조 제2항 및 행정행위의 내용과 성질에서 기준을 찾아서, 기본권의 최대한 보장이라는 헌법상 명령과 행정행위의 공익성을 구분기준으로 한다는 견해이다(홍정선).[13]

4) **종합설** 최근 일부 판례는 재량행위여부를 '당해 행위의 근거가 된 법

---

11) 종래의 학설과 판례가 법령에서 '공익'을 규정한 경우에는 무조건적으로 '재량'으로 보는 것은 이러한 요건재량설에 따른 것이다.

12) 독일의 재량이론의 발전에 대하여는 정하중, "행정법에 있어서의 재량과 판단여지 그리고 사법심사의 한계", 『공법연구』 제23집 제3호, 1995. 6, 141쪽 이하.

13) 유흥주점영업허가는 직업선택의 자유라는 기본권이 보다 중요하므로, 구비된 허가신청은 반드시 허가하는 것이 기본권의 최대한 보장에 부합하므로 기속행위이다(대판 2000.3.24, 97누12532).

령의 체제·형식과 그 문언, 당해 행위가 속하는 행정분야의 주된 목적과 특성, 당해 행위 자체의 개별적 성질과 유형 등을 고려하여 구체적인 사안마다 개별적으로 판단하여야 한다'고 본다(대판 2001.2.9, 98두17593; 박윤흔). 이를 '종합설'이라 한다(홍정선). 그러나 이는 법령규정의 형식 과 행위의 성질 등을 중심으로 판단하는 것이다.

5) **판 례** 판례를 전체적으로 보면, 법령의 규정형식(종합설)에 효과재량설의 기준을 일부 가미하고 있다. 즉 법령의 규정형식("근거법규의 체재·형식과 그 문언, 당해 행위가 속하는 행정분야의 주된 목적과 특성, 당해 행위 자체의 개별적 성질과 유형 등")을 고려하여 판단하되, 1) "수익적 행정처분으로서 법령에서 특별한 규정이 없는 경우" 또는 "처분요건을 일의적으로 규정하지 않은 경우" 2) 법령이 '공익'을 규정하거나 '공익실현'이 목적인 경우는 재량으로 본다.

대법원 2001. 2. 9. **선고** 98두17593 **판결 【건축물용도변경신청거부처분취소】**
행정행위가 그 재량성의 유무 및 범위와 관련하여 이른바 기속행위 내지 기속재량행위와 재량행위 내지 자유재량행위로 구분된다고 할 때, 그 구분은 당해 행위의 근거가 된 법규의 체재·형식과 그 문언, 당해 행위가 속하는 행정 분야의 주된 목적과 특성, 당해 행위 자체의 개별적 성질과 유형 등을 모두 고려하여 판단하여야 하고, 이렇게 구분되는 양자에 대한 사법심사는, 전자의 경우 그 법규에 대한 원칙적인 기속성으로 인하여 법원이 사실인정과 관련 법규의 해석·적용을 통하여 일정한 결론을 도출한 후 그 결론에 비추어 행정청이 한 판단의 적법 여부를 독자의 입장에서 판정하는 방식에 의하게 되나, 후자의 경우 행정청의 재량에 기한 공익판단의 여지를 감안하여 법원은 독자의 결론을 도출함이 없이 당해 행위에 재량권의 일탈·남용이 있는지 여부만을 심사하게 된다.

6) **소 결** 한편 일반적인 재량행위와 기속행위의 구별기준은 독일과 마찬가지로 우리 실무에서도 원칙적으로 해당 법령의 규정형식이 우선적인 기준이 된다(장태주). 즉 일반적으로 해당 법령이 '~할 수 있다'고 규정한 경우는 행정청에게 결정의 재량을 부여한 것이고, '~하여야 한다', '~한다' 등으로 규정한 경우는 기속행위로 본다. 다만, 법령의 규정형식으로만 구분할 수 없는 경우는 종합설이라고 보는 우리 판례처럼 해당 법령의 취지나 목적 그리고 관련 법령과의 법체계적인 해석, 기본권관련성 등을 통하여 구분할 수 있다.

3. 구별의 필요성 및 심사방식의 차이

재량행위와 기속행위에 대하여는 전통적인 견해에서 행정쟁송여부, 공권인정, 부관부가, 입증책임 등에서 구별의 필요성이 있다고 보았다. 그 외에도 법원은 양자가 심사방식에서 차이가 있다고 본다.

▣ 재량행위와 기속행위의 구별의 필요성

1) 행정쟁송 - 행정심판법은 '위법·부당한 처분', 행정소송법은 '위법한 처분 등'으로 규정하므로 재량행위에 해당하는 사항은 단지 '행정심판사항'에 불과하다.
2) 공 권 - 전통적인 견해는 재량행위는 행정청의 판단에 재량을 부여함으로써 어떠한 법적 청구권(주관적 공권)도 발생하지 않으나, 기속행위는 강행법규성으로 인하여 관련 당사자에게 주관적 공권을 부여함으로써 행정소송의 대상이 된다.
3) 부 관 - 전통적인 견해는 재량행위에는 부관을 붙일 수 있고 기속행위에는 불가하다고 본다. 물론 재량행위라고 항상 부관을 붙일 수 있는 것은 아니고, 성질상 불가능한 것도 있다(김남진, 홍정선).
4) 입증책임 - 행정소송에서 재량행위인 경우에는 원고가 재량의 일탈과 남용을 입증하여야 하나, 기속행위는 피고인 행정청이 법위반사실에 대한 적법성을 입증하여야 한다(대판 1987.12.8, 87누861).

심사방식에서는 기속행위는 "그 법규에 대한 원칙적인 기속성으로 인하여 법원이 사실인정과 관련 법규의 해석·적용을 통하여 일정한 결론을 도출한 후 그 결론에 비추어 행정청이 한 판단의 적법 여부를 독자의 입장에서 판정하는 방식"에 의하게 되나, 재량행위는 "행정청의 재량에 기한 공익판단의 여지를 감안하여 법원은 독자의 결론을 도출함이 없이 당해 행위에 재량권의 일탈·남용이 있는지 여부만을 심사하게 된다".

Ⅲ. 재량(권)의 행사

1. 원 칙

재량권이 부여된 경우에 행정청은 법령에 의하여 판단권을 부여받았으므로 공익이나 행정목적 등을 고려하여 재량에 따라 법률효과를 부여할 수 있다. 물론 행정청은 재량행위라 하더라도 임의로 결정하는 것이 아니고, 구체적인 상황과 해당 법령상의 목적설정(법령의 입법취지, 목적, 성질, 관련 법령의 체계와 (헌)법질서) 등에 맞게 합목적적(합리적)으로 결정해야 한다. 이를 의무에 합당한 재량 내지는 '법에 기속된 재량'이라고 한다. 재량권행사시에 만약 이러한 의무를 위반하면, '재량의 하자'가 된다.

아울러 입법자에 의하여 부여된 재량은 행정의 전문성이라는 측면에서 행정의 결정을 존중하여 일정한 한계를 넘어서지 않으면, 법원이 사법심사를 하지 않는 것이 원칙이다.

2. 재량준칙

한편 행정청은 '법령에서 부여된 재량을 행정내부에서 통일적인 기준하에 행사하도록 일반적·추상적 규율로서 규범'의 형태로 제정할 수 있다. 이를 '재량준칙'이라고 한다. 재량준칙은 원칙적으로 행정규칙의 형식으로 제정된다.

판례는 재량준칙을 "행정내부의 사무처리기준을 정한 것"으로 상위법에 근거를 두지 않으면, 국민이나 법원을 구속하는 법규명령이 아니라 일반적으로 행정규칙이라고 본다. (☞ 행정규칙 참조)

Ⅳ. 재량의 하자

1. 개 념

행정청에게 법령에서 재량권을 부여하였다 하더라도, 일정한 법령과 합목적성이라는 한계를 넘으면 행정의 재량권 행사에 '하자'가 발생한다.14) 이는 재량하자(Ermessensfehler)이다. 재량하자는 단순한 합목적성위반일 경우에는 '부당'의 문제에 그치지만, 법적인 한계를 넘어서는 경우에는 '위법'의 문제가 된다. 즉, 일정한 한계를 넘어서는 재량의 하자는 '위법한 재량'이 되어 사법심사의 대상이 된다.

「행정소송법」 제27조 "행정청의 재량에 속하는 처분이라 할지라도 재량권의 한계를 넘거나 그 남용이 있는 때에는 법원은 이를 취소할 수 있다."

2. 하자의 종류

1) 재량의 일탈 재량의 일탈(Ermessensüberschreitung)은 '법령이 규정한 외적인 한계, 즉 양적인 한계 등을 넘어서 재량권이 행사된 경우'이다. 즉, 선택재량이 부여된 경우에 선택권 밖의 것을 선택하거나 사실관계가 존재하지 않는 데에도 불구하고 권한을 행사한 경우(사실오인)이다. 예를 들면, 1년의 영업정지를 2년으로 하거나, 징계원인이 없는데 공무원을 징계한 경우 등이다. 판례는 재량을 일탈하면, 전부취소할 수밖에 없고, 일부취소는 불가능하다고 본다(대판 1998.4.10, 98두2270).

대법원 1984. 1. 31. 선고 83누451 판결 【운전면허취소처분취소】
행정청의 재량권은 복지행정의 확대등 행정행위의 복잡 다기화에 따라 그 영역이 날로 넓어지는 추세에 있고 한편 국민의 권익을 아울러 보장하여야 하는 행정목적과 행정행위의 특성에 따라 <u>재량권을 부여한 내재적 목적에 반하여 명백히 다른 목적을 위하여 행정처분을 하는 것과 같은 재량권의 남용</u>이나 <u>재량권의 행사가 그 법적 한계를 벗어나는 경우와 같은 재량권의 일탈</u>은 그 재량권이 기속재량이거나 자유재량이거나를 막론하고 사법심사의 대상이 된다고 풀이하여야 할 것이다.

---

14) 재량권의 한계에 대하여 자세히는 박종국, "재량권한계의 기준에 관한 고찰", 『공법연구』 제28집 제1호, 1999. 10, 151쪽 이하.

2) **재량의 남용** 재량(권)의 남용(Ermessensmissbrauch)은 '행정청의 재량이 법령상 주어진 범위 내에서 행해졌으나, 재량을 수권한 법령상의 목적, 행정법의 일반원칙(평등원칙, 비례원칙, 부당결부금지의 원칙), 조리 등을 위배하여 행사된 경우'이다. 이외에도 '사회통념상 현저하게 타당성을 잃은 경우'(대판 1983.12.27, 83누564), '객관적으로 합리적이 아니라거나 타당하지 않은 특별한 사정이 있는 경우'(대판 1998.9.8, 98두8759), '동기의 부정' 등이 있다.15) 재량하자의 대부분은 재량권남용이다.

> **대법원 2005. 7. 14. 선고 2004두6181 판결【건축허가신청반려처분취소】**
> 재량권의 일탈·남용 여부에 대한 심사는 사실오인, 비례·평등의 원칙 위배 등을 그 판단 대상으로 한다(대판 2001.2.9, 98두17593 참조).

3) **재량권의 불행사** 재량권의 불행사(Ermessensausfall)는 '행정청이 법령에서 부여한 재량을 사용하지 않아 기속행위로 행위한 경우'이다. 즉, 재량을 1) 전혀 행사하지 않거나, 2) 기속행위로 오인하여 행사하지 않은 경우, 3) 충분히 행사하지 않은 경우이다. 이는 '재량의 흠결'이라고도 하고, 3)만을 '재량권의 불행사'로 보기도 한다(장태주). 이 경우는 상대방을 고려하여 형량을 하였어야 하는데 하지 않아서 상대방에게 피해를 준 것이다. 그러나 현행 행정소송법에서는 재량권의 불행사를 규정하고 있지 않다. 다만, 판례는 국가배상사건에서 재량권이 부여된 권한의 불행사는 위법으로 보았다(대판 1996.10.25, 95다45927).

4) **판례의 입장** 한편 판례는 재량권의 '일탈'과 '남용'을 구분하지 않고, "재량권의 일탈·남용"으로 보며, 그 입증책임도 재량행위로 인하여 행정행위의 효력을 다투는 자가 주장·입증하여야 하고, 행정청이 재량권의 행사가 정당하였다는 것을 주장·입증할 필요는 없다고 본다(대판 1987.12.8, 87누861).

V. 재량의 통제와 구제

1. 입법적 통제

입법자는 법률제정시 재량규정을 제정하지 않거나, 행정권에게 재량을 부여해도 재량권 행사의 목적이나 범위를 정하거나 고려사항 등을 구체적으로 규정할 수 있다. 한편 정치적인 통제로서 헌법에서 정한 국정감사·조사(제61조), 질문(제62조), 해임건의(제63조), 탄핵소추의결(제65조) 등의 대행정부 통제를 행할 수 있다.

---

15) 재량권의 남용은 '조리상 한계'로서 '내적 한계'라고 본다. 박종국, 앞글, 154쪽.

2. 행정적 통제

재량권의 행사는 행정청에 의하여 행사되므로 행정청 등에 대한 직무감독이 가능하다. 직무감독은 1) 상급청의 하급청에 대한 감시권, 훈령권, 승인권, 취소・정지권, 권한쟁의결정권 등에 의한 감독, 2) 감사원에 의한 직무감독 등이 있다.

아울러 행정청의 부당한 재량권행사를 견제하기 위하여 행정절차로서 행정절차법상 '의견제출', '청문', '공청회', '기준공표', '이유제시'가 규정되어 있고, 행정심판에서 부당한 처분을 다툴 수 있다(행심법 제5조). 특히 지방자치법에서는 지방사무에 대한 단체장의 명령이나 처분이 법령위반, 현저히 부당한 공익침해 등을 이유로 감독관청이 취소・정지할 수 있다(제169조 제1항).

울산 북구청 승진처분취소 사건 - 대법원 2007. 3. 22. 2005추62 **【승진임용직권취소처분취소청구】**
지방자치법 제157조 제1항 전문 및 후문에서 규정하고 있는 사무에 관한 그 장의 명령이나 처분이 법령에 위반되는 경우라 함은 명령이나 처분이 현저히 부당하여 공익을 해하는 경우, 즉 합목적성을 현저히 결하는 경우와 대비되는 개념으로, 시·군·구의 장의 사무의 집행이 명시적인 법령의 규정을 구체적으로 위반한 경우뿐만 아니라 그러한 사무의 집행이 재량권을 일탈·남용하여 위법하게 되는 경우를 포함한다고 할 것이므로, 시·군·구의 장의 자치사무의 일종인 당해 지방자치단체 소속 공무원에 대한 승진처분이 재량권을 일탈·남용하여 위법하게 된 경우 시・도지사는 지방자치법 제157조 제1항 후문에 따라 그에 대한 시정명령이나 취소 또는 정지를 할 수 있다고 할 것이다.

3. 권리구제

행정청의 재량권행사가 1) 법령을 위반한 경우와 2) 법령을 위반하지 않아도 재량의 일탈・남용에 해당하는 경우에는 '위법'이 되어 행정심판 및 법원에 의한 행정소송이 가능하며, 3) 기본권이 침해된 경우에는 헌법소원에 의한 구제도 가능하다. 4) 그러나 위법에 이르지 않고 '부당'에 그친 경우에는 이론상으로 행정심판에 의한 구제만 가능하다.

제 4 절 행정상 법률관계

Ⅰ. 개 념

개인의 일상생활에서 발생하는 사실인 생활관계 중에서 '법에 의하여 규율되는 생활관계'인 '당사자간의 권리・의무관계'를 법률관계라고 한다. 이 중에서 '행정에 참여하는 자간의 법률관계'가 행정상 법률관계(Verwaltungsrechtsverhältnisse)이다.

다만, 행정이 우월적인 지위에서 일방적으로 명령할 수 있다는 점에서 대등한 지위에서 당사자의 의사표시에 의한 사법상의 법률관계, 즉 당사자간의 대등한 권리·의무관계와 다르다.[16)]

전통적으로 행정상 법률관계는 1) 실질적으로 '행정의 조직과 작용에 관한 모든 법률관계'라고 보거나(장태주), 2) 최근에는 형식적으로 '행정주체가 일방당사자인 법률관계'라고도 본다(홍정선). 3) 좀 더 정확히 본다면, '행정법상 법규범에 근거하여 구체적인 사실관계로부터 주어지는 둘 이상의 사람 내지는 사람과 물건 간의 법적인 관계(권리의무관계)'이다.

근대국가 초기에는 통치권에 근거하여 국가(국왕)와 신민과의 일방적인 지배복종관계로 이루어진 권력관계(Gewaltverhältnis)로 공법관계가 형성되었다. 권력관계는 국가외부의 대외적인 권력관계를 '일반권력관계'라 하고, 이에 대비되는 국가내부 또는 특별권력에 근거하여 특별한 공법상 원인에 의하여 설정된 대내적인 관계를 '특별권력관계'로 설정하였다. 그러나 점차 근대국가가 완성되어가고 국민의 기본권이 신장됨에 따라서 종래의 일방적인 명령복종관계는 점차 대등한 지위로 향상되었고, 그 결과 권력관계 중에서 일반통치권에 근거하는 일반국민과의 일반권력관계는 단지 국가의 우월적인 지위만을 인정하는 행정상 법률관계로 변하였다.

Ⅱ. 종 류

1. 행정조직법관계

행정조직법관계는 '행정주체간의 관계와 행정내부관계'를 말한다.

1) 행정주체 상호간의 관계 행정주체 상호간의 관계는 '독립한 법인격을 지닌 행정주체간의 관계'이다.

국가와 지방자치단체간의 인·허가 등의 감독관계, 지원관계 등의 수직적인 법률관계와 지방자치단체 상호간의 협의, 사무위탁 등의 대등한 법률관계가 있다. 행정주체 상호간의 다툼은 헌법소송인 권한쟁의심판에 의한다.

2) 행정조직내부관계 행정조직내부관계는 '행정주체 내부의 법률관계'로서, 주로 행정기관간의 직무권한 및 기관의 권한(관할)에 관한 법률관계이다.

상급행정청과 하급행정청간의 법률관계(권한의 위임, 지휘, 감독 등), 대등한 행정청간의 관계(협의, 사무의 위탁), 행정주체와 내부구성원간의 관계 등이 있다. 이것은 법령에 특별한 규정(지방자치법 제107조, 제172조)이 없는 한, 법원에 제소가 불가능하다.

---

16) 행정상 법률관계는 '당사자간의 대등성'이 없다는 점에서 '행정상 법관계'라고도 한다. 한편 당사자의 대등성을 인정하는 경우는 '행정법상 채권·채무관계'로 좁게 보기도 한다.

다만, 지방자치단체와 지방의회간의 다툼은 기관소송에 의한다.

2. 행정작용법관계

행정작용법관계는 '행정주체와 국민간의 법률관계'로서 일반적인 공법상 법률관계이다. 이는 그 법적 성질에 따라서 다음과 같이 구분된다.

1) **권력관계** 권력관계는 전통적으로 '고권관계'라고 하며, '행정주체가 공권력주체라는 우월적 지위에서 국민에 대하여 일방적으로 명령·강제하거나, 혹은 일방적으로 법률관계를 형성·변경·소멸시키는 법률관계'를 말한다.

권력관계는 경찰행정, 조세행정, 보건행정, 공용부담 등의 질서행정에서 주로 행해지며, 국가에게 공권력주체로서 우월적인 지위가 인정되는 대신에 엄격한 법치국가원리에 의하여 통제를 받는다.

▣ 관리관계론 - 독일에서는 종래의 공권력주체로서의 권력관계가 아닌 단순한 국가의 사업 또는 재산의 관리주체로서 개인과 맺는 법률관계를 권력관계와 구별하여 '단순고권관계' 내지는 '비권력관계'라고 하였다. 그러나 이 이론이 일본을 거치면서 '관리관계론'으로 변모하였고, 우리나라에도 도입되었다. 따라서 관리관계는 행정주체가 공권력의 발동이 아니라 공물, 영조물, 공기업의 관리, 회계 등을 행하는 것으로 원칙적으로 사법이 적용되지만, 공법적 제한이 가해지는 한도에서 특수한 공법적 규율을 받는다. 그러나 관리관계의 상당수는 사법관계로 발전하고 나머지의 우월적 지위는 갖는 것은 단순고권관계로 권력관계로 남으면서, 그 존재영역이 거의 없어졌다.

2) **사법관계** 국가가 공권력주체로서 행하는 권력관계와 달리 사경제주체로서 사법상 법률관계와 유사하게 행하는 법률관계를 종래에는 국고관계 내지 국고행정이라고 불렀다. 그러나 전통적인 '손해배상주체로서의 국가'를 의미하는 '국고'(Fiskus) 대신에 현대행정에서는 '행정주체가 사법상의 조직형식과 작용형식을 이용하는 법률관계'로서 사인과의 대등한 지위에서 행하는 법률관계를 '사법관계'라고 부른다. 사법관계는 일반적으로 사인과 대등한 관계에서 행해지므로 원칙적으로 사법이 적용된다. 그러나 행정주체라는 점에서 일정한 공법상 제한을 가하기도 한다.[17]

☞ 사법관계는 1) 행정의 수요를 충족하기 위한 물품매매계약, 고용계약, 공사도급계약, 관청임대차계약 등의 행정의 보조활동(조달행정), 2) 행정을 포함하여 공기업 등이 공공목적을 수행하는 과정에서 발생하는 경제적 이익이 문제되는 공공주체의 영리경제적 활동(공기업활동), 3) 종래에 국민의 생존배려를 위하여 급부행정으로 행하던 것이 민영화되었던 행정주체가 공공목적을 위하여 직접 사법형식을 이용하는 행정사법활동으로 나뉜다. (☞ 자세한 것은 사법적인 행정 참조)

---

17) 대부분의 교과서는 행정사법활동을 제외한 사법관계가 공법상 제한이 없는 순수 사법의 적용대상이라고 하나, 「국가계약법」이나 「국가재정법」상의 공법상 제재, 공기업활동의 일정한 공법상 제한 등으로 보아 공법상 제한이 있다고 보아야 할 것이다.

3) **구분의 의미** 행정상 법률관계가 권력관계인 경우에는 공법이 적용되지만, 사법관계인 경우에는 원칙적으로는 사법이 적용된다. 따라서 어떠한 행정상 법률관계가 권력관계인지 사법관계인지는 공·사법의 구별이론에 따라 공법의 적용 여부 및 소송형식으로 구분된다.

대법원 2000. 2. 11. **선고** 99**다**61675 **판결 【부당이득금】**
국유재산법 제31조, 제32조 제3항, 산림법 제75조 제1항의 규정 등에 의하여 국유잡종재산에 관한 관리 처분의 권한을 위임받은 기관이 국유잡종재산을 대부하는 행위는 국가가 사경제 주체로서 상대방과 대등한 위치에서 행하는 사법상의 계약이고, 행정청이 공권력의 주체로서 상대방의 의사 여하에 불구하고 일방적으로 행하는 행정처분이라고 볼 수 없으며, 국유잡종재산에 관한 대부료의 납부고지 역시 사법상의 이행청구에 해당하고, 이를 행정처분이라고 할 수 없다(대판 1983.8.23, 83누239; 1993.12.7, 91누11612; 1995.5.12, 94누5281 등 참조).

【판례해설】 판례는 사법관계를 '국가의 사경제적 작용'으로 보고 전면적으로 사법을 적용한다. 단, 국·공유재산 중에서 행정재산의 사용·수익의 허가의 취소는 행정처분이다(대판 1997.4.11, 96누17325). 아울러 국가재정법(구 예산회계법)과 지방재정법상 체결되는 계약은 '사법상 계약'이고, 입찰보증금은 '사법상 손해배상'의 예정으로 본다(대판 1983.12.27, 81누366; 1996.12.20, 96누14708).

Ⅲ. 권리구제

행정상 법률관계에서 행정조직법관계의 행정주체간의 권한분쟁은 헌법소송인 권한쟁의심판이 가능하고, 행정조직내부에서는 지방자치단체(감독기관 포함)와 지방의회간의 기관소송이 가능하다.

행정상 법률관계의 핵심인 작용법관계로서 국가와 국민간의 법률관계에서 권력관계는 항고소송, 사법관계는 민사소송을 중심으로 행해지고, 행정상 법률관계나 공법상 지위 등의 확인을 위한 소송은 공법상 당사자소송으로 행해질 수 있다.

제 5 절 행정상 법률관계의 행위자

☞ 국가임무를 수행하는 행정이 어떻게 조직되고 국가기관 내에서 어떻게 편성될 것인가 하는 조직론의 문제와 행정임무를 누가 수행하고, 누구를 대상으로 소송 등의 분쟁해결을 할 것인가 하는 권리주체의 문제가 발생한다.

Ⅰ. 행정주체 등의 개념

1. 행정주체

행정주체(Verwaltungsträger)는 '국가임무를 수행하는 공법상 법인'이다. 행정상 법률관계는 법인격을 가진 행정주체의 이름으로 행해진다. 왜냐하면 법인인 행정주체만이 권리능력(Rechtsfähigkeit)을 가지기 때문에 행정상 법률관계의 권리와 의무를 행사할 수 있다. 따라서 행정주체는 '행정상 법률관계에서 공동체를 위하여 행정권을 행사하고 그 법률효과가 궁극적으로 귀속되는 법인'이라고 말한다. 아울러 행정주체는 공법상 법인이기 때문에 '공법으로 귀속되는 법률에 의해서 또는 법률에 근거하여서만' 설치될 수 있다.

2. 행정기관

행정주체는 법인이므로 권리능력은 있으나 자연인이 아니기 때문에 구체적인 행위를 할 '행위능력'(Handlungfähigkeit)이 없으므로 행정주체를 위하여 행위할 '도구'가 필요한데, 이것이 행정주체의 내부에서 활동하는 권리능력없는 행정지위(Verwaltungsstelle)인 '행정기관'이다.[18] 행정기관(Verwaltungsorgan)은 '행정주체를 구성하면서 행정주체를 위하여 법에서 정해진 행정권한을 행사하는 개별적인 법적 단위'이다. 따라서 행정기관의 행위는 법적으로 그 법률효과가 소속 행정주체에게 귀속한다. 행정기관은 행정주체에 의하여 법적으로 설치되며, 권리능력은 없으나 조직상으로는 독립할 수 있다.

3. 행정청

그러나 행정기관은 단지 행정주체의 내부에서만 활동할 수 있을 뿐, 국민과의 대외관계에서는 활동할 수 없고 독립한 행정주체도 아니다. 특히 행정주체가 국가인 경우에는 국가 스스로 행정의 의사를 결정할 수 없으므로 행정기관 중에서 행정주체의 이름으로 대외적으로 고권적으로 행위할 수 있는 기관을 법기술적으로 형성하였는데, 이를 '행정청'이라 한다. 행정청(Verwaltungsbehörde)은 '행정주체를 위하여 행정주체의 의사를 결정하여 대외적으로 표시하는 행정기관'이다. 즉, 행정주체의 이름으로 대외적으로 고권적으로 행위하는 행정기관이다. 특히 행정청은 1) 대내적으로 행정의 의사를 결정하고, 2) 대외적으로 행정주체의 의사를 표시하고, 2) 분쟁이 발생한 경우에는 행정주체를 대신하여 소송을 수행하도록 「행정소송법」 제13조에 따라 피고적격도 인정된다.[19]

---

18) *Erbguth*, S. 58 f.

19) 물론 행정청은 행정주체를 위한 대외적인 의사결정기관이면서 소송수행권한도 가지고 있으나,

4. 행정조직

이러한 행정주체, 행정청, 행정기관을 외형적인 면에서는 총체적으로 '행정조직'(Verwaltungsorganisation)이라고 한다.

▣ **행정위원회** - 우리나라는 미국식의 준입법권과 준사법권을 가진 독립규제위원회와 달리 주로 행정기관소속하에 위원회를 두고 있다. 행정위원회는 "위원회, 심의회, 협의회 등 명칭을 불문하고 행정기관의 소관 사무에 관하여 자문에 응하거나 조정, 협의, 심의 또는 의결 등을 하기 위한 복수의 구성원으로 이루어진 합의제 기관"을 말한다(행정위원회법 제2조 제1항). 이는 '합의제행정기관'으로서, 위원회의 중복설치를 막기 위하여 2008년 12월에 「행정위원회법」이 제정되었다. 법적 성질은 처분권이 있는 행정청도 있고, 자문기관이나 심의기관에 불과한 행정기관도 있다.

Ⅱ. 행정주체의 유형

1. 국 가

행정에서 전래적이고 고유한(시원적) 행정주체는 '국가'이다. 국가는 독립한 법인격을 갖는다. 다만, 국가는 주로 행정청을 통하여 행위하는데, 이는 법인격이 없으므로 그 법률효과는 모두 행정주체인 '국가'에게 귀속한다.

근대국가의 발전에 따라 국가는 1) 자신의 기관을 통하여 행정권한을 직접 수행하는 '직접행정' 외에도 2) 인적 · 지역적 단체 등에게 자치행정을 규정함으로써 '간접행정'을 허용하였고, 3) 행정권의 일부를 공공기관이나 사인에게 위임하는 '위임행정'도 행하고 있다.

▣ **직접행정과 간접행정** - 직접적인 행정은 '행정주체가 행정임무를 권리능력없는 소속 행정청에 의하여 행하는 경우'이고, 간접적인 행정은 '행정임무를 국가로부터 법적으로 독립한 행정주체가 수행하는 것'이다.[20] 국가를 제외한 지방자치단체, 공법상 사단, 영조물, 공법상 재단에 의한 행정은 전부 간접적인 행정이고, 간접행정은 자치행정권을 갖는다는 점에서 직접행정과 구분된다.

2. 지방자치단체

근대국가 이후로 국가는 '구역'(지역)을 중심으로 하는 지역사단(Gebietskörperschaften)인 지방자치단체를 설립하여 자치행정을 허용하였다. 이는 역사적으로 헌법상 지방자치의 보장에 의하여 '주민의 (복리)사무'에 한하여 지역단체인 지방자치단체에게 자신의 구역 내에서의 자치행정을 보장한 것이다. 따라서 지방자치단체는 자신의

공법상 당사자소송이나 손해배상책임의 주체는 아니다. 장태주, 110쪽.

20) *Peine*, Rn. 64, 80.

구역 내에서 주민의 복리사무에 한하여 포괄적인 지배권을 갖는 공법상 법인이다.

☞ 지방자치단체는 일반지방자치단체로서 '광역지방자치단체'인 특별시, 광역시, 특별자치시, 도, 특별자치도와 '기초지방자치단체'인 시, 군, (자치)구가 있다(지방자치법 제2조). '특별지방자치단체'로는 특별한 목적의 수행을 위하여 제한된 범위에서 자치권을 부여하는 '지방자치단체조합'이 있다.

3. 공법상 사단법인

공법상 사단법인(Öffentliche Körperschaften)은 '특수한 사업 내지 행정목적을 수행하기 위하여 일정한 자격을 가진 자(구성원, Mitglieder)에 의하여 구성된 인적 결합체'이다. 우리나라에서는 '공공단체'[21] 또는 '공공조합'이라고도 한다. 어떤 법인의 (설립)법적 근거가 '공법'이면, 이는 공법상 법인이다.[22] 공법상 사단은 공공임무를 수행하기 위하여 법률에 의하여 또는 법률에 근거하여 설치되고, 국가의 감독을 받는다. 공법상 사단의 구성원(회원)은 임의 또는 법령상 강제로 가입하게 된다.

공법상 사단의 유형으로 1) 재산권, 기업의 운영, 물적 수권을 중심으로 한 물적사단(Realkörperschaften)인 상공회의소, 2) 특정한 구성원(회원)의 개인적 속성에 의존한 인적사단(Personalkörperschaften)인 농업협동조합과 같은 직업단체와 변호사회, 의사회, 약사회 등의 자유직업가단체, 3) 특정한 공공임무를 공동으로 수행하기 위하여 지방자치단체가 임의 또는 법적으로 설립한 지방자치단체조합처럼 법인이 구성원이 되는 조합사단(Verbandkörperschaft), 4) 지역을 중심으로 한 사단인 지방자치단체와 같은 지역사단(Gebietskörperschaft)이 있다.[23]

공법상 사단의 특징은 1) 공법상 특별법에 의하여 설립되며, 2) 회원에게 가입강제의무를 부여하고, 3) 일정한 제재를 하는 등의 자치행정을 할 수 있고, 4) 국가의 감독을 받는다.[24] 실무에서는 법령에서 "민법상 사단법인 규정을 준용한다"고 규정하므로 종종 사법상 사단법인과의 구분이 문제된다.[25]

【판례해설】 판례는 주택재건축조합(대판 2007.4.27, 2007도694), 재개발조합(대판 2003.2.14, 2002다23451), 변호사회(서울행법 2003.4.16, 2002구합32964) 등을 공법상 사단법인으로 인정하였다. 특히 지방변호사회의 겸직불허가행위는 행소법상 처분으로 보았다.

---

21) 광의의 공공단체(헌법 제29조 제1항)는 지방자치단체와 공법상 사단법인을 포함하는 개념이다.

22) *Detterbeck*, Rn. 89.

23) 성승제/고재종/권재열/김준규/전학선, 『공공기관의 운영에 관한 법률 비교법적 연구』, 한국법제연구원, 2008. 12.

24) 우리나라에서는 지역단체인 지방자치단체에 의한 자치행정 외에는 인적단체에 의한 상공회의소, 직업단체 등이 설치법(률)과 가입강제만 존재할 뿐 자치행정을 수행하지 못하고 '이익단체'로 전락해버렸다. 나아가 각종 공공기관도 판례에서는 '행정'으로 보는 경우가 적어서 간접행정의 의미가 퇴색해 있다. 이는 기능적인 의미와 법령상의 위임관계를 밝혀서 '행정'임을 찾아나가야 할 것이다.

25) 공법상 사단법인의 구별기준에 대하여는 김민호, "행정주체로서의 공법상 사단법인의 존재의의에 관한 재검토", 『저스티스』, 2003. 8, 148쪽 이하.

대법원 2003. 2. 14. **선고** 2002**다**23451 **판결 【소유권확인】**
도시재개발법에 의한 재개발조합은 조합원에 대한 법률관계에서 적어도 특수한 존립 목적을 부여받은 특수한 행정주체로서 국가의 감독하에 그 존립 목적인 특정한 공공사무를 행하고 있다고 볼 수 있는 범위 내에서는 공법상의 권리의무관계에 서 있고, 따라서 강제가입제를 특색으로 한 조합원의 자격 인정 여부에 관하여 다툼이 있는 경우에는 공법상의 당사자소송에 의하여 조합을 상대로 그 조합원 자격의 확인을 구하여야 하고, 한편 분양신청 후에 정하여진 관리처분계획의 내용에 관하여 다툼이 있는 경우에는 그 관리처분계획은 토지 등의 소유자에게 구체적이고 결정적인 영향을 미치는 것으로서 조합이 행한 처분에 해당하므로 항고소송에 의하여 관리처분계획 또는 그 내용인 분양거부처분 등의 취소를 구하여야 할 것이다(대법원 1996.2.15. 선고 94다31235 전원합의체 판결 참조).

4. 영조물(법인)

특별한 행정목적을 지속적으로 수행하기 위하여 단순히 (인적)사단만으로는 불가능하고 일정한 시설로써 국민의 생존배려를 수행할 필요가 있는 경우에는 영조물이 설치된다. 공법상 영조물(Anstalt)은 '특정한 공공목적에 지속적으로 봉사하도록 정해진 인적·물적 종합체'로서, 법인격을 가진 것은 '영조물법인'이라고 한다. 국·공립대학과 도서관, 한국방송공사, 국립대학병원, 과학기술원 등이 있다.

영조물은 사단과 달리 '구성원'(회원)이 없고, 그 시설을 이용하는 '이용자'(Nutzer)만 있다. 영조물의 이용은 대부분 임의적이지만, 법률상 강제되는 것도 있다(교도소). 영조물은 법률에 의하여 또는 법률에 근거하여서만 영조물주체(행정주체)가 설치할 수 있고, 권리능력이 있는 것과 없는 것이 있다. 권리능력있는 영조물은 '독립한 행정주체'이므로 부여된 공공임무를 자기책임으로 수행한다. 법인격없는 영조물은 단지 조직상으로만 독립적이고 법적으로는 설치한 행정주체에 속한다. 영조물에는 주로 사회·문화적 목적을 수행하는 '공공시설'(öffentliche Einrichtung)과 영리경제적 목적을 수행하는 '공기업'(öffentliche Unternehmen)이 있다.

5. 공법상 재단법인

공법상 재단법인(Stiftungen)은 '행정주체가 재단설립자로서 특정한 공공목적을 수행하고자 출연한 재산(기금, 물건)을 관리하기 위하여 설립된 법인'이다. 공법상 재단은 조직적으로 독립된 권리능력있는 법인이다. 공법상 재단에서는 구성원이나 이용자가 아니라 '이용향유자'(Nutznießer)가 문제된다. 공법상 재단은 출연을 규정한 법률이나 국가의 허가에 따라 법률행위적 의사표시로 출연하여 설치되고, 국가의 감독을 받는다. 공법상 재단법인으로서는 한국국제교류재단, 한국연구재단, 한국학중앙연구원, 한국과학창의재단 등이 있다.

▣ 공공기관 - 최근 우리나라는 종래 정부투자기관, 정부출연기관, 공사, 정부출연연구기관 등을 총괄하는 개념으로 '공공기관'을 규정하였다. 공공기관은 "국가 · 지방자치단체가 아닌 법인 · 단체 또는 기관 중에서 법률에 의하여 설립되거나 국가 등이 출연하거나 재정적 · 사실상 지배력을 갖는 기관 중에서 기획재정부장관이 지정한 것"을 말한다(공공기관법 제4조).[26] 위의 공법상의 사단, 재단, 영조물 등을 포괄하는 개념이다.

6. 공무수탁사인

1) 개 념 공무수탁사인(Beliehene)은 '행정주체로부터 법률에 근거하여 행정사무를 위탁받아 자신의 이름으로 처리하는 권한을 부여받은 사인'이다. 법인격을 가진 것은 '공무수탁법인'이다. 실정법에서는 '민간위탁'이라고 규정한다(위임위탁령 제2조 제3호).

공무수탁사인(법인)은 위탁받은 범위에서 사인에 대하여 권력적으로 행위하고 행정행위도 발급할 수 있으므로 공무위탁에 따른 국가의 감독과 통제를 받는다. 예는 별정우체국업무를 수행하는 사인(별정우체국법 제3조), 운행중인 선박 내에서 경찰 및 가족관계등록사무를 수행하는 선장(가족관계등록법 제49조, 제86조) 등이 있다.

한편 행정의 보조자(Verwaltungshelfer)도 공무수탁사인처럼 행정주체를 위하여 활동하지만, 비독립적이고 위탁에 의한 단순한 보조행위만 수행하고 관할 행정청의 지시에 따르므로 그 행위도 직접적으로 행정청에 귀속하여 대외적으로 행정주체(권리주체)가 아닌 점에서 구분된다. 판례는 '소득세법상의 원천징수의무자'를 '행정보조자'로 본다(대판 1990.3.23, 89누4789).

사법상 계약으로 단순한 기능(경영)위탁만 받은 사인(아웃소싱)은 위탁의 범위 내에서만 독립적으로 행위하므로 행정의 보조자와 구분되고, 고권적인 권한이 허용되지 않고, 모든 법률효과가 위탁자에게 귀속한다는 점에서 공무수탁사인과도 구분된다. 주차위반차량견인사업자, 쓰레기수거사업자 등이 있다. 아울러 법령에 의하여 공법상 의무를 부과받아서 수행하는 '공의무부담사인'도 행정주체가 아니라는 점에서 공무수탁사인이 아니다. 나아가 '제한된 공법상 근무관계에 있는 자'도 공무수탁사인이 아니다.

대법원 1990. 3. 23. 선고 89누4789 판결 【기타소득세등부과처분무효확인】
원천징수하는 소득세에 있어서는 납세의무자의 신고나 과세관청의 부과결정이 없이 법령이 정하는 바에 따라 그 세액이 자동적으로 확정되고, 원천징수의무자는 소득세법 제142조 및 제143조의 규정에 의하여 이와 같이 자동적으로 확정되는 세액을 수급자로부터 징수하여 과세관청에 납부하여야 할 의무를 부담하고 있으므로, 원천징수의무자가 비록 과세관청과 같은 행정청이라 하더라도 그의 원천징수행위는 법령에서 규정된 징수 및 납부의무를 이행하기 위한 것에 불과한 것이지, 공권력의 행사로서의 행정처분을 한 경우에 해당되지 아니한다(대판 1983.12.13, 82누174; 1984.2.14, 82누177 참조).

---

26) 외국의 공공기관 유형에 대하여는 성승제/고재종/권재열/길준규/전학선, 앞책, 2008. 12 참조.

2) **법적 근거** 사인이 공무를 위탁받아서 행정주체로서 대외적으로 공무를 수행하려면, 권한의 이전과 법적 안정성을 위하여 반드시 법률의 근거가 필요하다. 일반법적 근거는 「정부조직법」(제6조 제3항)과 「지방자치법」(제104조 제3항), 「위임위탁령」(제10조, 대통령령)이 있다.[27)]

개별법에서는 「공토법」, 「별정우체국법」, 「사법경찰관리법」, 「여객자동차운수사업법」, 「항공안전 및 보안에 관한 법률」 등에서 '권한의 민간위탁'을 규정한다.

3) **공무수탁의 대상** 행정주체가 사인에게 공무를 위탁한 경우에[28)] 그 위탁대상이 무엇인가에 대하여 1) 임무위탁설은 '공행정임무', 즉 '국가사무의 위탁'이라고 보고, 2) 법적 지위설은 공행정임무의 수행을 위한 '공법상의 고권적 권한의 이전'이라고 보고(장태주), 3) 병합설은 국가사무를 사법상 권리주체에게 공법의 형식으로 수행하도록 위탁하는 것이라 하고(홍정선), 4) 기능위탁설은 공무위탁은 '국가의 기능을 위탁한 것'이라고 본다. 5) 법적 지위설이 다수설이고, '고권적 권한의 위탁'으로 보는 것이 타당하다.

한편 법령상 민간위탁의 대상사무는 "행정기관의 소관사무중에서 국민의 권리·의무와 직접 관계되지 않는 사무"로 규정되어 있다(정부조직법 제6조 제3항, 지방자치법 제104조 제3항, 위임위탁령 11조). 따라서 국민의 권리의무와 관계되는 사항은 민간위탁할 수 없다.

4) **법적 지위** 공무수탁사인은 1) 행정주체의 지위를 갖는다고 보는 '행정주체설'이 다수설이다(김남진, 박윤흔, 정하중, 홍정선). 2) 공무수탁사인은 일정한 범위의 공권을 부여받은 행정기관에 불과하고, 행정주체로서의 지위는 위임한 국가등이 여전히 보유한다는 '행정기관설'도 있었다(김도창). 3) 공무수탁사인은 행정주체의 기관이 아니라 법적으로 독립하여 자기책임으로 행위를 할 수 있는 행정주체이나, 공법인이 아니므로 국민에 대하여 대외적으로는 행정청이다(*Erbguth*, 65).

5) **법률관계**

(1) **위탁한 행정주체와의 관계** 행정주체와 공무수탁사인은 공법상 위임관

---

27) 「정부조직법」 제6조 제3항 행정기관은 법령이 정하는 조사·검사·검정·관리업무 등 국민의 권리·의무와 직접 관계되지 아니하는 사무를 지방자치단체가 아닌 법인·단체 또는 그 기관이나 개인에게 위탁할 수 있다. 「지방자치법」 제104조 제3항 지방자치단체의 장은 조례 또는 규칙이 정하는 바에 의하여 그 권한에 속하는 사무 중 조사·검사·검정·관리업무 등 주민의 권리·의무와 직접 관련되지 아니하는 사무를 법인·단체 또는 그 기관이나 개인에게 위탁할 수 있다. 「행정권한의 위임 및 위탁에 관한 규정」 제10조(다른 법령과의 관계) 민간위탁사무에 관하여는 다른 법령에 특별한 규정이 없으면 이 영에서 정하는 바에 따른다.

28) 자세히는 정하중, "민간에 의한 공행정수행", 『공법연구』 제30집 제1호, 2001, 463쪽 이하. 특히 469쪽 이하.

계에 있으므로 공무수탁사인은 수탁사무의 수행권과 비용청구권, 경영의무 등을 부담한다. 한편 국가는 공무위탁에 따라서 위탁자로서 감독권을 갖는다. 이때의 감독은 합목적성 및 적법성 통제이다. 민간위탁의 경우에는 민간수탁기관을 선정하고, 선정된 민간수탁자와 위탁에 관한 계약을 체결한다(위임위탁령 제12조 이하).

(2) 국민과의 관계 공무수탁사인은 행정내부적으로는, 즉 위탁한 행정주체에 대하여는 '독립한 행정주체'이지만, 국민에 대하여 외부적으로는 「행정절차법」 제2조 제1호상의 행정청의 지위에서 고권적인 행위를 할 수 있다. 따라서 공무수행권으로서 일정한 처분을 하거나 수수료 등을 징수할 수 있으나, 공무를 임의적으로 중단할 수는 없다.

(3) 권리침해에 대한 권리구제 공무수탁사인이 공무수행중에 분쟁이 발생한 경우 그 처분에 대한 쟁송은 공무수탁사인에 대하여 직접 제기하여야 한다.

헌법재판소 2008. 6. 26. **선고** 2005**헌마**506 **전원재판부 방송법제32조제2항등위헌확인**
이 사건 자율심의기구는 행정주체인 방송위원회로부터 위탁을 받아 방송광고의 사전심의라는 공무를 수행하고 있으므로 행정법상 공무수탁사인에 해당한다. 공무수탁사인은 자신의 책임하에 자신의 명의로 권한을 행사하고, 그 법적 효과의 귀속 주체가 되지만, 국가는 공무수탁사인에 대하여 위임사무 처리에 대하여 지휘·감독권을 가지고 있다.

다만, 위법한 직무수행으로 국민에게 손해가 발생한 경우에 배상주체에 논란이 있었으나,[29] 2009년 국가배상법 개정으로 공무원 또는 "공무를 위탁받은 사인"으로 규정하지만(제2조), 배상주체를 종전 판례를 인용하여 공무수탁사인(박균성)으로 보기보다는 공무를 위탁한 국가나 지방자치단체로 보아야 한다(장태주, 홍정선).

6) 공무수탁의 종료 행정주체와 사인간의 공무수탁관계는 공무수탁사인의 사망, 파산, 위탁기간의 경과, 유죄선고 등의 일정한 사실의 발생 또는 공무를 위탁한 관련 법령이나 행정행위의 폐지, 위탁계약의 만료로 종료한다. 공무수탁관계가 종료하면, 공무수탁사인은 더 이상 공적인 지위를 갖지 않고 단순한 사인이 된다. 따라서 종료시점에 대한 다툼이 생길 수 있다.

7. 국가감독

국가는 다른 공법상 법인에게 일정한 자치권을 부여한 만큼 그 공법상 법인은 법률에 기속되어 행위를 하여야 하고, 본질적으로 수권한 국가의 감독을 받는다. 국

---

29) 종전에는 1) 공무수탁사인이 행정상 손해배상의 주체라고 보거나(김동희), 2) 국가배상법상 배상주체가 국가와 지방자치단체에 한정되므로, '민법상 손해배상'을 진다고 보거나(박균성), 3) 공무수탁사인은 공무를 위탁받아 공무에 종사하는 '기능적 공무원'에 해당하므로 국가 등을 상대로 국가배상이 가능하다고 보았다(김성수, 장태주).

가감독은 감독권, 지시권 외에도 관찰, 행정규칙에 의한 행위통제도 가능하다.

국가감독(Staatsaufsicht)의 종류로 1) 법적 감독(Rechtsaufsicht)은 행위의 적법성을 통제하는 것이고, 2) 전문감독(Fachaufsicht)은 행정작용의 합목적성을 감독하는 것이고, 3) 직무감독(Dienstaufsicht)은 개인의 근무상태나 행정청의 내부사무와 관련하여 인적 사무의 결정권한에 대하여 감독하는 것이다.

한편 국가는 국가 내부의 행정기관에 대하여는 법적 감독, 전문감독, 직무감독을 행할 수 있지만, 지방자치단체와 같은 간접적인 행정에 대하여는 원칙적으로 자치행정을 존중하여 법적 감독이 중심이 된다. 다만, 국가사무를 수행하도록 위탁한 위임사무의 경우에는 전문감독도 가능하다.

Ⅲ. 행정의 상대방

행정주체가 행하는 행정작용의 효력이 적용되는 자를 '행정의 상대방'이라고 한다. 주로 당해 행정과 관련되는 개별 국민으로 종래에는 '행정객체'라고 칭하였다. 물론 행정주체인 국가나 공공단체 등도 사안에 따라서 행정의 상대방이 될 수 있다.

【판례해설】 행정안전부장관의 망인에 대한 독립유공자 서훈취소결정을 유족에게 통보한 사건에서 서훈취소는 망인에 대한 것이므로 서훈을 보관하고 있는 유족은 서훈취소 처분의 상대방이 아니다(대판 2014.9.26, 2013두2518).

제 6 절 특별권력관계

Ⅰ. 개 념

특별권력관계(Besonderes Gewaltverhältnis)는 '특별한 (공법상) 법률원인에 의하여 성립되며 일정한 행정목적에 필요한 범위 내에서 특별권력주체가 그 구성원을 포괄적으로 지배하고 그 구성원은 이에 복종함을 내용으로 하는 법률관계'이다. 그러나 최근에는 법치국가적인 제한이 완화되면서 '국민 스스로 국가와 특별한 근접성을 가진 법관계'라고도 본다(*Peine*, 61). '특수신분관계' 또는 '특별행정법관계'라고도 한다.[30]

---

30) 특별권력관계이론에 대하여 자세히는 정하중, "민주적 법치국가에서의 특별권력관계", 『고시계』 1994. 9, 117쪽 이하.

Ⅱ. 법적 성질

☞ 특별권력관계이론은 19세기말 독일의 입헌군주정에서 국가의 특권을 확보하고자 생성된 것이다. 이는 일반통치권에 근거하여 일반 국민을 대상으로 하므로 법규성이 인정되는 일반권력관계와는 달리 법규성을 인정하지 않고자 '국가내부에는 법이 침투할 수 없다'는 국가법인 불침투성이론에 기반하여 성립하였다.

전통적인 특별권력관계의 주요 내용은 1) 국가법인 불침투성이론에 따라 일반권력관계와 달리 행정의 법률적합성원리, 특히 법률유보의 원칙이 적용되지 않고, 2) 따라서 기본권이 적용되지 않고, 3) 특별명령의 법적 효력(법규성)이 부인되며, 4) 위의 원칙들에 따라 특별권력관계 내에는 사법심사가 적용되지 않는다고 보았다.

그러나 최근에는 기본권의 적용, 법률유보, 특별명령의 법규성, 사법심사 등으로 약간의 제한을 제외하고는 일반권력관계와 차이가 좁혀지고 있다.

Ⅲ. 인정여부

☞ 근대국가 당시에 법치국가원리에 의하여 활동의 제한을 받던 국가가 국가내부적으로는 자유로운 예외를 설정하고자 만든 특별권력관계이론이 현대 민주국가에서도 여전히 유효한 것인가의 문제이다.

1) 긍정설은 특별권력관계는 그 성립원인이나 지배권의 성질 등에서 일반국민을 대상으로 하는 일반권력관계와 본질적인 차이가 있으므로 인정해야 한다고 본다. 2) 형식적 부정설은 오늘날 실질적 법치주의에서는 모든 공권력의 행사에 반드시 법률의 근거를 요하고, 특별권력관계에도 전면적으로 법치주의가 적용되므로 특별권력관계도 일반권력관계로 본다. 3) 실질적 부정설은 특별권력관계의 내용을 개별적으로 분석·검토하여 권력적 요소가 강한 것은 일반권력관계로, 일반 사법관계와 유사하지만 공익상 공법적 규율이 필요한 경우는 관리관계로 귀속시키자고 한다(이상규, 홍준형). 4) 기능적 재구성설은 종래의 특별권력관계론 자체는 부인하지만, 특별권력과의 특수한 기능이나 목적을 감안하여 그에 따른 고유한 법리로 재구성하여 적용하자는 것이다(서원우). 5) 기본관계·경영관계설은 특별권력관계의 관념은 인정하지만, 법치주의의 적용이 배제되는 범위를 축소하자는 견해이다(Ule). 즉 독일 「기본법」 제19조 제4항을 목적론적으로 해석하여, 특별권력관계를 기본관계와 경영관계로 나누고 기본관계는 특별권력관계의 성립 등에 관한 개인의 법적 지위와 같아서 일반권력관계와 동일하지만, 경영관계는 내부의 직무와 관련된 것으로 사법심사가 제한된다고 보는 견해이다(장태주). 6) 제한적 긍정설은 양자는 본질적인 차이는 없으나 특별권력관계는 특별한 행정목적을 위하여 필요한 범위 내에서 법치주의가 완화되어 적용될 수 있다는 견해이다. 이는 특별행정법관계나 특수신분관계로 인정하자는 것이다(김남진, 류지태, 한견우, 천병태). 7) 판례는 전통적인 특별권력관계를 그대로 인정하는 것은 아니고, 따라서 사법심사도 일부 인정하고 있다.

【판례해설】 국가나 지방자치단체의 소속 공무원 및 청원경찰의 근무관계는 특별권력관계로서 공법관계이다. 단, 은행 등의 사기업의 청원경찰은 예외이다. 공법인의 임직원의 근무관계는 농지개량조합(대판 1995.6.9, 94누10870), 공립유치원의 전임강사(대판 1991.5.10, 90다10766)는 공법상 특별권력관계이고, 조폐공사(대판 1978.4.25, 78다414), 의료보험관리공단(대판 1993.11.23, 93누15212), 서울시 지하철공사 임직원(대판 1989.9.12, 89누2103) 등은 사법관계라고 보았다.

Ⅳ. 특별권력관계의 성립과 소멸, 유형

1. 성 립

1) **법률의 규정** 특별권력관계가 강제적 방식으로 설정되는 유형은 법률의 규정에 의하여 성립된다. 수형자의 교도소수감(형집행법 제11조), 법정감염병환자의 강제입원(감염병법 제42조), 병역의무자의 입영(병역법 제16조) 등이 있다.

2) **상대방의 동의** 한편 임의적으로 성립하는 경우는 주로 상대방의 동의에 의하여 설정된다. 자유로운 의사에 의한 동의로는 공무원관계의 설정, 국·공립학교의 입학, 국·공립도서관 이용관계 등이다. 법률상 강제되는 동의에 의한 특별권력관계는 의무교육인 초등학교의 취학 등이 있다.

2. 소 멸

특별권력관계는 설정된 행정목적의 달성, 자유의사에 의한 탈퇴, 행정주체에 의한 일방적 배제 등에 의하여 소멸한다.

3. 유 형

특별권력관계의 유형으로는 1) 행정주체와 공무원의 근무관계와 같은 '공법상 근무관계', 2) 국·공립학교 재학관계, 감염병환자의 국공립병원재원관계 등과 같은 '공법상 영조물이용관계', 3) 국가와 공공조합, 특허기업 등의 감독관계인 '공법상 특별감독관계', 4) 공공조합의 조합원관계, 농지개량조합(대판 1995.6.9, 94누10870)과 같은 '공법상 사단관계'가 있다.

Ⅴ. 특별권력주체의 권한과 한계

☞ 특별권력관계에서는 일반통치권에 근거한 일반권력관계와 달리 특별권력에 기반하여 내부질서를 규율하기 위하여 다음과 같은 권한이 특별권력주체에게 부여된다.

1. 명령권

특별권력주체는 당해 법률관계가 추구하는 행정목적의 달성에 필요한 명령·강제를 할 수 있다. 이때의 명령권은 '포괄적 지배권으로서 특별권력관계가 설정되면, 개별적인 법률의 근거가 없어도 상대방에게 필요한 조치를 할 수 있는 권한'이다. 한편 명령권의 발동형식에는 '일반적·추상적 형식'(영조물규칙), '개별적·구체적인 명령'이나 '처분'의 형식(상관의 직무명령)이 있다.

2. 특별명령

특별권력주체는 '특별권력관계 내부에서 구성원의 지위나 이용관계 등을 규율하기 위하여 발하는 법규범'인 특별명령을 제정할 수 있다. 특별명령의 법적 성질에 대하여 1) 법규명령설은 특별권력관계를 부인하는 경우에는 일반권력관계처럼 법규성을 인정해야 한다고 보고(장태주), 2) 행정규칙설은 특별권력관계의 내부질서를 규율하는데 불과하다고 보고(홍정선), 3) '특별명령을 없애고, 법령의 수권을 받은 법규명령으로 제정해야 한다는 견해'(류지태, 박균성)도 있다. 4) 특별명령은 법규성은 없지만, 특별권력관계 내부적으로는 규범으로서 구속력을 가진다고 보아야 할 것이다.

3. 징계권

특별권력주체는 특별권력관계의 내부질서를 유지하기 위하여 법령의 위반없이도 내부질서위반자를 징계할 수 있다. 징계는 '공법상의 특별권력관계에 기인하여 질서유지를 위하여 과하여지는 제재'이다(대판 2010.11.25, 2010도10202). 징계의 법적 성질은 징계벌이다. 징계벌은 일반권력관계에서의 위법행위가 없이도 부과될 수 있고, 형사벌 등과 병과될 수도 있다.

4. 한 계

특별권력주체는 주어진 행정목적(설치목적)을 달성하기 위하여 필요한 한도 내에서만 위의 명령권(특별명령), 징계권을 행사할 수 있다. 물론 법치국가원칙에 따라 반드시 '목적달성에 필요한 한도 내'에서만 행사하여야 한다. 그러나 특별권력관계 내에 있는 자가 가진 기본권의 본질적 내용을 침해할 수 없다(대판 1971.6.22, 70다1010).

Ⅵ. 사법심사

1. 기본권침해

특별권력관계 내에 있는 자의 기본권은 일반 국민에 비하여 특별한 공법상 설정원인에 의하여 제한될 수 있다. 다만, 설정된 목적을 넘어 기본권의 본질적 내용을 침해하거나 과도하게 기본권을 제한하는 경우에는 위헌이 될 수 있다.

【판례해설】 판례는 '군인의 군무 이외의 집단행위'에 대하여는 제한을 허용하였으나(대판 1991.4.23, 90누4839), '구속된 피고인 또는 피의자의 타인과의 접견권'의 과도한 제한은 위헌으로 보았다(대판 1992.5.8, 91부8).

2. 법률의 유보

최근에는 특별권력관계에도 원칙적으로 법률의 유보가 적용된다고 본다. 그러나 특별권력관계를 설정한 행정목적의 달성을 위하여 포괄적 지배권을 제한된 범위 내에서 인정하여야 할 것이다.

3. 사법심사

특별권력관계는 전통적으로 사법심사가 전면적으로 부인되었으나, 현재는 사법심사를 부인하는 입장은 없다.

1) 제한적 긍정설에 따라서 특별권력관계는 기본관계(또는 외부관계)에 대하여는 사법심사가 가능하고 업무수행관계(또는 내부관계)에서는 불가능하다고 보는 주장(Ule)이나 특별권력관계 구성원의 권리침해가 특히 중대한 경우에만 사법심사가 허용된다는 주장(Obermayer)이 있다.[31] 2) 최근에는 특별권력관계에도 특별권력주체의 재량이나 판단여지만을 인정하는 것 외에는 전면적으로 사법심사가 적용된다고 보는 입장(전면적 사법심사설)이 늘고 있다(김남진, 김동희, 홍정선). 3) 그러나 특별권력관계에 따른 제한이 단지 '처분'에 해당되는 경우(대판 1982.7.27, 80누86; 1991.11.22, 91누2114; 1995.6.9, 94누10870), 제한을 규정한 법령이나 행정규칙의 위헌심사(대판 1991. 4.23, 90누4839) 등에만 사법심사의 대상이 된다. 특히 공무원이나 교원의 징계처분이나 소청심사결정에 처분성을 인정하여 사법심사를 인정하고, 주로 재량권의 남용여부를 다툰다. 물론 그 위법성의 판단에서는 '특별권력관계 내의 자'라는 것이 본안심리에서 재량 등의 고려요소가 된다.

대법원 1991. 5. 10. **선고** 90다10766 **판결 【해임처분무효확인등】**
<u>교육부장관(당시 문교부장관)의 권한을 재위임 받은 공립교육기간의 장에 의하여 유치원</u>

31) 장태주, 153쪽.

전임강사로 임용되어, 지방자치단체로부터 보수를 지급받고 공무원복무규정을 적용받고 있었을 뿐만 아니라 사실상 유치원 교사로서의 직무를 수행하여 왔다면, 원고의 유치원 전임강사로서의 신분적 지위는 교육공무원법의 적용을 받는 교육공무원에 해당한다고 보아야 할 것이고, 따라서 원고의 위 근무관계는 사법상의 고용계약관계가 아닌 공법상의 특별권력관계로서 원고에 대하여 한 이 사건 해임처분은 피고가 위 유치원의 관리주체로서 공법상의 특별권력인 징계권을 행사하는 과정에서 이루어진 행정처분이다.

제 7 절 주관적 공권

☞ 행정에서 법(질서)은 '객관적 법'과 '주관적 권리'로 구분된다. (객관적) 법(objektives Recht)은 '성문과 불문의 모든 법규'를 말한다(*Erbguth*, 81). 행정을 법으로 기속하기 위하여는 객관적 법에 의한 기속 외에 법에 의한 기속을 요구할 권리(subjektives Recht)를 개별 국민에게 부여하는 것이 필요하다. 따라서 주관적 공권은 '행정에게 객관적 법을 준수할 것을 요구할 수 있도록 법규범(객관적 법)에 의하여 개별 국민에게 법적인 힘을 부여하는 법제도'이다. 이러한 주관적 공권이 인정되는 경우에는 행정소송(행정심판)을 통하여 자신의 권리구제를 주장할 수 있다. 따라서 행정쟁송에서는 권리의 존재여부가 '원고적격'적격'이 된다.

Ⅰ. 공권의 개념

1. 공권의 의의

주관적 공권(subjektiv-öffentliches Recht)은 '개인이 공법관계에서 행정주체에게 직접 자기를 위하여 일정한 행위를 요구할 수 있도록 법규범에 의하여 승인된 법적인 힘'을 말한다.[32] 이는 '객관적 법'에 대하여 개인이 갖는다는 점에서 '주관적·개인적 공권'이라고도 한다.[33] 즉, 공법상 권리이다. 따라서 침해될 경우에는 소송 등에 의한 권리구제를 받을 수 있다.

2. 반사적 이익과의 구별 – 법문의 보호목적을 기준

한편 반사적 이익(Rechtsreflexe)은 '해당 법령의 규정이 단지 객관적 법질서나 공익의 실현 등을 규정함으로써 개인이 얻게 되는 간접적인 사실상 이익인 단순한 편익'이다. 이는 입법자가 해당 법령상에서 객관적 법질서를 구현하기 위한 목적

---

32) 이는 전통적으로 국가적 공권에 대비하여 '개인적 공권'이라고 불렀다. 그러나 국가는 근대국가 이후로 원칙적으로 권리(기본권)를 향유할 수 없고 단지 법에 의하여 부여되고 엄격하게 기속되는 권한만을 가질 뿐이므로 개인적 공권만을 '주관적 공권'이라고 한다.

33) 종래 국가가 사인에 대하여 갖는 법적인 힘을 '국가적 공권'이라고 설명하였으나, 이는 국가 등의 행정주체가 법률에 의하여 인정받는 공권력의 행사인 '권한'을 잘못 이해한 것이다.

으로 제정한 결과, 개인은 간접적으로 단순한 사실상의 이익을 얻게 될 뿐이고, 입법자는 그 이익을 보호하려는 의도가 전혀 없는 경우이다(홍정선). 따라서 권리구제에 의한 법의 보호를 받지 못한다.

판례는 반사적 이익을 1) "간접적이거나 사실적, 경제적 관계를 가지는 데 불과한 경우"(대판 1989.5.23, 88누8135), 2) "공익보호의 결과로 국민일반이 공통적으로 가지게 되는 추상적·평균적·일반적인 이익"이라고 본다(대판 1998.4.24, 97누3286).

대법원 1989. 5. 23. **선고** 88누8135 **판결[가건물철거대집행계고처분청구]**
법률상의 이익은 당해 처분 또는 부작위의 근거법률에 의하여 보호되는 직접적이고 구체적인 이익이 있는 경우를 말하고, 다만 간접적이거나 사실적, 경제적 관계를 가지는데 불과한 경우는 여기에 포함되지 아니한다 할 것이다(당원 1987.5.26. 선고 87누119 판결 참조).

양자의 구별은 해당 법령의 법문상 보호목적을 기준으로 하여 실제로 해당 법령규정이 1) '사인보호'를 목적으로 하는 경우에는 개인의 주관적 공권이 성립하고, 2) 객관적 법질서나 공익을 목적으로 하는 경우에 간접적으로 얻는 반사적 이익에 불과하다. 공권여부는 특히 행정쟁송에서 원고적격과 관련하여 문제된다.

다만, 사회의 발전에 따라 종전의 반사적 이익을 권리로 보기도 한다. 이는 반사적 이익의 공권화 내지는 '개인적 공권의 확대'라고 한다. 예를 들면, 종전에 연탄공장 등의 각종 위험시설 인근거주자의 거주이익을 '반사적 이익'으로 보았으나(연탄공장사건), 환경권이 문제되면서 '주관적 공권'으로 보는 것이다(LPG충전소사건).

Ⅱ. 공권과 법률상 이익

1. 입법사적 원인

☞ 우리나라는 1951년 「행정소송법」에 원고적격 규정이 없었으므로 판례는 원고적격을 '권리가 침해된 자'로만 보다가 1970년대 중반부터 일본처럼 '법률상 보호되는 이익이 침해되는 자'도 포함하였다. 그런데 1984년에 개정된 현행 「행정소송법」이 일본의 「행정사건소송법」에 따라 원고적격에 종전의 권리에 법률상 보호되는 이익을 합한 개념인 "법률상 이익"을 새로 규정하면서 '법률상 이익논쟁'이 시작되었다.[34] 따라서 이는 현행 「행정심판법」 제13조와 「행정소송법」 제12조상의 "법률상 이익"규정을 어떻게 해석할 것인가의 문제이다.[35]

2. '법률상 이익'의 해석

1) 권리설 - 법률상 이익을 독일식의 '권리'에 한정하고, 권리란 '법이 보호하는 이

34) 홍정선, 80쪽.
35) 「행정심판법」 제13조(청구인적격) ① 취소심판은 처분의 취소 또는 변경을 구할 법률상 이익이 있는 자가 청구할 수 있다. 「행정소송법」 제12조(원고적격) 취소소송은 처분등의 취소를 구할 법률상 이익이 있는 자가 제기할 수 있다.

익'이므로 공권과 법률상 보호이익은 표현의 차이일 뿐, 같은 것이고 어차피 공권도 확대되고 있다고 본다(김남진, 김동희, 강구철 연 91/2).

2) 법률상 보호이익설 - 법률상 보호이익에는 권리 외에 행정쟁송상 구제되어야 할 이익인 '법상 보호이익'도 포함된다고 본다(김도창, 이상규, 장태주).

3) 법률상 보호가치있는 이익설 - '법상 보호이익을 넘어 사실상 이익을 포함하여 실질적으로 소송에 의해 보호할 가치가 있는 이익'이라고 본다(석종현).

4) 적법성 보장설 - 주관적인 권리보호가 목적이 아니라 프랑스식으로 행정의 적법성을 보장하기 위한 것이라고 본다(한견우).

5) 판 례 - 법률상 이익을 "당해 처분의 근거법률에 의하여 보호되는 직접적이고 구체적인 이익"(대판 1971.3.23, 70누164), "개개인에 대하여 개별적으로 보호되는 직접적 · 구체적인 이익"(대판 1998.4.24, 97누3286)이라 한다.

6) 소 결 - 법률상 이익, 즉 근거법률에 의하여 보호되는 직접적이고 구체적인 이익은 반사적 이익에 대비되는 표현일 뿐, 곧바로 권리를 의미하므로 권리설이 타당하다. 독일도 법에 의하여 보호되는 이익, 즉 보호규범설이 통설이다.

최근에는 일본처럼 권리 외에 행정쟁송으로 구제되어야 할 이익이라는 '법상 보호이익' 개념의 인정여부에 따라 '구별긍정설'(김도창, 이상규, 장태주)과 '구별부정설'(김동희, 박균성, 류지태, 한견우)로도 나뉜다. 판례는 구별긍정설 중에서 법률상 보호이익설을 택하고 있다(대판 1969.12.30, 69누106; 1974.4.9, 73누173).

대법원 1969. 12. 30. 선고 69누106 판결【행정처분취소】
행정소송에서 소송의 원고는 **행정처분에 의하여 직접 권리를 침해당한 자임을 보통으로 하나 직접 권리의 침해를 받은 자가 아닐지라도 소송을 제기할 법률상의 이익을 가진 자는 그 행정처분의 효력을 다툴 수 있다**고 해석되는바, 해상운송사업법 제4조 제1호에서 당해 사업의 개시로 인하여 당해 항로에서 전 공급수송력이 전 수송수요량에 대하여 현저하게 공급 과잉이 되지 아니하도록 규정하여 허가의 요건으로 하고 있는 것은 주로 해상운송의 질서를 유지하고 해상운송사업의 건전한 발전을 도모하여 공공의 복리를 증진함을 목적으로 하고 있으며 동시에 한편으로는 업자간의 경쟁으로 인하여 경영의 불합리를 방지하는 것이 공공의 복리를 위하여 필요하므로 허가조건을 제한하여 기존업자의 경영의 합리화를 보호하자는 데도 목적이 있다. 이러한 기존업자의 이익은 단순한 사실상의 이익이 아니고 법에 의하여 보호되는 이익이라고 해석된다.

Ⅲ. 공권의 성립요건

☞ 주관적 공권은 논리적으로 객관적 법을 전제로 하므로, 주로 기본권과 단행법에 이중으로 의존되어 있다. 따라서 주관적 공권의 성립은 주로 해당 법령상의 규정 또는 해당 법전체가 Bühler의 보호규범론(3요소론)에 해당되는가 여부로 결정된다.

1. (강행) 규범의 존재

1) 전통적으로 공권이 성립하려면, 행정법령의 해당 규정이 행정청에게 일정한 행위의무를 부과하는 '강행규범'이어야 한다고 보았다. 행정청에게 행위의무를 부과하는 강행규범이면, 그에 따른 해당 행위는 원칙적으로 '기속행위'이어야 한다. 그러나 이 견해에 따르면, 재량행위는 행정청의 행위의무가 없으므로 공권이 발생할 수 없다.

2) 최근에는 공권의 요건을 '규범의 존재'로 보아 '어떤 법규정이 행정에게 특정한 행위를 수권하거나 의무지운 경우'로 확장한다면(*Detterbeck*, 399 f), 법규정상 재량행위라도 이에 따른 재량하자를 구하는 공권으로 인정할 수 있다. 우리나라에서도 예외적으로 재량규범에도 개인적 공권이 성립할 수 있다고 본다(장태주).

2. 사적 이익의 보호

공권이 인정되기 위하여는 행정법령상의 규범(해당 규정)이 순수 공익목적(객관적 법)에만 기여하는 것이 아니라, 개인의 사익도 보호하여야 한다(보호규범론).

1) **근거규범의 범위** 이때 사익보호목적을 도출하는 규범의 범위에 대하여 1) 당해 처분의 근거인 법률의 규정과 취지만 고려한다는 견해(박정훈), 2) 처분의 근거가 되는 법률의 규정과 취지 외에 관련 법률의 규정과 취지도 고려한다는 견해, 3) 처분의 근거가 되는 법률의 규정과 취지 외에 관련 법률의 규정과 취지, 기본권규정도 고려한다는 견해(홍정선)가 있다. 4) 규범의 사익보호성은 원칙적으로 해당 규정의 내용과 취지에서 도출해야 하지만, 법해석상 관련법률과의 체계, 역사해석 등도 고려할 수 있으며, 보충적으로는 법령상에서 사익보호를 도출할 수 없을 경우에 기본권에서도 도출할 수 있다(적용의 우위).

【판례해설】 판례는 사익보호목적을 1) 일반적으로 '당해 처분의 근거법률에서 직접 보호되는 구체적인 이익'에 한정하였으나(대판 2002.5.14, 2002두12465), 2) 최근에는 '관련법률'(대판 2005.5.12, 2004두14229)을 넘어 3) '기본권'도 고려한다. 예를 들면, 헌법상 기본권(대판 1992.5.8, 91부8), 환경권(대판 2006.3.16, 2006두330), 경쟁의 자유(헌재 1998.4.30, 97헌마141) 등이다. 4) 거부처분이나 부작위소송에서는 신청권과 관련하여 '조리'까지도 포함한다.

대법원 2005. 5. 12. **선고** 2004두14229 **판결[폐기물처리시설입지결정및고시처분취소]**
<u>법률상 보호되는 이익이라 함은 당해 처분의 근거 법규 및 관련 법규에 의하여 보호되는 개별적·직접적·구체적 이익이 있는 경우를 말하는데, 환경·교통·재해등에관한영향평가법(이하 '환경영향평가법'이라 한다), 같은법시행령, 폐촉법, 같은법시행령의 각 관련 규정에 의하면, 폐기물처리시설 설치기관이 1일 처리능력이 100t 이상인 폐기물처리시설을 설치하는 경우에는 폐촉법에 따른 환경상 영향조사 대상에 해당할 뿐만 아니라, 환경영향평가법에 따른 환경영향평가 대상사업에도 해당하므로 폐촉법령뿐만 아니라, 환경영향평가법령도</u>

위와 같은 폐기물처리시설을 설치하기 위한 폐기물소각시설 설치계획 입지결정·고시처분의 근거 법령이 된다고 할 것이다.

2) **기본권규정** 한편 주관적 공권을 '헌법상 기본권'에서 직접 도출할 수 있을 것인가에 대하여 1) 소극설은 헌법에 대한 법률의 적용우위에 따라 관련법령에서만 공권을 인정할 수 있다고 보고(김남진/김연태, 장태주, 김성수, 박균성), 2) 적극설은 법령에서 인정이 불가능한 경우에는 기본권규정에서도 직접 도출할 수 있다고 본다(정하중, 박정훈).[36] 3) 일반적으로 적용의 우위에 따라서 주관적 공권은 우선적으로 법령에 근거하여야 하고, 법령이 흠결된 경우에는 헌법상의 기본권에서 직접 공권을 인정할 수 있다.

3) **사인의 특정성** 한편 공익이나 객관적 법질서 외에 사익보호를 목적으로 하는 경우에도 보호대상인 '사인이 특정될 수 있는 경우'에만 공권이 허용된다. 불특정 다수인에게는 권리가 인정되지 않으므로(민중소송의 방지), 권리자는 법규정에서 특정될 수 있어야 한다. 행정의 상대방이 특정되어 있다면, 공권이 인정된다. 한편 '특정성'은 권리를 주장하는 개인을 어디까지 법령상 보호되는 인적범위에 포함시킬 것이냐의 문제이다.

4) **제3자의 공권** 행정작용의 제3자에게 주관적 공권을 인정할 것인가의 문제이다.

제3자도 공권(법률상 이익)을 인정할 것인가에 대하여는 처분의 근거가 되는 법규범이 공익뿐만 아니라, 제3자의 이익도 보호하고 어느 정도 일반인과 달리 특정할 수 있다면, 제3자도 소송으로 자신의 권리를 주장할 수 있다. 판례는 '이해관계있는 제3자'에게는 법규에 의하여 개별적·구체적 이익이 있는 경우에 법률상 이익(개인적 공권)을 인정한다(대판 2006.7.29, 2004두6716). 다만, 제3자가 단지 '간접적인 사실상 경제적인 이해관계'를 가지는 경우에는 반사적 이익에 불과하므로 인정하지 않는다(대판 2002.2.8, 97누13337). 제3자의 주관적 공권이 인정되는 예는 경쟁자소송, 경원자소송, 인인소송 등이 있다. (☞제3자의 원고적격 참조)

대법원 2008. 4. 10. **선고** 2008**두**402 **판결 【담배소매인지정처분취소】**
행정처분의 직접 상대방이 아닌 제3자라 하더라도 당해 행정처분으로 인하여 법률상 보호되는 이익을 침해당한 경우에는 그 처분의 취소나 무효확인을 구하는 행정소송을 제기하여 그 당부의 판단을 받을 자격이 있다 할 것이며, 여기에서 말하는 법률상 보호되는 이익이라 함은 당해 처분의 근거 법규 및 관련 법규에 의하여 보호되는 개별적·직접적·구체적 이익이 있는 경우를 말하고, 일반적으로 면허나 인·허가 등의 수익적 행정처분의 근거가 되는 법률이 해당 업자들 사이의 과당경쟁으로 인한 경영의 불합리를 방지하는 것도 그 목적으로 하고 있는 경우, 다른 업자에 대한 면허나 인·허가 등의 수익적 행정처분에 대하여 미리 같은

36) 예를 들면, 영업상 이익을 침해하는 제3자효 행정행위는 직업의 자유로부터 직접 개인적 공권을 도출하는 견해(박균성)와 자유경쟁이라는 자유시장질서 원칙상 인정불가하다는 견해(김성수)가 있다.

종류의 면허나 인·허가 등의 수익적 행정처분을 받아 영업을 하고 있는 기존의 업자는 경업자에 대하여 이루어진 면허나 인·허가 등 행정처분의 상대방이 아니라 하더라도 당해 행정처분의 취소를 구할 원고적격이 있다(대판 2006.7.28, 2004두6716 등 참조).

3. 법적 힘의 존재

해당 행정법령이 권리자로 하여금 자기 이익을 관철할 수 있는 '법적 힘'(Rechtsmacht)을 부여하였는지의 여부인데, 이것을 '소구가능성'이라고 한다.

☞ 공권의 성립요건으로 소구가능성이 필요한가에 대하여는 1) 독일처럼 우리나라도 헌법상 재판청구권이 보장되고, 행정소송법상 개괄주의를 취하므로 더 이상 필요하지 않다는 '2요소론'(홍정선, 박균성)과 2) 독일과 달리 개인적 공권에 따른 소송유형이 완비되기 전까지는 개인적 공권을 사법상 관철하기 위하여 여전히 필요하다고 보는 '3요소론'(박윤흔, 류지태, 장태주)이 있다. 3) 공권의 성립에는 앞서 설명한 규범이 존재하고 그 규범이 사익을 보호하면 되므로 2요소론이 타당하다.

Ⅳ. 공권의 특수성

1. 이전의 자유의 제한

☞ 주관적 공권도 사법상 권리처럼 권리를 타인에게 이전할 수 있는가의 문제이다.

1) **원 칙** 주관적 공권은 주로 공익상 인정되므로 원칙적으로 1) 일신전속적인 권리(선거권), 2) 법률에 의하여 이전이 금지되는 권리(국가배상권, 생활보호수급권, 연금수급권의 양도금지), 3) 행정청의 인가 등으로만 이전되는 권리 등으로 권리이전의 제한이 있다.

또한 공권은 이전금지성으로 인해 압류가 제한되거나, 금지되는(공무원연금법상 연금수급권, 민사집행법상 병사의 급료, 국가배상법상 국가배상권) 경우도 있다.

2) **예 외** 현대국가에서는 공권도 대물적 공권의 속성을 가지면, 예외적으로 양도나 상속이 가능할 수 있다. 이전여부는 주로 법령에 따르고, 관련 행정법령상의 규정이 없는 경우에는 해당되는 공권의 내용에 따라 개별적으로 판단한다.

▣ 공권과 공의무의 승계 문제

공권과 공의무는 예외적으로 이전(승계)이 가능하다(예를 들면, 하천법상의 하천법상 허가나 승인으로 생긴 권리·의무의 승계, 석유사업법상의 석유정제업의 지위승계). 공권과 공의무의 승계는 「행정절차법」 제10조에서 지위의 승계에 관한 조항을 두고 있지만 일반적이지는 않다. 따라서 개별법에서 공권의 이전이나 승계를 제한하는 유형은 1) 개별적인 '양도나 압류를 금지'하는 경우(마약법 제8조, 국가배상법 제4조), 2) 허가받은 사업의 양수, 합병 등에 '인가'를 받아야 하는 경우(통신사업법 제18조 제1항), 3) 허가

받은 사업의 일부 또는 전부의 휴지·폐지시 허가청의 '승인'을 받아야 하는 경우(통신사업법 제19조 제1항), 4) 개별적인 권리의 양수·상속 또는 합병시 '신고'를 요건으로 하는 경우(도로법 제4조, 식품위생법 제39조) 등이 있다. 5) 물론, 예외적으로 '법령상 당연승계'되는 경우(체육시설법 제27조)도 있다.

2. 포기의 제한

주관적 공권은 공익성을 가지므로 사권과 달리 권리자가 임의로 포기할 수 없는 것도 있다. 예를 들면, 선거권, 연금청구권, 소권(訴權) 등이다.

3. 대행의 제한

주관적 공권은 주로 특정인에게만 인정되는 일신전속권을 가지므로 권리행사시에 타인에 의한 대리나 대행, 위임 등이 제한되는 경우가 많다. 따라서 의사면허자 외의 자가 의료행위를 대행할 수 없다.

4. 권리보호의 특수성

주관적 공권이 침해된 경우에는 사권과 달리 민사소송이 아니라 행정소송법 등에 의한 행정상 권리구제의 대상이 된다.

Ⅴ. 무하자재량행사청구권

1. 개 념

무하자재량행사청구권(Anspruch auf fehlerfreie Ermessensentscheidung)은 '행정청에게 재량권이 부여된 경우에 상대방인 국민이나 이해관계인이 행정청에 대하여 하자없는 재량권의 행사를 청구할 수 있는 권리'이다. 종래 재량에는 원칙적으로 공권이 인정되지 않지만, 오늘날 재량영역이 확대되면서 사익보호의 필요에 따라 공권을 인정하자는 이론이다.

한편 무하자재량행사청구권의 개념을 광의로 보고, 협의는 '행정청이 결정재량권을 갖지 못하고, 선택재량권만 가진 경우에 행사할 수 있는 하자없는 재량행사청구권'으로 보기도 한다(김남진).

아울러 무하자재량행사청구권은 침해시 독자적으로 원고적격을 인정받을 수 있다는 견해(박윤흔)도 있지만, 이는 소송상 실체적 권리에 종속하여 함께 행사하는 권리에 불과하다. 그리고 이는 재량행위에서 인정되는 개인적 공권의 일반적 특성을 관념화한 것으로 기속행위의 경우는 특정행위청구권이 인정되는 것이다.[37]

2. 법적 성질

1) **인정여부** 1) 부정설은 무하자재량행사청구권을 인정하면, 원고적격이 부당하게 확대되어 민중소송화될 우려가 있고, 현행법상 근거도 없으며, 재량권이 남용되면 실체법상 재량의 하자로 위법이므로 굳이 인정할 유용성이 없다고 보지만(이상규), 2) 긍정설은 적극적으로 하자없는 재량권행사를 요구할 수 있어야 하고, 재량권이 0으로 수축된 경우에는 특정한 실체적 행위를 요구할 수 있으므로 무하자재량행사청구권의 독자성을 인정한다. 다만, 인정하는 경우에 선택재량에 한정하는 견해(김남진) 외에는 결정재량과 선택재량에 모두 인정한다.

2) **법적 성질** 무하자재량행사청구권의 독자성을 인정하는 경우도 법적 성질과 행정소송상의 원고적격여부를 기준으로 다음과 같이 구분된다.

1) '절차적(형식적) 공권설'은 재량처분에서 종국처분의 형성과정상 재량권의 법적인 한계를 지키면서 특정한 처분이 아니라 어떠한 처분을 할 것을 구하는 절차적 또는 형식적 공권이라고 본다(김동희). 2) '형식적 권리설'은 재량영역에서 특정내용을 청구할 수 있는 권리가 아니라 단지 법적 한계를 지켜 하자 없는 재량을 행사해 줄 것을 요구하는 권리로서 실체적 권리와 분리되어 독자적으로 행사할 수 없으므로 단지 본안판단의 기준에 불과하여 원고적격도 부여하지 않는다고 본다(장태주, 홍정선, 박균성, 류지태, 홍준형). 3) '광·협 구분설'(2분설)은 광의의 무하자재량행사청구권인 형식적 권리와 선택재량권만 가진 협의의 하자없는 재량을 행사할 권리를 구분하여 후자만 원고적격을 인정하는 독립적 권리로 보는 견해이다(김남진). 4) '실체적 공권설'은 재량법규가 사익을 보호하는 경우에 인정되는 것으로(정하중), 행정에 재량권이 부여되면, 상대방에게 무하자재량행사청구권이 인정되어 특정한 재량처분의 발급을 직접 명령할 수 있는 실체적 공권이므로, 재량처분의 하자시는 바로 원고적격을 인정하자는 견해이다(강현호). 5) 결론적으로 무하자재량행사청구권은 일반 주관적 공권처럼 특정한 행위를 요구하는 실체법적 권리가 아니라, 불특정한 행위에 대하여 단지 재량의 하자없는 행사를 주장하는 '형식적 권리'이다.[38]

【판례해설】 검사임용거부처분취소사건(대판 1991.2.12, 90누5825)에서 "재량권의 한계일탈이나 남용이 없는 적법한 응답신청권"에 대하여 무하자재량행사청구권을 인정했다고 보는 견해(김동희, 정하중), 무하자재량행사청구권이 아닌 단지 조리상 응답신청권이라고 보는 견해(박균성), 응답신청권은 헌법상 기본권(공무담임권)에서 나오는 것이므로 상관없다는 견해가 있다(홍정선).

대법원 1991. 2. 12. **선고** 90누5825 **판결 【검사임용거부처분취소】**
<u>검사의 임용여부는 임용권자가 합목적성과 공익적합성의 기준에 따라 판단할 자유재량에</u>

37) 홍정선, 95쪽.
38) 장태주, 130쪽.

속하는 사항으로서 원고의 임용요구에 기속을 받아 원고를 임용하여야 할 의무는 없는 것이고 원고로서도 자신의 임용을 요구할 권리가 있다고 할 수 없는 것이다.
그런데 임용권자가 임용여부에 관하여 어떠한 내용의 응답을 할 것인지는 앞에서 본 바와 같이 임용권자의 자유재량에 속하므로 일단 임용거부라는 응답을 한 이상 설사 그 응답내용이 부당하다고 하여도 사법심사의 대상으로 삼을 수 없는 것이 원칙이나, 다만 자유재량에 속하는 행위일지라도 재량권의 한계를 넘거나 남용이 있을 때에는 위법한 처분으로서 항고소송의 대상이 되는 것이므로(행정소송법 제27조), 적어도 이러한 재량권의 한계일탈이나 남용이 없는 위법하지 않은 응답을 할 의무가 임용권자에게 있고 이에 대응하여 원고로서도 재량권의 한계일탈이나 남용이 없는 적법한 응답을 요구할 권리가 있다고 할 것이며, 원고는 이러한 응답신청권에 기하여 재량권남용의 위법한 거부처분에 대하여는 항고소송으로서 그 취소를 구할 수 있다고 보아야 한다.

3. 성립요건

무하자재량행사청구권은 공권의 성립요건과 유사하다. 다만, 1) 일반 주관적 공권과 달리 해당 법규정에서 기속행위로서의 강행규범성은 필요없으나, 재량행위로서 행정청의 무하자재량행사의무의 존재, 즉 재량권의 한계를 준수하여야 할 법적 의무는 존재하여야 한다. 2) 해당 법령의 사익보호성은 일반 주관적 공권과 마찬가지로 필요하다.

4. 행사와 권리구제

행정청에게 재량권이 부여된 경우, 하자 없는 재량을 행사하여 행정작용을 할 것을 청구할 수 있다. 이때 행정청은 법에 따른 재량권을 행사하여야 한다.

위법한 재량처분이나 부작위로 침해받거나 수익이 거부된 경우에는 취소소송이나 부작위위법확인소송으로 권리회복이 가능하다. 따라서 재량처분의 하자로 위법판결을 받으면, 취소소송의 경우는 판결의 취지에 따라 행정청이 하자없는 재량처분을 다시 하여야 하고, 부작위위법확인소송은 상대방의 신청에 따른 처분을 하여야 한다. 한편 하자있는 재량행사 후에는 사후조치로서 권리구제를 주장하기도 한다(류지태).

5. 재량권의 축소 – 0으로의 수축

행정청에게 부여된 재량권이 0으로 축소되어 하나의 특정한 결정만 해야 하는 경우를 '재량권의 0으로의 수축' 내지 '재량감소'라고 한다. 주로 긴급한 위험방지를 위한 경찰행정에서 자주 발생한다. 재량권감소여부는 사실상황에 대한 합리적이고 객관적인 평가와 보호받아야 하는 사익의 성질을 고려하여 결정한다. 재량권이 감소하면 '특정행위발급청구권'이 되므로, 실질적인 권리가 되어 원고적격이 인정된다고 보거나(장태주, 홍정선) 특정행위에 대한 발급을 청구하는 행정개입청구권으로 전환된다고 본다(박균성).

Ⅵ. 행정개입청구권

1. 개 념

행정개입청구권(Anspruch auf behördeliches Einschreiten)은 '개인이 행정권의 행사를 청구할 수 있는 권리'를 말한다. 광의는 '자기를 위하여 행정권을 행사하도록 청구하는 권리'인 행정행위발급청구권과 '자기를 위하여 타인에 대하여 행정권을 행사할 것을 청구할 수 있는 권리'인 행정개입청구권(협의)를 포함한다. 일반적으로는 협의의 개념인 행정개입청구권을 말한다(장태주).

종래 행정권의 발동은 행정청의 판단에 맡겨졌으나, 현대국가에서는 개인의 권리보호를 위하여 원칙적으로 기속행위에 인정하되, 재량권이 0으로 축소된 경우도 인정하자는 것이다. 독일에서 경찰법상 개괄조항을 중심으로 발전하였으나 우리나라에서는 행정법의 전 영역에서 논의된다(홍정선). 물론 여전히 위험방지영역에서 중요하다(장태주).

2. 법적 성질

1) **인정여부** 행정개입청구권의 도입여부에 대하여, 1) 부정설은 행정청의 위법한 부작위에 의한 실체적 권리의 침해는 부작위소송이나 소의 이익 문제로 해결되므로 굳이 별도로 위법한 부작위에만 행정개입청구권을 인정할 필요가 없고(이상규), 행정권의 발동은 재량에 속하므로 미발동시 구제수단이 없다고 한다. 2) 긍정설은 재량이 영으로 수축되고, 법규정이 사익을 보호하는 경우에 인정할 수 있다는 견해로서 재량의 감소시는 행정청의 행위에 개입이 가능하고, 제3자의 권리침해시는 무명항고소송(의무이행소송)이 불가하기 때문에, 그리고 급박한 위험으로부터 구제할 필요가 있으므로 인정해야 한다고 주장한다(홍정선).

【판례해설】 판례는 조리상 요구할 수 있는 권리에 긍정적인 입장(대판 1975.5.13, 73누96·97 - 청주시연탄공장사건)과 부정적인 입장(대판 1999.12.7, 97누17568 - 삼광화학사건)으로 나뉜다.

대법원 2007. 5. 11. 선고 2007두1811 판결 【공사중지명령처분취소】
지방자치단체장이 공장시설을 신축하는 회사에 대하여 사업승인 내지 건축허가 당시 부가하였던 조건에 따른 이행을 하고 이를 증명하는 서류를 제출할 때까지 신축공사를 중지하라는 공사중지명령에 있어서는 그 명령의 내용 자체로 또는 그 성질상으로 명령 이후에 그 원인사유가 해소되는 경우에는 잠정적으로 내린 당해 공사중지명령의 해제를 요구할 수 있는 권리를 위 명령의 상대방에게 인정하고 있다고 할 것이므로, 위 회사에게는 조리상으로 그 해제를 요구할 수 있는 권리가 인정된다고 할 것이다(대법원 1997.12.26. 선고 96누17745 판결 참조).

2) **법적 성질**

(1) **실체적 권리** 절차적 권리설(변재옥)이 있었으나, 행정에 대하여 행정권의 행사라는 특정한 사항을 요구하는 것이므로 실체적 권리이다.[39]

(2) **사전예방적·사후구제적 권리** 행정개입청구권은 사전예방적 권리만으로 보는 견해(김도창)에도 불구하고, 사전예방적 및 사후적 권리로서의 성격도 갖는다(장태주).

3) **무하자재량행사청구권과의 관계** 개인이 일반적 수권조항에 근거하여 경찰권의 발동을 청구한 경우에 처음에는 하자없는 재량행사를 청구하는 무하자재량행사청구권의 성격을 가지나 상황이 변하여 행정권의 결정재량이 영으로 수축되거나 선택재량마저 부인되면 '특정행위청구권'으로 변하게 된다.

3. 성립요건

1) **행정청의 개입의무의 발생** 행정개입청구권을 인정하기 위하여는 행정청이 행정권발동에 대한 법적 의무를 가져야 한다. 따라서 기속행위가 원칙이고, 법령이 행정에 재량권을 부여한 경우에는 재량권이 0으로 수축된 경우에야 비로소 법적 의무(개입의무)가 행정청에게 발생한다.

개입의무의 발생여부에 대한 판단은 '위해성한계이론'(Schenke)에 따라 공공의 안녕과 질서에 대한 위험 등이 특별히 유해하고, 그 정도가 일반적인 수인한도를 넘은 경우에는 행정청의 개입의무가 인정된다고 본다(장태주). 물론 사안에 따라 위협받는 법익의 가치, 위해의 정도, 개입에 따른 위험 등을 개별적·구체적으로 검토해야 한다는 견해도 있다(류지태, 홍정선).

2) **사익보호성** 일반적 공권과 마찬가지로 관련 행정법령의 규정이 사익을 보호하고 있어야 한다.

☞ 최근 경찰 및 질서행정 관련법령을 공익실현만을 목적으로 하는 것에서 점차 사익보호로 해석하는 추세에 있으며, 아울러 각종 대형사고나 리스크방지 등을 위하여 국가의 기본권보호의무에서 안전에 대한 의무를 도출하려고 하므로 행정개입청구권도 강조되는 추세에 있다(장태주).

4. 행정개입청구권의 행사

행정개입청구권은 실체법상의 권리이므로 일단 해당 행정청에 행정권 발동을 요구하는 권리를 행사하고, 불이행시에는 행정상 권리구제절차를 이행하게 된다.

---

39) 장태주, 137쪽; 홍정선, 101쪽.

다만, 우리 행정소송제도는 의무이행소송을 인정하지 않으므로, 행정개입청구를 거부한 경우에는 거부처분에 대한 의무이행심판, 취소쟁송을 제기하고, 부작위한 경우에는 의무이행심판과 부작위위법확인소송을 제기할 수 있다. 판례는 행정행위 등에 대한 발급청구에 대한 거부행위에서는 인정하고(대판 1997.12.26, 96누17745), 부작위한 행위에서는 부인한다(대판 1992.6.9, 91누11278).

한편 행정청의 개입의무가 있어서 행정개입청구권을 행사하였어도 행정기관이 행정권을 행사하지 않은 경우에 개인은 공무원의 부작위로 인한 직무상 불법행위책임을 이유로 국가를 상대로 손해배상을 청구할 수 있다(대판 1998.8.25, 98다16890).[40]

대법원 1998. 8. 25. **선고** 98다16890 **판결 【손해배상(자)】**
경찰관직무집행법 제5조는 경찰관은 인명 또는 신체에 위해를 미치거나 재산에 중대한 손해를 끼칠 우려가 있는 위험한 사태가 있을 때에는 그 각 호의 조치를 취할 수 있다고 규정하여 형식상 경찰관에게 재량에 의한 직무수행권한을 부여한 것처럼 되어 있으나, 경찰관에게 그러한 권한을 부여한 취지와 목적에 비추어 볼 때 구체적인 사정에 따라 경찰관이 그 권한을 행사하여 필요한 조치를 취하지 아니하는 것이 현저하게 불합리하다고 인정되는 경우에는 그러한 권한의 불행사는 직무상의 의무를 위반한 것이 되어 위법하게 된다 (대판 1998.5.8, 97다54482; 1996.10.25, 95다45927 등 참조).

Ⅶ. 공의무 – 행정법상 의무

1. 개 념

공의무는 '타인의 이익을 위하여 의무자에게 부과되는 공법상의 구속'이다. 즉, '공법상 의무' 내지 '행정법상 의무'이다. 이는 전통적으로 주체에 따라 '국가적 공의무'와 '개인적 공의무'로 구분하고, 내용에 따라 작위(행위의무), 부작위(행위제한), 급부(납세), 수인의무로 구분하였다. 공법상 의무는 행정목적을 위하여 법령에 따라 또는 행정행위 등의 행정작용에 따라 부과된다.

기본권과 달리 개인의 공법상 의무는 헌법상 (기본)의무에 연원하지 않는다. 특히 우리나라는 헌법상 기본의무(국방, 납세, 교육, 근로)를 규정하고 있지만, 독일은 헌법상 기본의무를 규정하지 않는다. 이는 국민은 국가에 권리(기본권)만 요구할 뿐이고 국가에 대한 헌법상 의무는 지지 않는다고 보기 때문이다.

2. 특수성

공의무(행정법상 의무)는 법령이나 행정주체의 일방적 행위(하명)로 행정의 상대방인 국민에게 부과되는 경우가 많다. 행정법상 의무의 불이행시는 행정권이 의무

40) 장태주, 141쪽.

이행을 확보하기 위하여 행정법상 강제집행(자기집행력)하거나 행정벌을 부과할 수 있다. 행정법상 의무 중 대인적 의무는 일신전속적이어서 승계(이전)나 포기가 제한되고, 사권과의 상계도 금지될 수 있지만, 대물적 의무는 대체적 의무, 즉 타인이 대신 이행할 수 있어서 승계가 허용되기도 한다.

제8절 사인의 공법행위

Ⅰ. 사인의 공법행위의 개념

개인(사인)은 국가 등과 더불어 다양하게 행정상 법률관계에 참여한다. 이 경우에 '사인이 행정상 법률관계에서 공법상 법률효과의 발생에 기여하는 행위'를 '사인의 공법행위'라고 한다.

사인의 공법행위에는 행정의 행위를 위한 '신청', '신고', '민원사무' 등이 있으며,[41] 가장 논란이 되는 것은 행정상 법률관계에 기여하는 신고제도이다.

Ⅱ. 신고의 개념과 종류

1. 개 념

신고는 '사인이 공법상 법률효과의 발생을 위하여 행정기관에게 일정한 사실을 알리는 행위'이다. 신고는 일정규모이하의 행위에 대하여는 허가보다 행정청의 권한은 낮추되 행정상 필요한 정보수집을 위하여 최소한의 규율로서 제도화한 것이다.[42]

유사개념으로 1) 신청은 '사인이 행정청에 대하여 일정한 행위(허가 등)를 요구하는 공법행위'로, 행정청의 허가 등을 위하여 실질적인 내용심사를 받기 위한 것이고, 신고는 행정청 등에 법령에서 정한 일정한 형식적인 사항을 알리는 것만으로 법률효과가 발생하는 것이다. 2) 통보는 아무런 법률효과를 수반하지 않는 단순한 사실을 알리는 행위이므로 법률효과가 발생하는 신고와 구별되고, 통보는 미이행시 제재수단도 없다. 3) 허가의 양도, 합병 등으로 발생하는 신고의무는 '새로운 허가의 신청'이라는 성질을 가지므로 일반 신고와는 구분된다(홍정선). 4) 등록은 일정한 사실이나 법률관계를 행정기관의 공적 장부에 등재하고 이를 증명하는 행위로, 허가를 규제완화하였으므

---

41) 홍정선 교수님은 '민원사무'를, 박균성 교수님은 '신고'를 각기 '사인의 공법행위'로 보신다.
42) 유승남, "건축법상 건축신고의 법률적 성질", 『행정소송실무연구』 제2권, 서울고등법원, 405쪽.

로 신고의 구분에 대하여 양자가 같다는 입장(홍정선)과 신고는 행정청의 '수리행위'가, 등록은 '공증행위'가 필요하므로 구분된다는 입장이 있다(박균성).

2. 종 류

1) **구별기준** 신고는 공법상 법률효과의 발생시점(수리여부)을 기준으로 1) 사인의 신고만으로 법률효과가 발생하는 '원래의 신고'(자기완결적 신고)와 2) 사인의 신고 외에 행정청이 수리하여야만 법률효과가 발생하는 변형된 신고(수리를 요하는 신고)가 있다.

양자의 구분에 대하여 1) 법령규정이 있으면, '법령규정의 내용'으로 판단하여. 입법자의 객관적인 의사를 기준으로 판단해야 한다는 견해(홍정선), 2) 신고요건과 심사의 내용을 기준으로 신고요건이 '형식적 요건'이면 '형식적 심사권'만 갖는 자기완결적 신고이고, 형식적 요건 외에 '실질적 요건'도 포함하면 '실질적 심사권'을 갖는 수리를 요하는 신고라는 견해(박균성)가 있다. 3) 수리를 요하는 신고에 실질심사를 인정하면 허가제와 같아지고, 자기완결적 신고는 단지 신고요건의 충족여부라는 점에서 명확히 '형식심사'라고 보기도 어렵다. 따라서 양자는 수리여부로 구분될 따름이다.

양자의 구별실익은 신고효과, 신고필증, 수리행위, 신고거부행위에서 차이가 있다.

2) **자기완결적 신고** (원래의 신고) 자기완결적 신고는 '사인이 행정청에 대하여 법령 등에서 정한 일정한 사항을 알리는 것만으로써 법률효과가 발생하는 신고'를 말한다(행절법 제40조). 법령에서 정한 의무적 신고가 대상이며, 임의신고인 통보는 대상이 아니다. 이는 행정절차법상의 신고이다(☞ 행정절차법상 신고절차 참조).

대법원 1993. 7. 6. 자 93마635 결정 【과태료처분에대한이의】
행정청에 대한 신고는 일정한 법률사실 또는 법률관계에 관하여 관계행정청에 일방적으로 통고를 하는 것을 뜻하는 것으로서 법에 별도의 규정이 있거나 다른 특별한 사정이 없는 한 행정청에 대한 통고로서 그치는 것이고 그에 대한 행정청의 반사적 결정을 기다릴 필요가 없는 것이므로, 회사가 한 이 사건 변경신고서는 그 신고자체가 위법하거나 그 신고에 무효사유가 없는 한 이것이 경기도지사에게 제출하여 접수된 때에 신고가 있었다고 볼 것이고, 경기도지사의 수리행위가 있어야만 신고가 있었다고 볼 것은 아니다.

【판례해설】 자기완결적 신고는 종래의 건축신고(대판 1968.4.30, 68누12), 당구장업과 같은 신고체육시설업(대판 1992.9.22, 92도1839; 대결 1993.7.6, 93마635),[43] 유선및도선업법의 유선업경영신고(대판 1992.5.8, 91누5655; 1988.8.9, 86누889), 농어촌발전특별조치법상의 농지전용신고(대판 1993.9.14, 93누6959), 토지거래신고(대판 1997.8.29, 96누6646), 의원등의 개설신고(대판 1985.4.23, 84도2953) 등이 있다.

3) **수리를 요하는 신고** (변형된 신고) 수리를 요하는 신고는 '사인이 법령

---

43) 수리를 요하는 신고로 본다. 박균성, 112쪽.

에서 정한 일정한 사항(신고요건)을 행정기관에 알리면, 관할 행정청이 이를 심사하여 수리함으로써 해당 법령이 정한 법률효과가 발생하는 신고'를 말한다. 수리는 준법률행위적 행정행위이다. '행정요건적 공법행위로서의 신고'라고도 한다(홍정선). 인허가의 양수도의 신고처럼 수리로 법률효과가 발생하는 경우도 포함한다.

☞ 종래의 허가제에서 규제완화에 따라 전환된 것이 등록외에 변형된 신고인 '수리를 요하는 신고'이다. 이는 신고의 효력발생을 위하여 '행정청의 수리'를 요건으로 하여 신고가 수리되어야 대상행위에 대한 금지가 해제되는 것이다. 단, 신고요건을 갖춘 신고에만 행정청의 수리의무가 발생한다. 수리를 요하는 신고의 법적 성질은 1) 실질적 심사권이 인정된다는 점에서 허가와 같은 것으로 보는 견해,[44] 2) 형식적 심사권만 인정된다는 점에서 '등록'과 같다고 보는 견해가 있다(홍정선). 3) 실질적 심사권을 인정하여 허가로 보는 경우에는 허가보다 완화된 신고로 볼 필요가 없다.

【판례해설】 수리를 요하는 신고는 '건축법상 건축주명의변경신고'(대판 1992.3.31, 91누4911), '액화석유가스안전 및 사업관리법상의 사업양수인의 지위승계신고'(대판 1993.6.8, 91누11544), '수산업법상의 어업신고'(대판 2000.5.26, 99다37382), '인허가 의제에 따른 건축신고'(대판 2011.1.20, 2010두14954),[45] '납골당설치신고'(대판 2011.9.8, 2009두6766) 등이다.

한편 등록제도는 1) 허가'와 같다고 보는 견해[46]도 있으나, 2) 등록은 신청내용에 대한 형식적 심사에 그치므로 '수리를 요하는 신고'와 같다고 보는데,[47] 3) 수리와 유사하다고 보아야 한다.

Ⅲ. 신고의 요건과 심사

1. 신고요건

☞ 신고요건은 개별법령에서 구체적으로 규정한다. 다만, 행정절차법은 자기완결적 신고의 형식적 요건과 신고절차에 대한 일반적인 내용을 규정한다(제40조).

1) 형식적 요건과 신고절차 행정절차법에 따르면, 행정기관은 1) 신고서의 기재사항, 2) 필요한 구비서류의 첨부, 3) 기타 법령 등에 규정된 형식상의 요건에 적합한 지를 확인한다(제40조 제2항). 이러한 양식 등의 확인은 수리를 요하는 신고에도 적용된다고 본다(홍정선).

아울러 행정절차법은 신고요건을 갖추지 못한 경우에는 상대방에게 지체없이

44) 김남진/김연태, 정하중, 김동희, 천병태/김명길, 류지태/박종수; 김명길, "신고의 법리", 『공법학연구』 제7권 제1호, 472쪽 이하.

45) '개발행위가 의제되는 건축신고'만 수리를 요하는 신고이고, 다른 인허가의제가 되는 건축신고는 아니라고 보기도 한다. 정형근, 86쪽.

46) 김명길, 윗글, 472쪽; 김중권, 앞글, 32쪽.

47) 홍정선, "사인의 공법행위로서 신고의 법리 재검토", 『고시계』 2001/4, 20쪽; 채우석, "행정절차법에 있어서의 신고", 『고시계』 1997/7, 73쪽 이하.

상당한 기간을 정하여 보완을 요구하여야 하고(제40조 제3항), 신고인이 보완하지 않을 경우에는 신고서를 반려하도록 한다(제40조 제4항). 신고절차는 원칙적으로 자기완결적 신고중 의무적인 신고에 적용되지만, 수리를 요하는 신고에도 준용된다.

2) **실질적 요건의 여부** 한편 개별법령에서 정한 형식적 요건외에 '시설기준'에 한정하지 않고[48] 별도의 공익 등의 행정청의 판단을 요하는 경우에는 실질적 요건을 규정한 것으로 본다. 이러한 경우에는 수리를 요하는 신고로 본다.

2. 요건심사

☞ 사인이 신고한 경우, 신고요건에 대하여 관할 행정청이 어떻게 할 것인가는 신고의 종류에 따라 다르게 본다.

1) **자기완결적인 신고** 신고를 받은 행정청은 신고요건의 충족여부에 대하여 1) 단지 확인에 그칠 뿐, 아무런 심사권도 가지지 않는다는 견해(홍정선), 2) 형식적 심사권을 가진다는 견해(박균성)가 있다. 3) 행정기관은 신고요건(형식적 요건)의 충족여부만 확인할 뿐이므로 심사에까지 이르지는 않는다고 보아야 할 것이다.

【판례해설】 행정청은 형식적 요건만 심사할 뿐이므로 수리 등의 별다른 조처를 기다릴 필요는 없다(대판 1968.4.30, 68누12). 다만, 다른 법령의 요건을 갖추지 못한 신고는 적법한 신고가 아니다(대판 1991.7.12, 90누8350).

2) **수리를 요하는 신고** 신고요건에 대한 행정청의 심사는 1) 신고요건에 대한 형식적 심사라는 견해(홍정선), 2) 실질적 심사를 행한다는 견해(류지태/박종수, 박균성)로 나뉜다. 3) 판례는 "중대한 공익상의 필요가 있는 경우"에 심사를 거부할 수 있다고 본다(대판 2010.9.9, 2008두22631). 즉, 실질적 심사로 본다.

Ⅳ. 수 리

1. 수리행위

사인의 신고에 대하여 행정기관은 단순한 물리적인 접수 외에 행정청의 의사표시인 수리행위가 필요한지가 문제된다.

1) **자기완결적 신고** 신고요건만 충족하면, 도달주의이므로 행정기관에 접수한 자체만으로 법령이 정한 신고의 법률효과가 발생한다. 따라서 행정청은 의무적으로 수리해야만 하므로 별도의 수리행위가 필요하지 않다.

2) **수리를 요하는 신고** 법률효과의 발생을 위하여 접수외에 행정청의 의

48) 박균성 교수님은 시설기준 등을 실질적 요건으로 보신다. 박균성, 강의, 113쪽.

사표시인 수리행위가 필요하다. 즉, 수리되어야 신고의 법률효과가 발생한다.

권리구제와 관련하여 수리를 요하는 신고에서 '수리행위'는 처분성이 인정되어 행정소송의 대상이 된다.[49] 다만, 판례는 법령이 정한 신고요건을 충족하는 경우에 사인의 신고를 거부할 수 없다고 본다. 한편 신고한 사인은 수리를 요하는 신고의 경우에 수리행위 전에는 취소 또는 철회할 수 있지만, 수리 후에는 법적 안정성의 입장에서 불가하다고 본다(장태주).

2. 수리의 거부

사인의 신고에 대하여 관할 행정청이 수리를 거부할 수 있는가와 수리를 거부하는 경우에는 그 법률효과가 문제될 수 있다.

1) **자기완결적인 신고** 신고 자체로 효력이 발생하므로 행정청은 수리할 필요가 없고, 접수(수리)를 거부하거나 수리를 반려하여도 법률효과가 발생한다(대판 1988.9.20, 87도449). 따라서 행정청은 법규정(신고요건)에 부합하면 수리하여야 하고, 법규정에 정하지 않은 사유나 실질적 사유를 들어 거부할 수 없다(대판 1999.4.27, 97누6780). 따라서 수리가 거부되어도 무신고영업이 되는 것은 아니다.

접수(수리)거부행위는 1) 잠정적 금지를 종국화시키므로 처분성을 인정하자는 견해(김중권), 2) 법적 의미를 갖지 않으므로 처분성을 부정하는 견해가 있다(홍정선). 3) 판례는 원칙적으로 수리거부행위에 처분성을 인정하지 않지만(대판 2001.5.29, 99두10292), 예외적으로 최근 건축신고반려행위나 수리거부행위는 판례변경하여 항고소송의 대상인 '처분'이 된다고 본다(대판 2010.11.18, 2008두167).[50] 수리한다는 통보행위도 단지 신고사실에 대한 확인행위에 불과하므로 소송대상인 처분이 아니라고 보았다(대판 2001.5.29, 99두10292).

대법원 2010. 11. 18, 2008두167 **전원합의체 판결 【건축신고불허(또는반려)처분취소】**
이와 같이 건축주 등으로서는 신고제하에서도 건축신고가 반려될 경우 당해 건축물의 건축을 개시하면 시정명령, 이행강제금, 벌금의 대상이 되거나 당해 건축물을 사용하여 행할 행위의 허가가 거부될 우려가 있어 불안정한 지위에 놓이게 된다. 따라서 건축신고 반려행위가 이루어진 단계에서 당사자로 하여금 반려행위의 적법성을 다투어 그 법적 불안을 해소한 다음 건축행위에 나아가도록 함으로써 장차 있을지도 모르는 위험에서 미리 벗어날 수 있도록 길을 열어 주고, 위법한 건축물의 양산과 그 철거를 둘러싼 분쟁을 조기에 근본적으로 해결할 수 있게 하는 것이 법치행정의 원리에 부합한다. 그러므로 이 사건 건축신고 반려행위는 항고소송의 대상이 된다고 보는 것이 옳다.

2) **수리를 요하는 신고** 행정청은 신고요건을 심사하여 요건에 부합되면, 수

49) 자기완결적 신고는 신고만 하면, 법률효과가 발생하므로 수리행위는 구체적인 권리·의무의 변동을 초래하는 행정처분이 아니다(대판 1999.10.22, 98두18435).

50) 건축신고반려행위는 종래 자기완결적 신고로 보았고, 이 판결도 '수리를 요하는 신고'라고 판시한 바는 없으므로 자기완결적 신고로 보는 견해(박균성, 정형근)가 있고, 다만 수리반려행위에 처분성을 인정했다는 점에서 수리를 요하는 신고로 보는 듯하다(홍정선).

리하여야 하지만, 중대한 공익상 필요가 있는 경우에는 그 수리를 거부할 수 있다(대판 2010.9.9, 2008두22631). 이 때 수리거부는 처분성을 갖는다는데 학설과 판례가 일치한다. 판례는 건축법상 건축주명의변경신고에 대한 수리거부행위(대판 1992.3.31, 91누4911), 액화석유가스안전 및 사업관리법상의 사업양수인의 지위승계신고의 수리행위(대판 1993.6.8, 91누11544), 건축법상 착공신고의 반려행위(대판 2011.6.10, 2010두7321)는 행정처분으로 보았다.

3) 비신고사항의 반려처분 처분성이 없다고 본다(대판 2005.2.25, 2004두4031).

3. 신고필증

신고를 받은 행정기관은 행정청 명의의 신고필증을 교부하는데, 이러한 신고필증의 의미는 수리의 종류에 따라 그 법적 성질이 다르다.

1) 자기완결적 신고 신고필증은 단순히 신고사실만 증명하므로, 이후 신고말소의 경우도 사실행위에 불과하므로 소송의 대상이 되지 못한다. 예는 의료법상의 의원 등의 개설신고의 신고필증이다(대판 1985.4.23, 84도2953).

2) 수리를 요하는 신고 신고필증은 행정청의 수리행위를 증명하는 법적인 행위이다. 그러나 판례는 수리행위에 신고필증 교부 등의 행위가 꼭 필요한 것은 아니라고 본다(대판 2011.9.8, 2009두6766).

4. 법률효과

1) 자기완결적 신고 사인이 신고요건에 맞게 행정기관에 신고하면, 법령상 부과되어 있는 신고의무가 이행되고, 신고에 따른 법률효과가 발생한다(제40조 제2항). 단, 다른 관련법령상 신고요건이 있는 경우에는 이를 충족하여야 한다. 따라서 신고요건을 결한 부적법한 신고는 수리되어도 효력이 발생하지 않는다.

대법원 1998. 4. 24. **선고** 97**도**3121 **판결 【체육시설의설치·이용에관한법률위반】**
당구장업과 같은 신고체육시설업을 하고자 하는 자는 체육시설업의 종류별로 법시행규칙이 정하는 해당 시설을 갖추어 소정의 양식에 따라 신고서를 제출하는 방식으로 시·도지사에 신고하도록 규정하고 있으므로, … 적법한 요건을 갖춘 신고의 경우에는 행정청의 수리처분 등 별단의 조처를 기다릴 필요 없이 그 접수시에 신고로서의 효력이 발생하는 것이므로 그 수리가 거부되었다고 하여 무신고 영업이 되는 것은 아니다(대법원 1995.3.14. 선고 94누9962 판결, 대법원 1993.7.6. 자 93마635 결정, 1990.2.13. 선고 89누3625 판결, 1985.4.23. 선고 84도2953 판결 등 참조).

2) 수리를 요하는 신고 반드시 행정청의 수리행위가 있어야만 법률효과가 발생한다. 따라서 신고요건을 충족하지 못한 신고를 수리한 경우에는 하자있는 수리행위가 되어 법률효과의 하자가 문제된다.

신고의 하자에 따른 행정행위의 영향에 대하여 1) 신고가 행정행위 발급에 단순한 동기에 불과한 경우는 효력을 미치지 않으나, 필수요건이면 무효로 보되, 단순위법사유이면 행정행위는 유효하다고 보는 견해(김동희, 박균성, 류지태/박종수), 2) 신고의 하자시는 원칙적으로는 행정행위의 취소사유이나 효력발생요건인 경우에는 무효라고 보는 견해(김남진/김연태), 3) 하자의 일반론에 따라 신고의 하자가 중대명백한 경우에는 무효이나 그렇지 않으면 취소로 보는 견해(장태주, 홍정선)가 있다.

5. 수리의 철회

사인의 신고를 행정청이 수리한 경우에 행정청이 그 수리를 철회할 수 있는가의 문제이다. 1) 자기완결적 신고는 신고 자체로 효력을 발생하여 수리(접수)행위가 법적 의미가 없으므로 철회한다 하여도 신고 자체의 법적 효력을 해치지 못한다. 2) 수리를 요하는 신고는 공익상의 요청이 강한 경우에는 사익과 비교형량후에 철회할 수 있다고 본다(대판 2012.3.15, 2011두27322).

제 3 장

행정작용법 Ⅰ (행정행위)

대륙법계에서는 근대국가 초기 의회에서 제정한 입법을 국가(행정)가 개별사건에서 해석하여 적용하는 법집행행위에 일정한 우월적인 지위를 부여하였는데, 이러한 국가의 법해석·집행행위가 바로 행정행위(Verwaltungsakt, VA)이다. 따라서 행정은 행정행위에 우월적인 지위를 부여하여 상대방인 국민에게 명령·강제하는 권력관계를 기반으로 하여 발전하였다.

이후 현대국가에서 행정행위 외에도 행정의 작용형식에는 정원이 없다고 할 정도로 다양한 행위형식이 발전하고 있음에도 여전히 행정행위는 행정법의 대표적인 행위형식이다. 따라서 행정작용의 가장 전형적인 행위형식으로서의 행정행위에 대한 일반이론(요건, 효력, 부관, 하자, 폐지)이 다른 행정작용에서 준용되므로 행정행위(이)론의 이해는 우선적으로 선행되어야 하며, 여전히 중요하다.

▣ 행정작용법 개설

제 3 장 행정작용법 Ⅰ(행정행위)

▣ 행정작용법 개설

1. 행정작용법의 개념

행정작용법은 행정이 행하는 다양한 행위, 즉 '행정작용(Verwaltungshandlungen)에 관한 법이론'을 다루는 분야이다. 독일은 '행정의 행위형식'(Handlungformen)이라 하고, 일본은 '행정작용법'이라 하나, 행정작용에 대한 법령이 아니다.

2. 행정의 행위형식 선택의 자유

행정은 공적 임무를 수행하기 위하여 다양한 행위형식을 사용할 수 있다. 일반적으로 법령에서 행정작용의 형식을 규정하고 있다. 그러나 법령에서 어떠한 행위형식(작용형식)도 특정하여 규정하지 않은 경우에는 행정은 형식선택의 자유(Wahlfreiheit)에 따라 행정작용을 선택할 수 있다.

행정은 '법률을 개별사건에 집행하기 위하여 특정한 상황에서 특정한 국민의 권리나 의무를 확정하는 경우'에는 주로 국민에 대하여 우월적 지위에서 행사하는 행정행위를 이용한다. 그러나 '행정이 국민의 권리나 의무를 규율하지 않으므로 어떠한 법적 규율도 아닌 단순한 사실상의 효과로서 개인의 지위에 영향을 미치려고 하는 경우'에는 사실행위를 이용한다. 아울러 행정은 일방적인 공권력행사뿐만 아니라 '국민과의 협의가 필요한 경우'에는 행정법상 계약도 체결할 수 있다. 그러나 이러한 상황이 구체적인 사례가 아니거나 '다수의 사람이나 다수의 사례를 위한 경우'라면, 다수인과 다수 사례를 규율하기 위하여 법규명령을 제정할 수 있다. 한편 '행정내부에서 내부질서를 규율하거나 행정임무의 통일적인 수행을 위하여는 개별사례에 대하여 지시하거나 추상적인 규율'로서 행정규칙을 제정할 수 있다. 나아가 '미래의 행정목적을 달성하기 위하여 앞서 언급한 행정작용을 종합적으로 사용하기 위한 경우'에는 행정계획을 수립하게 된다. 지금까지 말한 것이 전적으로 공법에 근거한 행위라면, 행정은 역시 사법적으로도 행위할 수 있다(사법적인 행정).

☞ 물론 사법상의 계약처럼 행정법에서는 전통적으로 '행정행위'가 대표적인 행위형식이고 그 법리를 다른 행위형식에도 준용하므로 행정작용법을 둘로 나누어 먼저 행정행위에 관한 법이론을 살펴보고, 나머지 행정작용을 다루기로 한다.

제 1 절 행정행위의 개념

I. 행정행위 관념의 생성

행정행위는 독일행정법의 소산으로 오토 마이어의 정의에 따르면, "개인에게 구체적인 사태에서 무엇이 자신의 권리인지를 결정해 주던 관헌적인 행정권의 법해석 및 법집행"이었다(*Mayer*, 95). 그러나 사회가 발전하면서 '국가의 법해석'이라는 권위는 약화되었지만, 여전히 국가가 우월적인 지위에서 일방적으로 명령, 강제할 수 있으므로 다수의 국민에 대한 대량적이고 획일적인 법적용에 긴요하게 사용되고 있다.

물론 과거에는 주로 행정행위만 행정소송의 대상이었으나, 행정작용이 다양해지면서 독일의 행정법원법에서는 '모든 공법상 분쟁'이 재판대상이 되어 행정행위의 의미가 다소 퇴색하였다. 그러나 우리 행정소송법에서는 여전히 소송대상을 "위법한 처분 등"으로 규정하고 있으므로 일본식의 행정소송제도를 크게 벗어나지 않는 한, 여전히 행정행위의 개념은 중요하다.

II. 행정행위의 개념

행정행위의 개념은 역사적으로 발전하면서 구체화되었다. 현재 통설인 최협의설에 따르면, 행정행위는 '행정청이 법 아래서 구체적 사실에 대한 법집행으로서 행하는 권력적 단독행위인 공법행위'라고 정의한다.

1) 최광의설 - '행정청이 행하는 일체의 행위'이며, 행정청의 사실행위, 입법행위, 비권력적 행정작용 등을 포함하여 행정작용에 가깝다.
2) 광의설 - '행정청의 공법행위'이며, 비권력적 행정작용, 행정입법을 포함한다.
3) 협의설 - '행정청이 구체적인 사실에 대한 법집행으로서 행하는 공법행위'이며, 비권력적 행정작용을 포함한다.

행정행위는 학문상 용어이고, 실정법에서는 '처분'(Verfügung) 또는 '행정처분'이라 한다.[1] 실무에서는 흔히 행정행위의 종류인 '허가', '인가' 등으로도 쓰인다.

행정행위는 행정의 핵심적인 조정수단으로서, 1) 일반적・추상적인 법령을 구체적인 사건에서 개인에게 적용하고(법집행), 2) 공권력의 우월적인 지위를 이용한 권력행정이므로 강제성이 있거나, 대량적이고 획일적인 행정에 적합하고, 3) 행정행위로 부과된 의무를 불이행하는 경우에 강제집행의 명의를 제공하는 기능을 한다.

---

1) 독일에서는 행정행위를 '행정청이 공법영역에서 개별사건을 규율하기 위하여 행하고 대외적으로 직접적인 법적 효력을 가진 처분(Verfügung), 결정(Entscheidung) 또는 다른 고권적인 조치(Maßnahme)'라고 정의한다.「연방행정절차법」 제35조 제1문. 이에 비하면, 우리는 '처분'에 한정하므로 행정행위 개념을 좁게 쓰고 있다.

행정행위는 실체법에서는 일반적·추상적인 행정법규범을 개별사건의 법적 상태에 연결시켜 확정하고, 행정절차법에서는 행정절차를 종결하는 결정이고, 행정소송법에서는 권리보호가 가능하며, 소송의 종류를 결정한다.[2)]

Ⅲ. 행정행위와 행정쟁송법상의 처분개념

1. 행정쟁송법상 처분개념

실정법과 판례는 행정행위를 '처분'이라고 규정한다. 현행법상 처분은 "행정청이 행하는 구체적 사실에 관한 법집행으로서 공권력의 행사 또는 그 거부와 그 밖에 이에 준하는 행정작용"이라고 법적 정의되어 있다(행절법 제2조 제2호).[3)] 따라서 이 정의는 행정행위 개념과 다르므로 '행정쟁송법상 처분개념'이라 한다.

행정쟁송법상 처분개념은 행정행위 개념에 포함된 '권력적 단독행위' 대신에 '공권력의 행사'라고 규정한 것뿐이고, "행정청이 행하는 구체적 사실에 관한 법집행으로서의 공권력의 행사 또는 그 거부"까지는 용어상의 차이일 뿐 행정행위 개념과 같다. 그러나 추가로 규정된 "그 밖에 이에 준하는 행정작용"의 해석이 문제된다. 특히 행정소송법은 "처분등"의 개념을 사용하면서 "행정심판에 관한 재결"을 포함하므로 이는 행정행위보다 더 넓은 개념이라고 보는 '쟁송법상의 처분개념'이 주장된다.

2. 행정행위와 처분의 차이

☞ 실정법상 처분의 정의에서는 행정행위의 개념 외에 "그 밖에 이에 준하는 행정작용"을 포함하여 규정하므로 실체법상 행정행위 개념과의 차이가 문제된다.

1) **실체법상 처분개념설** (일원설) 행정행위와 "처분등"의 개념이 같다고 보는 실체법상 처분개념설은 취소소송을 '위법한 행정행위의 효력을 배제하기 위한 형성소송'으로 이해하여 그 대상인 처분을 '국민에 대하여(직접적 외부효), 권리를 제한하거나 또는 의무를 부과하는 법적 효과(법적 규율)를 가진 행정작용'으로 보므로 양자가 동일하다고 주장한다. 다만, "그 밖에 이에 준하는 행정작용"은 '법집행으로서의 공권력의 행사'이므로 여기에 권력적 사실행위, 일반처분 등이 포함된다고 본다(석종현, 강구철, 신보성, 홍정선, 류지태, 김연태).

2) **쟁송법상 처분개념설** (이원설) 한편 실정법상 처분규정은 행정행위와

---

2) *Maurer*, S. 212 f.

3) 「행정심판법」 제2조 1. "처분"이란 행정청이 행하는 구체적 사실에 관한 법집행으로서의 공권력의 행사 또는 그 거부, 그 밖에 이에 준하는 행정작용을 말한다. 「행정소송법」 제2조 제1항 1. "처분등"이라 함은 행정청이 행하는 구체적 사실에 관한 법집행으로서의 공권력의 행사 또는 그 거부와 그 밖에 이에 준하는 행정작용(이하 "처분"이라 한다) 및 행정심판에 대한 재결을 말한다.

는 다른 별도의 처분개념이라고 보는 쟁송법상 처분개념설은 실정법에서는 1) 행정행위 개념의 '단독행위' 대신에 "공권력의 행사"로 규정하였고, 2) "그 밖에 이에 준하는 행정작용"을 추가하여 규정하므로 실체법상 행정행위개념보다 더 넓은 개념이라고 본다. 이는 처분개념을 확장함으로써 권리구제를 넓히려고 하는 것이다(김남진, 김도창, 이상규, 이명구, 김동희, 박윤흔, 천병태, 한견우, 홍준형).

3) **형식적 행정행위설** 일본이론으로 '행정기관 등의 행위가 공권력 행사의 실체는 가지지 않으나, 행정목적의 실현을 위하여 국민의 권리나 이익에 계속적으로 사실상의 지배력을 미치는 경우'에는 취소소송의 대상이 되는 '형식적 행정행위'라고 보는 견해이다.[4] 이는 권력적 사실행위 등과 같이 실체법상의 행정행위는 아니나, 소송대상이 되는 행위를 말한다. 이 설에 따르면, 쟁송법상 처분은 실체법상 처분(행정행위)에 형식적 행정행위를 더한 것이라고 본다(홍정선).

4) **판 례** 판례는 행정처분을 "행정청 또는 그 소속기관이나 법령에 의하여 행정권한의 위임 또는 위탁을 받은 공공단체가 국민의 권리의무에 관계되는 사항에 관하여 직접 효력을 미치는 공권력의 발동으로서 하는 공법상 행위"라고 본다(대결 1995.2.28, 94두36; 대판 1999.2.9, 98두14822). 판례는 처분 자체의 개념은 용어의 차이를 제외하고는 행정행위와 같은 개념을 쓰고 있다.

5) **소 결** 어느 설에 의하든 "그 밖에 이에 준하는 행정작용"에 판례에 의하여 처분성이 인정되는 권력적 사실행위나 행정계획 등이 포함된다. 그렇다면, 굳이 문리적으로 같은 실체법상의 행정행위와 쟁송법상의 "처분등"의 개념을 권리구제를 위하여 다르다고 볼 필요는 없다. 권리구제를 위한다면, 오히려 소송대상을 "처분등"에서 독일처럼 '공법상 분쟁'으로 확대하면, 행정행위 개념을 혼란시키지 않아도 될 것이다.

Ⅳ. 행정행위의 성립요건 (개념적 특징)

☞ 행정의 행위가 아래의 성립요건을 충족하면, '행정행위'가 된다. 다만, 행정소송법상 처분요건과 약간 다르다는 점에 주의하여야 한다. (☞ 행정소송법상 처분의 요건 참조).

1. '행정청'의 행위

1) 행정행위는 우선 '행정청'(Behörde)의 행위이어야 한다. 행정청은 '국가나 지방자치단체 등 행정주체의 의사를 외부적으로 결정·표시할 수 있는 권한을 가진 행정기관'을 말하며, 행정절차법 등에서 법적 정의되어 있다.[5]

---

4) 김향기, "실체법상 행정행위와 쟁송법상 처분개념", 『월간고시』 93/3, 37쪽 이하.

2) 행정청에는 반드시 '행정조직법상의 의미'만이 아니라 '법령에 의하여 권한(임무)을 위탁받은 공법상 사단이나 사인'도 포함된다(실질적 · 기능적인 의미). 나아가 판례는 '회의제기관'이나 '보조기관'도 가능하다고 본다. 따라서 개인의 권리를 제한하더라도 '행정청'의 행위가 아닌 경우는 행정행위가 아니다.

【판례해설】 판례는 '토지거래계약에 관한 허가구역의 지정'(대판 2006.12.22, 2006두12883), '지방의회의장에 대한 지방의회의 불신임의결'(대판 1994.10.11, 94누23)을 행정처분이라고 보았으나, 공공단체와 관련하여 '권한을 위임받지 않은 토지개발공사의 부정당업자제재처분'(대판 1995.2.28, 94두36), '한국자산공사의 재공매 (입찰) 결정 및 공매통지'(대판 2007.7.27, 2006두8464), 한국마사회의 조교사 또는 기수의 면허 부여 및 취소(대판 2008.1.31, 2005두8269)는 행정처분이 아니라고 본다.

대법원 2008. 1. 31. **선고** 2005두8269 **판결 【해고무효등확인청구】**
<u>행정청 또는 그 소속기관이나 법령에 의하여 행정권한의 위임 또는 위탁을 받은 공공단체 등이 국민의 권리·의무에 관계되는 사항에 관하여 직접 효력을 미치는 공권력의 발동으로서 하는 공법상의 행위를 말하며, 그것이 상대방의 권리를 제한하는 행위라 하더라도 행정청 또는 그 소속기관이나 권한을 위임받은 공공단체 등의 행위가 아닌 한 이를 행정처분이라고 할 수 없다</u>(대결 1999.11.26, 99부3; 2004.3.4, 2001무49 등 참조).

2. 공법행위

행정행위는 발급을 위한 법적 근거(수권근거)가 '공법'인 공법상 행위(auf dem Gebiet des öffentlichen Recht)이다. 즉, 행위를 위한 권능이 공법규정에서 나온다. 따라서 사법에 근거한 행정의 사법상 법률행위나 사법적 행정작용은 제외된다. 판례도 행정의 사경제주체로서의 행위는 배제한다. 어느 법령이 공법인가의 구별은 물론 공 · 사법구별론에 따른다.

3. 권력적 단독행위 (공권력의 행사)

행정행위는 '행정청이 행정의 상대방에 대하여 공권력의 우월적인 지위에서 행하는 일방적인 행위'이다. 즉, 행정이 우월적인 지위에서 일방적으로 명령하거나 강제함으로써 공권력을 행사하는 것이다. '일방적인 권력적 단독행위'(hoheitliche Maßnahme)이므로 공법상 계약이나 합동행위와 구분된다. 특히 법령이나 판례는 일본처럼 (행정청의) '공권력의 행사'를 '처분'과 동일시하는 경향이 있다.

아울러 반복적인 행정행위는 자동장치에 의하여 이루어지는 자동행위에 의한 결정도 가능하다. 이는 다만 절차적 요건을 완화한 기속행위일 뿐이고, 상대방의 신청에

---

5) 「행정심판법」 제2조 4. 행정청을 "행정에 관한 의사를 결정하여 표시하는 국가 또는 지방자치단체의 기관, 그 밖에 법령 또는 자치법규에 따라 행정권한을 가지고 있거나 위탁을 받은 공공단체나 그 기관 또는 사인"이라고 법적 정의하고 있다. 「행정절차법」 제2조 제1호, 「행정소송법」 제2조 제2항의 행정청에 대한 정의도 유사하다.

대한 거부는 행정행위로서의 거부 또는 거부행위에 해당된다.6)

4. 법적 행위

행정행위는 '외부적으로 상대방에 대하여 직접 법적 효력을 발생·변경·소멸시키는 행위, 즉 법적인 규율행위'이다. 법적 행위이므로 행정행위는 외부적으로 직접 법률효과를 의도하는 의사표시가 존재하여야 한다.

1) **법적 행위(법적 규율)** - 행정행위는 상대방을 '법적 규율(Regelung)을 하는 법적 행위'이다. 즉, 국민의 권리나 의무에 대하여 설정, 변경, 폐지, 구속적인 확정을 한다. 법적 규율방식은 국민의 행위에 대한 금지, 명령, 거부, 권리인정, 권리형성, 확정, 물적 규율 등으로 나타난다. 법적 행위이므로 단순한 조사행위나 사실행위와는 구분된다.

2) **외부적 행위** - 행정행위는 '외부효(Außenwirkung)를 가진 외부적 행위'이다. 따라서 '행정의 내부행위'는 행정행위가 아니다(대판 1977.6.28, 76누294). 다만, '특별권력관계 내의 일정한 행위'(예: 공무원의 징계)는 행정행위로 인정된다(장태주). 또한 다른 행정청의 동의를 요하는 행정행위에서 '다른 행정청의 동의'는 원칙적으로 행정행위가 아니다. 단, 행정주체간의 행위라도 외부적이면 행정행위가 될 수 있다(홍정선). 그리고 상대방의 신청을 거부하는 행위도 거부행위에 해당된다. 판례는 경찰서장의 운전면허 행정처분처리대장에 기재하는 벌점의 배점행위(대판 1994.8.12, 94누2190), 공정거래위원회의 고발조치(대판 1995.5.12, 94누13794)는 행정행위가 아니라고 본다. 행정의 내부행위인 행정권내부에서의 행위나 알선, 권유, 사실상의 통지 등과 같이 상대방 또는 기타 관계자들의 법률상 지위에 직접적인 법률적 변동을 일으키지 않는 행위 등도 항고소송의 대상이 될 수 없다(대판 1995.11.21, 95누9099; 1998.7.10, 96누6202; 2008.4.24, 2008두3500 등).

【판례해설】 판례는 '내부적 내규이거나 내부적 사업계획'(대판 1983.4.26, 82누528), '상급행정기관의 하급행정기관에 대한 승인·동의·지시 등'(대판 1997.9.26, 97누8540), '도지사의 군수의 국토이용계획변경결정의 요청의 반려'(대판 2008.5.15, 2008두2583), '교육부장관의 대학입시기본계획 내의 내신성적산정지침'(대판 1994.9.10, 94두33)은 내부적 행위로 보아 처분성을 인정하지 않았다.

대법원 2008. 5. 15. **선고** 2008두2583 **판결 【국토이용계획변경결정신청반려처분취소】**
항고소송의 대상이 되는 행정처분은 행정청의 공법상의 행위로서 특정 사항에 대하여 법규에 의한 권리의 설정 또는 의무의 부담을 명하거나 기타 법률상의 효과를 직접 발생케 하는 등 국민의 구체적인 권리·의무에 직접 관계가 있는 행위를 말하는바, 상급행정기관의 하급행정기관에 대한 승인·동의·지시 등은 행정기관 상호간의 내부행위로서 국민의 권리·의무에 직접 영향을 미치는 것이 아니므로 항고소송의 대상이 되는 행정처분에 해당한다고 볼 수 없다(대판 1997.9.26, 97누8540 등 참조).

3) **직접적인 법률효과** - 행정행위는 '개별 국민에 직접 법률효과를 부여한다'. 즉,

6) 홍정선, 『법률신문』, 1994. 9. 26.

직접적인 법적 효력(unmittelbare Rechtswikung)을 가진다. 따라서 개별 국민에 대하여 직접적인 법률효과가 없는 경우는 행정행위가 아니다. 단, 사실행위가 수인의무를 내포하는 경우(권력적 사실행위)는 행정행위에 해당될 수 있다(홍정선, 195).

【판례해설】 판례는 '국토해양부장관의 항만명칭결정'(대판 2008.5.29, 2007두23873), '알선, 권유, 사실상의 통지 등과 같이 상대방 또는 기타 관계자들의 법률상 지위에 직접적인 법률적 변동을 일으키지 아니하는 행위'(대판 1995.11.21, 95누9099; 1998.7.10, 96누6202), '구청장의 사회복지법인에 대한 시정지시'(대판 2008.4.24, 2008두3500) 등은 직접적인 법률효과가 없어서 처분이 아니라고 본다.

4) **의사표시** - 행정행위는 의사표시(Willenserklärung)를 주요 요소로 하므로, 의사표시를 요소로 하지 않는 사실행위는 법적 행위가 아니다. 따라서 행정지도 등은 처분성을 인정하더라도 법적 행위가 아니므로 취소소송의 대상으로 보기 어렵다.

5. 구체적 사실에 관한 법적 규율 (구체적 규율)

행정행위는 '개별사건(Einzelfall)을 규율하는 행위, 즉 구체적 사실에 대한 법적 규율'이다(구체적 규율). 이는 '구체적 사실에 대한 법집행'이라고도 한다. 전통적으로 행정행위는 개별(특정) 국민에 대하여 구체적 사건에 대한 규율(개별적·구체적 규율)을 원칙으로 하였다. 그러나 다수 국민을 대상으로 하는 일반처분이 포함되면서, '개별적 규율'을 개념요건에서 배제하여 '구체적 규율'로 확대되었다.

▣ 법적 규율의 유형 - 해당 행정행위 등의 상대방(수범자)의 범위를 특정할 수 있는가 여부에 따라 개별적·일반적 규율로 구분한다. '개별적 규율'은 '행정의 상대방을 특정인이나 특정할 수 있는 사람으로 규율하는 것'이고, '일반적 규율'은 '불특정 다수인을 규율하는 것'이다. 한편 규율대상(적용대상, 사건)의 구체성(특정성)여부를 기준으로 구체적·추상적 규율로 구분한다. 즉 영업허가처럼 '특정사건'을 대상으로 하면 '구체적 규율'이고, '불특정 다수사건'을 규율하면 '추상적 규율'이다.

1) **개별적·구체적 규율** - 행정행위는 원칙적으로 개별적·구체적 규율을 한다. 따라서 행정입법과 같은 일반적·추상적 규율은 행정행위가 아니다. 단, 조례가 집행행위의 개입없이 그 자체로 직접 국민의 권리의무나 법적 이익에 영향을 미치는 법률상 효과를 부여하는 경우에는 처분으로 본다(대판 1996.9.20, 95누8003).

대법원 1996. 9. 20. **선고** 95누8003 **판결 【조례무효확인】**
<u>조례가 집행행위의 개입없이도 그 자체로서 직접 국민의 구체적인 권리의무나 법적 이익에 영향을 미치는 등의 법률상 효과를 발생하는 경우 그 조례는 항고소송의 대상이 되는 행정처분에 해당하고, 이러한 조례에 대한 무효확인 소송을 제기함에 있어서 행정소송법 제38조 제1항, 제13조에 의하여 피고적격이 있는 처분 등을 행한 행정청은, 행정주체인 지방자치단체 또는 지방자치단체의 내부적 의결기관으로서 지방자치단체의 의사를 외부에 표시할 권한이 없는 지방의회가 아니라, 지방자치법(1994.3.16. 법률 제4741호로 개정되기</u>

전의 것) 제19조 제2항, 제92조에 의하여 지방자치단체의 집행기관으로서 조례로서의 효력을 발생시키는 공포권이 있는 지방자치단체의 장이라고 할 것이다.

2) **개별적 · 추상적 규율** - 행정청이 특정한 범위의 사람을(개별적) 계속적으로 규율하기 위한 일정한 조치(추상적)를 취하는 경우로서, 예를 들면, 자기 집 앞의 눈을 치우는 행위(광주시 조례)이다. 독일의 경우는 행정행위의 일종이다.

3) **일반적 · 구체적 규율** - 불특정한 다수인(일반적)에 대한 구체적인 사건(특정행위의 금지 등)을 규율하는 '일반처분'으로 행정행위이다.

4) **일반적 · 추상적 규율** - 불특정다수인을 대상으로 불특정한 사건을 규율하는 것은 '규범'으로서 행정행위가 아니고 행정권에 의한 법규명령이 해당된다.

▣ 일반처분 (Allgemeinverfügung) - 일반처분은 다수인에 대한 특정사건을 규율하는 경우이다. 즉, 일반적 · 구체적 규율을 하는 것이다. 일반처분은 원칙인 특정인을 구체적으로 규율하는 행정행위에 비하여 청문, 이유제시 등의 절차법상 규정이 완화되어 있다. 일반처분의 유형에는 1) 인적 일반처분은 일반적인 특징에 따라 특정할 수 있는 인적 집단에 대한 처분으로 시위자에 대한 해산명령이고, 2) 물적 일반처분은 물건에 공법적 성질을 부여하는 행위로 공물지정이나 보존공물의 지정행위이고, 3) 이용관련 일반처분은 일반인에 의한 물건의 이용을 규율하는 것이다.[7]

일반처분은 불특정 다수인을 대상으로 한다는 점에서 입법행위, 집행행위와 입법행위의 중간설 등도 있었지만, 통설은 행정행위로 본다. 판례도 횡단보도 설치행위의 처분성을 인정하였다(대판 2000.10.27, 98두8964).

Ⅴ. 행정행위의 성질

1. 기속행위와 재량행위

행정법의 기초이론에서 설명한 재량이론이 행정행위에 그대로 적용된다. 따라서 기속행위는 '법이 어떤 요건 하에서 어떤 행위를 할 것인가에 관해 일의적 · 확정적으로 규정함으로써 법이 정한 일정한 요건이 충족되는 경우에는 법률효과로서 일정한 행정행위를 반드시 발급하도록 되어 있는 경우의 행정행위'를 말한다. 재량행위는 '특정사실관계가 해당 법령의 해석상 법률효과의 부여에 대하여 행정청에게 복수행위 중에 선택의 자유가 인정되어 있는 행정행위'를 말한다.

2. 수익적 행정행위와 부담적 행정행위

1) **수익적 행정행위** 수익적 행정행위는 '권리 · 이익을 부여하거나 의무를 해제하는 등 상대방에게 유리한 효과를 발생시키는 행정행위'이다. 허가 · 특허 · 인가 · 면제 및 부담적 행정행위의 취소 · 철회 등이 있다.

---

7) 일반처분에 대하여 상세히는 장태주, 182쪽 이하; *Erbguth*, S. 108.

2) **부담적 행정행위** 부담적 행정행위[8]는 '권리를 제한하거나 의무를 부과하는 등 상대방에게 불리한 효과를 발생시키는 행정행위'이다. 명령·금지·박권행위 및 수익적 행정행위의 취소·철회 등이 있다. 이는 법규사항이므로 법에 엄격히 규정되어야 하고 따라서 행정절차에서도 자세한 관련규정이 있다.

3) **복효적 행정행위** (이중효과적 행정행위) 복효적 행정행위는 '하나의 행정행위가 수익과 부담의 효과를 동시에 발생시키는 행위'이다. 이 중에서 복효적 효과가 동일인에게 발생하는 경우에는 혼합효 행정행위라고 한다. 한편 행정행위가 1인에게는 이익, 타인에게는 불이익이라는 상반된 효과를 발생시키는 경우는 제3자효 행정행위라고 한다.

▣ 제3자효 행정행위의 관련문제[9]

1) 행정절차 - 제3자효 행정행위로 인하여 불이익을 받게 되는 제3자에게는 사전에 청문의 기회를 제공해야 한다. '제3자'인 이웃주민, 경쟁자 등을 어느 범위까지, 또 어떠한 경우에 청문에 참여시키느냐 하는 문제가 발생한다.
2) 제3자효 행정행위의 취소·철회 - 제3자효 행정행위의 경우 3극적 법률관계를 형성하여 형량의 대상이 되는 이익이 증가하므로 문제가 더욱 어려워진다.
3) 행정심판의 고지 - 행정청이 고지의무를 지는 '이해관계인'(행심법 제58조 제2항)에는 제3자도 포함된다.
4) 심판청구인 및 원고적격 - 당해 처분의 취소 등을 구할 법률상 이익이 있는 자(행심법 제13조, 행소법 제12조)에 제3자가 포함된다.
5) 쟁송제기기간 - 쟁송제기기간은 신의칙상 제3자가 처분이 있는 것을 알 수 있었던 때부터 기산하여야 하며, 처분이 있은 날로부터 기산해서는 안 된다. 「행소법」 제20조 제2항과 「행심법」 제27조 제3항의 '정당한 사유'에 해당된다.
6) 행정심판 및 행정소송에의 참가 - 쟁송의 결과에 이해관계있는 '제3자'로서 행정심판, 행정소송에 참가할 수 있다(행심법 제20조, 행소법 제16조).
7) 집행정지 - 요건이 충족되는 한 취소소송을 제기한 제3자도 집행정지제도에 의해 가구제를 받을 수 있다.
8) 판결의 효력 - 확정판결의 효력은 제3자에게도 효력이 있다(행소법 제29조 제1항).
9) 제3자에 의한 재심청구 - 정당한 이유로 재판에 참가하지 못한 제3자는 재심을 청구할 수 있다(행소법 제31조).
10) 제3자의 동의 - 행정실무상 제3자효 행정행위에 관한 인·허가시 제3자의 동의를 사전에 얻게 하는 등 제3자에 대해 일정한 배려를 할 수 있다.

3. 대인적 행정행위, 대물적 행정행위, 혼합적 행정행위

행정행위가 주로 상대방의 지능·학식·경험 등과 같은 '개인의 주관적 사정'에 근거하여 행해지면, 대인적 행정행위이다. 예를 들면, 의사면허나 운전면허는 주

---

8) 침익적 행정행위(홍정선), 침해적 행정행위(박균성)라고도 한다.
9) 홍정선, 201쪽 이하에서 자세히 언급하고 있다.

로 '일신전속적 행위'이므로 타인에게 그 이전이 불가능하다.

행정행위가 오로지 물건의 구조·성질·설비 등의 '물건의 객관적 상태'를 기준으로 행해지면, 대물적 행정행위라고 한다. 예를 들면, 음식점 영업허가로서, 이는 타인에게 이전이 가능할 수 있다.

혼합적 행정행위는 행정행위의 발급이 인적 요건과 물적 요건을 기준으로 하는 행정행위이다. 이 경우에도 타인에게 이전이 가능한 것이 많다.

4. 일방적 행정행위와 쌍방적 행정행위

행정의 상대방인 개별 국민의 협력여부에 따라 일방적 행정행위는 '행정청이 그의 직권에 의해 단독으로 발급할 수 있는 행정행위'이고, 쌍방적 행정행위는 '상대방의 동의·신청 등의 협력을 필요로 하는 행정행위'이다. 한편 다른 행정청의 동의나 승인같은 협력이 필요한 경우를 다단계행정행위라고 한다.

5. 수령을 요하는 행정행위, 수령을 요하지 않는 행정행위

수령을 요하는 행정행위는 '특정인에 대한 행정행위'로서 상대방에 대한 통지가 효력발생요건이다. 그러나 '불특정다수인에 대한 행정행위'는 수령을 요하지 않는 행정행위이므로 공고·고시로서 효력이 발생한다.

6. 특수한 행정행위

1) 부분승인 부분승인은 '다단계 행정절차에서 상대방이 원하는 특정부분에 대하여 우선 허가(승인)해 주는 행위'이다. '사전승인' 등으로 규정한다. 이는 중간단계에서의 결정이지만, 최종결정을 구속하므로 종국적 행정행위로서의 성격을 갖는다. 다만, 권리구제는 최종결정을 대상으로 하여 위법을 다투어야 한다. 원자력법상의 부지사전승인처분(건설허가처분의 취소)이 있다(대판 1998.9.4, 97누19588).

2) 예비결정 예비결정은 '다단계 행정절차에서 최종적인 행정행위를 결정하기 전에 일부요건에 대하여 사전심사한 결정'이다. 이는 부분승인과 달리 최종결정의 유보하에 행해지는 결정이다. 이는 해당 요건에 대하여서는 제한적이지만 행정행위의 성격을 가진다. 폐기물관리법상의 사업계획서부적정통보가 있다(대판 1998.4.28, 97누21086).

3) 가행정행위 가행정행위(Vorläufiger Verwaltungsakt)는 '최종적인 행정행위를 발급하기 전에 잠정적으로 행정상 법률관계에서 권리와 의무를 확정하여 구속력을 부여하는 행위'이다. 이는 '잠정적 행정행위'라고도 한다. 관세법상의 잠정세율에 의한 과세처분이나 최종 징계결정 이전의 직위해제 등이다. 이는 종국결정을 구속하지 않는다. 가행정행위는 법령에 규정이 있으면 발급이 가능하나, 법령의 규정이 없는 경우에는 불가하다는 견해(김해룡)와 본처분권한으로 가능하다는 견해(류지태), 법령에

예정하지 않은 피해가 생긴다면 불가하다는 견해(홍정선)가 있다.

Ⅵ. 행정행위의 위법판단 기준시

행정행위는 일반적으로 행위시법주의에 따라서 '처분당시의 법령과 사실상태'를 기준으로 판단한다. 따라서 처분시주의는 국민이 행정행위를 신청한 시점(신청시)이 아니라 발급한 시점(처분시)의 법령과 기준을 따르는 것이다.

【판례해설】 행정소송에서 행정처분의 위법여부는 '행정처분이 있은 때의 법령과 사실상태'를 기준으로 하여 판단하여야 하고, 처분 후 법령의 개폐나 사실상태의 변동에 의하여 영향을 받지 않는다(대판 1993.5.27, 92누19033; 2002.7.9, 2001두10684; 2007.5.11, 2007두1811 등 참조).

제 2 절 행정행위의 종류

☞ 행정행위는 전통적으로 법률효과의 발생원인에 따라 '인간의 의사표시'를 요건으로 하는 법률행위적 행정행위와 '그 밖의 인간의 정신적 작용'을 요건으로 하는 준법률행위적 행정행위로 구분하였다. 다만 최근에는 이러한 민법상의 법률행위이론이 사적 자치에 기반한 것이어서 그 차용이 법치국가에 맞지 않는다는 비판이 있다. 한편 독일은 '법률효과의 내용'에 따라 명령적 행위, 형성적 행위, 확인적 행위로만 구분한다.

제 1 항 법률행위적 행정행위

Ⅰ. 명령적 행위

명령적 행위(befehlende Verwaltungsakte)는 '행정목적을 수행하기 위하여 행정의 상대방에게 일정한 행정법상의 의무를 명령하거나 또는 이러한 의무를 면제하는 행정행위'이다. 이것은 공공필요에서 개인의 자연적 자유를 제한하거나 제한된 금지를 해제하는 것이다.

1. 하 명

1) 개념과 형식 하명(Gebot)은 '행정주체가 행정목적을 달성하기 위하여 개인에 대하여 특정한 행위(작위 · 부작위 · 급부 · 수인)를 명령하는 행위'이다. 특히 부작위를 명령하는 것을 '금지' (Verbot)라고 한다. 하명에 의하여 상대방인 국민에게 '행정법상의 의무'가 발생하고, 이에 따라 불이행시에는 강제집행할 수 있다.[10] 하

10) 판례는 하명을 '법률상 행정주체가 행정목적을 위하여 일반 통치권에 기하여 국민에 대하여

명은 행정이 우월적 지위에서 국민에게 의무를 부과하는 행정의 가장 전형적인 공권력 행사작용이다.

하명은 의무의 성질에 따라 작위하명(도로청소의무), 부작위하명(영업금지), 급부하명(납세의무), 수인하명(대집행의 수인)으로 구분할 수 있고, 분야에 따라서는 경찰하명, 규제하명, 재정하명, 군정하명으로 구분된다.

하명은 행정행위로 행정법상 의무를 부과하는 '하명처분'이 일반적이나 법령 자체가 의무를 부과하는 형식인 법규하명도 가능하다. 하명도 처분의 일종이므로 원칙적으로 문서로 하여야 하지만(행정절차법 제24조), 긴급한 경우에는 구두로 행해질 수도 있다.

2) **법적 근거** 하명은 새로운 의무의 부과를 내용으로 하는 부담적 행정행위이므로 법률의 유보에 따라 법령에 엄격한 (수권)근거가 필요하다. 법적 근거가 없는 하명은 위법하게 된다.

3) **법적 성질** 법적 성질은 법령상 요건을 충족하면, 행정목적의 수행을 위하여 하명해야 하므로 일반적으로는 '기속행위'로 본다. 예컨대, 국세징수법은 국세를 체납한 경우에 반드시 행정청이 독촉처분을 하도록 규정한다(제23조).

4) **대 상** 하명의 대상은 행정법상 의무로 이행할 수 있는 행위인데, 주로 사실행위이나 법률행위(상행위)도 대상이 될 수 있다. 하명의 상대방은 특정한 개별 국민인 경우가 많지만, 불특정한 다수인이 대상인 일반처분도 있다(시위해산명령).

행정절차법은 당사자에게 의무를 부과하거나 권익을 제한하는 처분을 할 경우에 일정한 사항을 당사자 등에게 사전통지하여야 한다고 의무규정을 두고 있다(제21조). 이는 하명에도 적용되지만, 긴급한 경우에는 물론 생략할 수 있다.

5) **효 과** 하명의 효과로 1) 우선 행정의 상대방에게 작위, 부작위, 급부, 수인 등의 공법상 의무가 발생한다. 2) 따라서 하명의 상대방은 하명에 의해 부과된 공법상 의무를 이행하여야 한다(이행의무).

행정의 상대방이 하명을 위반하거나 하명에 의한 의무를 이행하지 않으면, 상대방에게 의무불이행의 법적 효과가 발생하여 행정청은 하명의무위반을 이유로 상대방에 대하여 강제집행하거나 행정벌을 부과할 수 있다. 대물하명의 경우에는 물건의 승계자가 하명의 법적 효과를 승계한다. 다만, 행정청이라도 하명을 위반한 상대방의 행위 자체를 무효로 만들지는 못한다.

일정한 작위·부작위·수인·급부를 명하는 행정행위'라고 본다. 그리고 하명에 의하여 발생하는 공법상의 의무에 대하여는 국가의사의 실효성의 확보를 위하여 자력집행력 등 특별한 효력을 인정한다고 본다(대판 2001.12.14, 2001다45539).

외국환관리법 위반행위의 사법상 효력 – 대법원 1995. 5. 9. **선고** 94다48738 **판결**
거주자와 비거주자 사이의 채권의 발생, 변제, 거주자의 비거주자에 대한 지급을 제한 또는 금지하는 외국환관리법상의 제한규정들(제21조, 제23조 등)은 단속법규라고 해석함이 타당하고, 이에 저촉되는 행위라 할지라도 그 행위의 사법상의 효력에는 영향이 없다는 것이 당원의 확립된 견해이다(대판 1975.4.22, 72다2161; 1980.11.25, 80다1655; 1983.3.22, 83다51; 1995.5.9, 94다48738 등 참조).

2. 허 가

1) 개 념

(1) 의 의 허가는 '행정청이 행정목적을 달성하기 위하여 부과한 일반적·상대적 금지를 일정한 경우에 해제하여 적법하게 일정한 행위를 할 수 있게 하는 행정행위'이다. 이는 인간이 가진 자연적 자유를 위험방지, 질서유지 등의 행정목적(공익)을 위하여 일단 제한하지만(일반적·상대적 금지), 누구나 일정한 요건만 충족하면, 그 자연적 자유를 회복시켜 주는 제도이다.[11] 따라서 허가는 '일정한 요건하에 해제를 유보한 상대적 금지'의 해제이므로 '금지해제'라고 한다. 주로 위험방지 등의 질서유지목적이 많으므로 '경찰허가'라고도 한다(대판 1963.8.22, 63누97). 물론 '절대적 금지'인 경우에는 허가할 수 없다.

실정법에서는 허가 외에 '면허', '인가', '승인' 등으로 규정된다. 따라서 허가여부는 법령상의 용어가 아니라 반드시 해당 법령에 규정된 실질적인 내용으로 판단하여야 한다. 허가는 허가 이전에 공법규정에의 적합성을 판단하는 유해성의 사전통제기능과 개인의 투자이익을 보호하는 기능도 한다고 본다(장태주).

(2) 타 개념과의 구별 한편 전통적으로 허가는 금지를 해제시켜주는 명령적 행위로 단순히 자연적 자유를 회복시켜 주는 것에 불과하므로 허가로 인한 이익은 원칙적으로 '반사적 이익'이라고 보았다. 따라서 적극적으로 새로운 권리를 부여해 주지 않는 점에서 형성적 행위인 특허와 구분된다고 본다.

▣ 예외적 승인 - 행정법상 금지와 관련하여 전형적인 허가는 본래 허용된 행위를 예방적 목적에서 통제된 예방적 금지를 해제해 주는 것이다. 그런데 '원칙적으로 금지된 행위를 특정한 경우에만 예외적으로 허용하는 억제적 금지'의 해제는 '예외적 승인'이다. 예외적 승인은 '일정한 행위가 사회적으로 유해하거나 권장할 만하지 않아서 법령상 원칙적으로 금지하고, 단지 예외적인 경우에만 제한적으로 적법하게 해주는 제도'로서, 주로 해제여부의 판단에 공익성을 가지므로 재량행위이다(총포등단속법 제10조, 마약법 제6조, 학교보건법 제6조 제1항). 한편 신고유보부금지는 개인의 신고

11) 헌법재판소는 허가를 "이미 보장되어 있는 영업의 자유를 구체적인 공익목적(경찰·보건 등에서 주로 위험의 방지)을 위하여 개별법으로 금지하였다가 위 공익목적을 충족하는 요건을 갖추면 금지를 해제하여 본래의 자유권을 회복시켜 주는 것"으로 본다(헌재 2006.7.27, 2004헌마924).

에 의하여 금지가 해제되므로 허가의 일종으로 보는 견해가 있지만, 신고는 단순히 신고만으로 효력이 발생하므로 허가와 다르다(장태주).

▣ 인허가제도 - 우리나라에서는 법제실무상 '인허가(제도)'로 통용하지만,[12] 이는 '인가'나 '허가'를 말하는 것이 아니라, 허가(면허), 인가, 특허, 등록, 지정, 인정, 검인·검정, 승인, 공증, 확인, 신고 등을 포괄하므로, 법령상의 명칭이 아니라 반드시 행위의 실질, 즉 법적 성질을 따져서 개별적으로 판단하여야 한다.
▣ 등 록 - '일정한 사실이나 법률관계를 행정기관의 공적 장부에 등재하고 그 사실을 공적으로 증명하는 행위'이다. 최근 허가에서 규제완화된 '등록'의 법적 효력이 '허가'와 '신고' 사이에서 문제된다.[13] 허가는 요건에 대한 실질심사를 하지만, 등록은 형식심사에 그치고, 등록은 증명도 하지만, 신고는 사실의 알림에 그친다는 점에서 구분된다.
▣ 신 고 - 원래 허가하여야 할 것을 일정 기준 이하인 경우에는 단지 '일정 사실이나 법률관계를 정보수집차원에서 행정청에 알림으로써 법적 효력이 발생하는 것'이다.

2) **법적 근거** 1) 허가는 수익적 행위이어서 법률의 유보원칙에 따르면, 법률상 근거가 필요하지 않다. 그러나 법치국가원칙에 따라 국민에 대하여 예측가능성을 주기 위하여 법률에 근거를 요한다.

허가제도를 도입하는 경우에는 상대방인 국민에게 예측가능성을 주기 위하여 사전에 법률로써 허가기준(허가요건)을 구체적으로 규정하여야 한다(대판 1963.8.31, 63누101). 물론 법률에 의한 하위법령에의 위임은 가능하다. 그러나 법률의 근거 없이 시행세칙이나 예규로 규정할 수 없고, 법령상 위임없이 허가기준을 정한 시행세칙은 무효이다(대판 1963.8.31, 63누101).

2) 근거법령과 허가기준은 허가시를 기준으로 한다. 즉, 허가신청 후 처분의 발급 전에 법령개정으로 허가기준이 변경되면, 그 허가는 원칙적으로 처분시주의에 따라 허가신청시가 아니라 처분시의 '개정된 법령과 허가기준'에 따라야 한다(대판 1984.5.22, 84누77).

대법원 2006. 8. 25. **선고** 2004두2974 **판결 【주택건설사업계획승인신청반려처분취소】**
허가 등의 행정처분은 원칙적으로 처분시의 법령과 허가기준에 의하여 처리되어야 하고 허가신청 당시의 기준에 따라야 하는 것은 아니며, 비록 허가신청 후 허가기준이 변경되었다 하더라도 그 허가관청이 허가신청을 수리하고도 정당한 이유없이 그 처리를 늦추어 그 사이에 허가기준이 변경된 것이 아닌 이상 변경된 허가기준에 따라서 처분을 하여야 한다(대판 1996.8.20, 95누10877; 2005.7.29, 2003두3550 등 참조).

3) 한편 허가발급 후에는 행정청에 의한 허가요건의 사후추가는 불가능하다. 왜냐하면 허가로서 회복되는 자연적 권리는 '기본권'이라고 볼 수 있으므로 이에 대한 추가적인 제한은 「헌법」 제37조 제2항에 근거하여 법률로만 하여야 하기 때문이다(홍정선).

12) 방기호, "인허가제도 설정의 기준", 『법제』 1989. 12, 18쪽 이하.
13) 등록을 '수리를 요하는 신고'로 보기도 한다. 홍정선, 237쪽.

대법원 1981. 1. 27. **선고** 79누433 **판결 【제분업허가처분취소】**
영업의 자유는 헌법상 국민에게 보장된 자유의 범위 내에 포함되는 것이어서 질서유지와 공공복리를 위하여 필요한 경우에 한하여 법률로써 영업의 자유를 예외적으로 제한할 수 있음에 불과한 것이라고 할 것인바, 양곡관리법등 관계법령에 논지주장과 같은 사유로서 양곡 가공시설물 설치장소에 대한 거리를 제한할 수 있는 규정을 한 조문이 없으므로 그 제한거리를 규정한 서울특별시의 예규가 헌법상 보장된 이 영업의 자유를 제한할 수도 없을 것이다.

4) 행정청의 허가거부에 법령상 명문의 근거규정이 필요한가의 문제에서 해당 허가가 '기속행위'인 경우에는 거부에 명문의 근거를 요하지만, 재량행위인 경우에는 명문규정없이 '공익상 이유'만으로 거부할 수 있다고 본다(대판 2002.10.25, 2002두6651).

3) **법적 성질** 허가는 대표적인 수익적 행정행위이다.

1) 허가의 법적 성질에 대하여 1) 명령적 행위설은 허가는 상대방에게 새로운 권리를 설정해 주는 것이 아니라 단지 금지를 해제하여 자연적 자유를 회복시켜 주는 것에 불과하므로 자연적 권리의 확인에 불과한 명령적 행위라고 본다(김성수). 전통적인 견해이다. 2) 명령적 및 형성적 행위설은 허가로 실질적 권리가 설정되는 것은 아니지만, 형식적으로는 사인에게 헌법상 기본권을 적법하게 행사할 수 있는 법적 지위를 부여해 주고, 특허와 허가의 구분이 상대화되어 간다고 주장한다(김도창, 김동희, 김남진/김연태, 박윤흔, 정하중, 홍준형). 최근의 다수설이다. 3) 형성적 행위설은 명령적 행위는 명령과 금지만을 대상으로 하지만, 허가에서의 금지의 해제는 법률관계의 변동을 가져오므로 형성적 행위로 본다(최영규, 이원우). 독일의 다수설이다. 4) 판례는 허가를 금지를 해제하는 '명령적 행위'로 본다. 5) 허가를 금지의 해제로 보아 자연적 자유의 회복에 불과하다고 보는 전통적인 견해는 명령적 행위로 보나, 독일처럼 허가로 얻는 법적 이익을 강조하는 경우에는 형성적 행위로 본다.

대법원 1963. 8. 31. **선고** 63누101 **판결 【공중목욕장영업허가취소】**
현행 헌법 제15조와 제28조에 의하여 영업의 자유는 헌법상 국민에게 보장된 자유의 범위에 포함된다 할 것이며 예외적으로 질서유지와 공공복리를 위하여 필요한 경우에 한하여 법률로서 이 영업의 자유를 제한할 수 있을 뿐이라 할 것인바 법률 제808호 공중목욕장업법은 공중목욕장업에 허가제를 실시하고 있으나 그 허가는 사업경영의 권리를 설정하는 형성적 행위가 아니고 경찰금지의 해제에 불과하며 그 허가의 효과는 영업자유의 회복을 가져올 뿐이라 할 것이다.

2) 허가는 상대방이 신청한 내용이 허가요건을 충족하면 해당 법률효과인 허가를 발급해야 하므로, 원칙적으로 기속행위이다. 다만, 법령에 따라서 중대한 공익상의 필요가 인정되는 경우에는 예외적으로 재량행위로 보기도 한다. 원래는 기속행위이지만, 공익상 필요로 재량행위로 바뀌는 경우도 있다(건축허가).

허가의 재량권여부에 대하여 효과재량설에 따르면 수익적 행위이므로 재량행위(기속재량행위)이지만, 허가는 1) 제한된 자유(기본권)를 회복시켜 주는 것에 불과하고, 2)

허가요건에 해당되면 허가해야 하고, 3) 기본권의 최대한 보장이 중요하기 때문에 원칙적으로 '기속행위'라고 본다(김남진, 박윤흔, 장태주). 특히 법령에 특별한 규정이 없는 한, 허가는 기속행위이다. 물론 '법령규정'이나 '공익판단'을 이유로 재량이 허용되기도 한다. 나아가 허가는 예외적으로 허가여부가 근거법령에 의하거나 금지유형에 따라 재량행위로 보는 견해도 있다(장태주). 다만, '허가의 철회'는 재량행위로, '허가의 취소'는 기속행위로 보기도 한다(홍정선).

【판례해설】 판례는 허가를 원칙적으로 기속행위로 보되, 중대한 공익상의 필요가 있는 경우에는 공익을 이유로 허가를 거부할 수 있는 재량권을 허용한다(대판 2002.10.25, 2002두6651). 특히 건축허가(대판 1989.3.28, 88누10541; 2006.11.9, 2006두1227), 대중음식점영업허가(대판 1993.5.27, 93누2216), 주유소설치허가(대판 1996.7.12, 96누5292) 등은 기속행위로, 산림훼손허가'(대판 1992.11.10, 92누1025; 2003.3.28, 2002두12113), 액화석유가스충전사업허가(대판 2013.4.26, 2012두8205)는 '공익판단'을 이유로 재량행위로 본다.

대법원 1992. 11. 10. **선고** 92**누**1025 **판결 【토석채취불허처분취소】**
산림 내에서의 토석채취는 국토 및 자연의 유지와 환경의 보전에 직접적으로 영향을 미치는 행위이므로, 법령이 규정하는 토석채취의 제한지역에 해당하는 경우는 물론이거니와 그러한 제한지역에 해당하지 않더라도 허가관청은 토석채취허가신청대상토지의 현상과 위치 및 그 주위의 상황 등을 고려하여 국토 및 자연의 유지와 환경보전 등 중대한 공익상 필요가 있다고 인정될 때에는 그 허가를 거부할 수 있다고 보아야 한다

4) **허가절차**

(1) 허가의 신청　허가는 원칙적으로 '상대방의 신청'이 있어야 한다. 허가의 신청(출원)은 원칙적으로 필요요건이지만, 예외적으로 신청없이 허가가 발급되는 경우도 있다.

(2) 허가의 발급　허가의 발급은 언제나 행정행위(처분)의 형식으로 행해지며 법령으로는 허가할 수 없다. 다만, 일반처분의 형식은 가능하다. 그리고 허가도 처분이므로 문서의 형식으로 발급한다(행정절차법 제24조). 실무에서는 허가증이 발급된다.

(3) 허가의 종류와 대상　허가는 1) 면허 등의 '상대방의 주관적 요소'에 따라 발급하는 대인적 허가(license), 2) '물건의 객관적 상태'를 기준으로 발급하는 대물적 허가(Genehmigung), 3) 양자를 고려하는 혼합적 허가로 구분된다. 분야에 따라서 경찰허가, 규제허가, 재정허가, 군정허가로 구분한다.

허가의 대상은 사실행위(건축허가)이기도, 법률행위(무기양도허가)이기도 하다.

(4) 허가의 갱신　허가는 다시 허가요건을 심사할 공익상의 필요가 있는 경우, 해당 허가에 일정한 기간(제한)을 부여한 존속기한(유효기한)을 설정하여 다시 허가를 받도록 하는 허가갱신제도를 둘 수 있다. 이 경우에 허가 연장을 위하여는 허가를 갱신하여야 한다.

【판례해설】 허가를 기간제한하는 경우는 원칙적으로 기한의 도래 전에 허가를 갱신하여야 한다. 갱신행위에 대하여 판례는 1) '갱신'은 종전 허가의 효력을 지속시키는 것일 뿐, 무관한 새로운 행위가 아니다(대판 1982.7.27, 81누174; 1984.9.11, 83누658). 2) 따라서 허가기간 전에 갱신된 경우는 종전과 동일한 허가이다(위 판례). 3) 기간도래 후에 갱신신청을 찬 경우는 갱신신청 자체가 '새로운 허가신청'이 되므로 허가되었더라도 별개의 새로운 허가이다(대판 1995.11.10, 94누11866). 4) 종전 허가의 위법사항은 허가갱신 후에도 승계된다(대판 1982.7.27, 81누174). 5) 갱신기간이 부당하게 짧은 허가는 '허가의 존속기간'이 아니라 '허가조건의 존속기간'인 '갱신기간'으로 본다(대결 2005.1.17, 2004무48).

법위반사항에 따른 허가취소 – 대법원 1982. 7. 27. 선고 81누174 판결
서울시 직업안정업무처리규정 제20조에 따르면 허가기간은 2년으로 하되 신청에 의하여 동조 제3항 소정 사유가 없는 한 계속허가(허가갱신)를 할 수 있도록 규정하고 있는바 이는 그 신청서에 의하여 일단 그 실태를 조사한다는 것이지 허가취소 사유 내지 결격 사유의 존부를 면밀히 조사하여 확정한 뒤에 허가갱신을 한다는 것이 아니므로 이런 허가갱신제도의 취지나 목적으로 감안하면 갱신은 허가취득자에게 다시 2년간 종전의 지위를 계속 유지시키는 효과를 갖는 것에 불과하고 갱신 후에는 갱신 전의 법위반사항을 불문에 붙이는 효과를 발생하는 것이 아니라고 해석함이 상당한즉 따라서 일단 갱신이 있은 후에도 갱신 전의 법위반사실을 근거하여 허가를 취소할 수 있다고 할 것이다.

부당하게 짧은 종기 – 대법원 2005. 11. 10. 선고 2004다7873 판결【사해행위취소】
일반적으로 행정처분에 효력기간이 정하여져 있는 경우에는 그 기간의 경과로 그 행정처분의 효력은 상실되지만(대판 1995.10.17, 94누14148; 1999.6.25, 99두5153 등 참조), 허가에 붙은 기한이 그 허가된 사업의 성질상 부당하게 짧은 경우에는 이를 그 허가 자체의 존속기간이 아니라 그 허가조건의 존속기간으로 보아 그 기한이 도래함으로써 그 조건의 개정을 고려한다는 뜻으로 해석할 수 있다(대판 1962.2.22, 4293행상42; 1995.11.10, 94누11866; 2004.3.25, 2003두12837; 2004.11.25, 2004두7023; 대결 2005.1.17, 2004무48 등 참조).

5) **허가의 효과**

(1) 허가의 시점 허가는 허가증으로 효력이 발생한다. 즉 허가증도달주의이므로 허가증을 발급받지 않고 한 행위는 무허가행위로 처벌될 수 있다. 다만, 허가증의 교부행위는 사실행위로 처분이 아니다(대판 1984.6.12, 84누21).

무허가행위, 즉 허가를 받고 하여야 할 행위를 무허가로 한 경우에는 그 행위의 중지를 위해 행정청은 강제집행과 행정벌의 제재를 부과할 수 있다.[14] 그러나 무허가행위 자체는 유효하다. 법령상 특별규정에 의하여 무효로 할 수도 있다(홍정선). 허가증이 도달하기전의 행위는 무허가행위로 처벌된다.

(2) 허가로 얻는 이익 허가의 효과로 얻는 이익에 대하여 1) 전통적인 견해는 허가는 명령적 행위인 하명에 의해 부과되었던 (금지)의무가 해제되므로 사인은 자연적 자유를 회복하여 자유롭게 행위할 수 있다고 본다. 따라서 행정청이 금지를 해제한 데에 따른 '반사적 이익'으로 보았다. 2) 한편 허가로 회복되는 자연

14) 예를 들면, 무허가의료행위를 단속하기 위하여 「보건범죄법」이 제정되어 있다.

적 자유는 '기본권의 회복' 내지 '법적 지위의 부여'이므로 '법적 이익'라고도 본다(장태주). 3) 특히 '허가의 거부'에 대하여는 기본권에 대한 제한이므로 법적 이익으로 보지만, '허가로 인하여 얻는 (경영상의) 이익'은 법령이 공익목적이면 반사적 이익으로 보고, 기존업자의 이익도 보호하면, 법률상 이익으로 본다.

대법원 1963. 8. 31. **선고** 63**누**101 **판결 【공중목욕장영업허가취소】**
공중목욕장업 경영허가는 경찰금지의 해제로 인한 영업자유의 회복이라고 볼 것이므로 이 영업의 자유는 법률이 직접 공중목욕장업 피 허가자의 이익을 보호함을 목적으로 한 경우에 해당되는 것이 아니고 법률이 공중위생이라는 공공의 복리를 보호하는 결과로서 영업의 자유가 제한됨으로 인하여 간접적으로 관계자인 영업자유의 제한이 해제된 피허가자에게 이익을 부여하게 되는 경우에 해당되는 것이고 거리의 제한과 같은 위의 시행세칙이나 도지사의 지시가 모두 무효인 이상 원고가 이 사건 허가처분에 의하여 목욕장업에 의한 이익이 사실상 감소된다 하여도 이 불이익은 본건 허가처분의 단순한 사실상의 반사적 결과에 불과하고 이로 말미암아 원고의 권리를 침해하는 것이라고는 할 수 없다.

대법원 2006. 7. 28. **선고** 2004**두**6716 **판결 【분뇨등관련영업허가처분취소】**
일반적으로 면허나 인·허가 등의 수익적 행정처분의 근거가 되는 법률이 해당 업자들 사이의 과당경쟁으로 인한 경영의 불합리를 방지하는 것도 그 목적으로 하고 있는 경우, 다른 업자에 대한 면허나 인·허가 등의 수익적 행정처분에 대하여 미리 같은 종류의 면허나 인·허가 등의 수익적 행정처분을 받아 영업을 하고 있는 기존의 업자는 경업자에 대하여 이루어진 면허나 인·허가 등 행정처분의 상대방이 아니라 하더라도 당해 행정처분의 취소를 구할 원고적격이 있다(대법원 2002.10. 25. 선고 2001두4450 판결 참조).

【판례해설】 판례는 1) 허가는 행위의 가능성만 부여할 뿐, 행위와 관련된 이익을 법적으로 보장하지는 않는다는 점에서 '경영상 이익'은 반사적 이익이어서 소송의 대상이 아니라고 보았다(대판 1963.8.31, 63누101; 홍정선). 그러나 기존업자의 이익에 대하여 '신규허가에 따른 기존 공중목욕장업자의 이익'(대판 1963.8.31, 63누101), '약사에 한약조제권인정에 따른 한의사의 피해'(대판 1998.3.10, 97누4289)는 법률상 이익이 아니지만, '신규업자에 대한 기존 분뇨등관련영업자의 이익'(대판2006.7.28, 2004두6716)은 법률상 이익이 있다고 보았다. 2) 허가신청에 대한 거부는 위법한 침해가 되므로 취소소송의 대상이 된다고 본다(대판 1993.5.27, 93누2216; 홍정선).

(3) 다른 법령상의 제한 1) 다른 법령상의 제한과 관련하여 허가는 근거법령상의 금지만을 해제해 주며, 원칙적으로 다른 법령상의 제한이나 금지는 해제해 주지 않는다(대판 1989.9.12, **88누6856**). 2) 예외적으로 인허가의제제도에 따라 의제되는 경우는 법률의 규정에 의하여 타법상의 금지도 일괄적으로 허용해 준다.

대법원 1991. 4. 12. **선고** 91**도**218 **판결 【건축법위반】**
건물은 도로법 제50조 제1항에 의하여 접도구역으로 지정된 지역 안에 위치하고 있어서 같은 법조 제4, 5항에 의하여 도로관리청인 전라남도지사로부터 이 사건 건물의 개축허가를 받은 이상 건축법 제5조 제1항에 의하여 재차 영광군수의 건축허가를 받을 필요가 없다는 것이나 도로법과 건축법에서 각 규정하고 있는 건축허가는 그 허가권자의 허가를 받도록 한 목적, 허가의 기준, 허가 후의 감독에 있어서 같지 아니하므로 도로법에 의한 이 사건 개축허가가 있었다고 하더라도 건축법에 의한 허가를 다시 받아야 할 것이다.

6) 법령위반 등에 따른 허가의 제재 허가를 받은 후에 법령이나 행정법상의 의무를 위반하면, 허가해 준 행정청(허가청)이나 감독관청 등은 시정명령(제재적 행정처분), 행정제재(과태료, 벌금, 과징금 등), 허가의 정지나 취소 등을 부과할 수 있다. 행정청의 제재처분에 대하여 상대방은 소송 등으로 다툴 수 있다. 한편 임차인이나 종업원의 위반행위도 허가명의자가 행정책임을 진다(대판 1979.12.11, 79누197).

7) 허가의 소멸, 양도, 승계

(1) 허가의 소멸 허가는 1) 발급당시에 존속기한을 부가한 경우에는 '기한의 경과'로 소멸한다. 2) '허가대상의 소멸'(대인적 허가는 사망, 대물적 허가는 물건의 멸실)에 따라서도 소멸한다. 3) 허가요건에 하자가 있으면 허가가 소멸하는 것이 아니라 하자(무효나 취소)가 문제된다. 허가는 근거법령에 정한 법정사유가 발생하면, 철회될 수 있다. 현행법에서는 '취소사유'라고 규정하기도 한다.

【판례해설】 판례는 허가의 철회시는 법적 근거와 사유가 명확해야 하고, 가분성이나 특정성이 있는 경우에는 일부의 철회도 가능하다고 본다(대판 2000.12.12, 99두12243).

(2) 허가의 양도와 승계 1) 대인적 허가는 원칙적으로 일신전속적이어서 양도가 불가능하다. 그러나 대물적 허가는 원칙적으로 양도가 가능하므로 양도인의 법적 지위가 양수인에게 승계된다(당연승계, 대판 1986.7.22, 86누203). 2) 허가의 양도(법인의 합병 포함)에는 별도의 법령상 행정청의 인가, 등록, 신고 등을 규정하기도 하고, 이 경우에는 인가등을 받아야만 허가양도의 법적 효력이 발생한다.

【판례해설】 판례는 양도에 대하여 '학원설립인가'(대판 1992.4.14, 91다39986), '다방영업허가'(대판 1981.8.20, 80다1126), '석유판매업'(대판 1986.7.22, 86누203), '채석허가'(대판 2003.7.11, 2001두6289)는 허용하였고, '공중목욕장영업허가'(대판 1981.1.13, 80다1126)는 불허하였다. 특히 채석허가는 양도를 인정하여 양수인에게 허가취소에 대한 법률상 이익을 인정하였고(대판 2003.7.11, 2001두6289), 양도행위가 무효인 경우는 양수인의 지위승계신고 수리처분에 대하여 양도인에게 양도무효를 다툴 법률상 이익을 인정하였다(대판 2005.12.23, 2005두3554).

3) 허가의 양도시 양도인의 법위반사실도 양수인에게 승계된다(대판 2001.6.29, 2001두1611). 단, 이론적으로는 물적 사유는 승계되나, 자격상실이나 부정영업과 같은 인적 사유는 승계되지 않는다는 견해가 있다(김남진/김연태).

【판례해설】 판례는 1) 원칙적으로 양도인의 위법사실은 승계된다고 본다(대판 1986.7.22, 86누203). 2) 법위반사실이 승계되지 않는 경우는 밀도살육 판매금지 위반과 같이 선의의 허가명의의 승계인에게는 승계되지 않는다(대판 1977.6.7, 76누303). 3) 회사의 분할시는 분할전 회사의 제재사유가 신설회사에 승계되지 않는다(대판 2011.5.26, 2008두18335). 4) 허가명의자

는 임차인, 종업원의 위법사항에 대하여 행정책임을 부담한다(대판 1979.12.11, 79누197). 5) 양수인이 허가를 다시 받았다 하더라도 양도인의 위법사유 승계가 부정되는 것은 아니다(대판 1986.7.22, 86누203).

대법원 1986. 7. 22, 86누203 판결 【석유판매업허가취소처분취소】
석유판매업(주유소)허가는 소위 대물적 허가의 성질을 갖는 것이어서 그 사업의 양도도 가능하고 이 경우 양수인은 양도인의 지위를 승계하게 됨에 따라 양도인의 위 허가에 따른 권리의무가 양수인에게 이전되는 것이므로 만약 양도인에게 그 허가를 취소할 위법사유가 있다면 허가관청은 이를 이유로 양수인에게 응분의 제재조치를 취할 수 있다 할 것이고, 양수인이 그 양수 후 허가관청으로부터 석유판매업허가를 다시 받았다 하더라도 이는 석유판매업의 양수도를 전제로 한 것이어서 이로써 양도인의 지위승계가 부정되는 것은 아니라 할 것이다.

3. 면 제

면제는 '법령에 의하여 부과된 작위·급부·수인의 의무를 일정한 경우에 해제하여 주는 행정행위'이다. 병역의무의 면제이다. 의무를 면제하는 점에서는 허가와 유사하나 허가는 금지에 따른 부작위의무의 면제이다.

한편 작위·지급의무의 이행을 연기·유예하는 행정행위는 1) 의무가 종국적으로 소멸되지 않으므로 '의무의 변경'이라는 설(이상규), 2) 의무의 일시적 감면이므로 '면제'에 해당한다는 설(김남진, 서원우)이 있다. 이는 주로 세금(부과금)이나 행정법상의 의무를 면제하는 경우이다.

Ⅱ. 형성적 행위

형성적 행위(Rechtsgestaltende Verwaltungsakte)는 '행정의 상대방에 대하여 특정한 권리·능력·포괄적 법률관계 기타 법률상의 힘을 설정·변경·소멸시키는 행정행위'이다. 형성적 행위에는 특허, 인가, 대리가 있다.

1. 특 허

1) 개 념 특허는 '특정인을 위하여 특정한 권리, 능력 또는 포괄적 법률관계를 설정하는 행위'이다. 실정법에서는 면허, 허가, 설권행위 등으로도 규정된다. 주로 공익목적으로 설정되며, 배타적이거나 독점적인 권리 등을 부여하므로 실무에서는 '반대급부'(기여금) 등을 요구하거나 '특정인'만을 대상으로도 한다.

특허는 권리의 형성여부에 따라 설권행위, 변경행위, 박권행위로 구분된다. 특허로 설정되는 권리는 '공권'(공기업특허, 공물사용권의 특허사용)도 '사권'(광업권, 어업권)도 있다. 특허가 되는 1) '권리'는 광업허가(광업권의 설정), 어업허가(어업권의 설정), 공유수면매립면허(공유수면의 배타적 사용권) 등이 있고, 2) '능력'은 공법인의 설립행위(단체의 공법상 법인격취득) 등이 있고, 3) '포괄적 법률관계'는 공무원의 임명(공무원의 신분취득), 귀화허가(국민의 신분취득) 등이 있다. 특허를 '설권행위'라고도 한다.

특허에는 자동차운수사업면허, 도로나 공유수면의 점용허가, 기간통신사업자허가, 어업허가, 광업허가, 귀화허가 등이 있다.

【판례해설】 판례는 보세구역의 설영특허(대판 1989.5.9, 88누4188), 공유수면매립면허(대판 1989.9.12, 88누9206), 공유수면점용·사용허가(대판 2004.5.28, 2002두5016), 여객자동차운수사업법상 자동차운수사업면허(대판 1996.10.11, 96누6172), 어업면허(대판 1999.5.14, 98다14030), 광업권설정허가(서울고법 1992.4.17, 91구24085), 귀화허가(대판 2010.7.15, 2009두19069), 행정재산의 사용·수익허가(대판 1998.2.27, 97누1105) 등을 특허로 보았다.

2) **성 질** 1) 허가와 달리 특허는 '특정인'을 대상으로 하기 때문에 항상 행정청에 대한 상대방의 출원(신청)을 전제로 한다. 다만, 출원의 필요성 문제에서 출원과 특허에 등가성은 없으므로 '계약'은 아니고, '출원을 필요로 하는 행정행위'이다. 즉, 상대방의 출원은 특허의 필요요건이자 효력요건이다(장태주). 특허는 법규특허도 가능하지만, 이때는 출원이 요구되지 않는다.

2) 특허는 판례처럼 효과재량설에 따르면, 거의 수익적 행정행위이므로 일반적으로 재량행위(자유재량행위)이다. 단, 법령에서 일정한 요건 하에서만 특허하도록 규정된 경우에는 기속행위라고 본다(장태주). 따라서 법령에서 요건을 특별히 규정한 바가 없으면, 재량행위라고 보아야 한다(대판 2002.6.28, 2001두10028).

【판례해설】 판례는 보세장치장설영특허(대판 1989.5.9, 88누4188), 개인택시운송사업면허(대판 1992.4.28, 91누13526), 귀화허가(대판 2010.7.15, 2009두19069), 특허어업 등을 재량행위로 보았다.

3) 특허의 법적 성질은 상대방에게 배타적인 권리(법률상의 힘)를 설정해 주는 형성적 행위이다. 따라서 다른 사람에게 자신의 특허받은 권리 등을 주장할 수 있는 '배타성'을 갖는다. 그러나 특허는 '법적 지위'일 뿐, 환가할 수 있는 재산권은 아니다(홍정선). 특허는 압류하여 환가하기에 적합하지 않기 때문이다(대결 1996.9.12, 96마1088·1089).

3) **형 식** 특허는 특정인에게 행해지는 구체적인 '처분'의 형식이 원칙이나 법령에 의한 '법규특허'도 가능하다. 예를 들면, 한국방송공사법에 의한 한국방송공사의 설립처럼 법령에 의한 공사나 공단의 설립이다. 특허는 특정인을 대상으로 하므로 일반처분의 형식으로는 발급하지 못한다. 특허도 처분이므로 문서성을 가진다(행절법 제24조).

4) **효 과** 특허는 상대방인 특정인에게 권리·능력·포괄적 법률관계 등

의 법률상의 힘을 발생시킨다. 이는 제3자에 대하여 법적으로 주장할 수 있는 법률상 이익이다. 따라서 판례는 특허를 발급한 후에 제3자에게 다시 설정하는 것은 '무효'라고 본다(대판 1986.2.25, 85누712).

다만, 특허의 대상이 되는 권리는 공권과 사권을 불문한다. 즉 공유수면매립면허는 공유수면매립권이라는 '공물사용권'이 발생하고, 광업허가는 '광업권', 어업면허는 '어업권'이라는 사법상 권리가 발생한다.

특허를 받지 않고 행한 행위(무특허행위)의 효력은 법적으로 '무효'이다. 예를 들면, 공무원임용을 받지 않고 공무원의 행위를 한 경우나 귀화허가를 받지 않고 국적요건이 있는 공무원에 응시하여 임용된 행위는 무효가 된다.

그러나 특허를 받지 않고 한 행위는 무효가 되어 이미 행정목적을 달성하였으므로 행정벌·강제집행의 대상은 되지 않는 경우도 있다.

5) **양 도** 특허는 원칙적으로 특정인에게 발급되고, 대세효를 가지므로 양도되지 않는 것이 원칙이다. 그러나 개인택시운수사업면허처럼 대물적 특허로 권리성이 강조되는 경우에는 법령에 의하여 상속되거나 양도되는 것도 있다. 물론 이 경우에는 신고 등을 요하며, 신고 등은 일반신고의 성격뿐만 특허재발급의 성질을 가지므로 법정사유나 공익상 이유로 거부될 수도 있다(대판 2008.5.15, 2007두26001).

대법원 2008. 5. 15. **선고** 2007**두**26001 **판결 【개인택시운송사업면허취소처분등】**
<u>개인택시운송사업자가 사망한 경우 관계 법령에서 정한 요건을 갖춘 상속인은 관할관청에 상속 신고를 함으로써 그 운송사업자로서의 지위를 승계받을 수 있으므로, 관할관청은 법률이 정한 사유가 있거나 또는 공공의 복리를 위하여 꼭 필요하다고 인정되는 경우에 한하여 그 신고의 수리를 거부할 수 있는 것으로 보아야 한다</u>(대법원 2007.3.29. 선고 2006두17543 판결 참조).

2. 인 가

1) **개 념** 인가는 '행정청이 사인의 법률행위를 보충함으로써 그 법률효과를 완성시켜 주는 행정행위'이다. 인가는 사인의 법률행위에 대하여 공익적인 견지에서 행하는 보충행위로서, 주로 공익과 관련 있는 사인의 법률행위에 대하여 국가의 공적 인정을 받도록 하는 것이다. 다만, 법령상 '허가' 등으로 규정되었어도 그 법적 성질에 따라 실질적으로 구분하여야 한다.

인가의 예는 사립학교의 설립인가(고등교육법 제4조 제2항), 학교법인 임원에 대한 감독청의 취임승인(사립학교법 제20조), 재단법인의 목적 기타의 정관규정 변경허가(민법 제46조), 토지거래계약허가(국토계획법 제118조), 토지수용의 사업인정, 공유수면매립면허의 권리양도인가와 매립준공인가, 재개발 및 재건축조합설립인가(도시정비법 제16

조), 도시개발조합의 설립인가(도시개발법 제13조) 등이 있다.

2) **신 청** 인가는 사인의 법률행위에 대한 보충행위이므로 상대방인 사인의 신청이 인가의 필요요건인 '쌍방적 행정행위'이다. 즉, 사인이 신청하여야만 행정청이 인가할 수 있다. 다만, 인가는 단지 사인의 법률행위를 공적으로 확인하는 보충행위에 불과하므로 기본행위(신청)를 변경하는 행정청의 '수정인가'는 불가하다.

3) **법적 근거와 기속성** 인가는 사인의 법률행위를 국가가 감독한다는 점에서는 법적 근거를 요한다. 인가행위의 기속행위여부는 '근거법령'으로 판단해야 한다. 다만, 법령에 특별한 규정이 없는 경우에는 공익적 견지에서 판단을 요하는 것인지, 사익보호를 위한 것인지를 판단해야 한다(대판 2000.1.28, 98두16996).

인가신청이 다른 법령에 위배되거나 사회질서를 해칠 우려가 있음이 명백한 때에는 행정청은 인가를 거부하는 거부처분을 할 수 있다(대판 1992.4.28, 91누5495).

4) **대상과 형식** 인가의 대상은 반드시 법률행위이고, 사실행위는 대상이 아니다. 단, 법률행위인 이상 인가대상은 공법행위, 사법행위를 불문한다. 예컨대, 토지거래허가는 사법행위이고, 국·공립학교법인설립허가는 공법행위이다.

인가는 언제나 '처분'의 형식으로 행해지며 법령이 직접 인가를 발급할 수는 없다. 인가도 처분의 일종이므로 문서로 해야 한다(행절법 제24조).

5) **효 과** 인가는 기본행위(사인의 법률행위)에 대한 보충행위이다. 따라서 인가를 받으면, 기본행위에 법률효과가 발생한다. 즉, 인가는 기본행위(사인의 법률행위) 자체에 의하여 법률효과가 발생한다(대판 1985.3.26, 84누181). 다만, 그 효력은 공법적인 것도, 사법적인 것도 있다. 최근 판례는 조합설립인가는 행정주체의 법적 지위를 부여하는 설권적 처분의 성질을 갖는다고 본다(대판 2009.9.24, 2008다60568). 한편 무인가행위는 기본행위가 무효로 된다(대판 1991.6.25, 90누5184). 그러나 무인가행위라도 강제집행·행정벌의 제재는 부과하지 못한다(대판 2001.2.23, 99두6002).

【판례해설】 인가된 행위의 하자와 관련하여 판례는 1) 기본행위가 하자(불성립·무효·취소)인 때에는 적법한 인가가 있더라도 '하자있는 법률행위'이므로 유효하지 않다. 특히 기본행위에 하자가 있더라도 인가요건을 충족한 경우에는 인가자체가 하자가 있는 것은 아니다(대판 2008.1.10, 2007두16691). 2) 기본행위는 적법하지만 인가가 무효인 경우는 '무인가행위'이고, 3) 기본행위는 적법하나 인가가 취소사유이면 취소시까지는 '유인가행위'이고, 4) 기본행위가 적법하더라도 사후에 실효되면 인가도 당연히 효력을 상실한다고 본다(대판 1979.2.13, 78누428).

대법원 2009. 9. 24. **선고** 2008다60568 **판결** **【재건축결의부존재확인】**
행정청이 도시정비법 등 관련 법령에 근거하여 행하는 조합설립인가처분은 단순히 사인들의 조합설립행위에 대한 보충행위로서의 성질을 갖는 것에 그치는 것이 아니라 법령상 요건을 갖출 경우 도시정비법상 주택재건축사업을 시행할 수 있는 권한을 갖는 행정주체(공법인)로서의 지위를 부여하는 일종의 설권적 처분의 성격을 갖는다고 보아야 한다.

6) **권리구제** 인가의 기본행위에 하자가 있는 경우는 인가처분으로 다툴 법률상 이익이 없으므로 인가처분이 아니라 '기본행위의 하자'로 다투어야 한다고 보았다(대판 1967.2.28, 66누8). 최근 조합설립결의의 하자는 인가요건의 하나에 불과하므로 인가처분을 항고소송으로 다투어야 한다고 본다(대결 2009.9.24, 2009마168, 169).

대법원 1994. 10. 14. **선고** 93누22753 **판결 【주택개량사업관리처분계획인가처분취소】**
도시재개발법 제41조에 의한 피고 행정청의 인가는 주택개량재개발조합의 관리처분계획에 대한 법률상의 효력을 완성시키는 보충행위로서 그 기본되는 관리처분계획에 하자가 있을 때에는 그에 대한 인가가 있었다 하여도 기본행위인 관리처분계획이 유효한 것으로 될 수 없으며, 다만 그 기본행위가 적법유효하고 보충행위인 인가처분 자체에만 하자가 있다면 그 인가처분의 무효나 취소를 주장할 수 있다고 할 것이지만, 인가처분에 하자가 없다면 기본행위에 하자가 있다 하더라도 따로 그 기본행위의 하자를 다투는 것은 별론으로 하고 기본행위의 무효를 내세워 바로 그에 대한 피고 행정청의 인가처분의 취소 또는 무효확인을 소구할 법률상의 이익이 있다고 할 수 없다(대법원 1993.4.23. 선고 92누15482 판결; 1977.8.23. 선고 77누38 판결 등 참조)

대법원 2009. 9. 24. **자** 2009마168 **결정 【가처분이의·직무집행정지가처분】**
구 도시정비법상 재개발조합설립 인가신청에 대하여 행정청의 조합설립인가처분이 있은 이후에 조합설립결의에 하자가 있음을 이유로 재개발조합 설립의 효력을 부정하기 위해서는 항고소송으로 조합설립인가처분의 효력을 다투어야 하고, 특별한 사정이 없는 한 이와는 별도로 민사소송으로 행정청으로부터 조합설립인가처분을 하는 데 필요한 요건 중의 하나에 불과한 조합설립결의에 대하여 무효확인을 구할 확인의 이익은 없다고 보아야 한다.

소송방식과 관련하여 인가전의 기본행위의 하자는 단순한 사법상 법률행위에 불과하므로 민사소송으로 다투지만, 인가 이후에는 기본행위의 하자가 아니라 인가처분을 다투어야 하므로 항고소송에 의한다.

인가에 하자가 있는 경우에는 행정청의 인가처분을 다투어야 한다. 무효인 경우에는 무인가행위이지만, 취소사유인 경우에는 취소시까지 유인가행위이기 때문이다.

3. 대 리

대리는 '제3자가 해야 할 행위를 행정청이 대신 행함으로써, 제3자가 한 것과 같은 법적 효과를 발생시키는 행정행위'이다. 이는 행정행위로서의 대리이므로 법률의 규정에 의한 '법정대리'와 구분되고, 사인을 위한 대리라는 점에서 행정기관 내부의 대리와 구분된다.

대리는 1) 공법인의 정관작성, 임원의 임면 등의 공익상의 감독적 차원, 2) 광구의 양도에 관한 지식경제부장관의 재결과 같은 당사자의 협의를 위한 조정적 차원, 3)

공매처분과 같은 행정목적달성의 차원, 4) 개인의 보호차원에서 행해진다.[15)]

제 2 항 준법률행위적 행정행위

I. 개 념

준법률행위적 행정행위는 '인간의 의사표시 이외의 정신작용을 요소로 하고, 그 법적 효과는 행위자의 의사여하를 불문하고 전적으로 법이 정한 바에 따라 발생하는 행정행위'이다. 준법률행위적 행정행위에는 확인, 공증, 통지, 수리가 있다.

법률행위적 행정행위론은 개인의 자유로운 의사표시를 중시하는 민법상의 구별론을 일본처럼 그대로 답습한 것이다. 최근에 준법률행위적 행정행위와 법률행위적 행정행위의 구별에 대한 비판론이 있다. 즉, 행정청에게는 자유로운 의사가 없으므로 구별할 필요가 없다는 견해이다(김남진, 정하중, 김성수, 김중권).

Ⅱ. 종 류

1. 확 인

1) 개 념 확인(feststellender Verwaltungsakt)은 '특정한 사실 또는 법률관계의 존부 또는 정부에 관하여 의문이나 다툼이 있는 경우에 행정청이 이를 공적으로 확정하는 행정행위'이다. 이는 기존의 사실이나 법률관계를 확인하는 것일 뿐, 새로운 법률관계를 창설하는 것은 아니다. 확인은 '준사법적 행위' 내지 '법선언적 행위'이다. 예를 들면, 행정심판의 재결, 확인적 행정처분 등이다.[16)] 행정청이 발급하는 각종 확인서도 해당된다.

2) 성 질 확인은 특정한 사실이나 법률관계의 존부·정부의 '판단'인 판단표시행위이다. 따라서 법원의 판결과 유사한 '준사법적 행위'이며, 특정한 사실·법률관계의 존부 등에 관한 판단이 필요한 때는 반드시 판단을 하여야 한다는 점에서는 '기속행위'이다.

3) 형 식 확인은 행정청 내부의 확정뿐만이 아니라 외부적인 선언행위가 있어야 확인행위로서 행정행위의 효력을 인정한다(대판 1967.3.7, 66누163).

확인은 언제나 '처분'형식으로 행해지고 법령의 형식은 인정되지 않는다. 확인은 처분으로서 문서성이 요구되고(행절법 제24조), 성질상 일정한 형식이 필요하므로

---

15) 장태주, 209쪽; 홍정선, 244쪽.
16) 조용호, "항고소송의 대상인 행정처분 - 판례를 중심으로", 『재판자료』 제67집, 119쪽 이하.

요식행위이다.

4) **효 과** 확인은 '특정한 사실이나 법률관계를 공적으로 확정하는 효력'을 가진다. 그 외 확인에 따른 구체적인 효력은 개별법령에 따라 정해진다. 확정효의 귀결로서 확인의 판단은 확정적이고 종국적이어서 후에 행정청 자신도 취소 또는 철회하지 못한다(불가변력). 확인의 효력은 대상의 존재시기로 소급한다(홍정선).

> **대법원** 2008. 11. 13. **선고** 2008**두**13491 **판결 【친일재산국가귀속처분취소】**
> 특별법 제2조 제2호에 정한 친일재산은 위원회가 국가귀속결정을 하여야 비로소 국가의 소유로 되는 것이 아니라 특별법의 시행에 따라 그 취득·증여 등 원인행위시에 소급하여 당연히 국가의 소유로 되는 것이고, **위원회의 국가귀속결정은 당해 재산이 친일재산에 해당한다는 사실을 확인하는 이른바 준법률행위적 행정행위의 성격을 가지는 것이다.**

2. 공 증

1) **개 념** 공증(Beurkundender Verwaltungsakt)은 '행정청이 특정한 사실 또는 법률관계의 존재를 공적으로 증명하는 행정행위'이다. 판례는 "특정사실에 대하여 형식적으로 그것을 증명하고 공적인 증거력을 부여하는 행정행위"라고 본다(대판 1994.10.25, 93누21231). 주로 행정청이 사인으로부터 각종 자료를 신고·등록받고(각종 신고, 등기 및 등록)을 받고 이러한 공적장부(등록부)에 근거한 각종 증명서 및 등본의 발급행위를 말한다. 최근 건축물대장, 지적공부 등의 공적장부(공부)에 등재하거나 반려 및 거부하는 행위가 문제되고 있다.

> **대법원** 1977. 5. 24. **선고** 76**누**295 **판결 【의료유사업자증취소처분취소】**
> 시장 또는 도지사의 이 자격증갱신 발급행위는 유사의료업자의 자격을 부여 내지 확인하는 것이 아니라 **특정한 사실 또는 법률관계의 존부를 공적으로 증명하는 소위 공증행위에 속하는 행정행위**라고 할 것이다.

2) **성 질** 공증은 행정청이 보유한 공적장부(등록부)에 기재된 '일정한 사실 또는 법률관계의 존재를 증명함에 불과한 인식표시행위'로서, 확인과 같은 판단표시행위와는 구별된다(대판 1977.5.24, 76누295). 공증은 공증의 법적 효력(공적 증거력)을 가지는 경우만 준법률행위적 행정행위에 해당되고, 법적 효력이 없는 공증은 사실행위에 불과하다. 공증은 증명의 대상이 되는 사실이 있을 때 반드시 증명해야 한다는 점에서 행정청의 판단권이 없는 '기속행위'이다.

> **【판례해설】** 건설업법에 따른 건설업면허증 등의 재교부는 종전의 면허받은 사실을 증명하는 증명행위일뿐, 면허의 내용에는 영향을 미치지 않고, 종전의 위법사실을 치유하는 것도 아니다(대판 1994.10.25, 93누21231).

3) **형 식** 공증은 항상 형식적으로 구체적인 처분의 형식으로 발급하므

로 문서성을 갖는다(행절법 제24조). 공증문서에는 일정한 서식이 필요하므로 '요식행위'이다. 실무에서는 등기, 등록, 등재 등으로도 행해진다.

4) **법적 효력**

(1) **공적 증거력** 공증은 등록된 일정한 사실이나 법률관계의 존재에 공적인 증거력을 부여한다. 공적 증거력(tatsächliche Vermutung)은 '그 사실의 존재를 추정한다'에 불과할 뿐이므로(추정력), 반증(반대의 증거)에 의하여 전복이 가능하다. 따라서 분쟁이 발생하여 상대방이 반증을 하면, 공증의 증거력은 효력이 없어진다.

(2) 처분성 우리나라는 등기에 공신력이 인정되지 않아서 등기된 사실의 실체적 권리관계를 인정하지 않는다. 따라서 공적장부의 등재행위인 공증에 처분성의 인정에 대하여 1) 긍정설은 공증도 준법률행위적 행정행위이고 당사자의 이해관계에 밀접한 관계가 있으므로 처분성을 긍정하고(류지태), 2) 부정설은 일정한 유형의 공증, 즉 등재행위는 '행정사무집행의 편의와 사실증명자료에 불과하고 실체적 권리관계에는 아무런 변동이 없다'는 점에서 부정한다(김남진). 3) 판례는 공증의 증거력은 부정설에 따라 반증에 의해 전복되는 '사실적 효력'에 불과하므로 공증은 처분이 아니라고 본다(대판 1990.10.22, 90누9896; 1991.11.26, 91누5150; 1991.12.24, 91누8357).

한편 각종 공부(공적장부)에의 등재행위가 행정행위인가의 문제에서 일반적으로 행정행위로 본다(홍정선). 다만, 공증에 의한 공적 증명력이 반증에 의하여 번복되는 것은 공정력을 부인하는 것이고, 이는 공증의 행정행위성에 문제가 있다는 견해(김남진/김연태)가 있다.

【판례해설】 판례는 종래 각종 공부에의 등재행위는 행정사무집행의 편의와 사실증명의 자료로 삼기 위한 것이고, 실체상의 권리관계에 변동이 생기지 않으므로 처분이 아니라고 하였다. 따라서 자동차운전면허대장의 등재행위(대판 1991.9.24, 91누1400), 가옥대장 등재행위(대판 1983.10.26, 82누411), 멸실된 지적공부의 복구 및 기재사항변경행위(대판 1991.12.24, 91누8357), 건축물관리대장의 등재사항 정정신청의 거부행위(대판 1998.2.24, 96누5612) 등의 등재된 실체적 권리관계를 다투는 경우에는 처분성을 인정하지 않았다.

다만, 최근에 지목변경신청반려처분취소소송(대판 2004.4.22, 2003두9015)에서 지목은 토지행정의 기초로서 공법상 법률관계에 영향을 미치고 '국민의 권리관계에 영향을 미치는 것'으로 행정처분으로 보았고, 건축물대장의 용도변경신청거부행위(대판 2009.1.30, 2007두7277), 건축물대장 작성신청반려행위(대판 2009.2.12, 2007두17359), 토지분할신청거부행위(대판 1992.12.8, 92누7542)에도 처분성을 인정하였다. 아울러 헌법재판소도 지적등록사항정정신청의 반려행위에 처분성을 인정하였다(헌재 1999.6.24, 97헌마315).

건축물관리대장 등재사항 정정신청의 거부행위 – 대법원 1998. 2. 24. **선고** 96누5612 **판결**
<u>건축물대장에 일정한 사항을 등재하거나 등재된 사항을 변경하는 행위는 행정사무집행의 편의와 사실증명의 자료로 삼기 위한 것일 뿐이고, 그 등재나 변경등재 행위로 인하여 그 건축물에 대한 실체상의 권리관계에 어떤 변동을 가져오는 것이 아니므로, 소관청이 등재사항에 대한 변경신청을 거부하였다고 하여 이를 항고소송의 대상이 되는 행정처분에 해당한다고 할 수 없다</u>(대판 1989.12.12, 89누5348 참조).

지목변경신청의 반려행위 – 대법원 2004. 4. 22. **선고** 2003**두**9015 **판결**
구 지적법(2001.1.26. 법률 제6389호로 전문 개정되기 전의 것, 이하 같다) 제20조, 제38조 제2항의 규정은 토지소유자에게 지목변경신청권과 지목정정신청권을 부여한 것이고, 한편 지목은 토지에 대한 공법상의 규제, 개발부담금의 부과대상, 지방세의 과세대상, 공시지가의 산정, 손실보상가액의 산정 등 토지행정의 기초로서 공법상의 법률관계에 영향을 미치고, 토지소유자는 지목을 토대로 토지의 사용·수익·처분에 일정한 제한을 받게 되는 점 등을 고려하면, 지목은 토지소유권을 제대로 행사하기 위한 전제요건으로서 토지소유자의 실체적 권리관계에 밀접하게 관련되어 있으므로 지적공부 소관청의 지목변경신청 반려행위는 국민의 권리관계에 영향을 미치는 것으로서 항고소송의 대상이 되는 행정처분에 해당한다고 할 것이다.

3. 통 지

1) **개 념** 통지는 '특정인 또는 불특정 다수인에 대하여 특정한 사실을 알리는 행정행위'이다. 법률에 의한 통지로 일정한 효과가 부가되는 경우는 준법률행위로서의 통지로 행정심판법이나 행정소송법상의 처분에 해당되므로 하자시에는 쟁송이 가능하다.

2) **종 류** 통지에는 1) 당연퇴직의 인사발령과 같이 단순한 사실을 알리는 '사실의 통지', 2) 행정청이 접수한 서면에 대한 회신의 형식으로 그 서면상의 사항에 대한 인식을 위하여 특정한 사실에 관한 관념을 알리는 행위인 '관념의 통지', 3) 납세고지서나 대집행의 계고처럼 행위자의 의사를 알리는 행위인 '의사의 통지'가 있다. 4) 판례는 단순한 사실의 통지와 관념의 통지는 공적 규제를 하려는 것이 아니어서 법률효과가 없으므로 처분이 아니라고 보았다(대판 1983.2.8, 81누263; 1995.11.14, 95누2036). 따라서 의사의 통지만 처분성이 있다고 본다.[17]

3) **법적 효력** 통지행위의 법적 효력은 개별법령에 따른다. 다만, 법령에서 통지행위에 아무런 법적 효력을 정하지 않은 경우에는 준법률행위로서의 통지행위가 아니라, 사실행위이다.

대법원 2012. 9. 27. **선고** 2010**두**3541 **판결 【감면불인정처분등취소】**
이와 같은 관련 법령의 내용, 형식, 체제 및 취지를 종합하면, 신청인이 고시 제11조 제1항에 따라 자진신고자 등 지위확인을 받는 경우에는 시정조치 및 과징금의 감경 또는 면제, 형사고발의 면제 등의 법률상 이익을 누리게 되는 반면, 그 지위확인을 받지 못하고 고시 제14조 제1항에 따라 **감면불인정 통지를 받는 경우에는 위와 같은 법률상 이익을 누릴 수 없게 되므로, 감면불인정 통지가 이루어진 단계에서 신청인으로 하여금 그 적법성을 다투어 법적 불안을 해소한 다음 조사협조행위에 나아가도록 함으로써 장차 있을지도 모르는 위험에서 벗어날 수 있도록 하는 것이 법치행정의 원리에도 부합한다. 따라서 이 사건 감면불인정 통지는 항고소송의 대상이 되는 행정처분에 해당한다**고 보아야 한다.

17) 조용호, 앞글, 123쪽 이하.

【판례해설】 1) 처분성을 인정한 판례는 토지수용법상 사업인정의 고시(대판 1995.12.5, 95누4889), 대집행절차인 계고와 대집행영장의 발부통보(대판 1996.2.9, 95누12507), 납입고지(대판 1974.10.8, 74다1254), 구 도시계획법상 토지세목의 공고(대판 1971.3.31, 71누10), 도시계획결정(대판 1982.3.9, 80누105), 기간제교원의 임용기간만료의 통지(소위, 김민수교수사건)(대판 2004.4.22, 2000두7735) 등이 있고, 2) 사실행위로서의 통지일 뿐 처분이 아니라고 본 판례는 가산금과 중가산금의 납부독촉(대판 2000.9.22, 2000두2013), 국가공무원의 정년퇴직발령(대판 1983.2.8, 81누263), 당연퇴직의 인사발령(대판 1995.11.14, 95누2036) 등이 있다.

4. 수 리

1) **개 념** 수리는 '행정청에 대한 타인의 행위를 유효한 것으로 받아들이는 행정행위'이다. 수리는 행정의 의사작용이므로 '단순한 사실로서의 도달이나 접수'와는 구분된다. 전통적으로 수리는 수리여부에 대한 실질적 심사가 아닌 형식요건에 대한 형식적 심사만 할 수 있다고 보았다(대판 1984.12.11, 84도2108; 1988.9.20, 87도449; 1992.3.31, 91누4911). 따라서 본래의 신고(자기완결적 신고)는 수리가 필요없다고 본다.

2) **성 질** 수리는 법령에 별다른 규정이 없으면, 형식요건을 갖춘 신고는 수리되어야 하므로, 기속행위이다.

유선장 신고의 수리 − 대법원 1988. 8. 9. 선고 86누889 판결
유선장의 경영신고와 그 신고사항의 변경신고는 모두가 강학상 이른바 사인의 공법행위로서의 신고에 해당하고 그 신고를 받은 행정청은 위에서 본 법과 그 시행령 소정의 형식적(절차적) 요건에 하자가 없는 한 이를 수리해야 할 입장에 있는 것이라고 하겠다.

3) **종 류** 수리는 준법률행위적 행정행위로서의 수리와 자기완결적인 사인의 공법행위로서의 수리로 구분된다.

4) **법적 효력** 수리는 법령에 정해진 효과가 발생한다. 따라서 수리에 따라 법관계가 완성되기도 하고, 수리 전에는 일정행위가 금지되기도 한다. 수리의 거부는 불수리한다는 의사표시로서 행정행위이므로 행정쟁송이 가능하다(대판 1992.3.31, 91누4911). 한편 자기완결적 신고는 접수만으로 효력이 발생하므로 수리가 별다른 법적 효력이 없으나, 수리를 요하는 신고는 수리되어야 법률효과가 발생한다.

제 3 절 행정행위의 요건

Ⅰ. 개 설

행정행위가 적법하게 효력(유효)이 발생하기 위하여서는 1) 개별법령에서 규정된 요건을 충족하여야 한다. 2) 그 외에 법리적으로는 행정행위의 요건으로 '주체', '절차', '형식', '내용'의 성립요건과 통지, 도달의 효력요건을 갖추어야 한다. 판례는 두 요건을 충족한 경우에 처분이 존재한다고 본다(대판 1999.8.20, 97누6889). 만약, 어떠한 행정행위가 성립요건과 효력요건을 충족하지 못하면 행정행위로서의 효력이 온전하게 발생하지 못하여 '행정행위의 하자'로서 위법하게 된다.

Ⅱ. 행정행위의 성립요건

☞ 행정행위가 유효하게 성립하려면 법치국가원칙이 요구하는 일정한 요건을 갖추어야 한다. 이를 행정행위의 성립요건이라고 한다.[18]

1. 주체에 관한 요건

행정행위는 1) 법령상 '정당한 권한'을 가진 행정청이, 2) 자기에게 부여된 '권한의 범위' 내에서, 3) '정상적인 의사'에 의해 행하여야 한다. 행정청은 법령에 의한 수권근거(권한)에 의하여서만 행정을 할 수 있고, 행정내부에서는 관할을 준수해야 한다. 이때 '권한 내의 사항'은 행정청이 가진 권한의 지역적·수직적 관할에 속하는 것을 말한다(행절법 제6조 제1항). 따라서 신청이 잘못 접수된 경우에는 관할 행정청에 이송하고 신청인에게 통지하여야 하며, 관할이 불분명한 경우에는 당해 행정청을 공통으로 감독하는 상급행정청이 그 관할을 결정한다. 권한을 넘어선 행정청의 행위는 무권한 행위이므로 무효이다.

행정청의 권한기준은 1) 근거법령에서 권한을 부여받은 행정청이어야 하므로 행정조직법상 권한규정이 기준이 되고, 2) 권한이 위임된 경우에는 권한이 이전되었으므로 수임자가 권한을 행사하여야 하고(대판 1996.11.8, 96다21331), 3) 내부위임은 권한이 이전되지 않았으므로 위임자가 권한자이며(대판 1989.3.14, 88누10985), 4) 법령상 규정된 위원회와 같은 합의제 기관에는[19] 민간위원이 참여하여도 유효하지만(대판 2007.1.12, 2004두7146), 적법한 소집절차, 의결절차가 요구된다(대판 1985.11.26, 85누394).

대법원 1996. 6. 28. **선고 96누4374 판결 【유치원시설물철거대집행계고처분취소】**
행정기관의 권한에는 사무의 성질 및 내용에 따르는 제약이 있고, 지역적·대인적으로 한계가 있으므로 이러한 권한의 범위를 넘어서는 권한유월의 행위는 무권한 행위로서 원칙적으로 무효라고 할 것이다.

---

18) 행정행위의 성립요건과 효력요건을 독일처럼 '적법요건'(Rechtsmäßigkeitsvoraussetzungen)으로 보기도 한다. 홍정선, 252쪽; 정하중, 245쪽; 박균성, 276쪽.

19) 합의제기관의 의결은 1) 그 자체가 결정인 경우, 2) 실질적 의결로 형식적인 행정청의 결정을 구속하는 경우, 3) 단순히 심의에 불과하여 행정청을 구속하지 못하는 경우 등으로 구분하여야 한다.

2. 내용에 관한 요건

행정행위의 내용은 원칙적으로 '적법', '타당', '실현가능', '명백'하여야 한다.[20]

1) **적 법** 행정행위는 행정의 법집행작용이므로 법에 따라 행해져야 하고, 법을 위반해서는 안 된다(행정의 법률적합성). 따라서 행정행위는 '법령과 행정법의 일반원칙에 위반해서는 안 되고(법률의 우위), 행정행위를 수권한 법적 근거(수권근거)에 적합해야 한다(법률의 유보). 특히 개인의 권리를 제한하는 부담적 행정행위의 발급시는 엄격한 법적 근거(권능조항)가 필요하다.

2) **타 당** 행정행위는 법령 외에도 행정에게 부여된 재량권 행사가 타당하여야 한다. 이때 재량권 행사는 입법목적이나 행정법의 일반원칙을 위반해서는 안 된다.

3) **실현가능** 행정행위는 '사실상으로나 법률상으로 실현가능해야 한다. 행정행위의 내용이 객관적으로 불가능하면 그 행정행위는 '무효'가 되고, 주관적 불가능은 위법하지만, 반드시 무효는 아니다(홍정선). 판례는 사회통념에 비추어 실현불가능 여부를 판단한다(서울고법 2005.12.21, 2005누4412).

4) **명 백** 법치국가의 하부원리인 명확성의 원리에 따라 해당 행정행위로 보아 처분청, 상대방, 처분내용을 명백하게 알 수 있어야 한다. 이를 인식할 수 없는 행정행위는 위법하다. 아울러 행정행위는 충분히 구체적이어야 한다. 판례는 행정행위의 내용이 "구체적으로 명확하게 특정되어야 한다"고 본다(대판 2007.1.12, 2004두7146).

대법원 1995. 11. 14. **선고** 95누10853 **판결 【주택건설업영업정지처분취소】**
행정행위는 내용적으로는 법의 구체적인 집행인 것이므로, 그 내용은 법률상 및 사실상으로 실현가능한 것이어야 할 뿐만 아니라 객관적으로 명확하여야 하고 내용자체에 모순이 없어야 할 것이다.

서울고법 2005. 12. 21. **선고** 2005누4412 **판결 : 상고 【정부조치계획취소등】**
행정행위가 당연무효라고 하기 위해서는 행정행위에 위법사유가 있고 그 하자가 법규의 중요한 부분을 위반한 중대한 것으로서 객관적으로 명백한 경우(대판 2005.6 24, 2004두10968 참조) 이외에 <u>그 행정행위의 내용이 불명확하거나 사회통념에 비추어 실현불가능하다고 판단되는 경우에도 인정되어야 할 것인바, 여기서 행정행위의 내용이 사회통념에 비추어 실현불가능하다는 것은 그 행정행위의 내용이 물리적·절대적으로 불가능한 경우뿐만 아니라 과학기술 수준 및 사회적 조건으로 인하여 또는 감당하기 어려운 과다한 비용과 희생을 요함으로 인하여 사회통념상 실현불가능한 경우까지 포함한다고 할 것이다.</u>

---

20) 행정행위의 성립요건을 '적법요건'으로 보는 입장에서는 '내용에 관한 요건'을 '실질적 적법요건'이라고도 한다. 정하중, 245쪽.

3. 절차에 관한 요건

행정행위의 발급에 1) 개별 법령에서 일정한 절차가 요구되는 경우에는 그 절차를 거쳐야 한다. 2) 그 외에 행정절차법은 일반적 절차사항을 규정한다. (☞ 행정절차법상 처분절차 참조) 즉, 신청, 상대방의 협력이나 동의, 처분의 사전통지제도, 의견청취, 처분의 이유제시제도 등이다. 상대방간에 이해관계가 있는 경우에는 사전통지, 의견제출, 청문, 공청회와 같은 사전적 행정절차도 필요하다. 아울러 전문적이거나 의견대립이 있는 사항에는 행정내부의 공정성을 위하여 다른 행정주체나 행정청의 협의, 심의, 자문 등이 필요한 경우도 있다.

'협력절차를 거치지 않은 행정행위'는 하자있는 행정행위로 취소할 수 있는 행정행위가 되는 것이 원칙이다(대판 2000.10.13, 99두653). 물론 부실한 협력절차인 경우는 재량권의 남용 등을 이유로 위법한 행위가 된다. 그러나 환경영향평가는 그 내용이 부실한 경우라도 반드시 위법은 아니다(대판 2006.3.16, 2006두330). 협력기관의 위법을 다투는 경우에는 피고 등이 협력기관이 아니라 처분청이 된다.

대법원 2004. 10. 15. **선고** 2003**두**6573 **판결 【건축불허가처분취소】**
건축허가권자가 건축불허가처분을 하면서 그 처분사유로 건축불허가 사유뿐만 아니라 구 소방법(2003.5.29. 법률 제6916호로 개정되기 전의 것) 제8조 제1항에 따른 소방서장의 건축부동의 사유를 들고 있다고 하여 그 건축불허가처분 외에 별개로 건축부동의처분이 존재하는 것이 아니므로, 그 건축불허가처분을 받은 사람은 그 건축불허가처분에 관한 쟁송에서 건축법상의 건축불허가 사유뿐만 아니라 소방서장의 부동의 사유에 관하여도 다툴 수 있다고 할 것이다(대판 2001.1.16, 99두10988 참조).

4. 형식에 관한 요건

1) **서면주의** 행정행위는 원칙적으로 불요식행위이나 행정의 특성상 형식을 명확히 할 필요가 있다. 따라서 법령상 특별한 규정이 없으면, 행정절차법에 따라 원칙적으로 행정행위는 문서로 발급하여야 하고(서면주의), 당사자의 동의시에는 전자문서로 할 수 있다(제24조). 단, 법령에 특별한 규정이 있거나, 신속을 요하거나, 사안이 경미한 경우는 구술 기타 방법에 의한다. 물론 당사자의 요청시는 문서를 교부해야 한다. 행정행위의 문서에 처분청, 담당자의 소속, 명칭, 전화번호를 기재하여야 한다.

대법원 2005. 7. 28. **선고** 2003**두**469 **판결 【지방공무원지위확인】**
행정절차법 제24조 제1항이 행정청이 처분을 하는 때에는 다른 법령 등에 특별한 규정이 있는 경우를 제외하고는 문서로 하도록 규정한 것은 처분내용의 명확성을 확보하고 처분의 존부에 관한 다툼을 방지하기 위한 것이라 할 것인바, 그와 같은 행정절차법의 규정 취지를 감안하여 보면, 행정청이 문서에 의하여 처분을 한 경우 그 처분서의 문언이 불분명하다는 등의 특별한 사정이 없는 한, 그 문언에 따라 어떤 처분을 하였는지 여부를 확정하여야 할 것이고, 처분서의 문언만으로도 행정청이 어떤 처분을 하였는지가 분명함에도 불구하고 처분경위나 처분 이후의 상대방의 태도 등 다른 사정을 고려하여 처분서의 문언과는 달리 다른 처분까지 포함되어 있는 것으로 확대해석하여서는 아니 된다 할 것이다.

2) **처분의 이유제시제도** 행정절차법에 따라 원칙적으로 행정행위를 발급할 때에는 당사자에게 그 근거와 이유를 제시하여야 한다(제23조). (☞ 행정절차법 참조). 이외에도 「국가공무원법」의 징계처분사유설명서 교부(제75조), 「민원사무처리법」의 민원처리결과의 통지(제15조) 등이 있다.

대법원 2002. 5. 17. **선고** 2000두8912 **판결【토지형질변경불허가처분취소】**
행정절차법 제23조 제1항은, 행정청은 처분을 하는 때에는 당사자에게 그 근거와 이유를 제시하여야 한다고 규정하고 있는바, 일반적으로 당사자가 근거규정 등을 명시하여 신청하는 인·허가 등을 거부하는 처분을 함에 있어 당사자가 그 근거를 알 수 있을 정도로 상당한 이유를 제시한 경우에는 당해 처분의 근거 및 이유를 구체적 조항 및 내용까지 명시하지 않았더라도 그로 말미암아 그 처분이 위법한 것이 된다고 할 수 없다.

Ⅲ. 행정행위의 효력요건

행정행위는 성립요건을 충족하면 일단 행정행위로서 성립하고, 그 발급을 상대방에게 알림으로써(대외적 표시) 행정행위의 효력이 발생한다.

1. 처분의 통지 (고지)

통지는 내부적으로 성립한 '행정행위를 외부적으로 상대방에게 알리는 것'이다. 부담적 행정행위는 '고지'(Bekanntgabe)라고도 한다.[21]

행정행위는 표시한다고 효력이 발생하는 것이 아니라 상대방에게 도달해야 효력이 발생한다(도달주의). 상대방이 있는 경우, 즉 수령을 요하는 행정행위는 해당 행정행위의 상대방에게 도달함으로써 그 효력이 발생한다. 일반적으로 수익적 행정행위는 신청자가 있으므로 그에게 발급을 통지하게 된다. '도달'이란 직접 수령이 아니라 '상대방이 알 수 있는 상태'에 놓이는 것이다. 일부 행정행위는 표시와 동시에 효력이 발생하기도 한다(경고, 교통신호 등).

2. 통지의 방법

1) **송 달** 송달(Zustellung)은 '행정청이 행정행위의 상대방에게 직접 행정

21) 예를 들면, 「공중위생관리법」 제23조 제2항은 "과태료처분에 불복이 있는 자는 그 처분의 고지를 받은 날로부터"라고 규정하고 있다.

행위(처분)가 발급된 문서를 보내는 것'이다. 송달에는 우편송달, 교부송달, 전자우편송달 등이 있다. 법령에 특별한 규정이 없는 경우에 구두고지는 적법한 송달이 아니다(대판 1994.1.11, 93누21705).

행정절차법은 송달을 '우편, 교부 또는 정보통신망 이용 등의 방법으로 하되, 송달받을 자의 주소·거소·영업소·사무소 또는 전자우편주소로 보내는 것'이라고 한다(제14조 제1항). 단, 송달받을 자(상대방)가 동의하는 경우에는 '만나는 장소'에서 송달할 수 있다(교부송달, 제14조 제1항 단서).

(1) 우편송달 - 우편으로 처분문서를 보내는 것으로 가장 전형적인 송달방법이다. 다만, 우편송달이 '상당한 기간'이 지나면 도달한 것으로 볼 것인가에 독일은 발송후 3일이 지나면 송달된 것으로 보나, 우리 판례는 부정적이다(대판 1977.2.22, 76누263). 다만, 등기우편은 반송 등의 특별한 사정이 없는 한, 수취인에게 배달되었다고 보나(대판 1992.3.27, 91누3819), 보통우편은 상당기간 내의 도달을 추정할 수 없으므로 송달의 효력을 주장하는 측에서 도달사실을 입증하여야 한다(대판 2002.7.26, 2000다25002). 실무에서는 등기우편이나 내용증명우편의 방법을 이용한다.

대법원 2002. 7. 26. **선고** 2000다25002 **판결【보험금】**
내용증명우편이나 등기우편과는 달리, 보통우편의 방법으로 발송되었다는 사실만으로는 그 우편물이 상당기간 내에 도달하였다고 추정할 수 없고 송달의 효력을 주장하는 측에서 증거에 의하여 도달사실을 입증하여야 할 것이다(대판 1977.2.22, 76누263; 1993.5.11, 92다2530 등 참조).

(2) 교부송달 - 처분의 상대방(송달받을 자)을 만나서 직접 전해주는 것이다. 방법은 처분의 상대방에게 수령확인서를 받고 (처분)문서를 교부한다. 다만, 송달받을 자의 부재시에는 관계인(사무원·피용자 또는 동거인으로서 사리를 분별할 지능이 있는 사람)에게 문서를 교부할 수 있다. 사무원 등이 정당한 사유없이 송달받기를 거부하는 때에서 그 사실을 수령확인서에 적고, 문서를 송달할 장소에 놓아둘 수 있다(제14조 제2항).

(3) 전자송달(정보통신망을 이용한 송달) - 정보통신망을 이용하여 전자우편으로 전자문서를 송달하는 것이다. 이는 상대방(송달받을 자)이 동의하고, 전자우편주소 등을 지정하여야 한다(제14조 제3항). 이 경우에는 '상대방의 컴퓨터 등에 전자적으로 입력된 때'에 도달한 것으로 본다(제15조 제2항).

(4) 도달주의 - 송달은 법령상 다른 규정이 있는 경우를 제외하고는 원칙적으로 도달주의로서, 상대방에게 도달됨으로써 효력이 발생한다(제15조 제1항). 송달은 현실적으로 상대방에게 전달되어야만 하는 것이 아니라 '부재중 종업원이 수령한 경우'도 효력이 발생한다(대판 1987.6.9, 87누219). 실무에서는 조세회피의 목적으로 상대방이 납세고지서 등의 송달을 회피하기도 한다.[22]

22) 세무관청이 납세고지서 등을 우편송달하면, 상대방이 주소지에 거주하지 않거나, 거주하여도 반송의 방법을 이용하고 교부송달을 하면, 상대방이 피하는 등의 문제가 발생한다. 주소란 원래 거소를 의미하여야 하므로 판례는 주소지에 송달하면 우편송달을 인정하여야 할 것이다.

2) **고시 또는 공고** 행정행위의 상대방이 불특정 다수인이거나 주소 · 거소가 불분명하여 송달이 불가능한 경우에, '행정청이 행정행위의 발급을 공개적으로 알려서 효력을 발생시키는 것'을 고시 또는 공고(öffentliche Bekanntmachung)라고 한다. 행정절차법은 '공고'만 규정하지만, 개별법령과 판례는 '고시' 또는 '공고'라고 한다.

공고는 송달받을 자가 알기 쉽도록 관보, 공보, 게시판, 일간신문 중의 하나 이상과 인터넷에 하여야 한다(행절법 제14조 제4항). 다른 법령상에 특별한 규정이 있는 경우 외에는 공고일로부터 14일이 지난 때에 효력이 발생한다(제15조 제3항). 다만, 효력발생시기를 구체적으로 밝히지 않은 경우에는 「행정업무규정」(대통령령)상 공고문서는 그 고시 또는 공고 등이 있은 날로 부터 5일이 경과한 때에 효력이 발생한다(제6조 제3항).

대법원 2007. 6. 14. **선고** 2004두619 **판결 【청소년유해매체물결정및고시처분무효확인】**
통상 고시 또는 공고에 의하여 행정처분을 하는 경우에는 그 처분의 상대방이 불특정 다수인이고, 그 처분의 효력이 불특정 다수인에게 일률적으로 적용되는 것이므로, 그 행정처분에 이해관계를 갖는 자는 고시 또는 공고가 있었다는 사실을 현실적으로 알았는지 여부에 관계없이 고시가 효력을 발생하는 날에 행정처분이 있음을 알았다고 보아야 한다(대판 2001.7.27, 99두9490; 2006.4.14, 2004두3847 등 참조).

3. 전자문서의 특례

전자정부구축을 위하여 2001년에 「전자정부구현을 위한 행정업무등의 전자화 촉진에 관한 법률」이 제정되었고, 2007년에 「전자정부법」으로 개정되었다.[23] 특히 전자정부법에서는 "행정기관등의 문서는 전자문서로 기본으로 할 것"이 규정되어 있다(제25조 제1항).

제 4 절 행정행위의 효력

I. 개 념

행정행위가 성립요건과 효력요건을 갖추게 되면, 행정행위로서의 효력이 발생한다. 당연무효인 경우를 제외하고 행정행위는 효력요건을 갖추면, 일단 행정행위로서 효력이 발생한다. 물론 개별 행정행위의 효력은 행정행위의 종류나 성질 및 해당 법령에서 규정하는 바에 따라 다르다. 아래에서는 행정행위가 가지는 일반적 효력을 설명한다.

23) 일부에서는 「정보통신망 이용촉진 및 정보보호 등에 관한 법률」도 언급하는데 이 법은 정보통신사업자의 규제와 민간분야의 (개인)정보보호를 다루므로 전자정부와는 크게 상관이 없다.

Ⅱ. 공정력

1. 개 념

1) 전통적인 견해와 판례는 공정력을 '비록 행정행위의 성립에 하자가 있는 경우에도 그 하자가 중대하고 명백하여 당연무효인 경우를 제외하고는, 권한 있는 기관에 의하여 취소될 때까지는 일응 적법 또는 유효한 것으로 보아 누구든지(상대방은 물론 제3의 국가기관도) 그 효력을 부인하지 못하는 힘'이라고 본다(김동희, 박윤흔, 변재옥, 이상규). 프랑스식으로 '예선적 효력'이라고도 한다(김도창, 한견우). 특히 상대방과 이해관계인뿐만 아니라 다른 행정청 및 법원에도 효력을 미친다고 보았다.

대법원 2007. 3. 16. **선고** 2006다83802 **판결 【부당이득금반환】**
행정처분이 아무리 위법하다고 하여도 그 하자가 중대하고 명백하여 당연무효라고 보아야 할 사유가 있는 경우를 제외하고는 아무도 그 하자를 이유로 무단히 그 효과를 부정하지 못하는 것으로, 이러한 행정행위의 공정력은 판결의 기판력과 같은 효력은 아니지만 그 공정력의 객관적 범위에 속하는 행정행위의 하자가 취소사유에 불과한 때에는 그 처분이 취소되지 않는 한 처분의 효력을 부정하여 그로 인한 이득을 법률상 원인 없는 이득이라고 말할 수 없는 것이다(대판 1994.11.11, 94다28000 등 참조).

2) 최근에는 공정력을 '행정행위에 하자가 있는 경우에 그것이 중대하고 명백하여 당연무효가 아닌 한, 권한있는 기관에 의하여 취소될 때까지 상대방 또는 이해관계인들이 그 효력을 부인할 수 없는 힘'이라고 본다(강구철, 박종국, 류지태, 석종현, 신보성, 장태주, 홍정선). 행정법관계의 '법적 안정성'을 확보하기 위한 것이다.

새 공정력설은 상대방과 이해관계인만을 구속하고, '다른 국가기관'은 구속하지 않으므로 '법원을 포함한 다른 국가기관에게 미치는 효력'은 행정행위의 '구성요건적 효력'이라고 보아 공정력과 구성요건적 효력을 구분한다(김남진). 전통적인 학설은 실질에서는 양자가 근거와 내용이 다르지 않다고 보고, 새 학설은 공정력은 법원의 판결을 전제로 효력을 인정하는 절차적 효력이고, 구성요건적 효력은 권력분립에 근거하여 국가기관 상호간에 결정을 존중하자는 실체적 효력이라고 본다.

2. 근 거

1) 이론적 근거

공정력은 행정상 법률관계의 신속한 안정과 신뢰를 위하여 법적 안정성의 차원에서 잠정적인 통용력을 부여한 것이라는 법적 안정성설(다수설)이 타당하다.

1) 자기확인설은 행정청이 자신의 권한 내에서 행정행위를 발급하면서 스스로 적법하다고 확인한다는 것이다. 행정행위는 판결과 같은 권위를 가지므로 적법성이 추정된다고 본다(O. Mayer). 2) 적법성·유효성 추정설은 법적 공동체인 국가의 행위는 적법

성이나 유효성이 추정된다고 본다(W. Jellinek). 3) 국가권위설은 행정행위는 국가권위의 표현이므로 적법성이 추정되어 국민이 존중하고 준수할 것이 요구된다고 본다(Forsthoff). 4) 예선적 특권설은 법원에 의한 위법여부의 판정 전에 미리 행정청이 자신의 행정결정에 정당한 통용력을 인정한다는 것이다. 판결을 우위에 두지만, 임시로 특수한 효력을 인정하는 것이다(프랑스, 김도창, 한견우). 5) 취소소송의 배타적 관할에 따른 반사적 효과설은 행정행위는 취소소송제도에 의하여 취소되기 전까지는 유효한 효력을 가지는데 이것이 공정력이라고 본다. 6) 법적 안정성설(행정정책설)은 행정목적의 신속한 달성을 위해 행정법관계의 안정성, 상대방의 신뢰보호 등을 위해 법정책적 고려에서 잠정적인 통용력을 인정한다는 것이다(Wolff/Bachof, 김남진).

2) 실정법적 근거

현행법상 행정행위의 공정력을 인정하는 법령은 없으나, 공정력을 전제로 한 법령은 있다. 즉, 행정행위의 취소에 관한 취소심판(행심법 제5조, 제13조)과 취소소송(행소법 제12조), 집행부정지제도(행심법 제30조, 행소법 제23조), 직권취소제도 등이다.[24] 일부학설은 이를 공정력의 근거로 보나, 공정력이 존재하므로 인정되는 제도이므로 타당하지 않다.

3. 한 계

1) 공정력은 행정청의 우월한 지위가 표현되는 권력작용에만 인정되고, 관리작용(비권력작용)과 사경제적 작용(국고작용)에는 인정되지 않는다. 따라서 공정력은 행정행위 이외의 행정작용에는 미치지 않는다.[25]

2) 공정력은 부당 또는 단순위법한 행정행위에만 인정되므로, 처음부터 행정행위로서 효력이 없는 무효나 부존재인 행정행위에는 인정되지 않는다. 따라서 무효 등의 행정행위는 처음부터 당연히 그 효력이 발생하지 않는다. 다만, 무효도 판결로 확인되어야 하므로 무효에도 미친다는 견해도 있다.

4. 입증책임

종래 공정력에는 1) 자기확인설에 따라 행정행위의 적법성은 법률상 추정된다고 보아 원고가 행정행위의 위법을 입증해야 한다는 '원고책임설'과 2) 법치국가상 행정행위의 적법성은 행정청이 당연히 담보하여야 한다고 보아 피고인 행정청이 자신의 행정행위의 적법성을 입증해야 한다는 '피고책임설'이 있었다.

현재 공정력은 행정쟁송제도의 반사적 효과인 '사실상의 통용력'에 불과하여 입증책임의 소재와는 아무 관련이 없으므로 민사소송법상의 입증책임분류원칙인 법률

---

24) 집행부정지제도는 정책적 문제이므로 제외하자는 견해도 있다. 장태주, 253쪽.

25) 장태주, 255쪽; 홍정선, 263쪽.

요건분류설이 적용되는 입증책임무관설이 통설과 판례이다(대판 1966.10.18, 66누134).

5. 선결문제

전통적인 견해는 선결문제를 공정력의 문제로 보나, 최근에는 '구성요건적 효력'의 문제로 본다. 다만, 판례는 여전히 공정력으로 본다는 점에 주의하여야 한다. 구성요건적 효력에서 설명한다.

Ⅲ. 구성요건적 효력

1. 개 념

행정행위의 구성요건적 효력(Tatbestandswirkung)은 '유효한 행정행위가 존재하는 이상 비록 하자있는 행위라도 당연무효가 아닌 한, 모든 국가기관은 그 존재(결정)를 존중하여 스스로 판단의 기초나 구성요건으로 삼아야 하는 구속력'을 말한다.[26] 전통적인 견해와 판례는 구성요건적 효력을 '공정력'으로 본다.

2. 근거와 성질

구성요건적 효력은 법령의 근거는 없으나, 이론적으로 헌법상 권력분립주의의 입장에서 국가기관 상호간의 권한과 관할이 다르므로 서로 권한존중의 차원에서 인정되는 것이다. 구성요건적 효력은 어떤 행정행위가 다른 행위와의 관계에서 그 구성요건이 되는 경우에 유효한 효력을 미치는 것이다.

3. 선결문제

선결문제(Vorfrage)는 행정행위의 위법 또는 효력의 유무가 다른 특정 민·형사법원에서 본안판단의 전제조건이 된 경우에 해당 법원이 행정행위의 위법 등을 직접 판단할 수 있는가의 문제이다. 선결문제는 우리 「행정소송법」 제11조에서 규정하고,[27] 일부 규정을 준용한다.[28] 나머지는 학설과 판례에 의존한다.

---

26) 구성요건적 효력의 적용범위를 장태주 교수는 '처분청과 재결청 및 취소소송에서의 수소법원을 제외한 모든 국가기관'으로, 홍정선 교수는 '모든 행정기관과 법원'으로 본다. 장태주, 256쪽; 홍정선, 264쪽.

27) 「행정소송법」 제11조(선결문제) ① 처분등의 효력 유무 또는 존재 여부가 민사소송의 선결문제로 되어 당해 민사소송의 수소법원이 이를 심리·판단하는 경우에는 제17조, 제25조, 제26조 및 제33조의 규정을 준용한다. ② 제1항의 경우 당해 수소법원은 그 처분등을 행한 행정청에게 그 선결문제로 된 사실을 통지하여야 한다.

28) 선결문제에서 법원은 행정청의 소송참가(행소법 제17조), 행정심판의 기록제출명령(제25조), 직권심리(제26조), 소송비용에 관한 재판의 효력(제33조)를 준용한다.

선결문제는 해당 사건을 담당한 법원이 재판에 전제가 되는 행정행위의 효력(무효)·위법여부를 직접 판단할 것인가 아니면 구성요건적 효력에 따라 행정부의 결정을 존중하여 그 효력을 그대로 인정할 것인가의 문제이다. 다만, 판례는 학설이 구성요건의 문제로 보는 것과 달리 여전히 종래의 공정력의 문제로 본다.

1) **민사소송**

(1) 행정행위의 효력유무 조세의 과오납에 따른 부당이득반환청구소송 등에서 행정행위(과세처분)의 효력유무가 재판의 쟁점인 경우에 1) 당연무효인 경우에는 학설과 판례는 일치하여 선결문제인 행정행위가 구성요건적 효력이 없어서 다른 국가기관(법원)에 효력이 미치지 않으므로 행정소송절차에 의하지 않고 수소법원(민사법원)이 직접 판단할 수 있고(대판 1955.9.15, 4288민상263), 2) 단순위법(취소)은 당해 처분이 효력이 있어서 구성요건적 효력에 따라 법원이 판단할 수 없으므로 행정행위의 효력을 부인할 수 없다고 본다(박윤흔, 김동희, 대판 1955.9.15, 4288민상263).

대법원 2012. 6. 14. **선고** 2010**다**86723 **판결 【비용부담】**
민사소송에서 어느 행정처분의 당연무효 여부가 선결문제로 되는 때에는 당사자는 행정처분의 당연무효를 주장할 수 있으나, 이 경우 행정처분의 당연무효를 주장하는 자에게 그 행정처분이 무효인 사유를 주장·증명할 책임이 있고(대법원 1992.3.10. 선고 91누6030 판결, 대법원 2010.5.13. 선고 2009두3460 판결 등 참조), 원심 변론종결일에 이르기까지 행정처분의 무효사유를 주장하지 않다가 상고심에 이르러 새로운 사실을 주장하며 행정처분이 당연무효라고 주장하는 것은 적법한 상고이유가 될 수 없다(대법원 1983.10.11. 선고 82누295 판결, 대법원 2001.4.27. 선고 99다17319 판결 등 참조).

(2) 행정행위의 위법여부 국가배상 및 손해배상사건에서 행정행위(가해행위)의 위법여부가 쟁점인 경우에는 1) 적극설은 수소법원이 위법여부를 심리할 수 있다고 본다(다수설). 공정력은 법적 안정성에서 인정된 절차적 통용력이어서 처분의 위법여부와 관계없고, 「행정소송법」 제11조는 선결문제에 대한 예시규정이므로 민사법원이 직접 심리할 수 있다고 본다(박윤흔, 김동희, 변재욱, 강구철). 2) 소극설은 행정행위가 당연무효가 아닌 한, 민사법원이 행정행위의 위법판단을 할 수 없다고 본다. 이는 공정력이 적법성을 추정한다는 인식과 행정사건의 심판권은 행정법원의 배타적 관할권이라는 점, 행정소송법은 처분의 효력·존재여부만 심판한다는 것이다(이상규). 3) 판례는 적극설이다(대판 1972.4.28, 72다337).

대법원 1972. 4. 28. **선고 72다337 판결 【손해배상】**
공무원이 그 직무를 집행함에 당하여 고의 또는 과실로 법령에 위반하여 손해를 가하였을 때에는 국가 또는 지방자치단체에 대하여 배상청구를 할 수 있다 할 것인바, 본건 계고처분 또는 행정대집행 영장에 의한 통지와 같은 행정처분이 위법인 경우에는 그 각 처분의 무효확인 또는 취소를 소구할 수 있으나 행정대집행이 완료한 후에는 그 처분의 무효확인 또는 취소를 구할 소익이 없다 할 것이며 변론의 전 취지에 의하여 본건 계고처분 행정처분이 위법임을 이유로 배상을 청구하는 취의로 인정될 수 있는 본건에 있어 미리 그 행정처분의 취소판결이 있어야만 그 행정처분의 위법임을 이유로 피고에게 배상을 청구할 수 있는 것은 아니라고 해석함이 상당할 것임에도 불구하고 행정처분의 취소가 있어 그 효력이 상실되어야만 배상을 청구할 수 있는 법리인 것 같이 판단한 원판결에는 배상청구와 행정처분 취소판결과의 관계에 관한 법리를 오해한 위법이 있다 할 것이다.

2) **형사소송**

(1) **행정행위의 효력유무** 형사소송에서 행정행위의 효력유무(구성요건충족여부)가 쟁점인 경우에, 판례는 해당 행정행위의 효력이 1) 무효인 경우는 구성요건적 효력이 없으므로 법원이 직접 판단할 수 있으나(대판 1971.5.31, 71도742), 2) 단순위법(취소)인 경우에는 불가하다고 본다(대판 1982.6.8, 80도2646). 3) 인권보장을 위하여 형사법원이 위법한 행정행위의 효력을 직접 부인하여 범죄의 성립을 부정할 수 있다는 견해가 있다(박균성).

(2) **행정행위의 위법여부** 행정행위의 위법여부(상위법위반여부)가 쟁점인 경우에 1) 적극설은 형사법원이 행정행위의 위법을 직접 판단할 수 있다고 보고(김남진, 변재옥, 박정훈), 2) 소극설은 행정사건의 심판권은 행정법원이 배타적으로 관할하기 때문에 형사법원이 판단할 수 없다고 본다(이상규). 3) 판례는 적극설이다(대판 1992.8.18, 90도1709).

Ⅳ. 구속력

행정행위의 구속력(Bindungswirkung)은 '행정행위가 그 내용에 따라 관계행정청, 상대방 및 관계인에 대하여 일정한 법률효과를 발생하는 힘'이다. '내용상 구속력'(홍정선), '협의의 구속력'이라고도 한다. 이는 철회되거나 취소되기 전까지는 행정청과 사인 등을 행정행위의 내용(허가, 인가 등)에 따라 구속하는 효력을 말한다. 따라서 구속력은 모든 행정행위에 발생하고, 모든 국가기관·사인에 대해 인정되고, 처분을 발급한 처분청조차도 구속한다는 점이 특징이다. 물론 구속력의 구체적인 내용은 법령에 규정된 해당 행정행위의 내용에 따라 정해진다. 이는 실체법상 효력이다.

Ⅴ. 존속력

행정행위에는 '일단 발급된 행정행위를 존속시키기 위한 제도'로서 존속력이 존재한다(확정력). 그 효력범위에 따라 불가쟁력과 불가변력으로 나뉜다.

1. 불가쟁력

1) **개 념** 불가쟁력은 '어떤 행정행위에 대하여 쟁송제기기간이 경과하거나 할 수 있는 쟁송수단을 다 거친 경우에 상대방 또는 이해관계인은 더 이상 쟁송절차로서 그 행정행위의 효력을 다툴 수 없게 되는 효력'을 말한다. '형식적 존속력', '형식적 확정력'이라고도 한다.

2) **법적 성질** 불가쟁력은 주로 상대방(이해관계인)에게 적용되는 절차법적 효력이다. 이는 행정상 법률관계의 법적 안정성과 행정의 능률을 위하여 인정되며, 국가기관을 구속하지 않는다. 따라서 행정청은 불가쟁력이 발생한 이후에도 해당 행정행위의 취소·변경이 가능하다(직권취소). 다만, 무효인 행정행위는 처음부터 당연무효이므로 불가쟁력이 발생하지 않는다(행심법 제27조 제7항, 행소법 제20조, 제38조). 불가쟁력이 발생한 행정행위에 대하여 행정심판이나 행정소송을 제기하면, 쟁송기관은 부적법하다고 판단하여 각하하여야 한다. 따라서 불가쟁력이 발생한 행위는 이후에 관련되는 행정행위가 있는 경우에는 후행행위로 다퉈야 한다.

대법원 2007. 4. 26. **선고** 2005두11104 **판결【주택건설사업계획승인처분일부무효등】**
제소기간이 이미 도과하여 불가쟁력이 생긴 행정처분에 대하여는 개별 법규에서 그 변경을 요구할 신청권을 규정하고 있거나 관계 법령의 해석상 그러한 신청권이 인정될 수 있는 등 특별한 사정이 없는 한 국민에게 그 행정처분의 변경을 구할 신청권이 있다 할 수 없다.

3) **국가배상** 그러나 불가쟁력이 발생한 행위도 국가배상과 같은 구제수단은 가능하다. 다만, 국가배상은 '위법'을 전제로 하므로 행정행위의 위법판단에 대하여 1) 적극설은 불가쟁력이 발생한 행위에 대한 취소판결없이도 국가배상 청구가 가능하다고 보고, 2) 소극설은 국가배상을 인정하면 불가쟁력이 발생한 처분에도 취소소송을 간접적으로 인정하는 결과가 되므로 부정한다. 3) 절충설은 금전적 효과를 목적으로 하는 항고소송만 국가배상소송으로 곧바로 제기하는 것을 제한해야 한다는 입법론을 주장한다(김남진). 4) 판례는 적극설이다(대판 1979.4.10, 79다262).

4) **재 심** 최근 불가쟁력이 발생한 행정행위의 재심사가 주장된다. 이는 법원의 판결에 대하여 민사소송법(제451조)에 재심의 기회가 부여된 것처럼, 행정행위에도 행정소송을 통한 재심사의 기회를 부여하자는 주장이다(1987년 행정절차법 초안, 독일 행정절차법 제51조).[29] 우리나라에는 행정소송법에 재심에 대한 명문의 규정이 없으므로 인정하기 곤란하다. 다만, 현실적 대안으로 취소할 수 있는 행정행위에

29) 독일 행정절차법상 재심사사유는 1) 당해 행정행위의 기초가 된 사실상태, 법상태의 변경, 2) 관계자에게 유리한 새로운 증거의 발견, 3) 확정판결에 대한 재심사유에 해당하는 사유의 발견 등이다.

불가쟁력이 발생하면, 그 후행행위에 하자가 승계되는지 여부로 판단할 수 있다. 판례는 주로 소극적이고, 불가쟁력이 발생한 행위에 대한 헌법소원의 제기도 소극적이다(헌재 2006.11.30, 2005헌바55).

대법원 2004. 11. 26, 2003두3123 판결【국제선정기항공운송사업노선면허처분취소】 피고가 참가인에게 한 이 사건 노선에 대한 운수권배분 및 이를 기초로 한 2000.4.15.자 이 사건 노선면허처분은 피고가 원고에게 한 위 1999.12.10.자 운수권배분 실효처분 및 노선면허거부처분이 유효함을 전제로 하고 있기는 하나 원고에게 한 위 각 처분과는 독립하여 별개의 법률효과를 목적으로 하는 독립한 행정처분이므로, 선행처분인 위 운수권배분 실효처분 및 노선면허거부처분에 대하여 이미 불가쟁력이 생겨 그 효력을 다툴 수 없게 된 이상 그에 위법사유가 있더라도 그것이 당연무효 사유가 아닌 한 그 하자가 후행처분인 이 사건 노선면허처분에 승계된다고 할 수 없다고 판단하였다.

2. 불가변력

1) **개 념** 행정행위의 불가변력은 '행정행위를 발급한 행정청 자신도 일정한 경우에는 행정행위의 하자 등을 이유로 직권으로 취소·변경·철회할 수 없게 되는 효력'이다. 이는 '실질적 존속력', '실질적 확정력'이라고도 한다. 이는 주로 행정청을 대상으로 하는 실체적 효력이다. 법적 안정성이나 상대방의 보호를 위하여 인정하는 것이다.

2) **발생행위** 불가변력은 전통적으로는 행정심판의 재결, 국가배상심의회의 결정, 토지수용위원회 재결과 같은 소송법적 확정력이 있거나 준사법적 행위에 한정되었다. 그러나 최근에는 수익적 행정행위, 공공복리의 침해, 법률의 규정에 의한 경우로 확대되고 있다.

1) **수익적 행정행위** - 수익적 행정행위를 취소할 경우에는 발생하는 상대방의 권익이나 그에 따른 공공복리 등을 침해하는 경우에 제한하는 것이다. 이는 불가변력이 아니라 신뢰보호의 문제로 보기도 한다(박윤흔, 류지태).

2) **공공복리가 침해되는 경우** - 행정행위를 취소함으로써 공공복리 등을 해하는 경우에 사정재결이나 사정판결과 같이 취소권이 제한되는 것이다(이상규). 행정행위 자체의 효력이기보다는 분쟁과정에서 공공복리를 위하여 제한하는 것이다.

3) **법률의 규정에 의한 경우** - 법률이 일정한 경우에 확정판결 또는 재판상의 화해와 같은 소송법적인 존속력을 인정한 경우이다. 이는 행정행위 자체에 의한 것이 아니라는 점에서 행정행위의 불가변력은 아니라고 본다(장태주).

Ⅵ. 강제력

1. 집행력

집행력은 '행정행위에 의해 부과된 행정상 의무를 상대방이 이행하지 않는 경우에 행정청이 스스로 강제력을 발동하여 그 의무를 직접 실현시키는 힘'을 말한다. 행정행위에서는 일반적으로 '하명'이 의무를 부과하므로 집행력을 가진다.

2. 제재력

제재력은 '행정행위에 의하여 부과된 의무(주로 부작위의무)를 위반하는 경우에 행정벌 등의 행정상 제재를 부과할 수 있는 효력'을 말한다.[30] 실정법상으로는 「식품위생법」(제93조 이하), 「건축법」(제106조 이하) 등에 규정되어 있다.

제 5 절 행정행위의 부관

☞ 행정청은 행정행위를 발급하면서 그 효력을 추가로 규율하고자 행정행위에 덧붙여서 부관을 부가할 수 있다. 즉, 부관을 통해서 행정행위의 효력을 제한하거나 보완한다.

Ⅰ. 부관의 개념

1. 의 의

전통적인 견해(협의설)는 부관에서 '의사표시'와 '법률효과의 제한'을 중시하여, '행정행위의 효력을 제한하기 위해 주된 의사표시에 부가된 종된 의사표시'라고 정의하였다(김도창, 이상규). 그러나 부관은 의사표시인 법률행위적 행정행위뿐만 아니라 '준법률행위적 행정행위'에도 부가할 수 있고, 법률효과를 제한할 뿐만 아니라 보충(보완)할 수도 있으므로 개념이 확대되었다.[31]

새로운 부관의 개념(광의설)은 '행정청이 행정행위의 효력을 추가로 제한 또는 보충하기 위하여 주된 행위(행정행위)에 부가하는 종된 규율(부대적 규율)'로 본다(김남진, 장태주, 강구철, 홍정선, 홍준형). 즉, 부관은 종래의 의사표시인 법률행위적 행정행위를 넘어서서 1) '준법률행위적 행정행위'에도 적용될 수 있고, 2) 행정행위의 법

30) 제재력을 행정행위의 고유한 효력이라고 보기 어렵다는 주장도 있다. 홍정선, 273쪽.
31) 부관의 전통적인 개념을 협의설로, 새로운 개념을 광의설로 보기도 한다. 홍정선, 313쪽.

률효과를 제한하는 것만 아니라 '보충'하기도 한다는 것이다. 실정법에서는 '조건'이라고 규정하기도 하므로 그 법적 성질을 보아 구분하여야 한다.

2. 다른 개념과의 구별

1) **법정부관** - 법정부관은 '법령에서 직접 부가하는 부관'이다. 즉, 법령에서 행정행위의 조건이나 기한 등을 규정한 것이다. 법정부관은 행정행위의 부관이 아니므로 행정행위에 부관을 붙일 수 있는 한계에 관한 행정행위의 부관의 일반적인 원칙이 적용되지 않고(대판 1994.3.8, 92누1728), 주로 행정입법에서 규정되는데, 헌법에 위반될 때에는 그 효력이 없다(대판 1995.11.14, 92도496).

2) **행정행위의 내용상 제한** - 행정행위의 내용상 제한(Inhaltbestimmung)은 '주된 행정행위의 일부 내용 자체를 다시 규정하는 것'이다. 물론 행정행위의 내용을 제한한다는 점에서는 부관과 유사하지만, 이는 주된 행위의 '내용 자체에 대한 직접적인 제한'이므로 구분해야 한다(박윤흔, 홍정선). 특히 부관 중 법률효과의 일부배제나 수정부담은 부관이 아니라 내용상 제한이라고 보고(장태주), 일부는 법률효과의 일부배제를 부관으로 보기도 한다.

3. 부관의 기능

부관의 기능은 주로 부담과 관련하여 논의된다.[32] 부관은 1) 획일적인 행정행위에 '행정의 탄력성'을 부여하므로 일률적으로 허가여부를 결정하지 않고 상대방을 고려한 다양한 형태의 부관을 부가하여 행정목적을 달성한다. 따라서 구체적 사정에 적합한 행정을 구현한다. 2) '절차경제적 효과'로서 부담의 경우는 그 내용에 관하여 행정청과 상대방이 협의하므로, 후일 분쟁의 발생을 방지할 수 있다. 3) '공익과 제3자의 보호기능'(제3자 동의약관)으로서 특히 건축허가 등의 수익적 행정행위의 발급시 인근주민의 동의를 조건으로 할 경우 공익과 제3자를 보호할 수 있다. 4) '공공재정의 확보기능'으로 건축허가시에 주차장 설립이나 시영주차장 기부 등을 부담으로 부가할 경우 행정청의 행정목적달성에 재정상 도움이 될 수 있다.

단, 부관의 남용시에는 행정편의에 치우치거나 국민에게 막대한 부담을 부과할 수 있다. 따라서 부관에 대한 엄격한 실체법·절차법적 통제가 요구된다.

Ⅱ. 부관의 종류

1. 조 건

조건(Bedingung)은 '행정행위의 효력의 발생 또는 소멸을 장래의 불확실한 사실에 의존시키는 부관'이다.[33] 장래의 불확실한 사실이란 '장래에 발생·소멸할 것이 객관적으로 불확실한 것'을 말한다(홍정선).

---

32) 박종국, "행정행위의 부관의 기능", 『월간고시』 1989/5, 71쪽 이하.

33) 독일은 「행정절차법」 제36조 제2항 제2호에 법적 정의되어 있다.

조건의 종류에는 1) '장래의 불확실한 사실'이라는 조건이 성취되면, 행정행위의 효력이 발생하는 '정지조건'(aufschiebende Bedingung), 2) 조건을 성취되면, 행정행위의 효력이 소멸하는 '해제조건'(auflösende Bedingung)이 있다. 3) 한편 장래의 불확실한 사실의 발생이 '상대방의 의사'에 달려 있는 경우를 부진정한 조건이라고 한다.

법령에서는 부담을 '조건'으로 규정하거나 부관 자체를 '조건'으로 규정하므로 이는 해석에 의하여 구별하여야 한다. 한편 행정행위와 별도로 조건에 대해서만 강제집행을 하는 것은 불가능하다.

2. 기 한

기한(Befristung)은 '행정행위의 효력의 발생, 계속, 소멸을 장래의 도래할 것이 확실한 사실에 의존시키는 부관'이다. 기한은 결과적으로 행정행위의 효력기간을 제한할 수 있다. 주로 행정행위의 존속기한을 정하는 경우에 사용된다.

기한은 시간적으로 정한 부관으로서, '확실한 사실'이란 '장래의 특정한 시점'을 말한다. 반드시 '0월 0일'의 일부식일 필요는 없고, 종신(불확정기한)도 가능하다.

기한의 종류에는 1) 장래의 도래할 것이 확실한 사실에 행정행위의 효력을 발생시키는 기한인 '시기', 2) 사실의 성취에 행정행위의 효력을 소멸시키는 기한인 '종기'가 있다. 3) 한편 사실의 발생시점이 확정되면 '확정기한'이고, 발생시점이 불확정된 기한은 '불확정 기한'이라고 구분한다. 4) 기한의 도래로 소멸하는 것은 존속기간이고, 기한의 도래에 다시 갱신하도록 하는 것은 갱신기간이다(정형근).

▣ 짧은 종기의 문제

종기가 존속기한('행정행위의 절대적 소멸원인이냐')에 대하여, 1) 원칙은 효력기한인 종기에 따라 행정행위의 효력이 소멸한다(대판 1995.10.17, 94누14148; 1999.6.25, 99두5153). 2) 예외적으로 부당하게 짧은 기한이 정해진 경우에는 해당 행정행위의 '존속기간'이 아니라 '갱신기간'(조건의 존속기한)으로 본다(갱신기간설) (김동희, 강구철). 판례도 부당하게 짧은 종기는 종기의 도래로 당연히 행정행위의 효력이 소멸하지 않고 일정기간 갱신을 위한 기간으로 보아 그 효력을 지속시키는 태도를 취하고 있다.

부당하게 짧은 종기 – 대법원 1995. 11. 10. **선고** 94**누**11866 **판결**
<u>행정행위인 허가 또는 특허에 붙인 조항으로서 종료의 기한을 정한 경우 종기인 기한에 관하여는 일률적으로 기한이 왔다고 하여 당연히 그 행정행위의 효력이 상실된다고 할 것이 아니고 그 기한이 그 허가 또는 특허된 사업의 성질상 부당하게 짧은 기한을 정한 경우에 있어서는 그 기한은 그 허가 또는 특허의 조건의 존속기간을 정한 것이며 그 기한이 도래함으로써 그 조건의 개정을 고려한다는 뜻으로 해석하여야 할 것이다</u>(대판 1962.2.22, 4293행상42 참조).

대법원 2007. 10. 11. **선고** 2005**두**12404 **판결** **【보전임지전용허가취소처분무효확인】**
<u>일반적으로 행정처분에 효력기간이 정하여져 있는 경우에는 그 기간의 경과로 그 행정처분의 효력은 상실되고, 다만 허가에 붙은 기한이 그 허가된 사업의 성질상 부당하게 짧은</u>

경우에는 이를 그 허가 자체의 존속기간이 아니라 그 허가조건의 존속기간으로 보아 그 기한이 도래함으로써 그 조건의 개정을 고려한다는 뜻으로 해석할 수는 있지만(대판 1995.11.10, 94누11866; 2004.11.25, 2004두7023 등 참조), 그와 같은 경우라 하더라도 그 허가기간이 연장되기 위하여는 특별한 사정이 없는 한, 그 종기가 도래하기 전에 그 허가기간의 연장에 관한 신청이 있어야 하며, 만일 그러한 연장신청이 없는 상태에서 허가기간이 만료하였다면 그 허가의 효력은 상실된다고 보아야 한다.

3. 철회권의 유보

1) **개 념** 철회권의 유보(Widerrufsvorbehalt)는 '장래에 일정한 사유가 발생하면, 행정행위를 철회하여 그 효력을 소멸시키는 권한을 사전에 유보해 놓은 부관'이다. 법령에서 '취소사유'로 규정하거나 실무에서 '취소권의 유보'라고도 하므로 주의하여야 한다.

철회권의 유보는 '해제조건의 특수한 경우'로도 보는데(홍정선), 해제조건이 유보된 사실이 발생하면 곧바로 행정행위의 효력이 소멸되는 조건과 달리 철회권의 유보는 행정청의 철회라는 별도의 의사표시가 필요하다는 점에서 구분된다(장태주).

2) **법적 근거** 행정행위 발급 이후의 행정청에 의한 철회권 행사는 상대방의 권익을 침해하므로 법적 안정성과 예측가능성을 위하여 철회사유를 '법령'에 규정하여 사전에 유보되어야 하지만(하천법 제69조), 법령의 근거가 없어도 가능하다고 본다(홍정선). 그러나 법령의 규정내용은 구체적이고 개별적이기도 하지만, 단순히 유보규정만 있기도 하다(홍정선).

3) **철회권 행사의 제한** 철회권의 행사는 상대방의 권익을 해칠 수 있으므로, 철회권이 유보되어 있어도 실제로 철회할 경우에는 철회권 제한의 일반원칙에 따라야 한다.

【판례해설】 허가 또는 특허의 취소권을 유보한 경우 행정청은 무조건적으로 취소권을 행사할 수 있는 것이 아니고, '취소를 필요로 할 만한 공익상의 필요가 있는 때'에 한하여 취소권(철회권)을 행사할 수 있다(대판 1962.2.22, 4293행상42; 1964.6.9, 64누40).

한편 철회사유가 '법령에 명시된 사유'(하천법 제69조), '공익사유'(하천법 제70조) 등의 법정사유 외에도 '철회권유보사유에 따른 철회권행사'가 가능한가의 문제에서 학설은 적극적으로 해석해야 한다고 주장한다(장태주). 판례도 의무위반, 사정변경, 중대한 공익상의 필요가 발생한 경우에 인정한다(대판 1989.10.24, 89누2431).

대법원 1984. 11. 13. **선고** 84누269 **판결 【주류판매업면허처분취소】**
피고는 원고에게 1979.9.26 주류판매업을 면허함에 있어서 주세법 제11조를 근거로 원고는 그 소속가맹점 또는 지부에 한하여 주류를 중개하여야 한다고 그 사업범위를 제한하고 이

사업범위를 위반하였을 때에는 면허를 취소한다는 내용의 조건부 면허를 하였다는 것인바 이는 행정행위의 부관중 취소권(행정행위의 성립에 하자가 있어 이를 취소하는 경우가 아니라 유효하게 성립한 행정행위를 그 후에 발생한 새로운 사정에 의하여 취소 즉 철회하는 경우)의 유보로서 그 취소사유는 법령에 그 규정이 있는 경우가 아니라고 하더라도 의무위반이 있는 경우 사정변경이 있는 경우 좁은 의미의 취소권이 유보된 경우 또는 중대한 공익상의 필요가 발생한 경우 등에는 당해 행정행위를 한 행정청은 그 행정처분을 취소할 수 있다.

4) **손실보상** 행정청이 철회권을 행사하여 상대방에게 손실이 발생한 경우에 상대방이 손실보상을 청구할 수 있는가의 문제에서 1) 철회권 유보의 부관이 부가된 행정행위에서는 원칙적으로 철회권의 행사가 예고되어 있으므로 신뢰보호에 근거한 손실보상은 불가능하다는 견해(김동희, 박균성)와 2) 상대방의 손실이 '특별한 희생'에 해당된다면, 손실보상이 가능하다는 견해가 있다(장태주).

4. 부 담

1) **개 념** 부담(Auflage)은 '행정행위의 주된 내용에 부가하여, 행정행위의 상대방에게 작위·부작위·급부·수인의 의무를 부과하는 부관'이다. 부담은 일반적으로 수익적 행정행위를 발급하면서 그에 대한 의무를 부과하는 것이다. 법령상에서는 '조건'으로도 규정되므로 그 내용에 따라 판단하여야 한다.

2) **타 부관과의 구별** 부담은 법령이나 실무에서는 '조건'으로 사용된다. 법규정상 불명확한 경우에는 상대방의 용이한 권리구제를 위하여 '부담'으로 추정한다. 1) 정지조건과의 구별에서 정지조건은 일정한 사실의 발생시부터, 부담은 처음부터 주된 행정행위가 효력을 발생한다. 부담은 본체인 행정행위와 별도로 독립한 쟁송 및 취소, 강제집행이 가능하지만, 정지조건은 독립한 쟁송의 대상이 될 수 없고, 의무를 부과하지 않으므로 강제집행의 대상이 아니어서 행정행위가 대상이 된다. 2) 해제조건의 구별에서 해제조건은 조건의 성취로 효력을 상실하나, 부담은 부담의무의 불이행시에도 철회사유일 뿐, 당연히 효력이 소멸되지 않는다. 즉, 의무불이행시는 행정청은 강제집행 또는 행정제재하거나, 처분을 철회할 수 있다.

▣ 부담과 조건의 구별론 - 개별 부관에서 부담과 조건이 명시적으로 구별되지 않는 경우에는 1) 해당 부관에 표현된 행정청의 객관화된 법률효과의사가 구별기준이 된다. 즉, 부관에 나타난 행정청의 의사가 명령이나 금지로 상대방에게 '수익'을 주면 조건이고, 상대방에게 반대급부나 그에 대한 명령이나 금지를 부과시키면, 부담이다. 2) 구별이 불분명한 경우에는 상대방에게 유리하도록 부담으로 추정해야 한다. 왜냐하면, 부담이 권리구제에 용이하고, 법률생활에 안정적이기 때문이다(장태주). 3) 판례는 부관의 필요성, 행정청의 객관화된 의사, 행정관행 등을 종합적으로 고려하여 구별하여야 한다고 본다(대판 2000.2.11, 98누7527).

3) **성 질** 부담은 본체인 행정행위의 효력과 직결되는 것이 아니다. 따

라서 부담의 불이행으로 본체인 행정행위의 효력이 당연히 소멸되지 않고, 부담은 주된 행정행위로부터 분리가능하고 상대적으로 독립한 자체적인 하나의 행정행위로 본다. 다만, 주된 행정행위와 관련되었다는 점에서 '종속성'은 인정된다(홍정선).

4) **법적 근거와 한계** 부담은 상대방에게 행위의무를 부과하므로 그 자체는 부담적 행위이지만, (원)행정행위와 관련하여 생각하여야 한다. 부담은 행정행위가 부담적 행정행위에는 법적 근거를 요하나, 수익적 행정행위에 특별한 법적 근거를 요하지 않는다(대판 1997.3.11, 96다49650). 한편 재량행위에는 법적 근거가 없더라도 공익상 필요 등에 의하여 필요한 범위내에서 부과할 수 있다(대판 2007.7.12, 2007두6663). 한편 부담의 부가후 사정변경이 있더라도 그 위법여부는 처분당시가 기준이 된다(대판 2009.2.12, 2005다65500).

부담을 부가하는 경우에도 비례의 원칙, 평등의 원칙, 부당결부금지의 원칙, 행정행위의 본질적 효력 등에 위반되지 않아야 한다(대판 2009.12.10, 2007다63966).

대법원 1997. 3. 11. **선고** 96**다**49650 **판결 【소유권이전등기말소】**
수익적 행정행위에 있어서는 법령에 특별한 근거규정이 없다고 하더라도 그 부관으로서 부담을 붙일 수 있으나, 그러한 부담은 비례의 원칙, 부당결부금지의 원칙에 위반되지 않아야만 적법하다고 할 것이다.

부담은 행정청이 일방적으로 부가할 수도 있지만, 사전에 상대방과 협의하여 협약의 형식으로 미리 정한 다음에 행정행위를 발급하면서 부가할 수 있다(대판 2009.2.12, 2005다65500).

【판례해설】 재량행위에는 "법령상의 제한에 근거한 것이 아니라 하더라도 공익상 필요 등에 의하여 필요한 범위 내에서 부담을 부과할 수 있다"고 본다(대판 2007.7.12, 2007두6663). 부담의 전제가 된 주된 행정행위의 근거법령이 개정되어 더 이상 부관을 부가할 수 없게 되어도 그 부담이 곧바로 위법하거나 소멸되는 것은 아니다(대판 2009.2.12, 2005다65500).

5) **부담의 불이행에 대한 사후적 통제** 일반적으로는 본체인 행정행위는 수익적 행정행위이지만 부담은 부담적 (행정)행위가 많다. 이 경우에 상대방은 행정행위는 향유하되, 부담은 이행하지 않으려는 경향이 있는데, 이것이 '부담의 불이행'이다. 건설사업은 하면서 공공용지를 기부채납하지 않으려는 경우이다.

부담의 불이행에 대하여, 행정청은 1) 이를 이유로 본체인 행정행위에 대한 '철회'가 가능하고(대판 1989.10.24, 89누2431), 2) 후행행정행위가 예정된 경우에는 이를 거부할 수 있고(대판 1985.2.8, 83누625). 3) 행정강제나 행정제재를 부과할 수도 있다.

5. 부담유보

1) **개 념** 부담유보(Auflagenvorbehalt)는 '행정행위의 발급시에 사후에 부담을 설정, 변경, 보완할 수 있는 권리를 미리 유보해 두는 규정'을 말한다. 이는 1) '행정행위의 사후변경의 유보'(김남진), 2) '부담의 추가, 변경 또는 보충권의 유보'로도 보지만(석종현), 3) '새로운 부관'(행정행위)으로 보아야 한다(홍정선). 이는 부단히 변화하는 행정에 적합한 행정의 실현에 기여한다.

2) **법적 성질** 부담유보의 법적 성질은 1) 사후에 부가된다는 점에서는 철회권 유보의 유형으로 볼 수도 있지만(이상규), 2) 철회권의 유보는 행정행위(수익)의 전부 또는 일부를 철회하지만, 부담유보는 원래의 행정행위(수익)를 유지하면서 부담만 부가한다는 점에서 '별개의 부관'으로 본다(장태주, 홍정선). 아울러 철회권의 유보는 유보사실의 발생으로 행정행위의 효력을 철회하지만, 부담유보는 장래에 일정한 사실발생에 따라 새로운 의무를 부과하겠다는 유보이므로 구분하여야 한다(장태주).

6. 부진정부관

부진정부관은 '부관의 형식을 가지나, 실질은 부관으로 보기 어려운 것'이다.

1) **수정부담** 수정부담(modifizierende Auflage)은 '행정청이 상대방의 신청과 다르게 행정행위의 내용을 정하는 것'이다. 이는 독일에서 발전한 것으로 전통적인 의미의 부관보다는 '새로운 행정행위'로 보거나(홍정선), '수정허가'로 보아 그 불복은 원래 신청한 행정행위의 발급을 구하는 의무이행쟁송에 의하여야 한다고 본다(장태주).

2) **법률효과의 일부배제** 법률효과의 일부배제는 '행정청이 법률상 행정행위에 부여된 법률효과의 일부를 배제하는 내용의 부관'이다. 법률효과의 일부배제는 '행정행위'에 의한 것이므로 '법률이 직접 규정한 경우'는 해당되지 않는다고도 본다(대판 1989.9.12, 89누1452; 홍정선). 예컨대 택시영업허가 후 부제운행은 부작위부담으로 보지만(홍정선), 법률효과의 일부배제이다(장태주).

> 법률효과의 일부배제의 법적 성질은 '행정행위 효력의 내용상 제한'으로 보는 견해(김동희)에도 불구하고, 전통적으로 '부관'으로 본다. 판례는 공유수면매립준공인가처분을 하면서 한 인천직할시 귀속처분은 매립면허를 받은 자가 매립지의 소유권을 취득하는 법률효과 일부를 배제하는 부관을 붙인 것으로 볼 것이고, 이러한 부관에 대하여는 독립하여 행정소송의 대상으로 삼을 수 없는 것이다(대판 1993.10.8, 93누2031). 다만, 법률효과의 일부배제는 법률이 정한 행정행위의 효력을 행정행위로 제한하는 것이므로 반드시 법률의 근거에서만 가능하다고 본다(홍정선).

Ⅲ. 부관의 법적 근거와 효력

1. 법적 근거 (부관부가의 가능성)

☞ '어떠한 행정행위에 부관을 부가할 수 있느냐'의 문제를 '부관의 가능성'이라고 한다. 우리나라는 부관에 대한 일반법상 규정은 없다. 입법론적으로는 독일처럼 행정절차법에서 규정하여야 한다. 따라서 우리나라는 개별법에서 부관에 대하여 규정한다.

1) 명문규정이 있는 경우

개별법률에서 부관을 부가할 수 있다는 법적 근거(명문규정)를 부여한 경우(식품위생법 제37조 제2항, 광업법 제25조), 부관의 부가가 가능하다. 법령은 부관의 부가에 재량권을 부여하기도 하고, 의무적으로도 규정한다(홍정선). 법령에 근거가 있으면, 기속행위에도 부관을 부가할 수 있다.

2) 명문규정이 없는 경우

(1) 원 칙 문제는 부관의 부가에 법적 근거가 없는 경우인데, 전통적으로는 의사표시인 '법률행위적 행정행위'(대판 1975.8.29, 75누23)와 행정목적의 달성을 위한 '재량행위'(대판 1997.3.14, 96누16698)에만 부관을 부가할 수 있다고 보았다.

【판례해설】 재량행위에는 법령에 명시적인 금지규정이 없는 한, 행정목적의 달성을 위하여 부관을 붙일 수 있다. 부관의 내용이 적법하고 이행가능하며, 비례의 원칙과 평등의 원칙에 적합하고 행정행위의 본질적인 내용을 해하지 않은 한도에서 부가할 수 있다(대판 1997.3.14, 96누16698). 이외에도 명문규정이 없어도 수익적 행정행위에는 가능하다고 본다(장태주, 대판 1997.3.11, 96다49650).

대법원 1997. 3. 14. 선고 96누16698 판결【사용검사신청반려처분취소】
주택건설촉진법 제33조에 의한 주택건설사업계획의 승인은 상대방에게 권리나 이익을 부여하는 효과를 수반하는 이른바 수익적 행정처분으로서 법령에 행정처분의 요건에 관하여 일의적으로 규정되어 있지 아니한 이상 행정청의 재량행위에 속한다 할 것이고(대판 1996.10.11, 95누9020 참조), 재량행위에 있어서는 법령상의 근거가 없다고 하더라도 부관을 붙일 수 있는데(대판 1982.12.28, 80다731, 732; 1991.10.11, 90누8688 등 참조), 그 부관의 내용은 적법하고 이행가능하여야 하며 비례의 원칙 및 평등의 원칙에 적합하고 행정처분의 본질적 효력을 해하지 아니하는 한도의 것이어야 한다.

(2) 준법률행위적 행정행위에의 부가여부 전통적인 견해와 판례는 부관을 '의사표시'인 법률행위적 행정행위에 한정하므로 원칙적으로 준법률행위적 행정행위에는 의사표시의 요소가 없으므로 부관을 부가할 수 없다고 보았다(김도창, 이상규, 한견우, 변재옥, 김동희). 그러나 최근에는 부관의 부가여부는 개별 행정행위의 성질에 따라 결정되므로, 법률행위적 행정행위에도 불가한 것(귀화허가)이 있고, 준법률행위적 행정행위에도 부가할 수 있는 것이 있다고 본다.[34]

(3) 기속행위에의 부가여부 　전통적인 견해와 판례는 별도의 특별법상 규정이 없는 한 기속행위(기속재량행위)에는 부관을 부가할 수 없다고 보고, 기속행위에 부관을 붙이면 무효로 본다(대판 1988.4.27, 87누1106).

물론 기속행위도 법령이 부관을 허용하는 경우는 자유롭게 부가할 수 있다(대판 2012.10.11, 2011두8277). 다만, 법령상 수권규정이 없는 경우에 기속행위에는 부관으로 법률효과를 제한할 수 없지만, 행정행위의 부족한 요건을 보완하는 부관의 부가는 허용할 수 있다고 보기도 한다(장태주).

대법원 1995. 6. 13. 선고 94다56883 판결 【소유권이전등기말소】
일반적으로 기속행위나 기속적 재량행위에는 부관을 붙일 수 없고 가사 부관을 붙였다 하더라도 무효이며(대판 1988.4.27, 87누1106; 1990.10.10, 89누4673; 1993.7.27, 92누13998 등 참조), … 이 사건 허가조건 제20항은 부관을 붙일 수 없는 기속행위 내지 기속적 재량행위인 건축허가에 붙인 부담이거나 또는 법령상 아무런 근거가 없는 부관이어서 무효라고 할 것이고, 따라서 원심이 그 판시이유에서 위 허가조건이 무효가 아니라고 판단한 데에는 건축허가의 성질 및 부관의 가능성에 관한 법리를 오해한 위법이 있다고 할 것이다.

2. 법적 효력

부관의 효력은 부관의 종류에 따라 다르다. 1) 조건, 기한, 철회권의 유보는 행정행위의 효력을 발생시키거나 종결시키므로 고유한 물적인 규율내용을 갖지 않고, 단지 주된 행정행위의 효력을 제한할 뿐이다. 따라서 그 효력도 본체인 행정행위에 종속되어 있다. 2) 그러나 부담은 수익자에게 별도의 의무를 부과하므로 고유한 물적 규율을 한다. 따라서 부담은 독립한 행정행위로서의 성질을 가진다.

Ⅳ. 부관의 한계

1. 법령상 한계 – 행정행위로서의 한계

부관은 행정행위의 구성요소이므로 주된 행정행위처럼 행정행위로서의 성질을 가진다. 따라서 부관은 1) 법령에 적합해야 하고(적법요건), 2) 법적으로나 사실적으로 가능해야 하고, 3) 내용이 명확해야 하고, 4) 행정법상 일반원칙을 준수해야 한다. 특히 부관은 법령에 위배되지 않는 한도에서 부가되어야 하므로 당연히 행정의 법률적합성이 적용된다(대판 1985.2.6, 83누625).

【판례해설】 판례는 법령이 부관의 부가를 금지한 경우는 재량행위라도 부가할 수 없으므로 '부제소특약' 등은 허용되지 않는다(대판 1998.8.21, 98두8919). 법령이 금지하지 않으

34) 장태주, 234쪽; 홍정선, 319쪽.

면, 법령상 근거없이도 재량행위는 부관의 부가가 가능하지만(대판 1997.3.14, 96누16698; 1992.4.28, 91누4300), 비례의 원칙, 평등의 원칙, 행정권한의 부당결부금지의 원칙(대판 1997.3.11, 96다49650) 등의 행정법의 일반원칙에 위배되어서는 안 된다.

대법원 2004. 3. 25. **선고** 2003두12837 **판결 【개발제한구역내행위허가신청불허가처분취소】** 이러한 재량행위에 있어서는 관계 법령에 명시적인 금지규정이 없는 한 행정목적을 달성하기 위하여 조건이나 기한, 부담 등의 부관을 붙일 수 있고, 그 부관의 내용이 이행 가능하고 비례의 원칙 및 평등의 원칙에 적합하며 행정처분의 본질적 효력을 저해하지 아니하는 이상 위법하다고 할 수 없다(대판 1997.3.14, 96누16698; 1998.10.23, 97누164 등 참조).

2. 행정행위와의 부종성에 따른 한계 – 부관으로서의 한계

☞ 부관은 주된 행정행위와의 관계에서 행정목적을 위하여 부가되므로 행정행위에 따른 일정한 한계가 노정되어 있다.

1) **사항적 한계** 부관은 행정행위의 구성요소이므로 부관의 성질상 당연히 주된 행정행위와 내적 연관성(사항적 통일성)을 가져야 한다. 이를 위반하면, '부당결부금지의 원칙'에 위반된다(대판 1997.3.11, 96다49650). '사항적 한계'라고도 한다(홍정선).

2) **목적상 한계** 부관은 주된 행정행위가 추구하는 본질적인 목적을 위반하여 부가할 수도 없다(목적상 한계). 위반하면 위법하다(대판 1990.4.27, 89누6808).

3) **성질상 한계** 나아가 본체인 행정행위의 성질상 부관을 부가할 수 없는 경우가 있다(성질상 한계). 귀화허가, 공무원임용 등이다.

3. 사후부관 – 시간적 한계

부관은 '행정행위를 발급한 이후에 부관을 부가할 수 있는가'(사후부관) 또는 '부관의 부가 이후에 변경이나 보충할 수 있는가'(부관의 사후변경)의 문제가 있다.[35]

사후부관과 부관의 사후변경에 대하여 1) 부정설은 부관은 종된 의사표시이어서 독자적인 존재를 인정할 수 없으므로 사후부가는 불가하고, 상대방의 동의하에 부가하더라도 본래의 부관이 아닌 새로운 행정행위라고 본다(윤세창/이호승, 한견우). 2) 제한적 긍정설은 i) 법령, 행정행위 자체가 허용하거나(명문규정), ii) 유보(예상)하고 있거나, iii) 상대방의 동의가 있는 경우에 한하여 사후에도 부관을 부가할 수 있다고 본다(김남진/김연태, 김철용, 류지태, 박균성, 석종현, 정하중, 홍정선). 3) 긍정설(부담긍정설)은 부담만 독립적인 행정행위이므로 사후부가가 가능하다고 본다(박윤흔, 이상규). 4) 판례는 제한적 긍정설을 지지하면서, 사후부관이나 사후변경이나 i) 법령의 규정, ii) 사전의 유보, iii) 상대방의 동의로 허용되는 것이 원칙이고, 그 외에도 부담의 사후변경은 사정변경에 따라 목적달성에 필요한 한도에서 인정한다(대판 1997.5.30, 97

35) 부담에 한정해서 보는 견해는 장태주, 236쪽.

누2627).[36] 5) 사후부관은 상대방의 권리를 제한할 수 있으므로 제한적 긍정설에 따라 허용하고, 사후변경도 역시 사정변경에 따라 합리적으로 제한되어야 한다. 사후부관과 사후변경의 하자는 하자의 일반이론에 따른다(같은 판례).

대법원 1997. 5. 30. **선고** 97누2627 **판결 【토지굴착등허가처분중부담무효확인】**
본체인 행정처분에 이미 부담이 부가되어 있는 상태에서 그 의무의 범위 또는 내용 등을 변경하는 부관의 사후변경은, 법률에 명문의 규정이 있거나 그 변경이 미리 유보되어 있는 경우 또는 상대방의 동의가 있는 경우에 한하여 허용되는 것이 원칙이지만, 사정변경으로 인하여 당초에 부담을 부가한 목적을 달성할 수 없게 된 경우에도 그 목적달성에 필요한 범위 내에서 예외적으로 허용된다고 볼 것이다.

V. 부관의 하자와 효력

1. 하자있는 부관 자체의 효력

부관은 법령을 위반하여 위법사유가 발생하거나 부관의 한계를 넘어서면, 하자가 발생한다.

부관 자체의 하자는 행정행위의 하자이론에 따른다. 하자는 위법한 것이므로 하자가 중대하고 명백하면 부관은 무효이고, 그 밖의 하자는 부관을 취소할 수 있다.

판례는 부담의 위법여부는 처분시의 법령을 기준으로 판단하므로, 처분 후 근거법령이 개정되어 더 이상 부관을 붙일 수 없게 되었다고 곧바로 위법하게 되거나 그 효력이 소멸하게 되는 것은 아니라고 본다(대판 2009.2.12, 2005다65500).

2. 하자있는 부관이 붙은 행정행위의 효력

1) **당연무효인 부관** 부관이 무효인 경우에 주된 행정행위에도 효력을 미치는가 여부이다. 이 경우에는 1) '부관만 무효'일 뿐, 주된 행정행위에는 효력을 미치지 않는다고 보아 부관없는 행정행위가 된다는 견해, 2) 부관뿐만이 아니라 '행정행위 전체가 무효'로 된다는 견해, 3) '부관이 주된 행정행위에서 중요한 요소인 경우'에만 무효로 된다는 견해가 있다(통설 · 판례). 이는 부관이 없었더라면, 주된 행정행위를 하지 않았을 것이라고 인정되는 경우로, 기부채납사건에서도 적용된다. 4) 판례도 3)설이다(대판 1985.7.9, 84누604).

2) **취소인 부관** 부관이 취소사유에 해당되는 경우에 본체인 행정행위에

36) 사정변경에 의한 사후부관에 대한 반론으로서 사정변경에 따라 행정행위를 취소하기보다는 부관부 행정행위로 전환하는 경우(진정사후부관)는 예외적으로 비례의 원칙에 위반하지 않는 범위에서 허용된다고 주장한다(홍정선). 이에 사정변경과 상관없이 사후에 부관을 부가하는 경우는 '부진정사후부관'이라고 반론한다. 판례를 거명하면서 사정변경에 의한 사후부관으로 보는 견해도 있다(장태주, 5판, 224).

효력이 미칠지 여부이다. 나아가 취소시 '부관'만 또는 '부관부 행정행위 전체'를 취소할 것인지가 문제이다. 무효인 부관과 마찬가지로 부관이 주된 행정행위에서 중요한 요소인가 여부로 판단한다. 단, 취소 전까지는 유효한 부관이다.

Ⅵ. 부관에 대한 권리구제

1. 부관 자체에 대한 쟁송

☞ 부관의 하자로 인하여 상대방의 권익이 침해된 경우 그 권리구제에 관한 문제이다. 주로 수익적 행정행위에 의무적인 부관이 부가된 경우, 부관의 하자를 이유로 수익적인 원행정행위는 유지하되, 의무를 부과한 '부관'만 독립하여 취소 등이 가능한지의 문제이다.

1) 개 설 하자있는 부관을 본체인 행정행위와 분리하여 별도로 다툴 수 있는지의 문제이다. 즉, 부관만 독립하여 소송의 대상으로 할 수 있는지의 문제(대상적격, 쟁송가능성)와 소송이 제기되어 본안심리단계에서 부관만 효력을 없앨 수 있는지의 문제이다(독립취소가능성).

이때 1) '부관'만 독립하여 쟁송대상으로 하는 것은 '진정일부취소쟁송'이고, 2) 형식적으로는 '부관부 행정행위 전체'를 쟁송대상으로 하고 실질적으로는 부관의 취소만을 구하는 것은 '부진정일부취소쟁송'이라 한다.

2) 부관의 독립쟁송가능성

☞ 부관부 행정행위에 대하여 쟁송을 제기하는 경우에 부관만 독립해서 쟁송대상이 될 수 있느냐의 문제이다. '일단 쟁송을 제기할 수 있느냐'의 문제이다.

1) 부담만의 독립쟁송가능성설 - 전통적인 입장은 부담은 주된 행정행위와 독립된 행정행위이고, 기한이나 조건 등은 주된 행정행위에 통합된 요소라고 보아 부관 중에서 '부담'만 본체인 행정행위와 분리하여 독립하여 쟁송(취소)이 가능하다고 본다(김도창, 석종현, 이상규, 장태주, 천병태; 대판 1992.1.21, 91누1264). 그리고 나머지 부관은 부관만의 쟁송(취소)이 불가하므로 행정행위 전체로만 쟁송이 가능한 부진정일부취소소송이라고 본다(대판 1985.7.9, 84누604; 1986.8.19, 86누202).

2) 모든 부관의 독립쟁송가능성설(전면긍정설) - 일단 부담은 독립된 처분성이 인정되므로 독립하여 쟁송대상이 되고(진정일부취소쟁송), 나머지는 행정행위의 일부이므로 부관자체가 아니라 부관부 행정행위를 하나로 보아 쟁송을 제기하여 일부취소의 형태(부진정일부취소쟁송)로 부관만의 취소를 구해야 한다는 견해이다(이상규, 김동희, 정하중, 박균성).

3) 독자적 분리가능성설 - 부관의 독자적인 취소가능성의 전제로 하여 법원이 독립한 취소를 인정할 정도의 분리가능성(독자성)이 있는 부관은 처분성여부와 무관하

게 행정쟁송으로 독자적으로 다툴 수 있다(류지태). 독립성(분리가능성)의 기준은 부관이 없어도 i) 행정행위가 적법하게 존속가능하고, ii) 목적달성이 가능한 정도로 공익상의 장애가 없을 것이다.

4) 판 례 - 부관은 그 자체만을 독립된 쟁송의 대상으로 할 수 없는 것이 원칙이나, 부담은 불가분적인 요소가 아니므로 독립하여 쟁송의 대상이 된다(대판 1992.1.21, 91누1264). 따라서 부담외의 부관은 독립된 쟁송의 대상이 아니다. 다만, 기한은 독립하여 쟁송의 대상이 아니나(대판 2001.6.15, 99두509), 기한의 연장신청거부는 대상이라고 본다(대판 1991.8.27, 90누7920).

6) 소 결 - 독일에서도 부담만의 쟁송가능성은 Faustregel(주먹구구식 법칙)이라고 하여 논란이 많았으나, 최근 연방행정법원의 판례로 부관 전부 쟁송가능하다고 본다.

대법원 1992. 1. 21. **선고** 91**누**1264 **판결 【수토대금부과처분취소】**
행정행위의 부관은 행정행위의 일반적인 효력이나 효과를 제한하기 위하여 의사표시의 주된 내용에 부가되는 종된 의사표시이지 그 자체로서 직접 법적 효과를 발생하는 독립된 처분이 아니므로 현행 행정쟁송제도 아래서는 부관 그 자체만을 독립된 쟁송의 대상으로 할 수 없는 것이 원칙이나(대판 1985.6.25, 84누579 참조), 행정행위의 부관 중에서도 행정행위에 부수하여 그 행정행위의 상대방에게 일정한 의무를 부과하는 행정청의 의사표시인 부담인 경우에는 다른 부관과는 달리 행정행위의 불가분적인 요소가 아니고 그 존속이 본체인 행정행위의 존재를 전제로 하는 것일 뿐이므로 부담 그 자체로서 행정쟁송의 대상이 될 수 있다고 할 것이다.

3) **부관의 독립취소가능성** 일단 부관을 대상으로 쟁송이 제기되면, 본체인 행정행위는 존속시키고 부관만 독립하여 취소할 수 있느냐가 부관의 독립취소가능성의 문제이다.

1) 기속행위·재량행위 구별설 (법구속정도 기준설) - 일단 부관만의 취소로 소가 제기되면, 본안에 가서야 이유문제로 독립취소가능성이 문제된다. 이때에 주된 행정행위가 기속행위이면 상대방에게 부관없는 행정행위에 대한 청구권이 있다고 보아, 종류에 상관없이 부관을 취소할 수 있다고 본다. 왜냐하면 주된 행정행위가 재량행위이면, 부관만 취소하고 주된 행정행위를 존속시키려는 것은 행정청이 부관없이는 발급하지 않았을 행정행위를 강요하는 것이기 때문에 부관만의 취소가 불가하다고 본다(김동희, 박균성).

2) 중요성설 (관련기준설) - 부관이 행정행위의 중요한 요소이냐 여부를 기준으로 구분하여, 부관의 위법을 이유로 부관부 행정행위 전체에 취소소송을 제기하는 경우(부진정일부취소소송)에 1) 위법한 행정행위의 부관이 주된 행정행위의 중요한 요소가 아닌 경우(분리가능한 요소)는 일부취소로 부관없는 행정행위가 되고, 2) 부관의 내용이 행정행위의 주된 요소인 경우는 전부취소가 되어야 한다고 본다(김학세, 김향기, 김연태, 석종현, 이상규).

3) 분리가능성설 - 부관에 '일부취소의 법리'를 원용하여 1) 가분적일 것, 2) 나머

지 부분만이 독자적인 의미를 가질 것, 3) 당해 부담이 없어도 행정행위를 발급하였을 것이 인정되는 한에서만 독립취소가 가능하다고 보는 견해이다(김용섭). 단, 부관이 없었더라면 본체인 행정행위를 발하지 않았을 경우에는 일부취소는 인정되지 않는다(판례, 이일세).

4) 모든 부관의 독립취소가능성설 - 부관에 하자가 있는 경우에는 법원은 부관만 독립적으로 취소할 수 있다는 견해로(김철용), 독일의 다수설이다. 즉, 본안에서 부관의 위법성여부를 판단하여 위법하면, 부관만 취소할 수 있다고 본다. 단, 부관이 행정행위의 중요요소이면, 잔존 행정행위도 효력을 상실하고, 그렇지 않으면 부관없는 행정행위로 남는다고 본다(류지태). 아울러 부관없이 잔존하는 행정행위가 위법하면, 행정청은 직접 직권취소하거나 적법한 부관을 다시 부가해야 한다고 본다(정하중).

5) 판 례 - 위법한 부관이 행정행위의 중요부분이면 전부취소하였고 일부취소를 인정하지 않았다. 다만, 부담만을 독립하여 취소할 수 있고, 부진정일부취소소송은 인정하지 않고 있다.

6) 소 결 - 최근 독일의 새로운 판례는 부관에 하자가 있고, 부담없이도 수익적 행정행위가 충분히 의미가 있고 적법하게 존속할 수 있는 경우에는 원칙적으로 부담만 취소할 수 있다고 본다(*BVerwGE*, 112, 221; *Maurer*, 343).

4) **부관의 집행정지** 부관이 부가된 행정행위를 집행정지하는 경우에 그 효력의 범위는 1) 당해 부관에만 미친다는 견해(박균성), 2) 주된 수익적 행정행위에도 미친다는 견해(류지태, 홍정선)가 있다. 3) 주된 행정행위에까지 미친다고 보아야 한다.

2. 부관관련소송

☞ 부관관련소송은 부관과 관련된 부당이득금, 사법상 법률관계 등에 관한 소송을 말한다.

1) **부당이득반환소송** - 부관을 불이행하거나 무효가 되는 경우에 그 이행을 '부당이득'으로 보아 반환하라는 소송이다. 부담으로 부가한 사항을 이행하지 않아 행정청이 직접 이행한 경우에 그에 따른 부당이득을 반환하여야 한다(대판 2009.9.10, 2009다41786). 사후부담의 요건을 넘어서 당연무효가 되는 경우에는 부담으로 이행한 의무와 지연손해금을 부당이득으로 반환하여야 한다(대판 2009.11.12, 2008다98006).

2) **사법상 법률관계에 관한 소송** - 부담이 무효인 경우에 그 부담의 이행으로 사법상의 법률행위(예, 기부채납, 매매, 증여)를 한 경우에 그 사법상 법률행위도 무효로 되는가의 문제이다. 이에 대하여 판례는 부담은 특별한 사정이 없는 한 그 법률행위를 하게 된 동기일 뿐이고(대판 1995.6.13, 94다56883; 1998.12.22, 98다51305), 사법상 법률행위는 부담을 붙인 행정처분과는 별개의 법률행위이므로 당연무효가 아니라 사회질서나 강행규정 위반여부로 유효를 판단하여야 한다(대판 2009.6.25, 2006다18174). 이는 부관은 행정법에서 연유하지만, 그에 따른 부당이득이나 매매 등은 사법상 법률관계라는 점에서 민사소송으로 행해지나 공법상 부당이득이라는 점에서 마땅히

행정소송으로 진행되어야 한다.

제 6 절 행정행위의 하자

제 1 항 행정행위의 하자의 개념

행정행위의 하자는 '행정행위가 성립요건(주체, 절차, 형식, 내용) · 효력요건(도달, 표시)을 갖추지 못한 경우에 행정행위로서의 완전한 효력을 갖지 못하는 것'을 말한다. 하자는 곧 '위법'할 수 있다. 행정행위의 하자에 대한 판단시기는 행정행위가 외부에 표시된 시점, 즉 '행정행위의 발급시'가 기준이 된다.

다만, 행정행위의 '단순한 오기나 오산 등'은 직권이나 신청에 의해 지체없이 정정하고, 당사자에 통지하여야 하므로(행절법 제25조) 행정행위의 하자로 보지 않는다.

하자있는 행정행위도 효력요건을 충족하면, 일단 법적 안정성의 입장에서 원칙적으로 상대방 등에게 효력(Rechtswirksamkeit)이 발생한다. 그러나 하자에 의하여 행정행위는 '위법'할 수도 '부당'에 그칠 수도 있다. 따라서 행정청(직권취소, 행정심판)과 법원(행정소송)은 그 하자의 그 위법과 부당을 다투어 그 효력을 제거할 수도 있고 하자를 치유할 수도 있다. 위법도 '중대한 경우'와 '단순위법'이 있다. 특히 중대한 하자는 무효에 이른다. 따라서 행정행위의 하자가 상대방에 대하여 어떠한 효력을 가지는가의 문제는 상대방의 권리보호를 위하여 매우 중요하다.

제 2 항 행정행위의 부존재

I. 개 념

행정행위의 부존재는 '행정행위가 성립요건(효력요건)의 중요한 요소를 결함으로써 행정행위라고 볼 수 있는 외형상의 존재 자체가 없는 경우'를 말한다. '행정행위의 불성립' 내지 '효력이 없는 행정행위'라고도 한다. 부존재는 처음부터 효력이 발생하지 않는다(unwirksam). 주로 주체나 효력요건의 하자에서 문제된다.

Ⅱ. 유 형

행정행위의 부존재에 속하는 유형으로는 행정행위의 성립요건과 관련하여 1) 행정청이 아닌 명백한 사인의 행위, 2) 행정청의 행위이지만 권유, 알선 등과 같은 행정권의 발동으로 볼 수 없는 행위이고, 효력요건과 관련하여 3) 외부로 표시가 안 된 행정기관의 내부의사결정에 불과한 것이고, 4) 발급된 행정행위가 취소·철회·실효 등으로 소멸한 경우 등이 있다.

학설에 따라서는 1)과 2)를 행정행위가 아닌 '비행정행위'로, 3), 4)를 '협의의 부존재'로 구분하여 협의의 부존재만 부존재로 보기도 한다(김남진, 박균성). 한편 이러한 구분에 반대하여 단지 4)만 무효등확인소송의 문제이므로 배제하기도 한다(홍정선).

Ⅲ. 무효인 행정행위와의 구별

행정행위의 부존재와 무효와의 구별에 대하여 학설에 다툼이 있다. 행정행위의 효력이 없다는 점에서는 부존재와 무효가 유사하지만, 부존재는 효력이 아예 발생하지 않은 경우이고 무효는 일단 효력이 발생하였으나 중대명백하여 무효로 보는 것이다. 무효는 행정행위의 외형은 존재하고 부존재는 외형조차도 없다는 점에서 구별된다.

부정설은 1) 법적 효력에서 양자가 차이가 없고, 2) 행정쟁송상 무효등확인소송(심판)이 무효와 부존재인 경우 모두 인정되므로 구별실익이 없다는 견해이다(김도창, 김동희, 석종현, 이상규, 강구철).

긍정설(다수설)은 1) 효력은 같을지라도 개념상 부존재는 행위의 외형자체가 없다는 점에서 구별되고, 2) 무효등확인소송은 엄밀히는 무효확인소송과 부존재확인소송으로 나눌 수 있으므로 구별실익이 있다는 견해이다(박윤흔, 변재옥, 김남진, 장태주).

Ⅳ. 법적 효과와 구제

행정행위의 부존재는 행정행위로서의 외형도 존재하지 않고 어떠한 법적 효력도 발생하지 않는다. 다만, 행정행위의 존재 내지 부존재에 대한 다툼이 있는 경우에는 법적 안정성이나 상대방의 권리보호를 위하여 부존재확인심판(소송)을 제기할 수 있다.

제 3 항 행정행위의 무효와 취소의 구별

Ⅰ. 행정행위의 하자의 개념

행정행위는 효력요건을 충족하면 일단 행정행위로서 성립한다. 이 때 행정행위는 외형상 존재하지만, '행정행위의 성립요건과 효력요건을 흠결한 경우'에 행정행위의 하자가 발생한다. 하자가 발생한 행정행위는 그 효력이 문제된다.

하자있는 행정행위는 하자의 중요성에 따라 행정행위의 효력이 '무효'와 '취소'로 나뉜다. 하자가 중대하고 명백한 경우는 예외적으로 해당 행정행위가 당연무효로 된다. 그러나 무효에 이르지 않은 경우에는 행정청이나 법원에 의하여 취소될 때까지는 일응 유효한 행정행위가 된다. 이러한 점에서 하자가 발생한 경우에 그 하자가 무효인가 취소인가를 구별하는 것이 중요하다.

Ⅱ. 하자의 유형

1. 무효인 행정행위

무효인 행정행위는 '행정행위로서의 외형은 갖추고 있으나, (그 하자가 중대하고 명백하여 처음부터) 행정행위로서의 효력이 전혀 발생하지 않는 행정행위'이다. 이때 행정행위로서의 외형조차 없는 것은 '부존재'이므로 구분된다.

무효인 행정행위는 처음부터 효력이 없으므로 굳이 행정청이 강제적으로 관철할 필요가 없고, 상대방도 준수할 필요가 없다. 단지, 상대방의 법적 지위의 안정성을 확보하기 위하여 해당 행정행위의 무효확인을 하려고 행정쟁송이 필요할 뿐이다.

2. 취소할 수 있는 행정행위

행정행위의 하자가 무효에 이르지 않으면, 취소할 수 있는 행정행위가 된다. 취소할 수 있는 행정행위는 행정행위의 성립에 하자가 있음에도 불구하고 권한있는 기관에 의하여 취소되기까지는 일응 행정행위로서의 유효한 효력을 지속하는 행정행위이다. 판례는 단순위법이라고도 한다.

취소할 수 있는 행정행위는 행정행위로서의 효력이 있으므로 공정력과 구성요건적 효력이 인정된다. 따라서 이러한 효력을 없애기 위하여는 행정심판이나 행정소송을 통하여 취소하여야 하는 것이다.

3. 무효와 취소의 구별의 실익

하자있는 행정행위에서 굳이 무효와 취소를 구별하는 이유는 다음과 같다. 즉 1) 무효는 처음부터 효력이 발생하지 않고, 취소는 취소될 때까지는 일응 행정행위로서 유효한 효력이 있다. 2) 행정행위의 공정력과 구성요건적 효력은 취소에만 인정된다. 3) 행정쟁송의 종류도 취소는 취소심판과 취소소송, 무효는 무효확인심판과 무효확인소송으로 제기하여야 한다.[37] 4) 행정소송의 제기요건(불가쟁력), 행정심판전치주의(행소법 제18조)·제소기간(제20조, 제38조) 등은 무효에는 적용되지 않는다. 취소는 쟁송제기기간이 지나야 불가쟁력이 발생한다. 5) 사정재결·사정판결제도는 무효에 적용되지 않는다. 6) 선결문제에서 무효는 인정되나 취소에는 논란이 있다. 7) 하자의 승계에서 독립하여 별개의 법률효과가 발생하는 경우에 취소에는 하자의 승계가 인정되지 않는다. 8) 하자의 치유와 전환에서 하자의 치유·사후보완은 취소에만 가능하고, 무효에는 불가하다. 그러나 하자의 전환은 무효인 행정행위에만 가능하다.

Ⅲ. 하자의 구별기준

1. 법령상 기준

행정행위의 어떠한 하자가 무효인가에 대하여는 법령에서 일반조항(중대하고 명백한 하자), 무효사유, 취소사유규정으로 인한 소극적 무효규정, 부분무효, 행정청의 확인 등으로 규정할 수 있다(독일 행정절차법).

그러나 우리나라는 행정절차법에 무효에 관한 규정이 없고 주로 시험관련 개별법령에서 '무효' 내지 '무효사유'를 규정하고 있다. 따라서 이러한 규정이 없는 대부분의 행정행위의 하자에 대하여는 전적으로 학설과 판례에 따르고 있다.

2. 학 설

1) **논리적·형식적 견해** - 이는 국가가 행정행위의 효력을 국가에 귀속시키기 위한 요건을 규정한 경우에 이러한 행정법규의 요건 중에서 어느 하나라도 충족하지 못하면 무효라고 보는 것이다. 이는 초기 비인법학파(Kelsen, Merkl 등)의 견해로서, 행정행위의 취소를 인정하지 않고 무효만 인정하여 해당 법규의 성질, 목적, 규율대상의 차이를 불문하였다.[38]

2) **중대설** - 이후에 무효와 취소를 구분하기 시작한 중대설(개념론적 견해)은 법

---

37) 물론 무효임에도 취소소송으로 제기된 무효선언적 취소소송이 존재하므로 무효와 취소의 상대화론을 주장하는 견해도 있다.

38) 자세히는 이완영, "행정행위의 하자", 『법학연구』(부산대) 제2권 제1호, 1975, 11쪽.

률요건의 가치 차이를 인정하여 법률요건을 정하는 법령의 성질 및 중요성의 정도 차이를 기준으로 법령에서 중요한 부분인 '능력규정과 강행규정의 위반'은 무효이고, '명령규정과 비강행규정의 위반'은 취소라고 보았다(김동희).[39]

3) **중대 · 명백설** – 행정행위에 '중대하고 명백한 하자'(schwerwiegende und offenkundige Fehler)가 있는 경우에는 무효이고, 하자가 이에 이르지 않으면 취소로 본다. 즉, 행정행위의 하자가 '법령의 중요부분'을 위반하면 '중대한 법규위반'이 되고, 외관상의 하자가 '일반인의 관점에서 명백한 경우'에는 무효이다. 이때 하자의 중대성판단에서 능력규정위반은 무효, 명령규정위반은 취소이고, 하자의 명백성판단은 행정행위의 하자가 외관상 명백하다는 것으로 '통상인의 인식능력을 기준으로 객관적으로 그 하자가 명백한 것'이다. 이는 오늘날의 통설과 판례이다.

4) **조사의무설** (객관적 명백설) – 이 학설은 행정행위의 하자가 '법령의 중요부분'을 위반하면 '중대한 법규위반'이 되고, 외관상의 하자가 '일반인의 관점에서 명백한 경우'에는 무효이다. 로서의 요건을 충족한다고 본다. 이 설에 따르면, 하자의 중대성은 필요요건으로 구체적인 상황에 따라 유동적이다.

5) **명백성 보충설** – 행정행위의 하자판단에서 하자의 중대성은 필수요건이지만 그 밖의 (가중)요건은 구체적인 이익과 상황, 형량에 따라 융통성을 주자는 것으로 일본 최고재판소 판결의 입장이다.

6) **구체적 가치형량설** – 다양한 행정사건에 일반적 기준을 적용하는데 반대하여 구체적인 사안에 따라 권리구제의 요청과 법적 안정성, 제3자의 이익을 비교형량하여 결정하자는 것이다(박균성). 이는 자의적인 해석으로 흐를 수 있다는 비판이 있다.

3. 판 례

판례는 하자가 법규의 중요한 부분을 위반하여 중대하고 객관적으로 명백한 것이어야 한다는 중대명백설을 취하나 일부는 명백성 보충설로 요건을 완화한다.

대법원 1991. 10. 22. **선고** 91다26690 **판결 【소유권이전등기말소】**
<u>행정처분을 당연무효라고 하기 위하여는 그 처분이 위법함은 물론이고 그 하자가 중요하고 명백하여야 하고, 여기서 명백한 하자라 함은 행정처분 자체에 하자있음이 객관적으로 (외형상으로) 명백히 드러나는 것을 말한다</u> 할 것이다.

---

39) 이 학설은 행정법규에서 요건의 가치가 중요한 의미를 지니는 법규를 능력규정 · 강행규정으로 보고, 상대적으로 중요하지 않은 법규는 명령규정 · 비강행규정으로 보았다. 이 학설은 중대명백설의 단서를 제공한 공적이 있으나, 능력규정과 명령규정의 구분기준이 애매모호한 점, 명백성이라는 또 하나의 기준을 추가하여 종합적 고찰이 필요하다는 등의 비판을 받는다.

대법원 1995. 7. 11. 선고 94누4615 판결【건설업영업정지처분무효확인】
하자있는 행정처분이 당연무효가 되기 위하여는 그 하자가 법규의 중요한 부분을 위반한 중대한 것으로서 객관적으로 명백한 것이어야 하며 하자가 중대하고 명백한 것인지 여부를 판별함에 있어서는 그 법규의 목적, 의미, 기능 등을 목적론적으로 고찰함과 동시에 구체적 사안 자체의 특수성에 관하여도 합리적으로 고찰함을 요한다고 할 것이다(대판 1985. 7.23, 84누419; 1993.12.7, 93누11432 등 참조).

4. 위헌법률에 근거한 행정행위의 하자

헌법재판소법은 위헌으로 결정된 법률(조항)은 결정일로부터 효력을 상실한다고 하여 원칙적 장래효를, 형법에 관한 법률에는 예외적 소급효를 인정한다(제47조 제2항).[40]

1) 위헌결정의 장래효 및 기속력 근거법률이 위헌결정된 이후에는 행정청은 새로운 행정처분은 할 수 없다(대판 2012.2.16, 2010두10907). 위헌결정된 법률에 근거한 처분은 위헌결정의 기속력에 위반되므로 그 하자가 중대명백하여 당연무효가 된다.

2) 위헌결정의 소급효 위헌결정은 원칙적으로 장래효를 가지나, 예외적으로 1) 위헌결정의 계기를 부여한 당해 사건, 2) 당해 법률 등이 재판의 전제가 되어 법원에 계속중인 사건, 3) 위헌결정이후 같은 이유로 제소된 일반사건에는 소급효가 인정된다(대판 1993.2.26, 92누12247).

한편 위헌결정이 되었다고 위헌법률에 근거하여 이미 발령된 처분에 소급하여 당연무효가 되는 것은 아니다(대판 2000.11.14, 2000다20144). 특히 쟁송기간이 도과하는 등으로 확정력이 발생한 행정행위에는 위헌결정의 소급효가 미치지 않고(대판 2000.11.14, 2000다20144), 근거법률이 헌법에 위반된다는 사정은 헌법재판소의 위헌결정이 있기 전에는 객관적으로 명백한 것이라고 할 수 없으므로 처분의 무효확인청구후 헌법소원심판청구에 대하여는 재판의 전제성이 인정되지 않으므로 기각되고, 처분의 효력에 영향을 미치지 않는다(대판 1994.10.28, 92누9463; 헌재 2014.1.28, 2011헌바83).

3) 근거법령의 위헌결정에 따른 효력 행정행위의 발급 후 근거법령이 위헌이 된 경우(사후위헌)에는 행정행위의 수권근거가 없어지므로 후발적 하자가 발생한다. 판례는 1) 특별한 사정이 없는 한, 헌법재판소의 위헌결정이 있기 전에는 객관적으로 명백한 것이라고 할 수 없기 때문에 특별한 사정이 없는 한, '취소사유'일뿐 당연무효는 아니라고 본다(대판 1994.10.28, 92누94236). 2) 헌법재판소의 다수의견은 원칙

---

40)「헌법재판소법」 제47조(위헌결정의 효력) ① 법률의 위헌결정은 법원과 그 밖의 국가기관 및 지방자치단체를 기속(羈束)한다. ② 위헌으로 결정된 법률 또는 법률의 조항은 그 결정이 있는 날부터 효력을 상실한다. ③ 제2항에도 불구하고 형벌에 관한 법률 또는 법률의 조항은 소급하여 그 효력을 상실한다. 다만, 해당 법률 또는 법률의 조항에 대하여 종전에 합헌으로 결정한 사건이 있는 경우에는 그 결정이 있는 날의 다음 날로 소급하여 효력을 상실한다.

적으로는 취소할 수 있는 행위이지만, 예외적으로 무효로 보더라도 법적 안정성을 크게 해치지 않는 반면에 그 하자가 중대하여 권리구제가 필요한 경우에는 무효로 볼 수 있다고 본다(헌재 1994.6.30, 92헌바23).

4) **근거법령의 위헌결정후 처분의 집행력** 한편 위헌결정 이전에 행정행위에 근거하여 강제집행이 행해진 경우에도 후속절차(체납처분절차 등)는 허용되지 않고(대판 2002.8.23, 2001두2959), 기존 처분에 따른 후속처분을 한 경우에는 당연무효이다(대판 2012.2.16, 2010두10907).

대법원 1994. 10. 28. **선고** 92누9463 **판결【압류처분등무효확인】**
법률에 근거하여 행정처분이 발하여진 후에 헌법재판소가 그 행정처분의 근거가 된 법률을 위헌으로 결정하였다면 결과적으로 위 행정처분은 법률의 근거가 없이 행하여진 것과 마찬가지가 되어 하자가 있는 것이 된다고 할 것이다. 그러나 하자 있는 행정처분이 당연무효가 되기 위하여는 그 하자가 중대할 뿐만 아니라 명백한 것이어야 하는데, 일반적으로 법률이 헌법에 위반된다는 사정이 헌법재판소의 위헌결정이 있기 전에는 객관적으로 명백한 것이라고 할 수는 없으므로 헌법재판소의 위헌결정 전에 행정처분의 근거되는 당해 법률이 헌법에 위반된다는 사유는 특별한 사정이 없는 한 그 행정처분의 취소소송의 전제가 될 수 있을 뿐 당연무효사유는 아니라고 봄이 상당하다.

제 4 항 행정행위의 무효

Ⅰ. 개 념

행정행위의 무효는 '행정행위로서의 외형은 존재하지만, 성립요건의 중대하고 명백한 하자로 인하여 처음부터 행정행위로서의 효력을 가지지 못하는 행위'를 말한다.

무효는 1) '행정행위로서의 외형은 존재한다'는 점에서 '외형'조차 없는 부존재와는 구분되고, 2) '행정행위의 발급때부터 효력이 없다'는 점에서 권한있는 기관에 의한 취소 전까지는 일단 유효한 효력을 가지는 취소와 구분되고, 3) 발급시의 중대한 하자로 인하여 효력이 없다는 점에서 발급시에는 유효하지만, 사후의 일정한 사유발생으로 효력이 소멸하는 실효와 구분된다.

Ⅱ. 무효의 발생원인 (무효사유)

행정행위가 무효가 되는 원인, 즉 무효사유는 1) 개별 법령상 일정한 요건을 결하면 '무효'라고 규정하고 있거나(국가공무원법) 2) 이론적으로 '행정행위의 성립요건에서 중대하고 명백한 하자가 존재하여 무효로 인정되는 경우'이다.[41]

41) 자세한 무효사유는 박홍대, "행정행위의 무효화 사유", 『재판자료』 제68집, 1995, 183쪽 이하.

1. 주체상 하자

행정행위의 성립요건 중 주체에 대한 요건으로는 해당 행정청이 1) '정당한 권한'을 가지고, 2) 자신의 '권한' 내에서, 3) '정상적인 의사'에 의하여 행한 행위이어야 한다. 따라서 이 요건에 위반하면, 하자가 발생한다.

1) **정당한 권한을 가진 행정기관이 아닌 자의 행위** - 행정행위는 행정청이 발급하지만, 행위능력은 행정기관(공무원)이 가지므로, 행정기관여부가 문제된다. 우선 행정기관이 아닌 '사인'의 행위는 무효가 아니라 부존재이다. i) 행정기관에 속하는 '공무원의 행위'이어야 하는데, 행위당시에 공무원의 신분을 갖지 못한 자(공무원이 아닌 자)의 행위, 즉 공무원결격자, 면직·임기만료된 자 등의 행위는 무효이다. 다만, 상대방의 신뢰보호를 위하여 공무원의 외관을 가진 경우는 보호의 필요성이 있다(박홍대, 홍정선, 박균성). ii) 행정청의 권한을 대리하는 경우 정당한 대리권이 없는 자의 행위(무권대리), iii) 합의제행정기관의 경우에는 적법하게 구성되지 않은 합의제 행정기관의 행위(정족수 미달의 시의회 의결, 서울고법 1958.9.20, 4290행신60)는 원칙적으로 무효이다.

2) **행정기관의 무권한 행위** (권한을 벗어난 행위) - 행정기관이라도 정당한 권한을 갖지 아니하는 행위는 무권한의 행위이므로 원칙적으로 '무효'이다. 즉, 법령에 의하여 당해 행정청에 수권된 사항적·대인적·지역적 권한(관할)을 벗어나거나 넘어선 행위는 무효이다. 다만, 사항적 무권한은 무효이나, 지역적 무권한은 단지 관할의 문제이므로 반드시 무효는 아니다. 이는 주로 행정기관이 행위대상을 오인한 경우이다.

3) **정상적인 의사** - 1) 행정기관의 의사능력 없는 행위로 공무원의 심신상실중의 행위, 저항할 수 없는 폭력에 의한 행위 등은 무효이다. 2) 행정기관의 행위능력으로 공무원이 행위무능력자(금치산자·한정치산자)이면 임용결격자이므로 무효이다. 미성년자는 공무원이 될 수 있으므로 적법·유효한 행위이다(공무원임용시험령 제16조). 3) 의사결정의 하자로서, 행정청의 단순한 착오나 일반적으로 착오가 있다는 이유로 무효나 취소가 되지는 않는다(대판 1979.6.26, 79누43). 단, 착오로 인한 행위 자체가 하자가 있으면, 무효이거나 취소할 수 있다(장태주). 4) 상대방의 사기·강박·증뢰 등 부정수단에 의한 행정행위는 취소할 수 있다. 판례도 사위로 받은 한지의사면허처분은 취소할 수 있다고 본다. 5) 사실을 오인하여 행위한 경우는 외견상 명백한 경우는 무효이다.

【판례해설】 착오에 의한 행정재산매각처분(대판 1967.6.27, 67다806), 착오에 의한 양도소득세부과처분(대판 1983.8.23, 83누179)은 무효이고, 부정한 방법으로 유발된 착오에 의한 행정행위는 취소이다(대판 1970.2.24, 69누83).

2. 절차상 하자

절차상 하자에 대한 일반적인 판단기준은 절차를 정한 취지와 목적이 '대립하는 당사자의 이해조정' 또는 '이해관계인의 권리보호'인 경우는 무효이고, 단순한

'행정편의'인 경우는 당연무효는 아니고 취소에 그친다(장태주).

구체적으로는 1) 법령이 필요적 절차로 규정한 '상대방의 신청·동의를 결한 경우'(광업법 제15조)는 무효이고, 2) '다른 행정기관의 필요적 협력을 결한 행위'로 의결·승인·협의 등 꼭 거쳐야 하는 절차는 무효이고(공유수면법 제28조), 자문기관의 자문에 불과한 경우는 유효이다. 3) 이해관계인의 이의신청 기회부여를 위하여 정해진 공고·통지를 결한 행위, 4) 이해관계인의 참여 또는 협력을 결한 행위, 5) 이해관계인에게 필요한 청문·의견진술의 기회를 결한 행위 등은 무효이다.42) 6) 행정강제시 공무원이 증표제시를 하지 않는 행위는 원칙적으로 무효이다.

대법원 1986. 8. 19. **선고** 86누115 **판결 【양약종상허가취소처분취소】**
피고가 약사법 제69조의2의 규정에 따라 원고에 대하여 양약종상의 허가취소를 하기에 앞서 원고에게 청문의 기회를 부여하여야 함에도 불구하고 그러한 절차를 이행하지 아니한 것은 위법이나 이러한 흠 때문에 허가취소처분이 당연무효가 되는 것은 아니므로 같은 취지의 원심판단은 옳고 이러한 결론에 대하여 행정처분의 당연무효의 법리를 오해하였다는 소론은 받아들일 수 없다.

3. 형식상 하자

형식상 하자로 무효가 되는 것은 1) 법령상 서면주의(행심법 제46조 제1항), 2) 법령상 명문으로 처분의 이유제시를 규정한 경우(민원사무법 제15조 제2항), 3) 법령상 규정된 행정청의 서명·날인 등의 요건을 결한 행정행위이다.

4. 내용상 하자

내용상 하자로 무효가 되는 것은 1) 실현불가능한 행위, 2) 불명확한 행위 등이 있다.

실현불가능한 행위는 '사실상 불능'과 '법률상 불능'이 있다. 사실상 불능은 '법률상으로는 가능하나 사회통념상 실현불가능한 경우'이고, 법률상 불능은 법률의 구성요건상 실현불능인 행위이다. 그 외에 상대방(사람), 대상물, 법률관계의 불가능이 있다. 내용이 불명확한 행위는 법치국가원리의 명확성의 원리 위반으로 무효이다.

공서양속에 반하는 행위는 민법과 달리 '사회통념상 인식할 수 없을 정도로 불명확하거나 확정되지 않은 경우'에만 무효이고, 다수견해(김도창, 박윤흔, 석종현)는 취소로 본다.

Ⅲ. 무효의 효과

행정행위의 하자가 무효로 되는 경우에는 원칙적으로 무효인 행정행위이다. 이

42) 법령상 무효규정(국가공무원법 제13조 제2항)도 있으나, 판례는 무효에서 취소로 보는 경향이다. 최근 판례는 청문절차를 거치지 않은 절차상 하자를 무효사유가 아닌 취소사유로 본다.

는 별도의 의사표시가 없이 행정행위의 발급시부터 '당연무효'이어서 행정행위로서 효력이 없다. 따라서 행정청은 상대방에게 행정행위의 효력을 주장하거나 강제할 수 없고, 상대방은 이를 준수할 필요도 없다. 다만, 무효인 행정행위가 다른 행정행위로서의 요건을 갖춘 경우에는 상대방보호를 위하여 '하자의 전환'은 허용된다. 일부무효는 하자인 해당 부분이 없더라면, 다른 행정행위를 하지 않았으리라고 인정될 만큼의 중요한 부분인 경우에는 행정행위 전체가 무효가 된다.

Ⅳ. 권리구제

1. 무효확인쟁송

행정행위의 하자가 무효에 해당하는 경우에는 원칙적으로 처음부터 '당연무효'이지만, 실무에서는 무효인 행정행위라도 '행정행위로서의 외관' 때문에 법적 안정성을 확보할 필요가 있으므로 무효등확인쟁송을 통하여 해당 행정행위가 무효임을 확인할 수 있다. 다만, 주의할 것은 무효확인심판은 청구기간의 제한이 없고, 무효등확인소송은 행정심판전치주의와 제소기간의 제한이 없다.

2. 무효선언적 의미의 취소소송

실무에서는 행정행위의 하자에서 무효와 취소의 구분이 절대적이지 않고, 상대방이 알기 어려우므로 취소소송의 형태로 무효확인을 구하는 무효선언적 의미의 취소소송을 제기할 수 있다. 단, 이 경우는 취소소송의 제기요건을 갖추어야 한다 (대판 1987.6.9, 87누219; 1970.3.24, 70누12).

대법원 1984. 5. 29. 선고 84누175 판결【납세의무자지정처분무효확인】
행정처분의 당연무효를 선언하는 의미에서 그 취소를 청구하는 행정소송을 제기하는 경우에도 소원의 전치와 제소기간의 준수 등 취소소송의 제소요건을 갖추어야 하는 것이다(대판 1976.2.24, 75누128 참조).

3. 선결문제

민·형사소송에서 행정행위의 무효가 재판의 전제가 된 경우에 관련되는 행정행위의 무효를 주장하는 경우로서, 당연무효인 경우에는 수소법원이 판단할 수 있다고 본다.

제 5 항 행정행위의 하자의 승계

Ⅰ. 하자승계의 개념

행정행위의 하자의 승계는 '둘 이상의 행정행위가 연속적으로 이루어진 경우에 선행 행정행위(선행행위)의 하자를 이유로 후행 행정행위(후행행위)의 효력을 다툴 수 있는가'의 문제이다. 행정행위는 일정한 기간이 지나면, 불가쟁력이 발생하여 확정되어 버리기 때문에, 하자를 발견한 경우에도 더 이상 법적으로 다툴 수 없다. 따라서 연속으로 행해지는 행정행위에 한해서 선행행위의 하자를 이유로 하여 형식적으로는 하자가 승계되었다고 보아 후행행위의 독립한 위법사유로 다투자는 것이다. 단, 후행행위의 위법을 이유로 선행행위의 효력을 다툴 수는 없다(대판 1997.2.14, 96누15428).

불가쟁력은 단지 형식적인 이유에서 법적 안정성을 위하여 실질적인 문제에 대한 법적 판단이 보류된 경우이므로 상대방의 권리보호나 실질적 타당성의 차원에서 후행행위의 하자문제로 판단하자는 것이다.

하자의 승계를 고려할 수 있는 전제조건은 1) 어떤 행정행위(선행행위)의 발급 이후 관련된 행정행위(후행행위)가 연속적으로 행해질 것, 2) 선행행위의 하자가 무효가 아닐 것, 3) 선행행위에 불가쟁력이 발생하여 소제기가 불가능한 경우, 4) 후행행위에 하자가 존재하지 않을 것이다.

대법원 1997. 2. 14. **선고** 96**누**15428 **판결 【행정대집행무효확인】**
계고처분의 후속절차인 대집행에 위법이 있다고 하더라도, 그와 같은 후속절차에 위법성이 있다는 점을 들어 선행절차인 이 사건 계고처분이 부적법하다는 사유로 삼을 수는 없는 노릇이다.

Ⅱ. 하자승계에 대한 원칙과 유형

1. 하자승계의 원칙

전통적인 학설과 판례는 행정행위는 원칙적으로 '법적 안정성' 때문에 개별 행위마다 독립하여 판단되어야 한다고 본다. 따라서 선행 행정행위의 하자(위법성)가 후행행위에 승계되지 않는다고 본다. 나아가 선행행위가 무효인 경우에는 불가쟁력이 발생하지 않아 선행행위를 다툴 수 있으므로 굳이 후행행위를 상대로 다툴 필요가 없다.[43]

---

43) 이은기, "개발부담금부과처분과 행정행위의 하자의 승계", 『현대공법학의 과제』(최송화화갑기

따라서 전통적인 학설과 판례는 둘 이상의 행정행위가 연속하여 이루어지는 경우에 법률효과가 같으냐의 여부로 하자의 승계여부를 구분한다.

2. 둘 이상의 행정행위가 서로 독립하여 별개의 법률효과가 발생하는 경우

1) **원 칙** 전통적인 입장에 따라 '둘 이상의 행정행위가 서로 독립하여 별개의 법률효과를 발생시키는 경우에는 연속하는 행정행위이더라도 선행행위의 하자는 당연무효가 아닌 한, 원칙적으로 승계되지 않는다'(통설, 판례).[44] 이는 선행행정행위라도 후행행정행위에 영향을 미치지 않고 별도의 법률효과를 가지기 때문이다.

1) 암매장 분묘개장명령 → 계고(대판 1961.12.31, 4293행상31)
2) 감사원의 변상판정과 행정청의 변상명령(대판 1963.7.25, 63누65)
3) 공무원 직위해제처분 → 직권면직처분(대판 1984.9.11, 84누191)
4) 과세처분 → 체납처분(대판 1987.9.22, 87누383; 1988.6.28, 87누1009)
5) 도시계획결정 → 수용재결처분(대판 1990.1.28, 87누947)
구 토지수용법상의 사업인정과 토지수용재결(대판 2000.10.13, 2000두5142)
6) 석유액화가스 판매사업 허가처분 → 사업개시 신고반려처분(대판 1991.4.23, 90누8756)
7) 수강거부처분과 수료처분(대판 1994.12.23, 94누477)
8) 택지개발예정지구의 지정과 택지개발계획의 승인(대판 1996.3.22, 95누10075)
9) 건축철거명령 → 행정대집행계고처분(대판 1998.9.8, 97누20502)
10) 도시계획시설변경 및 지적승인고시처분 → 사업계획승인처분(대판 2000.9.5, 99두9889)
11) 병역법상 보충역편입처분 → 공익근무요원소집처분(대판 2002.12.10, 2001두5422)
12) 주택재건축조합의 사업시행계획 → 관리처분계획(대판 2012.8.23, 2010두13463)

허위신고에 따른 징수처분의 하자 승계 — 대법원 2006. 9. 8, 2005두14394 판결
신고납세방식을 채택하고 있는 취득세에 있어서 과세관청이 납세의무자의 신고에 의하여 취득세의 납세의무가 확정된 것으로 보고 그 이행을 명하는 징수처분으로 나아간 경우, 납세의무자의 신고행위에 하자가 존재하더라도 그 하자가 당연무효 사유에 해당하지 않는 한, 그 하자가 후행처분인 징수처분에 그대로 승계되지는 않는 것이고, 납세의무자의 신고행위의 하자가 중대하고 명백하여 당연무효에 해당하는지 여부는 신고행위의 근거가 되는 법규의 목적, 의미, 기능 및 하자 있는 신고행위에 대한 법적 구제수단 등을 목적론적으로 고찰함과 동시에 신고행위에 이르게 된 구체적 사정을 개별적으로 파악하여 합리적으로 판단하여야 할 것이다.

2) **예 외** 위 원칙에 따라 1) 선행행위가 '무효'이면 후행처분이 근거사유가 없는 것이므로 하자가 승계된다(대판 1996.6.28, 96누4374; 1999.4.27, 97누6780). 2) 예외적으로 선행행위가 '취소사유'인 경우에도 선행처분의 불가쟁력이나 구속력에 따른 불이익이 상대방의 수인한도를 넘고 예측가능하지 않은 경우에는 선행처분의 위법을 주장할 수 있다(대판 1998.3.13, 96누6059).

념논문집), 2002. 6, 544쪽 이하.
44) 자세한 사례유형은 박해식, "하자의 승계", 『대법원판례해설』 제43호, 2003, 208쪽 이하.

3. 둘 이상의 행정행위가 하나의 법률효과를 발생시키는 경우

1) **원 칙** 선행행위와 후행행위가 결합하여 하나의 법률효과가 발생하는 경우에는 선행행위의 하자가 후행행위에도 승계된다고 보아 소송 등으로 다툴 수 있다. 이는 선행행위의 법률효과가 직접 후행행위에도 미치기 때문이다.

1) 귀속재산 임대처분 → 후행매각처분(대판 1963.2.7, 62누215)
2) 한지의사 시험자격인정 → 한지의사 면허처분(대판 1975.12.9, 75누123)
3) 조세체납처분 중 독촉 → 압류 → 매각 → 충당(대판 1982.8.24, 81누162)
4) 독촉 → 가산금 · 중가산금징수처분(대판 1986.10.28, 86누147)
5) 국립보건원장의 안경사시험합격무효처분 → 보사부장관의 안경사면허취소처분(대판 1993.2.9, 92누4567)
6) 개별공시지가결정 → 과세처분(대판 1994.1.25, 93누8542)
7) 행정대집행중 계고 → 대집행영장 통지 → 대집행 실행 → 비용납부 명령(비용징수)(대판 1996.2.9, 95누12507)

대법원 2005. 4. 15. **선고** 2004두14915 **판결 【직권면직처분취소】**
두 개 이상의 행정처분이 연속적으로 행하여지는 경우 선행처분과 후행처분이 서로 결합하여 1개의 법률효과를 완성하는 때에는 선행처분에 하자가 있으면 그 하자는 후행처분에 승계되므로 선행처분에 불가쟁력이 생겨 그 효력을 다툴 수 없게 된 경우에도 선행처분의 하자를 이유로 후행처분의 효력을 다툴 수 있는 반면, 선행처분과 후행처분이 서로 독립하여 별개의 법률효과를 목적으로 하는 때에는 선행처분에 불가쟁력이 생겨 그 효력을 다툴 수 없게 된 경우에는 선행처분의 하자가 중대하고 명백하여 당연무효인 경우를 제외하고는 선행처분의 하자를 이유로 후행처분의 효력을 다툴 수 없는 것이 원칙이나, 선행처분과 후행처분이 서로 독립하여 별개의 효과를 목적으로 하는 경우에도 선행처분의 불가쟁력이나 구속력이 그로 인하여 불이익을 입게 되는 자에게 수인한도를 넘는 가혹함을 가져오며, 그 결과가 당사자에게 예측가능한 것이 아닌 경우에는 국민의 재판받을 권리를 보장하고 있는 헌법의 이념에 비추어 선행처분의 후행처분에 대한 구속력은 인정될 수 없다(대판 1994.1.25, 93누8542; 1998.3.13, 96누6059 등 참조).

2) **예 외** 하자승계론의 예외로 1) 선행행위가 무효인 경우에는 선행행위의 하자가 승계되는 것이 아니라 선행행위의 무효를 다투어야 한다. 2) 후행행위가 위법한 경우에도 굳이 선행행위의 하자의 승계보다는 직접 후행행위를 다투면 된다.

Ⅲ. 행정행위의 내용적 구속력 - 새로운 견해

1. 개념과 근거

행정행위의 내용적 구속력은 '행정청이 선행행정행위를 발급하면서 후행행정행위에 대한 구속력이 발생하여 불가쟁력이 발생한 선행행위의 규율내용과 모순된 주장을 후행행위에서 할 수 없다는 것'이다. 이는 '선행행위의 후행행위에 대한 구속력' 또는 기준력(규준력)이라고도 한다.

> 이는 독일이론에 따라 판결의 기판력에 해당하는 효력을 행정법에 도입한 것으로 행정행위의 불가변력(실질적 존속력)과 구분하기 위하여 '기결력'이라고도 한다. 이는 불가쟁력이 발생한 이후에 생기므로 일반적 구속력과 구분된다. 행정행위의 내용적 구속력은 행정행위의 불가쟁력, 즉 쟁송제기기간 규정이 간접적인 근거가 된다.

2. 성립요건과 한계

후행행위에 대한 선행행위의 내용적 구속력이 성립하기 위하여는 다음과 같은 성립요건과 한계를 가진다. 즉 1) 사물적 한계로서 두 행정행위가 동일한 목적으로 법적 효과가 기본적으로 일치해야 하고, 2) 대인적 한계로서 양자의 수범자가 일치해야 하고, 3) 시간적 한계는 선행행위의 사실상태와 법상태가 후행행위에서도 유지되는 한도이고, 따라서 사정변경이 없어야 하고, 4) 소극적 요건으로서 내용적 구속력이 인정되어도 상대방 등에게 기본권침해와 개인의 권리보호라는 점에서 지나치게 가혹한 결과를 초래하지 않는 한도, 즉 수인한도와 예측가능성 내에서 인정된다.

제6항 하자있는 행정행위의 치유와 전환

Ⅰ. 개 설

> 하자있는 행정행위는 위법하므로 법치국가원칙에 따라 당연히 무효이거나 취소되어야만 하지만, 법치주의의 요청을 후퇴시킬 만한 다른 법적 가치, 예컨대 하자있는 행정행위를 일률적으로 무효·취소시키는 것이 관계인에게 지나친 희생을 강요하게 되는 경우 등에는 그 행정행위의 효력을 유지시킬 필요가 있다. 이는 행정상 법률관계의 안정성 확보, 상대방의 신뢰보호, 행정의 불필요한 반복을 배제하여 경제성을 확보하자는 이유에서 행정행위에 하자가 있는 경우에 그 치유와 전환을 인정하는 것이다.

Ⅱ. 하자의 치유

1. 개 념

행정행위의 하자의 치유는 '행정행위의 성립에 하자가 있었으나, 발급 이후에 하자의 원인인 법정요건이 1) 사후보완, 2) 사후추완, 3) 그 하자가 취소를 요하지 않을 정도로 경미해진 경우에는, 성립 당시의 하자에도 불구하고 해당 행정행위를 유효한 것으로 인정하는 것'이다.

'사후보완'은 '이미 행해진 행정행위의 하자를 발급 이후에 보완 또는 정정하는 것'이고, '사후추완'은 '행정행위의 성립당시에 빠뜨린 요건을 사후에 충족하는 것'이다. 행정행위의 하자치유를 인정하는 이유는 상대방의 신뢰보호, 행정법관계의 안정성 및 공공복리, 행정행위의 불필요한 반복배제 등을 위해서이다. 한편 처분사유의 사후의 추가·변경과 구분할 필요가 있는데, 이는 처분시에 존재하였던 처분사유를 추가하거나 변경하는 것이므로 처분후 사후의 치유하는 하자의 치유와는 구분된다(김남철).

2. 법적 근거와 허용범위

우리나라는 하자의 치유에 대하여 법적 근거가 없다.[45] 단지 민법에만 근거를 두고 있을 뿐이어서 그 인정여부는 학설과 판례에 맡겨져 있다.

행정행위의 하자의 치유를 이론적으로 허용할 것인가에 대하여는 1) 긍정설은 행정의 능률을 위하여 하자의 치유를 제한없이 인정해야 한다고 보고, 2) 제한적 긍정설은 하자의 치유의 인정여부는 위법성의 정도, 위반법규의 취지, 목적, 당해 행정행위에 의해 형성되는 이익상황 등을 구체적으로 고려하여 법치국가원칙을 희생할 만한 다른 가치의 존부 및 침해되는 공익, 기타 이익과 비교형량하여 결정하여야 한다는 것이다(김동희, 장태주, 홍준형). 3) 판례는 원칙적으로 법치국가원리에 따라 부정하나 예외적으로 행정경제적 측면, 당사자의 법적 안정성을 위해 인정하고 있다(대판 1983. 7.26, 82누420).

한편 치유되는 하자의 (허용)범위에 대하여 1) 전통적인 견해는 하자의 치유를 '취소할 수 있는 행위'에만 인정한다. 행정행위의 하자가 무효인 경우에는 처음부터 효력이 없으므로 상대방의 신뢰나 법적 안정성이 없기 때문이다. 2) 무효와 취소의 상대화를 근거로 무효에도 하자의 치유를 인정하자는 견해가 있다(김철용). 3) 판례는 무효인 행정행위에는 인정하지 않았다(대판 1989.12.12, 88누8869; 1996.4.12, 95누18857). 4) 무효인 경우에는 법적 안정성을 확보할 필요가 없으므로 취소에만 인정하는 것이 타당하다.[46]

3. 치유사유, 범위와 효과

하자의 치유사유(치유방법)는 1) 하자 있는 요건의 사후보완·사후추완, 2) 장기간 방치로 인한 법률관계의 확정, 3) 정당한 권한을 가진 관계행정청의 추인, 4)

45) 독일의 연방행정절차법은 행정행위의 절차적·형식적 하자 규정이 있다(제45조~제46조).
46) 동지, 홍정선, 291쪽. 그러나 홍교수님은 법률적합성의 원칙에 비추어 인정할 수 없다고 본다.

기타 취소를 불허하는 공익상 요구의 발생 등을 들고 있다(대판 1983.7.26, 82누420). 그러나 다수설은 '요건의 사후보완·사후추완'만을 하자의 치유사유로 보고, 나머지는 '취소의 제한사유'로 본다(김남진, 김동희, 박윤흔, 장태주, 홍정선).

> **대법원** 1983. 7. 26. **선고** 82누420 **판결 【법인세등부과처분취소】**
> 행정행위의 취소원인인 하자의 보완, 관계 행정청의 추인, 행정처분을 장기간 방치함으로 인한 행정목적의 달성, 또는 법률관계의 확정 등으로 행정처분의 하자가 치유되는 것이 보통이지만 위 세율 과세표준등 산출근거 등을 아울러 고지하도록 규정한 취지가 조세행정의 공정성의 확보와 납세의무자에게 그 부과처분에 대한 불복여부의 결정과 그 불복신청에 편의를 주려는 데 있다고 봐야 하므로 그렇다면 피고 주장과 같은 위 뒤늦은 납세고지서의 송달이나 오랜 기간(4년)의 경과로 위 각 과세처분의 하자가 치유되었다고 보기 어렵다.

하자치유의 범위에 형식적·절차적 하자 외에 내용적 하자도 포함할 것인가에 대하여 1) 내용상의 하자에 대한 보완까지 포함하자는 견해(박균성)가 있으나, 2) 내용상의 하자는 대체로 중대하므로 부정적으로 보고(홍정선, 홍준형), 3) 판례도 부정적이다(대판 1991.5.28, 90누1359).

행정행위의 하자가 된 요건의 사후보완은 주로 행정행위의 형식적·절차적 하자에 대한 치유이다.[47] 요건의 사후보완에 대한 예는 1) 신청서의 사후제출 또는 보완, 2) 무권대리행위의 추인, 3) 불특정 목적물의 사후의 특정, 4) 다른 기관 또는 상대방의 필요적 협력이 빠진 경우의 추인, 5) 허가요건과 등록요건의 사후충족, 6) 요식행위의 형식보완 등이 있다(장태주).

하자치유의 효과는 행정행위의 하자가 치유되면, 해당 행정행위의 효력을 발급시(처분시)로 소급적용하여 적법하게 만든다.

4. 치유의 한계

하자의 치유는 실질적·권익보호적 한계로서 제한긍정설에 따라 국민의 권리와 이익을 실질적으로 침해하지 않는 범위에서만 허용되어야 한다(대판 2001.6.26, 99두11592).

'언제까지 하자를 치유할 수 있는가' 하는 시간적 한계에 대하여는 1) '쟁송제기이전가능설'(이상규, 서원우, 김철용, 박윤흔; 대판 1996.12.20, 96누9799)과 2) 소송계속중에서 처분사유의 추가나 변경을 하자치유의 한 형태로 보아, 소송경제상 하자의 치유를 인정하자는 '쟁송절차의 종결전설'(홍정선)이 있다. 그러나 소송계속중의 처분이유의 추가나 변경은 하자의 치유와는 구분되는 개념이고, 이는 소송계속중 처분의 실체적 적법성을 주장하기 위하여 기존의 처분이유를 추가하는 것에 불과하다고 보기도 한다(박균성). 3) 판례는 '쟁송제기 이전'에 이루어져야 한다고 보고(대판 1984.4.10, 83누393), 단 징계처분의 하자는 징계처분과 재심절차가 본래 하나의 징계절차를 이루므로 재심

47) 독일은 행정행위의 하자치유를 주로 행정행위의 형식과 절차에 대한 하자에만 인정한다.

절차에서 치유가 가능하다고 본다(대판 1999.3.26, 98두4672).

Ⅲ. 하자있는 행정행위의 전환

1. 개 념

하자있는 행정행위의 전환은 '행정청이 발급한 행정행위가 하자가 있는 경우, 다른 행정행위로서의 성립요건을 모두 갖춘 경우에는, 적법한 다른 행정행위로 인정하는 것'이다. 전환은 행정행위의 하자를 없앤다는 점에서는 하자의 치유와 유사하지만, 다른 행정행위로 바꾼다는 점에서 다르다. 하자의 전환은 법적 안정성과 행정행위의 무용한 반복을 피하기 위하여 인정되는 것이다.[48)]

2. 법적 근거

행정행위의 전환에 대하여 행정법상의 법적 근거는 없고, 단지 민법에만 규정한다. 따라서 학설과 판례에 맡겨져 있다. 1) 전통적인 학설과 판례는 무효인 행정행위에만 전환을 인정하였으나, 2) 최근에는 독일처럼 취소할 수 있는 행정행위에도 인정한다(김남진/김연태, 장태주, 정하중, 홍정선, 홍준형).

3. 전환(행위)의 법적 성질

전환행위의 법적 성질에 대하여는 1) 전환은 별도의 행정청의 의사결정으로 이루어진다는 '행정행위설'(장태주, 홍정선, 정하중), 2) 법률에 의하여 나타나는 행위라는 '법규범설', 3) '기타 의사표시설'이 있다. 4) 판례는 전환행위 자체가 '하나의 새로운 행정행위'라고 본다(대판 1969.1.21, 68누190). 5) 전환은 행정청의 의사표시가 필요하다는 점에서 행정행위설이 타당하다.

전환행위가 행정청의 재량에 속하는가에 대하여는 부정적인 견해(홍정선)가 있으나, 전환에는 행정청의 의도가 중요하지만 그렇다고 기속행위로도 볼 수 없다.

4. 성립요건

전환의 성립요건은 1) 원 행정행위와 전환될 행정행위가 목적과 효과에서 실질적 공통성이 있을 것, 2) 원 행정행위가 전환될 행정행위의 성립·효력요건을 갖출 것, 3) 전환이 행정청의 의도에 반하지 않을 것, 4) 행정청과 상대방의 전환 의욕, 5) 제3자의 이익을 침해하지 않을 것, 6) 행정행위의 중복방지 등이다.[49)]

48) 행정행위의 전환에 대한 판결로 대판 1983.7.26, 82누420을 들고 있으나(홍정선), 이는 '하자가 치유되면, 적법한 행정행위로 된다'는 의미이므로 '전환'이라 볼 수 없다.

5. 효 과

하자있는 행정행위를 전환할 수 있는 전환권자는 행정청(처분청), 행정심판기관 외에 법원도 인정해야 한다고 본다(장태주, 홍정선, 박균성). 권력분립의 입장에서 법원의 인정에 반대하기도 한다(류지태).

전환은 원래의 하자있는 행정행위를 새로운 하자없는 행정행위로 만드는 행위이다. 새로운 행정행위의 효력발생시는 소급하여 원행정행위의 발급시이다. 또한 새로운 행정행위로 전환하는 경우에는 하자의 승계가 인정되지 않는다.

제 7 절 행정행위의 폐지와 실효

제 1 항 행정행위의 폐지

행정행위의 폐지(Aufhebung)는 '행정행위가 성립 당시부터 하자가 있었거나 발급 후에 하자가 발생하여 행정행위의 효력을 지속시킬 정당한 이익이 없어서 행정청이 그 행정행위의 효력을 없애는 것'이다.

행정행위는 일단 발급되면, 당연무효로 효력이 없지 않는 한 공정력에 따라 그 효력을 유지한다. 따라서 행정청이 기존 행정행위의 효력을 없애는 방법에는 1) 행정행위의 '성립 당시의 하자'(원시적 하자)에 대한 효력제거인 취소와 2) 행정행위의 '성립 이후의 후발적 하자'에 대한 효력제거인 철회가 있다. 3) 이외에 일정한 사유의 발생으로 자동적으로 행정행위의 효력이 소멸하는 실효가 있다.

행정행위의 효력을 없애는 취소와 철회도 역시 '행정행위'(처분)이다. 물론 행정행위의 효력을 없애는 취소와 철회의 경우에는 행정의 법적 안정성과 상대방의 권리보호 및 신뢰보호 등의 이익이 고려되어야 한다.

제 2 항 행정행위의 취소

Ⅰ. 개 념

1. 의 의

행정행위의 취소는 '행정행위의 하자가 중대명백한 무효에 이르지 않아 효력

49) 전환요건으로 1)과 2)는 '적극적 요건'으로, 나머지는 '소극적 요건'으로 보기도 한다. 정하중, 303쪽; 홍정선, 294쪽.

을 유지하는 행정행위의 효력을 없애는 행위'이다. 즉, 취소행위는 행정청이 일단 유효하게 성립한 행정행위에 대하여 성립 당시의 하자를 이유로 그 효력을 소멸시키는 독립한 행정행위이다.

광의의 취소에는 1) 행정청에 의한 직권취소와 2) 취소심판(행정심판), 법원에 의한 취소소송을 포함하는 쟁송취소가 있다.[50] 그러나 일반적으로 '취소'라 함은 협의의 취소인 '직권취소'를 말하므로, 쟁송취소는 제외한다.

2. 구별개념

취소는 유효하게 발생한 행정행위의 효력을 성립 당시의 하자를 이유로 취소한다는 점에서, 1) 처음부터 효력을 발생하지 않는 무효와 구별되고, 2) 발급 당시에는 하자가 없었으나, 후발적인 사유로 인하여 장래에 향하여 효력이 없어지는 철회와 구별되고, 3) 효력이 없어지는 '폐지'라는 점에서는 철회와 유사하다.

대법원 2006. 5. 11. **선고** 2003다37969 **판결 【채무부존재확인】**
행정행위의 취소는 일단 유효하게 성립한 행정행위를 그 행위에 위법 또는 부당한 하자가 있음을 이유로 소급하여 그 효력을 소멸시키는 별도의 행정처분이고, 행정행위의 철회는 적법요건을 구비하여 완전히 효력을 발하고 있는 행정행위를 사후적으로 그 행위의 효력의 전부 또는 일부를 장래에 향해 소멸시키는 행정처분이다. 그러므로 행정행위의 취소사유는 행정행위의 성립 당시에 존재하였던 하자를 말하고, 철회사유는 행정행위가 성립된 이후에 새로이 발생한 것으로서 행정행위의 효력을 존속시킬 수 없는 사유를 말한다 할 것이다(대판 2003.5.30, 2003다6422 참조).

50) 종래에는 행정청에 의한 직권취소, 그 밖의 분쟁해결기관에 의한 쟁송취소로 구분하였다.
▣ 직권취소와 쟁송취소의 구별
1) 구별의 배경과 본질적 차이 : 과거에 행정법원을 '행정'으로 보다가 '사법'으로 보면서, 사법에 의한 행정통제의 측면에서 양자를 구별하기 시작하였다. 본질적인 차이로서 직권취소는 행정의 적법성보장이 목적이므로 주로 수익적 행정행위가 대상이나, 쟁송취소는 개인의 권리구제가 우선이며, 주로 부담적 행정행위가 대상이다.
2) 구별근거 : 1) 취소사유로서 쟁송취소는 추상적 위법성을 대상으로 하여 회고적으로 적법한 상태를 회복하는 것이고, 직권취소는 구체적 위법사유로서, 적법상태의 회복뿐만 아니라 적극적으로 장래에 대한 행정목적의 실현수단으로 부당도 포함한다. 2) 이익형량에서는 쟁송취소는 위법성이 있는 한, 모든 이익간의 비교형량없이 취소하지만, 직권취소는 취소를 요구하는 공익과 취소를 제한하려는 사익간의 비교형량을 행한다. 3) 취소기간에서 쟁송취소는 제소기간(행심법 제27조, 행소법 제20조)의 제한을 받으나, 직권취소는 원칙적으로 제한이 없다. 4) 취소절차에서는 쟁송취소는 법 소정의 쟁송절차에 따라야 하나, 직권취소는 부분적으로 개별법 · 행정절차법에 따른다. 5) 취소형식에서는 쟁송취소는 판결 · 재결의 형식을 취해 엄격한 요식성(서면)이 있으나, 직권취소는 행정절차법에 따른 문서성을 요하는 정도이고 별도의 형식은 없다. 6) 취소의 소급효는 쟁송취소에서는 당연히 인정하지만, 직권취소는 부담적 행정행위의 취소만 인정한다. 수익적 행정행위의 취소는 상대방의 신뢰보호를 이유로 소급효가 부정된다. 상대방에 귀책사유가 있는 경우에는 소급효가 인정된다. 7) 취소의 범위는 적극적 변경의 가부로서, 직권취소는 구체적 행정목적의 실현을 위하여 때로는 적극적 변경도 그 내용으로 할 수 있으나, 취소소송은 일부취소를 내용으로 하는 변경만 허용한다. 단, 행정심판에서 의무이행재결이 있으므로 적극적 변경이 가능하다(행심법 제43조 제3항).

Ⅱ. 법적 근거

1. 취소의 법적 근거

행정행위의 취소에 관한 일반법 규정은 없고, 개별법에서 규정한다. 학설과 판례는 하자있는 행정행위의 취소는 원칙적으로 행정의 법률적합성의 원리에 따라 하자의 '위법성을 제거하는 것'이므로 별도의 법적 근거(명문규정)가 없어도 가능하다고 본다(대판 1960.6.13, 4292행상62). 즉, 취소사유규정이나 별도의 법적 근거를 필요로 하지 않는다. 법리적으로는 취소권의 근거를 원행정행위의 근거법에서 찾는 견해와 법치국가원리에서 찾는 견해(류지태)로 나뉜다. 실제로 수익적 행정행위에는 상대방의 권리보호를 위하여 주로 취소권을 법령에서 규정한다.

> **대법원 1982. 7. 27. 선고 81누271 판결 【광업권설정허가취소처분취소】**
> 행정처분에 하자가 있는 경우에는 법령에 특별히 취소사유로 규정하고 있지 아니하여도 행정청은 그가 행한 위법한 행정처분을 취소할 수 있다 할 것이다(당원 1960.6.13. 선고 4292행상62 판결).

2. 취소권자

1) **처분청주의** 원칙적으로 당해 행정행위를 발급한 행정청, 즉 '처분청'이 취소권자이다(대판 1982.7.27, 81누271; 1986.2.25, 85누664). 이것은 행정청의 처분권(한)에 취소권도 포함된다고 보기 때문이다. 처분청에 의한 취소는 많은 법률에서 규정하고 있고(도로교통법 제79조), 판례는 처분청은 별도의 법적 근거없이도 취소할 수 있다고 본다(대판 1986.2.25, 85누664).

2) **감독청** 행정행위를 발급한 처분청에 대하여 감독권을 가진 감독청이 하급 처분청의 행정행위를 취소할 수 있는가의 문제이다. 법령에서는 국가는 행정감독권 차원에서 대통령과 국무총리에게 '중지 및 취소권'(정부조직법 제11조 제2항, 제18조 제2항), 지방자치단체는 국가감독의 차원에서 '시정명령후 취소·정지권'(지방자치법 제169조), 행정권한의 위임·위탁, 민간위탁에도 위탁기관에 수탁기관의 행위에 대한 취소·정지권이 규정되어 있다(위임위탁령 제6조, 제14조 제3항).

> 학설은 1) 적극설은 별도의 명문규정이 없더라도 법치국가 실현과 감독권의 실효성확보를 위해 감독청에게 취소권을 인정하고(이상규, 김동희, 장태주, 홍정선), 2) 소극설은 감독청은 처분청에게 취소를 명령할 수 있을 뿐 스스로 취소할 수는 없다고 본다(김남진, 석종현, 박윤흔, 김철용, 류지태, 정하중, 김성수, 박균성). 3) 판례는 학교법인 등에 대한 감독청의 취소판결 외에 국가행정청간의 감독청에 의한 취소는 다툰 바

없고, 단지 지방자치단체에는 「지방자치법」 제169조 제1항에 따라 자치사무 중에서 법령에 위반되거나 현저히 부당하여 공익을 해한다고 인정될 때에는 감독청(광역지방자치단체)의 서면시정명령권이 있고 불이행시는 취소·정지처분권이 있다고 본다(대판 1998.7.10, 97추67; 2007.3.22, 2005추62). 4) 적극설은 감독청에 취소명령권만 있고 직접 취소권이 없다면, 행정목적의 통일적인 수행에 지장이 있고, 하자있는 처분에 대한 감독청의 취소는 처분청의 권한을 침해하는 것도 아니라고 본다(홍정선). 그러나 감독청의 직권취소는 '처분청의 권한침해'로 볼 수 있으므로 부인해야 한다. 특히 광역단체는 감독청도 아니다.

3) **이해관계인의 취소신청권** 한편 당해 행정행위에 대하여 '정당한 이해가 있는 이해관계인'이 처분청 등에 대하여 취소를 청구할 수 있는가의 문제이다. 학설과 판례는 직권취소에 대한 법규상 조리상 신청권이 없다고 보아 부정적이다(홍정선; 대판 2006.6.30, 2004두701).

대법원 2006. 6. 30. **선고** 2004두701 **판결 【복구준공통보등취소신청거부처분취소】**
산림법령에는 채석허가처분을 한 처분청이 산림을 복구한 자에 대하여 복구설계서승인 및 복구준공통보(이하 '복구준공통보 등'이라 한다)를 한 경우 그 취소신청과 관련하여 아무런 규정을 두고 있지 않고, 원래 행정처분을 한 처분청은 그 처분에 하자가 있는 경우에는 원칙적으로 별도의 법적 근거가 없더라도 스스로 이를 직권으로 취소할 수 있지만, 그와 같이 직권취소를 할 수 있다는 사정만으로 이해관계인에게 처분청에 대하여 그 취소를 요구할 신청권이 부여된 것으로 볼 수는 없다. 따라서 처분청이 위와 같이 법규상 또는 조리상의 신청권이 없이 한 이해관계인의 복구준공통보 등의 취소신청을 거부하더라도, 그 거부행위는 항고소송의 대상이 되는 처분에 해당되지 않는다.

3. 취소사유

법령에서 '일반적인 취소사유'를 규정하지 않고, 단지 개별법령에서만 '취소사유'를 규정한다. 따라서 학설과 판례는 행정행위의 하자 중에서 '중대·명백한 무효사유를 제외한 모든 하자'를 '취소원인'(취소사유)이라고 보며, 일반적으로는 '단순위법'이나 '부당'이라고 지칭한다(대판 2006.5.25, 2003두4669).

단순위법은 '행정행위의 요건에 하자가 있어 위법하지만, 중대명백하지 않아 무효에 이르지 않는 하자'를 말하고, 부당은 '법령에 규정된 행정행위의 요건을 위반하지 않아서 위법한 하자는 아니지만, 행정청의 재량권 행사가 합리적이지 않은 경우'이다.

취소사유의 유형은 1) 권한초과, 2) 행위능력의 결여, 3) 사기·강박·증수뢰 등 부정행위에 의한 경우, 4) 착오의 결과로 위법·부당한 경우, 5) 공서양속의 위배(무효설 있음), 6) 기타 행위내용이 단순하고 경미한 법규, 조리법 등의 불문법, 공익 등의 위반, 7) 경미한 절차나 형식의 결여 등이다(김남진, 박윤흔, 장태주). 단, 취소사유가 존재하더라도 하자가 치유되면, 취소사유가 소멸하여 행정청은 취소할 수 없다.

Ⅲ. 취소권의 제한

1. 취소제한의 원칙

1) 종래에는 하자있는 행정행위를 행정의 법률적합성원칙에 따라 그 위법성을 제거하고자 행정청의 직권취소는 당연히 인정되는 행정청의 고유한 권한이라는 '취소자유의 원칙'이 지배하였다.

2) 오늘날에는 하자가 있더라도 이미 유효한 행정행위에 대한 상대방의 신뢰보호 등을 이유로 행정청의 취소권행사를 제한하는 '취소제한의 원칙'으로 바뀌었다. 즉, 취소권을 제한하는 근거는 취소에 의해 달성하려는 적법성확보, 법적 안정성과 공익상의 필요 등과 상대방의 기득권·신뢰이익 등을 비교형량하여, 행정행위를 취소함으로써 얻는 가치가 취소하지 않음으로써 얻는 가치보다 큰 경우에 한하여 취소할 수 있다는 것이다. 이를 '이익형량의 원칙'이라고도 한다(장태주, 박균성).

판례는 상대방 등이 행정행위의 존속을 신뢰한 신뢰이익이 공익보다 큰 경우에는 취소가 제한되고, 그렇지 않은 경우에는 자유롭다고 본다(대판 1983.6.28, 82누235; 1984.3.13, 82누260; 1986.10.14, 83누584). 특히, 행정행위의 내용에 따라 부담적 행정행위는 원칙적으로 취소가 자유롭고, 수익적 행정행위는 여러 이익을 비교형량하여야 한다.

대법원 2006. 5. 25. 선고 2003두4669 판결【공장등록취소처분취소】
행정행위를 한 처분청은 그 행위에 하자가 있는 경우에는 별도의 법적 근거가 없더라도 스스로 이를 취소할 수 있고, 다만 수익적 행정처분을 취소할 때에는 이를 취소하여야 할 공익상의 필요와 그 취소로 인하여 당사자가 입게 될 기득권과 신뢰보호 및 법률생활 안정의 침해 등 불이익을 비교·교량한 후 공익상의 필요가 당사자가 입을 불이익을 정당화할 만큼 강한 경우에 한하여 취소할 수 있으며, 나아가 수익적 행정처분의 하자가 당사자의 사실은폐나 기타 사위의 방법에 의한 신청행위에 기인한 것이라면 당사자는 처분에 의한 이익이 위법하게 취득되었음을 알아 취소가능성도 예상하고 있었다 할 것이므로, 그 자신이 처분에 관한 신뢰이익을 원용할 수 없음은 물론 행정청이 이를 고려하지 아니하였다고 하여도 재량권의 남용이 되지 않는다고 할 것이다(대판 1986.2.25, 85누664; 1991.8.23, 90누7760; 2002.2.5, 2001두5286 등 참조).

2. 취소권의 제한

☞ 행정행위의 하자를 이유로 취소하는 경우에 부담적 행정행위는 상대방에게 이익이 될 수 있으나, 수익적 행정행위는 상대방의 이익을 해칠 수 있어서 제한되어야 하므로 양자가 법적 근거, 제한내용을 달리한다.

1) **부담적 행정행위** 부담적 행정행위의 취소는 행정의 입장에서는 행정의 법률적합성에 따라 위법성을 제거할 의무가 있다고 볼 수 있고, 상대방의 입장에

서도 이익을 침해하는 것이 아니라 오히려 이익이 될 수 있으므로 양자의 이익에 대한 비교형량이 원칙적으로 불필요하다. 따라서 부담적 행정행위의 취소는 상대방의 이익을 해하지 않으므로 별도의 법적 근거가 필요하지 않다고 볼 수 있다.

2) **수익적 행정행위**

(1) 법적 근거 수익적 행정행위의 취소에 대하여 학설은 상대방의 이익을 침해할 수 있으므로 법적 근거가 필요하다고 보지만, 판례는 원칙적으로 법적 근거가 필요하지 않다고 본다(대판 1982.7.27, 81누271; 1986.2.25, 85누664).

(2) 취소권제한의 근거 학설과 판례는 수익적 행정행위의 경우에는 신뢰보호의 원칙에 근거하여, 행정행위를 하자 때문에 취소하여야 할 법적 안정성 등의 공익상 필요와 그 취소로 인하여 상대방 등이 입게 될 기득권과 신뢰보호 및 법률생활안정의 침해 등 불이익을 비교교량한 후 공익상 필요가 당사자가 입을 불이익을 정당화할 만큼 강한 경우에 한하여 취소할 수 있다고 본다(대판 1986.2.25, **85누664**; 1986.10.14, 83누584 등).[51]

다만, 행정행위의 하자가 1) 상대방의 귀책사유에 따른 경우(사실은폐나 기타 사위의 방법에 의한 신청행위에 기인한 것), 2) 상대방이 행정행위의 위법성을 알았거나 중대한 과실로 인하여 몰랐을 경우, 3) 상대방이 동의한 경우 등은 상대방이 처분에 의한 이익이 위법하게 취득되었음을 알아 취소가능성도 예상할 수 있었으므로, 신뢰이익을 주장할 수 없고, 행정청이 이를 고려하지 않고 처분을 취소하더라도 재량권의 남용으로 위법이 되지 않는다(대판 1991.8.23, 90누7760).[52]

(3) 취소권이 제한되는 유형 1) 수익적 행정행위는 관련 제이익을 형량하여 취소를 결정하여야 하고, 수익자가 객관적으로 신뢰하여 수령한 것을 사용한 경우에는 보호가치가 있고, 2) 경제적 효과의 형량으로서 취소에 의하여 관계자가 막대한 경제적 손실을 입게 되거나 국가재정에 막대한 경제적 손실을 입히는 경우에 제한되고, 3) 취소권이 존재하는 경우에도 장기간 행사하지 않아서 행사하지 않으리라는 신뢰가 생성된 이후에 취소권을 행사한 경우에는 실권의 법리가 적용되며, 4) 귀화허가나 공무원임용행위 등의 포괄적 신분설정행위는 일단 발급되면, 취소권이 제한되며, 5) 사권형성적 행정행위인 인가와 같은 보충행위는 사법상 거래의 안전 및 법적 안정성을 위하여 제한되며, 6) 불가변력이 발생하는 행위인 합의제행정청의 준사법적 행위나 시험결정같은 확인적 처분은 취소할 수 없고, 7) 하자의 치유·전환이 가능한 경우도 취소가 되지 않는다.

---

51) 황영목, "행정행위의 취소와 신뢰보호의 원칙", 『대법원판례해설』 제15호, 1992, 465쪽 이하.
52) 박강회, "구 공업배치 및 공장설립에 관한 법률에 의하여 등록된 공장을 통계청장이 고시하는 표준산업분류에 의한 제조업 외의 용도로 활용하는 경우, 그 공장의 등록을 취소할 수 있는 사유(대판 2006.5.25, 2003두4669)", 『대법원판례해설』 제61호, 2006. 5, 124쪽.

(4) 취소권이 제한되지 않는 유형 1) 위험방지행위로서 공공의 안녕과 공공질서에 대한 위험을 방지하는 경우에는 상대방의 신뢰에도 불구하고 취소가 가능하며, 2) 수익자의 주관적 책임사유, 즉 사기, 강박, 증뢰 등의 부정한 방법으로 얻은 경우(국유재산법 제36조 제1항 제1호), 3) 수익자의 객관적 책임으로 수익자의 고용인이나 대리인 등이 부정행위나 불완전한 자료로 이루어진 경우 등이다.

Ⅳ. 취소절차, 형식, 효과

1. 취소절차

취소에 대하여 일반법에서는 별다른 법적 절차를 규정하고 있지 않다. 따라서 개별법에 특별한 규정이 있는 경우는 그에 따른다(하천법 제69조).

다만, 수익적 행정행위의 취소를 상대방의 권익을 침해한다고 보아 부담적 처분으로 볼 경우에는 행정절차법에서는 사전통지, 의견청취, 처분의 이유제시 등의 행정절차를 규정한다.

취소의 시기에는 원칙적으로 제한이 없다. 따라서 소송진행중에서 직권취소가 가능하다(대판 1988.2.3, 85누688).

2. 취소의 형식

취소는 법령상 특별한 규정이 있는 경우를 제외하고는 취소의 의미를 상대방이 객관적으로 알 수 있어야 한다(장태주). 그러나 취소도 행정행위이므로 문서에 의하여 행하여야 한다고 보아야 할 것이다.

3. 취소의 효력

1) **소급효** 취소의 효력에 대하여 종래의 학설과 판례는 위법한 하자를 제거하여 행정의 법적 안정성에 기여하는 것이므로 취소를 '소급하여 효력을 소멸시키는 별도의 행정행위'라고 보아 소급효를 인정하였다(대판 1999.12.28, 98두1895).

그러나 최근에는 소급효를 인정하면 선의의 상대방에게 예상하지 못한 손해를 끼칠 수 있으므로 행정행위의 성질에 따라서 수익적 행정행위에는 취소의 효력이 소급하지 않고, 부담적 행정행위에만 소급한다고 본다(장태주, 홍정선).

2) **손실보상** 수익적 행정행위는 하자에 상대방의 귀책사유가 없는 경우에 취소하면 손실보상하거나 원상회복조치(재산상실에 대하여 원상회복, 손실보상, 기타 필요한 조치)를 취할 수 있다.

3) **일부취소** 행정행위의 일부에만 하자가 있는 경우에는 행정행위의 법

적 효과가 분리가능한 경우에 한하여 행정행위의 일부취소도 가능하다. 단, 분리할 수 없으면, 행정행위 전체를 취소하여야 한다(홍정선). 판례는 일부취소로 과세처분에 대한 감액경정처분을 허용한다(대판 2006.3.9, 2003두2861).

Ⅴ. 취소의 취소 (취소의 하자)

1. 개 념

취소의 취소는 '취소사유가 있는 행정행위를 취소한 경우에 그 취소행위에 하자가 있으면, 다시 취소행위를 취소할 수 있는가'의 문제이다. 쟁송취소는 판결에 기판력이 발생하므로 다시 취소할 수 없으나, 직권취소는 가능하다.

2. 유 형

1) 취소행위가 무효인 경우 행정청의 취소행위가 중대하고 명백한 하자가 있어 무효사유에 해당하면, 취소행위가 무효이므로, 원행정행위는 존속한다. 따라서 취소행위를 다시 취소할 필요가 없다.

2) 취소사유(단순위법)의 하자가 있는 경우

행정청의 취소행위가 무효에 이르지 않는 단순위법의 취소사유인 경우에 행정청이 다시 직권으로 취소할 수 있는가의 문제이다. 1) 소극설은 법령에 명문규정이 없으면, 취소행위에 의하여 원행정행위는 소멸하였으므로 원행정행위의 회복을 위한 취소행위의 취소는 불가능하고 새로운 행정행위를 발급해야 한다고 본다(김성수). 2) 적극설은 법원의 판결처럼 하자의 일반원칙에 따라 취소행위에 취소사유가 있으면 다시 취소할 수 있다고 본다(김남진, 이상규, 김동희, 박윤흔, 강구철, 류지태, 박균성, 홍정선). 3) 절충설은 원행정행위의 내용을 나누어 부담적 행정행위에 대한 취소행위의 취소는 상대방에게 불이익을 주므로 상대방의 신뢰보호를 위하여 원칙적으로 부정하고(소극설), 수익적 행정행위는 취소행위의 취소를 긍정하여 원행정행위를 회복하여야 한다고(제한적 적극설) 본다(박해식). 4) 이익형량설은 취소행위의 취소문제는 행정행위의 내용이 아니라 행정행위의 성질, 상대방 또는 제3자의 이해관계, 신뢰보호, 법적 안정성, 행정의 능률 등을 형량하여 개별적·구체적으로 결정해야 한다고 본다(류지태, 장태주). 이 설은 자의적이라는 비판도 있다(홍정선). 5) 판례는 과세처분의 경우는 새로운 행정행위를 해야 한다는 소극설의 입장(대판 1979.5.8, 77누61; 1995.3.10, 94누7027)이고, 다른 경우는 취소처분의 취소를 인정한다(대판 1997.1.21, 96누3401). 6) 법리적으로는 적극설이 타당하나 상대방의 권리보호를 위하여는 절충설이 타당하다.

【판례해설】 판례의 태도는 적극설(홍정선, 류지태), 소극설(김성수), 절충설(장태주, 박균성), 일정하지 않다는 견해(김남진, 홍준형, 김연태)로 대립된다. 한편 일부 판례는 취소행위 이후

새로운 이해관계인이 생기기 전까지는 다시 취소하여 행정행위의 효력을 회복시킬 수 있다고 본다(대판 1967.10.23, 67누126).

대법원 2007. 7. 19. 선고 2006두19297 판결【임원취임승인취소처분】
제소 당시에는 권리보호의 이익을 모두 갖추었는데 제소 후 취소 대상 행정처분이 기간의 경과 등으로 그 효과가 소멸한 때, 즉 제재적 행정처분의 기간 경과, 행정처분 자체의 효력기간 경과, 특정기일의 경과 등으로 인하여 그 처분이 취소되어도 원상회복이 불가능하다고 보이는 경우라 하더라도, 동일한 소송 당사자 사이에서 그 행정처분과 동일한 사유로 위법한 처분이 반복될 위험성이 있어 행정처분의 위법성 확인 내지 불분명한 법률문제에 대한 해명이 필요하다고 판단되는 경우, 그리고 동일한 행정목적을 달성하거나 동일한 법률효과를 발생시키기 위하여 선행처분과 후행처분이 단계적인 일련의 절차로 연속하여 행하여져 후행처분이 선행처분의 적법함을 전제로 이루어짐에 따라 선행처분의 하자가 후행처분에 승계된다고 볼 수 있어 이미 소를 제기하여 다투고 있는 선행처분의 위법성을 확인하여 줄 필요가 있는 경우(대판 1993.2.6, 92누4567; 1994.1.25, 93누8542 등 참조) 등에는 행정의 적법성 확보와 그에 대한 사법통제, 국민의 권리구제의 확대 등의 측면에서 여전히 그 처분의 취소를 구할 법률상 이익이 있다고 보아야 한다.

3) **제3자효 행정행위** 제3자효 행정행위도 취소의 일반이론에 따르되, 다만 이익형량의 범위가 더 넓어진다. 아울러 제3자의 이익도 함께 고려할 경우에는 직권취소에 대한 제한이 가중된다.

제3항 행정행위의 철회

I. 개 념

1. 의 의

행정행위의 철회(Widerruf)는 '행정행위의 성립 당시에는 아무런 하자가 없는 적법한 행정행위를 발급 이후에 그 효력을 존속시킬 수 없는 새로운 사정의 발생을 이유로 장래에 향하여 그 효력을 소멸시키는 독립한 행정행위'이다. 따라서 철회는 하자없는 적법한 행정행위를 후발적인 사정변경으로 인하여 행정의 적법성확보(법적 안정성) 차원에서 해당 행정행위의 효력을 제거하는 것이다.

이때 '새로운 사정'은 1) 상대방이 법령을 위반한 경우(위법사항), 2) 법령에 의한 처분 또는 부관으로 정한 행정법상 의무를 위반한 경우(의무위반), 3) 공익상 필요 또는 부당한 사항이 발생한 경우, 4) 법령의 개정 및 사실관계의 변화(사정변경) 등이다.

실정법에서는 철회가 흔히 '취소'로 규정된다(도로법 제83조 제1호, 식품위생법 제75조 등). '부분철회'도 포함한다. 행정행위의 철회는 주로 행정행위의 발급 이후에 발생한 사정변경에 따라 법질서 또는 공익실현에 적합하게 하는 제도이다. 따라서 철회는 사정변화에 따른 행정의 법적합성, 공익실현, 탄력성 등을 위해 인정하지만, 대신에 상대방의 법적 안정성, 신뢰보호 등을 해칠 우려가 있다.

2. 구 별

행정행위의 취소와 철회는 행정청이 이미 발생한 행정행위의 효력을 후발적으로 소멸시킨다는 점에서는 크게 '행정행위의 폐지'에 속하지만, 세부적으로는 차이가 있다. 즉, 1) 행위주체에서 철회는 처분청만, 취소는 처분청 외에 감독청도 가능하며, 2) 효력도 철회는 원칙적으로 장래효만, 취소는 소급효도 가지고, 3) 원인에서 철회는 새로운 사정의 발생(후발적 하자)으로 사실변화에 대한 적응을 위한 것이며, 취소는 성립 당시의 하자(원시적 하자)에 대한 시정책이다. 다만, 최근에 취소도 '처분청'위주로 바뀌고, 효력도 '예외적 소급효'로 변화하면서, 취소와 철회의 상대화론이 주장되고 있다(서원우, 박윤흔, 석종현, 김도창, 홍정선).

한편, 행정행위가 사후적인 사유에 의하여 폐지되는 경우에도 일정한 사실의 발생만으로 폐지되는 '실효'와 일정한 사실의 발생뿐만이 아니라 반드시 행정청의 의사표시가 필요한 철회는 구분된다.

Ⅱ. 법적 근거

1. 법적 근거

1) **철회자유설(근거불요설, 소극설)** – 행정청은 사회변화에 대응하여 적법성을 유지해야 하고, 행정의 탄력성을 위하여 철회에는 명문의 법적 근거가 불필요하다고 본다. 그 근거는 1) 사정변경, 행정의 법률적합성 등을 고려할 때 철회는 행정의 적법성을 유지하는 것이므로 반드시 법적 근거가 필요하지 않고, 2) 행정법령이 불완전하므로 철회에 엄격한 법적 근거를 요한다면, 중대한 공익상 요청에 대응할 수 없다는 점 등이다(서원우, 이명구, 김동희, 박윤흔, 한견우; 대판 1984.11.13, 84누269; 1992.1.17, 91누3130). 이러한 입장에서는 '법령상의 철회사유'도 단지 예시적으로 본다.

2) **철회제한설(근거필요설)** – 행정행위의 철회는 새로운 행정행위를 발급하는 실질을 가지므로 법치국가원칙에 따라 상대방의 권리보호를 위하여 반드시 법적 근거가 필요하다는 견해이다. 그 근거는 1) 행정법관계를 일방적으로 소멸시키므로 상대방의 권리보호를 위하여 별도의 법적 근거가 필요하고, 2) 철회는 성립당시의 하자가 아니라 후발적 사유에 의한 것이므로 처분규정은 철회권의 근거가 될 수 없고, 3) 행정의 법률적합성 및 기본권보장을 위하여 법적 근거없이 단순히 공익상의 필요에서 새로운 행정행위인 철회를 할 수 없다는 것 등이다(석종현, 김남진, 장태주, 홍준형, 강구철, 신보성 월 85/8, 홍정선).

3) **절충설(제재철회, 공익철회 이분설, 제한적 긍정설)** - 절충설은 철회의 성격에 따라 둘로 나누어 당사자의 귀책사유 또는 철회권의 유보를 근거로 한 제재철회는

상대방이 예측가능하므로 법령의 근거가 필요없지만, 공익상 필요에 대응하는 공익철회는 법적 안정성을 위하여 법령의 근거가 필요하다고 본다(류지태).

4) **판 례** – 철회자유설에 따라 행정청(처분청)은 별도의 법적 근거가 없이도 사정변경, 철회권의 유보, 중대한 공익상의 필요로 해당 행정행위를 철회할 수 있다고 본다(대판 1984.11.13, 84누269).

5) **소 결** – 철회는 상대방의 귀책사유나 사정변경의 경우에는 상대방에게 예측가능성을 줄 수 있으므로 법적 근거가 필요하지 않지만, 공익상의 필요에 의하여 철회하는 경우에는 상대방의 권리보호를 위하여 법적 근거가 필요하다.

> **대법원** 1992. 1. 17. **선고** 91누3130 **판결 【운송사업구역축소변경처분취소】**
> 행정행위를 한 처분청은 그 처분 당시에 그 행정처분에 별다른 하자가 없었고 또 그 처분 후에 이를 취소할 별도의 법적 근거가 없다 하더라도 원래의 처분을 그대로 존속시킬 필요가 없게 된 사정변경이 생겼거나 또는 중대한 공익상의 필요가 발생한 경우에는 별개의 행정행위로 이를 철회하거나 변경할 수 있다고 보아야 할 것이다(대판 1986.11.25, 84누147; 1987.5.26, 86누250; 1988.12.7, 87누1068; 1989.4.11, 88누4782 참조).

2. 철회권자

철회는 해당 행정행위를 발급한 처분청만 행사할 수 있다. 감독청은 법령상 특별한 규정이 있는 경우를 제외하고는 불가능하다(다수설). 왜냐하면, 철회는 반드시 철회권의 행사라는 '독립한 행정행위'가 있어야 하므로, 감독청이 이를 행사하면, 합리적인 근거없이 처분청의 권한을 침해하기 때문이다. 따라서 다른 행정기관이나 법원도 철회권을 갖지 못한다.

Ⅲ. 철회사유

1. 개 설

철회권은 '행정행위가 성립 당시에는 유효하게 성립하였으나, 이후에 후발적으로 발생한 사유에 의하여 행정행위의 효력을 소멸시키는 제도'이다. 물론 철회권의 행사에 별도의 법적 근거는 필요하지 않다고 보더라도 행정행위의 성질에 따라서 철회권 행사를 달리 볼 필요가 있다.

> 즉, 1) 부담적 행정행위의 철회는 행정청이 철회권을 행사하는 것이 오히려 상대방에게 이익이 되므로 사정변경에 따른 법질서유지(법적 안정성)에 별도의 법적 근거나 제한이 필요하지 않다. 2) 그러나 수익적 행정행위는 철회권 행사로 상대방의 이익을 침해할 수 있으므로 별도의 법적 근거까지는 아니더라도 철회사유를 엄격하게 유지

할 필요가 있다.

대법원 1997. 9. 12. 선고 96누6219 판결【토지형질변경행위변경허가신청반려처분취소】 도시계획법령이 토지형질변경행위허가의 변경신청 및 변경허가에 관하여 아무런 규정을 두지 않고 있을 뿐 아니라, 처분청이 처분 후에 원래의 처분을 그대로 존속시킬 필요가 없게 된 사정변경이 생겼거나 중대한 공익상의 필요가 발생한 경우에는 별도의 법적 근거가 없어도 별개의 행정행위로 이를 철회·변경할 수 있지만(대판 1992.1.17, 91누3130 참조) 이는 그러한 철회·변경의 권한을 처분청에게 부여하는 데 그치는 것일 뿐 상대방 등에게 그 철회·변경을 요구할 신청권까지를 부여하는 것은 아니라 할 것이므로, 이와 같이 법규상 또는 조리상의 신청권이 없이 한 원고들의 토지형질변경행위 변경허가신청을 반려한 이 사건 반려처분은 항고소송의 대상이 되는 처분에 해당한다고 할 수 없다.

2. 수익적 행정행위의 철회사유

1) **법령상 철회사유의 발생** 수익적 행정행위의 철회는 상대방의 이익을 침해할 수 있으므로 주로 사전에 법령에서 철회사유를 규정한다. 현행법에서는 '취소사유'라고 규정한다. 이는 상대방의 위법행위, 행정행위 위반, 요건위반, 비행 등을 철회사유로 미리 규정하고 수익적 행정행위(허가, 특허, 인가 등)의 발급후에 해당 사실이 발생하면, 이를 확인하여 행정청이 철회권을 행사하는 것이다. 이 때의 철회는 상대방이 사전에 법령을 통하여 철회사유를 예상할 수 있으므로 신뢰보호나 손실보상 등의 문제가 발생하지 않는다.53)

2) **철회권의 유보** 행정행위의 발급시에 부관으로서 철회권의 행사가 유보된 경우(철회권의 유보)에는 유보된 사실의 발생에 따라 행정청이 철회권을 행사할 수 있다(대판 1984.11.13, 84누269). 철회권의 유보에 따라 철회권을 행사하는 경우에도 무조건 철회할 수 있는 것이 아니라 부관의 일반적 한계에 따라야 한다.

3) **부담의 불이행** 상대방의 행정법상 의무불이행에서 법령이 정한 의무외에 행정행위로 행정법상 의무를 부과하는 부담을 생각할 수 있다. 따라서 부담으로 정한 의무를 불이행한 경우에는 기부채납의 예처럼 행정청이 철회권의 행사로 본체인 행정행위를 철회할 수 있다(대판 1989.10.24, 89누2431). 이 경우에는 부담의 불이행이 있으면, 본체인 행정행위를 발급하지 않았으리라는 것이 기준이 된다.

4) **새로운 사정의 발생(사정변경)** 행정행위 발급후의 사정변경, 즉 새로운 사정의 발생은 근거법령의 개정과 사실관계의 변경으로 나누어 볼 수 있다.

(1) **근거법령의 개정** 행정행위의 발급 후에 행정행위를 수권한 근거법령이 개정된 결과, 현행 법령에 따라 행정행위를 한다면 '위법'이 되는 경우이다(대판 1986.7.22, 85누273). 이는 '행정행위와 근거법령의 불일치'에 해당한다. 그러나 행정

53) 김병기, "수익적 행정행위의 철회의 법적 성질과 철회사유", 『행정판례연구』 제9집, 2004.6, 104쪽.

행위는 일단 발급한 이상, '상대방의 귀책사유'가 없다면, 신뢰보호(기득권존중)를 이유로 철회가 자유롭지 못하다. 이 경우에는 행정의 적법성확보와 상대방의 신뢰이익간에 비교형량이 필요하다. 또한 철회시에는 상대방에 대한 손실보상의 문제가 생긴다. 실무에서는 이러한 사태를 막고자 새로운 입법시에는 경과규정 등을 두어 해결하기도 한다.

(2) 사실관계의 변경 행정행위의 발급후에 행정행위의 기초가 된 사실관계가 변화하여 해당 행정행위를 더 이상 존속시키기 어려우므로 행정행위의 철회가 필요한 경우이다. 예를 들면, 도로의 폐지에 따른 도로점용허가의 철회나 공물지정의 철회 등이다. 행정행위의 대상이 멸실되거나 발급한 목적을 수행할 수 없는 경우도 이에 속한다(대판 1985.2.8, 84누369).

5) **중대한 공익상의 필요** 행정행위의 발급 후 위법은 아니나 해당 행정행위를 존속시킬 수 없는 우월하고 중대한 공익상의 필요가 있는 경우에는 철회할 수 있다(대판 1992.1.17, 91누3130). 이는 비례의 원칙에 따라 철회되는 상대방의 이익보다 우월한 공익이 존재하는 경우에만 제한적으로 인정되어야 한다. 그리고 이에 따른 상대방의 손실도 보상되어야 할 것이다.

6) **판 례** 판례는 철회사유로 일반적으로 법령상 규정, 의무위반, 사정변경, 철회권의 유보, 중대한 공익상의 필요가 있는 경우에 철회권을 행사할 수 있다고 본다(대판 1984.11.13, 84누269). 한편 부담의 불이행에도 철회를 인정한다(대판 1989.10.24, 89누2431).

Ⅳ. 철회권의 제한

1. 부담적 행정행위

부담적 행정행위의 철회는 상대방에게 이익이 되므로 원칙적으로 제한이 없다.

예외적으로 1) 행정행위를 유지시켜야 할 중요한 공익상의 요구가 있는 경우, 2) 행정행위의 철회 후에 동일한 내용의 행정행위를 다시 발령하는 경우, 3) 제3자의 이익을 침해하는 경우에는 철회가 제한된다.

2. 수익적 행정행위

수익적 행정행위의 철회는 상대방 등의 이익과 법적 안정성을 해치므로 원칙적으로 법령상의 철회사유와 철회권의 유보에만 허용된다. 예외적으로 행정행위를 존속시킬 수 없는 사정변경이나 중대한 공익상의 필요가 발생한 경우에는 허용된다(판례). 철회시에는 실현하고자 하는 공익과 침해되는 사익간의 이익형량이 문제된다.

대법원 2005. 4. 29. **선고** 2004두11954 **판결 【적정통보취소및부적정통보취소】**
이른바 수익적 행정행위의 철회는 그 처분 당시 별다른 하자가 없었음에도 불구하고 사후적으로 그 효력을 상실케 하는 행정행위이므로, 법령에 명시적인 규정이 있거나 행정행위의 부관으로 그 철회권이 유보되어 있는 등의 경우가 아니라면, 원래의 행정행위를 존속시킬 필요가 없게 된 사정변경이 생겼거나 또는 중대한 공익상의 필요가 발생한 경우 등의 예외적인 경우에만 허용된다고 할 것이다.

철회가 제한되는 유형으로는 1) 철회를 요하는 공익상 필요와 상대방의 신뢰보호·기득권·법적 안정성의 이익형량이 필요하고(대판 1990.6.26, 89누5713), 2) 실권의 법리에 따라 일정기간 후의 행위는 철회할 수 없고(독일행정절차법은 '사실을 안 날'로부터 1년), 3) 귀화허가나 공무원임용행위 등의 포괄적 신분설정행위, 4) 불가변력이 발생한 행위는 불가하다는 견해(김도창, 이상규, 박윤흔)와, 가능하다는 견해(김남진, 김동희)로 나뉘고, 5) 제3자효적 행정행위는 철회로 불이익을 받는 제3자가 존재하는 경우, 6) 상대방의 책임이 있는 경우는 상대방의 책임사유에 의한 제재로서 행해지는 경우 등이다. 단, 철회는 비례원칙이 적용되어 시정명령 등으로 행정목적의 달성이 불가능한 경우에 최후의 수단으로 사용하여야 한다.

Ⅴ. 철회의 절차와 효과

1. 철회절차

행정청이 철회권을 행사하는 절차는 특별한 규정이 없으나, 수익적 행정행위의 철회는 최근 상대방보호와 절차적 정당성을 위하여 의견진술기회를 부여하고 철회이유를 제시하는 경우가 많다. 예를 들면, 행정절차법은 청문절차와 의견제출절차를 내용으로 하는 의견청취절차를 규정하고 있다.

2. 철회의 효력

철회의 효력은 장래를 향하여 효력이 소멸한다(장래효). 즉, 철회권의 행사시점을 기준으로 해당 행정행위는 장래에 향하여서만 효력을 상실한다. 단, 부수적인 효과로서는 관련 문서·물건의 반환(원상회복), 개수의 명령(시설개수의무), 손실보상의 문제가 발생한다(도로법 제93조).

3. 철회의 취소

행정청이 철회권의 행사에 하자가 있거나 공익 등의 이유에 의하여 취소하고자 하는 경우의 문제가 철회의 취소문제인데, 일반적으로 가능하다고 본다. 철회를 다시 철회하는 경우에 당초의 철회처분은 소급하여 효력을 잃는다(대판 2008.1.31, 2007도9220).

4. 일부철회

행정행위의 일부철회는 대상인 행정행위가 외형상 하나의 행정행위이라도 1) 가분성이 있거나, 2) 행정행위의 대상의 일부가 특정될 수 있고, 3) 나머지 부분과의 실질적인 관련성이 없다면 일부철회도 가능하다(대판 1995.11.16, 95누8850). 다만, 비례의 원칙에 따라 일부철회가 가능하면, 전부철회보다는 일부철회를 해야 한다는 견해도 있다(홍정선).

제 4 항 행정행위의 실효

I. 개 념

행정행위의 실효는 '아무런 하자없이 유효하게 성립한 행정행위가 발급이후 일정한 사실의 발생으로 인해 장래에 향하여 그 효력이 당연히 소멸되는 것'이다.

실효는 '일단 적법하게 발생된 행정행위가 사후에 소멸한다'는 점에서 처음부터 성립의 하자로 효력이 없는 무효와 구분되고, 실효는 '일정한 사실의 발생에 의하여 당연히 행정행위의 효력이 소멸한다'는 점에서 별도의 행정청의 의사가 필요한 행정행위의 취소나 철회와 구분된다.

Ⅱ. 실효사유

실효사유는 1) 행정행위의 발급대상의 소멸, 2) 행정행위의 효력을 소멸시키는 부관의 성취(해제조건의 성취, 종기의 도래 등), 3) 행정행위를 발급한 목적의 달성이나 목적달성이 사실상 불가능한 경우, 4) 새로운 법령의 제정 등이다.

【판례해설】 행정행위의 발급대상이 소멸한 예로 대인적 행정행위는 사람의 사망, 대물적 행정행위는 물건의 소멸, 영업의 자진폐업(대판 1981.7.14, 80누593), 부관의 성취로는 종기의 도래(대판 1969.7.22, 69누46), 행정행위의 발급목적 달성으로는 유기시설철거(대판 1990.7.13, 90누2284; 1974.2.26, 73누171) 등이다.

Ⅲ. 실효의 효과

행정행위는 실효사유가 발생하면, 행정청의 별도의 의사표시(행정행위)가 필요하지 않고 당연히 소멸한다. 따라서 실효의 시점도 '소멸사유의 발생시점'부터 장래로 향하여 효력이 소멸하므로 장래효를 가진다. 한편 실효된 행위는 회복할 수 없다.

【판례해설】 특히 법령에서 실효사유를 규정한 경우에 실효의 통지는 '단순한 사실의 통지'에 불과하여 처분성이 없고(대판 1969.7.22, 69누46), 신청에 의한 영업허가는 폐업이라는 목적달성으로 당연실효되고, 허가청의 영업허가취소처분은 허가의 실효됨을 확인하는 것에 불과하다(대판 1981.7.14, 80누593).

Ⅳ. 소송상의 문제

단, 실효된 행정행위에 대하여 실효를 주장할 이익이 있는가의 문제에서 이는 실효된 행정행위에 따른 '법적 불안정성'을 제거하기 위하여 필요하다고 본다. 따라서 우리 행정소송법은 상대방의 권리보호를 위하여 무효등확인소송에서 '실효확인소송'과 '유효확인소송'을 규정하고 있다(제4조 제2호).

제 4 장

행정작용법 II

현대행정이 발전하면서 종래에 행정이 우월적인 지위에서 공권력을 행사하는 행정행위 외에도 국가임무의 실현을 위하여 다양한 행위형식(Handlungsformen)이 형성되었다.

행정은 그 활동범위가 개인의 권리나 의무의 범주에 한정되지 않고, 어떠한 법적 규율도 없이 단지 사실적인 방식으로 개인에게 영향을 미침으로써 계속하여 단순고권적으로도 활동할 수 있다(사실행위). 아울러 행정은 일방적인 확정만이 아니라 개인의 의사를 존중하여 상대방과 협의를 통하여 '행정법상 계약'을 체결할 권능도 가지고 있다. 물론 행정은 이러한 구체적인 상황에 대한 규율 외에도 국민을 전체적으로 그리고 다수사례에 적용하기 위하여 추상적으로 규율하는 '법규명령'을 제정할 수 있고, 공법인은 자치사무에 대하여 '자치입법'(지방자치입법, 정관)을 제정할 수 있다. 아울러 행정은 내부적인 질서를 규율하기 위하여 '행정규칙'도 제정할 수 있다. 나아가 행정은 국가의 장래적인 국정목표를 실현하기 위하여 모든 행정수단을 종합하는 '행정계획'을 수립할 수 있다. 그리고 이러한 공법적인 행위형식 외에도 행정은 사법상의 조직형식과 행위형식을 이용하여 '사법적인 행정'으로서도 국가임무를 수행할 수 있다.

물론 행정이 어떠한 행위형식(작용형식)을 채택하여 국가임무를 수행할 것인가는 법령에서 규정된 것 외에는 원칙적으로 '형식선택의 자유'를 가진다. 물론 행정의 작용형식에는 제한된 정원은 없다.

제 4 장 행정작용법 II

제 1 절 행정상의 확약

I. 개 념

1. 의 의

확약(Zusicherung)은 '행정기관이 사인에게 자기구속의 의도로서 장래의 일정한 행정행위의 발급여부에 대하여 약속하는 의사표시'를 말한다. 확약보다 더 범위를 확장하여 '행정작용에 관한 약속'은 '확언'(Zusage)이라고 한다. 실무에서는 소위 인・허가시 내인・허가, 공무원의 승진약속, 임용내정, 주민에 대한 개발사업약속 등이 문제된다.

확약은 독일의 「행정절차법」 제38조 제1항에서 유래하였다. 1987년 「행정절차법」(안)에는 확약규정이 있었으나, 현행 우리 「행정절차법」에는 규정이 없으므로 전적으로 학설과 판례에 의존하고 있다.

2. 구별개념

1) 고지 또는 교시(Auskunft)는 '행정청이 상대방에게 일정한 사실 또는 법률관계에 관한 정보를 제공하는 사실행위'이다. 이는 '단순한 사실제공'이나 '비구속적인 법률적인 견해표명'에 불과하여 행정의 자기구속의 의사표시가 없어서 상대방에게 이행청구권이 인정되지 않으므로 구속적인 확약과 구분된다. 고지도 위법한 경우에 손해배상은 문제된다. 2) 예비결정(Vorbescheid, 독일 주택건설촉진법 제32조의4 제1항, 사전결정제도)은 '행정청의 한정된 사항에서의 종국적 규율'이라는 점에서 본처분이 남아 있는 확약과 구분되고, 3) 부분인・허가(건축법상 일부에 관한 결정)는 '다단계행정의 중간허가'라는 점에서 실무상 '내인가'라고 하지만 확약은 종국적 규율에 대한 약속에 불과하기 때문에 다르다. 4) 가행정행위(Vorläufiger Verwaltungsakt)는 '확정적 결정 이전에 잠정적으로 행해지는 규율'이다(독일 조세법(AO) 제165조의 잠정적 세액결정 등). 5) 행정계약은 쌍방행위이나, 확약은 행정청의 일방적인 행위이다. 6) 조직내부행위는 법률효과가 내부적이나, 확약은 외부적이다.

3. 법적 성질

확약의 법적 성질에 관하여 1) 행정청이 자기구속으로 약속하여 장래의 행위이행을 의무지우므로 행정행위의 특징인 '법적 규율성'이 인정된다고 하여 '행정행위'로 보는 견해(김도창, 김해룡, 류지태, 박윤흔, 석종현, 송희성, 유상현, 이상규, 홍정선), 2) 상대방인 국민은 확약 그 자체가 아닌 종국적인 행정행위로 규율되므로 확약은 '독자적인 행정의 행위형식'으로 보는 견해(김남진, 신보성, 정하중)가 있다. 3) 판례는 확약의 존재는 인정하지만, 확약의 처분성은 부정한다(대판 1992.7.24, 92누978; 1995.1.20, 94누6529). 4) 확약은 행정행위의 발급여부에 대한 약속에 불과하므로 독자적인 행위형식으로 보아야 할 것이다.

한편 행정행위의 발급 전에 확약을 할지의 여부는 행정청의 재량이다. 다만, 확약의 대상인 행정행위는 재량행위인지, 기속행위인지 상관없다.

II. 확약의 근거와 한계

1. 이론적 근거

확약은 독일의 「행정절차법」과 「조세법」에서 발전하였고, 독일판례는 초기에는 신의칙 내지 '신뢰보호원칙'을 근거로 보았다.[1] 우리나라는 1987년 행정절차법(안) 외에 현재 일반법 규정은 없다.

따라서 법령에 명문규정이 없는 경우에 처분 전에 확약할 수 있는가에 대하여 1) '부정설'은 확약에 대한 법령상 명문규정이 없는 경우에는 허용될 수 없고, 본처분권에도 내재되어 있지 않다고 본다. 2) '긍정설'(본처분권한포함설, 처분권한내재설)은 확약에 대한 명문규정이 없어도 본처분 발급권한 내에 확약을 발할 권한이 당연히 포함되는 것으로 본다(김동희, 장태주, 홍정선, 정하중, 박균성). 3) 확약은 본처분의 발급에 대한 약속이므로 본처분권한 내에 포함된다는 긍정설이 타당하다.

2. 허용의 한계

확약을 허용하는 경우에 행정기관이 자유롭게 확약을 할 수 있는가가 문제된다(확약의 자유성). 확약의 자유성에 대하여 1) 불이익한 본처분 발급시 일정한 사전절차가 요구되는 경우에는 확약이 있다고 하여 절차를 생략할 수 없고, 2) 재량행

---

1) 자세히는 강구철, "독일행정법상의 확약에 관한 고찰", 『법학논총』(국민대) 제3집, 1991. 2, 129쪽 이하.

위는 원칙적으로 확약이 허용되지만, 기속행위는 '사인에 대한 예고이익'이 있는 경우에 가능하다. 3) 다만, 요건사실이 완성된 후에는 i) 규정된 법률효과인 본처분을 해야 한다는 견해(박윤흔), ii) 요건사실완성 후에도 준비이익이나 기대이익을 줄 수 있으므로 확약을 인정해야 한다는 견해(김남진, 이상규), iii) 행정기관은 스스로 처분의 발령시기를 조정할 수 있다는 견해(김동희)로 나뉜다.

Ⅲ. 확약의 요건과 효력

1. 성립요건과 효력요건

1) 확약의 성립요건으로 1) 주체는 '정당한 권한을 가진 행정기관'이 소속 행정청이 가진 본처분권한 내에서 행사하여야 하며, 2) 형식은 명문규정이 없으면 구술도 가능하나 문서로 하여야 이후 분쟁에 대처할 수 있고, 3) 절차는 사전절차(이해관계자의 청문, 다른 행정청의 협력)가 있는 경우는 그 생략이 불가하고, 4) 내용은 적법 · 실현가능성 · 명확하여야 한다.

2) 확약의 효력요건은 상대방에게 통지하여야 효력이 발생한다는 도달주의(홍정선)이므로, 행정청은 상대방에게 확약된 행위를 통지하여야 할 자기구속적 의무가 발생한다.

2. 효 력

1) 원 칙 소속 행정기관이 상대방에게 특정 행정행위의 발급여부에 대하여 확약을 하면, 행정청은 상대방에 대하여 확약의 내용에 따른 행정행위를 해야 할 자기구속의무를 지며, 상대방은 행정청에 대하여 이행청구권을 가진다. 이를 확약의 구속력이라고 한다. 그러나 판례는 확약에 공정력과 불가쟁력을 인정하지 않으므로 확약의 구속력을 부인한다(대판 1995.1.20, 94누6529).

대법원 1995. 1. 20. **선고** 94누6529 **판결 【행정처분취소】**
어업권면허에 선행하는 우선순위결정은 행정청이 우선권자로 결정된 자의 신청이 있으면 어업권면허처분을 하겠다는 것을 약속하는 행위로서 강학상 확약에 불과하고 행정처분은 아니므로, 우선순위결정에 공정력이나 불가쟁력과 같은 효력은 인정되지 아니하며, 따라서 우선순위결정이 잘못되었다는 이유로 종전의 어업권면허처분이 취소되면 행정청은 종전의 우선순위결정을 무시하고 다시 우선순위를 결정한 다음 새로운 우선순위결정에 기하여 새로운 어업권면허를 할 수 있다.

2) 한 계 행정기관에 어떠한 처분에 대하여 확약한 후에 1) 불가항력 등의 사유로 확약의 내용을 이행하기 어려울 정도로 사실관계나 법령의 변경이 있

는 경우, 2) 행정청이 사후변경이 있었더라면 확약을 하지 않을 것으로 인정되는 경우에는 행정청은 확약의 내용에 구속을 받지 않는다. 판례는 확약 이후에 사실상태나 법적 상태가 변경되면, 확약은 별다른 의사표시없이 그 구속력이 실효된다고 본다(대판 1996.8.20, 95누10877). 이는 일반행정행위보다 존속력이 약하기 때문이다(홍정선).

대법원 1996. 8. 20. **선고** 95**누**10877 **판결 【주택건설사업승인거부처분취소】**
행정청이 상대방에게 장차 어떤 처분을 하겠다고 확약 또는 공적인 의사표명을 하였다고 하더라도 그 자체에서 상대방으로 하여금 언제까지 처분의 발령을 신청을 하도록 유효기간을 두었는데도 그 기간 내에 상대방의 신청이 없었다거나 확약 또는 공적인 의사표명이 있은 후에 사실적·법률적 상태가 변경되었다면 그와 같은 확약 또는 공적인 의사표명은 행정청의 별다른 의사표시를 기다리지 않고 실효된다.

3) **하 자** 확약의 하자는 하자의 일반이론에 따라서 중대하고 명백한 하자가 있는 경우에는 당연무효이다. 확약에 대한 직권취소는 가능하지만, 단 신뢰보호·신의성실의 원칙에 따른 제한이 따른다(광주지법 2006.9.28, 2006구합1036).

광주지법 2006. 9. 28. **선고** 2006**구합**1036 **판결 【부작위위법확인의소】**
확약이 독립적 행정행위라고 볼 수 없다고 하더라도 이에 대하여도 수익적 행정행위의 취소·철회의 제한 등 행정행위에 관한 법리가 준용된다고 할 것인바, 행정청이 확약을 취소하거나 철회하기 위하여는 확약이 행해진 후에 불가항력이나 기타의 사유로 확약을 이행할 수 없을 정도로 그 기초가 되었던 사실상태나 법률상태가 변경된 경우 또는 확약을 번복해야 할 공익상의 필요가 당사자가 입게 될 기득권과 신뢰 및 법률생활 안정의 침해 등의 불이익을 정당화할 수 있을 만큼 중대한 경우에 한한다고 할 것이다.

Ⅳ. 권리구제

1. 행정쟁송

행정기관이 상대방에 대하여 확약 후에 행정청이 이행하지 않은 부작위는 그 의무이행 또는 본처분의 불이행을 의무이행심판·부작위위법확인소송으로 다툴 수 있다. 거부한 경우에는 신뢰보호원칙을 근거로 거부처분취소소송도 가능하다. 그러나 판례는 확약에 따른 본처분의 발급을 인정하지 않는다.[2)]

대법원 1998. 9. 18. **선고** 97**다**52141 **판결 【손해배상(기)】**
국회 및 정부에서 여러 번에 걸친 토의 및 협의 결과 해직 예비군중대장들에 대한 명예를 회복시키고 보상금을 지급한다는 원칙에 이의가 없었고 다만 그 보상액수에 대하여 합의가 없었으며 특히 1991.5.1. 국방부장관이 '공로금'으로 지급하겠다고 확약까지 하였다고

2) 법원은 행정청의 약속(확약) 위반을 '신뢰보호원칙' 위반으로 본다. 김경호, "행정청의 확약과 신뢰침해로 인한 손해배상," 『판례연구』 제17집, 2006. 2, 474쪽 이하.

하더라도, 그 사실만으로 피고가 원고들의 이 사건 '보수금' 청구를 거부한 것이 신의칙에 어긋나는 행위라고 볼 수도 없다.

2. 손해전보

확약이 위법하게 철회된 경우에는 손해배상이 가능하고, 적법한 공익상 사유로 확약이 철회된 경우에는 손실보상도 가능할 수 있다.

제2절 행정입법

☞ 행정부는 법률이 정한 국가사무를 수행한다(법집행) 그러나 법집행과정에서 법률의 내용을 구체적으로 설명하거나 행정의 내용을 다수 국민에게 알려줄 필요가 있는 경우에는 규범의 형태로 공개할 수 있다.

제1항 행정입법 개설

Ⅰ. 행정입법의 개념

행정입법은 '행정주체(행정청)가 규범(일반적 · 추상적 규율)을 정립하는 작용 및 그에 의해 정립된 법규범'이다.[3] 판례는 "명령 또는 규칙"이라고도 한다.

행정입법은 1) '위임입법'이라고 하여 '법규성을 가진 법규명령'에 한정하거나(홍준형) 일부판례가 '법규명령'을 행정입법으로 보기도 하지만(대판 2009.5.21, 2005두1237), 2) 법규명령, 행정규칙, 조례를 포함한 '행정부가 제정하는 입법'으로 넓게 보아야 한다.

행정입법은 각 행정주체(행정청)마다 입법권의 위임에 따라 제정할 수 있다. 따라서 국가는 주로 행정청별로 대통령, 국무총리, 행정각부 등이고, 지방자치단체와 공법상 사단 등은 독립한 행정주체별로 행정입법을 제정할 수 있다.

Ⅱ. 행정입법의 필요성

근대국가의 성립 이후 19세기까지도 국민의 권리와 의무를 제한하는 입법은 의회만이 할 수 있다는 의회주권 내지 의회입법의 원리가 확고하였다. 의회입법원리에 따르면, 국민이 의회에 위임한 입법권을 다른 국가기관에 위임하는 것이 불가

3) 행정입법의 개념에서 '일반적'은 불특정 다수인에게 적용한다는 것이고, '추상적'은 불특정 다수사안에 적용한다는 것이며, '규율'은 법률효과가 발생한다는 것이다.

능하였다. 따라서 행정입법을 인정하는 것은 국회의 입법권을 침해하므로 권력분립주의에 어긋나는 것으로 인식되었다. 그러나 20세기에 들어와서는 행정기능의 확대와 강화로 말미암아 행정입법은 현대행정에서는 필수불가결한 요소로 인식되었다.

행정입법이 필요한 이유는 1) 전문적·기술적 입법사항의 증대, 2) 행정현상의 급격한 변화에 적응하기 위한 신속하고 탄력적인 입법의 필요, 3) 전시 등의 비상시에 대처하는 신속한 입법, 4) 지방별·분야별 특수사정을 규율할 필요, 5) 비전문가인 의회보다는 행정공무원의 분야별 전문지식의 활용, 6) 국회의 입법부담완화 등을 들 수 있다(장태주, 정하중).

대법원 2010. 6. 10. **선고** 2010두3473 **판결【과징금부과처분취소】**
식품산업의 발전에 따라 식품위생에 관한 기준도 달라질 수 있고 이에 대한 적절한 대처가 필요하지만 국회의 기술적·전문적 능력이나 시간적 적응능력에는 한계가 있을 뿐만 아니라, 규율대상인 식품 및 식품첨가물의 제조 또는 가공업의 종류 및 형태가 다양하여 이에 종사하는 자들이 준수하여야 할 세부적인 사항을 법률에서 구체적으로 정하기 어려우므로 이러한 식품위생에 관한 기준 등은 국회 제정의 법률에 비하여 탄력적인 행정입법에 위임할 필요성이 인정된다.

Ⅲ. 법적 근거

우리 헌법은 "입법권은 국회에 속한다"고 규정하여 '의회입법원리' 및 '권력분립주의'를 선언하고 있다(제40조). 의회입법의 예외는 헌법과 법령에 규정된다.

의회입법원리의 예외인 행정입법의 헌법상 근거는 대통령령(제75조), 비상입법(제76조), 총리령 및 부령(제95조), 대법원규칙(제108조), 헌법재판소 규칙(제113조 제2항), 중앙선거관리위원회규칙(제114조 제6항), 자치입법(제117조 제1항) 등이 있다.[4] 이 중에서 비상입법을 제외하면 실질적인 행정입법에 관한 규정이다.

Ⅳ. 행정입법의 종류

행정입법의 종류는 1) 전통적으로 주로 '법규성'(대외적 구속력)여부를 기준으로 '법규명령'과 '행정규칙'으로 구분하였다. 2) 최근에는 행정입법을 '제정주체', '법적 수권형식', '법규성' 등을 기준으로 구분하기도 한다. 다만, 자치입법(조례)을 제외하는 경향이 있으나, 이는 행정입법에 당연히 포함되어야 한다.

---

4) 「헌법」 제75조 대통령은 법률에서 구체적으로 범위를 정하여 위임받은 사항과 법률을 집행하기 위하여 필요한 사항에 관하여 대통령령을 발할 수 있다.
제95조 국무총리 또는 행정각부의 장은 소관사무에 관하여 법률이나 대통령령의 위임 또는 직권으로 총리령 또는 부령을 발할 수 있다. 제108조 대법원은 법률에서 저촉되지 아니하는 범위 안에서 소송에 관한 절차, 법원의 내부규율과 사무처리에 관한 규칙을 제정할 수 있다.

제 2 항 법규명령

Ⅰ. 개 념

1. 의 의

법규명령(Rechtsverordnung)은 '행정청이 법률에 근거하거나 집행하기 위하여 제정하는 일반적 · 추상적 규율로서 법규의 성질을 가지는 규범'이다. 즉, 행정부가 국가사무를 규율하기 위하여 제정하는 법규범이다.

법규명령의 개념적인 특징은 1) 전통적으로 입법자가 법형식을 정한다는 형식설에 입각하여 '법률에 의한 수권(수권형식)과 '대외적인 구속력'(법규성)으로 보았다.[5] 2) 최근 판례가 행정입법의 수권형식에 덧붙여 '내용'으로 법규명령(법규성)여부를 판단하면서,[6] 3) 형식은 법규명령이어도 법규성이 없는 것이 있으므로 법규성은 필수요소가 아니고 법령의 수권여부에 따라야 한다고 보는 수권여부기준설이 주장된다(홍정선). 4) 그러나 법규명령은 ⅰ) 법률에 의한 수권 및 ⅱ) 대외적인 공포절차 등을 거치는 (법규명령의) 형식을 갖기 때문에 ⅲ) 대외적인 구속력(법규성)이 인정되는 것이다(형식설). 즉, 입법자가 결정한 규범형식이 중요하다.

법규명령은 원칙적으로 '외부적 구속력'(법규성)이 인정된다는 점에서는 '내부적 규율'에 불과한 행정규칙과 구분되고, '일반적 · 추상적 규율'이라는 점에서는 원칙적으로 '개별적 · 구체적 규율'을 하는 행정행위와 구분된다.

한편 행정기관은 집행해야 하는 법률에 부가하여 전문적이고 구체적인 기준을 스스로 법규명령으로 설정하여 대국민적 구속력을 가질 수 있다는 장점이 있고, 아울러 자신의 행위기준을 스스로 설정하여 자기통제를 할 수 있다는 기능을 가진다(장태주).

2. 성 질

법규명령의 법적 성질은 형식적인 의미에서는 행정주체의 행위 내지 행정청의 권한에 속하므로 '행정'이고, 실질적인 의미에서는 법정립작용이므로 '입법'이다. 법규명령은 의회입법원리의 예외이므로 의회의 입법(법률)과의 관계가 문제된다.

한편 법규명령은 법률의 수권하에 대외적인 공포절차를 거치므로 국민과 국가기관(특히 법원)에 대하여 대외적인 구속력(법규성)을 가지므로 행정이 이를 위반시는

---

5) '법규'란 법률의 위임 또는 시행을 위해 제정되는 규범으로, 국가기관은 물론 '국민에 대해서도 직접 구속력을 가지는 법규범'을 말한다. 최근 법규라는 용어대신에 대외적 구속력으로 쓰자는 견해도 있다. 김남철, 252.

6) 판례는 최근 행정입법의 수권형식과 내용에 비추어 법률의 위임이 있고 국민의 권리의무에 대하여 일반적 구속력을 가지면, 이를 일반 국민이나 법원을 구속하는 법규명령이라고 보면서(대판 2008.5.29, 2007두18321), 입법자가 결정한 규범형식을 흔들면서 법형성의 한계를 넘고 있다.

위법한 행위가 된다.

Ⅱ. 종 류

1. 법적 효력에 의한 분류

법규명령을 법률과의 효력관계로 구분하면, 1) 법률의 범위 내(근거)에서 제정되어 법률보다 하위의 효력을 가지는 법률종속명령이 원칙이다. 2) 법률에 종속되지 않고 헌법에 의하여 독자적인 권한의 발동으로 제정되는 명령으로서 법률적 효력을 가지는 법률대위명령(헌법 제76조 대통령의 긴급명령, 긴급재정·경제명령)7)도 있다. 이는 예외적으로 국가비상시에 법규명령의 형식만을 가질 뿐이다.

일반적인 법규명령은 법률종속명령으로서, 이는 법률에서의 위임여부에 따라 다시 1) '상위법령에 의해 개별적·구체적으로 위임된 사항에 관하여 발하는 명령'인 위임명령과, 2) '상위법령의 시행에 필요한 세부적·기술적 사항을 상위법령이 규정한 범위내에서 직권으로 제정하는 명령'인 집행명령으로 나뉜다(대판 1995.1.24, 93다37342).

위임명령은 법률에 의하여 위임된 범위 내에서 새로운 입법사항을 규정할 수 있으나, 상위법령의 근거가 없는 위임명령의 효력은 무효이다. 집행명령은 상위법령의 명시적 근거 없이도 제정할 수 있으나 새로운 입법사항을 규율하지는 못한다.

한편 최근에는 법규명령이지만 직접 국민을 개별적·구체적으로 규율하는 경우에 판례는 권리구제를 위하여 '처분적 법규명령'이라 하여 처분성을 인정한다(두밀분교폐지조례사건 대판 1996.9.20, 95누8003). 아울러 법규명령이 집행행위의 매개없이 직접 국민을 일반적·추상적으로 규율하는 것을 '집행적 법규명령'이라고 한다(정하중).

2. 법형식에 의한 분류

법규명령을 헌법을 중심으로 하여 제정주체 내지 형식별로 구분하면, 1) 대통령이 법률에서 '구체적으로 범위를 정하여' 위임받은 사항이나 법률을 시행하기 위하여 필요한 사항에 관하여 발하는 대통령령, 2) 국무총리 또는 행정각부의 장이 법률·대통령령의 위임 또는 직권으로 발하는 명령인 총리령과 부령이 있다. 일반적으로 '시행령'은 대통령령이고, '시행규칙'은 총리령과 부령이다.8)

대통령소속기관이나 국무총리 직속기관인 '처'나 '원' 등은 행정각부가 아니어서 부령(시행규칙)과 같은 독립적인 법규명령을 제정할 수 없으므로 대통령령(시행령)이나 총리령으로 제정하여야 한다. 총리령과 부령간 우열문제는 동위설이 다수설이나, 사실상 국무총리령이

---

7) 국가비상사태를 위한 헌법적 효력을 갖는 명령이 있다는 견해도 있다. 장태주, 334쪽.

8) 최근 법조실무에서는 '시행규칙(부령)'을 원칙적으로 '행정청 내부의 사무처리준칙'을 정한 행정규칙으로 보고, 예외적으로 법률의 위임에 의한 경우만 법규명령으로 보는 경향이 있다.

우월성을 가진다.[9] 단, 총리의 훈령은 법규의 성질을 가진다.

위의 일반적인 법규명령 외에도 우리 헌법은 법규명령의 여러 유형을 규정한다. 즉, '중앙선거관리위원회규칙'(제114조 제6항), '대법원규칙'(제108조), '헌법재판소 규칙'(제113조 제2항), '자치입법'(제117조 제1항)이다. '헌법상 법규명령'이라고도 한다. 이외에도 헌법에 규정되지 않은 감사원규칙에 대하여 헌법에 열거되지 않았다는 행정규칙설도 있으나, 헌법규정을 예시규정으로 해석하여 법규명령으로 본다(통설). 유사한 문제가 헌법에는 규정되지 않았으나, 독립적인 행정청의 지위를 갖는 공정거래위원회, 금융위원회 등의 규칙에도 적용될 수 있다. 특히 우리 헌법재판소는 헌법상 규정된 법규명령을 '예시적인 것'으로 보기 때문이다(헌재 2004.10.28, 99헌바91).

Ⅲ. 근거와 한계

1. 위임(수권)근거

위임명령인 법규명령은 상위법령(법률과 상위명령), 특히 법률에서 구체적으로 범위를 정한 위임(수권)에 근거하여야 한다(헌법 제75조, 제95조). 이때 구체적 위임은 1) 상위법령, 특히 법률에서 법규명령의 규율대상, 범위, 기준을 구체적이고 명확하게 한정하여 규정해야 하고, 2) 행정기관에 대한 목표, 기준 등이 명확하게 제시되어야 한다는 것이다.

구체적 위임(구체성)은 법치국가원리의 하부원리인 '법률의 내용을 명확하게 규율해야 한다'는 (법률의) 명확성원칙이 위임입법에서도 '위임내용을 명확해야 규율해야 한다'는 것으로 구체화된 것이다(헌재 2003.7.24, 2002헌바82). 이때 명확성의 판단은 위임된 내용은 국민이 쉽게 알 수 있도록 위임입법이 아니라 '위임하는 법률에서 대강을 예견가능하여야 한다'는 예측가능성의 이론에서 출발한다(같은 판례).[10] 명확성은 특정 조항만이 아니고 모법의 입법취지 및 관련 법조항 전체를 유기적·체계적으로 종합하여 판단하여야 한다(대판 2008.9.11, 2008두13637). 위임입법에서 명확성의 원칙은 그 규율대상의 종류와 성격에 따라 달라지는데, 특히 형벌(죄형법정주의)이나 조세(부과) 법규처럼 국민의 권리(기본권)를 제한하는 분야에서는 강화되고, 급부행정이나 조세감면에서는 완화될 수 있다(헌재 2010.10.28, 2008헌바74).

헌법재판소 2010. 10. 28, 2008**헌바**74 **【구문화재보호법제44조제7항위헌소원】**
위임의 구체성·명확성의 요구 정도는 그 규율대상의 종류와 성격에 따라 달라질 것인데, 처벌법규나 조세법규와 같이 국민의 기본권을 직접적으로 제한하거나 침해할 소지가 있는 법규에서는 구체성·명확성의 요구가 강화되어 그 위임의 요건과 범위가 일반적인 급부행정의 경우보다 더 엄격하게 제한적으로 규정되어야 하는 반면에, 규율대상이 지극히 다양하거나 수시로 변화하는 성질의 것일 때에는 위임의 구체성·명확성의 요건이 완화되어야

---

9) 국무총리는 행정각부의 장관보다 '상위의 행정청'이므로 상위행정청의 명령인 총리령이 하위행정청의 명령인 부령보다 법적으로 우선하다고 보기도 한다. *Ipsen*, Rn. 295.

10) 이명웅, "위임입법의 위헌심사기준 및 위헌결정사례분석", 『저스티스』, 2007. 2, 69쪽.

할 것이다(헌재 1997.2.20. 95헌바27; 헌재 2010.2.25. 2007헌바131등 참조).

한편 '국회가 결정해야 할 중요사항'은 법규명령에 위임할 수 없으며(본질성이론), 위임하는 경우에 위임받는 규범의 형식(예, 대통령령, 부령 등)도 규정해야 한다.

위임명령은 근거법률의 효력에 따라 그 효력이 좌우되며, 상위법령의 위임근거가 없으면 무효이다. 따라서 제정 후에 위임근거가 부여된 경우에는 그 때부터 유효한 법규명령이 된다(대판 1995.6.30, 93추83). 우리 판례는 하위법령에서 상위의 수권근거법령을 명시할 것을 요구하지 않으나(대판 1999.12.24, 99두5658), 독일은 헌법에 '인용명령제도'(Zitiergebot)로 규정되어 있다.11)

2. 위임명령의 한계

1) 포괄적 위임의 금지 입법자는 국민으로부터 위임받은 자신의 입법권을 전면적으로 다른 기관에 위임할 수 없다. 따라서 위임하는 경우에는 「헌법」 제75조에 따라 '구체적으로 범위를 정하여 위임'하는 개별적 · 구체적 위임(수권)이어야 하며, 포괄적인 위임이나 '백지위임'은 허용되지 않는다(포괄적 위임금지의 원칙). 즉, 법률에서 하위법령으로의 위임(수권)은 명확성의 원칙에 따라 구체적으로 특정되어야 한다.12)

포괄적 위임 금지의 원칙은 1) 법률 이하의 모든 하위규범에 적용되므로 명문규정이 없는 집행명령(헌법 제95조)에도 원칙적으로 적용된다(홍정선). 2) 조례에는 지방자치를 고려하여 포괄적 위임이 가능하고(헌재 1995.4.20, 92헌마264, 279), 3) 공공단체의 정관에 자치법적 사항을 위임한 경우에는 포괄적 위임의 금지는 원칙적으로 적용되지 않는다(대판 2007.10.12, 2006두14476). 4) 그러나 자치입법도 법률의 범위내에서 제정되어야 한다.

포괄적 위임 금지의 원칙의 위반여부(위임입법의 한계)는 위임의 구체성 · 명확성, 국민의 예측가능성, 행정의 자의방지 등으로 판단한다. 1) 구체성은 '규율대상이 특정되고 기준이 명확해야 한다'는 것이고, 2) 명확성은 '규율내용이 명확해야 한다는 것'이다. 3) 예측가능성은 국민의 입장에서 위임한 법률로부터 위임에 의하여 하위법령에 규정될 내용의 대강이 예측가능하여야 한다는 것이다. 4) 위임의 명확성과 예측가능성은 '해당 규정과 해석뿐만 아니라 관련 법령의 입법취지와 전체 체계 및 내용 등에 비추어 판단하여야 하고, 각 대상 법률의 성질에 따라 구체적 · 개별적으로 검토하여야 한다'(대판 2007.7.26, 2005두2612). 이러한 한계를 넘지 않으면, 위임입법의 한계를 일탈하지 않았다고 본다(헌재 2001.11.29, 2000헌바23).

한계의 예외로서 우리 헌법재판소는 1) 국민의 기본권을 제한하는 경우는 구체성

---

11) 독일 「기본법」 제80조 제1항 제3호; *Detterbeck*, Rn. 833.

12) *Ipsen*, Rn. 294.

의 요구가 강화되어야 하고, 2) 입법현실상 명확한 규율이 곤란한 경우는 명확성의 요구는 완화될 수 있고, 3) 수익적 행정작용(급부행정, 조세감면 등), 행정조직내부에 대한 규율, 위임입법에 대한 절차적 규율 등의 경우에는 명확성 · 예측가능성이 완화될 수 있다고 본다.

대법원 2007. 10. 26. **선고** 2007**두**9884 **판결 【광역교통시설부담금부과처분취소】**
위임입법의 경우 그 한계는 예측가능성인바, 이는 법률에 이미 대통령령으로 규정될 내용 및 범위의 기본사항이 구체적으로 규정되어 있어서 누구라도 당해 법률로부터 대통령령 등에 규정될 내용의 대강을 예측할 수 있어야 함을 의미하고, 이러한 예측가능성의 유무는 당해 특정조항 하나만을 가지고 판단할 것은 아니고 관련 법조항 전체를 유기적 · 체계적으로 종합 판단하여야 하며 각 대상법률의 성질에 따라 구체적 · 개별적으로 검토하여 법률조항과 법률의 입법 취지를 종합적으로 고찰할 때 합리적으로 그 대강이 예측될 수 있는 것이라면 위임의 한계를 일탈하지 아니한 것이다(헌재 2001.11.29, 2000헌바23; 2006. 6.29, 2004헌바8 등 참조).

2) **국회전속입법사항의 위임금지**(헌법상 법률유보) 우리 헌법에서 일정한 사항은 법률로서 규정하도록 한 '헌법상 법률유보'를 일반적으로는 '국회전속입법사항의 위임금지'라고도 한다. 물론 헌법상 법률유보도 법률에서 구체적인 범위를 정하면, 하위명령에 위임할 수 있다.

▣ 국회전속입법사항 - 1) 국민이 되는 요건 - "대한민국의 국민이 되는 요건은 법률로 정한다"(제2조 제1항). 2) 공용침해 및 그 보상 - "공공필요에 의한 재산권의 수용 · 사용 또는 제한 및 그에 대한 보상은 법률로써 하되, 정당한 보상을 지급하여야 한다"(제23조 제3항). 3) 조세법률주의 - "조세의 종목과 세율은 법률로 정한다"(제59조). 4) 죄형법정주의 - "모든 국민은 … 법률과 적법한 절차에 의하지 아니하고는 처벌, 보안처분, 강제노역을 받지 아니한다"(제12조 제1항). 5) 병역의무이행 - "모든 국민은 법률이 정하는 바에 의하여 국방의 의무를 진다"(제39조 제1항).

3) **벌칙의 위임**(죄형법정주의) 우리 헌법과 형법은 '죄형법정주의'에 따라 범죄와 형벌은 법률에서 규정하도록 한다. 따라서 범죄와 형벌에 관하여 법률 외에 법규명령에 위임할 수 있느냐에 대하여, 법률이 '범죄구성요건의 구체적 기준과 부과할 형벌의 종류와 상한선'을 정하여 법규명령에 위임하는 것은 가능하다고 본다(대판 1969.2.18, 68도1846; 헌재 1993.5.13, 92헌마80).

헌법재판소 1991. 7. 8, 91**헌가**4 **【사행행위단속법제9조및제5조에관한위헌심판】**
위임입법에 관한 헌법 제75조는 처벌법규에도 적용되는 것이지만 법률에 의한 처벌법규의 위임은, 헌법이 특히 인권을 최대한으로 보장하기 위하여 죄형법정주의와 적법절차를 규정하고, 법률(형식적 의미의)에 의한 처벌을 특별히 강조하고 있는 기본권보장 우위사상에 비추어 바람직스럽지 못한 일이므로, 그 요건과 범위가 보다 엄격하게 제한적으로 적용되어야 한다. 따라서 처벌법규의 위임은 특히 긴급한 필요가 있거나 미리 법률로써 자세히 정할 수 없는 부득이한 사정이 있는 경우에 한정되어야 하고 이러한 경우일지라도 법률에서 범죄의 구성요건은 처벌대상인 행위가 어떠한 것일 것이라고 이를 예측할 수 있을 정도로 구체적으로 정하고 형벌의 종류 및 그 상한과 폭을 명백히 규정하여야 한다.

4) **재위임** 한편 '법령에서 위임받은 사항을 다시 하위명령에 재위임할 수 있는가'의 재위임문제는 원칙적으로 위임은 허용되지만, '백지재위임'은 금지된다. 따라서 법규명령에서 '위임받은 사항에 관한 대강을 정한 다음에 세부사항을 하위명령에 재위임하는 것'은 가능하다(헌재 1996.2.29, 94헌마213).

헌법재판소 2004. 1. 29, 2001**헌마**894 **【정보통신망법제42조등위헌확인】**
일반적으로 법률에서 위임받은 사항을 전혀 규정하지 않고 재위임하는 것은 위임금지의 법리에 반할 뿐 아니라 수권법의 내용변경을 초래하는 것이 되고, 부령의 제정·개정절차가 대통령령에 비하여 보다 용이한 점을 고려할 때 재위임에 의한 부령의 경우에도 위임에 의한 대통령령에 가해지는 헌법상의 제한이 당연히 적용되어야 할 것이므로 법률에서 위임받은 사항을 전혀 규정하지 아니하고 그대로 재위임하는 것은 허용되지 않으며 위임받은 사항에 관하여 대강을 정하고 그 중의 특정사항을 범위를 정하여 하위법령에 다시 위임하는 경우에만 재위임이 허용된다(헌재 1996.2.29, 94헌마213; 2002.7.18, 2001헌마605). 이러한 판시는 대통령령이 '부령'에 재위임한 것에 관한 것이지만, 시행령 제21조 제3항이 '정보통신부장관의 고시'에 재위임한 경우도 같은 법리가 적용된다고 볼 것이다(위 2001헌마605 결정 참조).

3. 집행명령의 근거와 한계

집행명령은 '법률의 집행을 위하여 기술적·세부적 사항을 제정하는 법규명령'이다. 행정청은 상위법령에서 구체적인 수권규정이 없어도 헌법규정에 의하여 행정청이 직권으로 제정할 수 있다(홍정선).13) 집행명령은 별도의 법규명령이기보다는 주로 한 법규명령 내에 위임명령과 같이 일부 규정으로 규정된다.

다만, 집행명령은 '상위법령의 범위 안에서 시행을 위한 절차나 형식 등을 규정하는 것'에 불과하므로 '새로운 입법사항을 규정할 수는 없다.' 그러나 상위법령의 개정에도 불구하고 당연히 '실효'되는 것은 아니다(대판 1989.9.12, 88누6962).

대법원 2007. 1. 11. **선고** 2004**두**10432 **판결 【사법시험제2차시험불합격처분취소】**
<u>변호사의 자격과 판사, 검사 등의 임용의 전제가 되는 '사법시험의 합격'이라는 직업선택의 자유와 공무담임권의 기본적인 제한요건은 국회에서 제정한 법률인 변호사법, 법원조직법, 검찰청법 등에서 규정되어 있는 것이고, 사법시험령은 단지 위 법률들이 규정한 사법시험의 시행과 절차 등에 관한 세부사항을 구체화하고 국가공무원법상 사법연수생이라는 별정직 공무원의 임용절차를 집행하기 위한 집행명령의 일종이라고 할 것이다. 또한, 사법시험령 제15조 제2항은 사법시험의 제2차시험의 합격결정에 있어서는 매과목 4할 이상 득점한 자 중에</u>

---

13) 헌법에서 규정하였다고 헌법에 근거한다고 볼 수는 없고, 집행명령도 법률의 범위내에서 제정하는 것이다.

서 합격자를 결정한다는 취지의 과락제도를 규정하고 있는바, 이는 그 규정내용에서 알 수 있다시피 사법시험 제2차시험의 합격자를 결정하는 방법을 규정하고 있을 뿐이어서 사법시험의 실시를 집행하기 위한 시행과 절차에 관한 것이지, 새로운 법률사항을 정한 것이라고 보기 어렵다. 따라서 사법시험령 제15조 제2항에서 규정하고 있는 사항이 국민의 기본권을 제한하는 것임에도 불구하고, 모법의 수권없이 규정하였다거나 새로운 법률사항에 해당하는 것을 규정하여 집행명령의 한계를 일탈하였다고 볼 수 없으므로, 헌법 제37조 제2항, 제75조, 행정규제기본법 제4조 등을 위반하여 무효라 할 수 없다.

Ⅳ. 성립요건, 효력요건과 하자, 소멸

1. 성립요건

1) **주 체** 법규명령은 헌법 또는 법률에 의하여 정당한 수권을 받은 행정주체나 행정청이 제정할 수 있다. 이는 법규명령제정자이다. 국가의 법규명령은 원칙적으로 행정청인 대통령, 국무총리, 행정각부의 장관으로 한정된다.

2) **내 용** 법규명령은 내용적으로 1) 위임입법은 법률의 위임(수권)의 범위 내에서 제정되어야 하고(집행명령은 직권으로), 2) 헌법과 상위법령에 저촉되어서는 안 되고, 3) 실현가능하고, 4) 명백하여야 한다. 독일에서는 기본권, 일반헌법원리와 같은 일반적인 적법요건도 충족해야 한다고 본다.[14)]

3) **절 차** 법규명령은 법규성을 가지므로 법률과 유사한 입법절차를 준수해야 한다. 우리 법에서는 1) 대통령령은 법제처 심사, 국무회의 심의, 2) 총리령과 부령은 법제처 심사를 거쳐 제정한다(헌법 제89조 제3호, 정부조직법 제23조 제1항).

이외에도 법령에 의하여 규제를 신설하거나 강화하는 경우에는 규제영향평가와 법제처심사 전에 해당 부처와 규제개혁위원회에서 규제심사를 받는다(행정규제기본법 제10조). 국민권익위원회는 법령의 관계기관 협의시 재량규정 및 특혜규정 축소를 위한 부패영향평가를 시행하여 권고한다(국민권익위법 제28조, 법제업무운영규정 제11조 제6항).[15)] 아울러 행정절차법은 국민의 권리·의무 또는 일상생활과 밀접한 관련이 있는 법령은 행정상 입법예고절차(입법예고, 공청회)를 거치도록 한다.[16)]

4) **형 식** 법규명령은 법률처럼 '조문'의 형식과 '일련번호'를 붙여 공포하고, 「법령등공포법」에서는 형식으로서 대통령 서명, 국무위원 부서 등을 규정한다. 독일은 형식요건으로서 수권(근거)규정을 명시하도록 하고 있다.[17)]

---

14) *Detterbeck*, Rn. 829
15) 부패영향평가제도에 대하여 자세히는 국민권익위원회 부패영향분석과, 『2012년 부패영향평가 지침』, 2011. 12.
16) 행정규칙과 입법절차의 차이에 대하여는 헌재 2006.12.28, 2005헌바59.
17) *BVerwGE* 101, 1 (42).

2. 효력요건

법규명령은 공포를 효력요건으로 하므로, 공포되어야 법적 효력이 발생한다. 공포는 '내부적으로 성립된 법규명령을 외부에 표시하는 행위'이다.

공포는 '관보에 게재하는 방법'으로 행한다. 공포일은 관보발행일이며, 법규명령은 특별한 규정이 없으면 공포일로부터 20일이 경과함으로써 효력을 발생한다(법령등공포법 제13조). 단, 국민의 권리제한 또는 의무부과와 직접 관련되는 법규명령은 특별한 사유를 제외하고는 30일이 경과한 날부터 시행된다(제13조의2).

3. 법규명령의 하자

법규명령이 위의 성립요건과 효력요건을 갖추지 못하고 제정된 경우에는 하자가 발생하여 '하자있는 법규명령'이 되어 위법하게 된다.

하자있는 법규명령의 효력에 대하여 1) 하자의 일반원리에 따라 법규명령의 하자가 중대·명백할 때에는 무효, 그에 이르지 않을 때에는 취소라고 보는 견해(박윤흔, 석종현), 2) 법규명령은 공정력이나 취소소송이 없으므로 언제나 무효라고 보는 무효설(김남진, 류지태, 홍정선), 3) 하자가 있더라도 법적 안정성 차원에서 유효하며, 단지 소송만 가능하다는 유효설(장태주, 박균성)도 있다. 4) 판례는 위임근거없는 법규명령은 '무효'라고 보며(대판 1991.10.22, 90누9360), 처분적 조례는 '처분'으로 본다(대판 1996.9.20, 95누8003). 다만, 위임근거가 없는 부령은 행정내부의 사무처리기준을 정한 행정명령(행정규칙)으로 본다(대판 1984.2.28, 83누551). 5) 법규명령은 취소가 없으므로 무효설이 타당하다.

다만, 하자있는 법규명령에 근거한 행정행위는 '하자있는 행정행위'가 되므로, 그 행정행위의 법적 효력은 수권한 법규명령이 가진 하자의 객관적 명백성여부에 따라 무효가 되거나 취소할 수 있다(대판 1997.5.28, 95다15735; 홍정선).

4. 법규명령의 소멸

법규명령은 제정권자에 의한 폐지, 근거법령의 폐지, 충돌되는 다른 법령의 제정, 시행기간의 경과, 수권법률의 위헌결정(대판 1998.4.10, 96다52359) 등으로 소멸한다. 폐지는 '법규명령의 효력을 장래에 향하여 소멸시키는 행정청의 의사표시'이다. 다만, 집행명령은 상위법령에 개정에도 불구하고 당연히 실효되는 것은 아니다(대판 1989.9.12, 88누6962).

V. 법규명령에 대한 통제

1. 의회에 의한 통제

1) 의회는 헌법상 법규명령을 허용한 이상 원칙적으로 직접적인 통제는 할 수 없다. 다만, 예외적으로 1) 비상입법인 명령에 대하여는 승인권(헌법 제76조 제3항, 제4항), 2) 행정입법의 소관 상임위원회 제출제도(국회법 제98조의2)가 있다.

▣ 법규명령에 대한 직접적 통제제도 - 1) 독일은 중요한 법규명령에 대한 승인권을 의회에 유보하는 의회승인제도가 있고, 2) 영국은 일단 성립한 법규명령이 완전히 효력을 발생하기 위한 효력요건으로 의회의 승인을 요구하는 형태의 의회제출제도가 있으며, 3) 미국은 일단 유효하게 성립한 법규명령의 효력을 소멸시키는 권한을 의회에 유보하는 형태인 입법거부권제도가 있다.

2) 간접적 통제로서 의회의 대정부견제수단인 국정감사·조사권 발동(헌법 제61조), 대정부질문(제62조), 해임건의(제63조), 탄핵소추(제65조) 등이 가능할 뿐이다.

2. 국민에 의한 통제

국민에 의한 통제로서는 입법과정에서 공청회·청문 등에서의 의사개진, 매스컴, 압력단체 등에 의한 간접적인 통제가 가능하다.

3. 사법적 통제

사법적인 통제로서는 명령·규칙이 헌법이나 법률에 위반되는 여부가 재판의 전제가 된 경우에는 법원이 이를 심사하는 위헌위법명령규칙심사제가 있다(헌법 제107조 제2항). 예외적으로 '법무사법시행규칙에 대한 헌법소원'(헌재 1992.6.26, 89헌마178)에서는 법규명령을 '공권력행사'로 보아 헌법재판소의 심사권을 인정하였다.

법규명령에 대한 무효확인 등의 항고소송은 법규명령이 국민의 구체적인 권리와 의무를 직접 변동시키지 않으므로 불가능하지만(대판 1987.3.24, 86누656), 예외적으로 조례가 개별적·구체적 규율을 하는 경우에는 처분성이 있다고 보아 허용하였다(소위 처분적 조례, 대판 1996.9.20, 95누8003).

한편 '행정주체 등이 행정입법을 제정하여야 할 법적 의무가 있음에도 상당기간 제정하지 않은' 행정입법부작위가 국민의 기본권을 침해한 경우에는 헌법소원이 가능하고(헌재 2004.2.26, 2001헌마718), 국가배상도 인정된다(대판 2007.11.29, 2006다3561).

▣ 구체적 규범통제제도 - 우리나라는 구체적 규범통제제도를 채택하고 있어서, 구체적인 사건에 있어서 법규명령의 위헌·위법성이 '재판의 전제가 되는 경우'에 한하여 그 사건의

심판을 위한 선결문제로서 다루어질 수 있을 뿐, 독립하여 법규명령의 효력을 소송에 의해 다투는 것은 허용되지 않는다(헌법 제107조 제2항). 이는 재판의 전제없이도 소송이 가능한 독일의 '추상적 규범통제제도'와 구별된다.

4. 행정적 통제

법규명령에 대한 행정적 통제로서 1) 상급행정청이 감독권의 차원에서 하급행정청의 행정입법권행사에 대하여 지휘감독권을 행사할 수 있고, 2) 절차적 통제로서 행정상 입법예고절차(행절법 제41조 이하), 3) 중앙행정심판위원회의 위법·부당한 명령에 대한 시정조치요청권(행심법 제59조), 4) 국민권익위원회의 부패영향평가에 따른 법령개선권고제도(국민권익위법 제28조 제1항) 등이 있다.

제 3 항 행정규칙

I. 개 념

행정규칙(Verwaltungsvorschriften)은 '행정조직내부에서 상급기관이 정립하는 일반적·추상적 규율로 법규의 성질을 갖지 않는 규범'이다. 즉, '행정청이 하급기관에 대하여 또는 직무상 상관이 소속공무원(직무상 부하)에게 행정조직 내부(질서)의 규율을 목적으로 제정하는 규범'이다. 행정규칙은 행정조직 내부에서 행정의 조직과 작용에 대하여 보다 자세하고 통일적으로 결정하기 위하여 제정한다.

행정규칙은 '일반적·추상적 규율'이라는 규범의 성질에서는 법규명령과 같은 행정입법이지만, '행정조직내부만을 규율한다'는 효력에서는 구분된다. 법령과 실무에서는 준칙(Richtlinie), 지침, 지시(Anweisung), 행정명령(Verwaltungsverordnung), 고시(Erlasse), 내부적인 직무상 지시(innerdienstliche Weisung), 훈령, 기술지도(technische Anleitung) 등으로 다양하게 사용되므로 법적 성질을 보아 판단하여야 한다. 특별권력관계를 규율하는 특별명령도 행정규칙의 성질을 갖는다.

【판례해설】 판례는 행정규칙을 '행정명령'이라고 보며, '행정기관 내부의 사무처리준칙'(대판 2006.5.25, 2006두3049), 즉 "상급행정기관이 하급행정기관에 대하여 업무처리지침이나 법령의 해석적용에 관한 기준을 정하여 발하는 것"이라고 정의한다(대판 1995.5.23, 94도2502).

II. 법적 성질

1. 내부효 (원칙)

전통적으로 행정규칙은 행정조직내부를 규율하기 위하여 제정되는 규범형식이므로, 원칙적으로 행정조직내부에만 효력(내부효)을 미친다(내부법).[18] 따라서 행정조직외부에 있는 국민이나 기타 독립한 법인에 대하여는 원칙적으로 직접 구속적인 효력을 미치지 않아서 '법규성이 없다'고 보았다. 종래 행정규칙의 비법규성을 개념적인 특징으로 보았다.[19]

2. 법규성에 대한 학설과 판례

전통적인 견해에 대하여 처음에는 행정규칙에 대한 국민의 권리구제를 이유로 '법규성논의'가 시작하였다. 그러나 최근에는 규범(행정규칙)의 내용을 판단하는 실질설의 입장에서 '상위법령에 근거하거나 실질적으로 국민에 대한 구속력을 가진 경우'에는 행정규칙에도 법규성을 인정하여 법규명령으로 보는 판례에 따라서 법규성문제가 다시 주장되고 있다.

1) **비법규설** 행정규칙은 Jellinek이래 전통적으로 '행정조직의 내부관계'만 규율하고 국민과의 외부적 법관계를 규율하지 않으므로 법규의 성질을 가지지 않는다고 보았다. 전통적인 입장은 비법규설이다.

행정규칙은 제정권의 권력적 기초도 상급행정기관의 지휘감독권(특별권력관계의 관리권)에 근거하여 제정되므로 별도의 법률의 위임(수권)이 필요하지 않다. 그러므로 법규명령이 일반통치권에 근거하여 제정되는 것과 구분된다. 행정규칙은 법규성이 없으므로 일반국민을 구속하지 않고, 소속 하급기관만을 구속하며, 발령한 상급기관 자신은 구속되지 않는다. 위반의 경우도 법규명령위반은 '위법'이지만 행정규칙위반은 위법이 아니고 '행정조직의 내부질서를 위반한 것'에 불과하므로 단지 내부구성원에 대한 징계사유라고 본다. 비법규성으로 인해 재판규범성은 부정된다.

2) **법규설** 법규설은 행정규칙에 법규성을 인정하자는 주장인데, 인정하는 방법에 차이가 있다. 1) '행정규칙 내부법규설'은 법규의 개념을 '법적 구속력'으로 확대하여 외부법뿐만이 아니라 내부법인 행정규칙도 내부구성원들에게는 구속력을 가지므로 법규성을 갖는다고 본다(Maurer). 2) '행정규칙 외부법규설'은 행정규칙도 내부효뿐만이 아니라 국민에 대하여 직접적·외부적 효력을 갖는다고 본다(Ossenbühl, Huber).[20]

행정규칙 내부법규설에 따르더라도 행정규칙은 단지 '내부적인 구속력을 갖는 내부법규'라고 보는 것이므로 이는 국민과의 외부관계에 법적 구속력을 갖는 것이 아니라 단지 '사실상의 간접적인 외부적 효력'에 불과하다. 그리고 행정규칙 외부법규설은 행정부 자체도 민주적 정당성을 가지므로 자신의 고유한 영역 내에서는 법률의

---

18) *Detterbeck*, Rn. 102. 우리 판례도 원칙은 같은 입장이다.

19) 최근에는 비법규성이 행정규칙의 개념적인 특징이 아니라 '행정권에 내재하는 고유한 권능'이 행정규칙의 본질이라고 보기도 한다(홍정선).

20) 장태주, 357쪽.

위임이 없어도 시원적 입법권 내지는 행정의 법생성적 규범의사가 인정되므로 법규명령과 같은 외부적 구속력을 가진다고 보는 것이다(장태주).

3) **준법규설** 준법규설은 국민의 권리보호를 위하여 행정규칙도 일정한 경우에는 국민에 대한 외부적 효력을 가지는 법규와 유사한 '준법규'로 보는 견해이다. 즉, 행정청이 재량준칙에 따라 행하여 반복된 행정관행이 형성되면, 동일사안에서는 국민에 대한 법적 구속을 하게 된다는 것이다. 따라서 행정규칙은 원칙적으로 대내적 효력만 가지나, 신뢰보호원칙 등을 수단으로 하여 간접적·외부적 효력을 가진다.

4) **유형설** 최근에 주장되는 학설로서 행정규칙의 유형별로 판례에 따라 법규성이 인정디는 재량준칙, 규범구체화행정규칙, 법률대위규칙, 법률보충규칙에는 국민에 대한 직접적인 외부적 구속력이 인정된다는 견해이다(김동희, 장태주, 홍정선, 박균성).

5) **판 례** 판례도 원칙은 행정규칙의 일반적 효력이라고 하여 "일반적으로 행정조직내부에서만 효력을 가질 뿐, 대외적인 구속력을 갖는 것은 아니다"(대판 1987.9.29, 86누484)라고 보아 법규성을 부인한다. 다만, 예외적으로 규범(해당 행정규칙)의 내용을 보아 1) 법령의 내용이 될 사항을 구체적으로 정하면서, 2) 실질적으로 법령의 구체적 규정내용을 보충하는 기능을 지니는 경우, 3) 상위법령과 결합하여 대외적으로 구속력이 있는 경우에는 법령규정의 효력에 의하여 상위법령과 결합하여 법규성이 있다고 보아 법규명령으로 인정한다.

【판례해설】 행정규칙에 법규성을 인정한 판례는 재산세사무처리규정(대판 1987.9.29, 86누484, 국세청장훈령), 식품제조영업허가기준(대판 1994.3.8, 92누1728), 상공부고시(대판 1993.11.23, 93도662), 개별토지가격합동조사지침(대판 1994.2.8, 93누111) 산업자원부장관의 공장입지기준고시(대판 2007.6.1, 2005두11500) 등이 있다.

대법원 1987. 9. 29. 선고 86누484 판결 【양도소득세부과처분취소】
<u>상급행정기관이 하급행정기관에 대하여 업무처리지침이나 법령의 해석적용에 관한 기준을 정하여 발하는 이른바 행정규칙은 일반적으로 행정조직 내부에서만 효력을 가질 뿐 대외적인 구속력을 갖는 것은 아니지만, 법령의 규정이 특정행정기관에게 그 법령내용의 구체적 사항을 정할 수 있는 권한을 부여하면서 그 권한행사의 절차나 방법을 특정하고 있지 아니한 관계로 수임행정기관이 행정규칙의 형식으로 그 법령의 내용이 될 사항을 구체적으로 정하고 있다면 그와 같은 행정규칙, 규정은 위에서 본 행정규칙이 갖는 일반적 효력으로서가 아니라, 행정기관에 법령의 구체적 내용을 보충할 권한을 부여한 법령규정의 효력에 의하여 그 내용을 보충하는 기능을 갖게 된다 할 것이고, 따라서 이와 같은 행정규칙, 규정은 당해 법령의 위임한계를 벗어나지 아니하는 한 그것들과 결합하여 대외적인 구속력이 있는 법규명령으로서의 효력을 갖게 된다고 보아야 할 것이다.</u>

6) **결 어** 규범의 형식, 즉 법규명령과 행정규칙의 구별은 '입법자가 결정할 문제'이므로(형식설) 규범의 내용에 따라 판단하는 판례의 입장(실질설)은 타당

하지 않다. 따라서 행정규칙은 원칙적으로 행정내부관계를 규율하므로 법규성이 없고, 단지 행정규칙으로 정할 수밖에 없는 기술적 사항 등에 예외적으로 법규성이 논의될 수 있다.[21)]

Ⅲ. 종 류

1. 내용에 따른 구분

행정규칙의 유형으로 1) 조직규칙(Organisationsvorschritfen)은 '행정조직과 직무운영에 관한 행정규칙'으로 행정기관의 설치와 행정청 내부적인 권한분배, 사무분장 등에 관한 직제규정, 위임전결규정 등이고, 2) 근무규칙(Dienstvorschriften, 훈령)은 '상급기관이 하급기관 및 그 구성원의 근무에 관한 사항을 규율하기 위하여 제정하는 행정규칙'이고, 3) 영조물규칙은 영조물의 관리·이용 등을 규율하기 위한 행정규칙'으로 국립대학교의 학칙, 국립연구소의 정관 등이고, 4) 행위통제규칙은 '하급행정기관을 행위면에서 통제·지도하는 행정규칙'이다.

행위통제규칙으로[22)] 1) 규범해석규칙은 법적용직무에서 법령의 해석상 통일을 기하기 위한 것으로 판단여지가 인정되지 않는 불확정 법개념의 해석·적용에서 주로 관련되고, 2) 재량준칙은 재량권이 허용된 법령을 시행하는 경우에 행정기관의 재량권 행사기준을 정하기 위한 것이고, 3) 간소화규칙은 대량행위의 발급시 지침이고, 4) 법률대위규칙은 관련 법령의 부재 또는 불충분한 경우인 법률에서 자유로운 행정분야에서 재량유도적으로 제정하는 것이고, 5) 규범구체화행정규칙은 전문분야에서 기술기준 제정을 위하여 상위법령상의 판단여지가 허용되는 불확정 법개념을 구체화한 것이다.

2. 형식에 따른 구분

행정규칙을 형식에 따라 구분하면 '광의의 훈령'과 '고시'가 있다. 광의의 훈령에는 1) 상급기관이 하급기관에 대하여 상당한 장기간에 걸쳐 그의 권한행사를 일반적으로 지휘·감독하기 위하여 발하는 명령인 훈령, 2) 상급기관이 직권 또는 하급기관의 문의나 신청에 의하여 개별적·구체적으로 발하는 명령인 지시, 3) 문서로써 반복적 행정사무처리의 기준(서식)을 제시하는 명령인 예규(지침), 4) 당직·출장·퇴근 등 일일업무에 관한 명령인 일일명령이 있다.

---

21) 판례는 법의 해석 및 적용과 판단근거의 흠결시 법원에 부여된 법형성을 넘어서 행정입법을 입헌자 및 입법자가 결정한 규범형식에 상관없이 행정내부의 사무처리기준 및 국민의 권리, 의무에 대한 변동이라는 기준으로 판단하여 이제는 시행규칙인 부령은 아예 법규명령이 아닌 행정규칙이라고 판단하는 심각한 오류에 이르고 있다.

22) 자세한 설명은 *Detterbeck,* Rn. 857 ff.

대법원 2001. 8. 24. 선고 2000두7704 판결【면직처분취소】
상급자가 하급자에게 발하는 직무상의 명령이 유효하게 성립하기 위하여는 상급자가 하급자의 직무범위 내에 속하는 사항에 대하여 발하는 명령이어야 하는 것이다.

▣ 규범구체화행정규칙 : 법령의 내용이 명확하거나 충분하지 않은 경우에 행정권이 상위규범을 다시 구체화하는 행정규칙으로 1985년 원자력발전소 건설과 관련된 독일의 Whyl 판결에서 주장되었다. 우리나라에서는 행정규칙 형식의 법규명령이론에서 원용된다.

3. 특수문제

1) 법규명령형식의 행정규칙론

(1) 개 념 우리나라는 행정의 현대화를 위하여 재량준칙이었던 사무처리기준을 시행규칙(부령)에 규정하였다. 이에 법원은 법규명령인 시행규칙에 따른 법적 구속을 회피하고자, 시행규칙(법규명령)의 규범내용을 '행정내부의 사무처리기준', 즉 '처분기준'이라 하여 그 법규성을 부인하였다.[23] 이것이 '규범형식은 법규명령인데 실질적으로는 행정규칙'이라고 보는 법규명령(시행규칙)형식의 행정규칙론이다. 주로 제재적 행정처분에서 문제된다.

(2) 법적 성질 1) 형식설(소극설, 법규명령설)은 규범의 형식은 헌법과 입법자에 의하여 결정되는 것으로 규범의 형식이 법규명령이면, 규범의 내용에 상관없이 국민을 구속하는 법규명령으로 본다. 특히 법률에도 국민을 구속하지 않는 조직규범 등이 있다고 실질설을 반박한다(김동희, 정하중, 박균성). 2) 실질설(적극설, 행정규칙설)은 규범형식이 법규명령이라도 규범의 내용이 국민을 구속하는 것이 아니라 행정내부의 사무처리기준이면 행정규칙으로 보아야 한다고 본다(류지태). 3) 수권여부기준설(절충설)은 법령의 수권여부에 따라 법령의 수권에 근거한 것은 법규명령이고, 수권없이 제정되었으면 행정규칙이라고 본다(김남진/김연태, 홍정선). 4) 판례는 법령이 위임이 없이 부령 · 조례에서 처분요건을 정하는 경우는 법규성이 없는 행정규칙으로 보거나 (1992.3.31, 91누4928), 형식은 부령(시행규칙)이라도 행정기관 내부의 사무처리준칙을 규정한 것에 불과한 경우에는 '행정규칙'으로 보지만(대판 1989.12.22, 89누5133), 예외적으로 규정형식이 대통령령인 경우에는 '법규명령'으로 본다(대판 1997.12.26, 97누15418). 5) 형식설이 다수설이고 법규명령이라는 규범형식은 헌법과 입법자가 정하는 것이므로 '법규명령'으로 보는 형식설이 타당하다.

【판례해설】 부령이 법령의 위임이 없이 처분요건을 규정한 경우에는 이는 법규성이 없어 내부적인 사무처리기준을 정한 행정규칙에 불과하여 이를 위반한 행위는 위법이 아니라 법규성이 있는 상위 관련법령으로 위법성을 판단하여야 한다(대판 2013.9.12, 2011두10584).

---

23) 이러한 시행규칙은 법규명령이어서 재판규범으로 법원을 구속하므로 법원은 이 시행규칙에 따른 처분은 적법한 것으로 판단할 수밖에 없었다. 그러나 행정의 재량행위를 재량의 일탈 · 남용으로 위법하다고 판단하던 법원이 시행규칙 때문에 더 이상 그러한 판단을 할 수 없자, 이번에는 아예 법규명령에서 법규성을 제거하기 시작한 것으로 보인다.

대법원 1989. 12. 22. 선고 89누5133 판결【유기장업허가취소처분취소】
공중위생법 제23조 제1항은 처분권자에게 영업자가 법에 위반하는 종류와 정도의 경중에 따라 제반사정을 참작하여 위 법에 규정된 것중 적절한 종류를 선택하여 합리적인 범위 내의 행정처분을 할 수 있는 재량권을 부여한 것이고, 이를 시행하기 위하여 동 제4항에 의하여 마련된 공중위생법시행규칙 제41조 별표 7에서 위 행정처분의 기준을 정하고 있더라도 위 시행규칙은 형식은 부령으로 되어 있으나 그 성질은 행정기관 내부의 사무처리 준칙을 규정한 것에 불과한 것으로서 보건사회부장관이 관계행정기관 및 직원에 대하여 그 직무권한 행사의 지침을 정하여 주기 위하여 발한 행정명령의 성질을 가지는 것이지, 위 법 제23조 제1항에 의하여 보장된 재량권을 기속하거나 대외적으로 국민이나 법원을 기속하는 것은 아니다.

2) 행정규칙형식의 법규명령론

(1) 개 념 법원은 행정규칙(훈령)을 일정한 경우에 법규명령의 성질을 가진다고 본다. 즉, 법령이 행정규칙에 수권하고 있고, 원래 법령에서 규정할 내용을 구체적으로 보충하고 있으면, 수권한 법령의 효력에 의하여 그 행정규칙이 대외적인 구속력이 있는 법규명령의 효력을 갖는다고 본다. 이는 내용상 국민에 대하여 구속력을 지니는 규범이 행정규칙의 형식으로 발해진 것이므로 행정규칙의 형식이라도 그 실질은 법규명령으로 보자는 것이다. 이는 종전 독일의 법령보충적 행정규칙론의 논리를 빌리고 있다.

대법원 1987. 9. 29. 선고 86누484 판결【양도소득세부과처분취소】
상급행정기관이 하급행정기관에 대하여 업무처리지침이나 법령의 해석적용에 관한 기준을 정하여 발하는 이른바 행정규칙은 일반적으로 행정조직 내부에서만 효력을 가질 뿐 대외적인 구속력을 갖는 것은 아니지만, 법령의 규정이 특정행정기관에게 그 법령내용의 구체적 사항을 정할 수 있는 권한을 부여하면서 그 권한행사의 절차나 방법을 특정하고 있지 아니한 관계로 수임행정기관이 행정규칙의 형식으로 그 법령의 내용이 될 사항을 구체적으로 정하고 있다면 그와 같은 행정규칙, 규정은 위에서 본 행정규칙이 갖는 일반적 효력으로서가 아니라, 행정기관에 법령의 구체적 내용을 보충할 권한을 부여한 법령규정의 효력에 의하여 그 내용을 보충하는 기능을 갖게 된다 할 것이고, 따라서 이와 같은 행정규칙, 규정은 당해 법령의 위임한계를 벗어나지 아니하는 한 그것들과 결합하여 대외적인 구속력이 있는 법규명령으로서의 효력을 갖게 된다고 보아야 할 것이다.

(2) 법적 성질 1) 형식설(행정규칙설)은 행정규칙형식의 법규명령은 헌법상 규정된 법규명령의 종류도 아니고 규범의 형식도 법규명령이 아니므로 행정규칙이라고 본다(강구철, 박균성, 김연태). 2) 실질설(법규명령설)은 규범형식은 행정규칙이지만, 규범의 내용은 상위법령의 위임을 받아 이를 보충하므로 법규명령으로 본다(김동희, 박윤흔, 장태주). 3) 규범구체화행정규칙설은 법규성을 인정하지만 본질은 행정규칙인 규범구체화행정규칙으로 보자는 것이다(김남진). 4) 수권기준설은 이는 법령의 수권여부로 판단하되, 법령이 행정규칙(고시·훈령)에 위임한 것은 법규명령이고, 위임하지

않은 것은 행정규칙이다. 법령의 위임이 없는 침익적 사항은 행정규칙이고, 수익적 사항은 법규명령이라고 본다(홍정선). 5) 판례는 행정규칙도 법령의 위임에 따라 그 내용을 보충하면 대외적 효력을 갖는 '법규명령'으로 보며(대판 1987.9.29, 86누484), 이는 헌법소원의 대상이다(헌재 2004.1.29, 2001헌마894). 주로 훈령과 고시에서 문제된다. 6) 행정규칙으로 규범형식이 정해진 경우에 법규명령으로 규정할 수 없는 극히 예외적인 전문적이고 기술적 사항 또는 미래예측에 관한 규범구체화행정규칙을 제외하면, 당연히 형식설에 따라 입법자가 대외적 구속력을 부여한 바가 없으므로 행정규칙으로 보아야 한다.

3) 고 시

(1) 개 념 고시(Bekanntmachung)는 '행정청이 법령이 정하는 일정한 사항을 불특정 다수인에게 알리는 행위'이다.[24] 따라서 일반 행정규칙과 달리, 고시는 '직접 널리 알리는 행위'이므로 '직접적인 외부효'를 갖는다는 점이 특징이다(*Detterbeck*, 323). 특히 최근 판례가 고시되는 내용에 따라 규범성을 인정하면서 그 법적 성질이 문제되고 있다.

특히 헌법은 법규명령을 규정하고 있으나, 이는 예시적 규정이어서 헌법상 위임입법의 법리에 위반하지 않고(헌재 2004.10.28, 99헌바91), 특히 행정법에서 법규성이 문제되는 고시는 '규제에 관한 고시'인데, 이는 "법령에서 전문적·기술적 사항이나 경미한 사항으로서 업무의 성질상 위임이 불가피한 사항에 관하여 구체적으로 범위를 정하여 위임한 경우에는 고시 등으로 정한 경우"로 허용하고 있다(행정규제기본법 제4조 제2항 단서).

(2) 법적 성질 판례에 따르면, 고시의 법적 성질은 '고시되는 내용'에 따라 달라진다. 1) 고시가 규범적인 내용이 없이 일반적으로 행정청이 어떠한 사실을 알리는 경우에는 행정행위의 '효력요건으로서의 고시'이다. 2) 규범적인 내용을 가진 경우, 즉 일반적 · 추상적 규율을 하는 경우에는 원칙적으로 행정규칙이다(장태주, 대결 2003.10.9, 2003무23). 또한 "법령에 근거를 둔 것이라고 하더라도 그 규정 내용이 법령의 위임범위를 벗어난 것일 경우"에도 행정규칙이다(대판 2006.4.28, 2003마715). 3) 고시가 '법령의 수권에 의하여 법령을 보충하는 사항을 정하는 경우'나 '모법의 위임에 의하여 기본권을 제한하는 경우'(대판 2008.11.27, 2005헌마161)에는 "그 근거 법령규정과 결합하여 대외적으로 구속력이 있는 법규명령으로서의 성질과 효력을 가진다"(대판 2006.4.27, 2004도1078). 소위 법령보충적 고시이다. 4) 고시가 '구체적 규율'(헌재 1998.4.30, 97헌마141), 즉 "다른 집행행위의 매개없이 직접 국민의

---

24) 고시는 '단순히 알리는 행위'에 불과한 것인데, 이것이 일본을 거치면서 그 '알리는 내용'에 따라 '행정규칙', '처분', '법규명령' 등으로 판단하고 있다. 이러한 문제점에 대한 지적으로는 변무웅, "행정규칙, 특히 고시의 법적 성격", 『법과정책연구』 제10집 제1호, 2010. 6, 271쪽 이하.

권리의무나 법률관계를 규율하는 성격을 가지는 경우는 행정처분에 해당한다(대결 2003.10.9, 2003무23). 일반적·구체적 규율을 하는 경우에는 '일반처분'의 성질을 가지고(약제상한금액고시, 대판 2006.9.22, 2005두2506),

따라서 판례는 고시를 그 규율내용에 따라서 행정행위의 효력요건, 법규명령, 처분, 행정규칙으로 본다.

대법원 2011. 9. 8. **선고** 2009**두**23822 **판결** **【공장신설불승인처분취소】**
이와 같은 관계 법령의 내용, 형식 및 취지 등을 종합하면, 이 사건 지침은 위 산업입지법령이 위임한 바에 따라 그 법령의 내용이 될 사항을 구체적으로 정한 것으로서, 당해 법령의 위임 한계를 벗어나지 않으므로, 그와 결합하여 대외적으로 구속력이 있는 법규명령으로서의 효력을 가진다고 할 것이다.

Ⅳ. 근거와 한계

1. 근 거

행정규칙은 원칙적으로 상급기관의 직무상 '포괄적인 감독권'에 근거하여 발령한다. 따라서 법적 근거는 단지 행정기관에 대한 권한규정(조직규범)이면 충분하다. 행정규칙은 개인의 권리·의무와 직접 관련이 없으므로 행정의 법률적합성원리상의 법률유보원칙에 따른 구체적인 법률의 수권(권능규정)은 필요하지 않다.

2. 한 계

행정규칙도 행정작용으로서 하나의 행위형식이므로 당연히 법률의 우위원칙에 따라 법률을 위반해서는 안 된다. 아울러 상위 법령이나 규칙, 행정법상의 일반원칙을 위반하여서는 안 되고, 목적상 필요한 범위 내에서 제정되어야 한다.

Ⅴ. 성립요건과 효력요건, 하자, 소멸

1. 성립요건

행정규칙은 1) 주체는 정당한 권한을 가진 상급행정기관이 그 권한의 범위 내에서, 2) 내용은 적법·타당, 실현가능, 명백하여야 하고, 3) 절차는 별도의 입법절차는 필요 없으나, 훈령(대통령훈령, 국무총리훈령)의 경우에는 '법제처 심사'가 필요하며, 4) 형식은 불요식이나, 단, 「행정업무의 효율적 운영에 관한 규정 시행규칙」에서 훈령 등의 서식을 정하고 있다.

2. 효력요건

행정규칙은 국민에 대한 법적 효력(대외적 효력)이 없으므로 법령과 달리 대외적인 공포를 요하지 않는다. 판례는 "적당한 방법으로 표시 또는 통보하면 되는 것이지 이를 공포하거나 고시하지 아니하였다는 이유만으로 그 효력을 부인할 수도 없다"고 본다(대판 1990.5.22, 90누639). 그러나 예외적으로 고시는 국민에게 공개되므로 효력발생시기를 구체적으로 정하지 않은 경우에는 공고 또는 고시 등이 있은 날로부터 5일이 경과한 때에 효력이 발생한다(행정업무규정 제6조 제3항).

3. 하 자

행정규칙이 성립요건과 효력요건(고시만 해당)을 결하여 하자가 발생한 경우에는 1) 전통적인 입장은 하자의 일반이론에 따라 무효와 취소를 구별하였으나, 2) 최근에는 규범의 성격을 인정하여 언제나 '무효'로 본다(장태주, 홍정선).

판례는 상위법령의 근거가 없는 행정규칙에 근거하는 처분은 행정규칙이 무효이므로 처분도 당연무효라고 본다(대판 1980.12.23, 79누382).

4. 소 멸

행정규칙은 명시적·묵시적 폐지, 종기의 도래, 해제조건의 성취 등에 의하여 소멸한다.

Ⅵ. 효 력

1. 내부효

행정규칙은 원칙적으로 '행정조직 내부에서만 일정한 구속력'을 가지는 내부적 효력을 갖는다. 따라서 행정조직내부의 하급기관이나 하급자를 구속할 뿐(대판 1998.6.9, 97누19915), 행정조직의 외부에 있는 사인이나 법원 등을 구속하지는 못한다.

행정규칙에 따른 처분의 위법성은 법규성이 없는 행정규칙이 아니라 상위법령에 따라 판단하여야 한다(대판 1984.2.28, 83누551). 그러나 행정조직내부 구성원(공무원)의 행정규칙위반은 조직의 내부질서를 문란하게 하였으므로 '징계사유'가 될 수 있다(대판 2001.8.24, 2000두7704).

2. 외부효

1) **원 칙** 행정규칙은 원칙적으로 행정조직내부만 규율하므로 국민에 대한 외부적 효력을 갖지 않는다. 다만, 행정사무를 통일하거나 조정하는 까닭에 상대방인 국민의 권리에 간접적으로 영향을 미칠 수 있다.[25] 이것은 원칙적으로 비법규설에 따라 일반적으로 법규성은 부인되므로, 단지 '사실상의 효력' 또는 '간접적인 효력'이라고 본다.

2) **예 외** 1) 판례는 예외적으로 법령에 수권근거가 있고 법령의 내용을 보충하는 등의 예외적인 경우(규범구체화행정규칙)는 상위법령과 결합하여 법규명령으로 보아 외부적 효력을 인정한다. 외부적 효력이 인정되는 경우에는 헌법소원의 대상이 된다. 2) 행정규칙에 의하여 행정관행이 형성된 경우에도 행정의 자기구속의 법리를 인정할 것인가의 문제에서 판례는 신뢰보호원칙에 의거하여 대외적 구속력을 가진다고 본다.

헌법재판소 1990. 9. 3, 90**헌마**13 **【전남도교육위1990학년도인사원칙헌법소원】**
이른바 행정규칙은 일반적으로 행정조직 내부에서만 효력을 가지는 것이고 대외적인 구속력을 갖는 것이 아니다. 다만, 행정규칙이 법령의 규정에 의하여 행정관청에 법령의 구체적 내용을 보충할 권한을 부여한 경우, 또는 재량권 행사의 준칙인 규칙이 그 정한 바에 따라 되풀이 시행되어 행정관행이 이룩되게 되면 평등의 원칙이나 신뢰보호의 원칙에 따라 행정기관은 그 상대방에 대한 관계에서 그 규칙에 따라야 할 자기구속을 당하게 되는 경우에는 대외적인 구속력을 가지게 된다.

Ⅶ. 통 제

행정규칙은 원칙적으로 외부적 효력이 없으므로 사법심사의 대상이 아니다. 예외적으로 법규성이 인정되는 경우에 한하여 사법심사가 인정되어 위법여부를 다투거나 그에 근거한 처분의 위법을 다툴 수 있다.

행정규칙에 대한 가장 효과적인 통제는 행정상 통제로서 상급행정기관의 지휘·감독권의 행사로 하급행정기관이 발한 행정규칙을 감독하는 것이다.

행정규칙에 대하여도 법규명령과 같은 통제제도가 있다. 국회 소관 상임위원회제출제도(국회법 제98조의2), 대법원의 규칙에 대한 위헌·위법심사제도(헌법 제107조), 중앙행정심판위원회의 시정조치요청권(행심법 제59조), 국민권익위원회의 부패영향평가에

25) 따라서 행정청이 행정규칙에 따라 결정하는 경우에만 상대방인 국민은 간접적으로 관련된다. 그러므로 상대방은 행정규칙이 아니라 행해진 행정청의 결정을 대상으로 소를 제기하여야 한다. *Detterbeck*, Rn. 103.

따른 법령개선권고제도(권익위법 제28조 제1항) 등이다.

제 4 항 자치입법

I. 자치입법의 개념

자치입법(Satzungen)은 '국가로부터 지정된 공법상 법인인 자치행정단체가 법률상 부여된 자치권의 범위 내에서 구성원들에게 영향을 미치기 위하여 제정하는 법규범'이다.[26] 자치입법은 국가사무를 규율하는 일반법령과 달리 원칙적으로 단체 내의 '고유사무'를 규율한다. 물론 법령이나 행정주체의 위임 등에 따른 위임사무를 규율할 수도 있다.

우리나라는 자치입법을 주로 헌법상 지방자치의 보장에 기반하여 지역단체인 지방자치단체를 중심으로 규정하고 있어서, 자치입법은 흔히 '지방자치단체의 입법', 즉 지방자치입법을 말하는 것으로 이해한다. 그러나 지방자치단체 외에도 영조물이나 각종 공법상 사단법인에서도 자치입법으로서 '정관', '이용규칙'을 제정한다.

II. 지방자치입법

지방자치입법은 헌법상 지방자치의 보장에 의하여 지방고권인 자치입법권에 근거하여 제정하는 것이다(제117조 제1항).[27] 아울러 다수의 법령에서 자치입법인 조례에 위임하고 있다.

지방자치입법에는 1) '지방자치단체가 법령의 범위 내에서 그 사무에 관하여 지방의회의 의결을 거쳐 제정하는 법규범'인 조례(지방자치법 제22조), 2) '지방자치단체의 장이 법령 또는 조례의 범위 안에서 그의 권한에 속하는 사무에 관하여 제정하는 법규범'인 자치규칙(법 제23조), 3) '교육감이 법령 또는 조례의 범위 안에서 그 권한에 속하는 사무에 관하여 제정하는 법규범'인 교육규칙(지방교육자치법 제25조)이 있다.[28]

---

26) *Detterbeck*, Rn. 844; *Ipsen*, Rn. 301.

27) 「헌법」 제117조 ① 지방자치단체는 주민의 복리에 관한 사무를 처리하고 재산을 관리하며,

28) 「지방자치법」 제22조(조례) 지방자치단체는 법령의 범위 안에서 그 사무에 관하여 조례를 제정할 수 있다. 다만, 주민의 권리 제한 또는 의무 부과에 관한 사항이나 벌칙을 정할 때에는 법률의 위임이 있어야 한다. 제23조(규칙) 지방자치단체의 장은 법령이나 조례가 위임한 범위에서 그 권한에 속하는 사무에 관하여 규칙을 제정할 수 있다. 「지방교육자치법」 제25조(교육규칙의 제정) ① 교육감은 법령 또는 조례의 범위 안에서 그 권한에 속하는 사무에 관하여 교육규칙을 제정할 수 있다. ② 교육감은 대통령령이 정하는 절차와 방식에 따라 교육규칙을 공포하여야 하며, 교육규칙은 특별한 규정이 없는 한 공포한 날부터 20일이 경과함으로써 효력을 발생한다.

자치입법 특히 지방의회가 의결하여 제정하는 조례는 "법령의 범위 안에서" 제정할 수 있으므로 법률과의 효력문제가 종전에 논의되었다. 판례는 포괄적 수권을 인정한다. 그러나 조례도 법규명령의 일종으로 본다면, 당연히 수권근거에 의하여 제정될 수 있다고 보아야 할 것이고, 따라서 법률의 우위가 당연히 적용되어야 한다. 아울러 법규명령과 마찬가지로 외부효가 인정되므로 자세한 입법절차를 규정한다.

Ⅲ. 공공기관의 규범

우리나라에서는 국가와 지방자치단체를 제외한 공법상 사단 등의 독립한 행정주체(공공기관)를 제한된 경우에만 '행정주체성'을 인정하고 있어서 이들 공공기관이 제정하는 규범의 법적 성질이나 효력이 덜 문제된다.

최근 국민권익위원회에서 공공기관을 '공직유관단체'라 하고, 공공기관이 제정하는 규범을 '사규'라고 부른다. 이는 국민생활과 크게 관련되므로 사규공개 및 자율적인 부패영향평가를 시행하고 있다. 판례는 토지공사의 "예규는 내부의 사무처리준칙을 정한 것에 불과하고, 대외적으로 국민이나 법원을 기속하는 효력이 없다"고 본다(대판 1997.2.11, 96누14067).

제 3 절 행정계획

☞ 국가는 국가공동체를 위하여 미래를 위한 이정표 내지 중요한 행정목적(지역균형개발 등)을 세우고 이를 촉진하거나 달성하기 위하여 여러 분야의 행정력과 행정작용을 종합하여 사용할 수 있다. 행정계획은 전체 국민에 대하여 통일적인 규율을 하면서도(법규명령과 같은 규범적 측면) 개별 국민을 규율하는(행정행위적 측면)을 가지는 행위형식이다. 따라서 공동체를 위한 다수의 이익(공익)과 개인의 이익(사익)의 형량이 관건이다.

Ⅰ. 개 념

행정계획은 '행정주체가 장래의 일정한 행정목표를 설정하고, 이를 달성하기 위하여 서로 관련되는 모든 행정수단을 종합·조정함으로써 장래에 일정한 질서를 실현하기 위한 활동기준(Plan) 또는 그 설정행위'(Plannung)를 말한다.

행정계획은 처음에는 '국토계획법'(Raumordnungsrecht)에서 시작하였다. 현대국가에서는 복잡다단하고, 사회국가의 발전에 따라 다양한 사회행정영역 등에서 보다 적극적인 국가·사회설계의 필요성과 기술조건의 진보에 따른 미래위험을 방지하기 위한 리스크행정 등이 요구되면서 행정계획이 더욱 중요시되고 있다.

대법원 2007. 4. 12. **선고** 2005두1893 **판결 【도시계획시설결정취소】**
행정계획이라 함은 행정에 관한 전문적·기술적 판단을 기초로 하여 도시의 건설·정비·

개량 등과 같은 특정한 행정목표를 달성하기 위하여 서로 관련되는 행정수단을 종합·조정함으로써 장래의 일정한 시점에 있어서 일정한 질서를 실현하기 위한 활동기준으로 설정된 것으로서, 도시계획법 등 관계 법령에는 추상적인 행정목표와 절차만이 규정되어 있을 뿐 행정계획의 내용에 관하여는 별다른 규정을 두고 있지 아니하므로 행정주체는 구체적인 행정계획을 입안·결정함에 있어서 비교적 광범위한 형성의 자유를 가지는 것이다.

행정계획은 1) 미래에 대한 행정목표를 설정하는 미래예측기능(Prognose), 2) 일정한 행정목표를 달성하기 위하여 촉진, 조성, 유도하는 기능, 3) 다양한 행정활동을 종합 및 조정하는 기능, 4) 행정과 국민의 매개적 기능을 함으로써 종래의 행정이 갖는 재량보다 더 넓은 형성의 자유가 인정된다.

II. 법적 성질

1. 학 설

행정계획은 형식적으로는 마치 법규명령처럼 국민에 대한 일반적·추상적 규율로서 수립된다. 그러나 실질적으로는 행정목표의 실현을 위하여 주로 행정기관을 구속하지만, 직접 국민에 대하여 일정한 행위를 제한하기도 한다. 아울러 행정계획간에는 효력의 우위가 있어서 하위의 계획을 구속하거나 하위계획을 기반으로 상위계획이 작성되기도 한다.

행정계획의 법적 성질에 대하여 1) 법규명령설(행정입법설, 입법행위설)은 행정계획이 행정이 행하는 일반적·추상적 규율로서 국민에 대하여 일반적 구속력을 가지므로 법규명령의 성질을 갖는다고 본다(서울고법 1980.1.29, 79누416). 2) 행정행위(처분)설은 행정계획 중에서 행위제한처럼 개인의 법률관계에 구체적인 변동을 가져오는 행정행위의 성질을 갖는 것이 있으므로 국민의 권리구제를 위하여 항고소송의 대상인 처분으로 본다(대판 1982.3.9, 80누105). 3) 복수성질설(혼합행위설)은 행정계획에는 일반적·추상적 규율로서 일반적 구속력을 가지는 법규명령적인 것도 있고, 국민의 법률관계에 구체적인 변동을 미치는 행정행위적인 것도 있다고 본다. 4) 독자성설은 행정계획이 구체적이므로 규범도 아니고, 개인의 권리를 결정하는 것도 아니므로 행정행위도 아닌 독자적인 특수한 성질의 것이라고 본다. 5) 개별검토설은 행정계획이 규범적인 성질도, 처분적인 성질도 가지므로 매 행정계획마다 그 법적 성질을 개별적으로 검토하여야 한다고 본다(홍정선, 강의중, 김남진, 이상규, 박윤흔). 6) 개별검토설이 다수설이고 타당하다.

2. 판 례

판례는 개인에 대한 직접적인 권리·의무를 규제하지 않는 행정계획은 처분성이 없다고 보고, 개인의 권리행사를 제한하는 행정계획만 '처분성'이 있다고 본다.

【판례해설】 행정계획에 처분성을 인정한 판례는 1) 구 도시계획법상 도시계획결정은 고시되면 개인의 권리행사에 일정한 제한을 하게 되므로 행정청의 처분이고(대판 1982.3.9, 80누105; 1988.5.24, 87누388), 2) 주택재건축정비사업조합의 관리처분계획은 관할 행정청의 인가 · 고시가 있으면 행정처분의 효력이 발생하며(대판 2009.9.17, 2007다2428). 3) 헌법재판소도 개발제한구역의 지정고시는 행정쟁송절차로 다툴 수 있다고 보았다(헌재 1991.7.22, 89헌마174; 대판 1978.12.26, 78누281).

한편 처분성을 부정한 판례는 1) 환지계획은 환지예정지 지정이나 환지처분의 근거가 될 뿐 그 자체가 고유한 법률효과를 수반하는 것이 아니어서 처분이 아니고(대판 1999.8.20, 97누6889), 2) 농어촌도로기본계획은 농어촌도로의 장기개발방향의 지침을 정하기 위한 계획이므로 국민의 권리와 의무를 개별적 · 구체적으로 규정한 효과를 가지는 것이 아니므로 처분이 아니며(대판 2000.9.5, 99두974), 3) 구 도시계획법상 도시기본계획은 "도시계획입안의 지침에 불과하여 일반국민에 대한 구속력이 없다"고 보았다(대판 2002.10.11, 2000두8226).

도시계획에 처분성을 긍정한 판례 – 대법원 1982. 3. 9. 선고 80누105 판결
도시계획법 제12조 소정의 도시계획결정이 고시되면 도시계획구역 안의 토지나 건물 소유자의 토지형질변경, 건축물의 신축, 개축 또는 증축 등 권리행사가 일정한 제한을 받게 되는바 이런 점에서 볼 때 고시된 도시계획결정은 특정 개인의 권리 내지 법률상의 이익을 개별적이고 구체적으로 규제하는 효과를 가져오게 하는 행정청의 처분이라 할 것이고, 이는 행정소송의 대상이 되는 것이라 할 것이다(대판 1978.12.26, 78누281 참조). 원심이 도시계획결정이 개인에게 구체적이고 직접적인 권리의무 관계의 발생을 가져오게 하는 것이 아니라는 이유로 위와 같이 판단하였음은 도시계획결정과 행정소송의 대상에 관한 법리를 오해한 위법이 있다 할 것이고, 이 점에서 논지는 이유있다.

Ⅲ. 종 류

1. 대상별 · 기간별 구분

행정계획은 대상에 따라 국토계획, 경제계획, 교육계획, 사회계획 등으로 분류되고, 기간에 따라 장기계획(6년 이상), 중기계획(2-5년), 단기 · 연도별계획이 있다.

2. 효력상의 구분

행정계획의 효력에 따라 1) 단순히 자료나 정보만을 제공할 뿐 법적인 구속력을 갖지 않는 자료제공적 계획(비구속적 계획), 2) 행정계획이 설정한 목적에 부응하는 경우에 혜택을 부여함으로써 유도하는 영향적 계획(유도적 계획), 3) 계획의 상대방을 법적으로 구속함으로써 행정목적을 달성하는 명령적 계획(규범적 계획)이 있다.

3. 법령상의 구분

같은 법령 또는 관련분야에서 여러 행정계획이 있는 경우, 그 구체화 정도에 따라 1) 해당 분야의 기본사항을 정하는 상위계획으로서 주로 행정청을 구속하는 기본계획, 2) 기본계획에 근거하여 세부적인 시행사항을 정하는 하위계획으로서 직접 국민을 구속하기도 하는 집행(시행)계획으로 구분될 수 있다.

계획분야와 관련하여서는 1) 대상지역 내의 모든 부문을 포괄하는 종합계획(Gesamtplan, 주로 국토계획)과, 2) 도로계획이나 교통계획과 같은 특정 대상이나 특정 전문분야에 한정된 부문계획 내지 전문계획(Fachplan)으로 나뉠 수 있다.

대상지역(효력)에 따라 국토계획법제는 1) 전국계획, 2) 지방계획(둘 이상의 시·도), 3) 지역계획으로 구분한다.

Ⅳ. 법적 근거와 수립절차

1. 법적 근거

1) 현재 행정계획에 대한 일반법은 존재하지 않는다. 일반적으로 행정계획은 행정절차법에서 주로 규정하지만,[29] 현행 행정절차법에는 규정이 없다.[30] 그 외에는 대부분 개별법령에서 관련 분야의 행정계획을 규정한다.[31]

2) 행정계획에 법적 근거가 필요하냐에 대하여 국민의 권리 등을 제한하지 않는 비구속적 계획은 해당 행정청의 권한(조직)근거만으로 수립이 가능하지만, 국민의 권리에 영향을 미치는 구속적 계획은 구체적인 권능규정으로 법적 근거가 필요하다. 다만, 대부분의 행정계획이 예산조치를 필요로 하므로 법률에 규정하는 경우가 많다. 아울러 행정계획은 엄격한 법적 제한을 받기보다는 수립권자에게 넓은 형성의 자유인 계획재량을 인정하고 있다.

2. 계획수립절차

행정계획은 행정주체가 계획과정에서 다양한 분야 및 계층의 이해관계를 종합하여야 하는바,[32] 개별법령에서 전문지식과 관련 행정기관 및 상대방의 이해를 고려하여 수립한다.

민관의 의견반영을 위하여 독일에서는 계획확정절차가 존재한다. 우리는 계획확정절차가 없이 개별적으로 규정된다. 일반적으로 보면, 1) 관계행정기관과의 조

29) 독일 행정절차법과 1987년 행정절차법(안)에서는 행정계획의 확정절차가 규정되어 있었다.

30) 그러나 '국토계획'을 종합계획으로 볼 경우에는 「국토기본법」 등의 국토계획법제를 행정계획의 기본법 내지 관련법으로 볼 수도 있다.

31) 최근 제정되는 촉진법에는 대부분 행정계획을 포함하지만, 대부분 실효성이 없다. 이는 조문 늘리기 위한 옵션처럼 법제정기술로 운용된다. '법률의 홍수'이므로 자제해야 한다.

32) 도시계획수립절차에 대하여 김종보, "행정절차로서의 계획절차와 도시계획수립절차 : 독일의 계획확정절차, 연방건설법전의 건설계획 수립절차와 관련하여", 『행정법연구』 창간호, 1997. 6, 169쪽 이하.

정, 협의, 의견청취, 2) 상급행정청의 조정이나 승인, 3) 민간전문가를 포함한 관련 심의회의 조사, 자문 및 심의, 4) 국무회의의 심의, 5) 지방자치단체(지방의회)의 의견청취, 참가, 6) 공청회, 청문, 의견제출절차 등을 통한 이해관계인, 지역주민, 전문가의 참여, 7) 공고 및 공개절차 등을 둔다. 물론 구체적인 행정계획에서는 가감하기도 한다. 입법론적으로는 계획확정절차의 도입이 요구된다.

V. 계획의 결정

1. 계획재량

행정주체가 행정계획을 수립하는 경우에는 관련되는 모든 공익과 사익을 고려하기 위하여 일반 행정기관의 재량권보다 더욱 '광범위한 형성의 자유'를 갖는데, 이를 '계획재량'이라고 한다(대판 1997.9.26, 96누10096).[33] 행정계획 자체가 '미래예측'적인 측면이 있고, 나아가 모든 이해관계를 포괄해야 하기 때문에 재량보다 '넓은 형성의 자유'를 인정하는 것이다.

대법원 1996. 11. 29. 선고 96누8567 판결 【도시계획시설결정처분무효확인등】
<u>도시계획법 등 관계 법령에는 추상적인 행정목표와 절차만이 규정되어 있을 뿐 행정계획의 내용에 대하여는 별다른 규정을 두고 있지 아니하므로 행정주체는 구체적인 행정계획을 입안·결정함에 있어서 비교적 광범위한 형성의 자유를 가진다고 할 것이지만, 행정주체가 가지는 이와 같은 형성의 자유는 무제한적인 것이 아니라 그 행정계획에 관련되는 자들의 이익을 공익과 사익 사이에서는 물론이고 공익 상호간과 사익 상호간에도 정당하게 비교교량하여야 한다는 제한이 있는 것이다.</u>

일반 행정재량과의 구별에 대하여 1) 질적차이부정설은 행정재량과 계획재량간의 양적 차이는 인정하지만 질적인 차이는 인정하지 않는다. 판례도 '재량행위'로 본다고 한다(박균성, 류지태, 장태주). 2) 질적차이긍정설(구별설)에 따르면 행정재량은 이미 주어진 구성요건하에서의 결정 또는 선택하는 재량이고, 계획재량은 처음부터 주어진 행정목적에 따른 광범위한 재량이므로 양자를 구별한다(홍정선). 3) 양자는 본질적으로 서로 다르다. 계획재량은 재량보다 더 넓은 형성의 여지이고, 물론 더 넓은 것은 '입법재량'이다.

일반적으로 계획재량에는 '형성의 자유'가 인정되므로 사법심사가 제한되나, 행정계획의 목표가 법질서에 부합하고, 수단은 목표실현에 적합하고, 비례적이고, 법에 정한 절차를 준수하고, 계획관련자 모두의 이익을 고려하여야만 한다.

---

33) 계획재량에 대하여 선판례는 대판 1996.11.29, 96누8567이나 '계획재량'이라는 용어를 처음 사용한 것은 대판 1997.9.26, 96누10096이다.

2. 형량명령

행정계획은 계획주체에게 원칙적으로 비교적 광범위한 형성의 자유를 인정하지만, 이는 무제한적인 것은 아니다(대판 1996.11.29, 96누8567). 따라서 행정계획은 국가와 다수인의 이익을 고려하여 수립해야 하는데, 특히 행정주체가 계획재량을 행사하는 경우에는 행정계획을 통하여 달성하고자 하는 공익과 그로 인하여 피해를 입는 사익의 조화가 문제된다. 따라서 행정계획과 관련된 모든 이익(공익과 사익, 공익 상호간, 사익 상호간)을 정당하게 형량할 것이 요구되는데, 이것을 '형량명령'(Abwägungsgebot)이라고 한다.34)

행정주체가 형량명령을 위반하면 형량의 하자가 된다. 행정주체가 행정계획을 수립하면서 1) 형량을 전혀 행사하지 않은 경우(형량의 해태), 2) 형량의 대상에 포함될 사항을 빠뜨리고 행한 경우(형량의 흠결), 3) 형량을 하였으나, 정당성 · 객관성을 결여한 경우(오형량)에는 형량의 하자로 위법한 계획이 된다(대판 2006.9.8, 2003두5426). 판례는 종전에는 형량하자를 비례의 원칙에 어긋나 재량권의 일탈 · 남용으로 보았으나(대판 1996.11.29, 96누8567), 최근에는 형량의 하자로 위법하다고 본다(대판 2006.9.8, 2003두5426).

대법원 2006. 9. 8. **선고** 2003두5426 **판결** **【울산도시계획시설(학교)결정취소】**
행정주체가 행정계획을 입안·결정함에 있어서 이익형량을 전혀 행하지 아니하거나 이익형량의 고려 대상에 마땅히 포함시켜야 할 사항을 누락한 경우 또는 이익형량을 하였으나 정당성과 객관성이 결여된 경우에는 그 행정계획결정은 형량에 하자가 있어 위법하다.

3. 계획간의 체계성 및 조화 - 정합성의 원칙

정합성의 원칙은 '다양한 법령에 근거한 행정계획이 전체적으로는 통일성을 이루어야 한다는 것'이다. 현대사회처럼 행정계획이 난립하는 경우에는 이러한 계획의 정합성의 원칙이 매우 중요하다. '계획의 체계성'이라고도 한다. 이는 각 개별법에 규정하고 있는 분야별 계획간의 조화, 상위계획과 하위계획의 조화, 종합계획과 부문계획간의 조정 등이 있다. 이러한 행정계획간의 충돌을 막기 위한 법제도로는 조정, 협의, 상급행정청의 지정 · 승인 등을 규정하고 있다(장태주).

4. 계획의 정당성 - 국민(이해당사자)의 참여

행정계획은 다양한 이해관계가 상충되므로 행정상 입법예고제처럼 입안 및 수립단계에서 전문가를 포함한 다양한 국민의 참여가 보장되어야 한다. 행정계획은

34) 판례는 형량명령을 공익과 사익을 비교교량하는 것으로 비례의 원칙으로 이해하면서 종래 해오던 종합적인 비교교량을 한다. 이에 따라 비례원칙의 적용례(박균성(상), 262)라고 보나 이후 판례에서는 '형량'이라는 용어를 사용하므로 부족하나마 '형량명령'으로 보아야 할 것이다.

국민참여로 정당화될 수 있기 때문이다. 따라서 개별법에서 이해관계자 및 국민의 참여를 위하여 수립절차에서 공고, 공람, 공청회, 청문, 의견제출제도 등을 규정한다. 다만, 실무에서는 관료주의에 따라서 형식적으로 운영되는 경향이 있다. 그러나 이러한 참여절차를 위반한 경우에는 해당 행정계획에 대한 결정이 위법한 행정행위가 될 수 있다(대판 2000.3.23, 98두2768).

Ⅵ. 법적 효력

1. 효력발생요건 (고시, 공고, 공람)

행정계획은 다수 국민을 대상으로 시행하는 경우가 많으므로 개별국민을 대상으로 하는 고지(통지)보다는 고시, 공고, 공람되는 경우가 많다. 따라서 법령에 규정된 고시, 공고, 공람절차를 거치지 않은 경우에는 위법하여 무효나 취소가 되기도 한다. 특히 국토계획법상 도시관리계획은 그에 상응하는 구체적인 지형도면의 공고가 없으면 그 효력을 잃기도 한다.

【판례해설】 효력요건과 관련하여서는 개발제한구역의 지정몫고시라는 별도의 구체적인 집행행위에 의하여 비로소 재산권침해여부의 문제가 발생한다고 보고(헌재 1991.9.1. 90헌마105), 공고·공람절차를 위배한 도시계획변경신청의 위법(취소사유)(대판 1988.5.24, 87누388), 효력발생요건인 고시를 하지 않은 도시계획결정 등의 무효(대판 1985.12.10, 85누186), 공고 및 공람절차에 하자 있는 도시계획결정의 위법(대판 2000.3.23, 98두2768) 등으로 본 사례도 있으나, 예외적으로 폐기물처리시설의 입지선정위원회가 재조사결과를 법령에 규정되지 않은 공람·공고절차없이 선정한 입지선정이 위법하지 않다는 사례(대판 2002.5.28, 2001두8469)도 있다.

2. 일반적 법적 효력

행정계획이 효력요건(고시, 공고 및 공람)을 갖추면, 해당 행정계획에서 정한 법적 효력이 발생한다. 행정계획의 법적 효력은 단지 행정청 내지는 계획주체만을 구속하는 비구속적인 계획도 있으나, 일반국민에 대하여 구속력을 부여하는 구속적 계획도 있다. 구속적 계획인 경우에는 특히 해당 행정계획을 '고시'하거나 '공고' 등을 효력요건으로 규정하여야 한다.

행정계획의 효력은 해당 계획에 따라서 1) 해당 분야, 2) 해당 지역 등을 대상으로 효력을 미친다. 세부적으로는 1) 국가에 대한 효력으로 관련 행정기관을 구속하기도 하고, 2) 국민에 대한 효력으로 직접 국민의 권리 등을 제한하거나 행위를 규제하기도 하며, 3) 다른 행정계획에 대한 효력으로 하위계획을 구속하거나, 상위계획의 작성에 기반이 되는 등의 효력을 미친다.

3. 집중효

행정계획은 집중효(Konzentrationswirkung)를 가질 수 있다. 집중효는 '법령에 의하여 행정계획을 승인하는 경우에 다른 법령상의 인·허가를 받은 것으로 보는 효력'을 말한다(택지개발촉진법상 택지개발실시계획 등).

원래 계획의 집중효는 해당 행정계획의 신속한 시행을 위하여 절차간소화로서 계획확정절차에서 관련 행정청이 협의하여 결정함으로써 인정된 것이다. 그러나 계획확정절차가 없는 우리나라에서는 법령에 따라 행정계획이 수립되면, 관련 인허가를 받은 것으로 의제하는 것으로 변형되었다. 변형된 집중효는 다른 법령상 행정기관의 권한을 해치므로 반드시 개별법상의 근거를 요한다. 주로 특정지역개발법과 같은 촉진법제 등에서 사용된다.

▣ **인허가의 의제** - '주된 인허가를 받으면 다른 법률에 의한 관련된 여러 가지 인허가도 함께 받은 것으로 간주하는 법률상 특례제도'를 말한다.[35] 이는 행정계획의 집중효를 행정행위에 도입하여 변형시킨 것이다. 인허가의제에서 주된 인허가의 행정청은 미리 의제되는 행위의 관계기관과 사전협의를 하여야 하고, 주된 인허가의 행정청이 의제되는 행위의 요건을 심사할 수 있다. 따라서 의제되는 인허가의 요건불비에 대한 분쟁은 의제되는 인허가의 사유이라도 주된 인허가에 대한 (거부)처분을 대상으로 하여야 한다(대판 2001.1.16, 99두10988). 아울러 판례는 의제되는 행위에서 법률상 규정된 이해관계인의 의견청취절차 등의 권익보호절차를 생략할 수 있다고 본다(대판 1992.11.10, 92누1162).

최근 양자의 구분이 문제되는데, 양자는 절차간소화와 사업의 신속한 수행을 위하여 행정청의 권한이 통합된다는 점에서는 본질적인 차이가 없다(김향기). 그러나 집중효는 행정계획에만, 인허가의제는 일반행정행위에도 인정되고(정태용, 김동희), 집중효는 이해관계인이 결정에 참여하나 인허가의제는 집중적 참여가 배제된다(김재광)는 점에서 구별된다.[36]

VII. 계획의 변경

1. 행정주체에 의한 계획의 변경

행정주체는 수립된 행정계획을 사정변경이 있으면, 법적 근거에 따라 계획을 변경하거나 새로운 계획을 수립할 수 있다. 그러나 경미한 사항의 변경과 달리 주요부분을 변경하는 새로운 계획이 수립·고시되면, 당초의 계획은 효력을 상실한다(대판 2012.9.27, 2010두16219).

대법원 2012. 9. 27. 선고 2010두16219 판결 【개발구역지정및개발계획수립고시처분취소등】
<u>관련 법규정의 내용, 형식 및 취지 등에 비추어 볼 때, 당초 개발계획의 경미한 사항을 변경</u>

35) 정해영, 『인허가의제제도에서의 제3자의 권리보호에 관한 연구』, 석사논문(아주대), 2009. 12.
36) 홍정선, 178쪽 이하.

하는 경우와는 달리 지정권자가 개발계획의 주요 부분을 실질적으로 변경하는 내용으로 새로운 개발계획을 수립하여 고시한 경우에는 당초 개발계획은 달리 특별한 사정이 없는 한 그 효력을 상실한다고 할 것이다(대법원 2012.3.22. 선고 2011두6400 전원합의체 판결 등 참조).

2. 계획보장청구권

행정계획이 변경, 폐지, 불이행되는 경우에 관련자는 해당 행정계획의 존속, 변경, 폐지 등을 다툴 수 있는가의 문제가 발생한다. 이것이 계획보장청구권이다.

계획보장청구권(Planungsgewährleistungsanspruch)은 '해당 행정계획의 폐지나 변경, 불이행 등이 있는 경우에 그로 인하여 손실을 입는 개인이 행정계획주체에 대하여 그 손실의 보상을 청구할 수 있는 권리'이다. 행정계획에 대한 사인의 신뢰를 보호하기 위하여 신뢰보호의 원칙에 근거하여 요구하는 것이다.

행정계획의 존속에서는 기존의 행정계획에 대한 사인의 신뢰(신뢰보호의 원칙)와 행정청의 계획변경가능성이 문제된다. 따라서 행정계획을 신뢰한 사인에게 행정청에 대해 당초의 행정계획을 계속 유지할 것을 청구할 권리의 인정여부가 논란이 되고 있으나, 현행 법제상 근거가 없어 인정되기는 힘들다. 계획보장청구권의 개별적인 내용으로는 1) 계획존속청구권, 2) 계획준수·집행청구권, 3) 계획변경·폐지청구권, 4) 경과조치청구권, 5) 손해전보청구권 등이 논의되고 있다.[37]

【판례해설】 판례는 국토이용계획의 변경을 신청할 수 있다는 명문의 법규정도 없을 뿐만 아니라 계획확정후 사정변경이 생겼다 하여 개별 국민에게 변경신청권을 인정할 수 없고, 변경불허행위도 처분이 아니라고 본다(대판 1984.10.23, 84누227). 다만, 예외적으로 장래 일정한 기한내에 다른 처분을 신청할 수 있는 법률상 지위에 있는 자의 국토이용계획변경신청을 거부하는 것은 처분으로 보았고(대판 2003.9.23, 2001두10936), 도시계획시설구역내 토지의 소유자는 장기미집행 도시계획시설의 결정권자에게 도시관리계획 변경결정에 법률상 이익이 있다고 보았다(대판 2012.12.26, 2012두19311).

헌법재판소 2002. 5. 30, 2000**헌바**58, 2001**헌바**3(**병합**) **【도시계획법제12조등위헌소원】**
도시계획시설결정은 광범위한 지역과 상당한 기간에 걸쳐 다수의 이해관계인에게 다양한 법률적, 경제적 영향을 미치는 것이 되어 일단 도시계획시설사업의 시행에 착수한 뒤에는, 시행의 지연에 따른 손해나 손실의 배상 또는 보상은 별론으로 하고, 그 결정 자체의 취소나 해제를 요구할 권리를 일부의 이해관계인에게 줄 수는 없는 이치이다. 그렇다면 청구인의 주장을 받아들여 위 조항들에 대하여 위헌취지 결정을 한다고 하더라도 이에 따라 새로이 개정될 법은 도시계획결정의 성질상 도시계획사업이 시행되고 있지 아니한 토지들에 대하여 취소청구권 또는 해제청구권을 부여할 수 있을 뿐이지 이미 사업이 시행된 토지에 대하여는 그 취소나 해제를 요구할 권리를 부여할 수 없다고 할 것이다.

---

37) 장태주, 430쪽.

Ⅷ. 권리구제

1. 행정쟁송

1) **처분성의 인정** 행정계획에 대한 행정쟁송 제기는 우선 행정계획의 처분성이 인정되어야 한다. 실정법에서 명문규정으로 처분(성)을 규정한 경우나 관련된 처분이 있는 경우에는 항고쟁송을 제기하여 그 위법을 다툴 수 있다.

그러나 법령에서 해당 행정계획에 처분(성)을 규정하지 않은 경우에는 법리적으로 검토해야 한다. 구법상의 도시계획처럼 집행계획(실행계획)이어서 직접 국민의 권리에 영향을 미치거나 제한하는 경우에는 처분성이 인정된 것도 있다. 그러나 도시·군관리계획, 관리처분계획 이외의 행정계획에서 처분성이 인정될 것인지가 문제된다.

처분성을 인정하기 위하여는 우선 개별검토설에 따라 해당 행정계획이 국민의 권리에 대하여 직접적으로 구속력을 가지는지, 아니면 해당 행정기관만을 구속하는지를 검토하여야 한다. 예외적으로 헌법재판소는 비구속 행정계획안도 '공권력의 행사'로 보아 헌법소원의 대상으로 보았다(헌재 2000.6.1, 99헌마538).

2) **위법성** 행정계획의 처분성이 인정되는 경우에는 그 위법성여부를 판단하기 위하여 1) 해당 행정계획의 법률상 근거, 2) 행정계획의 계획수립과정에서의 형량명령의 위반여부(대판 1996.11.29, 96누8567), 3) 행정계획 수립 후의 고시, 공고 및 공람절차의 준수여부(같은 판례)로 위법을 검토한다. 위반시는 행정계획이 위법하게 된다.

다만, 해당 행정계획에 처분성이 인정되더라도 1) 기성사실의 성취로 인한 사정판결 가능성, 2) 계획재량의 인정으로 국민의 법률상 이익의 폭이 좁음 등으로 인하여 실질적 권리구제가 어려울 수도 있다는 주장이 있다(장태주).

2. 손해배상의 청구

원칙적으로 위법한 행정계획에 대한 손해배상은 이론적으로는 가능하지만, 실무에서는 계획과정에서의 공무원의 고의·과실의 입증이 대단히 어렵다.

3. 손실보상의 청구

해당 행정계획이 사회적 제약을 넘어서 특정한 국민에게 특별한 희생이 발생한 경우에는 손실보상이 인정된다. 다만, 대부분의 경우 공용제한이어서 '사회적 제약' 내의 손해로 평가되어 손실보상이 인정되기는 어렵다(대판 1989.9.26, 89누2).

한편 손실보상이 인정되더라도 해당 법령에서 보상규정이 없는 경우에는 문제될 수 있는데, 우리 「헌법」은 "법률로써 하되 정당한 보상을 지급하여야 한다"고 규정하였다(제23조 제3항). 따라서 학설의 논란에도 불구하고 헌법재판소는 보상규정이 없는 경우, 부대조항위반으로 위헌으로 판시하였다(헌재 1998.12.24, 97헌바78).

제 4 절 행정법상 계약

Ⅰ. 행정법상 계약의 개념

1. 개 념

1) 공법상 계약 우리나라에서는 행정청이 체결하는 사법상 계약을 제외한 '공법상 계약'만 주로 다룬다. 공법상 계약은 일반적으로는 '공법영역에서 공법상 법률효과를 발생시키는 계약, 즉 복수당사자의 대등한 의사표시의 합치에 의한 법률행위'라고 정의한다.[38)]

전통적으로 일본은 공법상 계약과 사법상 계약을 포괄한 '행정계약'이라는 용어를 사용하였다. 따라서 우리나라도 종래 '행정계약'개념의 수용여부에 논란이 있었으나,[39)] 최근 독일식의 '공법상 계약'(öffentliche Verträge)개념으로 일반화되었다.

한편 실무에서는 공무원임용계약을 제외한 행정주체가 체결하는 대다수의 정부계약 내지 공공계약(정부조달계약), 민관협력계약, 민간위탁계약 등을 '사법상 계약'으로 본다.[40)] 그러나 행정주체가 체결하는 사법상 계약도 공법인 법령규정에 의하여 1) 계약상 공법상 제한, 2) 계약상대방에 대한 관리·감독, 3) 부정당업자 지정[41)]과 같은 행정제재가 부과되기도 한다. 그러므로 '공법상 계약' 개념만으로는 '행정주체가 체결하는 사법상 계약'을 포괄하지 못한다. 따라서 행정주체가 체결하는 사법상 계약을 포괄하는 새로운 개념으로 종래 일본식 '행정계약'논의를 넘어선다는 점에서 '행정법

---

38) 장태주, 377쪽; 홍정선, 334쪽.

39) 종래의 '사법상 계약 포함설'은 i) 구별기준의 미확립, ii) 공법상 계약의 법리도 명확치 않고, iii) 사법상 계약도 실정법상 특별한 규율(계약의 내용, 대상에 따라 공익성 때문에 계약원리의 수정제한)이 가능하다는 등의 이유에서 사법상 계약을 포함하였다(김도창, 이상규, 김동희, 서원우, 천병태). 한편 '공법상 계약 한정설'은 i) 공·사법의 이원적 구조, ii) 쟁송제도의 차이(당사자소송·민사소송), iii) 실정법 및 기본법리상 차이, iv) 국가보상 등을 근거로 사법상 계약을 배제하였다(신보성, 김남진, 이명구, 홍정선, 홍준형).

40) 판례는 국가(국가계약법)나 지방자치단체(지방계약법)가 사경제의 주체로서 상대방과 대등한 위치에서 체결하는 사법상의 계약을 '공공계약'이라고 한다(대판 2001.12.11, 2001다33604).

41) 부정당업자의 제재에 대한 행정법적 법리에 대하여는 길준규, "공공위탁법연구", 『토지공법연구』 제13집, 2001. 11, 75쪽 이하.

상 계약'의 개념을 사용한다.[42)]

2) **행정법상 계약** 행정법상 계약(Verwaltungsrechtliche Verträge)은 '행정주체가 행정법의 영역에서 행정목적을 수행하기 위하여 체결하는 계약'이다. 물론 행정법상 계약도 공법상 계약이 중심이나 예외적으로 사법상 계약을 포함하는 것으로 정의한다. 개념적으로는 행정법상 계약은 '광의의 공법상 계약'에서 국제법상 계약(조약), 헌법상 계약(조약), 행정협정 등을 제외한 '순수한 행정법상의 계약'만을 말한다(*Detterbeck*, Rn. 775 ff.).

2. 행정법상 계약의 유용성

행정법상 계약은 1) 국민이 행정과정에 참여함으로써 민주적 참여가 가능하여 분쟁이 축소되며, 2) 개별적·구체적 사정에 따른 탄력적인 행정이 가능하며, 3) 사실관계·법률관계의 불명확시 계약조건을 통한 해결이 용이하고, 4) 법률지식이 없는 자도 교섭과정을 통하여 계약내용을 주지할 수 있다는 장점이 있다.

그러나 행정법상 계약은 엄격한 법치국가원칙에 구속되는 행정행위를 회피하고, 계약과정에서 행정주체로서의 우월적인 지위를 이용함으로써 법치국가에서의 도피라는 비난을 받을 수 있다.

II. 법적 성질

1. 공법상 계약과 사법상 계약

행정법상 계약에는 공법영역에서 공법상의 법률효과, 즉 공법상의 권리와 의무의 발생, 변경, 소멸을 목적으로 하는 공법상 계약이 원칙이나 예외적으로 행정법령에 근거하여 사법상 법률효과의 발생 등을 목적으로 하는 사법상 계약을 포함한다.

한편 공법상 계약은 항상 계약당사자의 일방은 행정주체(국가, 공공단체, 공무수탁사인)라고 보기도 한다. 물론 사경제주체로서의 국가와 지방자치단체의 계약도 가능하다(대판 1994.1.25, 93누7365). 다만, 공법상 계약은 사인이 일반 사법에 근거하여 사적자치의 원리가 전면적으로 지배하는 사법상 계약과는 구분되어야 한다.

2. 행정행위와의 구분

공법상 계약도 행정목적의 실현수단이고 공법상 법률효과가 발생하지만, 공법상 계약에서는 상대방의 의사표시가 그 성립·존재요건이면서 어느 정도의 등가성이 인정되는 반면에 신청, 동의, 협력을 요하는 행정행위(쌍방적 행정행위)의 경우에는 상대방

---

42) 다만, 이하에서는 이해의 편의와 교과서 설명상 '공법상 계약'을 중심으로 설명한다.

의 의사표시는 단순한 적법요건·효력발생요건의 하나에 불과하고 행정주체의 우월적 지위에서의 일방적 의사결정이 더 중요하다. 아울러 부관부 행정행위에 하자가 있는 경우에 부관은 취소가능하나 계약은 원칙적으로 무효이다.

3. 공법상 합동행위와의 구분

한편 공법상 합동행위와의 구별에서 공법상 계약은 당사자간의 반대방향의 의사표시의 합치이고, 그 효과는 반대의미를 갖는데, 공법상 합동행위는 같은 방향의 의사표시의 합치로 법률효과도 같은 의미이다.

Ⅲ. 법적 근거와 한계

1. 법적 근거

1) **성립가능성** 행정법상 계약의 성립가능성은 '행정주체가 사인과 행정법상 계약을 체결할 수 있는가'의 문제이다. 1) 부정설(규범적 수권설)은 전통적으로 독일행정법에서는 오토 마이어 이래로 국가와 국민은 수직적인 공법관계이므로 '계약'이라는 대등형식(대등한 당사자)은 인정될 수 없다고 보아 행정법상 계약을 부인하였다.

2) 긍정설은 오늘날에는 국가와 사인이 수직적인 관계에서 어느 정도 대등한 관계로 발전함에 따라서 계약당사자로 될 수 있다고 본다. 또한 행정주체로서의 우월적 지위는 단지 행정법령에 의하여 인정되는 것이므로 법령이 우월적 지위를 인정하지 않은 경우에 행정법상 계약은 법적 근거없이도 가능하다고 본다. 지배설이다.

3) 오늘날 행정법상 계약이라는 행위형식을 부정하는 견해는 없으나, 단 행정행위 등과 행정작용형식간의 '선택의 자유'는 인정될 수 있다. 다만, 계약을 통한 차별 등으로 평등원칙 등과 같은 행정법의 일반원칙에 위반하는 경우는 행정행위로 행하여야 한다.

2) **자유성(법적 근거)** 행정주체가 행정법상 계약을 체결할 수 있다면(가능성), 법률상의 근거와 상관없이 자유롭게 사인과 계약을 체결할 수 있는가의 문제이다(자유성). 이는 법률유보와의 관계에서 행정주체가 법률의 명문상 수권(규정)이 없는 경우에도 사인과의 계약체결이 가능한가의 문제이다. 1) 부정설(전부유보)은 행정법상 계약을 법령이 허용하는 범위 안에서만 인정한다고 보고, 2) 긍정설은 비권력적 행정에서 자유로이 성립할 수 있고, 법률의 규정, 의미, 목적에 반하지 않는 한 가능하다고 본다. 3) 법령에서 금지하지 않는 한, 행정은 자유롭게 계약을 체결할 수 있다.[43)]

3) **재량행위여부** 행정주체가 행정법상 계약의 체결이 가능하고 법적 근

---

43) 독일 「연방행정절차법」 제54조 공법영역에서의 법률관계는 법규정에 반하지 않는 한, 계약에 의하여 형성, 변경 또는 폐지할 수 있다.

거에서 자유롭다면, 나아가 계약의 체결이나 변경 등이 행정주체의 '재량'에 속하는가의 문제이다. 이에 대하여 행정법상 계약은 관련 법령상의 제한 외에는 재량과 유사한 '계약의 자유'가 부여되어 있다고 보아야 할 것이다. 다만, 실무관행적으로는 행정주체가 계약의 내용을 좌우하는 경우가 많다.[44]

2. 한 계

행정법상 계약은 원칙적으로 '비권력적 행정분야'에서 주로 인정된다. 단, 권력행정에서도 해당 작용의 성질이나 관계법규의 의미, 목적에 부합하는 한도에서 제한적으로 인정된다고 보기도 한다(김동희).

행정법상 계약은 국민의 권리침해의 우려가 없는 비권력적 행위이므로 실정법상 근거가 없어도 가능하고, 명문의 금지가 없고 법규에 저촉되지 않는 한, 자유롭게 체결할 수 있다고 본다(서원우, 홍정선). 그러나 법률에서 명시적 또는 묵시적으로 다른 행정작용(형식)을 규정한 경우에는 행정법상 계약은 작용형식으로 허용되지 않는다고 보아야 할 것이다.[45]

행정법상 계약을 체결하는 경우에도 무조건적으로 '계약의 자유'가 적용되는 것은 아니고, 일정한 공법상 제한이 있다. 즉 행정목적을 수행하므로 법률의 우위원칙에 따라 법률을 위반해서는 안 되고, 공익목적을 위하여 '계약체결의 강제' 등이 있다.

Ⅳ. 행정법상 계약의 종류

1. 계약당사자(주체)에 의한 구분

1) 행정주체 상호간 행정계약 '국가와 공공단체 또는 공공단체 상호간 성립하는 공법상 계약'이다. 실정법상으로는 공공단체 상호간의 사무위탁에 대한 협의(지방교육자치법 제26조)와 지방자치단체 상호간 공공시설(도로, 하천)의 관리·비용분담에 관한 협의(도로법 제70조) 등이 있다. 이것은 '행정협정'(Verwaltungsabkommen)으로 협의의 행정법상 계약에서는 제외하기도 한다. 한국수자원공사와 서울특별시간의 용수계약(대판 2011.1.13, 2009다21058)이 있다.

2) 행정주체와 사인간의 계약 공법상 계약은 행정주체와 사인간에 체결되는 것이 가장 일반적이다. 물론 분야에 따라서는 사법상 계약이 체결되기도 한다.

(1) 공공계약(정부계약) - 납품계약, 건축도급계약 등의 정부조달계약은 미국의 정

---

44) 유사한 입장으로는 홍정선, 336쪽.

45) *Detterbeck*, Rn. 804.

부계약이론에 따라 '사법상 계약'으로 보나, 관계 법률에 계약체결방법(공개입찰원칙), 하자 증명, 계약내용의 이행확보조치 등의 특별규정으로 사법상 계약원리가 수정 · 제한된다(예: 국가계약법, 국가재정법, 지방재정법, 국유재산법, 물품관리법).[46]

(2) 국 · 공유재산에 관한 계약 - 일반재산의 대부계약, 처분계약(국유재산법).

(3) 행정사무의 위탁 (민간위탁계약) - 민간위탁에 관한 계약(위임위탁령 제13조).

(4) 민간투자사업실시협약 - 주무관청(관할행정청)과 민간투자사업자가 체결하는 계약(사회기반시설에 대한 민간투자법). 공법상 계약설이 있다.

(5) 공물 · 영조물 이용관계의 설정계약 - 단, 지원에 의한 군입대나 국공립학교의 입학관계는 공법상 계약설이 있으나 상대방의 협력을 요하는 행정행위로 본다.

(6) 보조금지급계약 - 행정청과 사인간의 보조금지급관계는 일차로 '행정청의 지급결정' 그다음에 '협의'로 이루어지는데, 이 협의가 공법상 계약이다.

(7) 원자력손해배상보상계약 - 정부와 원자력사업자간의 계약(원자력손해배상법 제9조)

(8) 환경보전협정 - 지방자치단체와 사인(사기업)간에 공해방지를 위한 협약.

(9) 임의적 공용부담을 위한 계약 - 공용부담자 자의로 부담하는 경우, 즉 사인의 도로, 학교, 공원 부지 등의 제공(국유재산법 제13조).

(10) 전문직 공무원 등 임용계약 - 계약직 공무원의 임용계약.

3) **공무수탁사인과 사인간 계약** 공무를 수탁받은 사인인 공무수탁사인과 사인과의 계약도 가능하다. 공토법상의 사업시행자와 토지소유자 등과의 협의가 이에 속한다(대판 1994.1.15, 93누18594).

2. 법률관계의 성질에 의한 구분

행정법상 계약을 계약당사자간의 법률관계의 성질을 기준으로 구분하면, 1) 행정주체 상호간의 계약처럼 공법영역에서 계약당사자의 어느 일방이 우월한 지위에 있지 않는 대등계약(koordinationsrechtliche Verträge), 2) 행정주체와 사인간의 계약처럼 행정주체가 우월적인 지위에 있는 종속계약(subordinationsrechtliche Verträge)이 있다.

독일은 계약당사자가 사실관계나 법적 상태의 평가시에 존재하는 불확실성을 서로의 양보를 통하여 종결짓는 화해계약(Vergleichsverträge)과 계약의 상대방이 행정청에 대해 행정청의 급부에 대한 반대급부의 의무를 부담하는 교환계약(Austauschverträge)이 있다.

V. 행정법상 계약의 체결과 공법상 제한

1. 근거법령

우리나라는 행정법상 계약, 1) 특히 공법상 계약에 관한 일반법이나 행정절차

46) 이영동, "공공계약을 둘러싼 몇 가지 문제", 『사법논집』 제44집, 2007, 87쪽 이하.

법상의 규정은 없고, 2) 단지 사법상 계약만 분야별로 국가계약법(지방재정법), 국·공유재산법, 민간투자법 등에서 일부조항으로 규정하고, 3) 공공기관중 공기업과 준정부기관의 계약에는 「공기업·준정부기관 계약사무규칙」(기획재정부령)이 적용되고, 4) 나머지는 민법의 계약법규정이 적용된다.

2. 성립요건 (계약체결절차)

☞ 행정법상 계약의 성립요건 내지 체결요건은 다음과 같다.

1) **주체 (계약당사자)** 계약당사자인 행정주체(행정청)는 법령에 따라 정당한 권한을 가져야 한다.[47] 실무상 해당 행정기관의 회계담당공무원이 체결하는데, 이는 해당 행정청 또는 행정주체에 대한 대표권을 가져야 한다.

2) **형식요건 (계약체결)** 행정법상 계약은 평등원칙에 따라 원칙적으로 공개입찰로 진행되며, 예외적으로 수의계약을 할 수 있다. 아울러 행정법상 계약도 계약이므로 '계약서'라는 서면이 있어야 하며, 실무에서는 통상 일정서식이 있는 부합계약의 형태로 운용된다(홍정선). 행정법상 계약에서는 계약체결 이전에 사업자의 지정이나 입찰의 낙찰 등의 행정행위가 선행하여 2단계로 운영되기도 한다.

3) **절 차** 행정법상 계약체결에는 제3자의 동의나 다른 행정청의 동의(승인), 감독청의 승인(인가) 등이 필요할 수 있다. 단, 행정절차법은 적용되지 않는다(박균성, 대판 2002.11.26, 2002두5948). 계약조건으로 계약의무의 불이행시 행정상 제재를 규정하기도 한다. 대표적인 것이 부정당업자로 지정하여 일정 기간 관공서의 입찰에 참여하지 못하도록 제한하는 제도이다.

4) **계약의 하자** 행정법상 계약에 하자가 발생한 경우에 1) 계약의 하자가 경미한 사유이면 취소도 가능하다는 견해(장태주, 류지태)도 있지만 2) 다수설(김남진, 홍정선, 박균성)은 계약에는 공정력이 인정되지 않으므로 '무효'라고 본다. 3) 계약상의 하자가 계약의 중요부분을 구성하는 경우에는 계약 전체가 무효로 된다(장태주, 홍정선, 박균성). 4) 판례는 폐천부지 양여에 대하여 법령에 따른 계약서 작성 등의 요건과 절차를 지키지 않은 법령을 위반한 계약은 효력이 없다고 본다(대판 1989.4.25, 86다카2329).

5) **계약의 해지와 해제** 행정법상 계약, 특히 공법상 계약을 해지하는 행위는 행정행위가 아니다(박균성, 대판 2002.11.26, 2002두5948). 행정법상 계약을 해제하는 경우에는 원상회복하여야 한다(대판 2008.2.14, 2006다37892).

---

47) 법리적으로는 계약은 권리능력이 있는 자만 체결할 수 있으므로 행정청은 권리능력이 없기 때문에 '행정주체'만이 계약을 체결할 수 있다.

3. 공법상 제한

1) 행정법상 계약에 관련 법령의 근거규정 외에는 계약의 일반원리인 사적 자치가 전면적으로 적용될 것인가에 대하여는 의문이다. 그러나 공익이나 공공복리 등의 행정목적을 달성하기 위해 행정법상 계약에는 민법상 계약자유의 원칙이 무한정 인정되지 않고 제한되는 것이 일반적이다. 따라서 다음과 같은 공법상 제한이 가해질 수 있다.

2) 실체법적 제한으로는 1) 평등원칙에 따라 공개입찰이 일반적이고 수의계약은 예외적이며, 2) 공익을 위하여 계약의 성립에 감독청의 인가, 다른 행정청의 동의, 이해당사자의 동의 등이 필요한 경우가 많고, 3) 계약의 내용형성, 해제, 해지를 법령에서 직접 규율하거나 제한하는 경우가 많고, 4) 계약상대방에 대한 사업자지정, 낙찰 등의 행정행위가 같이 행해지고, 그 효력이 결합된 경우가 많으며(대판 2008. 2.14, 2006다37892), 5) 관할 행정청이 계약당사자를 관리·감독할 수 있고, 6) 계약의 불이행시에 행정상 제재가 있으며, 7) 행정절차법이 적용되지 않는다.

대법원 2002. 11. 26. 선고 2002두5948 판결【전임계약해지무효확인】
계약직공무원에 관한 현행 법령의 규정에 비추어 볼 때, 계약직공무원 채용계약해지의 의사표시는 일반공무원에 대한 징계처분과는 달라서 항고소송의 대상이 되는 처분 등의 성격을 가진 것으로 인정되지 아니하고, 일정한 사유가 있을 때에 국가 또는 지방자치단체가 채용계약 관계의 한쪽 당사자로서 대등한 지위에서 행하는 의사표시로 취급되는 것으로 이해되므로(대판 1996.5.31, 95누10617 참조), 이를 징계해고 등에서와 같이 그 징계사유에 한하여 효력 유무를 판단하여야 하거나, 행정처분과 같이 행정절차법에 의하여 근거와 이유를 제시하여야 하는 것은 아니다.

실무에서는 행정주체가 일정한 계약양식을 확정하고 계약의 상대방은 단지 계약의 체결의사만을 결정하는 '부합계약'의 형식으로 시행하는 경우가 많다. 이는 행정의 평등성 내지 획일성을 반영하기도 하지만 행정법상 계약의 본질을 이해하지 못하고, 관료주의에 의하여 경직되어 마치 행정행위처럼 획일적으로 운용되는 것이다.

3) 절차법적 제한으로는 1) 공공재를 제공하는 일정한 계약에는 서비스제공자에게 '계약체결의 강제'가 존재하며, 2) 행정법상 계약은 대등성을 가지므로 원칙적으로 법원에 의한 타력집행이 원칙이나 예외적으로 '자력집행'이 인정되고, 3) 소송절차는 공법상 계약으로 판단되는 경우는 '당사자소송'에 의한다.

VI. 권리구제

행정법상 계약에 관한 분쟁은 해당 계약이 공법상 계약인지 사법상 계약인지의 판단이 문제된다. 공법상 계약에 해당되면, 그 분쟁이 계약이행인지, 계약상의 손해배상청구인지에 관계없이 당사자소송이 된다(대판 1995.12.22, 95누4636).

대법원 1993. 9. 14. **선고** 92누4611 **판결 【공무원채용계약해지무효확인】**
현행 실정법이 지방전문직공무원 채용계약 해지의 의사표시를 일반공무원에 대한 징계처분과는 달리 항고소송의 대상이 되는 처분 등의 성격을 가진 것으로 인정하지 아니하고, 지방전문직공무원규정 제7조 각호의 1에 해당하는 사유가 있을 때 지방자치단체가 채용계약관계의 한쪽 당사자로서 대등한 지위에서 행하는 의사표시로 취급하고 있는 것으로 이해되므로, 지방전문직공무원 채용계약 해지의 의사표시에 대하여는 대등한 당사자간의 소송형식인 공법상의 당사자소송으로 그 의사표시의 무효확인을 청구할 수 있다고 보아야 할 것이다.

【판례해설】 행정법상 계약 중 공법상 계약으로 보아 행정소송이 제기된 것은 1) 지방전문직 공무원 채용계약의 해지(대판 1993.9.14, 92누46111), 공중보건의사의 채용계약해지(대판 1995.5.31, 95누10617), 시립무용단원 해촉(대판 1995.12.22, 95누4636), 시립합창단원의 재위촉거부(대판 2001.12.11, 2001두7794), 국정홍보원장의 계약해지(대판 2002.11.26, 2002두5948) 등으로 주로 '계약직 공무원의 채용계약'이 문제되었다. 그 외에 2) 구 토지수용법상의 보상협의(대판 1994.4.15, 93누18594)와 3) 주민대표인 강남자원회수시설주민협의체와 강남구청간의 폐기물처리시설에 관련된 환경협정(헌재 2004.9.23, 2003헌라3) 등이 있다.

실무상 사법상 계약으로 체결되는 것 중에서 1) 민간투자사업은 실시계획승인 등 처분을 이유로 한 경우만 행정소송이고(대판 2010.2.25, 2009두102) 실시협약을 공법상계약으로 보기도 한다(서울행법 2003.3.20, 2002구합31572). 2) 부정당업자제재처분은 행정소송(대판 2008.2.28, 2007두13791, 13807)으로 본다. 3) 단, 국유재산대부계약은 시효문제로 민사소송으로(대판 2007.4.13, 2006다62546), 4) 국가계약법상 계약관련소송은 민사소송으로 본다(대판 2005.5.27, 2004다30811, 30828).

제5절 행정상 사실행위

☞ 행정은 직접 상대방의 권리·의무에 대한 법적 규율을 하지 않고 단지 사실상의 효과를 위하여 다양한 활동을 할 수 있다. 예를 들면, 단순한 정보제공이나 권유 같은 비권력적 사실행위나 공권력의 행사로 위법건축물을 철거하는 권력적 사실행위도 할 수 있다.

I. 개 념

행정상 사실행위(Realakte)는 '행정기관이 일정한 법률효과의 발생을 목적으로 하는 것이 아니라 직접 어떠한 사실상 효과의 발생 내지는 결과실현만을 목적으로 하는 일체의 행위형식'을 말한다.

사실상 효과의 발생 등을 목적으로 하는 사실행위는 직접 '법률효과'의 발생을 목적으로 하는 행정행위등과 같은 법률행위와 구분된다. 아울러 상대방에 대한 법적 규율을 하지 않는다는 점에서 행정입법이나 행정법상 계약과도 구분된다.

한편 사실행위는 최근 새로운 행정작용으로 보는 '비공식적 행정작용'이나 '행정지도'와의 관계가 문제된다.[48] 나아가 단순고권행정(비권력행정)을 "공법의 영역에서 이루어지는 비권력적인 공법상 작용"이라고 개념정의하고, 여기에 행정상 의사표시, 사실행위, 비공식적 행정작용을 포괄하는 견해(홍정선)도 있다.

사실행위는 직접 법률효과의 발생을 목적으로 하지는 않지만, 공권력의 행사로서 발생하는 간접적인 법적 효과(사실상의 침해) 때문에 권리구제가 문제된다. 나아가 사실행위의 종료 후에 위법한 상태가 지속되는 경우에는 공법상 결과제거청구권 및 배상청구권의 문제가 발생한다.

Ⅱ. 종류와 법적 성질

1. 종 류

행정상 사실행위는 1) 행정내부의 행위, 2) 경고, 권고, 시사와 같은 정보제공행위, 3) 알선, 권유, 사실상의 통지와 같은 단순한 지식표시행위인 대외적 구속력이 없는 비권력적 사실행위, 4) 행정기관이 우월적 지위에서 일방적으로 강제하는 권력적 사실행위 등으로 구분할 수 있다.

2. 법적 성질에 따른 구분

1) **권력적 사실행위와 비권력적 사실행위** 사실행위를 강제성(공권력행사) 여부로 구분하면, 1) 권력적 사실행위는 행정기관이 '우월적 지위에서 일방적으로 명령·강제(공권력의 행사)하는 행위'로 행정상 강제집행, 즉시강제 등이 해당하며, 국민에 대한 권리침해의 우려가 크므로 처분성이 문제된다. 2) 비권력적 사실행위는 행정기관이 공권력을 행사하지 않는 행위로, 경고, 권고, 시사와 같은 정보제공행위, 단순한 지식표시행위인 행정지도와 같이 대외적 구속력이 없는 행위, 축사, 표창 등이 있다(헌재 2003.12.18, 2001헌마754).[49]

2) **내부적 사실행위와 외부적 사실행위** 사실행위가 이루어지는 영역에 따라 1) 행정조직 내부에서 행해지는 내부적 사실행위(문서의 편철, 금전처리, 행정결정을 위한 준비행위 등)와 2) 행정주체와 국민간 관계에서 행해지는 외부적 사실행위가

48) 여기서는 행정지도는 '사실행위의 하나'로서 논의하고, 비공식적 행정작용은 비권력적 사실행위이므로 별도로 언급하지 않기로 한다.

49) 헌법재판소는 권력적 사실행위에의 해당여부에 대하여 "당해 행정주체와 상대방과의 관계, 그 사실행위에 대한 상대방의 의사·관여정도·태도, 그 사실행위의 목적·경위, 법령에 의한 명령·강제수단의 발동 가부 등 그 행위가 행하여질 당시의 구체적 사정을 종합적으로 고려하여 개별적으로 판단하여야 할 것이다"라고 한다(헌재 1994.5.6, 89헌마35).

있다. 외부적 사실행위는 집행행위(경찰관의 무기사용)와 단순한 지식표시행위(Wissenserklärung, 행정지도)로 나눠진다. 지식의 표시는 단순한 지식이나 정보를 알려주는 행위로서 직접적인 구속력은 인정되지 않는다. 법적으로는 일단 외부적 사실행위이어야 문제된다.

3) **집행적 사실행위와 독립적 사실행위** 사실행위가 법령이나 행정행위 등의 법적 행위를 집행하기 위해 행해지느냐의 기준에 따라서 1) 대집행의 실행, 경찰관 무기사용과 같은 집행적 사실행위와 2) 행정지도, 관용차 운전과 같은 독립적 사실행위로 구분된다.

4) **공법상 사실행위와 사법상 사실행위** - 사실행위가 근거한 법규범을 기준으로 공법에 근거하면 공법상 사실행위, 사법에 근거하면 사법상 사실행위로 구분한다. 근거규범이 없으면 사실행위의 전체상황을 고려하여 판단한다(홍정선, 원리 240).

5) **정신적 사실행위와 물리적 사실행위** - 인간의 의사표시여부를 기준으로 1) 인간의 육체적 행동을 수반하거나 영조물의 설치·관리행위와 같은 물리적 사실행위와 2) 행정지도, 통지, 보고, 지식표시행위와 같이 물리적 행위가 없는 정신적 사실행위가 있다.

Ⅲ. 법적 근거와 한계

1. 법적 근거

1) 사실행위는 법률효과를 목적으로 하지 않으므로 일반적으로 법적 근거가 필요하지 않다. 그러나 행정청은 자신의 정당한 권한 내에서 행사하여야 한다.[50)]

2) 다만, 사실행위가 개인의 권리에 영향을 미치는 개별적·구체적인 구속적 작용인 경우, 법적 근거인 권능규정(작용법적 근거)이 필요한가에 대하여는 법률의 유보이론이 적용되어야 한다. 즉, 침해유보설에 따라서 일반적으로 침해행정으로 행해지는 권력적 사실행위는 법적 근거가 필요하고, 수익적 행정으로 행해지는 비권력적 사실행위는 법적 근거가 불필요하다(이상규, 박윤흔, 장태주, 홍정선). 그리고 집행적 사실행위는 관련된 해당 행정행위의 법적 근거로 귀결되므로 별도의 법적 근거가 필요하지 않으나, 독립적 사실행위는 문제될 수 있다.

3) 사실행위도 법률의 우위에 따라 법령을 위반해서는 안 된다.

2. 한 계

사실행위는 1) 행정기관이 가진 정당한 권한 내에서, 2) 개별법령이 있으면 그

---

50) 이를 '조직법적 근거'(장태주, 395쪽) 또는 '조직규범'(홍정선, 344쪽)이라고도 표현한다.

에 따라서, 3) 달성하고자 하는 행정목적의 범위 내에서, 4) 행정법의 일반원칙 에 따라 행해져야 한다. 이러한 한계를 넘어서면, 그 사실행위는 위법하게 된다.

Ⅳ. 권리구제

1. 행정쟁송

1) 권력적 사실행위 사실행위에 대한 권리구제의 핵심은 행정소송 등에서 처분성이 인정될 것이냐 인데, 사실행위 중에서도 특히 공권력의 행사인 '권력적 사실행위'가 문제된다. 왜냐하면, 권력적 사실행위는 행정목적의 달성을 위하여 직접 국민의 신체나 재산에 물리력을 행사하므로 처분성이 인정되기 때문이다.

권력적 사실행위의 처분성 인정에 대하여 1) '처분성긍정설'은 권력적 사실행위가 비록 사실행위에 불과하나 그의 국민에 대해 미치는 영향을 고려하여 권력적 사실행위가 장기간 계속되어 소의 이익이 있는 경우에는 처분성을 긍정하고, 2) '합성처분설'(김남진, 장태주)은 권력적 사실행위는 행정행위인 수인의무를 부과하는 하명과 물리적 집행행위인 사실행위가 결합된 합성처분이어서 당연히 취소소송의 대상이 된다는 것이다. 3) 판례는 대법원은 권력적 사실행위 중에서 종로구청장의 단수조치(대판 1979.12.28, 79누218), 미결수용자의 교도소 이송조치(대판 1992.8.7, 92두30), 동장의 주민등록직권말소행위(대판 1994.8.26, 94누3223) 등에 처분성을 인정하였으나 사실행위여부에 논란이 있고, 헌법재판소는 권력적 사실행위가 기본권에 직접적인 효과를 미치면, '공권력행사'로 보아 헌법소원을 인정한다. 4) 권력적 사실행위가 행정행위의 준비단계 또는 관련해서 시행되거나 경찰법상 표준직무조치처럼 수인의무(행정행위)와 결합된 경우에는 합성처분으로 해당 행정행위를 다투지만, 나머지 권력적 사실행위는 독립적으로 처분성은 인정하여야 할 것이다.

다만, 사실행위가 실행이 이미 완료된 경우에는 권리보호의 이익을 인정받기 어려우므로(대판 1976.1.27, **75누230**), 행정쟁송은 각하되므로 단지 손해배상만 문제될 것이다. 이러한 문제를 막기 위하여는 집행정지를 인정할 필요성이 있으며, 나아가 사전예방을 위하여 예방적 부작위소송을 인정하자는 입장도 있다.

대법원 1995. 7. 28. **선고** 95**누**2623 **판결 【계고처분등취소】**
<u>계고처분에 기한 대집행의 실행이 이미 사실행위로서 완료되었다면 이 사건 계고처분의 무효확인 또는 취소를 구할 법률상의 이익은 없다 할 것이다</u>(대판 1979.11.13, 79누242; 1993.11.9, 93누14271 등 참조).

한편 권력적 사실행위가 '사실상의 준비행위'이거나 '사전안내'인 경우에도 행정쟁송의 대상이 되는 처분은 아니지만, 국민의 기본권에 직접적인 효과를 미치는 경우에는, '공권력의 행사'에 해당되어 보충성의 원칙의 예외로 헌법소원의 대상이다(헌재

1992.10.1, 92헌마68 · 76; 2003.12.18, 2001헌마754).[51]

2) **비권력적 사실행위** 비권력적 사실행위에도 처분성을 인정하자는 주장에도 불구하고 다수설과 판례는 처분개념을 '공권력행사'로 제한적으로 해석함으로써 '공권력행사가 아닌 비권력적 사실행위'에는 처분성을 부정한다(대판 1993.10.26, 93누6331). 따라서 비권력적 사실행위에는 공법상 결과제거를 구하는 '공법상 당사자소송'에 의한 구제만이 가능하다.

한편 독일에서는 권리침해가 인정되는 행정상 경고, 권고, 추천, 교시 등의 비공식적 행정작용에 대하여 다수설은 처분성을 부인하고 있다. 다만, 경고와 권고는 공권적 성질이 있으므로 '그 밖에 이에 준하는 행정작용'으로 보자는 주장이 있다(김남진).

3) **집행정지 등** 사실행위는 주로 단기간에 종료되므로 권리보호의 필요성이 없게 되어 소송이 불가능하다. 따라서 행정쟁송의 대상인 사실행위에 대하여 집행정지의 신청여부가 문제된다. 이에 대하여 처분성이 인정되는 권력적 사실행위는 집행정지가 가능하지만, 비권력적 사실행위는 대상이 아니라고 본다(장태주, 류지태, 한견우).

단, 민사집행법상 가처분의 준용여부에 대하여 다수설과 판례는 부정적이나, 당사자소송에는 집행정지의 준용규정이 없으므로 비권력적 사실행위를 당사자소송으로 제기하는 경우에는 민사집행법상의 가구제가 가능하다고 주장하기도 한다(장태주).

2. 공법상 결과제거청구권

위법한 사실행위로 인하여 위법한 상태가 남아있는 경우에 학설은 상대방은 행정청에 대하여 위법상태를 제거하고 적법한 상태로의 원상회복을 구하는 공법상 결과제거청구권을 가지므로 당사자소송이 가능하다고 본다(홍준형). 실무에서는 아직 인정되지 않는다.

3. 손해배상

위법한 사실행위에 의하여 피해를 입은 사인은 사법상 사실행위이면 민사상

51) 헌법재판소 2003.12.18, 2001헌마754 전원재판부 【과다감사위헌확인】 권력적 사실행위가 행정처분의 준비단계로서 행하여지거나 행정처분과 결합된 경우(합성적 행정행위)에는 행정처분에 흡수·통합되어 불가분의 관계에 있다 할 것이므로 행정처분만이 취소소송의 대상이 되고, 처분과 분리하여 따로 권력적 사실행위를 다툴 실익은 없다. 그러나 권력적 사실행위가 항상 행정처분의 준비행위로 행하여지거나 행정처분과 결합되는 것은 아니므로 그러한 사실행위에 대하여는 다툴 실익이 있다 할 것임에도 법원의 판례에 따르면 일반쟁송 절차로는 다툴 수 없음이 분명하다. 이 사건 감사는 행정처분의 준비단계로서 행하여지거나 처분과 결합된 바 없다. 그렇다면, 이 사건 감사는 행정소송의 대상이 되는 행정행위로 볼 수 없어 법원에 의한 권리구제절차를 밟을 것을 기대하는 것이 곤란하므로 보충성의 원칙의 예외로서 소원의 제기가 가능하다.

불법행위책임에 따라 「민법」 제750조로, 공법상 사실행위이면 「국가배상법」에 의한 행정상 손해배상이 가능하다. 그러나 판례는 민사소송으로 다룬다.

4. 손실보상

적법한 사실행위에 의하여 상대방에게 특별한 희생이 발생한 경우에, 상대방은 손실보상을 받을 수 있다.

5. 헌법소원

사실행위가 합성행위로 이루어져서 그 행정행위를 대상으로 행정소송을 제기하는 경우(헌재 2003.12.18, 2001헌마754)를 제외하고 권력적 사실행위에 의하여 직접적으로 국민이 기본권침해를 받게 되는 경우에는 그 사실행위를 '공권력의 행사'로 보아 헌법소원으로 구제받을 수 있다.

V. 경 고

행정은 국민에게 국민건강을 위하여 식품 등의 제품이나 종교 등에 대한 위험성을 알리기 위하여 경고, 권고, 추천할 수 있다. 이러한 행위들은 주로 '비공식적 행정작용'이라는 범주에 속한다.[52)]

이는 행정이 국민에 대하여 어떠한 법률효과를 의도하는 것이 아니므로 '사실행위'에 불과하다. 다만, 독일에서는 기본권의 침해를 인정한 바 있다.

제6절 행정지도

I. 행정지도의 개념

1. 의 의

행정지도는 우리 행정절차법에서 "행정기관이 그 소관사무의 범위 안에서 일정한 행정목적을 실현하기 위하여 특정인에게 일정한 행위를 하거나 하지 아니하도록 지도·권고·조언 등을 하는 행정작용"이라고 법적 정의한다(제2조 제3호).[53)]

---

52) 행정법상 경고에 대하여는 오준근, "행정법의 경고와 권고", 『성균관법학』 제3권 제1호, 1990. 12, 51쪽 이하.

행정지도가 독일의 비공식적 행정작용과 유사하다고 보기도 한다.[54)]

행정지도의 기원은 세계보편적인 것(서원우, 월 92/8, 107; 윤세창)이나 독일의 '비공식적 행정작용'(Informales Verwaltungshandeln)으로는 보는 것(홍정선)보다는 일본의 국민성에 기원한 행정지도로 보는 일본배경설(양승두, 계 85/11, 91; 김남진)이 타당하다.
물론 종래의 비권력적 사실행위는 '비공식적 행정작용'이나 '행정지도'와도 유사하다. 따라서 행정지도는 비권력적 사실행위의 일종이라고 볼 수 있다.

2. 필요성과 문제점

행정지도의 필요성으로 1) 행정기능의 확대로 인한 다양한 행정작용형식의 필요, 2) 분쟁의 사전회피적 수단으로서 임의적 수단의 동원, 3) 사인에 대한 기술·정보 등의 제공, 4) 이해관계의 조정, 5) 법령(이 규정하지 않은 부분)의 보완적 기능, 6) 권력의 완화와 행정절차적 기능 등의 장점을 들기도 한다(장태주).

그러나 우리나라에서는 일본처럼 사인의 자발적인 협력을 유도한다기보다는 1) '행정의 우월적 지위를 이용하여 사인에 대한 사실상의 강제'로 행해질 수 있고,[55)] 2) 행정기관이 법적 기속을 벗어나는 법치국가에서의 도피로 나타날 수 있고, 3) 행정구제가 어렵다는 점에서 문제가 된다.

Ⅱ. 법적 근거와 법적 성질

1. 법적 근거

행정지도에 대한 일반법은 없으나, 「행정절차법」에서 '행정지도절차'로서 일반원리와 지도방법을 규정한다. 물론 개별법에서도 행정지도를 규정한다. 다만, 법적 근거가 없는 경우에는 해당 처분권 규정을 근거로 할 수 있다.

학설은 1) 법령에서 규정하지 않아도 행정지도 자체의 법적 성질이 강제적이지 않고, 법적 효과를 발생시키지 않는 비권력적 행정작용이므로 별도의 권능규정(작용법적 근거)이 필요하지 않으므로 단지 해당 행정기관의 권한규정(조직법적 근거)으로 충분하다고 본다(박윤흔, 이상규). 2) 다만, 규제적 행정지도는 상대방의 임의성을 제약하므로

53) 종전에 행정절차법상의 '지도'는 일본식의 행정지도로, '권고, 조언'은 독일법상의 비공식적 행정작용으로 보았다. 법령에서도 '법령상 지도'는 「사행행위 등 규제 및 처벌특례법」 제19조 제1항에, '권고'는 구 「주택건설촉진법」 제45조의4에, '지시'(Anordnung)는 「산업집적활성화 및 공장설립에 관한 법률」 제45조의17 제1항에 규정되어 있다.

54) 비공식적 행정작용은 정부의 공보작용·정보제공작용(behördliche Informationshandeln), 위험방지수단인 경고(Warnung), 행정기관의 특정의 물건이나 물품에 대한 추천이나 권고(Empfehlung), 행정기관이 특정한 목적물에 관하여 지식·정보를 제공하고 그 수용여부는 당사자에 맡겨진 공보작용인 시사(Hinweis) 등을 말하며, 독일에서는 '권리 내지 기본권의 침해'를 인정하면서, 권리의 간접적인 침해가 인정되었다.

55) 우리나라의 행정지도는 상대방이 행정지도에 응하지 않을 경우에 실무에서는 강제성을 예비하고 있다는 점에서 '행정행위의 예비'적인 측면도 있다.

법령상의 수권근거를 요한다고 본다(김원주, 변재옥, 천병태).[56] 3) 그러나 현재는 행정절차법을 일반법적 근거로 볼 수 있을 것이다.

2. 법적 성질

1) **비권력적 행위** 행정지도는 행정권의 우월적 지위에서 일방적으로 명령·강제하는 공권력의 행사가 아니라 상대방의 임의적 협력에 의존하는 비권력적 행위이다. 따라서 상대방의 의사에 반하여 부당하게 강요해서는 안 된다(행절법 제48조 제1항).

행정지도는 상대방에게 아무런 구속력도 없다. 일정한 강제적 요소는 있지만, 본질적으로 강제성이 없다는 점에서 행정강제와 구분되고, 상대방이 행정지도에 따르지 않았다고 불이익한 조치도 할 수 없다(제48조 제2항). 다만, 효과적인 행정지도를 위하여 우대조치나 이익제공(반대급부)은 할 수 있다. '임의적 협력'을 전제로 한다는 점에서 권한을 부여하고 이를 감독하는 행정감독과도 구분된다.

2) **사실행위** 행정지도는 국민에게 권리를 제한하거나 의무를 부과하는 등의 어떠한 법적 규율을 하지 않고, 단지 일정한 행위를 권유하는 사실행위이다. 따라서 법률효과의 발생을 목적으로 하는 행정행위 등의 법적 행위와 구분된다.

3) **적극행정으로서 행정의 우월적 지위 이용** 행정기관이 적극행정으로서 상대방인 국민에게 일정한 행위 등을 요구하는 것이고, 행정기관이 다소 우월적 지위에서 권유 등을 행한다는 것이다.

Ⅲ. 종 류

1. 내용에 따른 구분

행정지도를 내용에 따라 구분하면, 1) 규제적 행정지도는 '일정한 행정목적이나 공익의 달성에 장해가 되는 일정한 행위를 예방·억제하는 것'이다. 이는 '공공복리나 질서유지를 위반하는 행위 등을 억제하기 위하여 특정인에게 일정한 행위를 하거나 하지 말도록 권고하는 것'이다. 2) 조정적 행정지도는 행정기관이 '다양한 이해관계자간의 이해관계나 분쟁을 조정하는 것'이다. 3) 조성적 행정지도는 '일정한 행정목적을 촉진하기 위하여 관계인에게 관련 지식이나 정보 등을 제공하는 것'이다. 촉진행정의 일환으로 행해지기도 한다.

---

56) 이에 대하여 법령상의 명시적 근거가 필요하지 않다는 견해는 홍정선, 349쪽.

2. 수권근거에 따른 구분

행정지도는 법적 근거에 따라 1) 법규상 지도는 '개별법령에 근거한 행정지도'로서, '특정 행정지도 자체가 개별법령에 직접 수권(근거)하여 시행하는 경우'이다. 한편 간접적인 근거에 의한 행정지도는 법령상에서 특별한 근거규정은 없으나 처분권이 규정된 경우에 그 '처분권을 근거로 하는 지도'이다. 2) 비법규상 지도는 법령에 근거하지 않은 지도이지만, 해당 행정기관의 정당한 권한규정(조직규범)이 정한 사무의 범위 내에서 이루어지는 지도이다.[57] 3) 그러나 이 구분은 행정지도가 행정절차법에 규정되기 전의 일본식 구분에 불과하다. 이제는 개별법령에 수권근거가 없어도 행정절차법에 근거한 행정지도로서 행정절차법이 적용되기 때문이다.

3. 상대방에 따른 구분

행정지도의 상대방에 따라 사인, 행정주체, 행정기관으로 구분하기도 한다(홍정선).이 경우 사인 외에 행정주체 및 행정기관에 대한 (행정)지도가 사인에 대한 행정지도와 같은가의 문제이다. 다른 행정주체 등에 대한 행정지도는 국가가 지방자치단체에게, 상급행정청이 하급행정청에게, 감독권의 발동이 아닌 조언, 권고 등을 하거나 관련정보 등을 제공하는 것을 말한다. 관련 규정으로는 지방자치법 등을 들고 있다.[58] 그러나 이는 행정지도가 아닌 지방자치단체에 대한 '국가감독'으로 보아야 할 것이다.

Ⅳ. 절차, 효력, 한계

1. 절 차

행정지도는 행정절차법상 행정지도절차에 따라야 한다.

1) 상대방에게 해당 행정지도의 취지, 내용과 수행하는 공무원의 신분을 밝히는 '행정지도실명제'(제49조 제1항), 2) 행정지도는 문서나 구술로 하되, 상대방이 서면교부를 원하는 경우는 '서면교부의무'(제49조 제2항), 3) 행정지도의 방식·내용에 관한 '상대방의 의견제출권'(제50조), 4) 같은 행정목적하의 다수 사례시에는 '공통사항공표의무'(제51조) 등에 따라야 한다. (☞ 자세한 것은 행정절차법상의 행정지도절차 참조)

2. 효 력

행정지도는 원칙적으로 단순히 권고적 효력만 가지는 비권력적 사실행위라고 본다(대판 2008.9.11, 2006두18362).

---

57) '광의의 법규상 지도'로 보기도 한다. 홍정선, 348쪽.

58) 지방자치법은 주무부서 장관이 지방자치단체의 장에게 그 자치사무에 대하여 행하는 조언 또는 권고·지도(제166조 제1항)와 기관위임사무에 대하여 행하는 지도(제167조)를 규정하고 있다.

3. 한 계

1) **법적 한계** 행정지도는 해당 행정기관의 소관사무의 범위 내에서 행해지는 것이므로 행정지도를 수행하기 위한 권한법적 한계로서 법령에 수권 근거가 있는 경우는 법령의 근거규정, 법령상 규정되지 않는 경우는 해당 행정기관의 권한규정(조직법)상의 정당한 권한(사항적 한계)과 관할(지역적 · 계층적 관할)을 지켜야 한다.

2) **행위의 한계** 행정지도의 일반원리와 방식은 행정절차법상 행정지도절차를 따라야 한다. 즉 1) 행정지도는 목적달성에 필요한 최소한에 그쳐야 한다는 '비례의 원칙'(제48조 제1항), 2) 상대방의 의사에 반하여 강요해서는 안 되고 자발적인 협력에 의존해야 한다는 '임의성의 원칙', 3) 상대방이 행정지도에 따르지 않았다고 하여 불이익한 조치를 해서는 안 된다는 '불이익조치금지의 원칙'을 지켜야 한다. 4) 이외에도 행정지도는 행정법상의 일반원리를 당연히 준수하여야 한다.

3) **본질상 한계** 행정지도는 그 본질상 상대방의 임의적 협력에 근거한 것이므로 강제성을 띠어서는 안 된다(임의지도의 원칙). 만약, 행정지도의 한계를 넘어 규제적 · 구속적 성격을 강하게 띠면, 권력적 사실행위가 된다.

V. 권리구제

1. 행정쟁송

행정지도에 대한 권리구제는 우선 취소소송의 대상인 행정소송법상의 처분성을 인정할 것인가의 문제이다.

1) **원 칙** 일반적으로 행정지도는 상대방의 임의적 협력을 전제로 하고, 어떠한 법적 효과를 의도하지 않으므로 구속력이 없는 비권력적 사실행위에 불과하여 처분성이 부정된다.

2) **예 외** 단, 1) 규제적 · 조정적 행정지도 및 행정행위 대체적인 행정지도에 대하여는 그 처분성을 인정해야 한다는 견해가 있다(변재옥). 2) 나아가 행정지도 자체를 행정소송법상의 처분 등의 개념에서 '그 밖에 이에 준하는 행정작용'으로 보아 항고소송의 대상으로 보기도 한다(박균성). 3) 한편 이 경우 강제성과 계속성은 법적인 것이 아니고, 사실적인 것은 취소 · 변경의 대상이 아니라는 점에서 처분성을 부인하기도 한다(홍정선). 4) 그러나 규제적 행정지도는 원칙적으로는 처분성을 인정할 수 없으나, 강한 강제성이나 불이익 조치를 띠는 경우는 상대방

의 임의협력에 의존한 행정지도의 한계를 넘는 권력적 사실행위로 보아 처분성을 인정하여야 할 것이다.

3) **판 례** 1) 원칙적으로 행정지도의 처분성을 인정하지 않는다(대판 1989.9.12, 88누8883; 1995.11.21, 95누9099). 2) 예외적으로 통상적인 행정지도의 한계를 넘어서 강제성을 띠는 행정지도는 '위법한 권력적 사실행위'라고 보거나(대판 1996.4.26, 94 다34432), 불이익조치를 예정하고 있어서 '단순한 행정지도의 한계를 넘어 규제적·구속적 성격을 상당히 강하게 갖는 것은 헌법소원의 대상이 되는 공권력의 행사'라고 본다(헌재 2003.6.26, 2002헌마337, 2003헌마7·8 병합).

2. 손해배상

위법한 행정지도에 대한 손해배상에 대하여 1) 상대방의 임의적 협력을 동의로 보아 손해배상책임이 없다는 견해(김성수, 류지태/박종수)도 있으나 2) 통상의 한계를 넘은 것은 위법하여 배상이 가능하다고 본다(홍정선, 박균성, 한견우/최진수). 3) 판례는 공무원의 직무행위에 행정지도와 같은 비권력적 작용이 포함되므로 손해배상을 원칙적으로는 인정하지만(대판 1998.7.10, 96다38971), 강제성을 띠지 않고 행정지도의 한계를 일탈하지 않았다면, 상대방에게 손해가 발생하였다 하더라도 손해배상책임이 없다고 본다(대판 2008.9.25, 2006다18228). 이는 위법을 인정할 수 없기 때문이다.

한편 손해배상의 성립요건은 1) 행정지도한 행정기관이 '정당한 권한'을 갖는가, 2) 통상적인 행정지도의 한계 및 행정지도의 원칙위반 등으로 '위법'한가, 3) 행정지도와 손해사이에 '상당인과관계'가 있는가이다.

> 다만, 행정지도는 사실상의 효과만을 의도하고, 상대방의 임의적 협력에 의한 것이므로 손해발생과의 인과관계 입증이 어렵다. 규제적 행정지도는 행정지도와 손해배상 사이에 인과관계가 인정되면, 국가 등의 배상책임이 성립한다(서울민지판 1989.9.26, 88가합4039; 대판 1994.12.13, 93다49482). 상대방이 행정지도에 따르지 않는다는 의사를 명시한 경우에도 행정지도를 계속한 결과에 대한 배상책임은 국가에 있다.

3. 손실보상

적법한 행정지도로 인하여 상대방에게 손실이 발생한 경우에 1) 행정지도는 상대방의 임의적 협력에 의한 것이므로 상대방의 특별한 희생을 입증하기 곤란하다고 보거나(류지태/박종수), 2) 강제성이 없는 경우는 그 손실을 수인하여야 한다고 본다(박균성). 3) 그러나 수용적 침해보상의 원리를 도입하면 보상이 가능하다고 보기도 하지만(김남진, 홍정선), 4) 행정지도가 상대방의 신뢰를 넘어서 발생한 손실은 신뢰보호원칙에 의하여 손실보상을 청구할 수 있다고 보아야 할 것이다(정하중). 물론 행정청의 임의보상은 가능하다(장태주).

4. 위법한 행정지도에 따른 상대방의 위법성인정

행정기관의 위법한 행정지도에 따른 상대방의 행위에 대한 위법성판단에서 행정지도는 상대방이 임의적 협력을 한 경우이므로 이는 상대방의 자의에 의한 행위로 보아서 그 위법성이 조각되지 않는다고 본다. 따라서 부동산의 매매가격을 행정기관이 공시지가에 따라 신고하도록 행정지도하였어도 이는 허위신고이며, 정당한 행위로 볼 수 없다(대판 1992.4.24, 91도1609).

5. 헌법소원

행정지도가 불이익조치를 예정하고 있어서 '단순한 행정지도의 한계를 넘어 규제적·구속적 성격을 상당히 강하게 갖는 경우에 헌법소원의 대상이 되는 공권력의 행사'라고 본다(헌재 2003.6.26, 2002헌마337등). 다만, 이 경우에는 행정소송으로 구제될 수 없는 경우에 한하여 헌법소원이 제기될 수 있다(보충성의 원칙).

제 7 절 사법적인 행정 (행정사법)

☞ 종래 국가(행정)는 국가의 위법행위시 손해배상주체에 한정된 '국고(행정)'나 국가의 재산관리에 관한 '국가의 사경제적 작용'에 한정되었다. 그 외에 행정은 전통적인 공법상 행위형식에서 엄격한 법치국가원칙 등의 여러 공법상 구속을 받았다. 따라서 행정은 엄격한 공법적 구속을 피하기 위해 행정임무를 사법형식(조직형식, 행위형식)으로 수행하였고, 이를 '행정의 사법적인 작용' 내지는 '사법형식의 행정'이라고 한다.

I. 사법적인 행정의 개념

최근 국가의 사법상 행위의 유형이 다양해지면서, '행정이 행정임무를 사법적인 형식으로 수행하는 행위'를 사법적인 행정 내지는 행정의 사법적 행위라고 한다. 사법적인 행정은 '사법형식', 즉 회사와 같은 조직형식이나 이용관계를 계약과 같은 행위(작용)형식을 이용하여 국가임무를 수행하는 것이다. 전통적인 국고행정이었던 국공유재산관리, 조달행정 외에도 주로 국민의 생존배려를 위한 각종 공공재 공급행정, 보조금, 공공시설 이용, 공기업관계에서 많이 이용된다.

▣ 법형식선택의 자유 - 행정주체는 사법상의 조직형식과 행위형식을 이용하여 공권력의 우월적인 지위에서 벗어나 좀 더 다양하게 행정임무를 수행할 수 있다. 이는 행정에게 원칙적으로 '공법형식'이나 '사법형식'이라는 법형식(Rechtsform)을 선택할 '선택의 자유'(Wahlfreiheit)가 부여되어 있기 때문이다. 다만, 행정이 사법적인 행정을 선택하려면, 1) 법률이 공법적인 행정작용을 규정한 경우에는 불가능하고(공법형식의 우위), 2) 사법형식을 선택할 경우에는 공권력의 우월적인 지위에서 갖는 강제수단과 고권적인 권능을 포기하여야 한다(*Erbguth*, 323). 따라서 행정은 3) 주로 급부행정분야에서 사법형식을 선택하게 된다.

Ⅱ. 적용법리

1. 행정사법이론

행정사법이론(Verwaltungsprivatrecht)은 '행정이 사법형식으로 행정임무를 수행하는 경우에 공법적 제한을 받는 특별법'을 말한다(Wolff, Siebert). 즉 '사법적인 행정에는 원칙적으로 사법이 적용되는데, 이것이 공법상 제한에 의하여 중첩된다는 것'이 바로 행정사법이론이다.59)

행정주체가 행정임무를 사법상 활동으로 수행하는 경우에도 단순히 사인처럼 '사적 자치'를 누릴 수 없고, 실제로도 사실상의 우월성 때문에 상대방인 국민이 손해를 입을 우려가 높으므로, '공법적 제한'을 가하자는 이론이다.

행정사법의 적용영역은 종래의 급부행정·유도행정의 영역에서 공공시설이나 공기업을 통한 활동, 보조금을 통한 자금지원, 공기업의 이용관계 등으로 국가가 직접 국민의 생존배려활동을 하는 분야이다.

2. 이단계이론

급부행정분야에서는 행정이 원칙적으로 사법형식에 대한 선택권을 갖는다. 즉, 공공서비스를 제공하거나 제공받을 사인을 선택하는 결정에서는 행정작용(특히 행정행위)을 선택하고, 서비스 이용관계나 지원관계는 사법상 계약형식으로 선택하는 경우에 행정행위(공법형식)와 계약(사법형식)이 실제로는 결합되어 운용되므로 이를 2단계로 나누어 법적으로 판단하자는 이론이다.

예를 들어 보조금교부행정을 보면, 1단계인 보조금의 교부결정은 행정행위인 '행정청과 사인'간의 공법관계이고, 2단계는 보조금교부라는 구체적인 이행관계로서 지급대행자인 '민간은행과 사인간의 계약'이므로 사법관계라고 볼 수 있다. 이는 국가계약법상의 낙찰결정과 이행계약에도 적용될 수 있다.60)

---

59) 길준규, "행정사법론에 관한 연구", 석사논문(한양대), 1989. 12.

60) 이 이론의 약점은 절차경제의 원칙에 반한다는 것이다. 즉 1단계인 공법형식의 행정작용은 행정소송으로, 2단계의 계약 등 사법형식은 민사소송에 의하기 때문이다.

Ⅲ. 사법적인 행정작용의 종류

1. 국공유재산(관리)행정 – '소유권자'로서의 국가

국가는 사인처럼 재산(Vermögensgegenstanden)의 소유자이다. 국가가 소유한 재산은 '국유재산', 지방자치단체가 소유한 재산은 '공유재산'으로 각각 국유재산법과 공유재산법이 규율한다. 전통적으로 국가의 재산관리는 국가의 사경제주체로서의 작용이므로 사법이 적용된다는 관념이 존재하였다.[61] 그러나 법제에서는 공익에 기여하는 행정재산은 '공물'로서 그 획득, 사용에는 공법형식으로 공법관계로, 일반재산(구 잡종재산)의 대부와 매각 등의 법률관계는 사경제 주체로 국가를 거래당사자로 하는 것이어서 사법을 적용하는 것이 원칙이다.

2. 행정의 사법상 보조행위 – '고객'으로서의 국가

이는 행정(활동)에 필요한 각종 물자, 토지, 사람 등을 사법상 계약에 의하여 조달, 임차, 고용, (공사)입찰하는 행위를 말한다. 따라서 '행정의 수요충족행위' 또는 '행정의 (국고적) 보조행위'이다.

우리나라에서는 '조달행정'이라고도 한다(홍정선). 이는 조달행정인 「국가계약법」과 동법상 부정당업자의 지정[62]외에도 민간협력,[63] 민간위탁 등을 포괄하는 조달행정보다 더 넓은 개념이다.

3. 행정의 영리경제적 작용 – '기업가'로서의 국가

행정의 영리경제적 활동은 '공공주체가 공공목적을 수행하면서 부수적으로 하는 영리경제적인 활동'이다.[64] 행정주체의 경영수익사업이나 각종 공기업을 말하며, 공공기관법, 지방공기업법 등 각종 공기업관련법이 규율한다. 이는 사법상의

---

61) 이러한 관념에서 판례는 잡종재산대부행위는 국가의 사경제주체로서 사인과 대등한 지위에서 행하는 사법상 계약이므로 대부료납부고지도 사법상 이행청구이다(대판 1993.12.7, 91누11612; 1971.2.23, 70다2563; 1988.5.10, 87누441) 또는 잡종재산의 시효취득제한은 국가의 국고작용으로 인한 민사관계는 사경제적 주체로 대등하게 다뤄져야 한다는 헌법의 기본원리에 반하여 위헌이라고 보았다(헌재 1991.5.13, 89헌가97).

62) 길준규, "공공위탁법연구", 『토지공법연구』 제13집, 2001. 11, 75쪽 이하.

63) 길준규, 『민간투자사업관리법제 개선방안에 관한 연구(Ⅲ) : 사후관리방안』, 한국법제연구원, 2009.

64) 길준규, "독일 경제행정법상의 국가의 경제활동과 헌법상 정당성", 『배준상교수정년기념논문집』, 1997, 419쪽 이하; 같은이, "독일 경제행정법상의 지방의 경제활동과 사인간의 경쟁", 『한양법학』 제8집, 1997. 9, 347쪽 이하; 같은이, "독일 지방경제법의 최근 동향", 『공법연구』 제30집 제5호, 2002. 6, 245쪽 이하.

조직형식(주식회사)과 행위형식(계약)을 빈번하게 이용하며, 주로 사법이 적용된다. 다만, 공공목적의 수행과 동등대우원칙과 같은 공법상 제한이 있다.

4. 행정임무의 사법형식의 수행 - 급부행정 및 보증행정

이는 '행정이 각종의 생존배려를 위하여 문화적·사회적 목적에 해당하는 종래의 행정임무를 사법적인 형식으로서 직접 공공시설을 운영하거나 공공재를 공급하는 활동'을 말한다. 이는 행정이 공공시설, 영조물, 공사 등을 설치하거나 계약형식으로 공공서비스를 제공하는 것이다. 행정사법이론이 처음 시작한 분야이어서 행정사법분야라고도 한다. '직접적으로 행정임무를 수행한다'는 점에서 '직접적인 기본권 및 공법상 제한'이 강하게 요구되는 분야이다. 영조물이용관계 등을 말한다.

국가가 직접 사법형식으로 공공서비스를 제공하던 급부행정에서 상당수 공급기업이 민영화되면서 보증행정으로 전환하여 사업자 규제가 주목적이 되었다.

Ⅳ. 공법적 구속의 내용

1. 실체법적 구속

사법적인 행정에 대한 공법적 구속은 헌법상 기본권 규정과 그에 의해 파생된 평등의 원칙, 비례의 원칙, 신뢰보호원칙 등의 행정법의 일반원칙에 의한 구속 등이다. 다만, 최근에는 행정임무를 직접적으로 수행하는 행정사법분야 외에는 기본권의 직접적인 기속을 제한하고 있다.

2. 권리구제

행정사법이론을 취하더라도 사법적인 행정의 본질은 사법작용이므로 민사소송을 통한 구제를 받는다. 단, 공법이론에 기속을 받는다.

판례는 사법적인 행정을 주로 민사사건으로 보고 있다. 국가계약법상 부정당업자의 지정처분도 행정소송법상 행정청에 속하지 않는 공공기관에 의한 경우는 '사법상 통지행위'로 본다(대판 1985.1.22, 84누647; 대결 1995.2.28, 94두36; 1999.11.26, 99부3). 한국토지공사, 한국전력공사 등은 정부투자기관일뿐 권한을 위임받은 공공단체가 아니라고 보아 처분성을 부정하였다. 이는 행정주체를 매우 협소하게 보아 간접행정을 제한하는 해석이다.

대법원 1985. 8. 20. **선고** 85누371 **판결 【입찰참가자격제한처분취소】**
<u>한국전력공사 사장이 한국전력공사의 회계규정에 의거하여 입찰참가자격을 제한한 부정당업자 제재처분은 행정청이나 그 소속기관 또는 그 위임을 받은 공공단체의 공법상의 행위</u>

가 아니라 단지 그 대상자를 위 공사에서 시행하는 입찰에 참가시키지 않겠다는 뜻의 사법상의 효력만을 가지는 통지행위에 불과하다 할 것이고 이러한 통지행위가 있다 하여 국가 또는 지방자치단체에서 시행하는 모든 입찰의 참가자격을 제한하는 효력이 발생한다고는 볼 수 없으므로 이를 행정소송의 대상이 되는 행정처분이라 할 수는 없다 할 것이다 (대판 1985.1.22, 84누647 참조).

제 5 장

행정절차법

근대행정법은 초기에는 법치국가원칙 등의 일반이론과 행정법원리에 해당하는 행정실체법을 중심으로 발전하였다. 그러나 행정이 발전하고 확대되면서 다수의 개인을 상대하는 행정은 그 집행과정이 유형별로 형식화·절차화되면서 이를 절차적으로 규율할 필요가 생겼다. 따라서 독일의 행정절차법 제정을 기반으로 하여, 다양한 행정과정이 구체적으로 절차화하여 명문으로 입법되었다.

행정절차는 주로 행정결정을 위한 사실관계에 대한 사전조사에 해당하는 행정조사와 행정결정 등의 집행을 규율하는 일반행정절차로 구분될 수 있다. 일반행정절차로서 우리 행정절차법은 행정행위를 중심으로 하여 처분절차, 신고절차, 행정지도절차, 행정상 입법예고절차, 행정예고절차를 규정한다.

한편 우리나라는 특별행정절차로서 민원사무처리절차 외에도 행정정보절차인 정보공개절차, 개인정보보호절차와 행정규제완화를 위한 행정규제심사절차 등을 두고 있다. 다만, 국민고충처리절차는 행정제도의 개선 외에도 국민의 권리보호라는 측면이 있어서 이는 행정소송법으로 넘기기로 한다.

제 5 장 행정절차법

제 1 절 행정절차법 개관

Ⅰ. 행정절차의 개념과 특징

1. 행정절차의 개념

행정절차(Verwaltungsvefahren)는 '행정청이 행정작용을 하면서 거치는 절차'이다. 행정절차는 행정청이 행정과정에서 다수의 국민을 상대하는데 필요한 일정한 절차를 제도화한 것이다. 즉, 행정절차를 통하여 국민의 권리를 보호하고, 국민이 참여함으로써 행정의 정당성을 확보하기 위한 것이다.

행정절차는 '행정이 행정작용을 만들어내는 과정'이다. 따라서 결과인 행정작용뿐만 아니라 생성과정인 행정절차도 적법해야만, 법치국가적인 요구에 적합하다. 그러므로 국민은 실체법상 위법한 행위를 폐지할 청구권뿐만 아니라 특정한 구성요건하에서는 절차적 하자가 있는 행정의 법적 행위도 폐지할 청구권을 갖는다(*Detterbeck*, 923).

2. 행정절차의 범위

행정과정의 어느 범위까지 행정절차로 볼 것인가에 대하여 1) 광의의 행정절차는 '행정이 행정작용을 하면서 거치는 사전절차뿐만 아니라 행정작용의 준비절차(행정조사), 의사결정절차, 사후절차(행정강제절차, 행정심판절차)에 이르는 모든 절차(과정)'로 본다. 입법절차나 사법절차와 대비되는 개념으로, 1925년 오스트리아 행정절차법이 규정하였다. 2) 협의의 행정절차는 '행정청이 행하는 행정작용의 사전절차'이다. 3) 최협의의 행정절차는 '행정청이 행하는 행정행위의 사전절차'에 한정한다. 1989년 「행정절차운영지침」(국무총리훈령, 제235호)에서 규정하였다. 4) 이론적으로는 사전절차외에도 행정절차적 성질을 가진 '행정조사, 사후절차인 행정강제'까지를 넓게 행정절차라고 볼 수 있다. 단, 행정심판은 '법판단작용'이므로 제외해야 한다.

현행 행정절차법은 협의의 행정절차개념에 따라 행정행위를 중심으로 처분절차(행정행위), 신고절차, 행정상 입법예고절차(법규명령), 행정예고절차, 행정지도절차를 규정한다. 행정절차법에 규정된 행정절차를 '형식적 의미의 행정절차'라고 한다.

한편 '실질적 의미의 행정절차'에는 행정작용의 사전절차외에도 행정작용을 위한 사실조사인 행정조사, 의무이행을 위한 행정강제절차 등을 포함한다(판례).

3. 행정절차의 특징

행정절차의 특징은 1) 행정청이 행하는 절차이므로 같은 절차라도 국회가 행하는 입법절차나 법원이 행하는 사법절차와 구분되며, 2) 행정작용의 수행을 목적으로 하는 사전절차로서, 현행법은 행정절차중에 처분, 신고, 행정상 입법예고, 행정예고, 행정지도에 한정하였고, 3) 대외적인 절차이므로 행정내부의 절차가 아니라 직접 상대방인 국민과의 관계를 규율한다.

'절차'라는 점에서는 행정절차는 사법절차와 유사하지만 사법절차는 '권리구제', 행정절차는 '행정임무의 실현'이 중점이고, 사법절차는 엄격한 형식성과 절차보장을, 행정절차는 국민의 참여와 행정의 능률을 강조한다(홍정선).

4. 행정절차의 기능

행정절차는 1) 행정의 상대방인 국민이 행정(과정)에 참여함으로써 행정의 민주화(참여행정)를 구현하고, 2) 행정과정을 절차화시킴으로써 행정의 자기통제를 통하여 행정의 자의적인 판단을 방지하고 행정의 적법·타당성 보장(재량통제), 투명성강화 등을 통하여 법치국가를 구현하며, 3) 사법적(사후적) 구제의 보완(사전통제제도), 사전의견조정 등을 통하여 국민의 권리보호를 강화하고, 4) 행정청과 상대방이 사전에 참여함으로써 분쟁을 예방하고, 행정을 능률화시키는 기능을 한다.

Ⅱ. 행정절차법의 역사

1. 영미법계 국가

영국 행정절차의 기원은 '누구도 자기 사건의 심판관이 될 수 없다'(No one shall be a judge in his own case)는 편견배제의 원칙과 '누구든지 청문 없이 불이익을 당하지 않는다'로 알려진 '양쪽의 청문을 들어야 한다'(Both sides must be heard)의 쌍방청문의 원칙 등의 사법절차를 기반으로 발전한 보통법상의 자연적 정의(Natural Justice)이다. 이후 자연적 정의는 사법절차상 원칙인 적법절차로 발전하였고, 행정절차에도 적용되었다. 아울러 행정절차는 1958년의 「심판소와 심문에 관한 법률」(Tribunals And Inquiries Act)에 재결절차로 규정되었다.

미국은 영국의 적법절차를 도입하여 「수정헌법」 제5조에 "누구든지 법의 적정절차에 의하지 않고는 생명·자유 또는 재산을 박탈당하지 아니한다"는 '적법절차원리'(Due Process of Law)를 규정하였고, 행정법에서도 일반원리로 적용된다. 이후 1946년 「행정절차법」(Administrative Procedure Act, APA)(총 11조)은 1966년에 연방법전(United

States Code) 공법 89-554에 편입되었고, 주 「행정절차법」과 단행법[1]에도 관련규정이 있다. 한편 미국 「행정절차법」은 다른 성문의 제정법(statute law, 우리의 성문법률) 및 적법절차원칙과 함께 행정법상 매우 중요한 법적 근거로 사용된다.

2. 대륙법계 국가

대륙법계 국가에서는 성문법인 실체법을 중심으로 하는 행정법사상에 따라 주로 행정활동의 사후통제(사법절차)에 관심을 가지므로 성문법 - 법리 - 소송제도를 기반으로 실체법과 절차법이 발전하여 사전절차인 행정절차는 다루지 않았다.

이후 독일은 실체법의 한계인식과 절차존중의식에 따라[2] 1976년에 「연방행정절차법」(Verwaltungsverfahrensgesetz, VwVfG)을 제정하였고, 주도 연방법에 상응하는 주 「행정절차법」을 제정하였다. 이 법에는 행정활동에 관한 대부분의 실체법 규정을 담고 있다.[3]

프랑스는 일반법으로서 행정절차법은 제정하지 않았지만, 행정절차에 관한 규정이 일부 법률에 존재하며, 1979년 「이유부기에 관한 법률」 등이 제정되었다.

일본은 1993년에야 비로소 행정절차법인 「行政手續法」이 제정되어 처분절차(신청, 불이익처분), 행정지도, 신고절차를 규정하였고, 최근 행정규제개혁의 일환으로 2005년 개정법에서 행정입법절차(의견공모절차)를 도입하였다.[4]

3. 우리나라

우리나라는 「행정절차법」 제정이전에 이미 개별법에서 행정절차의 일종인 청문제도(식품위생법, 도로법, 하천법 등), 주민의견청취제도(구 도시계획법) 등을 규정하였다. 1980년대에 독일 등의 행정절차법 제정에 따라 행정절차법(안)을 작성하였으나 여러 입법시도 끝에 1987년에 입법예고되었다. 이후 1989년 「행정절차운영지침」(국무총리훈령)과 1994년의 「행정규제 및 민원사무기본법」으로 일부 운영하다가 1993년 일본의 「行政手續法」에 따라 비로소 1996년에 「행정절차법」을 제정하여 1998년부터 시행하였다.[5] 특별행정절차법으로 「민원사무처리법」(1997) 등이 별도 제정되었다.

---

1) 관련법으로는 1965년의 「기관대리법」, 1972년의 「연방자문위원회법」, 1976년의 「정부일조법」, 1980년의 「평등접근법」, 1990년의 「교섭에 의한 규칙제정법」 및 「행정분쟁해결법」 등이 있다.
2) 정하중, 387쪽.
3) 김해룡, "우리나라 행정절차법과 독일연방행정절차법", 『고시계』 1997/4, 89쪽 이하; 오준근, "독일 행정절차법의 변혁", 법제연구원, 1997; 길준규, "독일 행정절차법의 개정과정 - 디지털 행정으로의 이행", 『CLIS Monthly』, 2003년, 16쪽 이하.
4) 채우석, "일본 행정수속법의 개정에 관한 연구", 『법학논총』 (숭실대) 제18집, 2007. 8, 107쪽 이하.
5) 입법과정에 대한 간단한 개관은 정하중, 387쪽 이하.

제 2 절 행정절차법의 내용

Ⅰ. 행정절차법의 법적 성격

「행정절차법」은 행정절차에 관한 '일반법'이고, 각 개별분야의 특별법으로 「민원사무처리법」, 「행정조사기본법」, 「정보공개법」 등이 제정되어 있다.

'민원사무에 관한 특별법'은 「민원사무처리법」이다. 따라서 민원사무에서는 「민원사무처리법」이 「행정절차법」에 대한 특별법이다. 한편 「행정절차법」은 행정절차를 규정하지만, 절차법이 아니고 '실체법'이다.

Ⅱ. 헌법상 근거

행정절차의 헌법상 근거에 대하여 우선 우리 헌법이 "누구든지 … 법률과 적법한 절차에 의하지 아니하고는 처벌・보안처분 또는 강제노역을 받지 아니한다"고 규정하였다(제12조 제1항).[6] 일부 학설과 판례는 이 헌법규정을 미국의 적법절차원칙[7]과 유사하다고 보아 소위 '적법절차조항'이라고 한다.

행정절차의 헌법상 근거가 위의 적법절차조항인가와 그 연원과 법문언상 사법절차이므로 행정절차에도 적용될 수 있는가가 문제된다. 1) 적용설(적법절차조항근거설)은 적법절차조항이 행정절차에도 적용된다고 보아 행정절차(청문절차)의 법적 근거로 본다(김철수, 권영성, 허영, 김도창, 이상규, 홍정선, 박균성). 2) 적용부정설(헌법원리근거설)은 적법절차조항은 사법절차에만 적용될 뿐이고, 행정절차의 법적 근거는 '헌법원리'(민주주의, 법치국가)나 '인간의 존엄과 가치'(제10조) 등에서 찾는다(김남진, 장태주). 3) 절충설은 행정절차의 법적 근거를 위의 적법절차조항과 헌법원리 양자에서 구한다(정하중). 4) 판례는 적용설을 따르고, 대법원은 '적법절차조항'을 미국의 '적정절차'(due process of law)로 보며(대판 1988.11.16, 88초6), 형사절차와 행정절차를 가릴 필요 없는 '조리상의 요구'라고 본다(대판 1984.9.11, 82누166). 헌법재판소는 '모든 공권력작용에 직접 구속력있는 헌법적 근거'라고 보아(헌재 1992.12.24, 92헌가8), '행정작용뿐만 아니

---

6) 「헌법」 제12조 제1항 모든 국민은 신체의 자유를 가진다. 누구든지 법률에 의하지 아니하고는 체포・구속・압수・수색 또는 심문을 받지 아니하며, 법률과 적법한 절차에 의하지 아니하고는 처벌・보안처분 또는 강제노역을 받지 아니한다. 제12조 제3항 체포・구속・압수 또는 수색을 할 때에는 적법한 절차에 따라 검사의 신청에 의하여 법관이 발부한 영장을 제시하여야 한다.

7) 미국 수정헌법 제5조(형사사건에서의 제권리) "… 누구라도 정당한 법의 절차에 의하지 아니하고는 생명, 자유 또는 재산을 박탈당하지 아니한다." 수정헌법 제14조(공민권) 제1항 "… 어떠한 주도 정당한 법의 절차에 의하지 아니하고는 어떠한 사람으로부터도 생명, 자유 또는 재산을 박탈할 수 없으며 …."

라 모든 국가작용에 적용된다'고 본다(헌재 1992.12.24. 92헌가8). 5) 판례는 미국식 적법절차로 봄으로써 성문법이 없는 경우 '무엇이 적정한 절차'이냐 라는 임의적인 기준으로 사용하여 법원의 절차중심주의 및 사법국가지향을 강조하므로 정당하지 않다. 왜냐하면, 적법절차원리는 미국에서 중요한 행정법원리이지만, 사법권으로부터 신체의 자유를 보장하는 사법절차라는 역사적 성격을 가지고, 불문법국가에서 성문법, 학설, 판례가 없는 경우에 최후로 사용되는 원리라는 점에서 대륙계의 성문법주의 국가는 법령, 학설이 우선 적용대상인 것과 다르다. 또한 우리나라는 헌법질서를 기본으로 한다는 점에서는 헌법원리근거설이 타당하고,[8] 이는 사법절차에만 한정하여 적용하여야 할 것이다.

한편, 행정절차법 제정으로 행정절차의 근거를 헌법에서 찾는 논의는 종결되었다고도 볼 수 있다.

Ⅲ. 행정절차법의 적용범위

1. 행정작용의 범위

현행 행정절차법은 협의의 행정절차에 따라 처분(행정행위), 신고, 행정상 입법예고, 행정예고, 행정지도를 규정한다. 따라서 행정절차법은 행정법상 계약, 행정계획 등 다른 행정작용에는 적용되지 않는다.

독일은 행정조사, 행정행위, 행정계약, 행정계획까지 규정하였다(연방행정절차법). 물론 행정절차법에서 어느 범위까지 규정할 것인지는 한 나라의 법정책의 문제이다.

2. 적용대상인 행정청 (행정주체)

행정절차법은 국가 또는 지방자치단체의 기관외에 그 밖에 법령 또는 자치법규에 따라 행정권한을 가지고 있거나 위임 또는 위탁받은 공공단체 또는 그 기관이나 사인에도 적용된다(제2조 제1호). 그 밖의 공공단체에 적용에는 논란이 있다.

3. 행정절차법의 적용배제

1) 행정절차법은 "다른 법률에 특별한 규정이 없는 경우"에 한하여 적용한다(제3조 제1항). 이는 다른 법률과의 관계를 규정한 원칙규정으로 행정절차법은 일반법이므로 '다른 법률에서 행정절차에 관하여 적극적으로 특별한 규정을 두거나', '소극적으로 명시적으로 적용하지 않는다'고 규정한 경우에는 행정절차법의 적용을 배제하고 다른 법률의 규정을 적용하겠다는 것이다(대판 2002.2.5, 2001두7138).

---

8) 길준규, "적정절차(Due Process of Law), 우리 행정법에서도 유효한가?", 『한양법학』 제34집, 2011.5, 11쪽 이하.

2) 행정절차법은 '행정절차법의 적용배제사항'을 규정한다(법 제3조 제2항, 영 제2조).

적용배제사항은 1) 국회 또는 지방의회의 의결을 거치거나 동의 또는 승인을 얻어 행하는 사항, 2) 법원 또는 군사법원의 재판에 의하거나 그 집행으로 행하는 사항, 3) 헌법재판소의 심판을 거쳐 행하는 사항, 4) 각급 선거관리위원회의 의결을 거쳐 행하는 사항, 5) 감사원이 감사위원회의 결정을 거쳐 행하는 사항, 6) 형사·행형 및 보안처분 관계법령에 의하여 행하는 사항, 7) 국가안전보장·국방·외교 또는 통일에 관한 사항 중 행정절차를 거칠 경우 국가의 중대한 이익을 현저히 해할 우려가 있는 사항, 8) 심사청구·해양안전심판·조세심판·특허심판·행정심판 기타 불복절차에 따른 사항, 9) 병역법에 의한 징집·소집, 외국인의 출입국·난민인정[9]·귀화, 공무원 인사관계 법령에 의한 징계[10] 기타 처분 또는 이해조정을 목적으로 법령에 의한 알선·조정·중재·재정 기타 처분 등 당해 행정작용의 성질상 행정절차를 거치기 곤란하거나 불필요하다고 인정되는 사항과 행정절차에 준하는 절차를 거친 사항으로서 대통령령으로 정하는 사항[11] 등이 있다(제3조 제2항).

3) 그러나 위의 적용배제사항 전부에 대하여 행정절차법의 적용이 배제되는 것이 아니라 "성질상 행정절차를 거치기 곤란하거나 불필요하다고 인정되는 처분이나 행정절차에 준하는 절차를 거치도록 하고 있는 처분의 경우에만 행정절차법의 적용이 배제되는 것으로 보아야 할 것이다"(대판 2007.9.21, 2006두20631).

대법원 2007. 9. 21. **선고** 2006**두**20631 **판결 【진급낙천처분취소】**
행정절차법 제3조 제2항은 "이 법은 다음 각 호의 1에 해당하는 사항에 대하여는 적용하지 아니한다"고 규정하면서 그 제9호에서 '병역법에 의한 징집·소집, 외국인의 출입국·난민인정·귀화, 공무원 인사관계 법령에 의한 징계 기타 처분 또는 이해조정을 목적으로 법령에 의한 알선·조정·중재·재정 기타 처분 등 당해 행정작용의 성질상 행정절차를 거치기 곤란하거나 불필요하다고 인정되는 사항과 행정절차에 준하는 절차를 거친 사항으로서 대통령령으로 정하는 사항'을 행정절차법의 적용이 제외되는 경우로 규정하고 있고, 그 위임에 기한 행정절차법 시행령 제2조는 "법 제3조 제2항 제9호에서 '대통령령으로 정하는 사항'이라 함은 다음 각 호의 1에 해당하는 사항을 말한다"라고 규정하면서

---

9) 예를 들면, 출입국관리법상의 난민인정절차는 '행정절차법의 특별규정'이므로 행정절차법의 적용이 배제된다(헌재 2009.1.13, 2008헌바161).

10) 대판 2007.9.21, 2006두20631.

11) 「행정절차법 시행령」 제2조(적용제외) 법 제3조 제2항 제9호에서 "대통령령으로 정하는 사항"이라 함은 1) 「병역법」, 「향토예비군설치법」, 「민방위기본법」, 「비상대비자원 관리법」에 따른 징집·소집·동원·훈련에 관한 사항, 2) 외국인의 출입국·난민인정·귀화·국적회복에 관한 사항, 3) 공무원 인사관계법령에 의한 징계 기타 처분에 관한 사항, 4) 이해조정을 목적으로 법령에 의한 알선·조정·중재·재정 기타 처분에 관한 사항, 5) 조세관계법령에 의한 조세의 부과·징수에 관한 사항, 6) 「독점규제 및 공정거래에 관한 법률」, 「하도급거래 공정화에 관한 법률」, 「약관의 규제에 관한 법률」에 따라 공정거래위원회의 의결·결정을 거쳐 행하는 사항, 7) 「국가배상법」, 「공익사업을 위한 토지 등의 취득 및 보상에 관한 법률」에 따른 재결·결정에 관한 사항, 8) 학교·연수원 등에서 교육·훈련의 목적을 달성하기 위하여 학생·연수생 등을 대상으로 행하는 사항, 9) 사람의 학식·기능에 관한 시험·검정의 결과에 따라 행하는 사항, 10) 「배타적 경제수역에서의 외국인어업 등에 대한 주권적 권리의 행사에 관한 법률」에 따라 행하는 사항, 11) 「특허법」, 「실용신안법」, 「디자인보호법」, 「상표법」에 따른 사정·결정·심결, 그 밖의 처분에 관한 사항이다.

그 제3호에서 '공무원 인사관계 법령에 의한 징계 기타 처분에 관한 사항'을 규정하고 있는바, 행정과정에 대한 국민의 참여와 행정의 공정성, 투명성 및 신뢰성을 확보하고 국민의 권익을 보호함을 목적으로 하는 행정절차법의 입법목적과 행정절차법 제3조 제2항 제9호의 규정 내용 등에 비추어 보면, 공무원 인사관계 법령에 의한 처분에 관한 사항 전부에 대하여 행정절차법의 적용이 배제되는 것이 아니라 성질상 행정절차를 거치기 곤란하거나 불필요하다고 인정되는 처분이나 행정절차에 준하는 절차를 거치도록 하고 있는 처분의 경우에만 행정절차법의 적용이 배제되는 것으로 보아야 할 것이다.

방대한 적용배제사항에 대하여 행정절차법의 일반법적 성격을 약화시킨다는 지적(홍준형)과 행정입법으로 법률의 적용을 배제하므로 위헌이라는 지적이 있다(신봉기).

Ⅳ. 일반원리

행정절차법의 일반원리로 1) 신의성실의 원칙(제4조 제1항), 2) 신뢰보호원칙(제4조 제2항), 3) 투명성의 원칙(제5조)이 규정되어 있다.12)

그리고 비용부담원칙으로 '행정절차에 소요되는 비용'은 원칙적으로 행정청이 부담한다(제52조). 아울러 그동안 우리 행정법에 명문규정이 없었던 '행정청의 관할'(제6조), '행정청간의 협조'(제7조), '행정응원'(제8조) 등이 명문으로 규정되었다.

제 3 절 행정절차의 내용

☞ 우리 행정절차법은 '처분절차', '신고절차', '입법예고절차', '행정예고절차', '행정지도절차'의 5가지 절차를 규율하고 있다.

Ⅰ. 처분절차

행정절차법은 '행정행위를 규율하는 처분절차'를 「행정절차법」 제2장에서 규정한다. 처분절차는 1) 신청에 의한 처분(수익적 처분)과, 2) 당사자에게 의무를 과하거나 권익을 제한하는 처분(부담적 처분)으로 구분한다.13)

12) 「행정절차법」 제4조(신의성실 및 신뢰보호) ① 행정청은 직무를 수행함에 있어서 신의에 따라 성실히 하여야 한다. ② 행정청은 법령등의 해석 또는 행정청의 관행이 일반적으로 국민들에게 받아들여진 때에는 공익 또는 제3자의 정당한 이익을 현저히 해할 우려가 있는 경우를 제외하고는 새로운 해석 또는 관행에 의하여 소급하여 불리하게 처리하여서는 아니 된다.
제5조(투명성) 행정청이 행하는 행정작용은 그 내용이 구체적이고 명확하여야 하며, 행정작용의 근거가 되는 법령등의 내용이 명확하지 아니한 경우 상대방은 당해 행정청에 대하여 그 해석을 요청할 수 있다. 이 경우 당해 행정청은 특별한 사유가 없는 한 이에 응하여야 한다.

13) 학설은 불이익처분(장태주), 침익적 처분(홍정선), 침해적 처분(박균성, 판례)이라고 하나, 의무부과나 권익제한만으로 '침해'라고 보기 어려우므로 이 책에서는 '부담적 처분'이라 한다.

처분절차의 규정방식은 공통사항(처분의 방식, 처분기준의 설정·공표, 이유제시, 정정, 고지 등)을 먼저 규정하고 양 처분절차를 규정한다. 협의의 처분절차는 부담적 처분절차에 한정한다.

1. 처분의 신청

행정절차법상 '처분'은 "행정청이 행하는 구체적 사실에 관한 법집행으로서의 공권력의 행사 또는 그 거부와 그 밖에 이에 준하는 행정작용"을 말한다(제2조 제2호). 행정절차법은 '처분신청절차'를 규정하고 있다.

처분신청절차를 단계별로 보면, 1) 처분의 상대방은 처분을 '문서'로 신청하고, 2) 행정청은 다른 법령상 특별규정이 있는 경우 외에는 처분신청에 대한 '접수의 보류나 거부'가 불가능하고,[14] 3) 접수시는 '접수증'을 교부하여야 하고, 4) 접수시 미비사항은 '보완을 요구'하여야 하고, 5) 신청인이 미보완시는 이유를 명시하여 '반려'할 수 있고, 6) 신청인의 편의를 위하여 다른 행정청에 접수시킬 수 있고, 7) 신청인은 '처분전에 신청내용을 보완하거나 변경 또는 취하'를 할 수 있다(제17조).

대법원 2004. 9. 24. **선고** 2003**두**13236 **판결 【개발제한구역훼손부담금부과처분취소】**
구 행정절차법(2002. 12. 30. 법률 제6839호로 개정되기 전의 것) 제17조 제3항 본문은 "행정청은 신청이 있는 때에는 다른 법령 등에 특별한 규정이 있는 경우를 제외하고는 그 접수를 보류 또는 거부하거나 부당하게 되돌려 보내서는 아니 되며, 신청을 접수한 경우에는 신청인에게 접수증을 교부하여야 한다"고 규정하고 있는바, 여기에서의 신청인의 행정청에 대한 신청의 의사표시는 명시적이고 확정적인 것이어야 한다고 할 것이므로 신청인이 신청에 앞서 행정청의 허가업무 담당자에게 신청서의 내용에 대한 검토를 요청한 것만으로는 다른 특별한 사정이 없는 한 명시적이고 확정적인 신청의 의사표시가 있었다고 하기 어렵다고 할 것이다.

행정청에 대한 처분의 신청은 문서로 하도록 하는 문서주의를 규정하였다(제17조 제1항). 문서주의는 신청자가 행하는 신청의 의사표시를 명시적이고 확정적으로 하기 위한 것이다. 단, 담당자에 대한 신청서내용의 검토요구는 처분에 대한 '신청'으로 볼 수 없다(대판 2004.9.24, 2003두13236).

문서주의의 예외는 1) 다른 법령등에 특별한 규정이 있는 경우, 2) 행정청이 미리 다른 방법을 정하여 공시한 경우, 3) 전자문서로 처분을 신청하는 경우이다. 전자문서에 의한 처분의 신청시에는 행정청의 컴퓨터 등에 입력된 때를 '신청시'로 본다(제17조 제2항).

한편 처분신청절차를 돕기 위하여 행정청은 신청시 구비서류, 접수기관, 처리기관

---

14) 이를 접수증교부, 다른 행정청과 협조를 통한 지연방지 등과 함께 '의무적 접수'로 보기도 한다(홍정선).

기타 필요한 사항을 게시하거나(인터넷 게시 포함), 누구나 열람하도록 편람을 비치할 의무가 있다(제17조 제3항).

2. 처분기간의 설정 및 공표

행정청은 신청인의 편의를 위하여 '처분의 처리기간'을 종류별로 미리 정하여 공표하여야 한다(제19조). 이는 상대방에게 '예측가능성'을 부여하기 위한 것이다. 처리기간에 산입하지 않는 기간은 대통령령으로 규정하고 있다(제5항).[15)]

처분의 처리기간은 1) 기간 내에 처리가 곤란한 경우에는 한 번만 그 기간을 연장할 수 있고, 2) 연장하는 경우에는 처리기간의 연장사유와 처리예정기한을 지체없이 신청인에게 통지하여야 하고(제3항), 3) 행정청이 정당한 기간 내에 처리하지 아니하였을 때에는 신청인은 신속한 처리를 요청할 수 있다(제4항).[16)]

행정청이 처분기간을 스스로 설정하고 사전공표하는 제도는 행정청으로 하여금 스스로 신속한 행정을 하도록 자기구속하는 제도라고 볼 수 있다. 다만, 이러한 처분기간의 설정 등이 관료주의에 따라 형식주의로 흐르는 것은 주의하여야 한다.

처리기간을 경과한 처분은 '신속한 처리요청권'(제4항)을 위반한 것이지만, 그렇다고 반복처분에 따른 기간상의 이익 때문에 '처분의 취소사유'로 보기는 어렵다고 한다. 단지 '손해배상의 문제'라고 본다(홍정선).

3. 처분기준의 설정 및 공표

행정청은 원칙적으로 '처분의 객관적이고 구체적인 기준', 즉 처분기준을 사전에 설정하고 외부로 공표하여야 한다. 기준의 변경시도 마찬가지이다(제20조 제1항). 이를 '공표의 원칙'이라고도 한다(홍정선). '신청에 의한 처분'외에 '직권에 의한 처분'에도 적용된다(오준근).

단, 처분기준의 공표의 예외는 처분기준을 공표하는 것이 1) 해당 처분의 성질상 공표가 현저히 곤란하거나, 2) 공공의 안전 또는 공공복리를 현저히 해치는 것으로 인정될 만한 상당한 이유가 있는 경우이다(제2항).

---

15) 「행정절차법 시행령」 제11조(처리기간에 산입하지 아니하는 기간) 법 제19조 제5항의 규정에 의하여 처리기간에 산입하지 아니하는 기간은 다음 각호의 1에 해당하는 기간을 말한다.
1. 신청서의 보완에 소요되는 기간(보완을 위하여 신청서를 신청인에게 발송한 날과 보완되어 행정청에 도달한 날을 포함한다). 2. 접수·경유·협의 및 처리하는 기관이 각각 상당히 떨어져 있는 경우 문서의 이송에 소요되는 기간. 3. 법 제11조 제2항의 규정에 의하여 대표자를 선정하는 데 소요되는 기간. 4. 당해 처분과 관련하여 의견청취가 실시되는 경우 그에 소요되는 기간. 5. 실험·검사·감정, 전문적인 기술검토 등 특별한 추가절차를 거치기 위하여 부득이하게 소요되는 기간. 6. 안전행정부령이 정하는 선행사무의 완결을 조건으로 하는 경우 그에 소요되는 기간.

16) 상대방의 '신속처리요구권'이라고도 한다. 홍정선, 365쪽.

상대방 등은 공표한 처분기준이 불명확한 경우에는 당해 행정청에게 그 해석 또는 설명을 요청할 수 있고, 행정청은 특별한 사정이 없는 한, 요청에 따라야 한다(제3항). 이때 행정청의 해석 등을 '확약'으로 볼 수 있고, 답변과 다른 처분시는 신뢰보호원칙에 따른 위법주장이 가능하다고 본다(오준근, 홍정선). 그러나 행정소송에서는 행정해석에 구속되지 않는다.

처분기준에 대한 공표제도와 해석제도는 각기 행정청의 의무이고, 특히 상대방은 해석요구권을 가진다. 따라서 공표의무와 처분기준 해석의무의 위반은 '위법'이라 볼 수 있다.[17] 특히 행정청이 처분기준의 해석에 대한 응답과 다른 처분을 한 경우까지 확장하여 위법이라고 주장하기도 한다(오준근, 홍정선). 행정청이 처분기준을 사전에 설정하고 공표하도록 하는 제도는 행정의 투명성을 확보하기 위한 것이다. 따라서 이는 점차 행정재량을 축소하고 기속행위로 유도하는 부수적인 제도라고 볼 수 있다.

4. 사전통지제도

1) **개 념** 행정청은 부담적 처분의 발급 전에 당사자등에게 행정청이 행할 행정행위의 내용과 상대방의 의견제출(청문) 등을 상당한 기간을 고려하여 사전에 통지하여야 한다(제21조). 이는 부담적 처분 전에 상대방에게 사전에 통지해야 한다는 사전통지제도이다.

2) **적용예외** 한편 행정청이 당사자등에게 사전통지를 하지 않아도 되는 적용예외사유는 1) 공공의 안전 또는 (공공)복리를 위하여 긴급히 처분을 할 필요가 있는 경우, 2) 법령등에서 요구된 자격이 없거나 없어지게 되면 반드시 일정한 처분을 하여야 하는 경우에 그 자격이 없거나 없어지게 된 사실이 법원의 재판등에 의하여 객관적으로 증명된 경우, 3) 해당 처분의 성질상 의견청취가 현저히 곤란하거나 명백히 불필요하다고 인정될 만한 상당한 이유가 있는 경우(제4항), 4) 처분의 전제가 되는 사실이 법원의 재판 등에 의하여 객관적으로 증명된 경우 등 제4항에 따른 사전 통지를 하지 아니할 수 있는 구체적인 사항은 대통령령으로 정한다(제5항).[18]

---

17) 홍정선 교수님은 '공표의무 위반'만 위법하다고 본다.

18) 「행정절차법」 제13조(처분의 사전 통지 생략사유) 법 제21조제4항 및 제5항에 따라 사전 통지를 하지 아니할 수 있는 경우는 다음 각 호의 어느 하나에 해당하는 경우로 한다.
1. 급박한 위해의 방지 및 제거 등 공공의 안전 또는 복리를 위하여 긴급한 처분이 필요한 경우
2. 법원의 재판 또는 준사법적 절차를 거치는 행정기관의 결정 등에 따라 처분의 전제가 되는 사실이 객관적으로 증명되어 처분에 따른 의견청취가 불필요하다고 인정되는 경우
3. 의견청취의 기회를 줌으로써 처분의 내용이 미리 알려져 현저히 공익을 해치는 행위를 유발할 우려가 예상되는 등 해당 처분의 성질상 의견청취가 현저하게 곤란한 경우
4. 법령 또는 자치법규(이하 "법령등"이라 한다)에서 준수하여야 할 기술적 기준이 명확하게 규정되고, 그 기준에 현저히 미치지 못하는 사실을 이유로 처분을 하려는 경우로서 그 사실이 실

3) **사전통지의 내용** 행정청이 상대방에게 사전통지해야 하는 내용은 1) 처분의 제목, 2) 당사자의 성명 또는 명칭과 주소, 3) 처분하고자 하는 원인이 되는 사실과 처분의 내용 및 법적 근거, 4) 3)에 대하여 의견을 제출할 수 있다는 뜻과 의견을 제출하지 아니하는 경우의 처리방법, 5) 의견제출기관의 명칭과 주소, 6) 의견제출기한, 7) 기타 필요한 사항 등이다(제21조 제1항).

4) **제3자에 대한 사전통지** 제3자에 대한 사전통지에 대하여 1)「행정절차법」제21조의 규정은 '부담적 처분'에 한정되므로 제3자에 대한 사전통지는 배제된다는 입장(박균성), 2) 이해관계자에 대한 의견청취가 인정되므로 통지해야 한다는 입장(김철용)이 있다. 3) 판례는 법규정의 당사자를 '상대방'으로 한정하여 해석하므로 제3자를 배제한다(대판 2003.2.14, 2001두7015). 4) 특정한 제3자가 있다면, 분쟁방지를 위하여 사전통지하는 것이 타당하다.

대법원 2003. 2. 14. **선고** 2001**두**7015 **판결【유흥주점영업자지위승계수리처분취소】**
행정절차법 제21조 제1항, 제22조 제3항 및 제2조 제4호의 각 규정에 의하면, 행정청이 당사자에게 의무를 과하거나 권익을 제한하는 처분을 함에 있어서는 당사자 등에게 처분의 사전통지를 하고 의견제출의 기회를 주어야 하며, 여기서 당사자라 함은 행정청의 처분에 대하여 직접 그 상대가 되는 자를 의미한다 할 것이고, 한편 위 식품위생법 제25조 제2항, 제3항의 각 규정에 의하면, 지방세법에 의한 압류재산 매각절차에 따라 영업시설의 전부를 인수함으로써 그 영업자의 지위를 승계한 자가 관계 행정청에 이를 신고하여 행정청이 이를 수리하는 경우에는 종전의 영업자에 대한 영업허가 등은 그 효력을 잃는다 할 것인데, 위 규정들을 종합하면 위 행정청이 식품위생법 규정에 의하여 영업자지위승계신고를 수리하는 처분은 종전의 영업자의 권익을 제한하는 처분이라 할 것이고 따라서 종전의 영업자는 그 처분에 대하여 직접 그 상대가 되는 자에 해당한다고 봄이 상당하다.

5) **수익적 처분의 신청에 대한 거부처분** 수익적 처분의 신청에 대한 거부처분에 대하여 1) 소극설은 '신청거부'가 직접 상대방의 권익을 제한한 것은 아니므로 사전통지가 필요하지 않다고 보고(홍정선, 박균성), 2) 적극설은 신청인이 신청에 따른 긍정적인 처분을 기대하므로 거부처분에는 사전통지가 필요하다고 본다(오준근, 김철용). 3) 판례는 상대방(당사자)의 권익을 제한한 것이 아니므로 사전통지의 대상이 아니라고 본다(대판 2003.11.28, 2003두674). 4) 상대방의 권리보호를 위하여는 거부처분에 대하여 사전통지하는 것이 타당하다.

험, 계측, 그 밖에 객관적인 방법에 의하여 명확히 입증된 경우
5. 법령등에서 일정한 요건에 해당하는 자에 대하여 점용료·사용료 등 금전급부를 명하는 경우 법령등에서 규정하는 요건에 해당함이 명백하고, 행정청의 금액산정에 재량의 여지가 없거나 요율이 명확하게 정하여져 있는 경우 등 해당 처분의 성질상 의견청취가 명백히 불필요하다고 인정될 만한 상당한 이유가 있는 경우.

대법원 2003. 11. 28. **선고** 2003**두**674 **판결 【임용거부처분취소】**
신청에 따른 처분이 이루어지지 아니한 경우에는 아직 당사자에게 권익이 부과되지 아니하였으므로 특별한 사정이 없는 한 신청에 대한 거부처분이라고 하더라도 직접 당사자의 권익을 제한하는 것은 아니어서 신청에 대한 거부처분을 여기에서 말하는 '당사자의 권익을 제한하는 처분'에 해당한다고 할 수 없는 것이어서 처분의 사전통지대상이 된다고 할 수 없다고 할 것이다.

6) **사전통지의 위반** (하자) 사전통지제도는 의견제출제도와 함께 운용되기도 하고, 위법판단시에 함께 판단되기도 한다(대판 2000.11.14, 99두5870; 2004.3.13, 2002두7517 등). 부담적 행정처분시 상대방에게 사전통지를 하지 않은 경우는 예외사유에 해당하지 않으면 행정절차의 하자로 위법하여 처분을 취소할 수 있다(대판 2000.11.14, 99두5870).

대법원 2007. 9. 21. **선고** 2006**두**20631 **판결 【진급낙천처분취소】**
행정청이 침해적 행정처분을 하면서 당사자에게 위와 같은 사전통지를 하거나 의견제출의 기회를 주지 아니하였다면 사전통지를 하지 않거나 의견제출의 기회를 주지 아니하여도 되는 예외적인 경우에 해당하지 아니하는 한 그 처분은 위법하여 취소를 면할 수 없다(대판 2000.11.14, 99두5870; 2004.5.28, 2004두1254 등 참조).

대법원 2004. 5. 28. **선고** 2004**두**1254 **판결 【건축공사중지명령취소】**
원고에게 처분에 대한 사전통지를 하고 의견제출의 기회를 준다면 많은 액수의 손실보상금을 기대하여 공사를 강행할 우려가 있다는 사정만으로 이 사건 처분이 '당해 처분의 성질상 의견청취가 현저히 곤란하거나 명백히 불필요하다고 인정될 만한 상당한 이유가 있는 경우'에 해당한다고 볼 수 없다고 하여 이 사건 처분이 위법하다고 판단하였다.

5. 의견청취제도

행정청이 부담적 처분을 하는 경우는 사전에 상대방에게 의견청취를 해야 한다(제22조). 단, 1) 사전통지의 적용예외에 해당하는 경우(제21조 제4항), 2) 당사자가 의견진술의 기회를 포기한다는 뜻을 명백히 표시한 경우에는 예외로 의견청취를 하지 않는다(제4항).

의견청취의 방법은 의견제출제도, 청문, 공청회가 있다. 행정청이 청문이나 공청회를 거치지 않은 경우에는 의견제출의 기회를 주어야 한다(제3항). 이는 '의견제출제도의 보충성'이라 할 수 있다.

행정청은 의견청취(청문·공청회 또는 의견제출)를 거친 때에는 신속히 처분하여 당해 처분이 지연되지 않도록 하여야 하고(제22조 제5항), 처분 후 1년 이내에 당사자등의 요청이 있으면 청문·공청회 또는 의견제출을 위하여 제출받은 서류 기타 물건을 반환하여야 한다(제22조 제6항).

1) **의견제출제도**

(1) 개 념 의견제출제도는 "행정청이 어떠한 행정작용을 하기에 앞서 당사자등이 의견을 제시하는 절차로서 청문이나 공청회에 해당하지 아니하는 절차"를 말한다(제2조 제7호). 행정청이 부담적 처분을 하면서 청문이나 공청회를 하지 않는 경우에는 당사자등(이해관계자 포함)에게 의견제출의 기회를 주어야 한다(제22조 제3항).

(2) 법적 성질 의견제출제도의 법적 성질은 행정청에게는 의견제출 기회 부여의무로, 당사자등에게는 의견제출할 수 있는 권리이다. 의견제출제도는 '청문의 약식절차'로서 행정청이 부담적 처분을 하는 경우 '사전통지의무에 상응하는 당사자(상대방)의 권리'이다. 개별법에서는 '청문'이라고도 규정한다.

(3) 적용예외 의견제출기회의 부여는 행정청의 '의무사항'이지만, 1) 청문이나 공청회를 거친 경우, 2) 사전통지의 적용예외에 해당하는 경우, 2) 당사자가 의견진술의 기회를 포기한다는 뜻을 명백히 표시한 경우에는 의견청취를 하지 않을 수 있다(제22조 제4항). 4) 판례는 퇴직연금의 환수결정과 같이 법령에 따라 확정되는 의무의 부과에는 의견진술의 기회를 주지 않아도 된다고 본다(대판 2000.11.28, 99두5443).

(4) 의견제출절차 의견제출의 내용으로 행정청은 우선 처분의 사전통지와 함께 1) 의견을 제출할 수 있다는 뜻과 의견을 제출하지 아니하는 경우의 처리방법, 2) 의견제출기관의 명칭과 주소, 3) 의견제출기한, 4) 그 밖에 필요한 사항 등을 사전통지하여야 한다(제21조 제1항).

> 의견제출방법은 1) 처분의 상대방이 관할 행정청에 서면·구술 또는 정보통신망을 이용하여 의견제출할 수 있고(제27조 제1항), 2) 그 주장을 입증하기 위한 증거자료등을 첨부할 수 있다(제2항). 3) 구술로 의견제출을 한 때에는 행정청이 서면으로 그 진술의 요지와 진술자를 기록하여야 한다.
>
> 의견제출에 따른 행정청의 의무로 당사자등의 의견제출에 상당한 이유가 있다고 인정하는 경우에는 행정청은 이를 반영하여야 한다(의견제출의 반영의무, 제27조의2). 당사자는 의견제출권을 포기할 수 있으므로 정당한 이유없이 의견제출기한내에 의견제출을 하지 않으면, 의견이 없는 것으로 본다(제27조 제4항).

(5) 위반의 효력 (하자) 행정청이 부담적 처분을 발급하면서 적용예외에 해당하지 않으면서도 의견제출기회를 부여하지 않은 경우에 그 처분은 위법하여 취소에 해당된다(대판 2000.11.14, 99두5870).

2) **청 문**

(1) 개 념 청문은 '행정에 관한 정책이나 조치(처분)에 의해 불이익을 입게 될 당사자 또는 이해관계인에게 자신의 의견을 진술하거나 자기에게 유리한 증

거를 제출할 기회를 제공하는 절차'이다. 행정절차법은 "행정청이 어떠한 처분을 하기 전에 당사자등의 의견을 직접 듣고 증거를 조사하는 절차"라고 법적 정의한다(제2조 제5호). 일반적으로 '청문회', '청문절차'라고도 한다. 청문은 공청회와 달리 주로 상대방이나 이해관계인을 중심으로 진술을 듣거나 증거조사를 하는 절차이다.

(2) 기능과 법적 성질 청문제도는 다툼이 있거나 상대방의 권익을 해할 행정처분에 대하여 상대방에게 진술과 유리한 증거자료를 제출할 기회를 부여함으로써 상대방의 권리를 보호하고, 행정청 스스로 처분의 신중과 적정을 기하므로 위법발생가능성을 낮추고, 분쟁을 예방하고자 하는 데 그 취지가 있는 것이다. 청문의 법적 성질은 '당사자의 권리'이지만, 포기될 수 있다.

(3) 시행사유와 적용배제사유 현행 행정절차법은 행정청이 처분을 할 때 1) 다른 법령등에서 청문을 하도록 규정하고 있는 경우, 2) 행정청이 필요하다고 인정하는 경우, 3) 인허가 등의 취소, 신분·자격의 박탈, 법인이나 조합 등의 설립허가의 취소의 처분시 사전통지된 의견제출기한내에 당사자등의 신청이 있는 경우에 청문을 한다고 규정한다(제22조 제1항). 따라서 청문은 법령에 규정된 경우는 의무적으로 시행하여야 하고, 부담적 처분의 경우에 행정청의 필요성 판단 또는 당사자의 신청으로 시행할 수 있다. 따라서 처분의 상대방이 청문을 신청한다고 시행하는 것은 아니다.

청문의 적용배제사유는 위의 의견제출제도의 배제사유(제21조 제4항)와 같다.

(4) 청문의 종류 청문은 절차의 엄격성에 따라 1) 청문이 대심구조의 정식절차로 행해지고 청문주재자가 청문결과를 조서의 형식으로 제출하면 해당 행정기관이 참작하여 결정을 내리는 '정식청문'이 있고, 2) 일정한 방식에 의하지 않고 당해 예정된 처분에 대한 의견이나 참고자료를 제출하는 것인 약식청문이 있다. 약식청문에는 '개별법상 청문'과 '의견제출제도'(제27조)가 있다.

(5) 청문절차 청문절차는 행정절차법 제22조 제1항, 제28조~제37조에서 규정한다. 청문은 시작되는 날부터 10일 전까지 사전통지와 유사한 내용을 통지하여야 하며(제21조 제2항, 사전통지), 이때부터 당사자는 관련문서를 열람할 수 있다(제37조). 단, '비밀유지의무'가 있다.

> 청문주재자는 행정청이 소속직원 또는 대통령령이 정하는 자격을 가진 사람 중에서 선정하는 사람이다(제28조 제1항). 행정청은 청문과 관련한 필요한 자료를 청문일 7일 전까지 미리 통지해야 하며(제2항), 청문주재자는 독립하여 공정하게 직무를 수행하고, 신분상 불이익을 받지 않으며(제3항), 벌칙적용시 '형법상 공무원'으로 의제되며(제4항), 제척·기피·회피제도가 적용된다(제29조).

청문은 당사자의 공개신청이 있거나 청문주재자가 필요하다고 인정하는 경우 이를 공개할 수 있다. 다만, 공익 또는 제3자의 정당한 이익을 현저히 해할 우려가 있는 경우에는 공개하여서는 안 된다(제30조).

청문은 1) 청문주재자가 처분에 대하여 설명하고, 2) 당사자는 의견을 진술하며, 3) 참고인, 감정인 등에 대하여 질문하고, 4) 청문주재자는 증거조사와 청문시 질서유지 조치를 할 수 있다(제33조). 청문주재자는 청문에 따른 청문조서(제34조)와 의견서(제34조의2)를 작성하고 그 밖의 관계서류와 함께 행정청에 제출하여야 한다(제35조 제4항). 행정청은 상당한 이유가 있다고 인정하는 경우에는 청문결과를 처분에 반영하여야 한다(제35조의2). 다만, 청문을 마친 후 처분을 할 때까지 새로운 사정이 발견되어 필요성이 인정되는 경우에는 청문을 재개할 수 있다(제36조).

(6) 청문위반의 효력(하자) 청문위반의 효력으로 1) 다른 법령에 규정된 청문절차를 실시하지 않고 발급한 행정행위는 행정절차상 하자가 있으므로 위법하며(대판 1992.2.11, 91누11575), '취소사유'로 본다(대판 2001.4.13, 2000두3337; 2004.7.8, 2002두8350). 단, 훈령(행정규칙)에 규정된 청문절차를 실시하지 않은 경우에 위법하지 않다(대판 1994.8.9, 94누3414). 2) 법령에서 청문을 규정하지 않은 경우에는 청문이 없다고 처분이 위법한 것은 아니고(대판 2002.4.12, 2001다38807), 3) 행정청이 상대방의 위반사실을 직접 확인한 경우는 청문은 불필요하다(대판 1995.2.14, 94누10085).

대법원 2001. 4. 13. 선고 2000두3337 판결【영업허가취소처분취소】
구 공중위생법(1999.2.8. 법률 제5839호 공중위생관리법의 제정으로 폐지되기 전의 것) 제24조 제1호, 행정절차법 제22조 제1항 제1호, 제4항, 제21조 제4항 및 제28조, 제31조, 제34조, 제35조의 각 규정을 종합하면, 행정청이 유기장업허가를 취소하기 위하여는 청문을 실시하여야 하고, 다만 행정절차법 제22조 제4항, 제21조 제4항에서 정한 예외 사유에 해당하는 경우에는 청문을 실시하지 아니할 수 있으며, 행정청이 선정한 청문주재자는 청문을 주재하고, 당사자 등의 출석 여부, 진술의 요지 및 제출된 증거, 청문주재자의 의견 등을 기재한 청문조서를 작성하여 청문을 마친 후 지체 없이 청문조서 등을 행정청에 제출하며, 행정청은 제출받은 청문조서 등을 검토하고 상당한 이유가 있다고 인정하는 경우에는 청문결과를 적극 반영하여 행정처분을 하여야 하는바, 이러한 청문절차에 관한 각 규정과 행정처분의 사유에 대하여 당해 영업자에게 변명과 유리한 자료를 제출할 기회를 부여함으로써 위법사유의 시정 가능성을 고려하고 처분의 신중과 적정을 기하려는 청문제도의 취지에 비추어 볼 때, 행정청이 침해적 행정처분을 함에 즈음하여 청문을 실시하지 않아도 되는 예외적인 경우에 해당하지 않는 한 반드시 청문을 실시하여야 하고, 그 절차를 결여한 처분은 위법한 처분으로서 취소 사유에 해당한다고 보아야 할 것이다(대판 1983.6.14, 83누14; 1991.7.9, 91누971; 2000.11.14, 99두5870 등 참조).

부담적 처분이라도 반드시 청문을 하여야 하는 것은 아니므로 법령에 규정이 없는 경우에는 청문을 하지 않아도 위법하지 않다. 행정절차법은 부담적 처분시 청문이나 공청회가 없는 경우에 의견제출기회의 부여를 규정하고 있기 때문이다.

3) 공청회

(1) 개 념 공청회는 "행정청이 공개적인 토론을 통하여 어떠한 행정작용에 대하여 당사자등, 전문지식과 경험을 가진 사람, 그 밖의 일반인으로부터 의견을 널리 수렴하는 절차"를 말한다(제2조 제6호). 공청회는 청문과 달리 상대방과 이해관계인 외에도 공개적으로 전문가 등의 의견을 널리 구할 필요가 있는 경우에 개최한다.

(2) 개최사유 행정청은 처분을 할 때 1) 다른 법령등에서 공청회를 개최하도록 규정하고 있는 경우, 2) 해당 처분의 영향이 광범위하여 널리 의견을 수렴할 필요가 있다고 행정청이 인정하는 경우에 공청회를 개최한다(제22조 제2항). 공청회는 적용배제사유는 의견제출제도와 같다(제21조 제4항).

(3) 공청회절차 공청회는 행정청이 공청회 개최 14일 전까지 미리 당사자등에게 통지하고 관보등에 공고하여 널리 알리고(제38조), 행정청은 공청회 사안과 관련된 전문가를 주재자와 발표자로 지명·위촉하여 발표하고 방청인의 의견을 수렴하는 것이다(제39조). 공청회와 병행하여 정보통신망을 이용한 '전자공청회'를 실시할 수 있다(제38조의2).

공청회의 주재자는 해당 사안의 전문가 중에서 행정청이 지명 또는 위촉하며, 장내질서유지권으로 발표내용의 제한, 발언중지, 퇴장명령 등을 할 수 있다(제39조).

공청회에서는 행정청이 선정한 발표자의 주제발표 후 질의답변 및 방청인의 의견제시기회를 주어야 한다(제39조 제3항). 공청회 이후에 행정청은 처분을 지연하지 말아야 하며(제22조 제5항), 제시된 의견이 상당한 이유가 있으면 반영하여야 하고(제39조의2), 제출받은 서류 등은 1년 이내에 반환하여야 한다(제22조 제6항).

(4) 위반의 효력 (하자) 법령에 규정된 공청회를 개최하지 않은 경우에 그 처분은 무효는 아니고 절차적 위법으로 취소사유이다(대판 1990.1.23, 87누947). 공청회 개최통지절차의 위반은 경미한 흠에 불과하고, 따라서 공청회 개최행위는 형법상 공무집행방해죄를 구성하지 않는다(대판 2007.10.12, 2007도6088). 한편 행정청이 업무지원을 하였다 하여 사인(민간단체)이 개최한 공청회에는 행정절차법이 적용되지 않는다(대판 2007.4.12, 2005두1893).

6. 처분의 이유제시제도

1) 개 념 처분의 이유제시제도는 '행정청이 처분을 할 때에는 당사자(상대방)에게 반드시 처분의 근거와 이유를 제시하여야 한다'는 원칙이다(제23조). 이는 행정의 법률적합성원칙에 따라 법에 적합한 행정, 투명한 행정을 위하여 당연

히 요구되는 제도이다. 이는 행정청 스스로 자의적 결정을 배제하여 재량권 행사를 제한하도록 하고 이해관계인에게는 사후의 불복절차에 대비하는 데 기여한다. 행정절차법 제정 이전에는 '이유부기제도'(Begründungspflicht)라고 하였다.[19]

2) **적용대상과 예외사유** 이유제시제도는 부담적 처분뿐만 아니라 행정청이 발급하는 모든 처분에 원칙적으로 적용된다.

이유제시제도의 예외는 1) 신청내용을 모두 그대로 인정하는 처분인 경우, 2) 단순·반복적 처분 또는 경미한 처분으로서 당사자가 그 이유를 명백히 알 수 있는 경우, 3) 긴급히 처분할 필요가 있는 경우 등이다(제23조 제1항). 생략사유로 보기도 한다(홍정선). 예외사유에 해당하는 경우에도 처분 후 당사자(상대방)가 요청하는 경우에는 그 근거와 이유를 제시하여야 한다(제2항).

3) **이유제시의 내용** 처분의 이유제시는 처분의 사실상 · 법률상 근거를 적시해야 한다. 제재처분의 경우에는 '위반사실과 제재근거'를 구체적으로 적시하여야 한다. 처분의 이유제시시의 정도는 '상대방이 이해할 수 있을 정도로 구체적이고 명확하여야 한다.' 기속행위보다 재량행위의 이유제시가 더 구체적이어야 한다는 견해도 있다.[20]

【판례해설】 판례는 이유제시가 구체적으로 이루어져야 하고(대판 1990.9.11, 90누1786), 단순한 결정통보는 위법하다고 본다(대판 2002.5.17, 2000두8912). 다만, 상대방이 위반조문을 알고 있다면, 구체적인 근거규정이 제시되지 않아도 위법하지 않다고 본다(대판 2002.5.17, 2000두8912).

대법원 2002. 5. 17. **선고** 2000두8912 **판결 【토지형질변경불허가처분취소】**
행정절차법 제23조 제1항은, 행정청은 처분을 하는 때에는 당사자에게 그 근거와 이유를 제시하여야 한다고 규정하고 있는바, 일반적으로 당사자가 근거규정 등을 명시하여 신청하는 인·허가 등을 거부하는 처분을 함에 있어 당사자가 그 근거를 알 수 있을 정도로 상당한 이유를 제시한 경우에는 당해 처분의 근거 및 이유를 구체적 조항 및 내용까지 명시하지 않았더라도 그로 말미암아 그 처분이 위법한 것이 된다고 할 수 없다.

4) **하 자** 행정청이 처분의 이유제시를 하지 않거나(형식적 하자), 불충분한 경우(내용상 하자)에는 이유제시의 하자가 되어 그 처분 자체가 위법하게 된다. 즉, 행정청의 처분의 이유제시의무위반은 '이유제시의 하자'로서 독자적인 위법사유로 보는 것이 다수설과 판례이다. 학설은 처분의 이유제시를 하지 않으면, 처분은 위법하여 '무효'가 되고, 불충분한 경우에는 '취소'로 볼 수 있다. 판례는 일관되게 취소사유로 본다(장태주). 하자의 판단시점은 '처분시'가 된다.

---

19) 행정절차법 제정 이전에도 이미 판례로 존재하였다(대판 1987.5.26, 86누788; 1990.9.11, 90누1786).

20) 장태주, 458쪽; 송희성, "행정처분과 이유제시", 『고시계』 2000/5, 50쪽.

이유제시의 하자의 치유에 대하여는 1) 개인의 권리보호를 강조하여 하자치유를 부정하는 견해(서원우, 오준근), 2) 행정의 효율성을 위하여 하차치유를 긍정하는 견해, 3) 제한적으로 긍정하는 견해(홍정선)가 있으나 4) 판례는 제한적 긍정설이다. 5) '부정설'에도 불구하고 예외적으로 일정시점까지는 허용된다고 보는 '제한적 긍정설'이 타당하다.

다만, 하자의 치유를 인정하는 시점에 대하여 1) '행정심판청구 이전'(김동희, 박균성), 2) '행정소송제기 이전'(류지태)으로 보지만, 3) 독일 행정절차법처럼 '사실심변론종결시'(장태주, 송희성)로 보는 것이 타당하다. 4) 판례는 '행정심판의 청구 이전'으로 보고 있다(대판 1983.7.26, 82누420; 1984.4.10, 83누393). 단, 행정청이 판결후 이유제시의 하자를 보완하여 종전과 동일한 내용의 처분을 하여도 판결의 기속력을 위반하지 않는다고 본다(대판 1987.2.10, 86누91).

7. 처분의 발급과 고지제도

처분의 발급은 서면주의이므로 1) 다른 법령등에 특별한 규정이 있는 경우를 제 외하고는 문서로 하여야 하며, 2) 전자문서로 하는 경우에는 '당사자등의 동의'가 있어야 한다(제24조 제1항). 3) 단, 신속을 요하거나 사안이 경미한 경우에는 예외적으로 말(구술) 또는 그 밖의 방법으로 할 수 있지만, 이 경우 당사자(상대방)가 요청하면 지체없이 문서를 주어야 한다(제24조 제1항 단서). 4) 민원사무에 대한 처리결과의 통지도 원칙적으로 문서로 하도록 규정하고 있다.

처분에 단순한 오기, 오산, 기타 이에 준하는 명백한 잘못이 있는 때에는 직권 또는 신청에 의하여 지체없이 정정하고 사실을 당사자에게 통지하여야 한다(제25조). 이는 단순한 '정정사유'일 뿐, 처분의 '하자'가 아니다.

행정청이 처분을 발급할 때에는 당사자에게 1) 행정심판 및 행정소송의 제기여부, 2) 그 밖의 불복여부, 3) 청구절차 및 청구기간, 4) 그 밖에 필요한 사항을 알려야 한다(제26조). 이를 고지제도라고 한다(☞ 행정심판의 고지제도 참조).

Ⅱ. 신고절차

1. 개 념

1) 의 의 신고절차는 '법령 등에서 사인이 행정청에 대하여 일정한 사항을 알려야 하는 의무를 규정하고 있는 경우에 이를 신고하는 절차'를 말한다. 즉, 법령등에서 행정청에 대하여 일정한 사항에 대한 신고의무를 규정한 신고에 관한 행정절차이다(제40조). 행정절차법상의 신고는 의무신고를 대상으로 한 전형적

인 신고로서 '자기완결적인 신고'이다.[21] 따라서 법령상 신고의무가 없는 단순한 통보나 사실인 통보는 대상이 아니다.

신고는 행정청에 대하여 일정한 법률사실 또는 법률관계에 대하여 일방적으로 통고하는 것으로 법령에 별도의 규정이 있거나 다른 특별한 사정이 없는 한 행정청에 대한 통고로서 그치고 행정청의 반사적인 결정을 기다릴 필요가 없는 것이다(대결 1993. 7.6, 93마635).

2) **법적 성질** 신고는 행정청에게 '일정한 사실을 알리는 것'이다. 물론 기재사항과 첨부서류 등의 형식적 요건을 갖춘 통보로 법령상 부가된 신고의무가 종료하고 법령에서 정한 법률효과가 발생한다. 이 때 사인의 신고에 대하여 행정청의 신고요건의 확인이 '형식적 심사'인가에는 논란이 있다.

3) **수리를 요하는 신고와의 구분** 행정절차법상 신고와 달리 행정청이 신고내용에 대한 '심사권'을 가지는 '변형적 신고'는 '수리를 요하는 신고'라고 한다(☞ 사인의 공법행위 참조). 이는 사인의 공법행위이지만, 준법률행위적 행정행위로 보아야 한다. 한편 위의 두 신고는 신고의무가 있다는 점에서 신고의무가 없는 단순한 신고(통보)와는 법령상 용어에 상관없이 구별해야 한다.[22]

대법원 1993. 7. 6. **선고** 93마635 **결정 【과태료처분에대한이의】**
행정청에 대한 신고는 일정한 법률사실 또는 법률관계에 관하여 관계행정청에 일방적으로 통고를 하는 것을 뜻하는 것으로서 법에 별도의 규정이 있거나 다른 특별한 사정이 없는 한 행정청에 대한 통고로서 그치는 것이고 그에 대한 행정청의 반사적 결정을 기다릴 필요가 없는 것이므로, 회사가 한 이 사건 변경신고서는 그 신고 자체가 위법하거나 그 신고에 무효사유가 없는 한 이것이 경기도지사에게 제출하여 접수된 때에 신고가 있었다고 볼 것이고, 경기도지사의 수리행위가 있어야만 신고가 있었다고 볼 것은 아니다.

2. 형식과 절차

법령등에서 행정청에 대하여 일정사항의 신고의무가 있는 신고의무자는 법령등에서 규정된 신고요건에 맞게 접수기관에 신고하여야 한다. 신고의 요건(형식)은 1) 신고서의 기재사항에 흠이 없어야 하고, 2) 필요한 구비서류가 첨부되어야 하고, 3) 기타 법령등에 규정된 형식상의 요건에 적합하여야 한다(제40조 제2항).

신고를 관할하는 행정청은 1) 신고에 필요한 구비서류, 접수기관, 그 밖에 법령등에 따른 신고에 필요한 사항을 게시(인터넷 등을 통한 게시 포함)하거나 이에 대한 편

21) 물론 신고의 개념에 '수리를 요하는 신고'까지 포함하는 견해도 있다. 박원영, "수리개념의 해체론", 『동아법학』(동아대) 제17호, 1994. 8, 1쪽 이하.

22) 단순한 신고(통보)는 신고의무와 형식심사가 없지만, 이것도 신고로 볼 경우에는 신고는 3유형이 된다. 일반적으로 단순한 신고는 '신고'로 보지 않는다.

람을 비치하여 누구나 열람할 수 있도록 하여야 하고(제40조 제1항), 2) 위의 신고요건에 미비한 신고서는 지체 없이 상당한 기간을 정하여 보완을 요구하여야 하고(제3항), 3) 신고인이 상당한 기간 내에 보완하지 않았을 때에는 그 이유를 구체적으로 밝혀 신고서를 되돌려 보내야 한다(반려, 제4항).

3. 효 과

신고의 효과는 신고의무자가 행정청에 일정한 사항을 알림으로써(신고요건을 갖춘 경우 신고서가 접수기관에 도달한 때에) 1) 신고의무가 이행된 것으로 보고, 2) 법령이 정한 법률효과가 발생한다.

신고요건에 적합한 경우에는 행정기관에 도달하면 신고된 것으로 본다(도달주의). 따라서 수리하지 않아도 접수만으로 신고의 효력이 발생한다. 이때 행정청의 신고거부 등은 '사실상의 행위'에 불과하다(김명길). 아울러 신고는 신고하면 일정한 법률효과가 발생하므로, 법률효과가 발생하지 않는 '단순한 신고'인 통보와는 구분된다.

Ⅲ. 행정상 입법예고절차

행정상 입법예고절차는 '법령등을 제정·개정 또는 폐지하려는 경우에 해당 입법안을 마련한 행정청(소관부서)이 이를 미리 예고하는 제도'이다(제41조 제1항). 이는 행정입법을 관계 행정기관과 국민에게 널리 알려 시행전의 오류를 시정하고 각계의 의견을 수렴하기 위한 제도이다.

입법예고절차의 예외는 1) 신속한 국민의 권리보호 또는 예측곤란한 특별한 사정의 발생 등으로 입법이 긴급을 요하는 경우, 2) 상위 법령등의 단순한 집행을 위한 경우, 3) 입법내용이 국민의 권리·의무 또는 일상생활과 관련이 없는 경우, 4) 단순한 표현·자구를 변경하는 경우 등 입법내용의 성질상 예고의 필요가 없거나 곤란하다고 판단되는 경우, 5) 예고함이 공공의 안전 또는 복리를 현저히 해칠 우려가 있는 경우로, 이 경우에는 입법예고하지 않을 수 있다(제41조 제1항).

입법예고방법은 입법안을 만든 행정청이 1) 입법안의 취지, 주요내용 또는 전문 을 관보·공보나 인터넷·신문·방송 등의 방법으로 널리 공고하되, 특별한 사정이 없는 한 40일(자치법규는 20일 이상) 이상 공고하여야 하고(예고기간, 제43조), 2) 대통령령은 국회 소관 상임위원회에 제출하여야 하고, 3) 입법안과 관련된 중앙행정기관, 지방자치단체 그 밖의 단체 등이 예고사항을 알 수 있도록 예고사항을 통지하거나 그 밖의 방법으로 알려야 하고, 4) 전자공청회 등을 통하여 의견수렴할 수 있고, 5) 예고된 입법안의 전문에 대한 열람 또는 복사를 요청받았을 때에는 특별한 사유가 없으면 그 요청에 따르되, 복사에 드는 비용을 요청한 자에게 부담시킬 수 있다(제42조).

의견제출 및 처리절차는(제44조) 1) 입법안 예고시 의견접수기관, 의견제출기간, 그밖에 필요한 사항을 함께 공고하여야 하며(제2항), 2) 예고한 입법안에 대하여 누구든지 의견을 제출할 수 있고(제1항), 3) 행정청은 입법안에 관한 공청회를 개최할 수 있고(제45조), 4) 입법안에 대하여 의견이 제출된 경우에는 특별한 사유가 없는 한 이를 존중하여 처리하고, 5) 의견의 처리결과는 의견제출자에게 통지하여야 한다(제44조 제4항).

Ⅳ. 행정예고절차

행정예고절차는 '행정청이 1) 국민생활에 매우 큰 영향을 주는 사항, 2) 많은 국민의 이해가 상충되는 사항, 3) 많은 국민에게 불편이나 부담을 주는 사항, 4) 그 밖에 널리 국민의 의견을 수렴할 필요가 있는 사항에 대한 '정책, 제도 및 계획'을 수립·시행하거나 변경하고자 하는 경우에 이를 예고하도록 하는 제도'이다(제46조).

특히 시행령에서 규정된 행정예고사항은 1) 다른 법령의 규정에 의하여 행정청이 의무적으로 수립하여야 하는 사항 등에 관한 것으로서, 국민생활에 매우 큰 영향을 주는 정책·제도 및 계획, 2) 환경보전지역 및 문화재보호구역의 지정 등 일정한 지역에서 많은 국민의 이해가 상충되는 정책·제도 및 계획, 3) 상수도의 단수 등 국민의 일상생활과 관련이 있어 많은 국민에게 불편이나 부담을 주는 정책·제도 및 계획, 4) 사회기반시설 등의 건설·설치, 학사제도·전용차로제의 조정·변경 등 널리 국민의 의견수렴이 필요한 정책·제도 및 계획, 5) 그 밖에 행정청이 행정예고가 필요하다고 판단한 정책·제도 및 계획 등이다. 다만, 다른 법령에서 공고절차를 거쳐 공람·열람·공청회·토론회·설명회 등을 실시하도록 규정하고 있는 경우에는 그 법령에 의한다(영 제24조).

'행정예고 전'에 관계기관의 의견청취(일종의 '부처협의')를 하여야 한다. 관계기관의 의견청취는 입안한 행정청이 1) 법 제46조 제1항의 해당 정책·제도 및 계획의 내용을 관계기관의 장에게 송부하여 그 의견을 들어야 하고, 2) 의견회신기간은 10일 이상이 되어야 하되, 긴급하게 추진하여야 할 사유가 발생하는 등 특별한 사정이 있는 때에는 10일 미만으로 단축할 수 있고, 3) 관계기관의 장의 의견을 들은 후 행정예고를 하여야 하며, 다만 의견을 듣기에 곤란한 특별한 사유가 있는 때에는 의견을 듣지 않고 행정예고를 할 수 있다(영 제24조의2).

행정예고절차의 예외는 1) 예고로 인하여 공공의 안전 또는 복리를 현저히 해할 우려가 있는 경우, 2) 그 밖의 예고하기 곤란한 특별한 사유가 있는 경우에는 예고하지 않을 수 있다(제46조 제1항 단서). 3) 법령 등의 입법을 포함하는 경우에는 '입법예고'로써 갈음할 수 있다(제46조 제2항).

예고기간은 예고내용의 성격 등을 고려하여 정하되, 특별한 사정이 없는 한 20일 이상으로 한다(제46조 제3항). 예고방법과 의견제출제도, 공청회규정은 입법예고와 같다. 다만, 입법예고와 달리 의견제출자에 대한 처리결과에 대한 통지의무는 없다.

Ⅴ. 행정지도절차

행정지도절차는 '행정기관이 그 소관사무의 범위에서 일정한 행정목적을 실현하기 위하여 특정인에게 일정한 행위를 하거나 하지 아니하도록 지도, 권고, 조언 등을 하는 행정작용'(제2조 제3호), 즉 '행정지도에 관한 절차'이다(제48조 이하).

행정지도의 원칙은(제48조) 1) 행정기관이 '목적달성에 필요한 최소한'으로 시행하여야 하고(비례의 원칙), 2) 상대방의 의사에 반하여 부당하게 강요하여서는 안 되고, 반드시 상대방의 자발적인 협력에 의존하여야 한다(임의성의 원칙). 3) 아울러 상대방이 행정지도에 따르지 않았다는 것을 이유로 불이익한 조치를 행해서는 안 된다(불이익조치금지의 원칙).

행정지도의 방식은 해당 공무원이 상대방에게 신분을 밝히고(증표제시제도), 행정지도의 취지 및 내용 등을 알려 주어야 한다(행정지도실명제). 행정지도가 말로 이루어지는 경우에 상대방이 서면의 교부를 요구하면, 직무수행에 특별한 지장이 없으면 문서를 교부하여야 한다(제49조).

의견제출절차로서 행정지도의 상대방은 해당 행정지도의 방식·내용 등에 관한 의견제출을 할 수 있고(제50조), 행정청은 같은 행정목적을 실현하기 위한 다수인을 대상으로 하는 행정지도일 경우에는 특별한 사정이 없으면 공통적인 내용이 되는 사항을 공표하여야 한다(제51조). 행정청이 다수인을 대상으로 하는 행정지도의 내용을 공표할 때에는 공표사항에 당해 행정지도의 취지·주요내용·주관행정기관과 당해 행정지도에 관하여 의견을 제출할 수 있다는 뜻을 포함하여야 한다(영 제25조). (☞ 행정작용법에서 행정지도 부분 참조)

Ⅵ. 행정청의 협력과 행정응원

행정청은 행정의 원활한 직무수행을 위하여 서로 협조하여야 한다(제7조). 다만, 독자적인 직무수행이 어려운 경우 등 다른 행정청에게 행정응원을 요청할 수 있다(제8조).

Ⅶ. 특별행정절차

우리나라는 행정절차법에서 규정하는 일반행정절차 외에 각 개별법에서 행정절차와 유사한 절차규정을 두고 있다. 이를 '특별행정절차'라고 정의한다.[23]

특별행정절차는 1) 행정정보와 관련된 정보공개법상의 정보공개절차, 2) 개인정보법상의 개인정보보호절차, 3) 민원사무처리법상의 민원사무처리절차, 4) 국민권익위법상의 고충민원처리절차, 5) 행정규제기본법상의 행정규제심사절차 등이 있다.[24] 단, 고충민원처리절차는 권리구제적인 성격이 있으므로 행정절차에서는 배제하여야 한다.

제 4 절 행정절차의 하자

Ⅰ. 개 념

광의의 행정절차의 하자는 '행정작용에서의 모든 절차상의 하자'를 말한다. 그러나 우리 행정절차법은 협의의 개념을 채택하여 '행정행위절차에 관한 하자'를 말한다(장태주). 행정절차법상의 하자는 '절차적 하자'이다.

절차상 하자로서 문제되는 것은 주로 행정절차법상의 사전통지, 청문절차, 공청회, 공람·공고, 의견제출, 이유제시 등에 관한 '절차위반'이다. 사전통지에서 아직 신청에 따른 처분이 이루어지지 않은 경우, 수익적 행위의 신청에 대한 거부처분은 위법이 아니다.

한편 행정절차의 하자는 행정절차법에 규정된 행정절차만의 하자를 말하는 것이 아니라 개별법에 규정된 행정절차의 하자를 포괄하는 것으로 이해하여야 한다.

Ⅱ. 하자있는 행정절차의 효력

1. 명문규정이 있는 경우

우리 행정절차법은 독일법[25]과 달리 '행정절차의 하자'의 효력에 대한 일반규정은 없고, 단지 개별법에서만 규정한다.[26]

---

23) '특별절차'로 보기도 한다. 홍정선, 374쪽.
24) 단, 고충민원처리절차는 행정상 권리구제(이 책은 행정소송법)에서 보기로 한다.
25) 독일「행정절차법」제46조.
26) 공무원법은 소청심사시에 소청인에게 진술기회를 부여하지 않은 결정은 '무효'로 한다고 규정한다.「국가공무원법」제13조 제2항,「지방공무원법」제18조 제2항.

2. 명문규정이 없는 경우

법령상 규정이 없으면, 행정절차의 하자의 효력에는 일반적으로 행정행위의 하자에 대한 일반이론을 원용하게 된다.[27)]

1) **하자의 판단** 행정절차의 하자는 1) 개별법에서 '절차상 하자의 효력'을 규정한 경우는 그에 따르고, 2) 절차상 하자가 '예외조항'(청문 등은 제21조 제4항)에 해당되지 않으면 위법하게 된다. 주로 문제되는 것은 청문절차, 공람·공고절차, 이유제시 등의 하자인데, 이는 절차상 하자가 '독립된 위법사유'로서 해당 행정행위가 무효 또는 취소될 수 있기 때문이다. 즉, 절차상 하자가 실체법에 영향을 미친다.

2) **절차상 하자의 효력** 행정절차에 하자가 발생한 경우, 그 하자는 실체법상의 하자와 같은 독립한 위법사유가 되는지와 본처분에 영향을 미치는지가 문제된다.

행정절차의 하자(절차상 하자)의 효력에 대하여 1) 소극설은 행정절차는 단지 행정행위의 공정성을 확보하기 위한 '절차'에 불과하므로 실체법상의 하자와 동일한 효력을 갖는 독립한 취소사유는 아니라고 본다(김남진, 김동희, 정하중). 2) 적극설은 절차상 하자가 행정행위를 위법하게 하므로 독립한 위법사유로 인정하지만, 본처분에 대한 효력에는 ⅰ) 무효(김향기), ⅱ) 원칙적으로 '취소사유'(김도창, 이상규, 박윤흔, 최송화), ⅲ) 하자의 일반이론에 따라 중대명백하면 무효로 본다(홍정선). 3) 판례는 적극설을 지지하여 '위법한 독립된 취소사유'로 본다. 다만, 최근 일부판례는 하자의 일반이론을 따르기도 한다(대판 2012.2.23, 2011두5001). 4) 다수설과 다수판례는 적극설로 절차적 하자를 실체법과 같은 독립된 취소사유로 보되, 본처분에 대한 취소사유로 보는 것이 타당하다.

【판례해설】 1) 의견제출절차의 미비는 행정절차법 시행 이전부터 독립된 취소사유로 본다(대판 1986.10.28, 85누723; 2000.11.12, 99두5870). 2) 청문제도는 행정절차법시행 이전에는 관계법령에 명문규정이 있으면 독립적인 위법사유로(대판 1984.5.9, 84누116), 명문규정 없이 단지 훈령상 요구되는 것은 독립된 위법사유로 본다(대판 1994.8.9, 94누3414). 헌재는 청문의 기회보장을 적법절차에서 구하였으나(헌재 1990.11.19, 90헌가48), 현재는 행정절차법제정으로 청문을 결하는 것은 위법하다(대판 2004.7.8, 2002두8350). 3) 공청회는 법령에 규정된 공청회를 개최하지 않은 경우에는 취소사유이나, 그 밖의 사유는 경미한 하자에 불과하다. 4) '이유제시의 결여'(대판 1986.10.28, 85누723)도 위법으로 본다.

대법원 1990. 11. 9. **선고** 90누4129 **판결 【대중음식점영업정지처분취소】**
<u>관계행정청이 이 사건과 같은 영업정지처분을 하려면 반드시 사전에 청문절차를 거쳐야함은 물론 청문서도달기간 등을 엄격하게 지켜 영업자로 하여금 의견진술과 변명의 기회를 보장하여야 할 것이고 가령 식품위생법 제58조 소정의 사유가 분명히 존재하는 경우라 하</u>

---

27) 절차적 하자에 '실체법상 하자이론의 적용'에 반대하는 견해도 있다. 홍정선, 390쪽.

더라도 위와 같은 청문절차를 제대로 준수하지 아니하고 한 영업정지처분은 위법임을 면치 못할 것이다.

Ⅲ. 행정절차상 하자의 치유

1. 개 념

하자의 치유는 '행정절차상의 하자를 사후에 보완하여 적법한 행위로 만드는 것'을 말한다. 절차상의 하자의 치유는 행정의 법률적합성과 무용한 행정행위의 반복을 막기 위하여 인정하는 것이다. 다만, 하자의 치유는 원칙적으로 무효사유가 아닌 경우에 인정한다.

2. 하자의 치유

1) **하자의 치유의 인정문제** 행정절차상의 하자의 치유를 인정할 것인가에 대하여 1) 부정설(소극설, 치유부정설)은 절차상 하자는 독자적인 의미를 가지므로 하자의 치유는 불가능하고, 따라서 내용상 하자와 마찬가지로 '행정행위의 취소사유'가 된다고 본다(이상규, 서원우). 2) 긍정설(적극설)은 행정의 법률적합성, 법적 안정성, 신뢰보호 등을 이유로 하자의 치유를 인정하여 절차의 사후보완을 인정하되, 독일 행정절차법(제46조, 제47조)처럼 사후추완·사후보완 등으로 청문, 이유제시 등의 하자를 치유할 수 있다고 본다(김남진, 홍정선). 3) 제한적 긍정설은 하자의 치유를 인정하되, '해당 처분이나 행정절차의 본질적인 의미를 훼손하지 않는 범위 내'에서 제한적으로 인정하자는 것이다(김동희, 류지태, 정형근). 4) 판례는 제한적 긍정설로서 '국민의 권리와 이익을 침해하지 않는 범위 내'에서 인정한다(대판 1983.7.26, 82누420).

2) **하자의 치유시기** 하자의 치유시점, 즉 하자치유의 한계는 행정쟁송의 제기여부로 나뉘는데, 1) '행정쟁송제기이후시설'에도 불구하고 2) '행정쟁송제기이전시설'이 다수설이다. 3) 판례는 '행정심판청구 이전'까지라고 본다(대판 1997.12.26, 97누9390).

제 5 절 행정정보절차법

제 1 항 행정과 전자정부

Ⅰ. 정보사회와 행정

☞ 오늘날 정보사회(Informationsgesellschaft)에서는 국민 대다수가 처리된 정보(data)를 통신망을 통하여 이용한다. 이러한 정보사회는 행정에도 예외 없이 요구된다. 따라서 행정기관도 보유한 기록, 문서(Document, 수기정보)를 행정정보화를 통하여 정보처리하고, 처리된 정보는 국민의 요구에 따라 정보통신망을 통하여 공개하거나 관리해야 한다. 이를 위하여 우리나라는 전자정부법에 따른 행정정보화로 전자정부를 빠르게 구축하였다. 따라서 전자행정의 시대로 들어서고 있다.

행정정보화 내지 전자정부의 대상이 되는 행정정보는 "행정기관등이 직무상 작성하거나 취득하여 관리하고 있는 자료로서 전자적 방식으로 처리되어 부호, 문자, 음성, 음향, 영상 등으로 표현된 것"이라고 법적 정의되어 있다(전자정부법 제2조 제6호). 즉 '행정기관이 직무상 보유·관리하는 처리정보'를 말한다.

행정정보와 관련하여 크게 1) 국민의 알권리 차원에서 행정정보의 공개를 요구하는 정보공개제도, 2) 행정정보에 포함된 개인정보를 보호하는 개인정보보호제도, 3) 정보에 대한 잘못된 접근, 훼손, 도용을 막기 위한 정보보안제도가 중요하다. 다만, 정보보안법은 주로 기술적인 내용을 담고 있으므로 행정정보절차법에서는 정보공개제도와 개인정보보호제도를 중심으로 설명한다.

Ⅱ. 전자정부와 정보

☞ 우리나라는 2001년 「전자정부구현을 위한 행정업무등의 전자화촉진에 관한 법률」에 따라 전자정부 구축을 시작하였고, 2007년에 「전자정부법」으로 법명이 변경되었다.

전자정부는 "정보기술을 활용하여 행정기관 및 공공기관의 업무를 전자화하여 행정기관등의 상호 간의 행정업무 및 국민에 대한 행정업무를 효율적으로 수행하는 정부"를 말한다(제2조 제1호). 주로 전자정부는 전자문서의 작성을 통하여 행정정보화를 구축하고 이를 기반으로 국민에게 제공하므로 이에 따른 정보의 공개, 정보보안 및 개인정보보호 등을 목적으로 한다.

제 2 항 행정정보공개제도

Ⅰ. 정보공개제도의 개념

행정은 공개되고 투명하여야 한다. 특히 정보사회에서 '행정이 보유한 행정정보는 국민의 알권리를 보장하기 위하여 원칙적으로 공개되어야 한다'는 것이 정보공개제도이다. 물론 세부적으로는 국민은 주권자로서 행정기관이 보유한 정보에 대하여 접근할 권리가 있고, 행정기관은 정보공개의무를 진다.

☞ 행정정보공개제도의 순기능은 국민의 알권리 충족, 국민참여, 행정의 투명성과 효율성의 확보, 신속한 대국민서비스의 제고 등이 있다. 한편 역기능으로는 정보보안이나 개인정보의 침해, 정보격차에 따라 또 하나의 사실상 차별이 발생할 수 있다.

Ⅱ. 법적 근거

정보공개제도의 헌법적 근거는 '국민의 알권리'에서 나온다.[28] 알권리는 크게 「헌법」 제21조의 '표현의 자유'에 속한다. 이는 청구권적 기본권의 성격을 가진다.

행정법적 근거는 1996년의 「공공기관의 정보공개에 관한 법률」을 기본법으로 하고, 개별법에서 문서열람권 등을 규정하였다(국토계획법).

정보공개제도의 적용범위는 1) '국가안전보장'에 관한 정보에는 적용예외를 두었고(제4조 제3항), 2) 교육분야는 특별법으로 2007년에 「교육관련기관의 정보공개에 관한 특례법」이 제정되었고, 3) 지방자치단체는 정보공개조례를 제정할 수 있도록 규정하여 그동안 문제되었던 '정보공개조례'(대판 1992.6.23, 92추17)는 「정보공개법」에 근거규정을 두었다(제4조 제2항).

Ⅲ. 제도의 내용

1. 정보공개청구권

정보공개법은 '누가 정보공개를 요구할 수 있느냐'라는 청구권자를 '정보의 공개를 청구할 권리를 가진 자'로 규정한다(제5조). 정보공개법은 "모든 국민"을 정보공개청구권자로 규정하여, '누구나 공공기관에 대하여 보유한 정보를 공개할 것을 요구할 수 있는 권리', 즉 정보공개청구권을 갖는다고 본다. 따라서 원칙적으로

---

28) 정보공개청구권의 헌법상 근거를 학설은 행복추구권(제10조)이나 표현의 자유(제21조 제1항)에서 찾으나 판례처럼 표현의 자유(헌재 1989.9.4, 88헌마22; 1994.8.31, 93헌마174), 그중에서 국민의 알권리에서 찾는 것이 타당하다(대판 1999.9.21, 97누5114).

'모든 국민'은 정보공개청구권자이고, 외국인은 시행령에 위임하고 있다.[29] '모든 국민'에는 자연인뿐만 아니라 법인격과 설립목적을 불문하고 모든 법인(사단, 재단 등)이 포함된다.

정보공개청구권의 법적 성질은 개인의 권리침해를 전제로 하지 않으므로 주관적 권리구제를 넘어서 객관적 적법성 통제이다(객관소송). 다만, 실무에서는 정보공개청구에 대한 거부처분에 의한 청구권자의 법률상 이익의 침해를 인정하는 형태로 주관소송처럼 운영된다. 따라서 판례는 정보공개청구의 거부는 청구권자의 법률상 이익을 침해하는 것으로 본다(대판 2003.12.12, 2003두8050).

1) **공개대상인 정보** - '정보'는 '공공기관이 보유 및 관리하는 정보'(제3조), 즉 '공공기관이 직무상 작성 또는 취득하여 관리하고 있는 모든 정보'이다. 정보공개법은 구체적으로 "공공기관이 직무상 작성 또는 취득하여 관리하고 있는 문서(전자문서를 포함)·도면·사진·필름·테이프·슬라이드 및 그 밖에 이에 준하는 매체 등에 기록된 사항"(제2조 제1호)이라고 정의한다. 사본도 포함된다(대판 2006.5.25, 2006두3049).

2) **정보의 공개** - 공개방식은 정보공개법에 의하여 ⅰ) 정보의 '열람', ⅱ) 정보의 '사본·복제물의 제공', ⅲ) 「전자정부법」 제2조 제10호에 따른 '정보통신망을 통하여 정보 제공'이다(제2조 제2호). 단, 정보공개방법은 공공기관이 아니라 '정보공개청구권자'가 정한다.

3) **대상 공공기관** - "국가기관,[30] 지방자치단체, 「공공기관법」상의 공공기관 그 밖에 대통령령으로 정하는 기관"이다(제2조 제3호).[31] 대통령령은 교육법 등에 의한 각급학교와 특별법에 의한 특수법인, 사회복지법인, 보조금을 받는 기관과 단체 등을 포함한다.

2. 정보공개의무

1) '공공기관이 보유 및 관리하는 행정정보'는 정보공개법에 따라 공개하도록 해당 공공기관에게 정보공개의무를 부과한다(제3조). 2) '국가안전보장 관련 정보'와

29) 외국인은 1) 국내에 일정한 주소를 두고 거주하거나, 2) 학술·연구를 위하여 일시적으로 체류하는 자, 3) 국내에 사무소를 두고 있는 법인 또는 단체에 한정된다. 「정보공개법시행령」 제3조.

30) 국가기관에는 1) 국회, 법원, 헌법재판소, 중앙선거관리위원회, 2) 중앙행정기관(대통령 소속 기관과 국무총리 소속 기관을 포함한다) 및 그 소속 기관, 3) 「행정기관 소속 위원회의 설치·운영에 관한 법률」에 따른 위원회가 포함된다(제2조 제3호 가목).

31) "그 밖에 대통령령으로 정하는 기관"은 1) 유아교육법, 초·중등교육법 및 고등교육법에 따른 각급학교 또는 그 밖의 다른 법률에 따라 설치된 각급학교, 2) 지방공기업법에 따른 지방공사 및 지방공단, 3) 지방자치단체의 조례로 정하는 지방공공기관, 4) 특별법에 의하여 설립된 특수법인, 5) 사회복지사업법 제42조 제1항의 규정에 의하여 국가 또는 지방자치단체로부터 보조금을 받는 사회복지법인과 사회복지사업을 하는 비영리법인, 6) 「보조금 관리에 관한 법률」 또는 「지방재정법」에 따라 국가 또는 지방자치단체로부터 연간 5천만원 이상의 보조금을 받는 기관 또는 단체(다만, 정보공개대상정보는 해당연도에 보조를 받은 사업으로 한정한다)이다(시행령 제2조).

'보안업무관장기관의 국가안전보장관련정보'는 정보공개법의 적용범위가 아니다(제4조 제3항, 군사기밀보호법). 3) 공공기관의 정보중에서도 비공개대상정보를 규정하여 공개하지 않는다(제9조 제1항). '비공개정보'라고도 한다.

비공개대상정보는 1) 다른 법령에서 비밀이나 비공개사항으로 규정된 정보, 2) 국가안전보장·국방·통일·외교관계 등에 관한 사항으로 공개시 국가의 중대한 이익을 해할 우려가 있는 정보, 3) 공개시 국민의 생명·신체 및 재산의 보호에 현저한 지장을 초래할 우려가 있는 정보, 4) 진행중인 재판에 관련된 정보와 범죄수사 및 형의 집행 등의 정보로 공개시 직무수행을 곤란하게 하거나 형사피고인의 공정한 재판을 받을 권리를 침해하는 정보,[32] 5) 감사·감독·검사·시험·규제·입찰계약·기술개발·인사관리에 관한 사항이나 의사결정과정 또는 내부검토과정에 있는 사항 등의 정보로 공개시 업무의 공정한 수행이나 연구·개발에 지장이 있는 정보, 6) 개인정보,[33] 7) 법인의 영업비밀, 8) 공개될 경우 부동산 투기, 매점매석 등으로 특정인에게 이익 또는 불이익을 줄 우려가 있는 정보 등이다(제9조 제1항).

비공개정보에 해당한다고 무조건 정보공개를 거부할 수 있는 것은 아니고, 공개하는 것이 업무의 공정한 수행에 현저한 지장을 주는지와 정보공개법의 입법취지 등을 종합하여 개별적으로 판단하여야 한다(대판 2007.6.15, 2006두15936).

대법원 2007. 6. 15. **선고** 2006두15936 **판결 【정보공개거부처분취소】**
<u>공공기관의 정보공개에 관한 법률(이하 '정보공개법'이라 한다) 제9조 제1항 제5호는 시험에 관한 사항(이하 '시험정보'라 한다)으로서 공개될 경우 업무의 공정한 수행에 현저한 지장을 초래한다고 인정할 만한 상당한 이유가 있는 정보는 공개하지 아니할 수 있도록 하고 있는바, 여기에서 시험정보로서 공개될 경우 업무의 공정한 수행에 현저한 지장을 초래하는지 여부는 정보공개법 및 시험정보를 공개하지 아니할 수 있도록 하고 있는 입법취지, 당해 시험 및 그에 대한 평가행위의 성격과 내용, 공개의 내용과 공개로 인한 업무의 증가, 공개로 인한 파급효과 등을 종합하여 개별적으로 판단되어야 할 것이다(대판 2003.3.14, 2000두6114 참조).</u>

3. 행정정보공표제도

한편 공공기관은 국민이 알아야 할 필요가 있는 행정정보를 정기적으로 공개하는 '행정정보공표제도'를 두고 있다. 다만, 비공개대상정보에 해당하는 경우는

---

32) 5호 단서, "다만, 의사결정과정 또는 내부검토과정을 이유로 비공개할 경우에는 의사결정과정 및 내부검토과정이 종료되면 제10조에 따른 청구인에게 이를 통지하여야 한다".

33) 정보공개법상의 개인정보는 "해당 정보에 포함되어 있는 성명·주민등록번호 등 개인에 관한 사항으로서 공개될 경우 사생활의 비밀 또는 자유를 침해할 우려가 있다고 인정되는 정보"를 말하고, 비공개대상정보가 아닌 개인정보는 1) 법령에서 정하는 바에 따라 열람할 수 있는 정보, 2) 공공기관이 공표를 목적으로 작성하거나 취득한 정보로서 사생활의 비밀 또는 자유를 부당하게 침해하지 아니하는 정보, 3) 공공기관이 작성하거나 취득한 정보로서 공개하는 것이 공익이나 개인의 권리 구제를 위하여 필요하다고 인정되는 정보, 4) 직무를 수행한 공무원의 성명·직위, 5) 공개하는 것이 공익을 위하여 필요한 경우로서 법령에 따라 국가 또는 지방자치단체가 업무의 일부를 위탁 또는 위촉한 개인의 성명·직업이다. 제9조 제1항 제6호.

공개하지 않는다(제7조 제1항).

공개대상인 행정정보는 1) 국민생활에 매우 큰 영향을 미치는 정책에 관한 정보, 2) 국가의 시책으로 시행하는 공사 등 대규모의 예산이 투입되는 사업에 관한 정보, 3) 예산집행의 내용과 사업평가 결과 등 행정감시를 위하여 필요한 정보, 4) 그 밖에 공공기관의 장이 정하는 정보, 5) 기타 국민이 알아야 할 필요가 있는 정보라고 규정하고 있다(제7조 제1항, 제2항).

Ⅳ. 정보공개절차

1. 정보공개청구

정보공개청구권자가 정보를 보유하거나 관리하는 공공기관에 대하여 1) 청구인의 성명 · 주민등록번호 · 주소 및 연락처, 2) 공개를 청구하는 정보의 내용 및 공개방법을 적은 정보공개청구서를 제출하거나 말로써 정보의 공개를 청구할 수 있다(제10조).

2. 공공기관의 공개여부 결정절차

각 공공기관은 정보공개청구에 대한 정보공개여부 등을 심의하기 위하여 '정보공개심의회'를 둔다(제12조). 한편 정보공개에 대한 기준 및 정책 등의 수립을 위하여 '정보공개위원회'를 안전행정부장관 소속하에 둔다(제22조).

정보공개청구를 받은 공공기관은 원칙적으로 청구를 받은 날로부터 10일 이내에 정보공개심의회를 열어 해당 정보의 공개여부를 결정하여야 한다. 단, 부득이한 사유가 있는 경우는 10일의 범위에서 연장할 수 있다. 그리고 공개대상정보의 전부 또는 일부가 제3자와 관련된 경우에는 지체 없이 통지하여야 하고, 필요시는 의견을 청취할 수 있다. 다른 공공기관이 보유한 정보의 공개청구를 받은 경우에는 해당 기관으로 이송하여야 하고, 이송사유 등을 청구인에게 통지하여야 한다(제11조).

3. 공개 및 비공개 결정

공공기관은 정보공개청구에 대하여 정보의 공개를 결정한 경우에는 공개일시 · 공개장소 등을 명시하여 청구인에게 통지하여야 한다(제13조 제1항).

공공기관이 정보공개청구에 대하여 비공개결정을 한 때에는 비공개이유와 불복의 방법 및 절차를 구체적으로 명시하여 청구인에게 지체없이 문서로 통지하여야 한다(제4항). 비공개결정시에는 개괄적인 사유로 공개거부할 수 없고(대판 2003.12.11, 2001두8827), 비공개사유를 구체적으로 명시해야 한다. 한편 정보공개청구일로부터 20일이 지나면, '비공개의 결정'이 있는 것으로 본다(제11조 제5항).

4. 공개방법

1) **원 칙** 정보의 공개는 청구권자가 신청한 방법에 따라 열람, 사본·복제물의 교부, 정보통신망을 통한 교부 등으로 공개하여야 한다. 단, 공공기관은 정보를 공개하는 경우, 정보의 원본이 더럽혀지거나(오손), 파손될 우려가 있거나 그 밖에 상당한 이유가 있다고 인정될 때에는 당해 정보의 사본·복제물을 공개할 수 있다(제13조 제3항). 실무에서는 주로 사본 등을 공개한다. 공개정보량이 너무 많아 정상적인 업무수행에 지장이 있는 경우에는 기간별 교부 또는 열람과 병행하여 교부할 수 있다(제2항).

2) **부분공개제도** 공공기관은 정보를 공개하는 경우에도 해당 정보에 비공개대상정보가 혼합된 경우로 분리가 가능한 때에는 비공개대상정보를 제외하고 공개하여야 한다(제14조).

3) **즉시공개제도** 공공기관은 1) 법령 등에서 공개를 목적으로 작성된 정보, 2) 일반국민을 위한 홍보자료, 3) '공개' 결정된 정보로 공개에 오랜 시간이 걸리지 않는 정보, 4) 그 밖에 공공기관의 장이 정하는 정보 등은 공개여부의 결정 없이 즉시 또는 구술로 공개하여야 한다(제16조).

4) **전자적 공개제도** 한편 청구인이 전자적 형태의 공개를 원하는 경우에는 전자적 형태로 변환하여 전자적으로 공개하여야 한다(제15조). 다만, 전자적 형태로 보유하는 경우는 그 성질상 현저히 곤란하지 않는 한, 전자적 형태로 보유하지 않는 정보는 정상적인 업무수행에 현저한 지장을 초래하거나 당해 정보의 성질이 훼손될 우려가 없으면 한 전자적 형태로 변화하여 공개할 수 있다.

5. 비용부담

정보의 공개 및 우송 등에 드는 비용은 실비의 범위에서 청구인이 부담한다(제17조). 다만, 정보의 사용목적이 공공복리를 위하여 필요한 경우 감면할 수 있다. 실무에서는 비용부담 때문에 정보공개청구는 전자적 공개방식이 주로 이용된다.

V. 불복절차

1. 비공개시 통지제도

공공기관은 정보공개청구에 대하여 '비공개결정'을 할 경우에는 비공개사유, 불복방법, 불복절차를 명시하여 지체 없이 서면으로 통지하여야 한다(제13조 제4항,

통지제도). 처분의 이유제시제도와 고지제도를 포괄한 것이다.

2. 이의신청제도

공공기관의 비공개결정 또는 부분공개결정에 대하여 불복이 있는 청구인은 해당 공공기관에 이의신청할 수 있다(제18조).

청구인은 공공기관의 비공개결정 또는 부분공개결정에 대하여 불복이 있거나 청구 후 20일이 경과하도록 결정이 없는 경우에는 정보공개여부 결정통지를 받은 날 또는 청구 후 20일이 경과한 날로부터 30일 이내에 해당 공공기관에 문서로 이의신청할 수 있다(제18조 제1항). 청구인이 이의신청을 하면, 해당 공공기관은 심의회를 열어 이의신청일로부터 7일 이내에 결정하고 청구인에게 지체없이 서면으로 통지하여야 한다. 단, 7일 이내에서 연장할 수 있다.

3. 행정심판

청구인은 공공기관의 비공개결정 등의 정보공개관련결정에 대하여 불복이 있는 경우에는 행정심판법상 행정심판을 청구할 수 있다. 아울러 청구인은 위의 이의신청절차를 거치지 않고도 직접 행정심판을 청구할 수 있다(제19조).

4. 행정소송

청구인은 공공기관의 정보공개관련 결정에 대하여 행정소송을 제기할 수 있다. 이 행정소송에서 1) 재판장은 필요시 당사자없이 비공개로 해당 정보를 열람 및 심사할 수 있으며, 2) 청구대상정보가 법상 비공개대상정보로서 국가안전보장, 국방, 외교관계에 관련된 경우는 비밀로 취급하는 실질적 이유와 공개불가사유 등을 입증하면, 해당 정보를 제출하지 않을 수 있는 등의 특례를 인정하고 있다(제20조).

5. 제3자의 불복절차

공공기관의 정보공개결정에 대하여 권익이 침해된 제3자도 해당 공공기관에 대한 비공개요청, 이의신청, 행정심판, 행정소송을 제기할 수 있다(제21조). 또한 공공기관의 위법한 정보공개로 인하여 당해 정보의 정보주체인 제3자가 손해를 입은 경우에는 국가배상을 청구할 수 있다.

제 3 항 공공기관의 개인정보보호제도

☞ 개인정보보호는 종래 민간분야와 공공분야로 구분하여 공공분야는 1994년에 제정된 「공공기관의 개인정보보호에 관한 법률」[34]에 따라 공공부문의 개인정보만 규율하였으나, 2011년에 통합법인 「개인정보 보호법」이 제정되어 종래 「정통망법」에서 규율하던 민간분야의 개인정보보호와 통합되었다. 다만, 여기서는 행정법에서 문제되는 공공분야의 개인정보보호를 주로 다룬다.

Ⅰ. 개인정보의 개념

개인정보는 '개인에 관한 정보'이다. 즉, "살아 있는 개인에 관한 정보로서 성명, 주민등록번호 및 영상 등을 통하여 개인을 알아 볼 수 있는 정보(해당 정보만으로는 특정 개인을 알아 볼 수 없더라도 다른 정보와 쉽게 결합하여 알아볼 수 있는 것을 포함한다)"를 말한다(제2조 제1호).

개인정보에는 1) 수기정보인 기록(document)과 2) 정보처리한 '처리정보'(data)가 있다.[35] 우리 법은 주로 '처리정보'를 보호대상으로 한다.

개인정보는 그 처리, 수집, 이용, 교부 등이 정보주체에 의하여 스스로 결정되어야 한다는 헌법상 정보적 자기결정권에 근거하여 개인이 향유하는 '특수인격권의 한 형태'로서 보호된다. 판례는 정보적 자기결정권의 근거를 종래에는 「헌법」 제10조(인간의 존엄과 가치)나 제17조(사생활에 의한 비밀과 자유)로 보았으나(대판 1998.7.24, 96다42789), 헌재는 '헌법상 명시되지 않은 기본권'으로 보며(헌재 2005.5.26, 99헌마513, 2004헌마190 병합), 개인정보자기결정권이라고 한다.

Ⅱ. 정보주체의 권리

1. 정보주체의 개념

'정보주체'는 개인정보가 귀속되는 사람으로, "처리되는 정보에 의하여 알아볼 수 있는 사람으로서 그 정보의 주체가 되는 사람"이라고 정의한다(제2조 제3호). 개인정보는 정보주체의 정보적 자기결정권을 위하여 보호되는 것이다.

2. 개인정보처리자인 공공기관

개인정보처리자는 "업무를 목적으로 개인정보파일을 운용하기 위하여 스스로

---

34) 이하에서는 「공공정보법」으로 약칭한다.

35) 길준규, 『정보사회에서의 개인정보보호』, 호남대출판부, 2004, 17쪽.

또는 다른 사람을 통하여 개인정보를 처리하는 공공기관, 법인, 단체 및 개인 등"을 말한다(제2조 제5호). 이 중에서 공공기관은 "국회, 법원, 헌법재판소, 중앙선거관리위원회의 행정사무를 처리하는 기관, 중앙행정기관(대통령 소속기관과 국무총리 소속기관을 포함) 및 그 소속기관, 지방자치단체, 그 밖의 국가기관 및 공공단체중 대통령령으로 정하는 기관"이다(제2조 제6호).

"그 밖의 국가기관 및 공공단체 중 대통령령으로 정하는 기관"은 국가인권위원회, 「공공기관의 운영에 관한 법률」에 따른 공공기관, 「지방공기업법」에 따른 지방공사와 지방공단, 특별법에 따라 설립된 특수법인, 「초·중등교육법」, 「고등교육법」, 그 밖의 다른 법률에 따라 설치된 각급학교이다(영 제2조).

3. 정보주체의 권리

☞ 정보주체는 자신의 개인정보와 관련하여 1) 개인정보의 처리에 관한 정보를 제공받을 권리, 2) 개인정보의 처리에 관한 동의여부, 동의범위 등을 선택하고 결정할 권리, 3) 개인정보의 처리여부를 확인하고 열람(사본발급포함)을 요구할 권리(열람권), 4) 개인정보의 처리 정지, 정정·삭제 및 파기를 요구할 권리, 5) 개인정보의 처리로 인하여 발생한 피해를 신속하고 공정한 절차에 따라 구제받을 권리를 가진다(제4조). 아래에서는 정보주체의 대표적인 권리를 설명한다.

1) **개인정보열람청구권** 정보주체가 자신의 개인정보에 대한 열람을 개인정보처리자인 공공기관에 요구하고자 할 때에는 보유한 공공기관에 직접 열람을 요구하거나 안전행정부장관을 통하여 열람을 요구할 수 있다(제35조 제2항). 이 때 개인정보열람요구서를 제출하여야 한다(영 제41조).

개인정보처리자인 공공기관은 10일 이내에 열람통지서를 정보주체에 보내어 열람시켜야 한다(영 제41조 제4항). 다만, 기간 내에 열람할 수 없는 정당한 사유가 있는 경우에는 그 사유를 알리고 열람을 연기할 수 있고(제35조 제3항), 열람을 연기하거나 거절하는 경우에는 연기 또는 거절의 사유와 이의제기방법을 정보주체에게 알려야 한다(영 제42조 제2항).

열람제한 및 거절의 사유는 1) 법률에 따라 열람이 금지되거나 제한되는 경우, 2) 다른 사람의 생명, 신체, 재산과 그 밖의 이익을 침해할 우려가 있는 경우, 3) 공공기관의 업무수행에 중대한 지장을 초래하는 경우(조세업무, 교육기관의 성적평가 또는 입학자선발업무, 시험·자격심사업무, 보상금등산정업무, 감사·조사)이다(제35조 제4항).

2) **개인정보정정·삭제청구권** 자신의 개인정보를 열람한 정보주체는 개인정보처리자인 공공기관에게 그 개인정보의 정정 또는 삭제를 요구할 수 있다. 단, 다른 법령에서 수집대상으로 명시된 경우는 삭제를 요구할 수 없다(제36조 제1항).

공공기관은 정보주체의 개인정보 정정·삭제요구시 다른 법령에 특별한 규정이 있는 경우를 제외하고는 그 개인정보를 조사하여 정보주체의 요구에 따라 삭제·정정 등 필요한 조치를 하고 그 결과를 정보주체에게 알려주어야 한다(제2항).

3) **개인정보 처리정지권** 정보주체는 개인정보처리자인 공공기관에 대하여 등록대상인 개인정보파일 중 자신의 개인정보에 대한 처리의 정지를 요구할 수 있다(제37조 제1항). 이 때 공공기관은 개인정보 처리의 전부 또는 일부를 정지하고, 처리가 정지된 개인정보에 대하여 지체 없이 파기 등 필요한 조치를 하여야 한다(제4항). 공공기관은 아래의 사유로 처리정지요구를 거절할 수 있고(제2항). 거절하는 경우에는 그 사유를 지체없이 정보주체에게 알려야 한다(제3항).

거절사유는 1) 법령상 특별한 규정이 있거나 법령상 의무를 준수하기 위하여 불가피한 경우, 2) 다른 사람의 생명, 신체, 재산, 그 밖의 이익을 침해할 우려가 있는 경우, 3) 공공기관이 개인정보를 처리하지 않으면 법률상 소관사무를 수행할 수 없는 경우, 4) 개인정보를 처리하지 않으면 계약이행이 곤란한 경우로 정보주체가 계약해지의 의사를 명백히 밝히지 않은 경우이다(제2항).

4) **개인정보침해사실신고권** 개인정보처리자인 공공기관이 개인정보를 처리할 때 개인정보에 관한 권리 또는 이익을 침해받은 사람은 안전행정부장관에게 그 침해사실을 신고할 수 있다(제62조). 안전행정부장관은 신고된 침해사실을 조사하여 위반한 자에 대하여 시정조치(제64조), 범죄혐의가 있는 경우에는 고발 및 징계권고(제65조)를 할 수 있다.

Ⅲ. 불복절차

1. 이의신청

정보주체는 개인정보의 열람, 정정, 삭제, 처리정지 등과 관련하여 공공기관이 행한 거절 등의 조치에 대하여 해당 공공기관에게 이의신청할 수 있다(제38조 제5항).

2. 분쟁조정

개인정보와 관련한 분쟁의 조정을 원하는 자는 개인정보분쟁조정위원회에 분쟁조정을 신청할 수 있다(제43조 제1항). 정보주체의 피해 또는 권리침해가 다수의 정보주체에게 같거나 비슷한 유형으로 발생한 경우에는 공공기관, 정보주체 개인정보보호단체 및 기관은 집단분쟁조정을 신청할 수 있다(제49조 제1항).

3. 행정심판과 행정소송

그 외에 종전과 마찬가지로 개인정보처리자가 국가나 지방자치단체인 경우에는 그 처분 또는 부작위로 인하여 권리 또는 이익의 침해를 받은 자는 행정심판법에 따라 행정심판을 청구하거나 행정소송법에 따라 행정소송을 제기할 수 있다.

한편 법에서 지정된 소비자단체나 비영리민간단체는 집단분쟁조정을 신청하여 거부되거나 조정결과가 수락되는 않은 경우에는 난체소송을 제기할 수 있다(제51조). 개인정보단체소송은 법에서 정한 단체가 정보주체의 권리침해를 다투는 것이다. 법적 성질은 객관소송이고, 원고는 변호사를 소송대리인으로 반드시 선임하여야 한다(변호사강제주의). 「개인정보단체소송규칙」이 제정되어 있다.36)

4. 손해배상

한편 정보주체는 개인정보처리자가 이 법을 위반한 행위로 손해를 입으면, 개인정보처리자에게 손해배상을 청구할 수 있다. 이 경우 그 개인정보처리자는 고의 또는 과실이 없음을 입증하지 아니하면 책임을 면할 수 없다(제39조 제1항).

개인정보처리자가 이 법에 따른 의무를 준수하고 상당한 주의와 감독을 게을리하지 아니한 경우에는 개인정보의 분실·도난·유출·변조 또는 훼손으로 인한 손해배상책임을 감경받을 수 있다(제2항).

제 6 절 민원사무처리절차

Ⅰ. 개 념

민원사무처리절차는 「민원사무의 처리에 관한 법률」에서 규정정한다. 민원사무처리의 대상이 되는 민원사무는 "민원인이 행정기관에 대하여 처분 등 특정한 행위를 요구하는 사항(민원사항)에 관한 사무"를 말한다(제2조 제2호). 민원사무는 넓게는 '고충민원'도 포함하나, 고충민원은 행정기관의 처분 등에 의하여 권익을 침해당한 경우 등이므로 권리구제의 측면이 강하여 구별된다.

☞ 민원사무처리제도는 1949년부터 대통령령으로 규정되었고, 법률로는 1994년에 「행정규제 및 민원사무기본법」이 최초로 제정되었다가 1997년에 「민원사무처리에 관한법률」로 분리되었다.37)

---

36) 개인정보단체소송을 행정소송법에 규정이 없다는 이유로 민사소송으로 보는 것은 타당하지 않다. 최소한 공공기관에 대한 개인정보단체소송도 민사소송으로 보는 것은 의문이다.

Ⅱ. 민원사무의 신청 및 처리절차

1) 민원의 신청은 문서(전자문서)로 하여야 하고, 예외적으로 구술 또는 전화·전신·팩스 등 정보통신망으로도 신청할 수 있다(제8조). 행정기관의 장은 민원사항의 신청에 필요한 사항을 게시하거나 편람을 비치하여야 한다(제7조). 행정기관의 장은 민원신청에 대하여 접수를 보류, 거부, 반려하거나(제9조), 불필요한 서류를 추가로 요구할 수 없고(제10조), 민원서류에 하자가 있는 경우에는 보완을 요구하여야 한다(제13조).

2) 민원사무의 처리는 원칙적으로 신속하고 간소화하여 우선처리하여야 한다(제5조). 아울러 행정기관의 장은 민원실을 설치하고(제22조), 민원사무심사관을 배치하여야 한다(제23조). 물론 처리기간은 사전에 공지되어 있다. 나아가 안전행정부는 민원사항의 처리기관·처리기간·구비서류·처리절차·신청방법 등에 관한 사항을 종합한 '민원사무처리기준표'를 고시하여야 한다(제20조).

3) 민원사무의 처리결과는 원칙적으로 '문서'로 통지하여야 하고, 예외적으로 구술이나 정보통신망으로도 가능하다. 거부시는 거부이유와 구제절차를 함께 통지한다(제15조).

Ⅲ. 권리구제

1) 민원사항에 대한 행정기관의 장의 거부처분에 대하여 불복이 있는 민원인은 거부처분을 받은 날부터 90일 이내에 그 행정기관의 장에게 문서로 이의신청을 할 수 있다(제18조 제1항). 행정기관의 장은 이의신청을 받은 날부터 10일 이내에 그 이의신청에 대하여 결정하고 그 결과를 민원인에게 지체없이 문서로 통지하여야 한다(제2항).

2) 민원인은 위의 이의신청에 상관없이 행정심판이나 행정소송을 제기할 수 있다(제3항). 이의신청은 임의주의이다.

제 7 절 행정조사

Ⅰ. 개 념

1. 의 의

행정조사는 '행정청이 행정활동이나 결정의 전제가 되는 사실관계를 확정하기 위하여 필요한 정보나 자료 등을 사전에 조사하는 활동'이다.[38] 행정조사기본법은

37) 자세한 연혁에 대하여는 행정자치부, 『민원사무처리제도 해설』, 2006. 5, 6쪽 이하.

38) 현행법은 행정조사주체를 '실무상 조사주체'로 보아 '행정기관'으로 규정하지만, 조사행위를

"행정기관이 정책을 결정하거나 직무를 수행하는 데 필요한 정보나 자료를 수집하기 위하여 현장조사 · 문서열람 · 시료채취 등을 하거나 조사대상자에게 보고요구 · 자료제출요구 및 출석 · 진술요구를 행하는 활동"이라고 법적 정의한다(제2조 제1호).

2. 법적 성질

1) **행정작용을 위한 행위** 행정조사는 행정작용을 위한 정보나 자료를 수집하는 행위이다. 따라서 행정조사의 결과에 따라서 제재적 행정처분을 할 경우에는 사전절차이므로 행정조사로 볼 수 있으나, 위법사항을 조사하여 형사처벌하는 경우는 이미 형사소추절차로서 이뤄지므로 행정조사로 보기 어렵다.

2) **행정행위와 사실행위** 행정조사는 주로 행정행위와 사실행위로 이루어진다. 세무조사결정처럼 행정조사를 하기로 한 결정이나 조사대상자에게 수인의무 등을 부과하는 경우에는 처분성이 인정되지만, 실제 조사행위는 대부분 사실행위로 볼 수 있다. 따라서 개별 행정조사의 성질에 따라 판단해야 한다. 그 밖에 강제조사는 상대방에게 수인의무를 부과하므로 권력적 사실행위이다. 다만, 조사대상자에게 일정한 행위를 요구하거나 수인의무를 부과하는 경우에는 조사대상자의 권리의무관계에 영향을 미치므로 '법적 행위'의 성격을 가진다고도 본다(합성행위). 특히 세무조사결정에 처분성을 인정한 판례도 있다(대판 2011.3.10, 2009두23617, 23624).

> **대법원** 2011. 3. 10, 2009두23617, 23624 **【세무조사결정처분취소·종합소득세등부과처분취소】**
> 부과처분을 위한 과세관청의 질문조사권이 행해지는 세무조사결정이 있는 경우 납세의무자는 세무공무원의 과세자료 수집을 위한 질문에 대답하고 검사를 수인하여야 할 법적 의무를 부담하게 되는 점, 세무조사는 기본적으로 적정하고 공평한 과세의 실현을 위하여 필요한 최소한의 범위 안에서 행하여져야 하고, 더욱이 동일한 세목 및 과세기간에 대한 재조사는 납세자의 영업의 자유 등 권익을 심각하게 침해할 뿐만 아니라 과세관청에 의한 자의적인 세무조사의 위험마저 있으므로 조세공평의 원칙에 현저히 반하는 예외적인 경우를 제외하고는 금지될 필요가 있는 점(대법원 2010. 12. 23. 선고 2008두10461 판결 등 참조), 납세의무자로 하여금 개개의 과태료 처분에 대하여 불복하거나 조사 종료 후의 과세처분에 대하여만 다툴 수 있도록 하는 것보다는 그에 앞서 세무조사결정에 대하여 다툼으로써 분쟁을 조기에 근본적으로 해결할 수 있는 점 등을 종합하면, **세무조사결정은 납세의무자의 권리·의무에 직접 영향을 미치는 공권력의 행사에 따른 행정작용으로서 항고소송의 대상이 된다**고 할 것이다.

3) **행정절차** 행정조사는 행정작용을 위한 사전행위이다. 행정조사는 종래 '행정상 즉시강제'에 포함하여 설명하였다.[39] 그러나 행정조사는 '행정강제를 실행하

통하여 결국은 일정한 행정활동이나 결정(처분)을 한다는 점과 행정청이 행정기관에게 위임할 수 있다는 점에서 '행정청'으로 규정하여야 할 것이다. 개정이 요구된다.

39) 장태주, 528쪽. 행정의 실효성확보수단에 포함하는 견해는 홍정선(상), 622쪽.

기 위한 준비'보다는 '행정작용을 위한 준비작용 내지 보조수단'이고, 행정기관의 실력행사에 의한 구체적인 행정목적의 실현이 주 목적이 아니고 단지 '올바른 행정작용을 위한 단순한 준비 및 보조작용'에 불과하다.[40] 따라서 행정조사는 종래의 행정상 강제(즉시강제)나 행정의 실효성확보수단(홍정선)이라고 볼 것이 아니라 행정작용을 위한 사전절차로서, 일종의 행정절차로서의 성질을 갖는다고 보아야 한다.

4) **개인정보관련성** 행정조사가 개인의 사생활이나 개인정보와 관련되는 경우에는 헌법상 개인의 사생활보호와 충돌하거나 정보주체의 정보적 자기결정권을 침해할 우려가 있다. 따라서 조사대상자의 임의에 따르지 않는 강제조사에는 엄격한 법적 근거를 요한다.

Ⅱ. 종 류

행정조사는 조사대상자(국민)에 대한 실력행사(강제성 및 권력적 요소)의 수반여부에 따라 구분하면, 1) 권력적 행정조사(강제조사)는 조사대상자에게 수인의무를 부과하거나 실력행사로 강제하는 행정조사로서, 조사대상자가 행정기관의 명령이나 지시에 따르지 않는 경우에 벌칙을 적용하는 등의 강제력(실력행사)을 사용하는 조사이다. 즉시강제적 성격을 가진다. 2) 비권력적 행정조사(임의조사)는 상대방의 임의적인 협력에 의한 조사이다.

행정조사를 조사대상에 따라서 구분하면, 1) 질문 등의 '대인적 조사', 2) 물건의 수거, 검사 등의 '대물적 조사', 3) 가택의 출입을 통한 '대가택 조사'가 있다.

조사목적에 따라 구분하면, 1) 법률상 구체적·개별적 목적을 위한 조사인 '개별적 조사'와 2) 일반적인 정책입안을 위한 '포괄적인 자료조사'인 통계법상의 통계조사와 같은 집단적(일반적) 조사가 있다. 조사방법에 의한 구분으로는 구두조사 또는 서면에 의한 조사(설문지, 설문엽서 등)가 있다.

Ⅲ. 법적 근거와 조사주체

1. 법적 근거

행정조사의 법적 근거에 대하여 종래 다양한 논의가 있었으나, 2007년 「행정조사기본법」[41]의 제정으로 조사대상자의 자발적 협조에 의한 임의조사 외에는 모두 '법률의 규정에 의한 경우'로 한정된다(제5조). 즉, 강제조사는 권력적 조사이어서 엄격한 법적 근거가 요구되므로 법령에 규정된 경우에만 실시할 수 있다. 따라

40) 장은혜, "행정조사에 있어서의 권리구제에 관한 고찰", 석사논문(아주대), 2008. 12.
41) 이하에서는 '행정조사법'으로 약칭한다.

서 「국세징수법」, 「소방기본법」, 「감염병법」 등과 같이 다른 법률의 규정이 없으면, 일반법인 행정조사기본법에 따라야 한다. 다만, 임의조사는 강제성이 없으므로 법령의 근거가 없어도 가능하다.

행정조사가 특히 국민의 개인정보와 관련되면, 원칙적으로 '당사자의 동의' 또는 '법률상 (수권)규정'이 요구된다. 예를 들면, 개인정보법상 개인정보의 수집은 원칙적으로는 금지되나, 사전동의나 개별법상 근거로 가능하다. 관련법으로는 행정조사법 외에도 「통계법」, 「식품위생법」, 「소득세법」, 「공정거래법」 등이 있다.

2. 적용예외

행정조사는 법에 근거하여 행해져야 하나, 행정조사법의 적용을 받지 않는 예외적인 영역이 있다(적용예외). 이러한 적용예외는 행정조사법상의 절차규정의 적용을 받지 않을 뿐이고, 해당 조사를 규정한 개별법에 따른다.

행정조사법의 적용예외는 1) 행정조사를 한다는 사실이나 조사내용이 공개될 경우 국가의 존립을 위태롭게 하거나 국가의 중대한 이익을 현저히 해칠 우려가 있는 국가안전보장·통일 및 외교에 관한 사항, 2) 국방 및 안전에 관한 사항, 3) 국가안전보장 관련정보 및 보안업무관장기관의 국가안전보장관련정보, 4) 근로감독관의 직무에 관한 사항, 5) 조세·형사·행형 및 보안처분에 관한 사항, 6) 금융감독기관의 감독·검사·조사 및 감리에 관한 사항, 7) 공정거래법 등의 공정거래위원회의 법률위반행위 조사에 관한 사항 등이 있다(제3조 제2항).

3. 조사주체 등

행정조사의 조사주체는 '행정기관'이다. 행정기관은 "법령 및 조례·규칙에 따라 행정권한이 있는 기관과 그 권한을 위임 또는 위탁받은 법인·단체 또는 그 기관이나 개인"을 말한다(제2조 제2호). 한편 실무에서는 행정기관의 구성원이거나 위임을 받은 '조사원'이 시행한다. 조사원은 "행정조사업무를 수행하는 행정기관의 공무원·직원 또는 개인"이다(제2조 제3호).

행정조사의 조사대상자는 "행정조사의 대상이 되는 법인·단체 또는 그 기관이나 개인"을 말한다(제2조 제4호).

Ⅳ. 조사방법과 한계

1. 조사방법

행정기관(장)은 행정조사를 위하여 조사대상자에 대하여 출석·진술 요구, 보고·자료제출의 요구, 현장조사, 시료채취, 자료등의 영치, 공동조사, 정보통신수단을 통한 조사 등을 할 수 있다.

행정기관의 장은 조사대상자의 출석·진술이 필요한 경우에는 출석요구서를 발송하여야 한다(제9조 제1항). 조사대상자는 업무나 생활에 지장이 있는 경우에는 출석일시의 변경을 신청할 수 있다(제2항). 아울러 조사대상자에게 조사사항에 대하여 보고 또는 자료제출을 요구하는 경우에는 요구서를 발송하여야 한다(제10조). 조사원은 가택·사무실 또는 사업장 등에 출입하여 현장조사할 수 있고(제11조), 시료채취도 할 수 있고(제12조), 조사대상자 또는 대리인의 입회하에 자료등을 영치할 수 있다(제13조).

행정기관의 장은 행정조사의 결과를 확정한 날로부터 7일 이내에 그 결과를 조사대상자에게 통보하여야 한다(제24조). 이는 조사결과의 통지의무이다.

2. 실체법상 한계

행정조사는 법적 근거가 있더라도 1) 원래의 조사목적과 다른 '위법한 목적의 조사'는 허용되지 않는다. 따라서 다른 목적 등을 위하여 조사권을 남용해서는 안 된다(제4조 제2항). 2) 또한 "조사목적에 적합하도록 조사대상자를 선정하여" "조사목적을 달성하는데 필요한 최소한의 범위 안에서" 실시하도록 규정하므로 비례의 원칙 등의 행정법상의 일반원칙을 지켜야 한다(제1항, 제2항). 4) "유사하거나 동일한 사안은 공동조사 등을 실시함으로써" 중복조사를 피하여야 한다(제3항). 판례는 세무조사대상 선정사유에 해당하지 않음에도 불구하고 세무조사를 한 후에 부과한 과세처분은 위법하다고 보았다(대판 2014.6.26, 2012두911). 5) 법령 등의 위반에 대한 처벌보다는 법령등의 준수유도에 중점을 두어야 한다(제4항). 6) 조사대상자 또는 조사내용을 공표하거나 직무상 알게 된 비밀을 누설하여서는 안 된다(제5항). 7) 행정조사를 통하여 알게 된 정보를 다른 법률에 따라 내부에서 이용하거나 다른 기관에 제공하는 경우를 제외하고는 원래의 조사목적 이외의 용도로 이용하거나 타인에게 제공하여서는 안 된다(제6항).

대법원 2014. 6. 26. 선고 2012두911 판결 【국세부과취소】
세무조사대상의 기준과 선정방식에 관한 구 국세기본법 제81조의5가 도입된 배경과 취지, 구 국세기본법 제81조의5가 포함된 제7장의2에 관한 구 국세기본법과 개별 세법의 관계 등을 종합하여 보면, 구 국세기본법 제81조의5가 마련된 이후에는 **개별 세법이 정한 질문·조사권은 구 국세기본법 제81조의5가 정한 요건과 한계 내에서만 허용된다고 보아야 한다.** 또한 구 국세기본법 제81조의5가 정한 **세무조사대상 선정사유가 없음에도 세무조사대상으로 선정하여 과세자료를 수집하고 그에 기하여 과세처분을 하는 것은 적법절차의 원칙을 어기고 구 국세기본법 제81조의5와 제81조의3 제1항을 위반한 것으로서 특별한 사정이 없는 한 그 과세처분은 위법하다고 할 것이다.**

3. 절차법상 문제

1) **사전통지와 의견제출** 행정기관의 장은 행정조사를 시행하는 경우에 출석요구서, 보고요구서, 자료제출요구서, 현장출입조사서 등을 조사개시 7일 전에 조사대상자에게 서면으로 통지하여야 한다(사전통지). 단, 사전통지해서는 증거인멸 등으로 행정목적을 달성할 수 없거나 지정통계의 작성을 위한 경우는 조사개시와 동시에 통지할 수 있다(제17조 제1항).

조사대상자는 이에 대하여 의견을 제출할 수 있고(제21조 제1항), 의견이 상당한 이유가 있는 경우에는 이를 반영하여야 한다(제2항).

2) **영장제시** 우리 헌법은 압수·수색 등의 경우에 영장을 제시하도록 하는 영장주의를 규정한다(제12조 제3항). 영장주의의 예외는 1) 개별법에서 예외를 규정한 경우이다. 출입국관리법은 영장주의가 적용되지는 않으나, 주거권자 등의 동의를 받도록 한다(50조). 법령에 따라서는 현장조사시에 증표(공무원증)의 제시를 요구하는 경우도 있다. 2) 법령에는 규정이 없으나, 행정상 즉시강제처럼 긴급을 요하거나 불가피한 경우에는 사후영장이나 영장없는 압수·수색이 허용된다. 3) 형사소송법상의 압수·수색에 해당되지 않는다고 보는 경우에는 그 적법성이 문제된다. 판례는 우편물 통관검사절차에서 압수·수색영장 없이 진행된 우편물의 개봉 등은 수사기관의 강제처분이 아닌 행정조사로서 적법하다고 본다(대판 2013.9.26, 2013도7718).

3) **조사의 거부** 1) 임의조사인 경우 조사대상자는 행정기관의 사전통지에 대하여 문서 등의 방법으로 행정조사를 거부할 수 있다(제20조 제1항). 행정기관의 사전통지에 대하여 응답하지 않는 경우도 법령에 특별한 규정이 없는 한, '조사거부'로 본다(제2항). 2) 강제조사인 경우에 조사대상자가 행정조사를 거부할 수 있는가에 대하여는 논란이 있다. 일부 법령은 행정목적의 달성을 위하여 거부행위를 처벌하기도 한다(음주측정불응죄).

4) **조사결과의 통지** 행정기관의 장은 법령의 특별한 규정이 있는 경우 외에는 행정조사의 결과를 확정한 날로부터 7일 이내에 그 결과를 조사대상자에게 통지하여야 한다(제24조).

Ⅴ. 권리구제

1. 행정조사의 강제

조사대상자(상대방)가 행정조사를 거부하거나 방해하는 경우에 행정기관이 실력행사하여 조사를 강행할 수 있는가의 문제이다. 1) 조사대상자를 제압하고 강제조사가 가능하다고 보는 긍정설(홍정선)이 있으나, 2) 상대방보호를 위하여 행정조사의 강행을 인정할 수 없다는 부정설(김동희, 류지태)이 타당하다. 3) 개별법에서 조사대상자의 거부나 조사방해에는 제재처분이나 불이익처분 등을 규정하기도 한다(식품위생법 제97조). 그러나 행정조사는 법령에 근거한 권력적 조사(강제조사)는 제한적으로 인정해야 하고, 원칙적으로 임의조사이어야 한다.

2. 처분성의 인정

행정조사는 행정행위와 사실행위의 요소를 갖는다. 따라서 행정행위적인 요소가 있는 경우에는 세무조사결정처럼 처분성을 인정한다. 사실행위적 요소만 있는 경우에는 수인하명을 포함한 권력적 사실행위인 경우에는 처분성을 인정할 수 있어서 행정쟁송이 가능하다고 볼 수 있다. 다만, 단기간에 종료되면, 권리보호의 필요성이 없어서 쟁송제기가 어렵다. 판례는 세무조사결정을 제외하고는 행정조사에 처분성을 인정하지 않았다. 다만, 행정조사가 단기간에 종료되면, 권리보호의 필요성이 없어서 쟁송제기가 어렵다.

3. 위법성의 문제

행정조사에 처분성이 인정되는 경우에는 그 위법성을 다툴 수 있다. 실체법상의 한계를 넘어선 경우에는 위법이 인정될 수 있다. 그러나 행정조사는 주로 절차라는 점에서 위법한 행정조사는 대부분 절차적 위법 내지 절차적 하자가 된다.

위법한 행정조사(절차적 하자)에 의한 행정결정이 위법한가의 문제에 대하여 1) 위법설은 법정요건을 무시한 행정조사는 위법하고 그 하자는 본처분에 승계된다고 보고(김동희, 홍정선), 2) 적법설은 행정조사의 위법으로 곧 행정행위가 위법하게 되는 것이 아니라 하자있는 행정행위일 뿐이라고 본다(박윤흔, 장태주). 3) 판례는 위법한 세무조사에 기초한 과세처분은 위법하다고 보았다(대판 2006.6.2, 2004두12070). 4) 위법한 조사는 본처분도 위법하다고 보아야 할 것이다.

4. 손해전보 및 조사원의 책임

위법한 행정조사에 의하여 피해를 입은 경우에는 역시 손해배상이 가능하다. 적법한 행정조사로 인하여 특별한 희생을 입은 경우에는 손실보상도 가능하다.

행정조사를 시행한 조사원이 공무원인 경우에는 형사책임, 징계책임 등도 이론적으로는 가능할 것이나, 실무에서는 제한적이다.

제 6 장

행정강제법

행정은 법령에 따른 국가임무를 수행하기 위하여 다양한 행정활동을 수행한다. 그러나 국가임무에 의하여 부여된 행정목적을 실현하는 과정에서 상대방인 국민이 이미 부과된 행정법상 의무를 이행하지 않거나 위반하는 경우에는 행정목적을 실현하기 위하여 일정한 이행강제나 제재가 필요하다. 이러한 행정 스스로의 행정법상의 의무이행 및 제재에 관한 이행강제제도가 바로 '행정강제법'이다. 이는 '행정법상의 의무이행확보수단' 또는 '실효성확보수단'이라고도 한다.

물론 행정강제는 행정목적을 실현하기 위하여 상대방의 신체나 재산에 실력을 가하여 행정상 필요한 상태를 실현하는 사실행위이지만, 개인에게 일방적으로 명령하거나 강제한다는 점에서 침해행정에 해당하므로 엄격한 법치국가원리에 의하여 법에 근거하여 집행되어져야 한다. 한편 행정강제는 국민의 권리보호를 위하여 행정절차적 성격을 가지므로 자세한 집행절차를 규정하고 있다.

전통적인 행정강제법은 행정법상 의무이행을 확보하기 위한 '행정상 강제집행'과 '즉시강제', 과거의 의무위반에 대한 제재인 '행정벌'로 구성되었다. 최근에는 다양한 '새로운 의무이행확보수단' 등이 추가되고 있다.

제 6 장 행정강제법

제 1 절 행정상 강제집행

제 1 항 행정상 강제집행제도 개설

Ⅰ. 개 념

행정청은 행정행위에 의하여 부과한 행정법상의 의무를 사인인 의무자가 이행하지 않은 경우에 이미 행정행위의 발급으로 확보된 강제집행명의에 따라 자력으로 의무이행을 시행하게 된다. 즉, 행정상 강제집행(Verwaltungsvollstreckung)은 '행정청이 이미 부과된 행정법상 의무의 불이행에 대하여 의무자의 신체 또는 재산에 실력을 행사하여 장래에 향하여 그 의무를 이행시키거나 이행된 것과 같은 상태를 실현하는 행정작용'이라고 정의한다.[1)]

행정상 강제집행의 대상은 행정법상 의무를 불이행한 사인이나 사법상 단체이므로 다른 행정청이나 공법상 법인에게는 원칙적으로 허용되지 않는다. 최근 판례는 허용된다고 본다. 행정상 강제집행은 특별행정절차의 성질을 가진다.

1) **민사강제와 구분** - 행정상 강제집행은 물론 민사강제집행제도를 기반으로 하여 발전한 제도이지만, '민사상 강제집행'은 민사의무의 불이행에 대하여 법원의 판결로 확보한 채무명의에 의한 타력집행인데 비하여, 이는 행정법상 의무불이행에 대한 국가의 강제력을 기반으로 한 자력강제이다(대판 1963.3.19, 63누172).[2)] 공법상의무의 불이행에 대하여는 원칙적으로 민사소송의 방법을 강제집행을 구할 수 없다(대판 1989.5.23, **88다카17822**).

2) **다른 행정강제와 구분** - 1) 행정상 즉시강제는 '의무가 전제되지 않고', '목전에

---

1) 강제집행주체에 대하여 1) 행정주체(김남진, 장태주, 홍정선), 2) 행정기관(김동희), 3) 행정청(박균성)으로 본다. 강제집행주체는 대외적으로 행정법상 의무를 부과하고 의무이행을 집행한다는 점에서 '행정청'이 타당하다. 독일 「행정집행법」(Verwaltungsvollstreckungsgesetz, VwVG)도 '연방행정청'으로 규정하고 있다.

2) 행정법상 의무에 대한 민사집행여부에 대하여 법령상 행정대집행절차가 인정되는 경우에는 민사소송상의 민사집행을 구할 수 없다(대판 1989.5.23, **88다카17822**). 예외적으로 공법상 권리자는 행정주체가 행정대집행을 실시하지 않는 경우에는 국가를 대위하여 민사소송으로 민사집행을 청구할 수 있다(대판 2009.6.11, 2009다1122).

급박한 위험(의무위반)이 있는 경우'에 집행되지만, 행정상 강제집행은 행정법상 의무가 사전에 존재하여야 하고, 그 의무의 불이행이 전제된다. 2) 행정벌은 과거의 행정법상 의무위반에 대한 제재로 간접적으로 이행을 강제하는 제도이지만, 행정상 강제집행은 장래를 향하여 의무이행을 확보하는 제도이다. 물론 양자의 이중행사(병과)는 가능하다. 3) 행정조사는 행정활동을 위한 사전자료조사에 불과하지만, 행정강제는 사후절차로서 행정활동에 따른 결과의 반영이다.

Ⅱ. 법적 근거

대륙법계는 전통적으로 행정법상 의무를 부과하는 법규(처분권)에 사인의 의무불이행에 대한 강제집행권한까지 포함하였고, 영미법계는 강제집행이 사법권에 속하므로 행정강제에도 별도의 법률상 근거를 두었다. 독일도 본 기본법 이후 행정강제에도 법치국가원리에 따라 별도의 법률상 근거가 있어야 한다고 본다. 독일은 대집행과 이행강제금은 「행정집행법」(Verwaltungsvollstreckungsgesetz, VwVG), 행정청의 직접강제는 「직접강제법」(Gesetz für unmittelbaren Zwang, UZwG), 강제징수는 개별공과금법에서 규정하고, 강제집행은 행정행위에 의한 의무불이행에 한정한다. 한편 프랑스는 행정법상 의무불이행에 대하여 주로 형벌이나 사법상 의무이행(민사집행)을 이용하고 행정상 강제는 예외적이다.

일본은 초기에 독일식의 일반법인 「행정집행법」이 있었으나, 인권존중 등을 이유로 폐지하고, 직접강제와 집행벌(이행강제금)은 개별법에서 예외적으로 규정하고, 즉시강제는 경직법 등의 개별법으로 인정하는 형태로 입법하였고, 이를 우리가 수용하였다(김남진). 따라서 우리나라의 행정상 강제제도는 독일제도를 일본을 통하여 계수한 것이다.[3] 다만, 독일이나 민사강제제도처럼 통일적인 법제도를 도입하는 것에 대하여는 제도정비는 행정의 능률을 저해한다고 보는 반대론(석종현)과 찬성론(홍정선)이 있다.

한편 일본은 나리따(성전)공항사건에서 토지수용법상 공항예정지의 수용이 잘 이루어지지 않자, 경직법상 즉시강제와 형법상 공무집행방해죄를 통하여 주민을 제압한 나쁜 전례가 있고(김남진), 우리 행정부와 법원이 답습하고 있다.

행정상 강제집행은 행정행위에 의하여 부과된 행정법상 의무불이행을 근거로 하여 집행되지만, 이행의무자인 국민의 권리나 재산을 침해할 수 있으므로 엄격한 법률유보가 요구되는 전형적인 침해행정이다. 따라서 행정청이 갖는 강제집행권의 법적 근거가 문제된다.

행정강제를 집행할 권한에 대하여 1) 과거에는 처분권 자체에 행정법상 의무를 부과하는 명령권을 갖는 동시에 강제집행권을 포함한다는 '처분권내재설'[4]에 따라 이행강제를 위한 별도의 법적 근거가 불필요하다고 보았다. 2) 최근에는 강제집행 자체가 국민의 권리나 재산에 대한 심각한 제한이므로 의무를 부과한 처분

3) 정하중, "한국의 행정상 강제집행제도의 개선방향", 『김영훈박사화갑기념논문집』, 1995, 387쪽 이하.

4) 행정의 '직권집행설'로 보기도 한다. 정하중, 453쪽.

권 외에 '별도의 법령상의 수권근거규정'이 필요하다는 '법적 근거설'이 주장된다. 3) 의무자의 권리보호를 위하여 법적 근거설이 타당하다.

현행법상 법적 근거로 행정상 강제집행 전반에 대한 일반법은 없지만, 유형별로 대집행은 「행정대집행법」, 강제징수는 「국세징수법」이 일반법이고, 그 밖에 「출입국관리법」, 「공토법」, 「군사시설보호법」 등의 개별법에서 규정하고 있다.

Ⅲ. 강제집행수단의 선택

의무자인 사인이 행정법상 의무를 불이행한 경우에 행정청이 어떠한 행정강제수단을 선택하여 시행할 것인가의 문제는 1) 개별법령에 규정이 있으면 법령의 규정에 따르고, 2) 법령에서 규정하지 않은 경우에는 '불이행된 의무의 성격'으로 판단하여야 한다. 3) 다만, 직접강제와 이행강제금은 원칙적으로 의무자의 권리침해가 크다는 점에서 보충적으로 행해져야 한다.

일반적으로 행정상 강제집행의 강제수단에 대한 법적 근거는 대집행과 행정상 강제징수는 일반법에 근거하여, 직접강제와 이행강제금은 개별법상의 근거하에 시행된다. 다만, 행정청도 다른 사인처럼 민사강제를 이용할 수 있는가에 대하여 행정이 '사법상 권리'를 가진 경우에 한정하여 민사집행이 허용된다고 본다(김남진, 판례).

제 2 항 대집행

Ⅰ. 개 념

1. 의 의

법률에 의하여 직접 명령되었거나 법률에 근거한 행정청의 명령(행정행위)에 의하여 부과된 행정법상 의무를 이행하지 않은 사인(의무이행자)에 대하여 다른 사람이 대신 의무를 이행할 수 있는 경우에 행정청은 대집행을 할 수 있다. 즉, 대집행(Ersatzvornahme)은 '행정법상 의무자가 법령상 대체적 작위의무를 이행하지 않은 경우에 당해 행정청이 스스로 또는 제3자로 하여금 의무자가 하여야 할 행위를 수행함으로써 의무이행이 있은 것과 같은 상태를 실현시킨 후에 그 비용을 의무자로부터 징수하는 것'이다(행정대집행법 제2조).[5)]

---

5) 독일 「행정집행법」에서는 의무자가 행정행위에 의하여 명령된 의무를 불이행한 경우에 행정청이 의무자의 비용으로 '제3자에게 위탁'한다(제10조). 대집행은 주로 제3자에게 위탁하는 '타력집행'(Fremdvornahme)이고, 부분적으로 자력집행(Selbstvornahme)도 가능하지만, 직접강제는

같은 강제력을 행사하지만, 행정청이 직접 시행하는 직접강제와 비교하면 1) 시행주체에서 대집행은 제3자인 대집행대행자가 우선하고, 직접강제는 행정청이 직접 시행하며, 2) 비용부담에서 대집행은 의무자가, 직접강제는 행정청이 부담한다.

2. 법적 근거

대집행의 일반법은 「행정대집행법」이고, 특별법으로 1) 대집행법을 준용하는 규정은 지하수법 (제36조의2), 공토법(제89조), 토양환경보전법(제24조), 폐기물관리법(제49조) 등이고, 2) 대집행법상의 절차를 생략할 수 있는 특례(예외)규정은 건축법(제85조), 도로법(제65조), 자연공원법(제24조의2), 하천법(제73조) 등이다.6)

Ⅱ. 대집행의 주체와 법률관계

1. 주 체

1) **대집행주체** 대집행의 주체는 "당해 행정청"으로(제2조), '행정행위에 의하여 행정법상의 의무를 부과한 행정청'(처분청)이다. 대집행주체는 실제 대집행자가 아닌 법적 대집행권자이다. 따라서 행정청이 대집행을 제3자에게 위탁하는 경우에도 '제3자'는 대집행주체가 아니다.7)

2) **대집행대행자** 대집행대행자는 '행정청으로부터 대집행권한을 위탁받아 실제 대집행을 시행하는 자'이다. 대집행행위자(홍정선), 대집행대행권자(박균성)라고도 한다. 대집행대행자는 법적 대집행권자인 대집행주체가 아니고 사실상의 대집행자이다. 대집행대행자는 대집행주체(행정청)와 달리 반드시 '행정청'이어야 하는 것은 아니고, 위임이나 위탁할 수 있다.

2. 대집행의 법률관계

대집행을 1) 행정청이 스스로 집행하는 자력집행은 '행정청의 실행'이지만, 2) 제3자(대집행대행자)에게 위탁하면, 타력집행으로 '제3자의 실행'이 된다.

1) **행정청과 대집행대행자(사인)** 이 법률관계는 1) 공무위탁에 관한 '공법상 행정계약' 또는 '공무수탁사인'으로 보는 공법관계설(한견우), 2) 대집행권이 이전하는 것이 아니라 행정보조자를 고용하는 것으로 보는 사법상의 도급계약설(독일,

---

원칙적으로 자력집행이다.

6) 특례규정은 주로 대집행절차의 생략에 입법목적이 있으나, 특례규정이 요건을 갖추지 못하여 적용되지 못하면, 일반 행정대집행법이 적용되므로 대집행절차를 생략할 수 없고, 생략한 경우는 위법하게 된다. 대판 2010.11.11, 2009도11523 참조.

7) 대집행주체에 제3자를 포함하는 견해(류지태)도 있으나, 제외하는 것이 타당하다(김남진, 장태주).

김남진/김연태, 홍정선, 박균성, 류지태, 김성수, 홍준형)이 있다. 3) 단지 대집행의 시행만 위탁하는 것이므로 사법상 도급계약설이 타당하고, 실무에서도 사법상 도급계약이 체결된다.

2) **대집행대행자와 의무자** 이 법률관계는 대집행을 대행하는 제3자가 행정청의 '이행보조인'에 불과하므로 의무자와는 아무런 법률관계도 성립하지 않는다.[8] 대집행의 시행에 따른 의무자의 수인의무도 대집행대행자가 아니라 행정청에 대하여 부담하는 것이다. 따라서 행정대집행으로 인하여 의무자에게 피해발생 시 대집행을 대행한 자(대집행대행자)에게 도급인의 손해배상책임에 관한 민법원칙을 적용하여 대집행권자인 행정청의 책임을 면제할 수는 없다고 본다(대판 2006.11.23, 2004다60447).

【판례해설】 대집행권한을 1) 법령상 공법상 사단법인에게 위탁한 경우 대집행비용을 행정대집행법의 절차에 따라 국세징수법의 예에 따라 징수할 수 있고(대판 2011.9.8, 2010다48240), 대집행 실시에 따르는 권리·의무 및 책임이 귀속되는 '행정주체'로 보지만, '국가배상법상의 공무원'은 아니라고 보아(대판 2010.1.28, 2007다82950, 8296) 국가배상을 인정하지 않는다. 2) 민간에게 위탁한 경우에는 대집행주체는 도급인의 손해배상책임에 관한 민법상의 원칙을 적용하여 그 책임을 면제할 수는 없다고 본다(대판 2006.11.23, 2004다60447).

Ⅲ. 대집행의 구성요건

☞ 대집행의 요건은 「행정대집행법」 제2조에서 규정하는바, 요건별로 본다.[9]

1. 공법상 의무의 불이행

대집행의 대상인 '불이행된 의무'는 공법상 의무이어야 한다. 즉, 1) '법령에 근거하여 직접 명령된 공법상 의무'이거나 2) '공법상 법령(조례)에 따라 행정청에 의하여 명령된 의무'이어야 한다(제2조). 따라서 사법상 의무의 불이행은 대집행의 대상이 아니므로 사법상 의무에 대한 대집행은 '무효'이다(대판 1975.4.22, **73누215**).

【판례해설】 임대차계약관계에 근거한 철거계고처분(대판 1975.4.22, 73누215)이나 협의취득에 따른 철거의무는 사경제주체로서 행한 사법상 매매 내지 사법상 계약의 실질을 가지

8) 정하중, "민간에 의한 공행정수행", 『공법연구』 제30집 제1호, 2001. 12, 475쪽; 같은이, 454쪽. 독일의 대집행은 행정청의 제3자에의 위탁이므로, 행정행위에 의한 의무자와 제3자간에는 아무런 법관계가 형성되지 않는다고 본다. *Peine*, Rn. 1288; *Erbguth*, 202.

9) 「행정대집행법」 제2조(대집행과 그 비용징수) 법률(법률의 위임에 의한 명령, 지방자치단체의 조례를 포함한다)에 의하여 직접 명령되었거나 또는 법률에 의거한 행정청의 명령에 의한 행위로서 타인이 대신하여 행할 수 있는 행위를 의무자가 이행하지 아니하는 경우 다른 수단으로써 그 이행을 확보하기 곤란하고 또한 그 불이행을 방치함이 심히 공익을 해할 것으로 인정될 때에는 당해 행정청은 스스로 의무자가 하여야 할 행위를 하거나 또는 제삼자로 하여금 이를 하게 하여 그 비용을 의무자로부터 징수할 수 있다.

므로 공법상 의무가 아니어서 대집행의 대상이 아니다(대판 2006.10.13, 2006두7096).

대집행은 공법상 의무의 불이행이 전제되므로 의무자가 의무이행을 하면, 대집행은 중지되어야 한다.

2. 대체적 작위의무

불이행된 공법상 의무는 '대체적 작위의무'(vertretbare Handlungen)이어야 한다. 즉, "타인이 대신하여 행할 수 있는 행위"(의무)를 말한다(제2조). 따라서 남이 대신행할 수 없는 '부작위의무' 및 '수인의무'는 대체적 작위의무가 아니어서 대집행을 할 수 없다.

대체성의 판단은 '타인에 의한 의무이행의 가능성'이므로 1) '의무자만이 이행가능한 전문적·기술적인 의무'는 대체성이 없다(홍정선). 2) 특히 토지·건물의 인도의무는 실력행사가 필요한데, 실무상 경직법의 위험발생방지조치(즉시강제)나 형법상 공무집행방해죄 등으로 이행을 확보할 수 있지만(김남진/김연태), 판례는 점유의 이전은 대체적 작위의무가 아니라고 본다. 3) 부작위의무는 대체적 작위의무가 아니어서 대집행의 대상이 아니다. 다만, 철거명령 등으로 작위의무로 전환시키면 대상이 되지만, 법적 근거를 요한다(대판 1996.6.28, 96누4374).

【판례해설】 판례는 부작위의무(대판 1998.10.2, 96누5445), 작위의무 중 퇴거의무(헌재 2008.12.26, 2007헌마1387) 및 명도의무(대판 1998.10.23, 97누157), 토지 · 건물의 인도의무(대판 1998.10.23, 97누157; 2005.8.19, 2004다2809)는 대체적 작위의무가 아니므로 대집행에 적합하지 않아 대집행의 대상이 아니라고 본다. 한편 교육부장관이 기간을 정하여 교육감에 대하여 한 직무이행명령을 교육감이 그 기간에 이행하지 아니하면, 교육부장관은 해당 지방자치단체의 비용부담으로 대집행할 수 있다고 본다(대판 2013.12.26. 선고 2011추63).

대법원 1998. 10. 23. **선고** 97누157 **판결 【시설물철거대집행계고처분취소】**
이 사건 계고처분의 목적이 된 의무는 그 주된 목적이 위 매점의 원형을 보존하기 위하여 원고가 설치한 불법 시설물을 철거하고자 하는 것이 아니라, 위 매점에 대한 원고의 점유를 배제하고 그 점유이전을 받는 데 있다고 할 것인데, 이러한 의무는 그것을 강제적으로 실현함에 있어 직접적인 실력행사가 필요한 것이지 대체적 작위의무에 해당하는 것은 아니어서 직접강제의 방법에 의하는 것은 별론으로 하고 행정대집행법에 의한 대집행의 대상이 되는 것은 아니다.

3. 공익상의 요청

대집행은 "의무의 불이행을 방치하는 것이 심히 공익을 해할 것으로 인정될 때에" 시행되어야 한다(제2조). 즉, 대집행은 공익을 위하여 시행되는 것이다. 공익의 존재여부의 판단시기는 '계고시'가 기준이다.

대집행시행 요건인 '공익'의 해석에 대하여는 1) 행정청에 재량을 부여한 것으로 보는 '재량설'(김동희), 2) 공익 요건의 존부는 전면적 사법심사의 대상인 불확정 법개념으로 보는 견해(석종현, 류지태, 홍준형), 3) 공익 요건의 판단은 불확정 법개념에 대한 판단여지로 보는 '판단여지설'(김남진, 정하중, 연 95/8, 131, 홍정선)로 나뉜다. 4) 판례는 불확정 법개념으로 보아 전면적 사법심사를 하고 있다(대판 1967.11.18, 67두139). 5) 공익은 불확정 법개념이지만, 공익판단을 굳이 행정청의 판단여지로 보아 행정청의 법해석을 존중할 필요는 없고, 그 해석은 당연히 사법심사의 대상이다. 주장과 입증책임은 행정청에게 있다(대판 1970.8.18, 70누84).

4. 비례의 원칙

대집행은 권력작용으로 의무자의 권리나 재산을 침해하므로 "다른 수단으로써 그 의무이행을 확보하기가 곤란하거나" 행정목적의 달성이 곤란한 경우에 시행되어야 한다(최소침해의 원칙, 비례원칙 중 필요성의 원칙)(대판 1983.7.26, 83누285).[10] 행정대집행법을 제외한 대부분의 대집행을 규정한 개별법에서 '필요한 최소한도에서 시행할 것'을 규정한다(건축법 제85조 제2항). '보충성'이라고도 한다(홍정선).

Ⅳ. 대집행의 실행결정권

위의 대집행요건에 해당할 경우, 행정청의 대집행 실행여부에 대하여 「행정대집행법」 제2조는 "~할 수 있다"로 규정하였다. 따라서 행정청의 대집행실행권은 1) 기속행위로 보는 견해도 있지만(김남진/김연태), 2) 법규정에 따라 재량행위로 보는 것이 다수설과 판례이다(대판 1996.10.11, 96누139). 물론 행정청의 재량이 영으로 수축하는 경우는 기속행위로 될 수 있다.

대집행의 실행여부는 행정청의 '재량'이지만, 대집행실행으로 받는 의무자의 불이익이 공익상의 필요 등보다 현저히 큰 경우에는 재량권의 범위를 벗어나 비례의 원칙을 위반하여 위법하다(대판1996.10.11, 96누8086).

Ⅴ. 대집행절차

☞ 대집행은 원칙적으로 1) 계고, 2) 대집행영장에 의한 통지, 3) (대집행의) 실행, 4) 비용징수의 대집행절차를 거친다.

---

10) 홍정선, 437쪽 이하.

1. 계 고

1) 개 념 의무자의 의무불이행이 대집행의 요건을 충족한 경우에 행정청은 대집행실행에 앞서 먼저 의무자에게 다시 한 번 행정법상 의무이행을 독촉하는 계고를 하여야 한다. 계고는 '상당한 이행기간을 정하여 그 기한까지 (의무를) 이행되지 아니할 때에는 대집행을 한다는 뜻을 미리 문서로써 알리는 행위'이다(제3조 제1항). 이는 의무자의 권리보호와 법적 안정성을 위하여 의무자에게 예측가능성을 주는 것이다. 계고는 원칙적으로 의무부과처분과는 별도로 행해져야 한다. 즉 '공법상 의무 부과'와 '그 불이행에 따른 강제집행'을 하겠다는 계고는 원칙적으로 서로 독립하여 순차적으로 이루어져야 한다. 계고 없는 대집행은 하자가 발생한다.

2) 법적 성질 계고의 법적 성질은 1) 준법률행위적 행정행위인 '통지행위'나 2) '하명'(김남진/김연태) 내지 작위하명(홍정선)으로도 본다. 3) 판례는 '행정행위'(대판 1962.10.18, 62누117) 내지 '통지'로 본다(대판 2004.6.10, 2002두12618). 4) 의무부과는 이미 행해졌고, 계고는 대집행을 알리는 행위이므로 통지행위로 보아야 할 것이다.

3) 계고의 요건

계고의 요건은 1) 계고전에 '의무의 불이행'이 있어야 한다. 원칙적으로 의무부과행위와 계고는 독립해서 부과되어야 한다. 다만, 계고시 상당한 이행기간을 부여한 경우에는 계고서라는 1장의 문서로 의무부과처분과 계고처분이 독립해서 이루어졌다고 본다(대판 1992.4.12, 91누13564). 판례는 행정대집행법 제2조에 따라 '법령에 의하여 직접 명령되거나 법령에 근거한 행정청의 명령에 의한 의무자의 대체적 작위의무 위반행위'가 있어야 한다고 본다(대판 2010.6.24, 2010두1231).

2) 계고시 '이행하여야 할 행위'(의무행위)와 의무불이행시 '대집행할 행위'가 구체적으로 특정되어야 한다. 판례는 반드시 '계고서'에 특정되어야 하는 것은 아니고 '계고처분 전후에 송달된 문서나 전후 사정을 종합하여 행위의 내용이 특정되면, 족하고(대판 1985.12.24, 85누314), 특정여부는 '계고서의 표시와 대조검토하여 대집행의무자가 그 이행의무의 범위를 알 수 있을 정도'이면 족하다고 본다(대판 1985.11.12, 85누631).

3) 계고시에는 의무이행을 위한 상당한 기한을 부여하여야 한다. 이때 '상당한 이행기간'은 '사회통념상 의무자의 의무이행이 객관적으로 가능한 시기'이다. 따라서 의무자에게 "상당한 의무이행기한을 부여하지 않은 대집행계고처분은 대집행의 적법절차에 위배한 것으로 위법한 처분"이다(대판 1990.9.14, 90누2048).

4) 계고는 문서로 시행되어야 한다(제3조 제1항). '계고서'라는 1장의 문서로 시행하며, 구두의 계고는 무효이다. 한편 '반복된 계고'는 제1차 계고에 처분성을 인

정하고, 제2차 이후의 계고처분은 계고후 대집행을 실행해야 하는데, 다시 계고하는 것이므로 '대집행기한의 연기'에 불과하다(대판 1994.10.28, 94누5144).

대법원 2004. 6. 10. **선고** 2002**두**12618 **판결 【창고건물철거등행정대집행계고처분취소】** 제1차로 창고건물의 철거 및 하천부지에 대한 원상복구명령을 하였음에도 이에 불응하므로 대집행계고를 하면서 다시 자진철거 및 토사를 반출하여 하천부지를 원상복구할 것을 명한 경우, 행정대집행법상의 철거 및 원상복구의무는 제1차 철거 및 원상복구명령에 의하여 이미 발생하였다 할 것이어서, 대집행계고서에 기재된 자진철거 및 원상복구명령은 새로운 의무를 부과하는 것이라고 볼 수 없으며, 단지 종전의 철거 및 원상복구를 독촉하는 통지에 불과하므로 취소소송의 대상이 되는 독립한 행정처분이라고 할 수 없다(대판 2000.2.22, 98두4665 참조). 계고요건의 구비여부는 '판단여지'로 본다. 공유자 1인에 대한 계고는 다른 공유자에 대하여는 효력이 없다.

4) **계고의 생략** 계고는 1) 법률의 다른 규정이 있는 경우(건축법 제74조), 2) 비상시 또는 위험이 절박한 경우에 계고를 할 여유가 없을 경우(제3조 제3항) 등에는 신속한 시행을 위하여 계고를 생략할 수 있다(제3조 제3항).[11]

2. 대집행영장에 의한 통지

의무자가 행정청으로부터 계고를 받고도 지정된 기한(상당한 이행기간)까지 그 의무를 이행하지 아니 할 때에는 당해 행정청은 대집행영장으로써 대집행을 할 시기, (대집행을 시키기 위하여 파견하는) 집행책임자의 성명, 대집행비용의 개산액(概算額)을 의무자에게 통지하는 행위를 '대집행영장의 통지'라고 한다(제3조 제2항). 법적 성질은 대집행영장의 발급행위로서 '통지행위'이다.

대집행영장 통지의 예외는 1) 법률에 다른 규정이 있거나(건축법 85조), 2) 비상시 또는 위험이 절박하여 통지를 할 여유가 없을 경우에는 생략이 가능하다(제3조 제3항). 이는 계고와 달리 절차의 생략이 즉시강제의 성격을 가지는 것은 아니라고 본다(홍정선).

3. 대집행의 실행

대집행의 실행은 '의무자가 대집행영장을 받고도 지정된 기한까지 의무이행을 하지 않는 경우에 당해 행정청이 대집행영장에 기재된 시기에 대집행을 실행하는 행위'이다. 대집행의 실행은 '의무로 부과된 행위를 이행하는 것'이다. 법적 성질은 '권력적 사실행위'이다. 이는 행정청 스스로 또는 제3자가 시행할 수 있다.

대집행 실행절차로 집행책임자는 증표를 휴대하여 이해관계인에게 제시하여야 한다(제4조). 증표제시로 의무자나 이해관계인에게 '수인의무'가 발생하므로 의무자는

11) '계고'를 생략할 경우에는 '행정상 즉시강제'의 성격을 갖는다고 본다. 홍정선, 439쪽.

대집행의 실행에 대하여 수인하여야만 한다.

의무자가 저항시 대집행자가 실력으로 배제할 수 있는가의 문제에 대하여 1) 대집행에 수반된 실력으로 배제할 수 있다는 견해(박윤흔, 김동희, 홍정선)와 2) 실력배제는 대집행상 권능이 아니라는 견해(김도창, 서원우, 이상규, 박균성)로 나뉜다. 3) 독일은 대집행공무원만이 의무자의 저항을 저지할 수 있고, 이는 '직접강제'라고 본다.

의무자가 적법한 대집행 실행에 대항하면 형법상 특수공무집행방해죄가 되지만, 계고나 대집행영장의 통지를 거치지 않은 위법한 대집행에 대항한 행위는 특수공무집행방해죄가 성립하지 않는다(대판 2010.11.11, 2009도11523).

4. 비용징수

대집행으로 발생한 비용은 의무이행자가 부담한다. 따라서 행정청은 대집행을 실행하고 나면, 대집행 소요비용(실제로 요한 비용액)을 납부기일을 정하여 문서로써 납부를 명한다(제5조).[12] 이것으로 의무자에게 이행의무가 발생한다.

비용납부의무의 불이행시는 '국세징수법의 예'에 따라 강제징수할 수 있다(제6조 제1항). 대집행비용은 국세 다음 순위의 선취특권을 가진다(제2항). 징수금은 사무비의 소속에 따라 국고 또는 지방자치단체의 수입으로 한다(제6조 제3항).

Ⅵ. 하자의 승계

1) 의무부과와 대집행에서는 선행행위인 의무부과처분을 다투지 않은 경우에 후행행위인 계고처분에서 의무부과처분의 적법성을 다툴 수 없다고 보아 하자의 승계를 인정하지 않는다(대판 1975.12.9, 75누218; 1987.7.27, 81누293).

2) 그러나 대집행절차에서는 계고와 대집행비용납부명령 등이 서로 결합하여 하나의 법률효과를 완성시키는 단계적 절차이므로 선행행위의 하자는 후행행위에 당연히 승계된다고 본다(대판 1993.11.9, 93누14271).

Ⅶ. 권리구제

1. 손해전보

1) 손해배상 대집행에 따라 의무자에게 손해가 발생하면, 손해배상청구가 가능하다. 다만, 대집행이 완료된 경우에는 그 처분의 취소판결이 있어야 손해

---

12) 이때 비용청구를 '공법상 청구권'으로 보기도 하고(장태주, 523쪽), 납부고지를 '비용납부명령'으로 보아 '하명'으로 보기도 한다(홍정선, 442쪽).

배상을 청구할 수 있는 것은 아니다(장태주; 대판 1972.4.28, 72다337).

행정대집행으로 인한 피해발생시에는 대집행을 실시한 자에게 도급인의 손해배상 책임에 관한 민법원칙을 적용하여 대집행권자인 행정청의 책임을 면제할 수는 없다(대판 2006.11.23, 2004다60447). 대집행을 대행하는 제3자는 행정청의 '이행보조인'에 불과하므로 이행의무자와는 아무런 법률관계도 성립하지 않기 때문이다. 특히 최근 판례는 대집행권한수탁자를 '행정주체'로 보면서도, '공무원'으로 보지 않아 국가배상을 거부하기도 하였다(대판 2010.1.28, 2007다82950, 8296).

2) **손실보상** 적법한 행정대집행으로 의무자에게 손실이 발생한 경우에 원칙적으로 손실보상의 대상이 아니다(박균성; 대판 2001.8.24, 2001다7209). 다만, 의무자의 책임이 없이 공익상 부과된 경우에만 보상해야 한다고 본다(박균성).

2. 행정쟁송

1) **행정심판** 대집행실행에 대하여 이의가 있는 자는 행정심판을 제기할 수 있다(제7조). 구법하의 판례는 행정심판을 필요적 전치주의로 보았으나, 현행법은 '임의주의'이므로 행정심판 없이도 행정소송을 직접 제기할 수 있다(제8조). 물론 대집행의 완료 전에 집행정지신청도 가능하다.

2) **행정소송** 대집행에 대하여 직접 행정소송을 할 수 있다(제8조). 그러나 소송은 '대집행의 실행 전'에 제기하는 것이 실효적이다. 효과적인 권리보호를 위하여는 예방적 부작위소송이 필요하지만, 아직 우리나라는 인정하지 않는다.

대집행에 대한 행정쟁송은 '계고', '대집행영장통지' 등은 처분성이 인정되지만, 대집행의 실행 전에 제기하여야 한다. 왜냐하면, 대집행이 실행된 후에는 목적물이 멸실되어 쟁송을 할 권리보호의 필요성(소의 이익)이 없으므로 계고나 대집행실행에 대하여 행정쟁송을 제기하지 못하는 것이 원칙이기 때문이다(대판 1972.4.28, 72다337). 물론 그 밖에 손해배상, 원상회복, 비용납부명령의 취소·변경은 가능하다. 대집행요건의 충족여부에 대한 입증책임은 '행정청'이 진다(대판 1970.8.18, **70누84**).

제 3 항 이행강제금

Ⅰ. 개 념

이행강제금은 남이 대신 해 줄 수 없는 행위(작위)의무나 부작위 의무를 의무자에게 집행하기 위한 제도이다. 즉, 이행강제금(Zwangsgeld)은 '비대체적 작위의무 또는 부작위의무의 불이행이 있는 경우에 의무이행을 간접적으로 강제하기 위하여 금전납부를 부과하는 강제수단'이다.[13] '집행벌'이라고도 한다.[14] 의무위반자 스스로 시정할 기회를 주고, 불필요한 행정력낭비를 억제하고 위반행위에 따른 경제적 이익을 환수하기 위한 제도이다(헌재 2004.2.26, 2004헌바80등).

Ⅱ. 법적 성질

1. 행정강제로서의 성격

이행강제금은 금전급부의무를 부과하여 장래의 의무이행을 확보하기 위한 간접적 강제수단(Beugemittel)이다. 따라서 의무자에게 의무이행을 위하여 '금전적으로 심리적 압박'을 가하는 데 그친다. 이행강제금은 장래의 의무이행을 위하여 부과된다는 점에서 과거의 의무위반에 대한 제재인 벌금형(행정벌)과 구분된다.

대집행이 원칙인 대체적 작위의무에 이행강제금의 부과에 대하여 1) 대체적 작위의무에는 대집행이 가능하므로 인정할 수 없다는 견해, 2) 대체적 작위의무에도 이행강제금이 더 실효적인 경우에는 가능하다는 견해가 있다. 3) 판례는 대체적 작위의무에 대한 강제수단은 대집행으로 이해하였으나, 이행강제금제도의 본질에서 오는 제약이 아니므로 대체적 작위의무의 위반에 대해서도 이행강제금이 부과될 수 있다고 본다(헌재 2004.2.26, 2001헌바80등). 4) 의무자가 대집행으로 발생하는 대집행비용조차 부담할 능력이 없는 경우처럼 대집행을 실행하기 어려운 경우에는 이행강제금을 부과할 수 있다. 개별법령에서 대집행과 함께 규정하는 경우는 해당 행정청이 선택할 수도 있다(건축법 제80조).

2. 부과처분의 처분성

이행강제금 부과처분의 법적 성질은 금전급부의무를 명령하는 행정행위(하명)이므로 의무자는 '이행강제금 납부의무'를 부담한다. 단, 사망한 자에게 이행강제금을 부과한 처분은 그 납부의무가 상속될 수 없는 일신전속적인 것이어서 '무효'이다(대결 2006.12.8, 2006마470).

3. 반복부과와 형벌의 병과여부

1) 이행강제금은 장래의 의무이행이 목적이므로 의무위반상태가 계속되는 한, 1회에 그치지 않고 의무이행시까지 반복하여 부과할 수 있다. 반복부과는 헌법상

---

13) 이행강제금의 부과를 대체적 작위의무, 비대체적 작위의무, 부작위의무, 수인의무의 불이행으로 확대하는 견해도 있다. 홍정선, 449쪽.

14) '집행벌'이라고 부르면 '행정벌'로 보일 수 있다고 반대하는 입장도 있다. 김남진, 『법률신문』, 2004. 6. 28; 장태주, 529쪽; 홍정선, 449쪽.

과잉금지의 원칙에 위반되지 않고(헌재 2004.2.26, 2001헌바80등), 건축법은 연 2회 이내로 규정한다(제80조 제4항).

대법원 2005. 8. 19. **자** 2005마30 **결정 【개발제한구역의지정및관리에관한특별조치법위반(이의)】** 이행강제금은 위법건축물의 원상회복을 궁극적인 목적으로 하고, 그 궁극적인 목적을 달성하기 위해서는 위법건축물이 존재하는 한 계속하여 부과할 수밖에 없으며, 만약 통산부과횟수나 통산부과상한액의 제한을 두면 위법건축물의 소유자 등에게 위법건축물의 현상을 고착할 수 있는 길을 열어주게 됨으로써 이행강제금의 본래의 취지를 달성할 수 없게 될 수 있으므로, 건축법 제83조 제4항이 "허가권자는 최초의 시정명령이 있은 날을 기준으로 하여 1년에 2회의 범위 안에서 당해 시정명령이 이행될 때까지 반복하여 이행강제금을 부과·징수할 수 있다."고 규정하였다고 하여 과잉금지원칙에 반한다고 할 수도 없다(헌법재판소 2004.2.26. 선고 2001헌바80, 84, 102, 103, 2002헌바26 결정 참조).

2) 이행강제금은 형사법상의 '처벌'이 아니므로 형벌이나 행정벌(벌금)과 '병과'가 가능하고(*Peine*, 1293), '이중처벌'에도 해당되지 않는다(위 헌재결정; 대결 2005.8.19, 2005마30). 단, 과태료에 처할 것에 이행강제금을 부과한 것은 위법하다(대결 1995.11.17, 95마1048).

Ⅲ. 법적 근거

이행강제금은 의무자에게 금전납부의무를 부과하는 침해행정이므로 법률유보의 원리에 따라 엄격한 법적 근거를 요한다. 그러나 현재 일반법은 없고, 개별법에서 규율한다(건축법, 공정거래법, 농지법, 국토계획법, 부동산명의법, 주차장법 등).

Ⅳ. 부과절차

이행강제금 부과절차는 각 개별법에서 규정한다. 일반적으로는 1) 법위반에 대하여 상당한 기간을 정하여 시정명령을 먼저 부과하고(의무부과), 2) 시정명령을 이행하지 않은 경우에 금액, 부과사유, 납부기한, 수납기관, 이의제기방법, 이의제기기관 등을 명시한 문서로 의무자에게 계고하고, 3) 계고 이후에도 의무이행이 없는 경우에 상당한 기간을 정하여 이행강제금을 문서로서 부과한다. 4) 부과된 이행강제금을 납부하지 않는 경우에는 체납처분절차에 따라 강제징수한다.

이행강제금을 부과한 이후에 의무자가 의무위반(시정명령)을 이행한 경우에 1) 종전에는 과태료의 예에 따라 위반행위자체가 부과대상이므로 의무이행으로 이행강제금 부과대상에서 벗어나는 것이 아니라고 판시하였으나(대결 2007.7.13, 2007마637), 2) 개정 건축법은 시정명령을 이행하면, 새로운 이행강제금 부과를 즉시 중지하되, 이미 부과된 이행강제금은 징수(납부)하여야 한다고 규정한다(건축법 제80조 제5항).

이행강제금의 징수절차는 이행강제금을 기간 내에 납부하지 않은 경우에는 공정거래법은 '국세체납처분의 예'에 따라, 건축법과 농지법은 '지방세체납처분의 예'에 따라 체납처분절차로 강제징수한다. 한편 미납시는 '대체강제구류제도'의 도입을 주장하나,[15] 행정법위반에 대하여 신체형은 가혹하다.

Ⅴ. 권리구제

이행강제금 부과에 대하여 이의가 있는 자는 부과결정(Leistungsbescheid)의 위법을 다투어야 한다. 이행강제금에 대한 이의는 개별법에 따른다. 농지법은 이의제기에 따라 「비송사건절차법」에 따른 과태료재판을 준용하고, 나머지는 달리 정함이 없으므로 일반 행정쟁송절차에 의한다. 다만, 판례에서 법원은 이행강제금을 부과하지 않는 판결만 할 수 있을 뿐, 이행강제금의 금액을 감액할 수는 없다고 본다(대결 2005.11.30, 2005마1031).

1) 건축법에서는 이행강제금부과처분에 대하여 행정소송을 제기할 수 있다. 이행강제금의 불이행시에는 납부독촉 후 '지방세체납절차'에 따라 강제징수하며, 이때 '납부의 최초독촉'이 징수처분으로서 항고소송의 대상인 처분이다(대판 2009.12.24, 2009두14507).

2) 농지법에서는 통지일로부터 30일 이내에 부과권자에 이의를 제기하면, 부과권자가 관할법원에 통보하여 비송사건절차법에 따른 '과태료 재판'에 준하여 재판한다(농지법 제62조). 단, 이행강제금부과처분에 불복하여 비송사건절차법상 과태료재판을 제기한 경우에는 이행강제금부과처분은 통고처분처럼 다른 불복수단이 있으므로 행정소송의 대상이 되는 행정처분이라고 볼 수 없다(대판 2000.9.22, 2000두5722).[16]

제 4 항 직접강제

Ⅰ. 개 념

대집행이나 이행강제금을 시행하기 어려운 경우에 행정청은 최종적인 수단으로 의무자에게 직접 집행할 수 있다. 즉, 직접강제(unmittelbarer Zwang)는 '행정법상 의무의 불

---

15) 의무자가 이행강제금을 납부하지 않거나 강제징수도 불가능한 경우에 이행강제금을 대신하여 의무자를 일정기간 구금하는 대체강제구류제도를 도입하자는 것이다. 홍정선, 451쪽.

16) 구건축법도 불복절차가 비송사건절차이므로 이행강제금부과처분은 행정소송법상 처분이 아니라고 보았으나(대판 2000.9.22, 2000두5722), 2005년 법개정으로 행정소송절차로 전환되었으므로 현재는 이행강제금부과처분을 '처분'으로 보아 행정소송을 제기할 수 있다.

이행이 있는 경우에 직접 의무자의 신체나 재산에 실력을 행사함으로써 의무이행이 있는 것과 같은 상태를 실현하는 작용'을 말한다. 직접강제는 '일체의 의무불이행'에 인정한다. 다만, 대체적 작위의무는 대집행이 주요수단이므로 배제하기도 한다.[17)]

다른 강제집행수단과의 구별에서 1) 직접강제는 '실력을 행사한다'는 점에서는 즉시강제와 유사하나 '의무의 불이행'을 전제로 한다는 점에서 즉시강제와 구분된다. 2) 같은 의무부과에 공권력의 행사라는 점에서 대집행과 유사하지만 대집행은 '대체적 작위의무'에 한정되고, 직접강제는 최종적인 수단이자 행위형식과 상관없이 모든 의무에 가능하다는 점에서 구분된다.

Ⅱ. 법적 근거

직접강제는 직접 의무자의 신체나 재산에 대하여 실력을 행사하는 권력작용(자력집행)이므로 행정청에게만 허용되는 가장 엄격한 강제수단이자 가장 최종적인 수단이다. 따라서 엄격한 법적 근거가 필요한데, 일반법은 없고, 「식품위생법」, 「공중위생관리법」, 「출입국관리법」 등에 관련 규정이 있다. 입법론으로 일반법 제정이 필요하다(홍정선).

직접강제의 법적 성질은 행정청이 직접 의무이행을 확보하는 사실행위라고 보아야 할 것이다.

Ⅲ. 한 계

1. 보충성

직접강제는 대집행이나 이행강제금으로는 목표를 달성할 수 없거나 실행하기 어려운 경우에만 제한적으로 허용된다(*Peine*, 321). 직접강제는 가장 강력한 강제수단이므로 최후에 실행되어야 하기 때문이다(보충성).

2. 비례의 원칙

직접강제를 실행하는 경우에는 엄격한 '비례의 원칙'이 적용되어야 한다. 따라서 개별법상 규정이 없더라도 행정법의 일반원리인 비례의 원칙이 적용되어야 한

17) "집행벌로서의 이행강제금은 작위의무의 위반이 있는 경우에 그러한 의무위반이 원칙적으로 타인에 의한 원상회복이 불가능하여 행정대집행이 어렵다는 점을 고려한 일종의 간접강제수단이라 할 것인데, 건축법 제83조의 이행강제금은 그 대상이 되는 건축법 제69조의 의무위반이 대체적 작위의무로서 행정대집행이 가능하다는 점에서 이행강제금을 부과할 대상이 아니다"(헌재 2004.2.26, 2001헌바80등).

다(홍정선).

3. 엄격한 절차

직접강제는 국민의 권리와 자유에 대한 직접적인 제한이므로 엄격한 절차와 권리구제가 규정되어야 한다.[18)]

Ⅳ. 권리구제

1) 직접강제의 실행은 '권력적 사실행위'이다. 상대방에게 수인의무를 지게 한다는 점에서 처분성을 갖는 '합성행위'라고 보기도 한다. 따라서 합성행위로 보든, 권력적 사실행위로 보든 처분성을 인정할 수 있으므로 행정쟁송이 가능하다.

2) 직접강제도 시행하면, 강제행위가 바로 종료되므로 사후에는 권리보호의 필요가 없는 경우가 많아서 행정소송 등으로 구제받기 어렵다. 다만, 장기간에 걸치는 경우에는 가능하다. 따라서 직접강제는 주로 국가배상이 문제될 것이다.

제 5 항 행정상 강제징수

Ⅰ. 개 념

행정상 강제징수는 '의무자가 행정법상 금전급부의무를 이행하지 않은 경우에 행정청이 의무자의 재산에 실력을 행사하여 의무이행이 있었던 것과 같은 상태를 실현하는 작용'이다. 조세나 공과금의 미납시에 적용된다.

법적 근거는 일반법은 「국세징수법」이며, 개별법은 「지방세법」, 「보조금법」, 「국민건강보험법」 등이 있다. 여러 법률에서 국세체납처분절차 또는 지방세체납처분절차의 예에 따른다고 규정하는데, 의무부과주체에 따라 국세징수법이나 지방세법을 준용한다. 강제징수의 성립요건은 행정법상 금전급부의무가 존재하고, 그 의무의 불이행(미납)이 있어야 한다.

한편 법령에 명문규정이 있는 경우에는 행정주체가 가진 사법상 권리에도 국세징수법이 적용될 수 있다(대판 1962.12.27, **62다700**; 홍정선).

---

18) 정하중, 464쪽.

Ⅱ. 강제징수절차

☞ 급전급부의무의 강제징수절차는 의무자의 권리보호를 위하여 우선 다시 한 번 의무이행을 독촉하고 이행하지 않은 경우에 체납처분을 하게 된다. 강제징수의 일반법은 국세징수법이므로 아래에서는 국세징수절차로 설명한다.

1. 독 촉

독촉은 '납세의무를 이행하지 않은 납세의무자에게 상당한 의무이행기간을 정하여 납세의무의 이행을 최고하고, 그 기한까지 의무를 이행하지 아니하는 경우에는 체납처분을 할 뜻을 알려주는 행위'이다.

1) 독촉의 법적 성질은 준법률행위적 행정행위인 '통지행위'이다. 즉, 독촉은 의무자의 권리보호를 위한 것으로 체납처분을 위한 전제조건이며, 납부최고서와 마찬가지로 국세징수권에 대한 '시효중단의 효과'를 발생시킨다(국세기본법 제28조 제1항).

2) 독촉의 형식은 '문서'(독촉장)로 한다.

3) 독촉절차는 납세의무자가 국세를 납부기한까지 완납하지 않은 때(납세의무의 불이행), 세무서장은 납부기한이 지난 후 10일 내에 '독촉장'을 발급하여, 발급일로부터 20일 내의 납부기한에 납부를 명하는 것이다(국세징수법 제23조). 제2차 납세의무자가 체납액을 납부기한까지 완납하지 않은 경우에는 10일 이내에 '납부최고서'를 발급하여야 한다(제23조 제2항 본문).

독촉절차없이 시행한 체납처분은 '무효'로 보아야 한다. 그러나 판례는 독촉없이 압류처분을 하여도 위법하지만 중대하고 명백한 하자(무효)로 보지는 않는다(대판 1984.9.25, 84누107).

【판례해설】 독촉 후 동일한 내용의 독촉이 있는 경우에는 '최초의 독촉'만이 징수처분으로서 항고소송의 대상이 되는 행정처분이고 '이후 동일한 내용의 독촉'은 체납처분의 전제요건인 징수처분으로서 소멸시효 중단사유가 되는 독촉이 아니라 '민법상의 단순한 최고'에 불과하다(대판 1999.7.13, 97누119).

2. 체납처분 (절차)

체납처분은 '의무자가 독촉에도 불구하고 지정된 납부기한까지 납부의무를 이행하지 않은 경우에 시행하는 재산의 압류, 압류재산의 매각, 청산에 이르는 절차'를 말한다.[19]

1) **압 류** 압류는 의무자가 독촉(독촉장, 납부최고서)에서 정한 기한까지 불

19) 판례는 체납처분은 "국가 또는 지방자치단체가 스스로 납세자의 재산을 압류하여 거기에서 조세채권의 만족을 얻는 것을 목적으로 하는 일련의 행정절차로서 재산의 압류, 압류재산의 매각, 매각대금의 충당 및 분배의 총합체를 의미한다"고 본다(대판 2008.10.23, 2008다47732).

이행한 경우에 세무공무원이 의무자의 재산을 압류하는 것이다. 압류는 '의무자의 재산을 확보하여 법률상 및 사실상의 처분을 금지시키고 재산을 보전하는 강제보전행위'이다. 압류의 법적 성질은 권력적 사실행위(박균성)가 아니라 처분이다.

【판례해설】 독촉절차없이 압류처분을 하였다고 이러한 사유만으로 압류처분이 당연무효로 되는 것은 아니다(대판 1988.6.28, 87누1009). 그러나 제3자에 대한 압류처분은 법률상 원인이 없으므로 당연무효이다(대판 2001.2.23, 2000다68924). 압류시 재산가액이 징수할 국세액을 초과하여도 압류가 당연무효가 되는 것은 아니다(대판 1986.11.11, 86누479). 단, 압류 후 납부의무 부과처분의 근거법률이 위헌결정된 경우는 '취소사유'에 해당되어 압류를 해제하여야 하고(대판 2003.9.2, 2003다14348). 위헌결정이이후의 압류처분은 당연무효이다(대판 2012.2.16, 2010두10907).

압류의 요건은 1) 납세의무자가 독촉장 또는 납부최고서를 받고 지정한 기한까지 국세와 가산금을 완납하지 아니한 때, 2) 예외적으로 납기 전 징수의 경우에는 납부고지를 받고 지정된 기한까지 완납하지 아니한 때, 3) 납기 전 징수에 해당하는 사유로 인하여 국세가 확정된 후에 추정되는 금액의 한도 안에서 압류할 수 있다(제24조).

압류대상재산은 '금전적으로 가치있고 양도할 수 있는 의무자의 모든 재산'이다(제24조 제2항). 단, 국세징수를 위하여 필요한 재산 외의 재산은 압류할 수 없다(제33조의2). 예외사유로서 압류금지재산(제31조), 조건부압류금지재산(제32조), 급여채권의 압류제한(제33조)을 두고 있다.

압류방법은 동산, 유가증권, 채권, 부동산, 무체재산권 등 압류대상에 따라 다르다.[20] 압류는 세무공무원이 시행하며, 압류시 신분증(공무원증)을 제시하고 질문, 검사, 수색할 수 있고, 압류할 때에는 '압류조서'를 작성하고 등본을 체납자에게 교부하여야 한다.

압류의 효력은 압류된 재산의 '법률상·사실상 처분이 금지'되고, 질권이 설정된 물건도 인도의무가 있다(제34조). 종물, 과실도 압류가 가능하다. 제3자의 재산에 대한 압류처분은 법률상 실현될 수 없는 것이어서 당연무효이다(대판 1996.10.15, 96다17424). 압류당시 체납액의 납부로 압류는 당연 실효되지 않는다(대판 2012.7.26, 2010다50625).

압류의 해제는 '압류된 재산에 대한 처분금지의 효력을 장래에 향하여 상실시키는 처분'이다. 압류해제의 종류는 1) 납부, 충당, 제3자의 소유권 주장이 상당한 경우 등의 '필요적 해제'와 2) 압류 후 재산가액의 변동 기타사유로 그 가액이 징수할 체납액의 전액을 현저히 초과한 때 등의 '임의적 해제'로 나뉜다.

2) **압류재산의 매각**(공매, 환가) 매각은 '체납자의 압류재산을 금전으로 환가하는 행위'로서 대리행위의 일종이다. 매각방식은 공매인 입찰, 경매가 원칙이다(예외적으로 수의계약).

---

20) 「국세징수법」 제45조 제1항 부동산, 공장재단, 광업재단 또는 선박을 압류할 때에는 압류조서를 첨부하여 압류등기를 소관 등기소에 촉탁하여야 한다.

공매는 세무서장이 행하나, 한국자산관리공사가 대행할 수 있다(제61조). 공매의 법적 성질은 '사법계약설'(이태로)도 있지만, 다수설과 판례는 타인의 재산을 강제로 매각하는 것이므로 우월한 공권력의 행사인 처분으로 보는 '행정행위설'이다(김두천, 최명근; 대판 1984.9.25, 84누201). 이는 '체납자와 매수인 사이의 사법상 매매계약을 체납처분청이 대행하는 성격'을 가진다고 보기도 한다(헌재 2009.4.30, 2007헌가8).

【판례해설】 판례는 종전에는 '공매처분' 자체만 처분일 뿐, 공매결정, 공매공고, 공매통지는 공매의 요건이 아니므로 처분이 아니라고 보았다(대판 1998.6.26, 96누12030). 이후 판례를 변경하여 체납자에 대한 '공매통지'의 하자(결여, 위법)로 공매처분의 위법을 다툴 수 있다고 본다(대판 2008.11.20, 2007두18154). 물론 여전히 공매통지는 처분이라 아니라고 본다(대판 2011.3.24, 2010두25527). 심판청구 등이 있으면, 그 결정이 있기 전까지는 압류재산을 공매할 수 있다.

매각의 요건은 1) 압류한 재산, 2) 조세채권의 확정, 3) 국세기본법상 이의신청, 심사청구 또는 심판청구가 없어야 함, 4) 매각개시일 현재 조세채권의 존재 등이다.

대법원 2011. 3. 24. **선고** 2010**두**25527 **판결 【양도소득세부과처분취소】**
국세징수법이 압류재산을 공매할 때에 공고와 별도로 체납자 등에게 공매통지를 하도록 한 이유는, 체납자 등으로 하여금 공매절차가 유효한 조세부과처분 및 압류처분에 근거하여 적법하게 이루어지는지 여부를 확인하고 이를 다툴 수 있는 기회를 주는 한편, 국세징수법이 정한 바에 따라 체납세액을 납부하고 공매절차를 중지 또는 취소시켜 소유권 또는 기타의 권리를 보존할 수 있는 기회를 갖도록 함으로써 체납자 등이 감수하여야 하는 강제적인 재산권 상실에 대응한 절차적인 적법성을 확보하기 위한 것으로 봄이 상당하고, 따라서 체납자 등에 대한 공매통지는 국가의 강제력에 의하여 진행되는 공매에서 체납자 등의 권리 내지 재산상의 이익을 보호하기 위하여 법률로 규정한 절차적 요건이라고 보아야 하며, 공매처분을 하면서 체납자 등에게 공매통지를 하지 않았거나 공매통지를 하였더라도 그것이 적법하지 아니한 경우에는 절차상의 흠이 있어 그 공매처분이 위법하게 되는 것이지만(대법원 2008.11.20. 선고 2007두18154 전원합의체 판결 참조), 공매통지 자체가 그 상대방인 체납자 등의 법적 지위나 권리·의무에 직접적인 영향을 주는 행정처분에 해당한다고 할 것은 아니므로(대법원 2007.7.27. 선고 2006두8464 판결 등 참조) 다른 특별한 사정이 없는 한 체납자 등은 공매통지의 결여나 위법을 들어 공매처분의 취소 등을 구할 수 있는 것이지 공매통지 자체를 항고소송의 대상으로 삼아 그 취소 등을 구할 수는 없다.

3) **청산**(충당, 배분) 청산은 '체납처분에 의해 수령한 금전을 체납세금 기타의 공과금, 담보채권에 배분하고, 잔여가 있으면 체납자에게 배분하는 행정작용'이다. 즉, 매각대금을 배분하는 행위이다.

매각대금에서 우선 징수순위는 체납처분비 → 국세 → 가산금의 순서이다(제4조). 배분과정에서는 먼저 압류한 행정청부터 우선 배분하는 압류선착주의가 있다(대판 2007.12.14, 2005다11848). 배분과정에서 잘못 배분된 경우에는 정당한 권리자에게 환부이자를 가산하여 지급하여야 한다(대판 2009.1.30, 2007다84697). 배분 후 잔여금이 있으면 체납자에게 당연히 반환하고, 부족하면 법령에 따른 배분순위와 배분금액에 따라 다시 배분한다(제81조 제3항, 제4항).

대법원 2007. 12. 14. **선고** 2005다11848 **판결 【배당이의】**
국세기본법 제36조 제1항은, 국세의 체납처분에 의하여 납세자의 재산을 압류한 경우에 다른 국세·가산금·체납처분비 또는 지방세의 교부청구가 있은 때에는 압류에 관계되는 국세·가산금 또는 체납처분비는 교부청구한 다른 국세·가산금·체납처분비와 지방세에 우선하여 징수한다고 하여 이른바 압류선착주의를 규정하고 있고, 국세징수법 제47조 제2항은 같은 법 제45조에 의한 부동산 등의 압류는 당해 압류 재산의 소유권이 이전되기 전에 법정기일이 도래한 국세에 대한 체납액에 대하여도 그 효력이 미친다고 규정하고 있는바, 위 규정의 취지는 한번 압류등기를 하고 나면 동일한 자에 대한 압류등기 이후에 발생한 체납세액에 대하여도 새로운 압류등기를 거칠 필요없이 당연히 압류의 효력이 미친다는 것이므로(대판 1988.1.19, 87누827 참조), 압류선착주의에서 의미하는 '압류에 관계되는 국세'란 압류의 원인이 된 국세뿐만 아니라 위와 같이 국세징수법 제47조에 의하여 압류의 효력이 미치는 국세를 포함하는 것이다.

교부청구는 '납세의무자에게 다른 체납처분·강제집행·파산선고·경매 등이 개시된 경우 그 집행기관에 대하여 체납세액의 교부를 청구하는 것'이다(제56조). 참가압류는 '납세의무자의 압류대상재산이 이미 다른 기관에서 압류하고 있는 재산일 경우 교부청구에 갈음하여 압류에 참가하는 것'이다(제57조). 이는 '민사소송법상의 배당청구'에 해당한다.

4) 체납처분의 중지 및 유예

(1) 체납처분의 중지 세무서장은 1) 체납처분의 목적물인 총재산의 추산가액이 체납처분비[21]에 충당하고 남을 여지가 없을 경우, 2) 기타 법정사유가 있으면 체납처분을 중지하여야 한다(제85조).

(2) 매각의 유예 세무서장은 체납자가 1) 국세청장이 성실납세자로 인정하는 기준에 해당하는 경우, 2) 재산의 압류나 압류재산의 매각을 유예함으로써 사업이 정상적으로 운영되어 체납액의 징수가 가능하다고 인정되는 경우, 국세청장의 승인을 얻어 재산압류나 압류재산의 매각을 유예할 수 있다(제85조의2).

Ⅲ. 권리구제

1) 행정상 강제징수에 대하여 이의가 있는 자는 특별법상의 규정이 없으면, 일반법인 국세기본법상의 특별전심절차를 거쳐서 행정소송을 제기할 수 있다. 국

21) 체납처분비는 국세징수법 중 체납처분에 관한 규정에 따른 재산의 압류, 보관, 운반과 매각에 든 비용(매각을 대행시키는 경우 그 수수료를 포함)을 말한다. 「국세기본법」 제2조 제6호.

세징수에 대한 조세심판으로는 특별행정심판인 심사청구, 심판청구가 있다.

2) 강제징수에 대한 행정소송은 압류재산의 매각 전에는 조세부과처분, 독촉, 압류, 공매처분을 항고소송으로 다툴 수 있으며, 매각 후에는 항고소송으로는 권리보호의 필요성이 없으므로 주로 체납처분절차의 부당이득반환청구가 문제된다.

제 2 절 행정상 즉시강제

Ⅰ. 개 념

행정상 즉시강제(sofortiger Vollzug)는 '급박한 위험방지 등의 긴급한 행정목적을 달성하기 위하여 행정법상 의무를 부과하지 않고 직접 개인의 신체 또는 재산에 실력을 행사함으로써 행정상 필요한 상태를 실현시키는 행정작용'이다.

즉시강제의 특징은 '행정법상 의무부과가 전제로 되지 않고', 긴급한 집행'이다. 이 점에서 행정상 강제집행(대집행, 직접강제)시에 긴급한 사정으로 하명(기본처분), 계고 등 단순히 집행절차의 일부를 생략하는 '직접시행'과 구분된다(김남진).

강제집행은 행정법상 '의무부과'와 '의무의 불이행'이 전제되어야 하지만, 즉시강제는 전제되지 않는다. 행정조사는 행정작용을 위한 사전조사가 목적이지만, 즉시강제는 행정상 필요한 상태의 실현이 목적이다. 행정벌은 과거의 의무위반에 대한 제재이지만, 즉시강제는 현재 또는 다가올 위험을 제거하는 것이다.

Ⅱ. 법적 성질과 근거

1. 법적 성질

즉시강제는 주로 상대방에 대하여 실력을 행사하는 '권력적 사실행위'이다. 이 때 상대방에게 수인의무가 발생하므로 '수인하명'과 '실력행사'(권력적 사실행위)로 이루어지는 합성행위로 보기도 한다. 이 경우 수인하명에 처분성이 인정된다.

2. 법적 근거

1) **법리적 근거** 전통적으로 국가긴급권이론에 따라 공공의 안녕과 질서에 대한 위험이 존재하는 경우에 국가는 위험방지를 통하여 공공의 안녕과 질서를 유지할 자연법상의 의무를 가진다고 보았다. 그러나 현대국가에서 즉시강제는 국민의 신체, 자유, 재산에 대한 중대한 침해이므로 법률유보의 원칙에 따라 엄격한 실정법상 근거가 요구된다.

2) **실정법상 근거** 위험방지의 대표적인 법영역인 경찰법에서는 「경찰관 직무집행법」[22]이 일반법으로서 기능하며, 질서행정분야에서는 개별법인 「소방기본법」, 「감염병법」, 「식품위생법」, 「마약법」 등에서 규정한다.[23]

Ⅲ. 수 단

☞ 즉시강제는 집행대상(사람 · 물건 · 건물)에 따라 각각 대인적 · 대물적 · 대가택적 강제로 구분된다.

1. 대인적 강제

대인적 강제는 '행정목적의 긴급한 달성을 위하여 사람의 신체에 직접 실력을 행사하여 행정상 필요한 상태를 실현시키는 것'이다.

1) 경직법 - '불심검문'(제3조), '보호조치'(제4조), '위험발생의 방지조치'(제5조), '범죄의 예방 및 제지'(제6조), '경찰장비 · 장구의 사용'(제10조, 제10조의2), '분사기 · 무기의 사용'(제10조의3, 4) 능이 있다. 이는 위험발생에 따라 유형화시켜 놓은 소위 경찰법상 '표준조치'(Standardmaßnahme)이다.

2) 질서행정 - '강제격리'(감염병법 제47조), '강제건강진단'(감염병법 제19조), '교통차단'(소방기본법 제25조), '강제퇴거'(출입국관리법 제46조), '보호조치'(출입국관리법 제51조), '동행명령'(관세법 제294조 제2항) 등이 있다. 그러나 질서행정상의 위 규정은 하명에 대한 수권규정에 불과하다는 지적이 있다.[24]

2. 대물적 강제

대물적 강제는 '물건에 의하여 위험상황이 발생하는 경우에 행정목적의 긴급한 달성을 위하여 물건에 대하여 직접 실력을 행사하여 행정상 필요한 상태를 실현시키는 것'이다. 물론 물건에 직접 공권력을 행사하는 것이 아니라 위험을 야기하는 물건의 소유자, 점유자 등에 대하여 물적 책임(상태책임)을 묻는 것이다.

1) 경직법 - '무기등 물건의 임시영치'(제4조 제3항), '물건등에 대한 위험발생방지조치'(제5조 제1항, 제6조)가 있다.

2) 질서행정 - '물건의 폐기'(식품위생법, 약사법, 검역법, 형집행법), '물건의 영치'(청소년보호법, 형집행법), '물품의 폐기'(관세법), '교통장애물의 제거'(도로교통법) 및 '소방대상물의 파괴'(소방기본법) 등이 있다.

---

22) 이하에서는 '경직법'으로 약칭한다.
23) 소위 특사경법이라고도 하는 「사법경찰관법」에서 일부분야를 정한다고도 볼 수 있다.
24) 정하중, 475쪽 이하.

3. 대가택적 강제

대가택 강제는 '행정청이 긴급한 행정목적의 달성을 위하여 소유자나 점유자 혹은 관리인의 의사와 관계없이 타인의 가택, 영업소 등에 실력을 행사하여 행정상 필요한 상태를 실현하는 것'이다.

대가택 강제를 '행정조사'로 보기도 하지만(김동희), 이는 단순 자료수집차원과 달리 강제적인 실력행사이므로 구분해야 한다.

1) 경직법 - 위험방지를 위한 (가택)출입(제7조 제1항)이 있다.
2) 질서행정 - 각종 임검 · 검사 · 수색 등이 있다.

Ⅳ. 시행요건과 한계

1. 즉시강제의 (시행)요건

1) **실정법상 근거** 　법치국가원리에 따라 해당 행정청에게 즉시강제에 대한 '엄격한 실정법적 근거'(수권규정)가 있어야 한다. 따라서 엄격하고 구체적인 법적 근거(권능규범) 없이는 즉시강제를 시행할 수 없다.

행정상 즉시강제는 대표적인 침해행정으로서 엄격한 법률의 우위와 법적 근거(법률의 유보)가 필요하다. 따라서 행정청은 단순한 권한규정의 수권만으로는 집행할 수 없고, 법률상의 구체적이고 명백한 권능규정 내에서만 시행할 수 있다(Peine, 323). 이러한 구체적인 수권규정의 요구에 따라 경찰법에서는 표준직무조항에 따른 표준조치로 정형화되어 있다. 그 외에는 실정법상 근거를 두면서도 가능하면 그 허용범위를 최소한도로 하여 규정하도록 한다(헌재 2002.10.31, 2000헌가12).

2) **긴급한 위험** 　즉시강제를 시행하려면, 공공의 안녕과 공공의 질서에 대한 '긴급한 위험'이 존재해야 한다. '위법한 행위의 방지'나 '급박한 위험의 방지'는 즉시강제의 발동에 필수적인 것이다(Peine, 323).

3) **보충성 (다른 강제수단으로 달성할 수 없을 것)** 　위험의 긴급성으로 (시간적, 성질상) 행정법상 의무를 부과할 수 없어야 한다(보충성). 만약 의무부과를 하여 엄격한 절차를 지킬 수 있다면, 다른 강제집행수단을 시행하여야 한다. 왜냐하면 행정법상 의무불이행은 행정상 강제집행이 원칙이고, 즉시강제는 예외적인 수단이기 때문이다. 긴급한 위험에 다른 보충성이 일반적인 행정상 강제수단이 아닌 즉시강제의 필요성을 정당화시킨다.

2. 한 계

1) **실체법상의 한계** 실체법상의 한계는 1) 즉시강제의 요건으로 '긴급한 위험'이 존재하여야 한다.[25] 따라서 공공의 안녕과 질서에 대한 긴급한 위험이 없는 경우에는 즉시강제를 시행해서는 안 된다. 2) 즉시강제는 위험방지작용이므로 당연히 '소극적인 작용'이다. 3) 다른 수단으로서는 달성할 수 없는 경우에 예외적으로 불가피한 최소한도로 보충적으로 실행해야 한다(예외성, 보충성).[26] 4) 경직법처럼 달성하려는 행정목적과 즉시강제의 수단 사이에 합리적인 '비례의 원칙'이 엄격하게 적용되어야 한다.

2) **절차적 한계** 우리 헌법은 개인의 신체·재산·가택 침해시에는 법관이 발부한 영장을 제시하여야 한다는 영장주의를 규정하고 있다(제12조, 제16조).

영장주의가 긴급한 위험방지를 위한 행정상 즉시강제에도 적용될 것인가에 대하여는 1) 영장불요설은 헌법상 영장주의는 형사법상 원칙이므로 긴급한 행정목적을 달성하기 위한 행정강제에는 적용되지 않는다고 보고(박윤흔), 2) 영장필요설은 아무리 긴급한 행정목적이라도 여전히 개인의 신체나 가택권에 대한 침해라는 점에서 행정상 즉시강제에도 영장이 필요하다고 보고, 3) 절충설은 원칙적으로 헌법상 영장주의가 적용되지만(사전영장), 긴급한 행정목적달성에 불가피한 합리적 사유에는 예외를 인정한다 (정하중, 장태주, 홍정선, 박균성). 4) 절충설이 타당하며, 판례는 "헌법 제12조 제3항 단서도 사전영장주의의 예외를 인정하고 있는 것처럼 사전영장주의를 고수하다가는 도저히 행정목적을 달성할 수 없는 지극히 예외적인 경우에는 형사절차처럼 예외가 인정된다"고 보거나(대판 1997.6.13, 96다56115), 즉시강제는 본질상 급박성이 요건이어서 영장을 기달려서는 그 목적을 달성할 수 없으므로 원칙적으로 영장주의가 적용되지 않는다고 본다(헌재 2002.10.31, 2000헌가12).

V. 권리구제

1. 행정쟁송

즉시강제는 권력적 사실행위의 일종이어서 '처분성'이 인정되므로 행정쟁송을

25) 이를 미국의 '명백하고 현존하는 위험'으로 보는 견해(박균성)도 있으나, 이는 '표현의 자유에 대한 제한원리'에 불과하고, 경찰법상의 위험방지이론으로는 적절하지 않다.

26) "행정강제는 행정상 강제집행을 원칙으로 하며, 행정상 즉시강제는 법치국가적 요청인 예측가능성과 법적 안정성에 반하고, 기본권 침해의 소지가 큰 권력작용이므로 어디까지나 예외적인 강제수단이라고 할 것이다. 이러한 행정상 즉시강제는 엄격한 실정법상의 근거를 필요로 할 뿐만 아니라, 그 발동에 있어서는 법규의 범위 안에서도 다시 행정상의 장해가 목전에 급박하고, 다른 수단으로는 행정목적을 달성할 수 없는 경우이어야 하며, 이러한 경우에도 그 행사는 필요 최소한도에 그쳐야 함을 내용으로 하는 조리상의 한계에 기속된다"(헌재 2002.10.31, 2000헌가12).

제기할 수 있다. 또한 상대방에게 수인의무가 발생한다고 보아 합성처분으로 처분성을 인정하기도 한다. 단, 즉시강제가 대부분 단기에 종료하므로 권리보호의 필요성이 없는 경우가 많아서 실효성이 적다. 그러나 즉시강제가 비교적 장기간에 걸쳐 행해지는 경우에는 가능하다. 일부 경직법상의 조치는 형사소추절차로 넘어가기도 한다.

2. 행정상 손해전보

1) **손실보상** 행정청의 적법한 즉시강제로 인하여 개인이 특별한 희생을 입었을 경우에는 손실보상을 청구할 수 있다. 경직법에서는 경찰관의 적법한 직무집행에 대한 손실보상을 규정한다(제11조의2). 손실보상청구권은 손실이 있음을 안 날부터 3년, 손실이 발생한 날부터 5년간 행사하지 아니하면 시효의 완성으로 소멸한다. 그 밖에 개별법에서 규정하기도 한다(방조제관리법, 소방기본법, 자연재해대책법, 재난 및 안전관리기본법 등).

2) **손해배상** 즉시강제의 위법원인이 공무원의 위법한 직무행위에 해당하는 경우에는 국가 등을 상대로 손해배상을 청구할 수 있다. 실행행위가 빨리 종료하는 즉시강제에서는 손해배상제도가 가장 적절한 구제수단이다.

3. 그 밖의 권리구제

1) **상대방의 저항** 행정청은 상대방이 즉시강제가 위법하다고 생각하여 저항하는 경우에도 상대방의 저항을 진압하고 일단 즉시강제를 실행할 수 있다. 그러나 즉시강제가 위법한 경우에는 이후에 상대방의 행위가 '형법상 정당방위'로 인정되는지 아니면 '공무집행방해죄'로 처벌되는지가 문제된다. 즉시강제는 긴급한 행정목적을 수행하므로 국가행위의 적법성이 추정되어 사실상 위법의 입증이 곤란하다고 생각할 수 있지만, 판례는 위법한 즉시강제의 경우에 상대방이 저항하더라도 공무집행방해죄는 성립하지 않는다고 본다(대판 1992.2.11, 91도2797).

2) **위법한 권리침해의 지속** 위법한 즉시강제 이후에 위법한 권리침해상태가 지속되고 있는 경우에는 상대방은 이러한 위법상태를 제거해 주도록 공법상 결과제거청구권을 행사할 수 있다. 이는 당사자소송으로 행해질 수 있다.

3) **인신보호제도** 국가, 지방자치단체, 공법인, 개인(민간단체) 등이 운영하는 수용시설(의료, 복지, 수용, 보호)에 위법하게 수용·보호 또는 감금되어 있는 자가 인신보호법에 근거하여 법원에 그 구제(수용해제)를 청구하는 제도이다. 인신보호법에서 규정한다.

제 3 절 행정벌

제 1 항 개 설

Ⅰ. 개 념

행정벌은 '행정법상 의무위반에 대하여 일반통치권에 근거하여 의무위반자에게 부과하는 제재로서의 처벌'이다.[27] 과거의 의무위반에 대하여 의무자를 제재하여 심리적 압박을 가함으로써 간접적으로 장래의 의무이행을 확보하는 간접적인 강제기능도 가진다.

구별개념으로 1) 행정상 강제는 직접 장래의 의무이행을 확보하기 위하여 시행하는 제도이지만, 행정벌은 물론 의무이행을 간접적으로 유도할 수 있지만, 기본적으로 과거의 의무위반에 대한 제재일 뿐이다. 2) 징계벌은 특별권력관계의 내부질서를 유지하기 위하여 내부질서위반자에 대하여 특별권력의 발동으로 과하는 제재이다. 이는 일반통치권에 근거하여 부과하는 행정벌과 부과의 목적, 대상, 권력의 기초 등에서 차이가 있다. 단, 행정벌과 징계벌의 병과가 가능한데, 이는 '일사부재리원칙'이 적용되지 않기 때문이다. 3) 이행강제금은 금전급부의무의 부과라는 점에서 유사하지만, 행정법상 의무의 불이행시에 장래의 의무이행을 확보하기 위한 강제수단으로서 부과되고, 중복부과가 가능하므로, 1회적인 과거의 의무위반에 대한 제재로 끝나는 행정벌과 구분된다. 4) 행정조사는 행정작용을 위한 사전 자료수집작용이고, 행정벌은 과거의 의무위반에 대한 사후제재이다.

Ⅱ. 법적 근거

행정벌은 '형법상의 형벌'은 아니지만, 일종의 '처벌'이므로 형법상의 죄형법정주의의 원칙이 적용될 것인가가 문제된다. 이에 대하여 행정벌은 죄형법정주의가 그대로 적용되는 것은 아니지만, 행정의 법률적합성원리에 따른 법률의 유보가 특히 엄격하게 적용된다고 보아야 한다.

따라서 행정벌은 원칙적으로 '형식적 의미의 법률'로써만 처벌해야 하지만, 법률에서 행위기준(구성요건)과 처벌의 최고한도 등을 규정한 후에 하위법령에 위임하는 것은 가능하다고 본다.

---

27) 행정벌의 부과주체가 '법원'이므로 '행정주체'로 보는 것은 적절하지 않다고 본다(홍정선).

행정벌에 대한 일반법은 없다. 1) 행정형벌에는 일반법은 없지만, 조직법으로서 「사법경찰관법」이 제정되었고, 권능규범은 개별법에서 규정한다.[28] 2) 행정질서벌은 2007년 제정된 「질서위반법」[29]이 일반법으로서 과태료 부과를 위한 근거법이다. 특히 질서위반법은 "법률에 따르지 않고는 어떠한 행위도 질서위반행위로 과태료를 부과하지 않는다"고 규정한다(제6조). 다만, 질서위반법은 '총칙'에 해당되므로 개별법상 규정은 '각칙'에 해당된다. 지방자치법도 과태료부과규정이 있다(제27조 제1항, 제139조 제2항).

Ⅲ. 행정벌의 종류와 병과

1. 행정벌의 종류

행정벌은 부과되는 처벌에 따라 행정형벌과 행정질서벌로 구분된다. '행정법상 의무위반에 대하여 형법상의 형벌에 처하는 벌'은 행정형벌이다. 반면에 '행정법상의 의무위반에 대하여 과태료의 제재가 가해지는 벌'은 행정질서벌이다. 따라서 '과태료에 의한 벌'이라고도 한다.

2. 행정질서벌과 행정형벌의 병과

행정질서벌과 행정형벌의 병과에 대하여 1) 긍정설은 개념적으로 행정형벌은 일반적으로 '직접적으로 행정목적이나 사회공익을 침해하는 경우'에 형법상의 형벌이 부과되고 형법총칙 등을 적용하는 것이며, 행정질서벌은 '단지 간접적으로 행정상의 질서에 장해를 줄 위험성이 있는 정도의 단순한 의무태만에 이르는 경우'에는 과태료를 부과한다(대결 1969.7.29, 69마400).[30] 특히 양자의 구별은 입법목적이나 입법당시의 제반사정을 고려하여 결정할 '입법재량'에 속하는 문제라고 본다(헌재 1997.8.21, 93헌바51; 1997.4.24, 95헌마90). 2) 부정론은 양자가 넓은 의미에서는 같은 처벌이고, 동일한 행정법상 위반행위에 대한 행정벌이라는 점에서 병과가 불가능하다고 보고(김남진/김연태, 홍준형), 3) 판례는 그 목적, 성질, 대상, 권력의 기초에 차이가 있으므로 병과할 수 있고, 병과해도 '일사부재리의 원칙'에 저촉되지 않는다고 본다(대판 1996.4.12, 96도158; 헌재 1994.6.30, 92헌바38). 4) 병과가 가능하다고 보는 긍정론이 타당하다.

대법원 1996. 4. 12. 선고 96도158 판결 【자동차관리법위반】
행정법상의 질서벌인 과태료의 부과처분과 형사처벌은 그 성질이나 목적을 달리하는 별개의 것이므로 행정법상의 질서벌인 과태료를 납부한 후에 형사처벌을 한다고 하여 이를 일사부재리의 원칙에 반하는 것이라고 할 수는 없다(대판 1992.2.11, 91도2536; 1988.1.19, 87도2265 등 참조).

---

28) 특히 종전의 지방자치법상의 '벌칙조항'이 죄형법정주의상의 문제로 '과태료부과'로 변경되었다.
29) 이하에서는 '질서위반법'으로 약칭한다.
30) 행정질서벌은 종전에는 형법상의 형벌의 부과가 아니므로 형법총칙이 적용되지 않는다고 보았으나, 질서위반법이 제정되면서 대폭적으로 형법적인 내용을 담고 있다.

> **헌법재판소** 1994. 6. 30, 92헌바38 **【구건축법제56조의2제1항위헌소원】**
> 헌법 제13조 제1항은 "모든 국민은 … 동일한 범죄에 대하여 거듭 처벌받지 아니한다"고 하여 이른바 "이중처벌금지의 원칙"을 규정하고 있는바, 이 원칙은 한번 판결이 확정되면 동일한 사건에 대해서는 다시 심판할 수 없다는 "일사부재리의 원칙"이 국가형벌권의 기속원리로 헌법상 선언된 것으로서, 동일한 범죄행위에 대하여 국가가 형벌권을 거듭 행사할 수 없도록 함으로써 국민의 기본권 특히 신체의 자유를 보장하기 위한 것이라고 할 수 있다.

제2항 행정형벌

Ⅰ. 개 념

행정형벌은 '행정법상 의무위반에 대하여 형법상 형벌(사형, 징역, 금고, 자격상실, 자격정지, 벌금, 구류, 과료, 몰수)을 과하는 벌'이다. 원칙적으로 '형법총칙'이 적용되고, '형사소송절차'에 따라 소추된다. 예외적으로는 즉결심판절차나 통고처분절차에 의하는 경우도 있다.

> 행정형벌은 주로 직접적으로 행정목적을 침해하는 행위에 대해 부과하며, '형벌'의 성격을 가진다. 그러나 최근 많은 행정법령에서 과도하게 벌금조항을 규정함으로써, 전과자양산 등의 문제가 제기되어 일부 과태료로 전환되었다(행정형벌의 질서벌화).

Ⅱ. 법적 성질

행정법령의 위반으로 행정벌이 부과되는 행위는 행정범이다. 따라서 행정범도 '범죄'라는 점에서 형법상의 형사범과 구분이 문제된다. 반론에도 불구하고 일반적으로 행정범은 법령의 규정에 의하여 비로소 범죄에 대한 인식이나 반사회성이 인정되는 '법정범'에 불과하고, 형사범은 법령의 규정과 상관없이 반윤리성이 인정되는 자연범이다. 다만, 행정벌에 총칙이 없어서 형사벌과의 법조경합의 문제가 발생한다.

> 1) 형사범과의 구별론은 피침해이익을 기준으로 형사범은 '법익침해'이지만, 행정범은 '행정법상 의무위반'이고(김도창, 김남진), 규범성도 형사범은 '반윤리성을 가진 자연범'이지만, 행정범은 '반윤리성이 없는 실정법위반'의 법정범에 불과하고(이상규, 김철용, 홍정선), 국가·사회적 생활질서상 기본적인 생활질서위반은 형사범이고, 파생적인 생활질서 위반은 행정범이라고도 본다(박윤흔). 2) 구별부인론은 반윤리성은 규범의 제정경과에 따라 발생하는 것이므로 구별할 수 없다고 본다. 3) 반론에도 불구하고 일반적으로 행정범은 법령상의 규정에 의하여 비로소 반사회성이 인정되는 '법정범'에 불과하고, 형사범은 법령의 규정과 상관없이 반윤리성이 인정되는 자연범이다.

Ⅲ. 행정형벌의 특수성

1. 원칙 (형법총칙의 적용)

행정형벌은 일반법이 없고, 개별법에서는 부과규정만 있으면서, 형법상 형벌을 부과하므로 「형법」 제8조에 근거하여 형법총칙을 타 법령(행정법령)이 정한 죄에도 적용하게 된다.[31] 단, 예외로서 행정법령에서 "특별한 규정이 있는 때"에는 적용되지 않는다.

형법상 "특별한 규정"의 해석에 대하여 1) 형법상 죄형법정주의에 따라 '성문법령에 규정된 경우'에는 형법총칙이 적용배제된다고 본다. 2) '성문의 법령규정과 당해 법령의 취지나 목적 등을 넘어서 해당 규정의 해석상 형벌의 범위를 축소하거나 형벌을 감경하는 경우'는 죄형법정주의에 반하지 않으므로 허용된다고 본다(장태주; 대판 1965.6.29, 65도1). 3) 법령상의 명문규정없이 '조리상 특수성'이 있는 경우도 특별한 규정에 포함할 것인가에 대하여는 포함하는 견해가 있다(김남진, 김동희, 홍정선). 이러한 입장에 따라서 행정형벌에서는 형법총칙에 대한 적용을 배제하거나 제한할 수 있다고 보아야 할 것이다. 이를 제한적 긍정설이라고도 한다(박균성).

한편 행정형벌의 부과근거규정상의 명령이 행정처분으로서 하자가 있어 무효인 경우에는 위 명령에 따른 의무위반이 생기지 아니하므로 행정형벌을 부과할 수 없다(대판 2011.11.10, 2011도11109).

2. 적용의 예외

1) 고의, 과실 1) 형법은 형벌부과에서 범죄의도의 고의와 과실여부를 구분한다. 형법은 위법성에 대한 처벌이므로 원칙적으로 위법성의 인식이 있는 고의범만 처벌하고 예외적으로 명문규정이 있는 경우에만 과실범을 처벌한다(제13조, 제14조). 2) 판례는 행정상의 단속이 목적이더라도, 명문규정이 있거나 해석상 과실범 처벌의 뜻이 명확한 경우 외에는 형법원칙에 따라 고의범만 처벌할 수 있고(대판 1986.7.22, 85도108), 처벌법률의 입법목적이나 제반 관계규정의 취지 등을 고려하여 과실범 처벌규정으로 해석되는 경우에는 과실범도 처벌한다고 본다(대판 1993.7.13, 92도1139; 1993.9.10, 92도1136). 3) 판례의 태도는 부당하고, 행정범에서는 위법성의 인식이 법령의 제정에 의하고, 그 입증이 어렵다는 점에서 형법원리의 적용이 타당하지 않다고 본다(장태주, 박균성). 따라서 법률의 입법목적 등에 따라 고의, 과실을 구분하지 않고 일단 구성요건만 성립하면 처벌하여야 할 것이다.[32]

---

31) 이 점에서 형법학에서는 행정형벌을 형법학의 한 분야인 '특별형법'(행정형법)으로 생각한다.
32) 위 판례처럼 자동차 배출가스의 발생에 대하여 운전자의 과실이 없어서 처벌하지 않는다면, 배기가스규제를 통하여 환경을 보호하려는 입법목적을 망각하게 된다.

2) **책임능력** 책임능력도 형법은 일정한 책임무능력자에 대해 형(벌) 감면 규정(제9조~제12조)이 있으나, 행정범에서는 배제하는 경우도 있다(담배사업법 제31조).

3) **법인의 책임** 형법은 일반적으로 자기책임의 원리에 따라 법인의 범죄능력을 부정한다. 행정형벌은 법인도 권리능력을 가지고, 행정목적의 실효성확보를 위하여 양벌규정에 의하여 위반행위자 외에 업무주(법인)도 처벌하기도 한다(대판 1999.7.15, 95도2870). 아울러 지방자치단체를 처벌한 사례도 있다(대판 2005.11.10, 2004도2657). 그러나 헌재가 형법상 자기책임의 원칙에 따라 행위자외에 영업주도 처벌하는 양벌조항을 위헌결정하면서(헌재 2007.11.29, 2005헌가10)[33] 대법원은 양벌조항에 대하여 요건 및 상당한 주의 또는 관리감독의무를 엄격하게 판단하고 있다(대판 2010.2.25, 2009도5824).[34]

4) **타인의 비행에 대한 책임** 형법은 자기책임의 원칙(현실의 범죄행위자)에 따라 행위자 이외의 자를 처벌할 수 없다. 행정형벌은 실정법에서 행위자 이외에 감독자 내지 관리자를 자신의 감독이나 관리하에 있는 자의 위법행위에 따른 감독, 주의, 관리의무위반으로 처벌한다. 이를 대위책임이 아니라 자기책임으로 보기도 한다(박윤흔/정형근). 그러나 헌재는 법인책임과 유사한 맥락에서 양벌규정을 위헌이라고 보았다(헌재 2007.11.29, 2005헌가10).

5) **공 범** 형법은 공범을 처벌하지만, 행정범에서는 적용을 배제하는 개별법도 있다(선박법 제39조, 담배사업법 제31조).

6) **누범 · 경합범 · 작량감경** 형법과 달리 행정법에서는 적용을 배제하는 개별법이 존재한다. 특히 작량감경은 형법은 행위책임을 묻지만, 행정법은 '결과책임'을 묻는 것이므로 작량감경을 공무원징계사건을 제외하고는 배제하여야 한다.

Ⅳ. 행정형벌의 과벌절차

1. 원 칙

행정형벌은 원칙적으로 형사소송법절차에 따라 법원에서 형벌을 부과한다. 다만, 행정청의 고발에 의하여 별도의 과벌절차가 진행되기도 한다.

---

33) 행정형벌의 양벌규정은 군사쿠데타가 발발한 1961년 「비료단속법」에 처음 규정되어 1984년 법제처가 양벌규정 모형을 제정하면서 424개의 법률에 규정되었다. 2007년에 양벌규정이 위헌결정이 내려진 이후(헌재 2007.11.29, 2005헌가10; 2009.7.30, 2008헌가14) 현재 보건범죄법, 의료법, 사행행위등 규제 및 처벌 특례법, (구)도로법, 청소년보호법, 의료기사등에 관한법률, 구 건설산업기본법, 구 양곡관리법 등이 위헌결정되었다.

34) 그러나 단순히 개인의 행위책임을 묻는 형법과 달리 행정법은 결과책임을 중시하고, 법인 자체가 중요한 행위자이자 권리, 의무, 법률효과의 귀속주체이므로 법인처벌이 중요한 실효성확보 수단이다. 이 점에서 법원은 형법법리에 치우쳐서 기업의 책임을 면제해주고 있다.

2. 예외적인 과벌절차(특별과벌절차)

1) **통고처분제도** 통고처분제도는 '일정한 행정법령 위반자에 대하여 형사소송절차(정식재판)에 대신하여 행정청이 범칙금의 납부를 명령하고, 법정기간 내에 범칙금을 납부하면 과벌절차가 종료하지만, 통고처분의 불이행시(범칙금 미납)는 통고처분은 효력을 상실하고, 관계기관장의 고발에 의해 정식의 형사소송절차로 이행하도록 하는 제도'이다. 이는 다량의 경미한 실정법위반사건을 간이절차로 처리함으로써 법원의 부담을 줄여 소송경제에 기여한다.

현행법상 '조세범', '관세범', '출입국관리사범', '도로교통사범' 등에 인정된다. 통고처분제도에는 '일사부재리의 원칙'이 적용되어, 범칙금을 납부하면 동일한 행위에 대해 다시 소추할 수 없다. 다만, 통고처분제도가 헌법상 적법절차와 재판받을 권리 등을 위반한다는 위헌주장에 대하여 헌법재판소는 통고처분의 이행여부는 상대방의 임의에 맡겨져 있고, 불복시는 법관에 의한 정식재판을 받을 기회가 보장된다는 점 등을 이유로 합헌으로 보았다(헌재 1998.5.28, 96헌바4; 2003.10.30, 2002헌마275).

통고처분의 발급여부는 '행정청의 재량'이고(대판 2007.5.11, 2006도1993), 범칙금납부통고서의 통고로 발급한다. 통고처분에 대한 불복은 형사소송절차로 진행한다. 즉, 일정한 기한 내에 통고처분을 이행하지 않으면, 통고처분은 효력을 상실하고 형사소송절차로 이행한다. 범칙금의 법적 성질은 벌금이 아닌 행정제재금으로 본다(박균성).

통고처분의 법적 성질은 1) 법령에 다른 불복절차가 규정되어 있으므로 행정소송의 대상인 '처분'이 아니고(대판 1955.8.14, 4288행상77; 대결 1982.7.22, 82마210; 헌재 1998.5.28, 96헌마4), '형사절차의 사전절차'로서의 성격을 갖는다(헌재 1998.5.28, 96헌바4). 2) 통고처분이 행정청에 의한 금전부과행위라는 점에서 법정기간 내에 납부하지 않을 것을 해제조건으로 하는 행정행위라는 견해도 있다(박균성). 3) 다른 불복절차가 규정되어 있으므로 처분이 아니다.

통고처분에 따라 범칙금을 납부하면, 범칙금납부는 '확정판결에 준하는 효력'이 있다(대판 2002.11.22, 2001도849). 따라서 같은 사실관계(공소사실)로 다시 정식재판으로 처벌되지 않는다(대판 2003.7.11, 2002도2642).

2) **즉결심판절차제도** 즉결심판제도는 일반형벌과 마찬가지로 '관할경찰서장 또는 관할해양경찰서장의 청구로 지방법원·지원 또는 시·군법원의 판사가 20만원이하의 벌금 또는 구류나 과료를 부과하는 과벌절차'이다(법원조직법 제34조, 즉결심판법 제2조·제3조).[35] 행정청은 위의 통고처분(범칙금납부통고서)을 거부하는 경우에

---

35) 즉결심판제도는 형사벌에도 적용되므로 행정형벌에 대한 특별절차로 다루기에 곤란하다는 견해도 있다(홍정선). 물론 형사범에게도 적용되므로 행정형벌에 특유한 과벌절차는 아니지만(박균성), 행정형벌에도 적용되므로 다룰 필요가 있다.

는 즉결심판을 청구할 수 있다(도로교통법).

즉결심판의 대상은 '20만원 이하 벌금 · 구류 · 과료의 행정형벌'이고, 절차는 「즉결심판법」에 따라 즉결심판이 과해지고, 경찰서장이 형을 집행한다. 이의가 있는 사람은 고지받은 날로부터 7일 이내에 정식재판을 청구할 수 있다(법원조직법 제14조).

제 3 항 행정질서벌

Ⅰ. 개 념

행정질서벌은 '행정법상 의무위반에 대하여 과태료의 제재가 가해지는 벌'이다. 과태료는 행정법상의 의무위반에 대하여 행정제재로서 부과 · 징수되는 금전을 말한다. 현행 「질서위반법」은 '법률(조례)상의 의무를 위반하여 과태료를 부과하는 행위'를 '질서위반행위'라고 하여(제2조 제1항), 행정질서벌을 포괄한다.

행정질서벌은 다른 법령에 특별한 규정이 없는 한 원칙적으로 「질서위반법」에서 정하고, 일부 절차법적 내용은 「비송사건절차법」을 준용한다. 한편 「지방자치법」도 조례 위반행위 등에 조례로써 과태료를 부과할 수 있다(제27조 제1항, 제139조 제2항).[36]

일부 행정주체는 과태료 수입의 확대를 위하여 다수의 규정을 두고 있으나(과태료 국가), 이는 원칙적으로 조세국가원리에 위반하는 것으로 행정의 신뢰성을 떨어뜨리고 국민을 저항하게 만든다는 측면도 있다.

행정질서벌의 법적 성질은 직접적으로 행정목적이나 사회공익을 침해하지 않고 단지 간접적으로 행정목적이나 행정상의 질서에 장해를 미칠 우려가 있는 행위나 단순한 의무태만에 대한 제재이다(대결 1969.7.29, 69마400).

Ⅱ. 종래의 행정질서벌

종래 행정질서벌은 경미한 의무위반행위에 대한 제재로서 형법상 형벌의 성질을 갖지 않으므로 형법총칙을 적용하지 않았다. 따라서 행정질서벌은 객관적인 법령위반이 있으면, 구성요건을 충족한다고 보아 행위자의 고의 · 과실을 따지지 않았다. 그러므로 행정질서벌은 행정벌과 그 목적이나 성질이 다르므로 병과도 가능하며, 일사부재리의 원칙이 적용되지 않는다. 다만, 위반자의 의무부지에 대한 정당한 사정이 있는 경우나 의무이행을 기대할 수 없는 경우에는 과태료를 부과할 수 없다고 보았다(대판 2000.5.26, 98두5972; 대결 2006.4.28, 2003마715).

---

36) 지방자치법상 조례에 의한 과태료부과는 '행정형벌의 성격'을 가진 것도 있다는 견해가 있다. 장태주, 5판, 500쪽.

대법원 1996. 4. 12. **선고** 96**도**158 **판결 【자동차관리법위반】**
행정법상의 질서벌인 과태료의 부과처분과 형사처벌은 그 성질이나 목적을 달리하는 별개의 것이므로 행정법상 질서벌인 과태료를 납부한 후에 형사처벌을 한다고 하여 이를 일사부재리 원칙에 반하는 것이라고 할 수는 없다.

최근 행정청이 과태료를 직접 부과·징수하는 개별법령이 증가하고 있다(공중위생관리법 제23조, 식품위생법 제101조 제4항). 이 경우 관할 행정청의 과태료부과처분에 대한 이의는 처분청에 이의신청하고, 처분청은 관할법원에 통보하면, 과태료부과절차로 이행하게 된다. 이의신청없이 과태료 미납시는 '국세체납처분의 예'에 따라 강제징수한다.

최근 독일의 질서위반법을 기반으로 질서위반법이 제정되면서 형법원리를 대거 규정하여 종전의 행정법상 행정질서벌의 법리를 완전히 도태시켰다.

Ⅲ. 질서위반법에 따른 질서위반행위

1. 질서위반행위의 개념

질서위반행위는 "법률(조례)상의 의무를 위반하여 과태료를 부과하는 행위"이다(제2조 제1호). 단, 1) 대통령령으로 정하는 사법(私法)상·소송법상 의무를 위반하여 과태료를 부과하는 행위, 2) 대통령령으로 정하는 법률에 따른 징계사유에 해당하여 과태료를 부과하는 행위는 제외한다.[37] 즉, 행정법상 법률에 의한 질서위반행위만 해당된다.

2. 질서위반법의 적용

질서위반법이 제정되면서 과태료를 부과하는 행정질서벌의 총칙은 질서위반법에서, 각칙에 해당하는 부분은 개별법령에서 규정한다. 예를 들면, 지방자치법에도 과태료부과규정이 있다.

따라서 과태료의 부과, 징수, 재판 및 집행 등의 절차에 관하여 다른 법률의 규정과 저촉되는 경우에는 질서위반법을 우선 적용한다고 규정하여(제5조), 법의 적용순위를 명확히 하였다.

---

37) 사법상 의무는 「민법」, 「상법」 등 사인 간의 법률관계를 규율하는 법상의 의무를 말하고 소송법상 의무는 「민사소송법」, 「가사소송법」, 「민사집행법」, 「형사소송법」, 「민사조정법」 등 분쟁해결에 관한 절차를 규율하는 법률상의 의무를 말하며, 법률에 따른 징계사유는 「공증인법」·「법무사법」·「변리사법」·「변호사법」 등 기관·단체 등이 질서 유지를 목적으로 구성원의 의무 위반에 대하여 제재를 할 수 있도록 규정하는 법률에 따른 징계사유를 말한다. 「질서위반법 시행령」 제2조 제1항, 제2항.

3. 성립요건

1) **고의 · 과실** 종래 행정질서벌은 행위자의 주관적 요건을 묻지 않고 객관적인 법규위반만으로 처벌하였다(대판 1993.11.19, 93누16345). 그러나 질서위반법에서는 형법상 책임주의원칙을 채택하여 고의 또는 과실이 없는 질서위반행위에 과태료를 부과하지 않는다(제7조). 위법성의 착오에 정당한 이유가 있는 경우에는 면책한다(제8조). 종전에도 면책하는 판례가 있었다(대판 2000.5.26, 98두5972). 따라서 행위자가 자신에게 책임없는 사유로 질서위반행위에 이르렀다고 주장하는 경우에는 법원이 행위자의 고의 · 과실여부를 따져야 한다(대결 2011.7.14, 2011마364).

2) **책임능력** 질서위반행위는 원칙적으로 14세 미만의 미성년자(제9조) 및 심신장애(제10조) 등은 처벌하지 않고, 심신미약은 과태료를 감경한다(제10조 제2항). 그러나 스스로 심신장애상태를 야기한 경우는 처벌한다(제3항).

3) **법 인** 법인의 경우는 법인과 위반행위자에게 과태료를 부과한다(제11조 제1항). 즉 법인의 대표자, 법인 또는 개인의 대리인 · 사용인 및 그 밖의 종업원이 업무에 관하여 법인 또는 그 개인에게 부과된 법률상 의무를 위반한 때에는 법인 또는 그 개인에게 과태료를 부과한다(제1항). 양벌조항이다.

4) **다수인** 2인 이상 다수인의 질서위반행위는 각자 질서위반행위를 한 것으로 보고(제12조 제1항), 신분에 따라 성립하는 질서위반행위는 신분이 없는 자가 가담한 경우에도 성립한다(제2항). 다만, 신분에 의하여 과태료를 감경 또는 가중하거나 부과하지 않는 경우에 그 신분의 효과는 신분이 없는 자에게 미치지 않는다(제3항).

5) **시 효** 종전의 과태료는 형벌이 아니므로 공소시효가 적용되지 않고 일반적인 금전채권에 대한 시효가 적용되지 않았다(대결 2000.8.24, 2000마1350). 질서위반법에서는 질서위반행위에 따른 부과처분이나 과태료 재판이 확정된 후에 5년 이상 미징수 및 미집행하면 시효로 소멸한다(제15조 제1항).

4. 부과 및 징수절차

1) **행정청의 조사** 행정청은 질서위반행위가 발생하였다는 합리적인 의심이 있는 경우에는 그 사실관계를 확정하기 위하여 당사자에 대하여 출석요구, 진술청취, 보고명령, 자료제출명령 등의 행정조사를 할 수 있다. 단, 당사자의 사무소 등에 출입하여 장부 등을 검사하는 경우에는 7일 전에 통지하여야 한다(제22조). 또한 행정청은 과태료부과를 위하여 필요한 경우에는 관계 행정기관, 지방자치단체, 공공기관에 자료 또는 정보의 제공을 요청할 수 있다(제23조).

2) **사전통지 및 의견제출** 행정청이 질서위반행위에 대하여 과태료를 부과하는 경우에는 미리 당사자[38]에 일정한 사항을 통지하고 10일 이상의 기간을 정하여 의견제출기회를 주어야 한다(제16조 제1항). 당사자는 행정청에 의견진술 및 자료제출을 할 수 있다(제2항). 행정청은 당사자(상대방)가 제출한 의견에 상당한 이유가 있는 경우에는 과태료를 부과하지 않거나 통지한 내용을 변경할 수 있다(제3항).

3) **과태료의 부과** 행정청은 사전통지 등을 거친 이후에 일정한 사항(질서위반행위, 금액, 기타)을 명시하여 '서면'으로 과태료를 부과하여야 한다(제17조 제1항, 제2항). 위반행위자가 의견제출기한 이내에 과태료를 자진납부하고자 하는 경우에는 과태료를 감경할 수 있고, 납부하면 절차는 종료된다(제18조). 당사자가 이의제기를 하지 않고 이의제기기간의 종료후에 사망한 경우에는 그 상속재산에 대하여 집행할 수 있다(제24조 제1항).

단, 질서위반행위가 종료한 날로부터 5년이 경과하면 과태료를 부과할 수 없고(제척기간), 법원의 결정이 있는 경우에 행정청은 결정이 확정된 날로부터 1년이 경과하기 전까지는 과태료를 정정부과하는 등 해당 결정에 따라 필요한 조치를 할 수 있다(제19조).

4) **이의제기** 행정청의 과태료 부과에 불복하는 당사자는 과태료부과통지일로부터 60일 이내에 해당 행정청에 서면으로 이의제기를 할 수 있고, 이의제기한 때에는 당해 과태료 부과처분은 그 효력을 상실한다(제20조 제1항, 제2항).

5) **법원에의 통보** 행정청은 당사자의 이의제기를 받은 날로부터 14일 이내에 의견과 증빙서류를 첨부하여 관할법원에 통보하고 당사자에게 통지하여야 한다(제21조 제1항, 제3항). 예외는 1) 당사자가 이의제기를 철회한 경우, 2) 당사자의 이의제기가 이유가 있어 과태료를 부과하지 않는 경우이다(제2항).

6) **가산금징수절차 및 체납처분** 행정청은 당사자가 납부기한까지 과태료를 납부하지 않은 경우에는 납부기한 경과일로부터 5/100의 가산금을 징수하고, 체납된 과태료를 납부하지 않은 경우는 매 1개월 경과시마다 12/1000의 중가산금을 최대 60개월까지 가산하여 징수한다(제24조 제1항, 제2항).

행정청은 당사자가 이의제기없이 가산금을 납부하지 않는 경우에는 국세 또는 지방세체납처분의 예에 따라 징수한다(제3항).

---

38) 당사자(Partei)는 대등한 법률관계에 있는 자를 지칭하는 것으로 사법관계나 민사소송에서 쓰는 용어로 행정법에서는 적당하지 않다.

5. 질서위반행위에 따른 과태료재판

1) **관할법원** 질서위반행위에 따른 과태료재판은 다른 법령에 특별한 규정이 있는 경우를 제외하고는 '당사자의 주소지의 지방법원 또는 그 지원'을 관할로 한다(제25조). 관할의 결정시점은 '행정청이 이의제기사실을 통보한 때'를 기준으로 한다(제26조).

2) **심문 등** 법원은 심문기일을 열어 당사자의 진술을 듣고, 검사의 의견을 구하며(제31조), 필요시 행정청을 출석하게 하여 의견을 진술하게 할 수 있다(제32조 1항).

3) **약식재판** 법원이 상당하다고 인정하는 경우에는 심문 없이 약식으로 과태료재판을 할 수 있다(제44조). 이때 당사자와 검사는 고지일로부터 7일 이내에 이의신청을 할 수 있다(제45조 제1항). 이의신청이 적법하다고 법원이 인정하는 경우는 약식재판은 효력을 잃고, 다시 심문을 거쳐 재판하여야 한다(제50조).

4) **재판과 항고** 과태료에 대한 재판은 이유를 붙인 '결정'으로 한다. 결정은 당사자와 검사에 고지함으로써 효력이 생긴다(제37조). 당사자와 검사는 법원의 결정에 '즉시항고'할 수 있다. 항고시 집행정지의 효력이 생긴다(제38조).

5) **집 행** 법원의 결정은 검사의 명령으로 집행한다. 집행절차는 민사집행법에 따르거나 국세 또는 지방세 체납처분의 예에 따른다(제42조). 검사는 과태료부과 행정청에 집행을 위탁할 수 있다(제43조 제1항). 단, 집행을 위탁받은 경우에 집행된 금원은 당해 지방자치단체의 수입으로 한다(제2항).

Ⅳ. 조례에 의한 과태료

지방자치단체의 조례에 의한 행정질서벌로서 지방자치법에서는 1) 조례위반행위(제27조 제1항), 2) 사기나 그 밖의 부정한 방법으로 사용료·수수료·분담금의 징수를 면한 자, 3) 공공시설의 부당이용자에게 과태료를 부과한다(제139조 제2항).

부과금액은 1) 조례위반행위는 1,000만원 이하의 과태료, 2) 사용료 등의 징수를 면한 자는 징수를 면한 액의 5배 이내의 과태료, 3) 공공시설부정사용자는 50만원 이하의 과태료를 부과한다.

부과절차는 관할 지방자치단체의 장 등이 납입고지서발부를 통하여 부과징수하고, 미납시는 지방세징수의 예에 따라 강제징수하고, 이의시는 처분일로부터 90일 이내에 해당 지방자치단체장에게 「지방세기본법」에 따라 이의신청하거나, 처분청에 대하여 행정소송을 제기할 수 있다(제140조). 과태료의 부과·징수, 재판 및 집행 등의 절차에 관한 사항은 「질서위반행위법」에 따른다(제139조 제3항).

제 4 절 새로운 행정의 실효성확보수단

Ⅰ. 개 설

현대행정의 급속한 발전에 따라 전통적 의무이행확보수단(행정강제와 행정제재)만으로는 다양한 행정법상 의무의 불이행이나 위반에 대하여 행정목적을 달성하지 못하므로 새로운 행정현상에 대처하기 위하여 보다 효과적인 행정강제수단, 즉 행정의 실효성을 확보하기 위한 새로운 수단이 모색되었다. 물론 전통적인 행정강제법과 달리 대부분 간접적인 강제수단이다. 다만, 1) 행정상 제재수단으로 보는 견해(이상규)와 2) 의무이행확보수단으로 보는 견해(박윤흔)가 있으나, 3) 양자의 성격을 가지고 있으므로 새로운 실효성 확보수단으로 보아야 한다(장태주).

Ⅱ. 금전상 제재

금전상 제재는 '행정법상 의무위반자에게 금전상 이행의무를 부과함으로써 간접적인 이행강제를 통하여 의무이행을 확보하는 수단'이다. 현재 가산세, 가산금, 과징금, 부당이득세 등이 있다.

1. 가산세

1) **개 념** 가산세는 "세법에서 규정하는 의무의 성실한 이행을 확보하기 위하여 세법에 따라 산출한 세액에 가산하여 징수하는 금액"이다(국세기본법 제2조 제4호). 단, 가산금은 제외한다. 이는 신고과세주의를 확보하기 위한 수단이다.

가산세는 행정법상의 의무위반에 가해지는 금전납부의무의 부과라는 점에서 벌금과 같은 행정벌과 유사하지만, 가산세는 단지 행정법상 납세의 성실한 이행을 확보하기 위한 것이라는 점에서 '처벌'이 아니므로 과거의 의무위반에 대한 제재인 행정벌과 다르다. 부과주체도 행정벌은 '사법기관'도 부과하지만, 가산세는 '행정기관'이다.

2) **법적 근거** 가산세제도는 국민의 재산권을 침해하므로 엄격한 법적 근거가 요구된다. 주로 「국세기본법」, 「국세징수법」, 「소득세법」, 「지방세법」에 의하여 부과된다. 대표적으로는 소득세법상의 과세표준확정신고의 불이행 및 불성실신고, 확정신고자자진납부의 불이행과 불성실신고 등이 있다.

3) **법적 성질** 가산세는 과세권의 행사 및 조세채권의 실현을 용이하게 하기 위하여 납세자가 세법상의 신고의무나 납부의무 등을 위반한 경우에 부과하

는 '행정상 제재'로서, 납세자의 고의나 과실은 묻지 않는다(대판 1984.12.26, **84누323**). 의무해태에 대한 행정벌적 성격을 가진다고도 본다(대판 1980.3.25, 79누165).

【판례해설】 가산세는 1) 의무해태에 대하여 '정당한 사유'가 있는 경우에는 부과할 수 없다(대판 1977.6.7, 74누212). 2) 의무자의 '법령의 부지 또는 오인'(대판 2004.6.24, 2002두10780), '세무공무원의 잘못된 설명에 따라 신고납부의무를 불이행한 경우'(대판 2002.4. 12, 2000두5944)는 정당한 사유로 보지 않는다.

대법원 2002. 4. 12. **선고** 2000**두**5944 **판결 【양도소득세부과처분취소】**
납세의무자가 세무공무원의 잘못된 설명을 믿고 그 신고납부의무를 이행하지 아니하였다 하더라도 그것이 관계 법령에 어긋나는 것임이 명백한 때에는 그러한 사유만으로는 정당한 사유가 있는 경우에 해당한다고 할 수 없다(대판 1993.11.23, 93누15939; 1997.8.22, 96누15404 등 참조).

한편 조세범에게 가산세와 벌금을 병과하는 경우에 '이중과세' 내지 '이중처벌'이라는 주장에 대하여 가산세는 과세나 처벌이 아니고 성실한 신고 및 납세의 의무만을 확보하는 행정제재라는 점에서 행정벌이 아니므로 '병과'도 가능하다.[39] 다만, 가산세부과가 '의무위반의 정도'와 비례하지 않으면, 재산권침해가 될 수 있다고 본다(헌재 2005.2.24, 2004헌바26).

헌법재판소 2005. 2. 24, 2004**헌바**26 **전원재판부 【소득세법제81조제1항위헌소원】**
의무위반에 대한 책임의 추궁에 있어서는 의무위반의 정도와 부과되는 제재 사이에 적정한 비례관계가 유지되어야 하므로, 조세의 형식으로 부과되는 금전적 제재인 가산세 역시 의무위반의 정도에 비례하는 결과를 이끌어내는 그러한 비율에 의하여 산출되어야 하고, 그렇지 못한 경우에는 비례의 원칙에 어긋나서 재산권에 대한 침해가 된다(헌재 2003.9.25, 2003헌바16).

2. 가산금

1) 개 념 가산금은 "국세를 납부기한까지 납부하지 아니한 경우에 국세징수법에 따라 고지세액에 가산하여 징수하는 금액과 납부기한이 지난 후 일정기한까지 납부하지 아니한 경우에 그 금액에 다시 가산하여 징수하는 금액"이다(국세기본법 제2조 제5호). 주로 납세의무자가 국세나 지방세를 납부기한까지 납부하지 않은 경우에, 고지된 세액에 가산하여 부과하고 징수하는 금액이다. 가산금에는 납부기한이 지난 후 일정기한까지 납부하지 않은 경우에 시간의 경과에 비례하여 추가적으로 가산하여 부과 및 징수하는 '중가산금'도 포함된다.

일반적으로 국세의 경우 가산금은 납부기한이 지난 날부터 체납된 국세의 100분의 3(3%)(국세징수법 제21조), 중가산금은 납부기한이 지난 날부터 매 1개월이 지날 때마다 체납된 국세의 1천의 12에 상당하는 금액으로 가산금에 가산하여 징수하고 중가

39) 장태주, 565쪽; 홍정선, 473쪽.

산금은 60개월을 초과하여 징수하지 못한다(제21조 제3항). 가산금에 대한 규정으로 「국세기본법」, 「관세법」, 「대기환경보전법」, 「지방세법」 등에 규정이 있다.

2) **법적 성질** 가산금은 '사인'의 납세의무위반에 대하여 부과하는 행정제재이다. 따라서 국가와 지방자치단체(지방자치단체조합을 포함)에는 부과·징수하지 않는다. 가산금의 법적 성질은 미납분에 대한 '지연이자의 의미로 부가되는 부대세의 일종'(대판 1990.5.8, 90누1168) 내지 '부당이득에 대한 법정이자'의 성격을 갖는다.

대법원 2006. 3. 9. **선고** 2004다31074 **판결 【채무부존재확인】**
행정재산의 사용·수익 허가에 따른 사용료에 대하여는 국유재산법 제25조 제3항의 규정에 의하여 국세징수법 제21조, 제22조가 규정한 가산금과 중가산금을 징수할 수 있다 할 것이고, 위 가산금과 중가산금은 위 사용료가 납부기한까지 납부되지 않은 경우 미납분에 관한 지연이자의 의미로 부과되는 부대세의 일종이다(대판 2000.9.22, 2000두2013 등 참조).

3) **징수절차와 불복** 가산금의 징수절차는 독촉(처분)으로 이루어진다. 가산금에 대한 이의는 납부독촉의 부당 및 절차적 하자를 징수처분을 대상으로 하여 취소소송 등으로 다툰다(대판 1986.10.28, 86누147). 이후 징수절차는 강제징수에 따른다.

3. 과징금

1) **개 념** 과징금은 '행정청이 일정한 행정법상 의무위반에 대하여 위반행위로 얻게 된 경제적 이익을 박탈하기 위하여 부과하는 금전상의 제재'이다(대판 1999.5.28, 99두1571). 세법상 금전급부의무를 부과하는 제재는 과징금에서 제외되고, 형벌이 아닌 '행정상 제재'이다(헌재 2003.7.24, 2001헌가25). 과징금은 의무위반으로 얻은 불법적인 경제적 이익을 박탈하기 위하여 부과된다는 점에서 부과금과 구별된다.

과징금은 1) 중대한 의무위반에 대하여 형사벌을 대신하고, 2) 위법행위로 인한 경제적 이익을 환수하기 위하여, 3) 허가사업자의 경우 계속적 법률관계를 유지하면서 중대한 의무위반을 시정하기 위하여 부과한다.

2) **법적 성질** 과징금의 법적 성질은 행정법상 의무위반에 따른 경제적 이익을 박탈하여 불이익을 주기 위한 일종의 행정제재이다. '금전상 제재'라는 점에서 벌금, 과태료와 같은 실효성확보기능을 하지만, 과징금은 '행정법상 의무위반에 대한 제재'로서 처벌이 아니므로 행정벌과 구분된다. 물론 과태료는 행정기관이 부과하는 것도 있지만 원칙적으로 법원이 부과하는데, 과징금은 원칙적으로 행정청이 부과한다.

과징금은 벌금 등의 형사처벌과 병과하여도 이중처벌금지나 일사부재리에 해당하지 않는다(헌재 2003.7.24, 2001헌가25). 다만, 법령에 따라서는 과징금을 부과한 경우에는 과태료를 부과할 수 없다는 특례를 규정한다(여객자동차운수사업법 제95조).

과징금은 행정법규의 위반이라는 객관적 사실에 착안하여 부과하는 제재이므로 원칙적으로 위반자의 고의·과실을 요하지는 않으나 위반자의 의무해태를 탓할 수 없는 정당한 사유가 있는 등의 특별한 사정이 있는 경우에는 부과할 수 없다(대판 2014.10.15, 2013두5005).

3) **법적 근거** 과징금은 국민의 재산권을 침해하므로 엄격한 법률상 근거를 요한다. 따라서 개별법상 부과요건과 절차에 대한 법적 근거하에서만 부과할 수 있다(대판 1999.5.28, 99두1571). 과징금에 대한 일반법은 없고, 「공정거래법」 등의 개별법에서 규정한다.

4) **유 형** 과징금은 1980년대에 「독점규제 및 공정거래에 관한 법률」에 처음 도입된 이후 여러 법률에 규정되었다.[40] 1) 본래적 의미의 과징금은 '중대하거나 악의적이거나 부당이득을 취하는 행정법령 위반에 대하여 부당이득을 환수하는 가장 강력한 제재방법'으로 사용된다. 판례도 행정법상 의무를 위반한 (사업)자에 대하여 위반행위로 얻은 불법적인 경제적 이익을 부당이득으로 환수하거나 법령상 의무나 명령의 이행을 강제하기 위하여 부과한다고 본다(대판 2002.5.28, 2000두6121; 헌재 2001.5.31, 99헌가18).

2) 최근에는 '주로 공공성을 가진 일정한 인·허가사업시행자가 행정법령을 위반한 경우에 그 위반에 대하여 사업의 취소나 정지 대신에 사업을 계속하되, 얻는 경제적 이익을 박탈하는 제재수단'인, 이른바 변형된 의미의 과징금이 증가하고 있다. 따라서 특허인 통신사업자에게 주로 부과된다.

5) **과징금의 부과와 징수** 과징금은 의무를 부과한 행정청의 납입고지에 의하여 상대방에게 납부의무가 발생한다. 반드시 현실적인 행위자가 아니라도 법령상 책임자로 규정된 자에게 부과된다(대판 2014.10.15, 2013두5005). 과징금을 납부기한까지 납부하지 않은 경우에는 연 100분의 40의 범위에서 은행의 연체이자율을 참작하여 가산금을 징수하기도 한다(공정거래법 55조의6). 과징금에는 달리 정함이 없으면 5년의 소멸시효가 인정된다(국가재정법 제96조 제1항). 과징금을 미납한 경우에는 법령에 따라서는 국세 또는 지방세 체납처분의 예에 따라 징수하기도 한다(홍정선).

과징금부과의 법적 성질은 급부하명으로 부과행위와 징수행위 모두 '처분'에 해당한다. 과징금의 부과여부 및 한도여부에 대한 판단은 '행정청의 재량'이다. 과징금부과처분이 사회통념상 현저하게 타당성을 잃은 경우, 사실오인, 비례·평등원칙의 위반, 당해행위의 목적위반이나 동기의 부정 등의 사유가 있으면 재량권의 남용 내지

---

40) 판례로 다툰 경우는 「자동차운수사업법」, 「식품위생법」, 「부동산 실권리자명의 등기에 관한 법률」, 「청소년보호법」, 「건설산업기본법」(제84조), 「국민건강보험법」, 「약사법」 등이다.

일탈로 위법하다(대판 1991.7.23, 90누5306; 2002.9.24, 2000두1713).

과징금액의 산정은 과징금부과기준을 법령에서 정하는데, 법령에 규정된 금액은 '최고액'이다(대판 1993.7.27, 93누1077). 매출액에 일정비율을 곱하여 부과하기도 한다. 과징금은 위반행위의 내용 및 정도, 위반행위의 기간 및 횟수, 위반행위로 인해 취득한 이익의 규모 등을 참작하여 부과하되(대판 2002.9.24, 2000두1713), 위반행위에 상응하는 상당한 금액으로 정하여야 하고, 비례의 원칙과 형평의 원칙을 위반하면, 위법이 된다(대판 2005.4.29, 2004두3281). 법원에서 과징금액을 감액하기도 한다. 이전의 위반행위가 있는 경우에는 가중하기도 한다.

대법원 2002. 9. 24. 선고 2000두1713 판결【시정명령등취소】

독점규제및공정거래에관한법률(1999.2.5. 법률 제5813호로 개정되기 전의 것, 이하 '법'이라 한다) 제6조, 제17조, 제22조, 제24조의2, 제28조, 제31조의2, 제34조의2 등 각 규정을 종합하여 보면, 공정거래위원회는 법 위반행위에 대하여 과징금을 부과할 것인지 여부와 만일 과징금을 부과한다면 일정한 범위 안에서 과징금의 부과액수를 얼마로 정할 것인지에 관하여 재량을 가지고 있다 할 것이므로, 공정거래위원회의 법 위반행위자에 대한 과징금 부과처분은 재량행위라 할 것이고, 한편, 법 제55조의3 제1항은 공정거래위원회가 법의 규정에 의한 과징금을 부과함에 있어서는 위반행위의 내용 및 정도, 위반행위의 기간 및 회수, 위반행위로 인해 취득한 이익의 규모 등을 참작하도록 하고 있으며, 그 제3항은 과징금의 부과에 관하여 필요한 사항은 대통령령으로 정하도록 하고 있으나, 법 시행령(1999. 3. 31. 대통령령 제16221호로 개정되기 전의 것)은 그 부과기준에 대하여는 규정하고 있지 아니한 데, 피고는 법에서 정한 과징금의 구체적인 부과액수의 산정을 위하여 내부적으로 '과징금산정방법및부과지침'(이하 '지침'이라 한다)을 제정하여 시행하고 있으므로, 위 지침이 비록 피고 내부의 사무처리준칙에 불과한 것이라고 하더라도 이는 법에서 정한 금액의 범위 내에서 적정한 과징금 선정기준을 마련하기 위하여 제정된 것임에 비추어 피고로서는 과징금액을 산출함에 있어서 위 지침상의 기준 및 법에서 정한 참작사유를 고려한 적절한 액수로 정하여야 할 것이고, 이러한 과징금 부과의 재량행사에 있어서 사실오인, 비례·평등의 원칙위배, 당해 행위의 목적위반이나 동기의 부정 등의 사유가 있다면 이는 재량권의 일탈·남용으로서 위법하다 할 것이다.

과징금부과는 1) 수회를 위반하여도 1회로 과징금을 부과하여야 하고, 부과 이후에는 새로운 자료에 의한 새로운 과징금은 부과할 수 없다(대판 1999.5.28, 99두1571). 2) 회사 내에 여러 사업부문이 있는 경우에도 부과대상자는 회사이다(대판 2013.7.25, 2012두4302).

과징금의 승계와 관련하여 1) 과징금을 부과받은 자가 사망하는 경우에 과징금은 그 상속인에게 포괄승계된다(대판 1999.5.14, 99두35). 2) 반대로 회사분할의 경우, 분할 전 위반행위를 이유로 신설회사에 대한 과징금 부과는 허용되지 않는다(대판 2007.11.29, 2006두18928). 이 판례에 따라 회사의 분할 등의 경우에는 분할되는 회사 등의 과징금연대납부의무를 규정하였다(공정거래법 제55조의5).

6) **권리구제** 과징금은 의무위반으로 얻은 '부당이득의 환수'에 불과하므로 '처벌'이 아니다. 그러나 과징금부과처분에 대하여는 항고쟁송을 제기할 수 있고,

이로 인하여 손해를 입은 경우에는 손해배상도 제기할 수 있다. 반대로 국가가 손해배상을 청구하는 경우에는 불법행위자(과징금을 부과받은 자)에게 부과한 과징금과 손익상계할 수 없다(대판 2011.7.28, 2010다18850).

4. 부과금

부과금은 '특정한 행정목적을 실현하거나 특정한 행정법상의 의무이행을 확보하기 위하여 부과하는 금전상 제재'이다. '부담금', '분담금'이라고도 한다. 즉, 일정한 사업 수행에 필요한 경비를 다수의 관계자로부터 징수하거나 일정한 원인행위를 제공한 자에게 행정목적의 달성을 위하여 부과하는 금전적 부담이다. 환경보전법상 배출부과금 등이 있다.

부과금은 부당이득의 철저한 환수라는 과징금과는 사용목적이 제한되어 있다는 점에서 구분되고,[41] 오히려 특별부담금에 가깝다. 따라서 1) 특정집단 내의 동질성, 2) 사업과 집단의 밀접성 등이 요구된다.

5. 기 타

1) **부당이득세** - '비상경제시 정부가 특히 긴요한 물품의 가격, 부동산등의 임대료 또는 용역의 대가의 최고가액(최고가격)을 거래단계별·지역별에 따라 지정하고, 그 최고가액을 초과하여 거래를 함으로써 부당이득을 얻은 자에게 실제 거래가격, 임대료, 요금 등에서 최고가격을 차감한 금액을 징수하는 것'이다. 이는 구 「부당이득세법」에서 규정하였으나, 2007년 「물가안정에 관한 법률」 제2조의2가 신설되면서, 과징금으로 전환되었다.

2) **범칙금** - '「도로교통법」 등을 위반한 범칙자가 통고처분에 의하여 국고에 납부하여야 할 금전'으로 형벌이 아닌 '벌금에 상당하는 금액'이다. 범칙금을 기간내 납부한 경우는 공소를 제기하지 않고, 미납한 경우는 '형사처벌절차'로 이행된다.

Ⅲ. 행정상 공표제도

1. 개 념

행정상 공표는 '행정법상 의무위반 등이 있는 경우에 위반자의 성명·위반사실 등을 일반인이 인지할 수 있도록 공개하여 명예 또는 신용을 위협함으로써 의무이행을 간접적으로 강제하는 수단'이다. 공표에는 단순히 국민에 대한 정보제공을 위한 공표와 의무이행을 강제하기 위한 공표가 있다(장태주).

---

41) 부과금을 '과징금'으로 보기도 한다. 홍정선, 470쪽.

2. 법적 성질과 근거

공표의 법적 성질은 1) 일반적으로 아무런 법적 효과도 발생하지 않는 비권력적 사실행위로 보는 견해(장태주, 홍정선), 2) 명단공표결정이 의무위반자에게 통지된 이후의 공표행위는 '단순사실행위'이나 통지없는 공표행위는 '권력적 사실행위'로 보는 견해(박균성), 3) 행정소송법상 "이에 준하는 행정작용"으로 보아 처분성을 인정하는 견해(김동희), 4) 정보제공적인 것은 '비권력적 사실행위'로, 의무이행을 위한 것은 '권력적 사실행위'로 보는 견해(김용섭)가 있지만, 5) 공표는 일방적인 강제행위로서 상대방의 명예나 영업이익 등을 해친다는 점에서 '권력적 사실행위'로 보아야 할 것이다.

공표는 단순한 정보제공으로서의 공표가 아니라 위법사실을 공표하는 경우, 상대방의 기본권(프라이버시, 영업의 자유 등)을 침해할 우려가 있는 경우에는 법적 근거를 요한다고 보아야 한다.[42] 이러한 입장에서 현행법상 「공직자윤리법」, 「소비자기본법」, 「공정거래법」에 근거규정이 있다.

3. 권리구제

위법한 공표에 대한 권리구제는 우선 행정상 공표의 '처분성'이 문제된다. 1) 비권력적 사실행위이므로 처분성이 없다는 견해(석종현, 이상규, 홍정선), 2) 공권력의 행사이므로 처분성을 인정해야 한다는 견해(김남진, 김동희, 장태주, 박균성)가 있지만, 3) 권력적 사실행위로 보아 처분성을 인정해야 할 것이다.

다만, 위법성판단에서는 비례의 원칙에 의하여 얻고자 하는 행정목적과 공표의 수단간에 합리적인 비례관계가 있어야 할 것이다.

Ⅳ. 공급거부

공급거부는 '행정법상 의무를 위반하거나 불이행한 자 등에 대하여 일정한 행정상의 서비스나 재화의 공급을 거부하는 행정조치'를 말한다. 이는 상대방의 권리를 제한하므로 법률상 근거가 요구된다. 따라서 공급거부는 법률에 규정된 경우만 인정되고, 의무위반 및 불이행과 공급거부 사이에 상당인과관계가 필요하고, 부당결부되어서는 안 된다. 즉, 의무위반과 전혀 관계없는 공급거부가 행해지면 부당결부금지의 원칙이 적용되어 위법하게 된다.

---

42) 같은 의견 : 김남진, 월 94/7, 97, 연 94/10.

공급거부에 대한 권리구제에서 공급거부조치의 처분성에 논란이 있으나 판례는 단전(대판 1995.11.21, 95누9099), 단수,[43] 전화중단(대판 1996.3.22, 96누433) 등의 요청은 권고적 성격을 가지므로 처분성이 없다고 보았다. 공급거부는 '공급거부'와 '공급거부 요청'으로 구분하여, 행정청이 직접 공급을 거부하는 경우는 종로구청장의 단수조치처럼 처분성이 있으나(대판 1979.12.28, 79누218), 공급거부요청행위는 처분성이 없다고 보아야 할 것이다.

V. 관허사업의 제한

1. 개 념

관허사업의 제한은 '행정법상의 의무를 위반하거나 불이행한 자에 대하여 관허사업을 제한하는 것'이다. 관허사업은 '행정청으로부터 허가, 인가, 면허 등을 받고 시행하는 사업'을 말한다. 따라서 행정법상 의무이행을 확보하기 위하여 의무위반자 등에 대하여 해당 영업을 정지하거나 해당 영업과 관련된 일정한 허가나 인가 등을 금지 또는 취소하도록 관할 행정청에게 요청하는 것으로 간접적인 의무이행확보수단이다(장태주). 이는 '제재적 행정처분'이라고도 한다(홍정선).

2. 유 형

1) 일반적인 관허사업의 제한 일반적인 관허사업의 제한으로는 1) 납세자가 국세 등을 체납한 경우, 허가·인가·면허 및 등록과 그 갱신을 요하는 사업의 주무관서에 당해 납세자에게 허가등을 하지 않을 것을 요구하는 행위(국세징수법 제7조 제1항, 지방세기본법 제65조), 2) 질서위반행위로 과태료를 체납한 경우, 과태료 부과행정청 스스로 또는 해당 사업의 주무관청에 사업의 정지 또는 허가등의 취소를 요구하는 행위(질서위반법 제52조), 3) 건축법상 위반건축물의 경우 다른 법령상의 허가금지를 요청하는 행위(건축법 제79조 제2항)가 있다.

2) 관련된 특정관허사업의 제한 관련된 특정관허사업의 제한은 특정 행정법령상의 의무를 위반한 경우에 당해 법령상의 기존의 인·허가를 취소, 철회, 정지하도록 요청하는 행위가 있다(마약법 제44조, 약사법 제76조, 도시가스사업법 제9조).

3. 한 계

관허사업의 제한은 의무자가 정당한 사유가 있는 경우에는 시행해서는 안 되며, 의무위반자가 위반행위를 이행한 경우에는 관허사업의 제한은 즉시 폐지하도

43) 단수는 행정처분으로 보아야 한다는 견해도 있다(홍정선, 박균성).

록 규정하고 있다.

관허사업의 제한은 행정법상 의무위반과 직접적인 관련이 없는 경우에는 부당결부금지의 원칙에 해당하여 상대방의 권리(영업의 자유)를 침해한다고 본다. 이에 대하여 합헌론(장태주, 홍정선)과 위헌론(김남진/김연태)이 있다.

Ⅵ. 기 타

그 밖에 새로운 행정법상의 의무이행확보수단으로는 1) 차량 등의 사용금지로서 행정법규위반에 사용된 차량 그 밖에 운반수단의 사용을 정지 또는 금지하는 경우(산림법, 하천법, 도로교통법), 2) 수익적 행정행위의 정지, 철회, 폐쇄조치, 3) 국외여행의 제한으로 고액 국세체납자에 대한 출국금지요청(국세징수법, 여권법, 출입국관리법), 4) 취업제한으로 병역의무위반자의 취업제한(병역법), 5) 행정목적의 달성을 위한 세무조사 등이 있다.

제 7 장

국가책임법

행정은 법집행작용으로 다양한 행정임무를 수행한다. 다양한 행정임무에 따라 행정활동도 다양하여 행정기관이 개별 사건에서 법을 위반하거나(위법), 적법하더라도 특정인에게 손실(희생)이 발생한 경우에 상대방인 국민이 피해를 입을 수 있다. 그러나 국가는 항상 적법하고 정당해야 하므로 국민의 이러한 피해에 대하여 재판상의 권리구제 외에도 보충적으로 책임을 지고 물적으로 보전해 주는 제도를 형성하였다. 이것은 행정재판권에 의한 1차적인 권리보호가 실패하더라도 피해자인 국민에게 인정되는 '2차적인 권리보호'로서 손해를 보전해 주는 행정상 손해전보제도이고, 이를 규율하는 것이 국가책임법이다.

물론 국가책임법(Staatshaftungsrecht)은 나라마다 역사적 전통과 법정책에 따라 차이가 있다. 우리나라는 대륙법계에 따라 전통적으로 행정상 손해배상과 행정상 손실보상을 제도화하였다. 따라서 위법한 행정활동에 의하여 발생한 국민의 손해에 대하여는 사법상의 불법행위이론을 기반으로 한 행정상 손해배상제도를 인정하고 있다. 한편 적법한 행정활동에 의하여 발생하는 국민의 손실에 대하여는 사회국가원리에 따른 재산권의 사회적 제약을 넘어서는 특별한 희생에 한하여 국가의 보전의무를 인정하는 행정상 손실보상제도를 확립하였다. 그 외에 전통적인 손해전보제도에서 흠결된 피해에 대하여는 독일의 보완적인 이론의 도입문제가 논의되고 있다.

제 7 장 국가책임법

제 1 절 국가책임제도 개설

Ⅰ. 전통적인 행정상 손해전보제도

우리나라는 독일과 일본처럼 국가행위에 의한 피해를 별도의 법제도를 통하여 보전해 주는 행정상 손해전보제도로 발전해 왔다. 전통적인 행정상 손해전보제도는 '국가의 위법·적법한 행위로 인한 국민의 손해를 보전해 주는 행위'이다.

협의의 행정상 손해전보제도는 1) 국가의 위법행위에 의한 손해를 배상하는 '행정상 손해배상제도'와 2) 국가의 적법한 행위(적법한 재산권침해)로 발생한 국민의 재산상의 손실을 보상해 주는 '행정상 손실보상제도'이다.

한편 광의의 행정상 손해전보는 '행정상 손해배상제도와 행정상 손실보상제도외에 새로운 손해전보제도를 포함하여 국가행위의 가해여부를 떠나서 국민에게 발생한 손해를 보전해 주는 모든 행위'를 말한다. 이는 협의의 행정상 손해전보제도에 새로운 보상제도를 부가한 것이다.

Ⅱ. 새로운 국가책임법제 개설

현대국가는 국가가 국민의 권리나 법적 지위를 침해하는 경우에 전통적인 손해배상이나 손실보상 외에도 새로운 보상제도, 즉 피해에 대한 원상회복이나 다양한 위해에 대한 조절적인 보상으로 국가가 책임을 지는 국가책임법체제로 변화하고 있다. 물론 국가가 국민의 모든 권리침해나 피해에 대하여 보전해 줄 수는 없으나, 다양한 법제를 통하여 보완하고 있다.

전통적인 손해전보제도는 그 유형을 행정상 손해배상제도와 행정상 손실보상제도로 양분하였으나,[1] 새로운 국가책임법에서는 1) 행정상 손해배상제도, 2) 행정상 손실보상제도, 3) 새로운 손해전보제도, 4) 행정상 결과제거청구권을 다룬다.

---

1) 최근에는 행정상 손해배상제도에서 무과실책임이 강조되면서 행정상 손실보상과의 구분이 상대화된다는 주장이 있다.

제 2 절 행정상 손해배상제도

제 1 항 개 설

Ⅰ. 행정상 손해배상의 개념

1. 의 의

행정상 손해배상은 '국가(행정주체)의 위법한 행위로 개인에게 발생한 손해를 배상해 주는 제도'이다. 여기서의 국가는 '광의의 국가'로 '국가 외에 공공단체 등을 포함하는 개념'이다. 이는 근대국가 이후에 개인의 소유권을 보장하는 제도(재산권의 보장)에서 유래한 것이다. 따라서 대부분의 국가는 헌법차원에서 국가배상청구권을 기본권으로 하거나 행정상 손해배상제도를 규율하고 있다.

> 행정상 손해배상제도는 실무에서는 국가배상제도라고 한다. 이는 헌법에서 '국가배상청구권'을 규정하였고(제29조 제1항), 일반법인 「국가배상법」이 제정되어 있기 때문이다. 즉, 국가배상제도는 '국가가 국가임무를 수행하면서 타인에게 위법한 손해를 가한 경우에 배상해 주는 제도'이다.

2. 손실보상제도와의 차이

행정상 손해배상은 '국가에 의한 손해전보'라는 점에서는 손실보상과 유사하나, 손해배상은 개인주의 및 민사상 불법행위책임에 기반한 '국가의 위법한 행정작용으로 발생한 손해에 대한 배상제도'이고, 손실보상은 단체주의 또는 사회적 공평부담주의에 기반한 '적법한 행정활동으로 발생한 특별한 재산상의 손실에 대한 보상제도'이다. 또한 손실보상은 '재산권'에 한정되지만, 손해배상은 '재산권 외에도 생명이나 신체에 대한 배상'도 포함한다는 점에서 차이가 있다.

최근 불법행위이론의 수정(단체주의화, 손해보험제도의 발달), 중간영역인 수용유사침해나 수용적 침해의 등장, 국가의 위험책임과 무과실책임의 인정 등에 의하여 양자의 구분이 상대화되고 있다.

▣ 행정상 손해배상제도의 발전

1) 프랑스 - 전통적으로 프랑스는 역무과실책임으로 '공법상 행위'에만 배상제도를 유지하였다. 그러나 국사원의 Blanco 결정(1873)[2]에 의한 '공역무이론'으로 사법상 행위를 포함

---

2) 프랑스의 전통적인 역무과실책임은 권력행정에 따른 공무원의 고의·과실로 발생한 손해에 한정되었다. 그러나 블랑코라는 소년이 국영담배공장 차량에 치어 부상을 입었고, 블랑코의 부

하면서 행정서비스 전반으로 확대되었다. 아울러 프랑스는 오늘날 증대하는 행정적 위험에 대해 새롭게 대처하는 보상수단인 위험책임제도가 발전하였다.

2) 독 일 - 게르만법에서는 전통적으로 국왕(영주)이 기사(종사)의 행위에 책임을 졌다(종사제). 단, 종사의 위법한 행위는 국왕(영주)의 위임에 반하므로 종사 개인이 책임진다(위임이론). 근대국가 이후에도 공무원의 적법한 행위는 국가가, 위법한 행위는 국가가 위임하지 않았으므로 공무원 개인이 일반불법행위책임에 따라 민법상 손해배상책임을 부담하였다. 그러나 1919년 바이마르헌법에서 '공무원의 직무상 불법행위'를 규정하면서 국가가 책임을 부담하는 국가배상책임제도가 확립되었다. 전후에는 본 「기본법」 제34조와 「민법」 제839조에 의하여 민사소송으로 손해배상이 행해졌다(역사적 이유). 1982년에 공법인 「국가책임법」이 입법되었으나 주의 입법권 침해를 이유로 위헌으로 좌초되었다.

3) 영 미 - 영국은 "왕은 불법을 행하지 않는다"(주권면책론)는 입장에서 '국가무책임원칙'이 지배하여 공무원 개인이 책임을 부담하였으나, 1947년의 「국왕소추법」 이후로 국가책임을 인정하였다. 한편 미국도 1946년에 「연방불법행위청구법」이 제정되었다.

Ⅱ. 국가배상제도

1. 국가배상책임의 헌법적 보장

행정상 손해배상제도에 대하여 제헌이래 우리 헌법은 국가배상청구권을 규정하고 있다(제29조 제1항). 이는 국가배상제도를 헌법상 보장한 것으로 '국가배상책임주의'라고도 한다(홍정선).

「헌법」 제29조 ① 공무원의 직무상 불법행위로 손해를 받은 국민은 법률이 정하는 바에 의하여 국가 또는 공공단체에 정당한 배상을 청구할 수 있다. 이 경우 공무원 자신의 책임은 면제되지 아니한다.

1) **헌법규정(국가배상청구권)의 법적 효력** – 국가배상청구권을 정한 「헌법」 제29조의 효력에 대하여 1) 헌법규정(제29조)을 구체화된 입법이 행해지기 전까지는 국가배상청구권은 인정되지 않는다는 방침규정설, 2) 헌법규정에서 직접 국민에게 국가배상청구권이 발생한다고 보는 직접효력설이 있다. 3) 광복 후 국가의 재정상태가 열악하고 군사독재이어서 방침규정설이 주장되었으나 현재는 직접효력설이 통설과 판례이다(대판 1971.6.22, 70다10101).[3)]

2) **국가배상청구권의 법적 성질** – 국가배상청구권을 헌법상 보장된 재산권의 일종으로 보는 '재산권설'도 있으나 일반적으로는 헌법 제29조 제1항이 정한 손해를 구제하기 위한 '청구권'으로 본다.

모는 국사원(Conseil d'État)에 손해배상을 청구하였다. 종래 국영담배공장 차량의 행위는 국가의 사경제작용이므로 '사법상의 행위'로 보아 사법상 손해배상책임을 인정하였다. 이 사건에서 국사원은 '공법상의 행위', 즉 공역무(Public Service)로 보아 공법상의 공공역무과실책임이라고 결정함으로써 국가배상제도가 국가의 사법상 행위에까지 확대되었다.

3) 헌법상 "법률이 정하는 바에 의하여"라는 규정은 "국가배상의 구체적인 기준과 방법을 규정한 것뿐"이고, 헌법규정이 국가배상청구권의 직접적인 근거규정이다. 홍정선(상), 654쪽.

3) **국가배상청구권의 법적 성격** – 1) 사권설은 국가도 개인처럼 불법행위책임을 지는 불법행위책임의 일종이고, 국가배상법도 민법의 특별법이어서 '사법'이므로 국가배상청구권은 '사권'이라 본다(이상규, 변재옥; 대판 1972.10.10, 69다701). 2) 공권설은 국가배상은 국가의 위법행위라는 공법상 원인으로 발생하므로 국가배상법은 공법이고, 국가배상청구권은 압류와 양도의 대상이 되지 않는 공법상 권리의 특성을 갖는다는 점에서 '공권'으로 본다. 3) 판례는 사권설이고, 다수설은 공권설이다.

4) **헌법상 국가배상청구권의 범위** – 헌법상 국가배상청구권의 범위에 직무상 위법행위책임(제2조) 외에 헌법상 규정되지 않은 영조물의 설치・관리의 하자에 대한 책임(제5조)의 포함여부에 대하여 1) 헌법상 규정이 없으므로 포함되지 않는다고 보는 부정설(류지태)이 있으나, 2) 헌법규정을 예시적이라고 해석한다면, 긍정설(김남진, 홍정선)이 타당하다.

2. 국가배상법

1) **내 용** – 국가배상법은 헌법상 국가배상청구권을 구체화한 행정상 손해배상의 일반법으로서, 국가나 지방자치단체의 손해배상책임과 배상절차를 규정한다(제1조). 국가배상책임의 유형은 '공무원의 직무상 위법행위'(제2조)과 '영조물의 설치・관리의 하자'(제5조)에 대한 배상책임이다.

2) **법적 성격** – 국가배상법의 법적 성격에 대하여 1) 공법설은 i) 국가배상의 '원인행위'를 중시하여 '공법상 원인'으로 발생한 손해이고, ii) 국가배상수급권이 압류와 양도의 대상이 되지 않는 공법상 권리의 특성을 가지며, iii) '당사자소송'에 의한다는 점에서 '공법'으로 본다(김도창, 김남진, 박윤흔, 석종현, 김동희, 홍정선, 류지태). 2) '사법설'은 i) 국가배상의 '배상행위'를 중시하여 국가배상도 일반불법행위의 한 유형이며, ii) 국가배상법 자체도 민법의 특별법임을 명문화하였고(제8조), iii) 공무원 개인도 책임을 지며, iv) 민사소송으로 구제된다는 점에서 '사법'으로 본다(이상규, 변재옥). 3) 판례는 민사상 손해배상책임을 특별법인 국가배상법이 정한 데 불과하고, 공무원의 책임도 면제되지 않는다고 보아 사법설의 입장이다(대판 1972.10.10, **69다701**). 4) 국가배상법은 공법상 원인으로 발생하는 국가배상을 규정하고, 그 수급권도 공법상 권리라는 점에서 공법설이 타당하고, 다수설이다.[4]

3. 국가배상법제와 적용

1) **근거법** 우리 헌법은 국가배상청구권을 규정하고(제29조 제1항), 국가배상청구권의 구체적 실시와 구현은 일반법인 국가배상법에서 규정한다.

---

4) 국가배상법이 공법인가 사법인가는 한 나라의 입법정책의 문제이다. 전통적으로 역사적인 이유에서 국가배상을 민법에 규정하였고, 이후 국가책임법 제정이 좌초한 독일과 달리 우리나라는 '공법'인 국가배상법이 있고, 민법상 국가배상 규정이 없으므로 당연히 행정소송으로 보아야 한다. 따라서 행정소송법 개정안도 국가배상소송을 당사자소송을 본다.

2) **법적용순서** 국가배상법은 "이 법에서 규정된 사항 외에는 '민법'에 따른다"고 규정하여(제8조),[5] 국가배상에 대한 특별법이 존재하는 경우에 국가배상에 대한 법령의 적용순서는 국가배상에 관한 특별법→국가배상법→민법의 순서이다.

3) **특례규정** 국가배상법 외에 국가배상제도에 관한 특별규정을 두는 특별법도 있다. 예를 들면, 1) '무과실책임'을 규정하거나(산재보험법, 원자력손해배상법, 공무원연금법 등), 2) '배상책임을 정형화 또는 감경하는 경우'(우편법, 철도사업법) 등이 있다.

4) **외국인의 적용여부** 국가배상법은 원칙적으로 국가 또는 지방자치단체의 손해배상책임을 규정한다(제1조). 따라서 국가외부의 국제관계의 손해배상제도는 상호주의를 채택함으로써 외국인이 피해자인 경우에는 해당 국가와 상호보증이 있을 때에만 국가배상법을 적용한다(제7조). 단, 한미행정협정 등에 의하여 주한미군, 군속, 고용원, 카투사 등의 공무집행중의 행위로 인한 피해는 우리나라가 손해배상책임을 지므로 국가배상법이 적용된다(대판 1997.12.12, 95다29895).[6]

4. 기타 문제

1) **배상주체의 문제** 배상주체로서 헌법은 '국가와 공공단체'(제29조 제1항), 국가배상법은 '국가와 지방자치단체'만 규정한다(제1조). 따라서 배상주체의 범위에 대하여 종래 국가배상법에서 규정한 지방자치단체가 헌법상 공공단체에 포함되지 않으므로 위헌이라는 주장에 대하여 '공법인포함설'(김남진)은 법리적으로 헌법상 '공공단체'에 당연히 '지방자치단체'가 포함된다고 본다. 따라서 국가와 지방자치단체를 배상주체로 보는 데에는 문제가 없다.

지방자치단체를 제외한 '그 밖의 공공단체'에 대한 배상주체의 인정에 대하여는 1) 국가배상법은 '지방자치단체를 제외한 공공단체'를 배상주체로 규정하지 않으므로 국가배상책임이 아닌 민법상 손해배상책임을 인정하여야 한다는 견해가 있다. 이는 헌법규정에 반한다. 2) 그 밖의 공공단체가 실질적으로도 행정사무를 수행한다고 본다면, 배상주체로 인정하여야 하지만, 국가배상법에 입법적 흠결이 있으므로 확대해석하거나 유추적용하자는 견해도 있다(박균성). 3) 판례는 일반적으로 법령에 의하여 명확하게 위임된 경우에만 그 밖의 공공단체에게 배상책임을 인정한다. 개별적으로는 '공무원의 행위'로 보아 국가배상을 인정한 사례도 있고(대판 2003.11.14, 2002다55304), '독립한 행정주체'라고 하여 국가배상을 인정하지 않은 사례도 있다(대판 2010.1.28,

---

5) 우리 법원은 이러한 류의 규정을 근거로 해당 법률을 민법의 특별법이라고 해석하는데, 이것은 행정법에 규정이 없으면, 일반법인 민법의 규정을 준용한다는 의미이다.

6) 한미행정협정 등에 따라 국가배상책임을 인수한 것은 대표적인 악법이자 불평등조항이다. 더욱이 주한미군이 종래 분쟁지역에 주둔하는 인계철선역할에서 기동타격군으로 전환하면서 우리나라 안보에 기여하는 역할이 끝났기 때문에 그 정당성도 희박하다. 길준규, "미군공여지역의 반환에 대한 법정책학적 고찰", 『법과 정책연구』 제5집 제1호, 2005. 6, 64쪽 이하.

2007다82950, 82967). 특히 영조물의 설치·관리의 하자와 관련하여서는 민법상 공작물의 설치 또는 보존의 하자로 인한 손해배상책임(제758조 제1항)을 인정하기도 한다(대판 1996.10.11, 95다56552).

2) **배상청구권의 제한**(이중배상금지의 원칙) 우리 헌법 등은 군인·경찰공무원 등의 직무상 위험에 노출되어 있는 특수경력직 공무원의 배상청구권을 제한한다(제29조 제2항). 이는 군인, 군무원, 경찰공무원 등이 전투·훈련 등의 직무집행에 따른 손해에 대하여 본인 또는 유족이 다른 법령의 규정에 의하여 보상을 지급받은 경우에는 국가배상을 신청할 수 없다는 것이다.

제 2 항 공무원의 직무상 위법행위로 인한 손해배상

Ⅰ. 개 념

국가배상법은 "국가나 지방자치단체는 공무원 또는 공무를 위탁받은 사인이 직무를 집행하면서 고의 또는 과실로 법령을 위반하여 타인에게 손해를 입히거나, 「자동차손해배상 보장법」에 따라 손해배상의 책임이 있을 때에는 이 법에 따라 그 손해를 배상하여야 한다"고 규정한다(제2조 제1항). 이는 공무원의 위법한 직무행위에 따른 피해를 국가가 대신 배상하므로 국가행위에 대한 국가 등의 손해배상책임을 제도화한 것이다.

Ⅱ. 배상책임의 구성요건

1. 공무원 또는 공무를 위탁받은 사인 — 행위주체

1) **개 념** 국가배상책임을 인정하기 위하여는 우선 국가 등으로 배상책임이 귀속될 수 있는 '공무원 또는 공무를 위탁받은 사인의 행위'가 있어야 한다. 종래에는 "공무원"만 규정하였으나, 최근 "공무를 위탁받은 사인"이 추가되었다. 이는 가해행위자, 즉 불법행위의 행위주체를 규정한 것이다.

2) **범 위**

(1) **공무원** 국가배상법상 "공무원"의 개념은 공무원법상의 공무원개념이 아닌 광의의 공무원 개념으로 '널리 공무를 위탁받아 그에 종사하는 모든 자'를 말한다(대판 1970.11.24, 70다2253; 1991.7.9, 91다5570).[7] 공무원의 범위에는 행정부 소속

7) '국가배상법상의 공무원개념'은 '공무원법상의 공무원개념'이 아니고, '사실상 공무원이론'에

공무원에 한정하지 않고, 널리 '국가공무원'을 의미한다.[8] 즉, 국가기관의 공무원으로서 입법 · 사법 · 행정부 소속 공무원 및 지방자치단체의 공무원(지방공무원)도 포함한다.

행정부소속 공무원에는 '행정청' 외에도 행정기관인 '보조기관', '합의제기관', '의결기관을 구성하는 자'도 포함된다. 다만, (행정)기관 자체도 포함되느냐 여부는 부정설(박윤흔)이 있지만, 포함된다고 보는 긍정설(김도창, 김남진, 장태주)이 타당하다.

【판례해설】 원칙적으로는 국회의원(대판 2008.5.29, 2004다33469), 판사(대판 2001. 10.12, 2001다47290), 헌재재판관(대판 2003.7.11, 99다24218) 등도 배상책임을 지는 공무원의 범위에 포함된다. 그러나 실제 국가배상책임은 헌재재판관(대판 2003.7.11, 99다24218)과 검사(대판 2002.2.22, 2001다23447)에만 인정하였다.

(2) 공무를 위탁받은 사인 국가배상법상의 "공무를 위탁받은 사인"은 공무수탁사인을 넘어 '널리 공무를 위탁받아 수행하는 자'를 말한다.

'공무를 위탁받은 사인'은 종래 해석론으로 '공무원'의 범위에 포함하였는데, 2009년 개정으로 명문으로 규정되었다.[9] 판례도 공무를 위탁받아 수행하는 경우는 '일시적이고 한정적'이어도 국가배상을 인정하였다(대판 2001.1.5, 98다39060). 이외에도 '한미상호방위조약과 한미행정협정에 근거한 미군부대의 구성원' 등이 포함된다. 한편 자동차견인업자처럼 법적 권한위탁 없이 단순히 기능만 수행하는 행정보조자도 공무를 위탁받은 사인에 포함시키자는 견해도 있다(정하중).

【판례해설】 국가배상법상 "공무를 위탁받은 사인"의 범위에는 집달관(대판 1966.7.26, 66다854), 미군부대 카투사(대판 1969.2.18, 68다2346), 소집중인 향토예비군(대판 1970.5.26, 70다471), 군부대차량운전자(대판 1970.11.24, 70다2253), 시청소차 운전기사(대판 1980.9.24, 80다1051), 통장(대판 1991.7.9, 91다5570), 청원경찰(대판 1993.7.13, 92다47564), 전투경찰(대판 1995.11.10, 95다23897), 교통할아버지(대판 2001.1.5, 98다39060), 헌법재판소재판관(대판 2003.7.11, 99다24218) 등이 포함된다. 부정되는 경우는 의용소방대원(대판 1978.7.11, 78다584),[10] 시영버스운전사(서울고법 1974.10.2, 73나1434), 공무집행에 자진 협력하는 사인 등이 있다.

(3) 공공단체 지방자치단체를 제외한 그 밖의 공공단체(또는 소속직원)의 행위에 국가배상책임을 인정할 것인가가 문제된다. 특히 현행 국가배상법상의 "공무를 위탁받은 사인"으로 볼 수 있는가의 문제도 발생한다. 그 밖의 공공단체에 대하여 1) 공무원에 속하지 않는 것으로 보아 이에 국가배상법을 유추적용하되, 면책항변을 인정하지 말자는 견해와 2) 입법론으로 공공단체를 포함시키자는 견해(박균성)도 있으

따른 것으로 '광의의 공무원개념', '헌법상 공무원개념', '기능적 공무원개념'이라고도 한다.

8) 일부에서는 행정부와 지방자치단체뿐만 아니라 입법부와 사법부의 공무원을 포함하여 국회의원, 검사, 판사, 헌법재판소 재판관도 포함하기도 한다. 홍정선, 489쪽.

9) 국가배상법 제 · 개정이유.

10) 반대의견 : 김남진, 정하중, 이일세, 사법행정, 97/5, 21쪽.

나, 3) 판례는 일부를 제외하고는 공무원의 개념에 포함하지 않고, 별도의 행위주체로 보아 민법상 공작물책임을 인정하였다. 4) 이론적으로는 개정된 국가배상법에서 공무원과 공무를 위탁받은 사인을 행위주체로 규정하므로 지방자치단체를 제외한 그 밖의 공공단체도 공무원 개념에 포함시켜야 할 것이다. 다만, 이는 국가와 공공단체 간의 배상책임의 배분이라는 정책적인 문제는 남아 있다.

2. 직무행위

1) 직무행위의 개념과 범위 국가배상의 요건은 '공무원의 직무행위에서 발생한 피해'이어야 한다(제2조 제1항). 이때 "직무"(öffentliches Amt)는 '공무원의 모든 직무행위'를 말하고(대판 1957.6.15, **4290민상118**), 학설과 판례는 직무행위에 비권력적 작용은 포함하되, 단순한 사경제 주체로서 하는 작용은 제외한다(광의설).

직무행위의 범위에 대하여 1) 협의설은 '권력작용'(이종극)만, 2) 광의설은 국가배상법을 공법으로 보아 '공권력작용 외에도 비권력적 작용'까지 포함하고, 3) 최광의설은 '사경제작용을 포함한(관리작용은 제외) 모든 행정작용'으로 본다(이상규; 대판 1957.6.15, 4290민상118). 4) 판례는 1957년에는 최광의설이었으나, 현재는 국가 등의 사경제적 작용은 제외된다고 보는 광의설이다(대판 1991.7.26, 92다14819; 1994.9.30, 94다11767 등). 따라서 비권력적 행정작용인 행정지도는 포함하지만(대판 1998.7.10, 96다38971), 행정주체의 사법상계약은 '행정의 사경제적 주체로서 하는 작용'이므로 포함하지 않는다(대판 1999.11.26, 98다47245). 5) 통설은 비권력작용까지 포함하는 광의설이다.

2) 직무행위의 판단기준 — "직무를 집행하면서"

국가배상법상의 "직무를 집행하면서"(in Ausübung eines öffentlichen Amtes)는 공무원의 어떠한 행위를 직무행위로 볼 것인가의 문제이다. '직무의 범위'에 속하는 직무행위의 판단기준은 외형적인 직무행위로서, '객관적으로 직무범위에 속한다고 판단되는 행위이거나, 직무행위와 밀접하게 관련되는 행위'이어야 한다(외형설). 감독행위도 직무행위에 포함된다. 이는 피해자보호를 위한 것이다.

직무행위의 판단기준인 '직무관련성'에 대하여 1) 외형설은 직무의사와 상관없이 직무행위의 외형으로 판단하여 '직무행위 자체로서, 객관적으로 직무범위에 속한다고 판단되는 행위이거나 널리 외형상 직무행위와 밀접하게 관련되는 행위'이어야 한다고 본다(홍정선). 2) 실질적 관련성설은 '직무행위와의 실질적인 직무관련성'을 주장하여 구체적인 위법행위와 직무행위와의 관련성을 종합적으로 고려하고(박균성), 3) 절충설은 직무행위의 외형과 실질적 관련성을 동시에 고려한다. 4) 판례는 직무관련성이 없어도 '직무와의 실질적 관련성'이 있으면 된다는 절충설도 있으나 주로 외형설을 따른다(대판 1966.6.28, **66다781**; 1995.4.21, 93다14240 등). 5) 직무행위의 판단기준은 피해자보호를 위하여 공무원의 '주관적인 직무집행의 의사'여부와 관계없이 '객관적으로 직무행위의 외형'을 갖추고 있는지의 여부, 즉 외형상 직무집행과 관련되는지

여부를 기준으로 하여 구분하는 '외형설'이 다수설이고 타당하다.

대법원 2005. 1. 14. **선고** 2004**다**26805 **판결【손해배상(기)】**
국가배상법 제2조 제1항의 '직무를 집행함에 당하여'라 함은 직접 공무원의 직무집행행위이거나 그와 밀접한 관련이 있는 행위를 포함하고, 이를 판단함에 있어서는 행위 자체의 외관을 객관적으로 관찰하여 공무원의 직무행위로 보여질 때에는 비록 그것이 실질적으로 직무행위가 아니거나 또는 행위자로서는 주관적으로 공무집행의 의사가 없었다고 하더라도 그 행위는 공무원이 '직무를 집행함에 당하여' 한 것으로 보아야 한다(대판 1995.4.21, 93다14240; 2001.1.5, 98다39060 등 참조).

3) **직무행위의 내용**

(1) **국가의 모든 작용** 배상요건인 직무행위는 원칙적으로 '입법·사법·행정작용을 불문한 국가의 모든 작용'을 포함한다. 따라서 입법부 및 사법부의 공무원도 「헌법」(제29조) 및 '국가배상법상의 공무원'이다. 그러나 입법행위나 사법작용은 원칙만 인정할 뿐, 실제로 배상책임을 인정한 예는 거의 없다.[11] 세부적으로는 법률행위와 준법률행위인 행정행위, 사실행위, 부작위 등이 포함된다.[12]

(2) 입법행위 - 입법행위에서는 '법률이 위헌으로 되거나', '법규명령(조례)이 위법하게 되는 경우'에 배상책임문제가 발생할 수 있다. 원칙적으로 국회의원은 국민전체에 대한 정치적 책임만 질뿐이므로 국가배상을 위하여 위법하다고 볼 수 없다(대판 1997. 6.13, 96다56115). 극히 예외적으로 '헌법에서 부과된 입법의무를 고의·과실로 이행하지 않은 경우'(진정입법부작위), '헌법문언에 명백히 위반된 입법'(부진정입법부작위)[13] 등의 경우에는 인정가능하지만(대판 2008.5.29, 2004다33469), 실제로 국회의원 개인의 고의·과실을 인정하기는 어려우므로 부정적이다. 다만, '입법부가 위임한 특정사항에 대한 행정부의 행정입법부작위'로 인한 손해발생은 인정하였다(대판 2007.11.29, 2006다3561). 물론 처분법률의 경우에는 인정될 수 있다.

(3) 사법행위(판결) - 1) 사법부의 행위를 재판작용과 사법행정작용으로 분리하여, 사법행정작용은 행정작용의 실질을 가지므로 일반 행정작용처럼 국가배상책임을 인정할 수 있다(장태주). 2) 재판작용은 법관의 직무상 독립성과 기판력의 침해문제가 있으므로 법적 안정성의 요구와 권리구제의 요구를 조화하여 제한적으로 인정하자는 견해(장태주, 정하중, 홍준형)에 판결은 '재판에 대한 불복절차가 있다'는 점 등으로 재

---

11) 해당 판례들의 결론을 자세히 보면, 예외를 제외하고는 국가배상을 인정하지 않는다. 직역이 기주의에 근거한다.

12) 한편 행정법상 계약 중에서 공법상 계약은 국가배상법이 아니라 계약법에 따른 책임을 부담하여야 한다고 본다(홍정선).

13) 넓은 의미의 입법부작위에는 1) 진정입법부작위로 입법자가 헌법상 입법의무가 있는 어떤 사항에 관하여 전혀 입법을 하지 않음으로써 입법행위의 흠결이 있는 경우(즉, 입법권의 불행사)와 2) 부진정입법부작위로 입법자가 어떤 사항에 관하여 입법은 하였으나 그 입법의 내용·범위·절차 등이 당해 사항을 불완전·불충분 또는 불공정하게 규율함으로써 입법행위에 결함이 있는 경우(즉, 결함이 있는 입법권의 행사)가 있다(헌재 1996.11.28, 95헌마161).

판상 직무행위는 원칙적으로 부인하였다.[14] 다만, 최근에는 '다른 불복절차 또는 시정절차가 없는 경우'에 인정한다고 보기도 한다(대판 2002.2.22, 2001다23447). 3) 특히 기판력이 생긴 확정판결에 대하여는 i) 판결에 국가배상책임을 인정하기 위하여는 판결의 위법성이 인정되어야 하고, 따라서 확정판결에 국가배상책임을 인정하는 것은 판결의 기판력을 침해하므로 국가배상책임을 인정할 수 없다는 견해(박균성), ii) 기판력은 '판결의 내용'이, 국가배상은 '판결의 위법성'이 문제되는 것이므로 재판과 국가배상은 목적과 성질이 달라서 국가배상책임을 인정해도 기판력을 침해하지 않는다고 보는 견해(이일세, 홍정선), iii) 특히 확정력 있는 판결은 부정적이다. 독일에서도 법관은 형법상 범죄행위에 해당하고 고의나 중과실이 있는 경우에만 배상책임을 인정하고 있다. 4) 헌법재판관이 일자계산을 잘못하여 헌법소원의 청구기간이 도과하여 각하한 결정에 대하여는 직무수행상 기준을 현저히 위반하였다고 예외적으로 국가배상을 인정하였다(대판 2003.7.11, 99다24218). 5) 검사의 기소행위도 유리한 증거를 제출하지 않아 '경험칙이나 논리칙상 도저히 그 합리성을 긍정할 수 없는 정도'에 이른 경우에는 그 위법성을 인정하여 배상책임을 인정하였다(대판 2002.2.22, 2001다23447).

4) **직무의 사익보호성여부** 직무행위에 배상책임을 인정하려면, 주관적 공권이론에 따라 사인을 보호하여야 한다. 사익보호성문제는 1) 위법성(김철용, 장태주, 정하중)이나 2) 손해(김남진/김연태, 박균성)의 문제로 본다. 3) 판례의 입장은 일관적이지 않다. 최근 판례는 국가배상법상의 '직무상 의무'(Amtpflicht)를 부과한 법령의 보호목적이 '사인보호를 위한 것'이어야 하므로 '사회 일반의 공익만을 위한 직무'는 포함되지 않는다고 본다(대판 2006.4.14, 2003다41746). 물론 이는 관련 법령의 취지, 목적 등을 종합적으로 고려하여 개별적·구체적으로 판단하여야 한다(대판 2000.6.9, 98다55949).

판례는 공무원의 직무행위가 단순히 '공공일반의 이익을 위한 것'이거나 '행정기관 내부의 질서를 규율하기 위한 것'이 아니고 '전적으로 또는 부수적으로 사회구성원 개인의 안전과 이익을 보호하기 위하여 설정된 것'이라면, 공무원이 그와 같은 직무상 의무를 위반함으로 인하여 피해자가 입은 손해에 대하여는 상당인과관계가 인정되는 범위 내에서 국가가 배상책임을 지는 것이라고 본다(대판 1993.2.12, **91다43466**). 즉, 직무행위에 사익보호성이 있어야지만, 타인이 입은 손해와 상당인과관계가 인정된다는 것이다.[15]

---

14) "재판상 직무행위는 법령의 규정에 따르지 않은 잘못이 있다고 국가배상이 인정되는 것이 아니라, 당해 법관이 위법 또는 부당한 목적을 가지고 재판을 하는 등 부여된 권한의 취지에 명백히 어긋나게 이를 행사하였다고 인정할 만한 특별한 사정이 있는 경우에 예외적으로 인정된다고 본다"(대판 2001.4.24, 2000다16114).

15) 이러한 판례의 태도를 '위법성판단'(박균성), '위법 또는 인과관계'(정하중), '인과관계'(홍정선)으로 보지만, 공무원의 직무행위에서 사익보호성을 요건으로 하는 것은 항고소송에서의 원고적격의 문제이므로 국가배상에서는 필요하지 않다는 입장도 있다. 그러나 사익보호성은 대체로

3. 고의·과실

1) **과실책임주의** 배상요건으로서 공무원의 직무상 위법행위는 가해 공무원의 '고의' 또는 '과실'이 있어야 한다. 이는 '과실책임주의'를 채택한 것이다.

이때 고의는 '일정한 위법행위의 발생가능성을 인식하고 그 결과를 적극적으로 인용한 경우'이고, 과실은 '통상적으로 직무수행에 필요한 주의를 게을리한 주의의무위반'을 말한다. 과실은 민법상 불법행위책임과 마찬가지로 중과실과 경과실로 구분되나, 판례는 당해 공무원의 주관적 심리상태를 기준으로 '평균적 공무원의 주의의무를 게을리한 추상적 경과실'이면 족하다고 본다(대판 1973.10.10, **72다2583**; 1987.9.22, 87다카1164 등). 다만, 고의·과실여부는 '해당 공무원의 행위'를 기준으로 판단한다(대판 2003.11.27, 2001다33789; 2006.7.28, 2004다759).

최근에는 과실의 객관화를 위하여 1) 과실을 '객관적인 주의의무위반'으로 파악하고(당해 직종 공무원의 평균적 주의력, 개인사정 불고려), 2) '조직과실 개념'을 취하여 가해공무원의 특정은 불필요한 것으로 본다. 한편 판례는 '법적 지식이 부족하여 공무원이 법령해석을 잘못한 행정처분'도 '과실'로 본다(대판 1981.8.25, 80다1598; 2001.2.9, 98다51988).

【판례해설】 1) 관련법령의 무지나 해석을 그르친 경우에는 과실이 있다고 본다(대판 1981.8.25, 80다1598; 2001.2.9, 98다52988). 이때의 법령숙지나 해석은 성실한 평균적 공무원의 기대가능성이 기준이다(대판 2001.3.13, 2000다20731; 2004.6.11, 2002다31018).

2) 행정규칙에 따른 처분이 행정심판에서 취소된 경우에 판례는 과실을 인정하지 않으나(대판 1994.11.8, 94다26141), 학설은 갈리고(장태주 인정, 홍정선 불인정) 단순히 배상책임만 인정하기도 하였다(대판 1997.9.9, 97다12907). 아울러 재량행위의 남용도 위법이 된다.

3) 항고소송에서 행정청이 패소한 경우에도 바로 과실 등으로 인한 불법행위책임을 진다고 단정할 수는 없다고 한다(대판 2003.11.27, 2001다33789; 2000.5.12, 99다70600). 4) 역시 처분의 근거가 된 법률이 위헌선언이 된 경우에도 마찬가지이다.

2) **입증책임** 고의·과실의 입증책임은 원고인 '피해자'에게 있다. 물론 피해자는 '가해공무원의 특정'은 필요하지 않고, 단지 '공무원의 행위'인 것만 입증하면 된다. 그러나 '민법상 일응추정의 법리'[16]를 원용하여 피해자는 공무원의 고의·과실로 손해가 발생하였다는 개연성만 입증하고, 국가가 무과실을 입증하도록 국가의 입증책임으로 전환해야 한다(장태주, 홍정선).

인정하고 있는데, 다만 사익보호성을 사익을 보호하는 경우에만 공무원의 작위의무가 법적인 의무로 되어 위법성인 인정된다고 보거나(김철용, 정하중), 손해는 반사적 이익이 아닌 권리 등의 법익침해에 한정되므로 손해의 판단에서 사익보호성이 필요하다고 보기도 하고(김남진/김연태, 박균성), 직무의 문제로 보기도 한다(홍정선).

16) 이는 손해발생을 입증하면, 과실이 있는 것으로 일응추정한다.

4. 법령의 위반 (위법)

1) **법령위반의 개념** 배상요건으로서 공무원의 가해행위가 "법령을 위반"하여야 한다. 이때 법령의 위반에서의 "법령"은 '성문법과 불문법을 포함한 모든 법규'를 말한다. "위반"은 '공무원의 직무행위가 법령에 위배되는 것'으로 작위와 부작위로 나뉜다. 물론 이때 부작위는 작위의무가 전제된다.

법령의 범위에 대하여 1) 일원설(협의설)은 '성문법, 불문법 외에 행정법상 일반원칙을 포함한 법규'를 의미하므로 행정규칙은 제외한다. 2) 이원설(광의설)은 이때의 위법에 법령위반 외에도 인권존중, 권력남용금지, 신의성실, 공서양속 등도 포함한다. 3) 판례도 광의설로 보인다(대판 1998.10.13, 98다18520). 다만, '입법상 불법'이나 '사법상 불법'에 위법성을 인정하기는 쉽지 않다(홍정선).

한편 직무상 의무위반을 위법으로 볼 것인가에서 '법령에서 규정된 권한의 불행사'도 직무상 의무위반으로 위법이 된다고 본다(대판 1998.5.8, 97다54482).

2) **위법성의 기준** 국가배상책임을 인정하기 위하여는 '위법성'이 요구된다. 이때 '위법'이 무엇을 의미하는지는 학설이 갈린다.

위법성의 판단기준에 대하여 1) 결과불법설은 '민법상 불법행위책임'과 같다고 보아 침해행위의 결과인 손해(불법)가 일반국민의 수인가능성을 넘는 지를 기준으로 판단하고, 2) 행위위법설은 민법상 불법행위책임과 달리 '행위규범위반'으로 보아 공무원의 객관적 법적합성을 담보한다고 보고(홍정선), i) 협의의 행위위법설은 행정소송과 마찬가지로 '국가작용 자체의 행위규범의 위반', 즉 '항고소송상의 위법'과 같은 것으로 보며, ii) 광의의 행위위법설은 '국가작용 자체의 위법 외에도 공무원의 직무상 일반적인 손해방지의무 위반'도 판단대상으로 보아 항고소송의 위법성보다 넓게 본다(박균성). 3) 상대적 위법성설은 '행위 자체의 위법여부뿐만 아니라 피침해이익의 성격, 침해의 정도, 가해행위의 형태 등을 종합적으로 고려하여 객관적으로 정당성을 결한 행위'를 의미한다는 입장으로 민법상 불법행위론에서의 상관관계론을 도입한 것이고(장태주), 4) 직무의무위반설은 국가배상법상의 위법은 항고소송의 위법과는 구분되는 '공무원의 직무위반'이라고 주장한다. 5) 다수설과 판례는 행위위법설이나 일부 판례는 상대적 위법성설을 지지한다(대판 2000.5.12, 99다70600).

3) **부작위의 위법성** 행정청이 행위의무를 이행하지 않은 결과, 즉 부작위로 타인에게 손해가 발생한 경우에는 해당 부작위가 위법하여야 한다. 부작위가 위법하기 위하여는 행정청에게 작위의무가 존재하여야 한다. 해당 공무원의 행위가 법령에서 정한 기속행위인 경우에는 작위의무가 쉽게 인정되나, 법령에서 '재량행위'로 정하거나 '법령에 규정이 없는 경우'에는 작위의무의 인정이 문제된다.

한편 작위의무가 법령에 근거가 없는 경우 또는 재량행위인 경우에 해당 공무원에 대하여 작위의무를 인정할 것인가가 문제된다. 1) 부정설은 행정의 법률적합성 원리에 따르면 법령의 근거가 없는 작위의무는 인정할 수 없다고 보고, 2) 긍정설은 민법의 불법행위책임처럼 공서양속, 사회통념 등의 조리를 통하여 작위의무를 인정할 수 있다고 본다(박균성). 판례처럼 국가의 위험방지를 위한 작위의무를 인정하기도 한다(박윤흔). 3) 절충설은 작위의무가 반드시 실정법에 근거해야 하는 것은 아니지만, 그렇다고 조리에 의존할 수는 없으므로 개별 행정분야의 헌법 및 행정법상 일반원칙(조리)에서 도출하여 법익의 종류, 침해의 정도 등을 구체적으로 고려해야 한다고 본다(장태주, 홍정선). 4) 판례는 법령에 근거가 없는 경우는 '위험방지를 위한 작위의무'를 인정하거나(대판 1998.10.13, 98다18520), 재량규정에서는 '구체적 상황에서 부작위가 현저하게 불합리한 경우'에는 직무상 의무를 위반하여 위법하게 된다고 본다(대판 2006.7.28, 2004다759). 5) 행정법의 특성상 법령에서 행정청의 작위의무를 모든 경우에 다 규정하고 있지 않는 현실에서는 절충설처럼 개별법령의 규정과 취지, 행정법상의 일반원칙, 국가의 위험방지의무 등을 통하여 작위의무를 도출하여야 할 것이다.

4) 행정소송법상 위법의 인정여부

(1) 구분여부 - 국가배상이 인정되려면, 배상요건으로 가해행위의 '위법성'이 필요한데, 이것이 '행정소송법의 위법'개념과 같으냐의 문제이다. 1) 결과불법설에 따라서 양자의 성질이 다르므로 구분하는 견해(서원우), 2) 행위위법설의 입장에서 양자가 같은 것으로 보는 견해가 있다(홍정선). 3) 국가배상의 위법은 행정소송의 위법과 구분하되, 더 넓다고 보아야 할 것이다

(2) 취소판결의 국가배상소송에 대한 기판력 - 행정소송(취소소송)에서 위법이 확정된 판결의 기판력이 국가배상소송에 영향을 미칠 것인가의 문제이다. 위의 1) 동일설(행위위법설)의 입장에서는 취소판결의 기판력이 후소인 국가배상소송에 미친다고 보고(긍정설), 2) 구별설(결과불법설)의 입장에서는 기판력이 미치지 않는다고 본다(부정설). 3) 한편 제한적 기판력긍정설은 광의의 행위위법설에 따라 국가배상법상의 위법성이 더 넓다고 본다. 나아가 취소소송이 청구인용판결이면 기판력이 미치나 청구기각판결인 경우에는 미치지 않는다고 본다(장태주). 4) 3설이 타당하다.

(3) 선결문제로서 행정행위의 위법판단 - 국가배상사건에서 행정행위(처분)의 위법여부가 재판의 전제가 된 경우(선결문제)에 해당 법원의 행정행위의 위법여부에 대한 판단에 반대하는 입장도 있으나 수소법원이 직접 판단할 수 있다는 것이 통설과 판례이다(대판 1972.4.28, 72다337).

5) 입증책임 위법성의 입증책임은 '원고'에게 있다는 견해가 일반적이다. 물론 원고는 가해행위의 입증으로 충분하고 위법성의 입증책임은 없다는 견해(박윤흔)가 있고, 선결문제는 구성요건적 효력 때문에 수소법원은 불가하다고 보기도 하고(이상규), 긍정하기도 한다(김남진).

5. 타인에 대한 손해의 발생

1) **타 인** 이때의 "타인"은 '가해자인 공무원과 그의 위법한 직무행위에 가담한 자 이외의 모든 피해자'를 말한다. 따라서 '다른 공무원'도 피해자가 될 수 있다. 다만, '이중배상금지에 해당하는 특수직 공무원'은 제외된다.

2) **손 해** "손해"는 '가해행위로 발생한 모든 손해'를 말한다. 이는 '적극적·소극적 손해, 재산적·비재산적 손해를 불문하고, 피해자가 입은 모든 법익침해에 의한 불이익'이다(대판 1998.7.10, 96다38971; 2004.9.23, 2003다49009). 손해는 '법률상 이익의 침해'이므로 반사적 이익에 대한 침해는 당연히 적용되지 않는다.

3) **직무상 위법행위(가해행위)와 손해와의 인과관계** 아울러 가해행위와 손해(발생)간의 상당인과관계가 존재하여야 한다. 물론 상당인과관계는 관련 법령의 내용, 결과발생의 개연성, 가해행위의 태양, 피해의 정도 등의 제반사정을 종합적으로 고려해야 한다(대판 1994.6.10, 93다30877).

Ⅲ. 배상책임의 성질과 범위

1. 배상책임의 성질 (무과실책임주의)

공무원 등의 행위가 위의 배상요건을 충족하면, 국가 등은 피해자에 대하여 배상책임을 진다. 이 때 국가 등이 부담하는 배상책임의 법적 성질은 국가의 공무원에 대한 선임·감독의 과실 유무를 불문하고 피해자에 대하여 배상책임을 지는 무과실책임주의이다.

2. 공무원을 대신한 국가의 배상책임의 법적 성질

국가가 공무원을 대신하여 부담하는 배상책임(제2조 제1항)의 성질에 대하여는 다음과 같이 학설이 크게 나뉜다.

1) **대위책임설** 국가는 불법을 행할 수 없으므로 위법행위를 한 행위자인 해당 공무원이 책임을 져야 하지만, 국가가 피해자보호를 위하여 가해자인 공무원을 대신하여 배상책임을 진다는 것이다. 이는 독일이론을 받아들여 공무원의 위법한 직무행위는 국가의 행위는 아니지만 국가가 대신 책임진다는 이론이다(김도창, 박윤흔, 이명구, 변재옥, 홍정선, 유상현).

대위책임설의 근거는 1) 국가는 공법인으로서 위법을 행할 수 없고, 2) 배상요건으로 공무원의 과실이 요구되는 과실책임주의이고, 3) 국가가 배상하는 것이 피해자인 국민(국가배상청구권자)에게 유리하다는 점이다.

반론은 1) 국가면책(무책임)사상은 지양하여야 하고, 2) 독일법과 달리 우리 법에는 '공무원을 대신하여'라는 규정이 없고, 3) 공무원이 무과실이면 국가의 배상책임이 없다는 점이다.

대위책임설에 따를 경우에는 1) 공무원 개인은 배상책임이 없으므로 선택적 청구가 불가능하고, 2) 국가가 대신 배상하였으므로 공무원에게 구상권을 행사할 수 있다.

2) **자기책임설** 국가는 행위능력이 없으므로 행위능력이 있는 공무원의 행위라는 수단으로만 행위할 수 있기 때문에, 국가의 행정기관이자 행위자인 공무원의 위법행위는 행정주체인 국가에게 그 법률효과로서 당연히 귀속하므로 국가가 직접 자기의 책임으로 공무원의 위법행위를 부담하는 것이라고 주장한다(서원우, 장태주, 강구철, 류지태, 정하중, 박균성, 허영). 이론적으로는 '국가의 기관책임'에서 배상한다는 기관책임설(헌법학자), 공무원의 직무행위 자체가 가진 손해발생의 위험에 따른 '국가의 위험책임'이라고 보는 위험책임이론(김동희, 박균성) 등에 근거한다.

자기책임설의 근거는 1) 「국가배상법」 제2조에 "국가등이 배상하여야 한다"고 규정하였고, 2) 같은법 제2조의 "고의 또는 과실"이 행위자인 공무원의 주관적인 인식과 상관없이 객관적 사정인 무과실책임으로 본다는 점, 3) 공무원에 대한 구상권은 단지 정책적인 차원에서 인정되는 것이므로 배상책임의 성질과는 무관하다는 점이다.

반론은 자기책임설에 따르면, 대외적으로는 국가책임과 공무원 개인의 책임이 병존하므로 선택적 청구는 가능하지만, 대내적으로는 국가의 책임이므로 공무원 개인의 책임이 없으므로 공무원에 대한 구상권 행사는 설명할 수 없다.

3) **중간설** 구상권의 근거인 공무원의 가해행위의 고의·과실여부를 구분하여 1) 공무원의 위법행위가 고의나 중과실인 경우에는 공무원 개인의 책임이므로 국가의 책임을 물을 수 없고 국가의 구상권이 인정되므로 국가의 책임은 대위책임이지만, 2) 경과실에는 공무원의 행위를 국가기관의 행위로 볼 수 있으므로 책임을 국가에게 인정할 수 있고, 국가는 구상권을 청구할 수 없는 자기책임으로 보는 견해이다(이상규).

4) **절충설** 공무원의 위법행위가 1) 고의·중과실에 따른 행위는 국가행위로 볼 수 없으므로 공무원만 배상책임을 지지만 그 행위가 직무로서 외형을 갖춘 경우에는 국가가 피해자와의 관계에서 일종의 자기책임으로 배상책임을 지므로 자기책임과 대위책임이 양면적이라고 보지만, 2) 경과실인 경우는 국가기관의 행위라고 볼 수 있으므로 국가의 자기책임이라는 견해이다(김동희). 신자기책임설이라고도 한다(박균성).

5) **판 례** 학자에 따라서는 판례(대판 1996.2.15, 95다38677)의 태도를 중간

설(김남진/김연태), 절충설(장태주, 홍정선, 박균성)로 판단하나, 절충설로 보아야 한다.[17)]

3. 배상책임의 범위 (배상기준)

1) 원 칙

국가배상에 대하여 헌법은 '정당한 배상'을 규정한다(제29조 제1항). 국가배상법은 "생명·신체에 대한 침해와 물건의 멸실·훼손으로 인한 손해"에 대하여는 배상기준[18)]을 규정하고, '기타의 손해'는 "불법행위(가해행위)와 상당인과관계 내에 있는 범위"에서 배상하도록 규정한다(제3조 제4항). 물론 국가배상법상 배상기준은 헌법상 정당한 배상에 위배되지 않는다(대판 1970.1.29, 69다1203).

국가배상법상의 배상기준(제3조)의 해석에 대하여 1) 한정액설은 법상 배상기준이 분쟁의 소지를 없애기 위하여 명문으로 '상한선'을 규정한 제한규정이어서 법원을 구속한다고 보고(이상규), 2) 기준액설은 법원의 판단을 구속하지 않는 '하나의 기준'(단순기준규정)에 불과하여 민법상 손해배상액을 고려하여 증감이 가능하다고 본다(서원우, 박윤흔, 석종현, 김동희, 강구철, 홍정선). 3) 판례는 배상기준 규정은 하나의 기준에 불과하다고 보는 기준액설이다(대판 1970.1.29, **69다1203**; 1980.12.9, 80다1820). 4) 한정액설로 보면, 배상기준이 명백하나, 배상기준을 기반으로 헌법상 정당한 보상이 되도록 해야 한다는 점에서 다수설과 판례는 '기준액설'로 보아 법원에 의한 증감이 가능하다고 본다.

2) 손익상계 (이익의 공제)

피해자가 손해를 입은 동시에 이익을 얻은 경우에는 손해배상액에서 그 이익에 상당하는 금액을 공제해야 한다(제3조의2 제1항). 즉, 피해자에게 "이익"이 되는 '유족배상, 장해배상, 장래에 필요한 요양비 등의 일시청구시에 중간이자'를 공제한다(제2항). 중간이자공제는 종전 'Leibniz식'에서 법정이율에 의한 단할인법인 'Hoffman식'으로 개정하였다(제3항, 영 제6조 제3항).

---

17) 1972년 판례는 민사배상을, 1994년 판례는 공무원의 배상책임을 부정하였으나, 1996년 이후는 절충설을 지지한다.

18) 배상기준으로 사망은 상속인에게 1) 사망시(상해치상은 상해시)의 수입에 장래 취업가능기간을 곱한 금액의 유족배상, 2) 장례비(제3조 제1항), 신체상해는 1) 필요한 요양이나 요양비, 2) 요양기간 중 수입 손실액의 휴업배상, 3) 완치 후 신체장해시 수입에 장래의 취업가능기간을 곱한 금액의 장해배상(제2항), 물건의 멸실·훼손은 1) 피해시의 물건의 교환가액 또는 필요한 수리나 수리비, 2) 수리기간 중 손실액의 휴업배상(제3항), 사망·상해시 피해자의 직계존속·직계비속 및 배우자, 상해나 그 밖의 해를 입은 피해자에게 정신적 고통에 대한 위자료를 배상한다(제5항).

4. 국가배상수급권의 양도금지와 소멸시효

1) **양도금지** 생명・신체의 침해에 의한 국가배상을 받을 권리는 양도하거나 압류하지 못한다(제4조). 그 밖의 재산권은 양도나 압류가 가능하다. 이는 '공법상 권리'로서의 특성을 인정한 것이다.

2) **소멸시효** 국가배상법은 국가배상청구권의 소멸시효에 대한 규정이 없다. 민법은 "그 손해 및 가해자를 안 날로부터 3년", "불법행위를 한 날로부터 10년"의 소멸시효를 규정하고(제766조), 국가재정법은 다른 법률의 규정이 없으면 국가의 금전채무에 대하여 5년의 소멸시효를 규정한다(제96조).

소멸시효에 대하여 1) 전통적인 견해는 민법의 소멸시효를 적용하였다(홍정선, 대판 1989.11.14, 88다카32500). 2) 국가재정법상의 5년의 소멸시효를 주장한다(정하중, 대판 2001.4.24, 2000다57856). 3) 민법의 단기소멸시효는 국가재정법에서 규정한 "다른 법률의 규정"에 해당하므로 "손해 및 가해자를 안 날"로부터 3년(민법), "불법행위가 있은 날"은 민법이 다른 법률의 규정에 해당하지 않으므로 국가재정법상의 5년규정을 적용한다(법무부 행정해석, 박균성, 정형근). 4) 판례는 민법을 따르기도(대판 2008.5.29, 2004다33469; 헌재 1997.2.20, 96헌바24), 국가재정법을 따르기도 한다(대판 2008.11.27, 2008다60223). 한편 소멸시효에 대하여 「민법」 제766조를 적용한 것은 위헌이 아니라고 본다(헌재 1997.2.20, 96헌바24; 2003.5.15, 2000헌마192, 508병합). 5) 국가재정법이 특별법이라는 점에서 민법이 "다른 법률의 규정"에 해당하지 않으므로 국가재정법에 따라 5년의 소멸시효를 적용하는 것이 타당하다.

한편 국가배상의 신청이 특별한 사정, 즉 객관적인 장애사유가 있는 경우에 국가가 국가배상의 소멸시효완성을 주장하는 것은 신의성실의 원칙에 반하는 권리남용으로 허용되지 않는다(대판 2005.5.13, 선고 2004다71881).

Ⅳ. 배상책임의 범위

1. 배상청구권자

1) **원 칙** 배상청구권자는 '누가 국가배상을 청구할 수 있는가'의 문제이다. '공무원의 고의 또는 과실에 의한 위법한 직무집행으로 손해를 입은 자'는 누구나 원칙적으로 배상을 청구할 권리를 가진다. 배상청구권자에는 피해자인 사인뿐만 아니라 공무에 가담한 자를 제외한 다른 공무원도 포함된다.

2) **예 외**

(1) 이중배상금지의 원칙 배상청구권 행사에 대하여는 일정한 제한이 있

다. 이는 특수경력직 공무원에 대한 이중배상금지의 원칙이다. 즉 군인, 군무원, 경찰공무원, 향토예비군대원은 "다른 법령에 의하여 재해보상금 · 유족연금 · 상이연금 등의 보상을 받는 경우"에는 국가배상을 청구할 수 없다고 규정한다(헌법 제29조 제2항, 국가배상법 제2조 제1항 단서).

「헌법」 제29조 ② 군인 · 군무원 · 경찰공무원 기타 법률이 정하는 자가 전투 · 훈련등 직무집행과 관련하여 받은 손해에 대하여는 법률이 정하는 보상 외에 국가 또는 공공단체에 공무원의 직무상 불법행위로 인한 배상은 청구할 수 없다.

「국가배상법」 제2조 ① …다만, 군인 · 군무원 · 경찰공무원 또는 향토예비군대원이 전투 · 훈련 등 직무 집행과 관련하여 전사 · 순직하거나 공상을 입은 경우에 본인이나 그 유족이 다른 법령에 따라 재해보상금 · 유족연금 · 상이연금 등의 보상을 지급받을 수 있을 때에는 이 법 및 「민법」에 따른 손해배상을 청구할 수 없다.

제도의 취지 - 「헌법」(제29조 제2항)과 「국가배상법」(제2조 제1항 단서)은 위험한 직무를 수행하는 군인(군무원, 향토예비군), 경찰공무원에 대한 피해보상제도(사회보험, 사회보상)를 도입하는 대신에 국가 등에 대한 국가배상 및 민법상 손해배상을 청구할 수 없도록 규정하였다. 이는 가해공무원인 군인등과 피해공무원인 군인등간의 배상소송을 예방하기 위한 취지에서 도입되었다(대판 2001.2.15, 96다42420; 2002.5.10, 2000다39735).

【판례해설】 이중배상금지제도는 초기에 국가배상법에 규정하였으나, 1971년 대법원이 국가배상법 규정을 위헌판결하여(대판 1971.6.22, 70다1010), 이후 유신헌법(1972년 헌법)이 헌법차원에서 직접 이중배상금지원칙을 규정하였다. 따라서 헌법규정 때문에 한동안 형식적으로는 위헌논의가 잠잠하였고, 대법원은 이후 계속 합헌으로 보고 있다. 헌법재판소도 「국가배상법」 제2조 제1항의 단서조항에 대하여 이는 "헌법상 보장되는 국가배상권을 헌법 내재적으로 제한하는 「헌법」 제29조 제2항에 직접 근거하고 실질적으로 내용을 같이한다"고 하여 합헌으로 결정하였다(헌재 2001.2.22, 2000헌바38). 이 규정에 대하여 형식적 합헌론은 인정되나, 위헌의견이 강하다.[19]

이중배상금지의 적용범위(적용대상자) - 1) 헌법은 군인, 군무원, 경찰공무원만 규정하고, 2) 「국가배상법」의 '향토예비군' 추가규정에 대한 위헌주장에 헌법재판소는 '합헌'으로 보았다(헌재 1996.6.13, 94헌바20). 물론 반론이 있다(홍정선). 3) '전투경찰순경'은 "경찰공무원"으로 보지만(헌재 1996.6.13, 94헌마1118, 93헌바39 병합), 4) '공익근무요원'(대판 1997.3.28, 97다4036)과 '경비교도'(대판 1998.8.12, 97다45914)는 "군인"으로 보지 않는다. 둘 다 병역의무를 부담하는 자라는 점에서 차별일 수 있다.

(2) 이중배상금지의 예외

공동불법행위에 따른 구상권 - 일반 사인이 국가와 공동으로 이중배상금지원칙의 적용을 받는 군인 등에게 불법행위로 손해를 가한 경우에 피해자인 군인 등은 국가

---

19) 이상철, "국가배상법 제2조 제1항 단서의 위헌성", 『안암법학』 창간호, 1993. 9, 274쪽; 홍정선, 484쪽.

에는 이중배상금지원칙에 따라 국가배상을 청구할 수는 없지만, 국가와 공동불법행위 책임을 지는 일반 사인(공동불법행위자)에게는 손해배상을 청구할 수 있다.

이때 일반 사인이 피해자인 군인 등에게 손해배상을 한 후에 국가에 대하여 구상권을 청구할 수 있느냐의 문제이다. 대법원은 처음에는 부인하였으나(대판 1983.6.28, 83다카500), 헌법재판소는 아무 근거없이 국민의 재산권을 침해한다고 한정위헌을 선고하였고(헌재 1994.12.29, 93헌바21), 이후 대법원은 공동불법행위의 귀책비율에 따라 구상권을 청구할 수 있다고 본다(대판 2001.2.15, 96다42420). 따라서 일반사인은 귀책비율에 따른 부담부분만 국가에게 구상권을 청구할 수 있다.

다른 법령에 의한 보상을 받지 못한 경우 - 군인 등의 이중배상금지자가 다른 법령의 규정에 의하여 보상을 받을 수 없는 경우에 국가배상이 가능하냐는 문제에 대하여 판례는 국가배상을 청구할 수 있다고 본다(대판 1997.2.14, 96다28066).

2. 배상책임자 (배상주체)

1) 원 칙 배상책임자는 원칙적으로 '국가 또는 지방자치단체'이다.

배상책임자에 대하여 헌법은 '국가 또는 공공단체', 국가배상법은 '국가 또는 지방자치단체'를 규정한다. 즉, 국가배상법이 공공단체 중에서 '지방자치단체'만 규정하므로 '지방자치단체를 제외한 그 밖의 공공단체'에 대하여는 논란이 있다.

국가배상법 배상주체규정에 대하여 1) 위헌설은 지방자치단체를 제외한 공공단체를 규정하지 않은 국가배상법이 헌법의 취지에 어긋난다고 보고(이상규, 홍준형), 2) 확대해석설은 국가배상법규정을 '예시규정'으로 보아 공공조합 및 영조물법인까지 포함된다고 확대해석하고(변재옥, 홍정선), 3) 합헌설은 헌법이 규정한 공공단체에 대하여 동일법률(국가배상법)에 따라 배상해야 하는 것은 아니라고 보고(박윤흔), 4) 국가배상법을 유추적용해야 한다는 견해(박균성) 등이 있다. 5) 판례는 '헌법상의 공공단체'의 개념을 국가배상법과 결합하여 좁게 문리해석하여 '지방자치단체'에 한정하여 국가배상법을 적용하고 '나머지 공공단체'는 법령에서 수권규정을 둔 경우에만 제한적으로 국가배상을 인정하고 나머지는 민법상 손해배상책임을 인정한다. 6) 헌법에서 규정한 공공단체를 규정하지 않은 국가배상법은 위헌성이 있으나, 나머지 공공단체는 독립한 행정주체라는 점에서 국가배상으로 하지 않을 수도 있다.

2) 배상책임의 배분 국가배상책임의 분배는 사무의 구분에 따라 국가사무는 국가, 지방사무는 지방자치단체가 부담한다. 기관위임사무는 위임기관이 배상책임을 진다(대판 1996.11.8, 96다21331; 1991.12.24, 91다34097).

1) 기관위임사무는 주로 국가가 위임하고 집행하는 지방자치단체의 기관은 '국가기관의 지위'를 가지기 때문에 위임자인 국가가 배상한다는 데 학설과 판례가 일치한다(대판 1981.11.24, 80다2303).

2) 국가가 위임한 단체위임사무는 ⅰ) 지위이전설은 위임에 따라 권한이 이전하여 '지방자치단체의 사무'이므로 지방자치단체가 배상하여야 한다고 보고(장태주, 박균성), ⅱ) 지위이전부정설은 단체위임사무도 역시 '사무의 귀속주체'는 여전히 국가이고, 지방자치단체도 국가기관의 지위를 가질 수 있으므로 국가가 배상책임을 진다고 본다(홍정선, 정형근). ⅲ) 국가가 위임한 단체위임사무는 수임한 지방자치단체가 자신의 이름으로 수행하는 등의 자율성을 가지나, 사무의 효과가 국가에 귀속한다는 점에서는 원칙적으로 국가가 배상한다고 보아야 할 것이다.

3) 비용부담자의 문제 공무원의 선임감독자와 '봉급 · 급여 기타의 비용부담자'[20]가 다른 경우는 비용부담자도 배상책임을 진다(제6조 제1항). 피해자는 양자에 대해 '선택적 청구'도 가능하다. 이때 비용부담자가 먼저 배상하면, 선임감독자에 대해 구상권을 행사할 수 있다(제2항).[21]

비용부담자의 판단기준인 '비용부담여부'에 대하여 1) 실질적 비용부담자설은 실질적으로 비용을 부담하는 자이고, 2) 형식적 비용부담자설은 대외적으로 비용을 부담하는 자이고, 3) 병합설은 피해자의 선택의 우려를 고려하여 양자를 포함한다(홍정선, 박균성). 4) 판례는 병합설이다(대판 1994.12.9, 94다38137).

4) 최종 배상책임자 국가배상법은 손해를 먼저 배상한 자가 내부관계에서 배상책임이 있는 자에게 구상할 수 있다고 규정하고 있다(제6조 제2항). 따라서 가해공무원의 선임감독자와 비용부담자 중에서 먼저 배상한 자는 내부관계에서 책임이 있는 자에게 구상할 수 있고, 이때 '구상당하는 자'가 '최종 배상책임자'(종국적 배상책임자)가 된다.

다만, 「국가배상법」 제6조의 법구조상 제1항은 배상책임자에 선임감독자에 이어 비용부담자를 추가함으로써 국민에 대한 배상책임을 높이는 '국민에 대한 외부적 배상의무'를, 제2항은 '배상책임자 내부의 선임감독자와 비용부담자와의 궁극적인 구상관계'를 규율한 것으로 보기도 한다(홍정선).

최종적인 배상책임을 누가 부담할 것인가에 대하여는 1) 사무귀속자설(관리자부담설)은 '공무원의 해당 사무의 사무관리자가 속하는 행정주체 내지 사무의 귀속주체인 행정주체'가 최종적인 배상책임을 부담한다고 보고(장태주, 홍정선), 2) 비용부담자설은 사무 등의 관리비용에 손해배상금도 포함되므로 '해당 사무의 비용부담자'가 최종적

---

20) 비용부담자를 국가배상법은 '공무원의 봉급 · 급여, 그 밖의 비용을 부담하는 자'로(제6조 제1항), 판례는 '봉급 · 급여 또는 사무집행에 필요한 비용을 부담하는 자'(대판 1994.12.9, 94다381137)로 본다. 이는 '행정주체'에 한정된다.

21) 「국가배상법」 제6조 (비용부담자 등의 책임) ① 제2조 · 제3조 및 제5조에 따라 국가나 지방자치단체가 손해를 배상할 책임이 있는 경우에 공무원의 선임 · 감독 또는 영조물의 설치 · 관리를 맡은 자와 공무원의 봉급 · 급여, 그 밖의 비용 또는 영조물의 설치 · 관리 비용을 부담하는 자가 동일하지 아니하면 그 비용을 부담하는 자도 손해를 배상하여야 한다. ② 제1항의 경우에 손해를 배상한 자는 내부관계에서 그 손해를 배상할 책임이 있는 자에게 구상할 수 있다.

인 배상책임자라고 보고, 3) 기여도설(병존설)은 '손해발생에 기여한 정도'에 따라 최종적인 배상책임자가 결정되어야 한다는 입장으로 다만 기여자가 여러 명인 경우에는 기여도에 따라 비용도 분담해야 한다는 것이고(박균성), 4) 개별검토설은 개별 사례의 구체적인 타당성을 고려하여 해결하여야 한다는 입장이다(류지태). 5) 판례는 기여도설 내지 개별검토설로도 보이기도 하고(대판 1998.7.10, 96다42819), 사무귀속자설로도 보이므로(대판 2001.9.25, 2001다41865) 일관성이 없다. 6) 법령이 행정사무를 규정한 경우에 그에 따른 비용도 규정하므로 법리적인 측면에서는 사무귀속자설이 타당하다.

V. 공무원의 배상책임

국가 등이 가해공무원을 대신하여 배상책임을 부담하므로 공무원은 원칙적으로는 배상책임이 없다고 볼 수 있다. 그러나 헌법에서 가해공무원의 책임이 면죄되지 않는다고 보므로 일정한 경우에는 배상책임을 부담한다.

1. 공무원에 대한 구상권

국가 등이 배상책임을 부담하는 경우에도 가해 공무원에게 고의 또는 중대한 과실(중과실)이 있으면(제2조 제2항), 국가나 지방자치단체의 소속기관장이(영 제17조) 해당 공무원에 대하여 구상권을 행사할 수 있다. 실무에서는 아직 많지 않다.

구상권의 법적 성질은 1) 대위책임설로 볼 경우에는 원래 배상책임자인 공무원에 대한 구상이므로 국가가 대신 배상해 준 것에 따른 '부당이득반환청구권'이다(박윤흔), 2) 자기책임설에 의할 경우에는 공무원의 가해행위는 곧 국가의 행위이므로 국가와의 관계에서의 내부적 변상책임인 '채무불이행에 근거한 손해배상책임'이다.

대법원 2003. 2. 11. **선고** 2002다65929 **판결 【손해배상(기)】**
<u>국가배상법 제2조 제2항에 의하면, 공무원의 직무상의 위법행위로 인하여 국가 또는 지방자치단체의 손해배상책임이 인정된 경우 그 위법행위가 고의 또는 중대한 과실에 기한 경우에는 국가 또는 지방자치단체는 당해 공무원에 대하여 구상할 수 있다 할 것이나, 이 경우 공무원의 중과실이라 함은 공무원에게 통상 요구되는 정도의 상당한 주의를 하지 않더라도 약간의 주의를 한다면 손쉽게 위법, 유해한 결과를 예견할 수 있는 경우임에도 만연히 이를 간과함과 같은 거의 고의에 가까운 현저한 주의를 결여한 상태를 의미한다 할 것이다</u>(대판 1996.8.23, 96다19833 참조).

한편 다수 공무원의 직무행위에 의한 손해발생시에 국가 등이 구상권을 행사할 경우에 각 공무원은 연대책임이 아니라 '해당되는 직무행위의 부분에 대하여만 그에 상응하는 책임'을 부담한다. 다만, 고의·중과실이 있는 자와 경과실만 있는 자로 구분될 수 있는 경우에는 중과실 등이 있는 자에게만 구상할 수 있다(장태주, 박균성).

공무원에 대한 구상권외에도 국가배상법은 배상책임자 내부의 구상관계를 규정하고 있다(제6조 제2항). 즉, 공무원에 대한 선임・감독자와 비용부담자가 다른 경우에 비용부담자가 배상한 경우에는 궁극적인 배상책임자인 선임・감독자에게 구상할 수 있다.

2. 선택적 청구권의 문제

선택적 청구권은 '피해자가 국가와 가해공무원에 대하여 선택적으로 배상청구를 할 수 있다는 것'이다. 헌법은 공무원 개인의 책임이 면제되지 않는다고 규정하지만, 국가배상법에는 이무런 규정이 없다. 판례는 고의나 중과실인 경우에만 가해공무원이 민사상 손해배상책임을 진다고 본다.

선택적 청구권의 인정문제에 대하여 1) 긍정설(자기책임설)은 가해행위는 공무원 자신의 행위이지만 피해자(청구권자)를 보호하기 위하여 국가배상이 인정된다고 보아 피해자가 선택할 수 있다고 본다(문홍주, 김철수). 논거는 ⅰ)「헌법」 제29조 제1항 단서가 '공무원 개인의 책임'을 규정하였고, ⅱ) 자기책임설에 따를 경우에는 국가 등의 책임과는 별개로 공무원 개인의 책임을 인정할 수 있고, ⅲ) 공무원 개인의 직접책임을 부인하면, 공무원의 책임의식이 약해진다는 것이다. 2) 부정설(대위책임설)은 공무원에게 책임을 묻는 것은 국가배상법의 구조나 취지에 반한다고 본다(김도창, 이상규, 박윤흔, 변재옥, 석종현, 유상현, 홍정선). 논거는 ⅰ)「헌법」 제29조 제1항 단서는 단지 '국가등의 구상에 응하는 책임'이고, ii) 국가의 배상으로 피해자에 대한 구제가 충분하고, iii) 선택적 청구를 인정하면, 공무원의 직무의욕을 저하시킬 수 있다는 것이다. 3) 절충설(김동희, 박균성)은 고의・중과실인 경우는 원칙적으로 공무원 개인이 책임을 져야 하지만, 당해 행위가 직무행위인 경우에는 피해자를 위하여 선택적 청구를 인정한다고 본다. 4) 판례는 긍정설(대판 1972.10.10, 69다701)에서 부정설(대판 1994.4.12, 93다11807)로 변경하였다가 현재는 고의나 과실여부를 구분하여 흠이 중대하거나, 사적이익을 추구한 경우 등의 고의 또는 중과실은 공무원이 직접 책임을 부담하고, 경과실은 직접 책임지지 않는다고 보는 절충설이다(대판 1996.2.15, 95다38677). 5) 공무원의 권익보호를 위하여 절충설로 보아 가해공무원에 대한 손해배상청구를 제한하는 것이 합리적이다.

3. 가해공무원의 책임 – 배상책임 외의 책임

헌법은 국가 등이 배상책임을 지더라도 가해공무원의 책임은 면제되지 않는다고 규정하였다(제29조 제1항 단서). 면제되지 않는 공무원 자신의 법률상 책임에는 민사책임, 형사책임 및 국가내부의 징계책임을 포함된다.[22]

배상책임 외에 별도의 공무원의 개인책임으로「헌법」 제29조 제1항 단서의 "면제

22) 헌법규정은 국가 등이 배상책임을 진다고 할지라도 그 때문에 공무원 자신의 민・형사책임이나 징계책임이 면제되지 아니한다는 원칙을 규정한 것이다(대판 1996.2.15, 95다38677).

되지 않는 책임"에 대하여 1) 긍정설은 '민·형사상 책임'이 포함된다고 보고(김남진/김연태), 2) 부정설은 헌법규정은 공무원의 외부적인 책임이 아니라 내부적인 구상책임, 징계책임, 형사책임 등을 의미한다고 보아 개인책임을 부정하고(정하중, 홍정선), 3) 입법정책적인 문제라고 보는 견해가 있다(정하중). 4) 판례는 고의·중과실에만 민사책임을 진다고 본다(대판 1996.2.15, 95다38677). 5) 구상권과 마찬가지로 고의·중과실에는 국가의 위임이 없으므로 개인책임을 질 수 있다고 보아야 한다.

대법원 1996. 3. 8. **선고** 94**다**23876 **판결 【손해배상(자)】**
우리 헌법 제29조 제1항 본문은 공무원이 직무수행중 불법행위로 타인에게 손해를 입힌 경우에 국가 등이 국가배상책임을 부담함을 규정하면서 단서로 "이 경우 공무원 자신의 책임은 면제되지 아니한다"라고 규정하여 공무원 개인도 민사상 책임을 부담함을 분명히 선언하되 그 책임의 내용과 범위에 관하여는 헌법에 더 이상 규정하지 아니하고 있고, 이를 직접 명시적으로 규정한 법률도 없으나, 헌법 제29조 제1항 및 국가배상법 제2조를 그 각 입법취지에 비추어 합리적으로 해석하면 공무원이 공무집행상의 위법행위로 인하여 타인에게 손해를 입힌 경우에는 공무원에게 고의 또는 중과실이 있는 때에는 공무원 개인도 불법행위로 인한 손해배상책임을 진다고 할 것이지만 공무원에게 경과실뿐인 때에는 공무원 개인은 손해배상책임을 부담하지 아니한다고 할 것이다(대판 1996.2.15, 95다38677 참조).

4. 국가에 대한 구상권

공무원이 경과실로 피해자에 대하여 손해배상책임을 부담한 경우에 국가에 대하여 구상권을 행사할 수 있느냐가 문제될 수 있다. 이에 대하여 판례는 "특별한 사정이 없는 한 국가에 대하여 국가의 피해자에 대한 손해배상책임의 범위 내에서 공무원이 변제한 금액에 관하여 구상권을 취득한다"고 본다(대판 2014.8.20, 2012다54478).

Ⅵ. 국가배상책임과 자동차손해배상책임

1. 자동차사고에 대한 국가배상책임의 개념

국가배상법은 "국가 등은 공무원이 「자동차손해배상 보장법」에 따라 손해배상책임이 있는 때에는 그 손해를 배상하여야 한다"고 규정하여(제2조 제1항), 공무원의 차량사고에 대한 특례를 인정한다. 따라서 자배법상 자동차손해배상의 구성요건만 갖추면, 자배법상의 배상책임에도 불구하고, 일정한 공무원의 차량사고에 대하여는 공무원을 대신하여 국가 등이 국가배상법상 배상책임을 진다는 것이다.

2. 자동차배상법상 자동차손해배상의 책임요건

자배법상의 자동차손해배상책임은 "자기를 위하여 자동차를 운행한 자가 그 운행으로 다른 사람을 사망하게 하거나 또는 부상하게 한 경우"의 손해배상책임이다(제3

조). 따라서 책임요건은 1) 자기를 위하여 자동차를 운행한 자, 2) 자동차의 운행, 3) 다른 사람의 생명이나 신체에 손해의 발생, 4) 면책사유(고의, 과실, 구조상결함 등)가 없을 것이다(장태주). 인적 손해와 달리 물적 손해의 경우에는 국가의 운행자성이 인정되면, 전적으로 국가배상책임이 문제된다.

3. 국가배상책임의 인정

자동차손해배상책임에서 국가배상책임의 인정과 관련하여서는 국가를 '자동차의 운행자'로 볼 수 있느냐, 즉 자배법상 책임요건인 국가 등의 운행자성의 인정이 문제된다. '운행자성'은 '자기를 위하여 자동차를 운행하는 자'에게 인정된다. 이때 '운행자'는 차량 보유자나 운전자와 달리 자동차 운행에 대한 지배권인 '운행지배'와 자동차 운행에 대한 이익인 '운행이익'의 귀속주체이다. 국가 등의 운행자성은 운행지배(관용차여부)와 운행이익(공무여부)을 요건으로 판단한다.

유형별로 보면, 1) '공무원이 관용차를 공무로 운행한 경우'에는 운행지배와 운행이익이 국가로 귀속하므로 공무원에게 운행자성을 인정할 수 없고 국가 등이 국가배상법상 배상책임을 부담한다(대판 1992.2.25, 91다12356). 2) 공무원이 '관용차를 사적 또는 무단으로 운행한 경우'에는 국가 등이 '운행자성을 상실하지 않은 경우', 즉 '소유자인 국가등이 객관적·외형적인 운행지배 및 운행이익을 계속 가지고 있었던 경우'에만 운행자성을 인정하여 국가 등이 손해배상책임을 진다(대판 1988.1.19, 87다카2202). 3) '공무원이 자기 소유 자동차로 운행중 발생한 사고'에서 원칙적으로 국가 등이 운행자가 아니나, 예외적으로 '실질적·객관적으로 직무수행과 밀접한 관련이 있는 경우'에는 국가배상을 인정하고 있다(대판 1994.5.27, 94다6741). 4) 공무원이 자기차량으로 사익으로 운행중 발생한 사고는 국가가 아닌 공무원이 자배법상의 배상책임을 질 뿐이다.

대법원 1992. 2. 25. **선고** 91**다**12356 **판결[보험금]**
<u>자동차손해배상보장법 제3조 소정의 "자기를 위하여 자동차를 운행하는 자"라고 함은 자동차에 대한 운행을 지배하여 그 이익을 향수하는 책임주체로서의 지위에 있는 자를 뜻하는 것인바, 공무원이 그 직무를 집행하기 위하여 국가 또는 지방자치단체 소유의 관용차를 운행하는 경우, 그 자동차에 대한 운행지배나 운행이익은 그 공무원이 소속한 국가 또는 지방자치단체에 귀속된다고 할 것이고, 그 공무원 자신이 개인적으로 그 자동차에 대한 운행지배나 운행이익을 가지는 것이라고는 볼 수 없으므로, 그 공무원이 자기를 위하여 관용차를 운행하는 자로서 같은 법조 소정의 손해배상책임의 주체가 될 수는 없는 것이다.</u>

4. 공무원 개인의 책임

1) 공무원이 자동차의 운행자로 인정되는 경우에 자배법상의 배상책임을 인정할 것인가(선택적 청구권)의 문제에서는 공무·사적용무, 고의 또는 중과실·경과실 여부를 묻지 않고 일단 공무원 개인이 자배법상의 손해배상책임을 부담한다(대판 1996.

3.8, 94다23876). 따라서 피해자는 국가등의 배상책임자와 공무원 개인간에 선택적 청구가 가능하다.

2) 공무원 개인은 국가의 운행자성이 인정되어 국가가 대신하여 국가배상책임을 지는 경우에는 고의 또는 중과실인 경우에만 배상책임을 진다.

제 3 항 영조물의 설치 · 관리의 하자로 인한 손해배상

Ⅰ. 개 념

우리 국가배상법은 "도로 · 하천, 그 밖의 공공의 영조물(營造物)의 설치나 관리에 하자가 있기 때문에 타인에게 손해를 발생하게 하였을 때에는 국가나 지방자치단체는 그 손해를 배상하여야 한다"고 규정한다(제5조 제1항). 이는 소위, '영조물의 설치 · 관리하자에 의한 배상책임'이다. 즉, 영조물책임이다.

영조물책임은 '국가의 물적 배상책임'을 인정한 것이다. 영조물에 따른 배상책임은 '무과실책임'이므로 '관리자인 공무원의 고의 · 과실'(인적책임)이 불필요하다는 것이 특징이다. 일종의 사회보험적 효과를 가진다고도 본다(정형근).

그러나 영조물하자에 따른 배상책임은 헌법상 국가배상규정(제29조 제1항)에서 규정하고 있지 않으므로(헌법상 흠결) 1) 단지 '법률차원의 권리'로 보기도 하지만(류지태, 장태주), 2) 그 취지상 국가배상법에서 규정한 것으로 보아야 한다(홍정선).

Ⅱ. 배상책임의 성립요건

1. 도로나 하천 그 밖의 영조물

영조물의 설치 · 관리의 하자에 의한 배상책임이 인정되기 위하여는 우선 국가배상법상 '영조물'에 해당되어야 한다. 국가배상법은 '공공시설 등의 하자'라는 제목하에 "도로나 하천, 그 밖의 공공의 영조물"이라고 규정하였다(제5조 제1항).

국가배상법 규정된 영조물(Anstalt)의 개념은 '공적 목적을 달성하기 위한 인적 · 물적 시설의 종합체'(김남진)이고, 공공시설(öffentliche Einrichtung)의 개념과도 맞지 않다. 그러나 예시된 "도로나 하천"을 볼 때, 이론과 판례처럼 '학문상의 공물'로 보아야 한다(공물설). 입법론으로는 빨리 '공물'로 개정되어야 한다.

국가배상법상 영조물규정은 '공물'을 말하며, '행정주체가 직접 행정목적에 제공한 물건'(유체물 내지 물적 설비)이다(대판 1981.7.7, **80다2478**).

대법원 1995. 1. 24. **선고** 94다45302 **판결【손해배상(자)】**
"공공의 영조물"이라 함은 국가 또는 지방자치단체에 의하여 특정 공공의 목적에 공여된 유체물 내지 물적설비를 지칭하며(대판 1981.7.7, 80다2478 참조), 특정 공공의 목적에 공여된 물이라 함은 일반공중의 자유로운 사용에 직접적으로 제공되는 공공용물에 한하지 아니하고, 행정주체 자신의 사용에 제공되는 공용물도 포함하며 국가 또는 지방자치단체가 소유권, 임차권 그 밖의 권한에 기하여 관리하고 있는 경우뿐만 아니라 사실상의 관리를 하고 있는 경우도 포함한다.

공물에는 하천, 호소(湖沼), 해빈(海濱) 등의 자연 그대로 행정목적에 제공된 '자연공물'과 도로, 수도, 하수도, 제방 등처럼 인위적 행위로 행정목적에 제공된 '인공공물' 그리고 동산, 동물도 포함된다.[23] 단, 국가나 지방자치단체가 소유한 국·공유재산 중에서 행정목적이 아니라 사익에 쓰이는 '잡종재산'은 공물에서 제외된다(민법 제758조).

【판례해설】 판례에서 공물로 인정된 것은 도로(대판 1969.3.4, 68다2298), 하천(대판 1981.9.22, 80다3011), 하천부지(대판 1981.9.22, 80다3011), 광장(대판 1995.2.24, 94다57671), 건널목경보기(대판 1969.12.9, 69다1386), 공중변소(대판 1971.8.31, 71다1331), 맨홀(대판 1971.11.15, 71다1952), 철도시설물(대판 1999.6.22, 99다7008), 가로수(대판 1993.7.27, 93다20702) 등이다.

2. 설치·관리의 하자

1) 설치·관리의 하자 "영조물의 설치·관리"는 '영조물의 설계·건조 및 그 후의 유지·수선 및 보관작용'을 말하고,[24] 사실행위나 처분뿐만이 아니라 관리규칙제정 등도 포함한다(정하중). "하자"는 일반적으로 '용도에 따라 사회통념상 일반적으로 갖추어야 할 안전성을 갖추지 못한 상태'를 말한다.

하자의 판단에서 영조물 관리자의 귀책사유(인적 책임)의 인정여부에 대하여 1) 객관설은 하자를 '공물 자체가 가져야 할 물적 안전성의 객관적 결여'(상태책임)로 판단하여 국가의 무과실책임에 따라 관리자의 주관적 관리의무에 따른 귀책사유 유무는 불문한다(김도창, 이상규, 박윤흔, 한견우, 유상현, 홍정선; 대판 1967.2.21, 66다1723). 2) 주관설(주의의무위반설)은 하자를 '공물주체의 관리의무위반', 즉 '관리자의 주관적인 주의의무위반'으로 보아 인적책임을 인정한다(김남진, 김동희). 3) 절충설은 하자의 판단시는 '영조물의 객관적 하자와 관리자의 주관적 안전관리의무를 함께 고려해야 한다'고 본다(강구철). 이는 물적 하자나 관리하자 어느 하나만 발생하여도 배상책임을 인정하겠다는 것이다. 4) 안전의무위반설(객관적 주관설, 위법·무과실책임설)은 영조물책임은 '관리주체가 안전조치를 취하여야 할 객관적 안전의무위반'으로 '행위책임'이자 '위법·무과실책임'이라고 본다(정하중). 5) 판례는 물적 안전성을 사회통념상 수인한도여부로 판단하므로 객관설과 유사하고(대판 1998.10.23, 98다17381), 일부는 안전성

23) 동산 등에 배상책임을 인정한 판례는 아직 없다고 지적하기도 한다. 정하중, 563쪽.
24) 법적인 의미의 영조물관리는 국가나 지방자치단체가 소유권, 임차권 그 밖의 권한에 기하여 관리하고 있는 경우뿐만 아니라 사실상의 관리를 하고 있는 경우도 포함한다(대판 1995.1.24, 94다45302).

판단에 충분한 방호조치여부를 기준으로 보기도 한다(판례 2007.9.21, 2005다65678). 따라서 '안전의무위반설'로 평가하거나(홍정선), '변형된 객관설'로 보기도 한다.[25] 6) 하자는 물적책임인 상태책임이므로 공물의 안전성을 사회통념상 수인한도라는 '객관적 결여'로 판단하는 것이 원칙이다. 다만, 안전성의 판단에서 공물의 특성상 충분한 방호조치가 하나의 판단요소로 될 수 있다. 따라서 객관설로 보아야 한다.

영조물의 설치·관리의 하자에 대하여 판례는 도로의 경우에 노면의 홈(웅덩이), 낙하물, 낙석, 신호기의 오작동 등을 들고 있다.

2) **면책사유** 영조물의 설치·관리의 하자에 대한 배상책임에서 불가항력에 의하여 피해가 발생한 경우는 배상책임을 면책하게 된다.

불가항력의 인정여부에 대하여 1) 긍정설은 당시의 과학기술 수준으로 예견가능성이나 결과회피가능성이 없는 천재지편과 같은 불가항력적 사유를 면책사유로 인정하고(통설), 2) 부정설은 영조물책임은 무과실책임이지만 천재지변 등은 하자와 손해발생간의 인과관계가 없으므로 국가배상책임이 성립하지 않는다고 본다(김성수). 3) 판례는「민법」제758조 공작물책임에 대한 특별법으로서 영조물관리주체는 무과실책임이지만, 객관적 안정성을 갖춘 경우에는 전혀 예측할 수 없는 천재지변이나 피할 수 없는 불가항력을 인정한다(대판 2008.3.13, 2007다29287, 29294). 다만, 개별판례에서는 천재지변인 경우에 '불가항력이라도 객관적 안전성을 결여한 경우'에는 배상책임을 인정한다(대판 1993.6.8, 93다11678; 2000.5.26, 99다53247).

재정적 제약(예산부족)의 면책사유 인정에 대하여 1) 긍정설은 도로나 교량 등에는 면책되지 않으나 하천 등처럼 막대한 예산이 소요되는 경우는 인정가능하다고 보고(김동희, 박균성), 2) 부정설은 예산부족을 이유로 국가의 배상책임을 면제할 수 없다고 본다(다수설). 3) 판례는 예산부족은 단지 안전성에 대한 참작사유 또는 '배상액산정의 고려사유일 뿐, 객관적 안전성 판단의 결정적인 사유는 아니다'라고 본다(대판 1967.2.21, 66다1723). 4) 국가의 예산부족은 배상책임의 면책사유로 볼 수 없다.

피해자의 과실이 있는 경우에는 국가배상책임의 손해배상액 산정에서 형평의 원칙상 과실상계에 준하여 감경 또는 면제사유로 고려될 수 있다(대판 2010.11.11, 2008다57975).

3) **무과실책임** 영조물의 설치·관리의 하자에 대한 국가 등의 책임은 무과실책임이다. 따라서 영조물 자체의 객관적 안전성이 결여되어 피해가 발생하면, 관리자의 과실여부를 묻지 않고 배상책임을 지도록 해야 할 것이다.

다만, 판례는 손해발생의 예견가능성과 회피가능성이 없는 경우, 즉 관리행위가 방호조치를 할 수 없는 상황이라는 것을 입증한 경우에는 하자책임을 인정하지 않았다(대판 2001.7.27, 2000다56822).

---

25) 사법연수원,『행정구제법』, 2007, 319쪽.

4) **입증책임** 영조물의 설치·관리에 대한 하자로 인한 피해발생시에 하자의 유무에 대한 입증책임은 원고인 피해자가 진다. 다만, 원고가 하자입증에 전문적인 지식을 갖고 있지 않으므로 하자발생의 개연성만 입증하는 것으로 완화하고 구체적인 입증책임을 배상주체로 전환하자는 주장이 있다(홍정선).

3. 손해의 발생

영조물의 설치·관리의 하자로 인하여 타인에게 '손해'가 발생하여야 한다('타인'과 '손해'의 개념은 공무원의 위법한 직무행위와 같다).

4. 상당인과관계

영조물의 설치·관리에 대한 하자와 국가배상청구권자가 입은 손해 사이에는 '상당인과관계'가 존재하여야 한다. 상당인과관계가 없으면, 손해배상책임 자체가 성립하지 않는다.

Ⅲ. 배상책임

1. 제2조와의 경합문제

영조물의 설치·관리의 하자에 따른 배상에서 인적 책임인 공무원의 위법한 직무행위(제2조)와 물적 책임인 영조물의 설치 등의 하자(제5조)에 의한 배상책임이 경합하는 경우에는 피해자는 양자간에 선택적으로 배상청구가 가능하다. 그러나 입증책임이나 무과실책임의 측면에서는 피해자가 영조물의 하자를 주장하는 것이 유리하다. 왜냐하면 공무원의 위법한 직무행위책임에는 주관적 요건(고의, 과실)이 있기 때문이다.

2. 배상의 범위

배상의 범위는 '영조물의 설치·관리의 하자로 인하여 발생한 모든 (상당인과관계에 있는) 손해'이다. 다만, 배상기준(제3조), 군인 등 특례규정(제2조 제1항 단서), 공제(제3조의2)도 공무원의 위법한 직무행위에 의한 배상과 같다.

Ⅳ. 배상책임자

1. 영조물의 설치·관리자 (관리주체)

영조물 하자에 대한 배상책임자는 영조물의 설치·관리를 맡은 '국가나 지방자치단체'이다(제5조 제1항). 일반적으로 영조물의 설치·관리를 맡은 자를 영조물의 '관리주체'라고 한다. 영조물에 따라서는 설치자와 관리자가 다른 경우도 있다.

【판례해설】 영조물의 설치·관리자가 국가나 지방자치단체가 아닌 '그 밖의 공공단체'인 경우에 손해배상은 「민법」 제758조에 따른 공작물책임을 지기도 한다. 고속국도법상 고속국도의 관리청은 국토교통부장관(제5조)이나 한국도로공사가 권한을 대행하여 관리청으로 의제되므로(제6조 제1항, 제2항) 하자발생시 그 배상책임에 대하여 판례는 국가배상법 제5조의 영조물책임(대판 2002.8.23, 2002다9158) 또는 민법 제758조의 공작물책임을 인정한 경우(대판 1996.10.11, 95다56552)로 나뉜다. 한편 국토교통부장관이 하천공사를 대행하던 중 발생한 지방하천의 설치·관리상의 하자는 관리자인 지방자치단체가 국가와 함께 국가배상책임을 진다(대판 2014.6.26, 2011다85413).

2. 비용부담자

한편 영조물의 관리주체인 영조물의 설치·관리자와 영조물의 설치·관리 비용을 부담하는 자(비용부담자)가 같지 않은 경우에는 비용부담자도 배상하여야 한다(제6조 제1항). 즉, 비용부담자도 배상책임을 진다.

단, 영조물배상책임에서는 영조물의 설치관리자와 비용부담자가 다른 경우에 비용부담자도 독립적인 배상책임을 부담하므로 '설치관리자와 부진정연대채무관계'에 있다고 본다(대판 1993.1.26, 92다2684). 따라서 피해자는 선택적 청구를 할 수 있다.

판례는 지방자치단체의 장이 설치하고, 관할 지방경찰청장에게 관리권을 위임한 교통신호기의 고장으로 인한 교통사고의 경우에 위임자인 지방자치단체의 장과 비용부담자인 국가의 배상책임을 인정하였다(대판 1999.6.25, 99다11120).

Ⅴ. 구상권

1. 설치관리자와 비용부담자가 다른 경우

국가 또는 지방자치단체가 배상책임을 지는 경우에 영조물의 '설치·관리를 맡은 자'(관리주체)와 '비용부담자'가 다른 경우에는 비용부담자에게도 배상책임을 인정한다(제6조 제1항). 이러한 경우에 실제 배상자는 '내부관계에서 그 손해를 배상할 책임이 있는 자'에게 구상할 수 있다(제2항).

누가 최종배상자인가에 대하여는 1) 관리자설(관리주체설, 사무귀속자설)은 영조물하자의 원인은 관리자의 책임이므로 관리자가 최종적인 책임자라고 보거나 국가배상을 비롯한 모든 비용은 궁극적으로 사무가 귀속하는 주체가 최종적으로 부담하여야 한다고 본다(홍정선). 2) 비용부담자설은 영조물의 설치·관리 비용에는 국가배상비용도 포함된다고 보고, 실무상 책임분담비율도 비용분담비율에 맞게 배상액을 분담하는 것이 더 현실적이라고 본다. 3) 기여도설은 영조물하자로 인한 손해발생에 기여한 정도를 기준으로 부담자를 정해야 하므로, 기여도에 따라 배상비율을 정한다고 본다(박균성). 4) 종합설은 손해발생에의 기여도, 비용부담 등 개별·구체적인 모든 상황을 고려해야 한다고 본다(류지태). 5) 판례는 영조물의 점유자, 관리자, 비용부담자가 배상책임을 지며, 내부적인 분담비용은 종합적으로 결정한다고 본다(대판 1998.7.10, 96다42819). 6) 영조물의 관리자에게 배상책임을 묻는 것이 타당하다.

2. 손해배상의 책임자 및 공무원에 대한 구상

영조물의 설치·관리 하자의 '실제 배상자'는 '영조물의 설치 등에 책임이 있는 자'(원인책임자), 즉 공사도급인, 영조물 파손자 등에 대하여 구상권을 행사할 수 있다(제5조 제2항). 한편 영조물 관리자인 공무원이 관리의무의 해태에 고의·중과실이 있는 경우는 '원인책임자'로 보아 구상할 수 있다(박윤흔, 장태주).

구상권행사는 공무원의 고의 또는 중과실인 경우로 한정되며, 구상권의 법적 성질은 영조물의 설치·관리에 하자를 발생시킨 공무원의 책무불이행에 대한 손해배상의 성격을 갖는다.

제 4 항 국가배상청구절차

Ⅰ. 배상심의절차

1. 배상심의절차 임의주의

피해자는 국가배상소송에 앞서 행정청인 배상심의회에 국가배상을 신청할 수 있다. 배상심의절차는 임의주의이므로 배상심의회의 배상신청 없이도 곧바로 국가배상소송을 제기할 수도 있다(제9조).

종래 국가배상은 소송전에 배상심의를 반드시 거쳐야 하는 '배상전치주의'였다. 국민의 재판받을 권리를 제한한다는 위헌론이 제기되었으나, 판례는 합헌으로 보았다.[26] 이후 2000년 국가배상법 개정으로 '임의주의'로 변경되었다. 임의적 결정전치주의'라고도 한다.

---

26) 대결 1990.8.24, 90카72; 헌재 2000.2.24. 99헌바17등.

2. 배상심의회의 조직과 성질

1) 조 직 - 국가나 지방자치단체는 국가배상신청사건을 심의하기 위하여 법무부에 '본부심의회'를 두고, 군인이나 군무원에 대한 배상신청사건을 위하여 '특별심의회'를 국방부에 둔다(제10조 제1항). 본부·특별심의회는 각각 '지구심의회'를 둔다(제2항). 법무부장관은 각 심의회를 지휘하고(제3항), 각 심의회는 위원장이 통할한다(제4항). 본부심의회는 배상금 개산액이 일정가액 이상인 사건, 재심신청사건, 기타 법정사건을 심의한다(제11조).

2) 법적 성질 - 배상심의회는 합의제 행정청(행정위원회)으로서 배상결정의 주체이고(제13조), 배상결정 및 송달사무를 담당한다.

3) 배상심의의 법적 성질(행정심판여부) - 배상심의회는 행정소송의 제기 이전에 청구하는 '전심절차'라는 형식과 행정청과 독립된 위원회라는 점에서는 '행정심판'이지만, 행정청의 위법 등을 다투는 행정청의 자기반성이나 전문지식의 활용등과 관계없다는 점에서는 차이가 있다(장태주). 판례는 배상결정이 처분성도 없고(대판 1981. 2.10, 80누317), 배상신청인의 동의로만 효력을 발생할 뿐, 배상신청인이나 배상책임자를 구속하지 않으며, 배상심의나 배상결정의 성격도 사법작용과 다르고, 배상위원회도 제3자성이나 독립성이 부족하므로 행정심판과 다르다고 본다(헌재 1995.5.25, 91헌가7; 2000.2.4, 99헌바17등). 따라서 배상결정제도는 민사분쟁제도에 가까운 '일종의 소송외 분쟁해결제도'라고 본다(헌재 2000.2.4, 99헌바17등).

3. 배상심의절차

1) 배상신청 - 배상청구권자는 주소지, 소재지, 배상원인 발생지를 관할하는 배상심의회(지구심의회)에 배상신청을 하여야 한다(제12조 제1항). 배상원인기관장은 배상신청을 권장하고(제2항), 지구심의회 위원장은 신청에 대한 보정을 요구할 수 있다(제3항). 물론 배상신청 대신에 소송을 제기할 수도 있다. 본부·특별심의회는 지구심의회로부터 송부받은 사건, 재심신청사건, 기타 법령상 소관사항을 심의·처리하고, 지구심의회는 관할에 속하는 국가 등의 배상신청사건을 처리한다(제11조 제2항).

2) 심의절차 - 지구심의회는 배상신청을 받으면, 지체 없이 증거조사(증인심문, 감정, 검증 등) 후 배상심의를 거쳐 4주내 배상결정을 하여야 한다(제13조 제1항). 긴급사유시는 장례비·요양비 및 수리비의 사전지급을 결정할 수 있다(제2항).

3) 재 심 - 지구심의회에서 배상신청이 기각 또는 각하된 경우, 신청인은 결정정본이 송달된 날로부터 2주 이내에 그 심의회를 거쳐 본부심의회 또는 특별심의회에 재심을 신청할 수 있다(제15조의2 제1항). 본부심의회 등은 지구심의회의 결정이 법령에 위반되면, 지구위원회에 환송할 수 있다(제4항).

4) 예 외 - 「환경분쟁조정법」에 따른 분쟁조정절차(알선·조정·재정)를 거친 경우에는 「국가배상법」에 따른 배상심의회의 심의·의결을 거친 것으로 보기 때문에 곧바

로 국가배상소송을 제기할 수 있다(환경분쟁조정법 제62조).

4. 배상결정의 효력

배상심의회의 배상결정 후 1) 신청인은 지체 없이 배상결정에 동의서를 첨부하여 국가 등에 배상금지급을 청구하여야 하며(제15조 제1항), 2) 신청인이 청구하지 않거나, 배상주체가 지정된 기간 내에 배상금을 지급하지 않는 경우에는 배상결정에 동의하지 않는 것으로 본다(제2항). 이 경우 배상결정은 효력이 없다. 물론 배상심의회의 배상결정은 법적 구속력이 없으므로 '처분성'이 없다(대판 1981.2.10, 80누317).

신청인의 동의에 따라 배상금을 지급한 경우에는 '재판상 화해'가 성립된 것으로 간주한다는 구법 규정(제16조)이 위헌결정(헌재 1995.5.25, 91헌가7)됨에 따라 배상결정에도 불구하고 배상청구권자는 사법절차에 의한 구제를 받을 수 있다. 따라서 신청자는 배상결정에 동의하여 배상금을 수령한 경우에도 소송을 제기할 수 있다(박균성).

Ⅱ. 국가배상소송절차

1. 국가배상소송의 제기 – 배상임의주의

피해자는 배상심의회에 대한 배상신청을 하지 않고도 직접 국가배상소송을 제기할 수 있다(제9조). 배상임의주의이다. 국가가 피고인 경우에는 법무부장관이, 지방자치단체는 지방자치단체의 장이 소송을 수행한다.

국가배상소송의 법적 성질에 대하여 1) 다수설은 국가배상법을 '공법'으로 보아 '공법상 당사자소송'(김남진, 김도창, 박윤흔, 석종현, 강구철)으로, 2) 판례는 국가배상법을 '사법'으로 보아 '민사소송'으로 본다. 3) 실무에서는 국가배상소송은 민사소송으로 진행된다. 행정소송법개정안에서는 당사자소송으로 규정한다.

구 「소송촉진 등에 관한 특례법」 제6조 제1항은 국가에 대하여 '가집행선고'를 금지하였으나, 평등원칙에 위반된다고 하여 위헌결정(헌재 1989.1.25, 88헌가7)으로 삭제되었다.

2. 행정소송에의 병합

「행정소송법」 제10조는 행정소송과 그에 관련되는 국가배상청구소송을 '관련청구의 병합'으로 '행정소송에 병합하여 청구하는 것'을 인정하고 있다.

제 3 절 행정상 손실보상제도

Ⅰ. 행정상 손실보상의 개념

1. 의 의

행정상 손실보상제도는 '국가 등의 공공필요에 따른 적법한 공권력의 행사로서 개인의 재산권에 가해진 특별한 희생에 대하여 재산권의 보장과 공평부담의 차원에서 행해지는 조절적인 보상을 하는 것'이다.

이에 대하여 우리 헌법은 "공공필요에 의한 재산권의 수용·사용 또는 제한 및 그에 대한 보상은 법률로써 하되, 정당한 보상을 지급하여야 한다"고 규정한다 (제23조 제3항).

행정상 손실보상제도의 개념적 요소를 나누어서 보면, 1) 원칙적으로 공권력 행사이지만, 예외적으로 공토법상의 임의매수과 같은 비권력작용도 있다. 2) 위법행위에 의한 손해배상과 달리, 적법행위로서 공공필요에 의하여 재산권을 수용·사용·제한하는 공용침해(Enteignung)이다. 3) 재산상의 손실로서 「헌법」 제28조의 형사보상청구권 등과 같은 생명·신체에 대한 침해의 사회적 보상인 '사회보상'과 구별된다. 4) 특별한 희생으로서 일반적인 부담과 재산권의 사회적 제약은 대상이 아니다.

2. 근 거

1) 이론적 근거

손실보상을 인정하는 이론적 근거로 1) '기득권설'은 자연법적인 기득권불가침의 원칙에서 연원하되, 단 긴급권에 의한 침해는 인정되고 그 경우에는 보상한다는 것이다. 2) '은혜설'은 국가권력은 절대적이므로 국민의 재산권침해시, 개별법에 손실보상 규정이 있는 경우만 시혜적인 차원에서 보상한다는 것이다. 3) '공용수용설'은 재산권에 대한 사회적 제약을 넘는 모든 재산권의 침해는 '공용징수'라고 본다. 4) '특별희생설'은 사유재산에 가하여진 특별한 희생은 국민 전체의 부담으로 전보하는 것이 정의와 공평의 원칙에 합당하다고 본다.

특별희생설은 초기에는 오토 마이어가 희생사상으로 주장하여 프로이센 일반란트법에 처음 규정되었고, 독일의 바이마르헌법과 본기본법에 이어 우리 법에서도 통설과 판례의 입장이다.[27]

---

27) 홍정선, 543쪽.

2) **실정법적 근거**

우리 헌법은 제헌헌법이래 손실보상제도를 규정하였고,[28] 현행 헌법은 제23조 제3항에서 규정한다. 특히 헌법에서는 '공용침해'와 '정당한 보상'을 함께 규정함으로써 부대조항이론(Junktim-Klausel, 불가분조항)을 도입하고 있다.[29]

▣ 부대조항이론 (불가분조항이론) - 우리 「헌법」 제23조 제3항에는 독일의 손실보상에 대한 일반적인 견해인 '부대조항이론'이 적용될 수 있다. 즉, 이 헌법조항이 손실보상제도에 대하여 '공용침해규정과 보상규정을 하나의 법률에서 규정할 것'을 요구한다고 해석하는 것이다. 따라서 수용규정만 두고 보상규정을 두지 않거나 불충분한 보상규정을 두는 수용관련법률은 이 헌법조항에 따라 헌법위반으로 '무효'가 된다.[30] 관련 판례는 구 「도시계획법」 제21조에 대한 헌재의 헌법불합치결정(헌재 1998.12.24, 89헌마214, 90헌바16, 97헌바78 병합), 대법원판결(대판 1993.7.13, 93누2131)이 있다.

손실보상에 대하여는 공토법이 실질적인 일반법의 기능을 하고 있다.[31]

3) **보상규정없는 공용침해**

공용침해를 규정한 개별 법률에서 보상규정을 두지 않은 경우에 공용침해시는 보상규정을 두라는 헌법상의 부대조항(불가분조항)을 인정할 것인가, 인정한다면, 법령상 흠결된 보상근거를 직접 헌법(제23조 제3항)에서 도출하여 손실보상청구권을 인정할 것인가의 문제가 제기된다.

헌법 제23조 제3항의 법적 성격에 대하여 1) 입법방침규정설은 헌법규정이 단지 입법자의 입법의사만 규율하는 입법방침규정에 불과한 프로그램적 규정이므로, 법률규정이 없으면 보상할 수 없다고 본다. 2) 위헌무효설은 보상규정을 두라는 헌법규정에도 불구하고 보상규정을 두지 않은 법률은 위헌무효이고, 그에 근거한 공용침해행위는 불법행위이므로 손해배상청구가 가능하다고 본다(김도창, 박윤흔, 이명구, 이상규, 류지태, 정하중). 3) 직접효력설은 법률에 (보상)규정이 없는 경우는 헌법상 보상규정(제23조 제3항)에 따라 직접 청구가 가능하다고 본다(문홍주, 서원우, 김철수, 김동희, 홍준형). 4) 유추적용설(간접적용설, 수용유사침해이론)은 법률상 보상규정이 없는 경우는 「헌법」 제23

---

28) 제헌헌법이래 자세한 손실보상 규정은 정하중, 583쪽 이하 참조.

29) 정하중, 1판, 569쪽. 물론 헌법조항이 공용수용뿐만 아니라 공용사업 및 공용제한도 규정하므로 보상여부는 입법자의 의사에 달려 있다고 보는 반대론도 있다. 석종현, 『손실보상법론』, 2003, 108쪽.

30) 독일헌법이 '공용수용'이라 규정한 것과 달리 우리 헌법은 '공용사용'과 '공용제한'까지 규정하므로 '불가분조항'이 아니라는 견해도 있으나, 독일도 광의의 공용수용에 사용과 제한을 포함한다는 점에서 타당하지 않다.

31) 법률차원에서 손실보상에 대한 일반법은 없고, 개별법에서 규율한다. 종전 손실보상제도에서 주요 법률이었던 「공공용지의 취득 및 손실보상에 관한 특례법」(소위 공특법)이 「토지수용법」과 통합되어 「공익사업을 위한 토지등의 취득 및 보상에 관한 법률」(공토법)으로 2002년에 제정되었다. 이 법은 공익사업에 따른 토지 등의 수용 및 손실보상 등에 대하여 실질적으로 일반법으로 기능하지만, 공용제한에 대하여는 규정하지 않는다.

조 제1항(재산권보장) 및 제11조(평등원칙)에 근거하여 제23조 제3항 및 관련규정의 유추적용으로 보상청구가 가능하다고 본다(김남진, 석종현, 강구철, 홍정선). 5) 보상입법부작위위헌설은 법률상 공용침해규정만 있고 보상규정이 없는 경우에 공용침해 자체가 헌법위반이 아니라 보상입법을 규정하지 않은 부작위만 「헌법」 제23조 제3항에 위반되므로 이를 대상으로 헌법소원을 제기해야 한다는 입장이다.[32] 그러나 헌재는 보상입법부작위는 부진정입법부작위이므로 헌법소원의 대상이 아니라고 본다(헌재 1999.1.28, 97헌마9). 6) 판례에서 대법원은 법률상 직접적인 근거규정이 없는 경우에는 보상근거를 ⅰ) 보상법령의 제정 이전에는 헌법의 취지에 따라 '불법행위'로 보상하다가(대판 1966.10.18, 66다17150), ⅱ) 법리상 인정하거나(대판 1972.11.28, 72다1597), ⅲ) '관련규정의 유추해석'으로 인정하였고(대판 1987.7.21, 84누126; 2004.9.23, 2004다25581), 헌법재판소는 진정입법부작위로서 위헌결정하거나(헌재 1994.12.29, 89헌마2), 위헌성은 있지만 위헌으로 보기보다는 입법자에게 보상입법의무를 부과하고 있다(헌재 1998.12.24, 89헌마214, 90헌바16, 97헌바78 병합).

3. 손실보상청구권의 성질

1) 재산권보장의 법적 성질 (제23조 제1항)

손실보상과 관련한 헌법상 재산권보장의 법적 성질은 1) 우선적으로 손실보상의 대상인 재산권의 보장은 기본권이므로 재산권 그 자체의 존속 및 향유의 자유를 보장한다는 측면에서 재산권의 내용을 제한하는 내용규정은 '존속보장'이고, 2) 손실보상의 요건을 충족한 경우에는 재산권의 가치를 보상하여야 한다는 '가치보장'으로 전환된다.

2) 손실보상청구권의 법적 성질 (제23조 제3항)

헌법상 손실보상청구권의 법적 성질에 대하여 1) 공권설은 ⅰ) 원인행위가 공권력의 행사작용에 따른 법적 효과(보상)이고, ⅱ) 권리구제도 보상심의가 행정심판인 임의절차이고,[33] ⅲ) 소송도 당사자소송에 의한다는 점 등에서 공법상 권리라고 주장한다. 2) 사권설은 ⅰ) 원인행위가 공법적이어도 손실보상관계는 당사자의 의사 또는 직접 법률의 규정에 의한 사법상의 채권·채무관계에 불과하고, ⅱ) 즉 사법상 권리에 대한 손실을 본질적 내용으로 하므로 그 보상청구권은 사법상 권리이고, ⅲ) 실무상 민사소송방식으로 진행된다는 점에서 사법상 권리라고 주장한다. 3) 판례는 사권설로서, 원인행위가 공법적이라도 손실의 내용이 사법적이라면 보상도 사법적인 것이라고 본다(대판 1992.10.9, 92다25533; 2000.5.26, 99다37382 등).[34]

【판례해설】 구체적으로는 1) 어업권에 대한 손실보상은 구법에서는 사권에 따른 민사소송으로 보았으나(대판 1998.2.27, 97다46450), 현행 공유수면매립법상의 손실보상은 행정소

32) 김문현, "보상규정없는 법률에 기한 수용적 재산권제한에 대한 권리구제방법", 『고시연구』 2000/8, 23쪽.

33) 과거에는 보상심의가 '전심절차'(징발법 제24조의2, 구 토지수용법 제73조·제74조)이었다.

34) 손실보상청구권의 법적 성질에 대한 판례분석은 박해식, "손실보상청구권의 법적 성질과 소송유형", 『법조』 제56권 제6호, 2007. 6, 259쪽 이하.

송으로(대판 1997.10.10, **96다3838**), 2) 토지수용에 따른 보상금증감소송은 2003년부터 당사자소송으로(대판 1993.5.25, 92누15772), 3) 하천법상의 손실보상청구는 종전에는 사권으로 보아 민사소송으로 처리하였으나, 2006년 판결부터는 판례변경을 하여 공법상 권리로 보아 당사자소송으로 본다(대판 2006.5.18, 2004다6207).

Ⅱ. 손실보상의 성립요건

1. 공공의 필요

행정상 손실보상의 전제가 되는 공용침해는 헌법상 '공공의 필요'에 의한 경우에 인정된다(제23조 제3항). 즉, 공공의 필요는 기본권으로 보장되는 사인의 재산권에 대한 '공용침해의 정당성을 인정하는 근거'이다.

'공공의 필요'는 현행법에서는 '공익사업'(공토법 제19조), '국가안전보장' 등을 위한 것이라고 규정하였다. 이 개념은 기존의 '공익' 또는 '공공복리'(Wohle der Allgemeinheit)의 개념과 관련된다. 공용수용의 정당화 요소인 헌법상 공공의 필요에 대하여 1) 일반 '공익'으로 넓게 해석해야 한다고 보는 견해(홍정선), 2) 기본권제한규정인「헌법」제37조 제2항상의 국가안전보장, 공공복리, 질서유지를 포함하는 광의의 개념으로 보는 견해(정하중), 3) 국민에 대한 재산권(기본권) 침해이므로 종래의 공익 개념보다 더 좁고 엄격하게 해석해야 한다고 볼 수 있다(길준규).[35] 4) 판례는 '공공필요'의 요건 중 공익성은 추상적인 공익 일반 또는 국가의 이익 이상의 중대한 공익을 요구하므로 기본권 일반의 제한사유인 '공공복리'보다 좁게 보는 것이 타당하다고 본다(헌재 2014.10.30, 2011헌바172). 5) 공공의 필요는 앞서 본 것처럼 일반 공익보다 더 좁게 보아야 한다. 따라서 '순수한 국고(재정)목적'은 공공의 필요에 해당되지 않는다.[36] 나아가 '사인을 위한 공용수용'에는 공권력의 국가독점상 사인에게 공공의 필요를 인정하기 어렵다. 실무에서는 '공토법상의 공익사업규정'이 기준이 된다.[37] 물론 공공의 필요도 사인의

---

35) 길준규, "우리나라의 공용수용과 보상의 현안",『토지공법연구』제49집, 2010. 5, 67쪽 이하.

36) 물론 과거 군사정부시절에 워커힐(호텔) 건설도 토지수용법상 공익사업여부의 판정에서 문화시설에 해당된다고 본 적도 있다(대판 1971.10.22, 71다1716).

37)「공토법」제4조(공익사업) 이 법에 의하여 토지등을 취득 또는 사용할 수 있는 사업은 다음 각 호의 1에 해당하는 사업이어야 한다. 1. 국방·군사에 관한 사업, 2. 관계 법률에 의하여 허가·인가·승인·지정 등을 받아 공익을 목적으로 시행하는 철도·도로·공항·항만·주차장·공영차고지·화물터미널·궤도·하천·제방·댐·운하·수도·하수도·하수종말처리·폐수처리·사방·방풍·방화·방조(防潮)·방수·저수지·용배수로·석유비축·송유·폐기물처리·전기·전기통신·방송·가스 및 기상관측에 관한 사업, 3. 국가 또는 지방자치단체가 설치하는 청사·공장·연구소·시험소·보건시설·문화시설·공원·수목원·광장·운동장·시장·묘지·화장장·도축장 그 밖의 공공용 시설에 관한 사업, 4. 관계법률에 따라 허가·인가·승인·지정 등을 받아 공익을 목적으로 시행하는 학교·도서관·박물관 및 미술관의 건립에 관한 사업, 5. 국가·지방자치단체,「공공기관의 운영에 관한 법률」제4조에 따른 공공기관,「지방공기업법」에 따른 지방공기업 또는 국가나 지방자치단체가 지정한 자가 임대나 양도의 목적으로 시행하는 주택 건설 또는 택지 조성에 관한 사업, 6. 제1호 내지 제5호의 사업을 시행하기 위하여 필

재산권을 침해하는 것이므로 공공침해로 얻고자 하는 공익과 피해받는 사익간의 이익형량이 행해져야 한다(대판 2005.11.10, 2003두7507). 이것이 바로 '비례의 원칙'이다.

한편 사인을 위한 공용수용은 강한 공공필요가 있는 경우에는 제한적으로 허용될 수 있지만, 독일처럼 사인의 수용은 제한하여야 한다. 이러한 점에서 민간에게 공용수용권을 부여한 법률과 판례(헌재 2009.9.24, 2007헌바114)는 재검토해야 한다. 최근에는 사인의 기본권(재산권) 침해를 정당화할만한 우월한 공익성을 가진 경우로 상향되었다(헌재 2014.10.30, 2011헌바172)

2. 재산권에 대한 공권적 침해

1) 재산권의 개념 사인의 피해(손실)에 손실보상이 인정되기 위하여는 그 대상이 헌법상 '재산권의 침해'이어야 한다. '재산권'은 '법에 의해 보호되는 재산적 가치있는 모든 권리'이다.

이때 재산권은 물권·채권·지적재산권을 묻지 않는다(대판 1989.6.13, 88누5495). 사법상 권리는 물론 '재산가치있는 공법상 권리'도 포함한다. 다만, '현존하는 구체적 재산가치'이어야 하므로 '기대이익'은 제외된다. 판례는 '자연·문화적인 학술적 가치'는 특별한 사정이 없는 한, 손실보상의 대상이 아니라고 본다(대판 1989.9.12, 88누11216).

예를 들면, 「공토법」은 1) 토지 및 이에 관한 소유권 외의 권리, 2) 토지와 함께 공익사업을 위하여 필요로 하는 입목, 건물 기타 토지에 정착한 물건 및 이에 관한 소유권 외의 권리, 3) 광업권·어업권 또는 물의 사용에 관한 권리, 4) 토지에 속한 흙·돌·모래 또는 자갈에 관한 권리, 5) 영업보상 등을 규정하고 있다(제3조, 제77조).

2) 공권적 침해 손실보상을 인정하기 위하여는 행정기관에 의한 '공권적인 침해'가 있어야 한다. 이는 '공공의 필요에 의한 의도적인 침해'이어야 한다.

'침해'는 '일체의 재산적 가치의 감소'를 말하고, '공권적 침해'(공용침해)는 '공법에 근거한 제한'으로서, 주로 '재산권에 대한 수용·사용·제한'을 말한다. '공용수용'은 '재산권의 박탈'이고, '공용사용'은 '재산권의 박탈에 이르지 아니하는 일시적 사용'이고, '공용제한'은 '소유권자 기타 권리자에 의한 사용·수익의 제한'을 말한다. 물론 공용환지나 공용환권 등도 포함된다. 단, 계약과 같은 사법상 방법에 의한 취득은 제외된다.

3) 침해의 직접성 개인의 재산권에 대한 공용침해는 공권력 주체에 의하여 의욕되고 자행되거나 아니면 최소한 상대방의 재산상 손실에 대한 직접적인 원인이 되어야 한다. 최근에는 '침해의 의도성'으로 보기도 한다.[38] 의도하지 않은

요한 통로, 교량, 전선로, 재료적치장 또는 그 밖의 부속시설에 관한 사업, 7. 제1호부터 제5호까지의 사업을 시행하기 위하여 필요한 주택, 공장 등의 이주단지 조성에 관한 사업, 8. 그 밖에 다른 법률에 의하여 토지등을 수용 또는 사용할 수 있는 사업.

38) 장태주, 669쪽.

공용침해는 수용적 침해의 문제가 된다.

3. 적법성

공공의 필요에 의한 공용침해일지라도 공권력의 행사는 개인의 권리를 제한하므로 반드시 법률의 유보원칙에 따라 '형식적 법률'에 근거한 적법한 침해이어야 한다. 즉, 엄격한 법률상 근거가 있어야 한다. 법률에 근거하지 않은 공용침해는 위법하게 되어 손실보상이 아니라 손해배상의 대상이 된다.

공용침해는 수권근거에 따라 1) 법률에 의한 직접적인 침해는 '법률수용', 2) 법률에 따른 행정행위에 의한 침해는 '행정수용'으로 구분한다.[39] 다만, 법률수용은 처분법률에 의하므로 국민의 권리보호를 위하여 예외적으로 허용된다.

4. 특별한 희생

행정상 손실보상이 인정되기 위하여는 특별한 희생, 즉 공공의 필요에 의한 적법한 공권력행사로서 일반적인 사회적 제약을 넘어서는 사인의 재산권에 손실이 발생하여야 한다. 특히 우리 헌법상 재산권의 보장에서 재산권의 행사는 공공복리에 적합해야 한다고 재산권의 사회적 제한을 규정함으로써(제23조 제2항) 행정상 손실보상의 대상은 일반적으로 재산권자가 수인해야 하는 재산권의 '사회적 제한'을 넘어서는 특별한 희생이어야 한다(헌재 1998.12.24, 89헌마214 등).

1) 재산권의 내용규정과 공용침해규정 등의 구분

어떠한 경우에 손실보상이 필요한 공용침해인가를 구분하기 위하여 재산권의 내용규정 및 사회적 한계와 관련하여 경계이론과 분리이론이 주장된다.[40]

(1) 경계이론 (Schwellentheorie, 전환이론) - 재산권을 형성하는 내용규정과 공용침해규정은 별개의 법제도가 아니라 모두 재산권을 제한하는 규정이고, 단지 침해의 '정도의 차이'로 구분된다. 즉, 재산권의 규제강도가 약하면 이는 재산권의 내용규정에 따른 사회적 제약의 경계 내에 있으므로 보상하지 않지만, 이러한 사회적 제약의 경계를 넘어서면 보상의무가 있는 공용침해로 된다는 것이다. 이는 사회적 제약의 경계를 벗어나는 침해는 특별한 희생이 된다는 이론으로 수용유사침해이론과 연결된다. 즉, 사회적 구속과 공용침해는 모두 본질상 재산권에 대한 침해이나 이는 침해의 정도를 기준으로 하여 사회적 구속의 경계를 넘는 경우를 공용침해로 전환하고 이를 특별한 희생으로 보상하자는 이론이다. 이는 '보상'에 중점을 두므로 가치보장적인 입장이다. 독일의 연방일반법원(BGH)과 우리 대법원 판례의 입장이다.

---

39) 이를 '침해의 방식'이라고 설명한다. 홍정선, 548쪽.

40) 강태수, "분리이론에 의한 재산권체계", 「고시연구」 2004/9, 22쪽 이하.

(2) 분리이론(Trennungstheorie) - 입법자가 재산권의 내용규정과 공용침해규정에 관한 규율을 애초에 분리하여 결정하였다는 것이다. 따라서 재산권에 대한 침해의 정도가 아니라 애초에 '입법자가 결정한 침해의 형식과 내용'이 중요하다. 따라서 입법자가 재산권의 내용을 규정한 경우에 일정한 한계를 벗어나면(비례원칙을 위반하면), 공용침해가 아니라 기본권 침해가 되어 이는 보상의 문제가 아니라 위헌의 문제라는 것이다. 이는 입법자는 재산권의 내용을 일반적·추상적으로 규정하지만 공용침해는 국가가 임무수행을 위하여 구체적으로 재산권을 전면적 또는 부분적으로 박탈하는 것이라고 정의한다. 따라서 이는 침해행위의 중지에 의미를 둔 존속보장의 입장이다. 독일 연방헌법재판소(BVerfG)와 우리 헌법재판소의 견해이다.

(3) 소 결 - 독일은 연방헌법재판소가 종래 경계이론에서 1981년 자갈채취사건이후로 분리이론을 채택하였고(*BVerfGE* 58, 300), 우리나라에서는 1998년에 헌법재판소가 분리이론을 채택하였다(헌재 1998.12.24, 89헌마214).

2) 특별한 희생의 기준에 관한 학설

(1) 형식적 기준설(개별행위설) - '특정인(집단)에 대한 재산권의 특별한 피해'만을 특별희생으로 보는 것으로 이는 일반인이 아닌 '일반인이 예상치 못하는 희생'을 말한다. 이는 평등권에 근거하여 보상하는 독일 제국법원(RGH)의 입장이다. 이는 '개인에게 요구된 특별한 희생'여부를 결정적인 기준으로 하여 다른 개인 등과 달리 불평등하게 공익을 위해 강요된 재산권침해를 '특별희생'이라고 보는 특별희생설로 발전하였다. 독일 연방일반법원(BGH)의 입장이다.

(2) 실질적 기준설 - '특별희생'과 '사회적 제약'을 구별하여, 특별희생은 사회적 제약을 넘어서 재산권의 본질적인 내용을 제한하는 경우를 말한다.

i) 보호가치설 - '역사적으로 보호할 만한 가치가 있는 재산권의 침해'만을 보상이 필요한 특별한 희생으로 본다. 다만, 일반적 상상, 언어의 관용, 법률의 취지 등을 종합적으로 고려한다(W. Jellinek).

ii) 수인한도설 (기능설) - 침해의 본질성과 강도를 기준으로 '재산권의 배타적 지배성을 침해하여 수인한도를 넘어서는 것'은 특별한 희생으로 본다(Stödter).

iii) 목적위배설 - '재산권 본래의 기능·목적에 위배하여 침해한 것'을 특별희생으로 본다(Fortsthoff, Weber, Huber, 김남진).

iv) 사적 효용설 - '사유재산제도의 본질인 개인이익(사적 효용성)을 침해한 것'이 특별희생이다(Reinhardt).

v) 상황구속성설 - '재산권(특히 토지)이 놓여 있는 위치·상황에 따라 사회적 제약'에 차이가 있으며, 이에 따라 보상여부를 판단하는 입장이다.

vi) 중대성설 - '재산권의 침해에 대한 중대성여부와 범위'를 기준으로 특별희생을 구분하는 입장이다(독일연방행정법원).

vii) 사회적 제약설(사회적 비용설) - '손실보상을 실시하기 위하여 소요되는 비용이 개인의 특별한 희생을 상회하는 사실'이 기준이 된다(김성수).

(3) 판 례 - 구 「도시계획법」 제21조에 대한 헌법불합치결정에서 특별한 희생과 사회적 제약의 구별기준으로 '목적위배설'에 기초한 듯한 태도를 견지한다.

헌법재판소 1998. 12. 24, 89**헌마**214, 90**헌바**16, 97**헌바**78(**병합**) **【도시계획법제21조위헌소원】** 구역지정으로 인하여 예외적으로 토지를 종래의 목적으로도 사용할 수 없거나 또는 더 이상 법적으로 허용된 토지이용의 방법이 없기 때문에 실질적으로 토지의 사용·수익의 길이 없는 경우에는 토지의 소유권은 이름만 남았을 뿐 알맹이가 없는 것이므로 토지소유자가 수인해야 하는 사회적 제약의 한계를 넘는 것으로 보아야 한다.

5. 보상규정

행정상 손실보상이 인정되기 위하여는 헌법에 근거하여 법률에서 수용규정 외에도 '정당한 보상규정'을 두어야 한다. 보상규정의 예는 「공토법」(제40조), 「도로법」(제92조, 제93조), 「하천법」(제76조, 제77조) 등이 있다.

【판례해설】 종전에는 법률상 보상규정없이 공용침해 내지 공용제한하는 경우가 많았으나, 1998년 소위 '그린벨트사건'(헌재 1998.12.24, 89헌마214, 90헌바16, 97헌바78 병합) 이후로 보상규정이 없는 토지의 이용제한(토지의 사용과 수익)은 위헌으로 판시되었다. 따라서 법률상 보상규정이 없이 특별한 희생을 강요하는 공용침해규정만 있는 경우에는 위 판례처럼 유추적용설의 입장에 따라 보상해야 할 것이다.
속칭 그린벨트(개발제한구역)의 보상문제 - 합헌(대결 1990.5.8, 89부2; 대판 1994.5.10, 93도2397; 1996.6.28, 94다54511), 헌법불합치(헌재 1998.12.24, 89헌마214, 90헌바16, 97헌마78 병합).

헌법재판소 1998. 12. 24, 89**헌마**214, 90**헌바**16, 97**헌바**78(**병합**) **【도시계획법제21조위헌소원】** 이 사건 법률조항에 의한 재산권의 제한은 개발제한구역으로 지정된 토지를 원칙적으로 지정 당시의 지목과 토지현황에 의한 이용방법에 따라 사용할 수 있는 한, 재산권에 내재하는 사회적 제약을 비례의 원칙에 합치하게 합헌적으로 구체화한 것이라고 할 것이나, 종래의 지목과 토지현황에 의한 이용방법에 따른 토지의 사용도 할 수 없거나 실질적으로 사용·수익을 전혀 할 수 없는 예외적인 경우에도 아무런 보상없이 이를 감수하도록 하고 있는 한, 비례의 원칙에 위반되어 당해 토지소유자의 재산권을 과도하게 침해하는 것으로서 헌법에 위반된다 할 것이다.

Ⅲ. 손실보상의 기준

1. 손실보상의 범위

공용침해에 대한 손실보상의 범위는 '피해자의 주관적 가치' 또는 '재산권 자체의 객관적 가치'를 기준으로 할 것인가의 문제이다. 우리나라는 재산권의 객관적 가치(공시지가)에 피해자의 주관적 가치인 생활보상 등을 부가하여 손실보상의 범위를 정하고 있다.

손실보상에서 공용침해를 당하는 사인의 재산권에 대한 주관적 가치를 기준으로 하는 '대인적 보상방법'은 1845년 영국의 「토지조항정리법」에서 규정하였다. 한편 재산권의 '객관적 시장가격'을 기준으로 하는 '대물적 보상방법'은 영국의 1919년 「토지취득법」과 미국의 이전료, 잔지보상, 영업보상 등 부대적 손실의 문제에서 규정되었다. 현재는 당연히 재산권이 가진 '객관적 시장가치'가 기준이 된다. 최근에는 재산권에 대한 침해로 인하여 생활근거를 상실한 재산권의 피수용자 등에 대하여 생활재건에 필요한 보상을 말하는 '생활보상'이 추가되었다. 이는 우리 「헌법」 제23조 제3항과 제34조 제1항 및 공토법에서 규정한다.

2. 손실보상의 기준 – "정당한 보상"

손실보상을 객관적인 재산가치를 중심으로 하는 경우에 우리 「헌법」 제23조 제3항에서 규정한 '정당한 보상'을 어떠한 보상기준으로 해석할 것인가 하는 논의이다.

1) **완전보상설** 이는 '피해자의 재산권이 가지는 재산적 가치를 완전히 보상하는 것'이다(허영, 이상규, 김동희, 박균성). 이는 미국 「수정헌법」 제5조에 규정되었다. 다만, ⅰ) 피침해재산의 시장가격 내지 거래가격을 기준으로 하는 '객관적 시장가치설'과 ⅱ) 공평부담원칙을 실현하기 위하여 발생한 손실을 전부보상하기 위하여 부대적 손실까지 포함하여 보상해야 한다는 '손실전부보상설'로 나뉜다.

2) **상당보상설** 이는 '재산권의 사회적 구속성과 침해행위의 공공성을 침해된 사익과 형량하여 사회국가원칙에 따라 적정한 보상을 하자는 이론'이다(김철수, 권영성, 홍정선). 이는 독일 「기본법」 제14조 제3항에 규정되었다. 상당보상설은 ⅰ) 사회통념에 따른 객관적 타당성이 인정되면, 완전보상을 하회할 수 있다는 '합리적 보상설'과 ⅱ) 완전보상이 원칙이나 합리적 사유시에는 완전보상을 상하로 조정할 수 있다는 '완전보상원칙설'이 있다.[41)]

3) **판 례** 대법원과 헌법재판소는 완전보상설을 채택하고 있다(대판 1984. 5.29, 83누635; 헌재 1991.2.11, 90헌바17·18).

4) **실 무** 한편 실무에서 보상기준을 정하는 공토법은 '시가보상의 원칙'을 규정하여 '협의나 재결 당시의 가격'을 기준으로 한다(제67조 제1항). 이는 '공시지가를 기준으로 여러 상황을 고려하여 평가한 적정가격'으로 합헌으로 본다(헌재 1995.4.20, 93헌바20; 2001.4.26, 2000헌바31; 2002.12.18, 2002헌가4).

대법원 1993. 7. 13. **선고** 93누2131 **판결 【토지수용재결처분취소등】**
<u>그리고 "정당한 보상"이라 함은 원칙적으로 피수용재산의 객관적인 재산가치를 완전하게 보상하여야 한다는 완전보상을 뜻하는 것이라 할 것이나, 투기적인 거래에 의하여 형성되는 가격은 정상적인 객관적 재산가치로는 볼 수 없으므로 이를 배제한다고 하여 완전보상의 원칙에 어긋나는 것은 아니며, 공익사업의 시행으로 지가가 상승하여 발생하는 개발이익은</u>

41) 최근에는 상당보상은 완전보상을 하회하는 것으로 이해한다. 홍정선, 552쪽.

궁극적으로는 국민 모두에게 귀속되어야 할 성질의 것이므로 이는 완전보상의 범위에 포함되는 피수용토지의 객관적 가치 내지 피수용자의 손실이라고는 볼 수 없다.

3. 생활보상

생활보상은 '재산권침해로 인하여 생활의 근거지를 상실하는 피해자에게 사회국가원리에 입각하여 생존배려를 위하여 생활의 재건을 위한 보상을 해 주는 것'을 말한다. 이주비용과 생계지원비용, 이주대책(제78조) 등이 포함된다.

생활보상은 「헌법」 제34조의 인간다운 생활을 할 권리에 근거한다고 본다.[42] 생활보상은 일종의 간접보상으로서 수몰지역에 대한 보상과 이주대책에서 출발하여 택지, 공업도시, 신도시개발사업, 농경지, 택지보상, 건물보상, 소수잔존자보상, 영업보상 등이 있다.[43] 넓게 본다면, '전과 같은 삶의 터전을 마련해 주는 것'이고, 협의로 본다면, 재산적 가치의 보상 외에도 '주관적인 가치'를 부가하여 보상해 주는 방법이다.[44] 생활보상을 광의로 보는 경우에는 주거의 총체가치의 보상, 영업상 손실의 보상, 이전료 보상, 이주대책, 소수잔존자보상, 잔지보상 등을 말하고, 협의로는 이주대책, 잔지보상에 한정하고 있다. 실무에서는 협의로 본다.

대법원 2006. 4. 27. 선고 2006두2435 판결【주거이전비및이사비지급청구】
공익사업을 위한 토지 등의 취득 및 보상에 관한 법률(이하 '법'이라 함) 제78조 제5항 및 같은 법 시행규칙(이하 '규칙'이라 함) 제54조 제2항, 제55조 제2항의 각 규정에 의하여 공익사업의 시행에 따라 이주하는 주거용 건축물의 세입자에게 지급하는 주거이전비와 이사비는, 당해 공익사업 시행지구 안에 거주하는 세입자들의 조기이주를 장려하여 사업추진을 원활하게 하려는 정책적인 목적과 주거이전으로 인하여 특별한 어려움을 겪게 될 세입자들을 대상으로 하는 사회보장적인 차원에서 지급하는 금원의 성격을 갖는다.

4. 간접손실보상 (사업손실보상)

공공사업의 실시 또는 완성 후의 시설이 사업지구 밖의 지역에서 발생시킨 피해(간접손실)에 대하여 보상하는 것을 말한다. 공익사업의 시행지역 밖의 토지(잔여지를 포함)에 통로·도랑·담장 등의 신설이나 그 밖의 공사가 필요할 때에는 실비변상이 행해진다(공토법 제79조 제1항). 사업시행지역 밖의 잔여지(토지, 건축물, 공작물), 소수잔존자, 어업손실, 농업손실, 영업손실 등을 보상해주는 것이다(시행규칙 제59조 이하).

---

42) 「헌법」 제23조 제3항과 제34조 제1항을 근거로 보기도 한다. 다수설이다.

43) 공토법은 1) 이주정착금의 지급(제78조 제1항), 2) 영세주거용 건물의 최저보상액(시행규칙 제58조 제1항), 3) 이주보상시의 가족수에 따른 주거이전비 지급(시행규칙 제54조 제3항), 4) 이농, 이어비의 지급(제78조 제6항), 5) 세입자에 대한 주거이전비의 지급(시행규칙 제54조 제2항), 6) 무허가·무면허 영업자에 대한 영업손실보상(시행규칙 제52조)을 규정한다.

44) 홍정선, 554쪽.

5. 개발이익의 공제

최근 부동산시장과열로 인하여 각종 개발사업(공공사업)에 따라 지가가 크게 상승함으로써 토지소유자 등이 받는 이익(개발이익)은 보상액산정에서 배제해야 한다는 주장이 늘고 있다. 이러한 주장이 입법화된 것으로 대표적으로 「개발이익환수법」, 「재건축이익환수법」 등이 있다.[45] 아울러 관련제도로서 공시지가, 개발이익환수제도, 개발부담금제도, 재건축부담세도 등이 있다.

Ⅳ. 손실보상의 절차와 방법

1. 손실보상절차

손실보상절차에 대하여는 일반법이 없으므로, 개별법에 규정된다. 토지보상의 기본이 되는 현행 공토법은 사업시행자 보상의 원칙을 규정한다(제61조).[46] 따라서 손실보상은 국가가 아닌 개발사업으로 이득을 얻는 해당 사업시행자가 주도한다.

공토법상의 손실보상절차는 1) 당해 개발사업이 공익사업에 해당한다고 인정하여 사업시행자에게 수용권을 설정하는 사업인정(고시), 2) 수용대상이 될 토지조서와 물건조서의 작성, 3) 수용될 토지의 범위, 수용시기, 손실보상 등에 대한 사업시행자와 토지등소유자와의 협의(협의매수, 제16조), 협의시는 공정성을 위하여 '관할 토지수용위원회의 확인'을 받아야 한다. 4) 협의가 성립하지 않은 경우에는(제30조) 제3자인 공적 기관인 행정청(토지수용위원회)의 재결에 의하거나, 5) 합의나 재결도 안 되는 경우는 최종적으로 법원에 보상금지급청구소송을 제기할 수 있다.

2. 보상방법

1) **현금보상의 원칙** - 손실보상방법에 대하여 공토법은 '현금지급'을 원칙으로 한다(제63조 제1항). '현금보상의 원칙' 또는 '금전보상의 원칙'이라고 한다. 예외적으로 이전비보상(건축물등, 제75조), 현물보상(환지제공, 주택공급, 건축시설물보상), 매수보상(잔여지매수청구의 인용), 실질가액을 반영한 채권보상(제63조 제2항), 증권보상 등이 가능하다.

2) **그 밖의 보상원칙** - 손실보상은 1) 개인보상의 원칙에 따라 토지소유자나 관계인에게 '개인별 보상'이 원칙이고(제64조), 예외는 개인별로 산정할 수 없는 경우에는 일괄보상한다(제65조). 2) 사전보상의 원칙에 따라 손실보상은 공익사업에 따른 공사착수 이전에 보상금을 전액 지급하여야 한다(제62조). '선불주의', '선급'이라고도 한

---

45) 길준규, "재건축 개발이익환수제도의 법적 문제", 『공법학연구』 제7권 제3호, 2006. 8, 47쪽 이하 참조.

46) 「공토법」 제61조(사업시행자 보상) 공익사업에 필요한 토지등의 취득 또는 사용으로 인하여 토지소유자 또는 관계인이 입은 손실은 사업시행자가 이를 보상하여야 한다.

다. 단, 시급한 토지사용, 토지소유자 등의 승낙이 있는 경우에는 예외로 후불이 가능하다. 3) 일시급의 원칙에 따라 손실보상금은 일시에 지급하는 것이 원칙이다. 단, 분할상환시에는 균등분할하고 이자는 연 8%로 한다(징발법 제22조의2, 영 제14조 제2항). 보상금이 수용시기에 전액 지급되지 않은 경우에는 '지연손해금'이 발생한다(대판 1991.12.24, 91누308).

Ⅴ. 구제절차

1. 당사자간의 협의

손실보상에서 주로 발생하는 분쟁은 보상액의 결정이다. 보상액결정은 사업시행자와 토지소유자 및 관계인과의 협의절차를 거친 '당사자간의 협의'가 원칙이다(공토법 제26조). 협의성립시에 사업시행자는 관할 토지수용위원회에 협의성립의 확인을 신청할 수 있고, 이 확인의 법적 성질은 '재결'로 이며, 이후 협의의 성립이나 내용을 다툴 수 없다(제29조 제4항).

2. 행정청에 의한 재결

1) **재결신청(수용재결)** 당사자간의 협의가 이루어지지 않은 경우에는 토지수용위원회에 재결을 신청하여 제3자인 행정청의 결정(재결)에 의하여 조정을 하게 된다. 사업시행자는 사업인정고시가 된 날로부터 1년 이내에 관할 토지수용위원회에 재결을 신청할 수 있다(제28조 제1항). 단, 피수용자(토지소유자 등)는 재결을 신청할 수 없다. 토지수용위원회의 결정은 '수용재결'이다.

구 공특법에서는 이의가 있어서 당사자의 협의가 성립하지 않거나 협의를 할 수 없는 때에는 관할 지방토지수용위원회에 사업인정일로부터 1년 이내에 재결을 신청할 수 있다(제26조 제1항). 이는 '행정심판'으로, 종래의 구 「토지수용법」에서는 이의신청전치주의였으나 현행 공토법하에서는 '행정심판임의주의'로 변경되었다(제83조).

2) **이의신청(이의재결)** 수용재결에 대하여 불복하는 자는 이의신청을 할 수 있다. 즉, 지방토지수용위원회나 중앙토지수용위원회의 재결(수용재결)에 이의가 있으면, 재결서 정본을 받은 날로부터 30일 이내에 중앙토지수용위원회에 이의신청을 할 수 있다(제83조). 이의신청은 종래에는 필요적 전치주의인가에 논란이 있었으나, 현재는 '임의사항'으로 규정하고 있다(제83조 제1항). 이때 중앙토지수용위원회의 결정은 '이의재결'이며, 법적 효력은 '민사소송법상의 확정판결'과 같다.

3. 행정소송

1) **소송절차** 당사자는 토지수용위원회의 수용재결에 대하여는 재결서를 받은 날로부터 60일 이내에, 이의신청(이의재결)에 대하여는 재결서를 받은 날로부터 30일 이내에 행정소송을 제기할 수 있다(제85조). 이는 일반적인 행정소송 등의 제기 기간보다 짧으나, 헌법위반은 아니다(헌재 1996.8.29, 93헌바63, 95헌바8 병합). 실무에서도 이 기간을 넘기는 경우가 종종 있으므로 주의하여야 한다.

행정상 손실보상과 관련하여 1) 공용수용자체에 대하여 다투는 경우는 수용결정에 대하여 취소소송을, 2) 보상액에 대하여 다투는 경우는 보상액결정에 대하여 보상액 증감청구소송을 제기하는데, 3) 양자의 병합도 가능하다.

2) **소송의 대상(원처분주의)** 재결취소를 위한 행정소송의 대상은 구법에서는 이의신청후의 소송은 원처분(수용재결)이 아니라 '재결주의'에 따라 이의재결인 '중앙토지수용위원회의 재결'이었다(대판 1990.6.12, 89누8187). 그러나 현행 공토법에서 이의신청에 대한 소송은 '원처분주의'로서 (지방)토지수용위원회의 '수용재결'이다(제85조 제1항). 물론 예외적으로 이의재결에 고유한 위법이 있는 경우에는 이의재결에 대한 소송제기가 가능하다.

한편 재결에 대하여 행정소송을 제기하더라도 사업진행 및 토지의 수용 또는 사용을 정지시키지 않는다(제88조).

3) **보상금증감청구소송** 보상금증감청구소송의 소의 종류는 구 토지수용법하에서는 1) 형식적 당사자소송, 2) 특수한 형태의 항고소송, 3) 항고소송과 당사자소송이 결합된 특수한 형태의 항고소송으로 보았으며, 판례는 '필요적 공동소송'으로 보았다(대판 1991.5.28, 90누8787). 그러나 현행 공토법하에서는 종래 소송당사자로 보았던 토지수용위원회(재결청)을 제외함으로써 형식적 당사자소송으로 본다.

보상금청구소송의 법적 성질에 대하여는 1) 법원의 판결에 의하여 종래 재결에 의하여 형성된 보상액을 취소하고 정당한 보상액을 확정하여 손실보상청구권을 확정한다는 의미의 형성소송설(장태주), 2) 법원은 정당한 보상액을 확인하는 것에 불과하다는 확인소송설, 3) 보상액감액청구소송은 확인소송이고, 보상액증액청구소송은 이행소송이라는 입장(박균성)이 있다. 4) 보상액증감청구소송은 형식적 당사자소송으로서 수용재결의 내용을 변경하는 형성판결로 보아 형성소송설이 타당하다.

한편 법령에서 손실보상에 따른 불복절차의 규정이 없는 경우에는 종래 1969년부터 '민사소송'으로 보았으나, 최근에 공권으로 보아 '공법상 당사자소송'에 의하고 있다(대판 2006.5.18, 2004다6207).

제 4 절 기타 손해보전제도

제 1 항 전통적 제도의 흠결과 보완

전통적인 행정상 손해보전제도는 위법한 행정작용에 대한 손해배상제도와 재산권에 대한 적법한 행정작용에 대한 손실보상제도로 한정되어 발전하였다.

따라서 손해배상제도에서 공무원의 직무행위가 위법하지만, 무과실인 경우(위법·무책임)와 영조물의 설치·관리에 하자가 없는 경우에는 손해배상이 성립하지 않게 된다. 이에 대하여 독일은 바이마르 공화국 말기부터 국가의 '위법·무책임한 행위'에 대하여 수용유사침해제도(Entgeignungsgleicher Eingriff)를 발전시켰다. 이는 재산권의 내용 및 한계규정에 의한 침해의 경우 위법하지만 수용규정 내지 보상규범이 아니어서 보상할 수 없는 경우에 그 해결책으로 논의되고 있다(홍정선).

아울러 적법한 공권력행사이지만, 재산권이 아니므로 손실보상제도로 해결할 수 없는 비재산적 법익에 대한 침해와 공용수용의 결과로 발생하는 간접적인 생활피해의 경우는 직접적이고 의도적인 피해에 해당하지 않게 되어 손실보상을 인정할 수 없는 바, 이에 따라 희생보상청구권이 발전하였다.

적법한 행정작용에 따라 의도하지 않은 부수적인 재산권침해에 대한 보상에 대하여 독일의 연방일반법원 판례에 따라 수용적 침해제도(Entgeignender Eingriff)가 발전하였다. 이러한 수용유사적 침해, 희생보상청구권, 수용적 침해는 기존의 손실보상제도를 보완하는 새로운 손실보상제도라고도 볼 수 있다.

전통적인 손실보상제도와 새로운 손실보상제도의 개념적 비교

		전통적인 손실보상	새로운 손실보상제도
위 법	무과실(무책임)	-	수용유사침해 (위법한 재산권침해)
적 법	재산권	손실보상제도	비의도시·부수적 침해 → 수용적 침해
	비재산권	-	희생보상제도 (생명·신체에 대한 침해)

한편 특별한 위험에 노출되어서 발생하는 장래적인 위험에 대한 무과실책임으로서 위험책임 등이 문제되고 있다. 이에 대하여는 프랑스의 국사원 결정에 따른 위험책임이론과 이외에도 공권력의 행사로부터 방해를 제거하거나 결과회복을 원하는 경우가 발생하여 이에 대하여는 독일에서는 공법상 결과제거청구권이 발전하였다.

제 2 항 수용유사침해제도

Ⅰ. 개 념

수용유사침해이론(Enteignungsgleicher Eingriff)은 '위법하지만 책임은 없는 공용침해(공공필요에 의한 재산권의 수용·사용·제한)로 인해 재산권에 특별한 희생을 입은 자에 대하여 보상규정에 상관없이 보상을 인정하자는 것'이다. 즉, 공공의 필요에 의하여 공용침해를 하였으나, (보상규정이 없거나) 공용침해가 위법하게 된 경우에 이러한 특별한 희생에 대하여 재산권의 보장과 부담의 공평이라는 견지에서 손실을 보상해 주자는 제도이다.

'위법'은 위법한 손실보상, 즉 공용침해의 근거법률이 보상규정을 두어야 함에도 불구하고 그 규정을 두지 않음으로써 위헌의 법률이 되고, 따라서 그에 근거한 공용침해처분이 결과적으로 위헌이 된다는 의미에서의 위법이다.

▣ 수용유사침해이론의 역사적 발전 - 수용유사침해이론은 독일「기본법」제14조 제3항의 수용보상청구권을 유추해석한 독일연방대법원 판결에서 발전하였다. 즉, 국가가 적법한 재산권침해에 보상청구권을 이미 인정한다면, 위법한 재산권침해에도 보상이 주어져야 한다는 역추론에 의거하여 이러한 국가의 책임흠결에 대하여 수용과 같은 침해, 즉 수용유사침해로 배상청구권을 인정하였다.[47] 즉, 적법한 수용침해에도 불구하고 보상규정이 없는 경우에 수용침해의 적법여부와 상관없이 보상하자는 데에서 출발한 이론이다. 그러나 연방헌법재판소의 자갈채취판결(Nassauskiesungsbeschluss)에서「기본법」제14조 제3항에 따른 수용보상은 적법한 침해 특히 적법한 단행법상 보상규정이 있는 경우로 한정하고 위법한 재산권침해는 보상이 아니라 침해행위의 취소의 문제라고 반박하였으나, 이후 문헌에 의하여 연방대법원 판례가 지지되었다. 다만, 법적 근거는 종래의「기본법」제14조 제3항이 아니라「프로이센일반주법도입법」제74조와 제75조의 일반희생원칙이 '법관법'으로 형성된 것이라고 보아 관습법적으로 승인되었다.

Ⅱ. 성립요건

수용유사침해가 성립하려면, 1) 우선 '재산권'에 대한 공용침해가 발생해야 한다. 2) '위법한 권력적 공용침해'가 존재해야 한다. 만약에 침해가 적법하면, 손실보상의 문제가 되기 때문이다. 이는 헌법상 보장된 재산권의 법적 지위를 침해하는 모든 고권적인 조치를 말한다. 부작위도 침해로 볼 수 있는지는 다툼이 있다. 3) 침해의 직접성으로서 사인에게 '특별한 희생'이 발생하여야 한다. 4) 공용침해행위가 '무과실'이어야 한다. 만약 공무원에게 책임이 있으면 손해배상이 된다.

---

47) *BGHZ* 7, 296; 13, 88; 32, 208; 37, 44.

Ⅲ. 인정여부

우리나라에서는 수용유사침해(위법하지만 책임이 없는 재산권침해)에 대하여 1) 손해배상청구권을 인정하자는 견해, 2) 헌법상 여러 조항(제23조 제1항 등)의 유기적인 해석을 통하여 손실보상청구가 가능하다는 간접효력규정설(홍정선), 3) 프랑스의 공역무과실이론이나 독일의 조직과실이론 등에 따라 과실을 객관화하여 손해배상제도로 인정해야 한다는 견해(정하중) 등이 있다. 4) 판례는 초기에 '불법행위' 내지 '부당이득'으로 보았다가(대판 1991.2.22, 90다16474) '손실보상'으로 보기도 하였다(대판 1972.11.28, 72다1597; 1987.7.21, 84누126). 그러나 수용유사침해의 수용여부에 대하여는 명확하지 않다.[48] 다만, 헌법재판소는 입법자에게 '보상입법의무'를 부과하는 것으로 해결하고자 한다(헌재 1998.12.24, 89헌마214・97헌바78 병합).

제 3 항 수용적 침해이론

Ⅰ. 개 념

공공의 필요에 따른 적법한 공권력의 행사로 사인의 재산권에 의도하지 않은 부수적 피해가 발생한 경우에 그 피해에 대한 손실보상의 문제이다. 즉, 수용적 침해(enteignender Eingriff)는 '적법한 행정작용의 결과로 발생하는 이형적・비의욕적인 부수적 결과로서 타인의 재산권에 가하여지는 특별한 희생인 침해'를 말한다. 이는 종래의 손실보상이나 수용유사침해에 따른 보상으로도 해결할 수 없었던 비의도적・비전형적인 침해에 대한 보상으로 독일의 연방일반법원에서 형성된 개념이다.

일반적으로 공용침해는 특별한 희생이 침해로부터 직접 발생한 결과이므로 예측가능하지만, 수용적 침해는 침해에 따른 간접적・비의도적 결과이므로 예측가능성이 적다는 점이다. 아울러 위법한 수용유사적 침해와는 적법한 침해라는 점에서 구별된다. 주로 지하철공사현장에서 발생하는 인근 상가에 대한 피해를 예로 든다.

Ⅱ. 성립요건

수용적 침해가 인정되기 위하여는 1) '공공의 필요'(침해의 적법성)에 따른 공용침해 2) '재산권에 대한 침해'의 발생, 3) 적법한 침해에 따른 '부수적 결과'로서의 손해발생, 4) 수인한도를 넘는 특별한 희생 등이 요구된다.

---

48) 소극적이라고 보기도 한다. 장태주, 705쪽.

즉, 공공의 필요에 의하여 발생한 재산권의 침해이나, 이러한 침해가 통상적인 재산권의 사회적 제약을 넘어서는 특별한 희생이어야 한다. 아울러 적법한 침해행위의 결과로 비의도하지 않은 피해가 발생하여 불법하게 된 경우이다.

Ⅲ. 인정여부

수용적 침해이론의 인정에 대하여는 1) 적절한 보상입법이 없으므로 독일의 법리를 원용하자는 견해(김남진/김연태, 석종현, 김성수, 홍준형), 2) 독일이론은 적용할 수 없지만, 적법한 공권력행사에 따른 손실이라는 점에서 「헌법」 제23조 제3항을 효력규정으로 보아 유추적용하자는 '직접적용설'(박균성), 3) 비록 의도되지 않는 침해라도 헌법의 여러 조항을 통하여 손실보상을 인정하자는 간접효력규정설(홍정선) 등은 수용적 침해를 인정하는 입장이다. 4) 한편 「헌법」 제23조 제3항은 법적 행위에 의한 재산권의 제한이고, 아울러 의도적인 침해를 대상으로 함으로 의도하지 않은 부수적인 피해에 대하여는 직접적용하거나 유추적용할 수 없으므로 법률상 보상규정이 없으면 보상이 불가능하므로 입법적으로 해결해야 한다는 '입법필요설'(김철용, 박윤흔, 류지태, 장태주)은 부정하는 입장이다. 5) 인정하자는 입장이 다수이다.

제 4 항 희생보상청구권

Ⅰ. 개 념

희생보상청구권(Aufopferungsanspruch)은 '생명이나 신체와 같은 비재산적 법익에 대하여 특별한 희생이 발생하는 적법한 공용침해에 대하여 손실보상을 청구하는 권리'를 말한다. 종래의 손실보상제도는 '재산권'에 한정되므로 공공복리의 수행과정에서 발생한 사인의 '비재산적인 법익'에 대한 특별한 희생에 대하여 보상을 인정하자는 것이다. 한편 희생보상청구권은 적법한 행정작용에 대한 비재산적 침해를 대상으로 하는데, 만약 위법한 행정작용에 의한 비재산적인 침해인 경우에는 '희생유사침해'로 본다.

희생보상청구권은 독일의 판례에서 발전한 것으로 「프로이센 일반주법」 제74조와 제75조의 공익에 의하여 특별한 희생을 당한 자는 보상받아야 한다는 규정에 근거하였다(장태주). 우리나라는 개별법상에서는 희생보상청구권이 인정되지만, 일반론으로서는 인정되지 않는다.

Ⅱ. 성립요건

희생보상청구권을 인정하기 위하여는 1) '공공의 필요'를 위한 행위이어야 하며, 2) 그 행위가 '비재산적 법익'에 대한 침해이어야 하고, 3) 그 침해가 '고권적인 강제조치'로 침해하였어야 하고, 4) 사인에게 '특별한 희생'이 발생하였어야 하며, 5) 희생보상청구권은 주로 관습법상 인정된 것이므로 논리적으로는 개별법상 보상규정이 존재하지 않아야 한다.

Ⅲ. 인정여부

우리나라에서도 적법한 행정작용에 따른 비재산적 침해를 보상하는 입법규정이 존재하는 경우(감염병법, 소방기본법, 산림법)에는 문제되지 않는다.

그러나 명문규정이 없는 경우에 일반론으로서 인정할 것인가에는 학설상 다툼이 있다. 인정하는 입장은 1) 직접적용설인 헌법상의 손실보상의 기초인 특별희생의 법리와 법치국가, 평등원칙을 근거로 한다는 견해(홍준형), 2) 정당한 보상을 규정한 「헌법」 제23조 제3항을 근거로 유추적용하자는 견해(석종현), 3) 「헌법」 제10조, 제12조, 제37조 제1항과 제2항을 유추적용하자는 견해(김남진/김연태, 홍정선)가 있다.

부정하는 입장으로는 1) 「헌법」 제23조 제3항을 유추적용하고, 기본권보장(헌법 제10조, 제12조)과 평등조항(제11조)을 직접 근거로 보상하여야 한다는 견해(박균성), 2) 희생보상제도는 독일에서 관습법적 근거로 인정된 것이므로 우리나라에서는 실정법상 규정이 없으면 허용할 수 없다는 견해(류지태)가 있다.

제 5 항 위험책임이론

현대사회는 다양한 '장래위험'(리스크)에서 노출된 '위험사회'(Risikogesellschaft)이다. 따라서 일정한 위험상황이 발생한 경우에는 국가가 과실없이도 국민에 대하여 책임을 지는 '무과실책임이론'에 기반한 것이 소위, '위험책임이론'이다.[49]

물론 이러한 국가의 위험책임은 행정작용에 따른 위험상태로 인하여 발생한 손실에 대한 배상책임에 한정하기도 한다. 즉, 간접적인 피해에 대한 결과책임이라는 것이다.[50] 위험책임의 예는 소방기본법이나 원자력손해배상법상의 무과실책임이다. 실무에서는 자연재해나 대형참사시에 인정적인 차원에서 보상하고 있다. 이

49) 김세규, "환경위험책임에 관한 연구", 『공법학연구』 제6권 제2호, 2005. 6, 314쪽 이하.
50) 맹장섭, "공법상 위험책임", 『고시계』 1989/2, 8쪽 이하.

러한 위험책임은 실정법상의 근거가 있어야 한다고 보기도 한다(박균성).

제 5 절 행정상 결과제거청구권

Ⅰ. 개 념

행정상 결과제거청구권(Folgenbeseitigungsanspruch)은 '위법한 행정작용의 결과로서 남아 있는 위법한 상태에 의하여 자신의 법률상 이익을 침해받고 있는 자가 행정주체를 상대로 그 위법한 사실상태를 제거해 줄 것을 청구할 수 있는 권리'이다. 따라서 1) 위법상태의 제거와 2) 원래 상태로의 원상회복을 목적으로 한다.

즉, 결과제거청구권은 행정의 고권적인 침해에 금전적인 전보(손해배상, 손실보상)가 아니라 '침해 이전의 상태로의 복원'을 목표로 하는 제도이다. 이는 독일에서 국가배상법상의 흠결을 보완하기 위하여 학설과 판례로 발전한 것이다.[51] 결과제거청구권은 종래 민법상 소유권에 기한 물권적 방해제거청구(제214조)와 유사하다고 보기도 한다. 이는 원상회복청구권을 중심으로 보는 입장으로서(이상규), 기존의 행정상 손해전보제도 및 행정쟁송제도의 흠결을 보완하는 기능을 한다.

Ⅱ. 법적 성질과 근거

1. 법적 성질

행정상 결과제거청구권은 권력적 행정작용으로 인해 야기된 위법한 상태의 제거를 구하는 권리이므로 당연히 '공권'이다. 따라서 비권력적인 사법적인 행정에서는 발생하지 않는다고 본다(홍정선).

법적 성질에 대하여 1) 민법상 물권적 청구권이라고 보는 사권설(이상규)도 있으나 2) 비재산권에도 발생할 수 있으므로 결과제거청구권이 더 넓고, 공행정작용으로 발생하였으므로 공권으로 보는 공권설(김도창, 박윤흔, 석종현, 류지태, 홍정선, 홍준형)이 다수설이다. 3) 판례는 '사권'으로 본다.

행정상 결과제거청구권은 보상이나 배상을 구하는 것이 아니라 단순히 위법한 사실상의 침해에 대한 제거를 요구하여 '원상회복을 목적으로 하는 회복청구권'이다.

---

51) 정하중, 623쪽.

2. 법적 근거

행정상 결과제거청구권의 법적 근거는 법치국가원리, 기본권, 민법상 방해배제 청구권규정의 유추적용에서 찾는다.52)

법적 근거에 대하여 1) 「헌법」 재산권보장(제23조 제1항 전단), 국가배상(제29조), 민법상 물권적 청구권규정(제213조, 제214조)에서 찾는 견해(김도창), 2) 민법상 물권적 청구권규정에서 찾는 견해(이상규), 3) 법치행정, 기본권, 민법상 물권적 청구권 규정에서 찾는 견해(김남진/김연태, 장태주, 홍정선) 외에도 4) 소송법적으로 행정소송법상 판결의 기속력에서 찾는 견해(김남진/김연태, 류지태/박종수), 5) 관련청구의 이송 및 병합규정과 당사자소송규정에서 찾는 견해가 있다(박윤흔/정형근). 6) 판례는 '사권'으로 보기 때문에 민법상 물권적 청구권규정을 법적 근거로 본다. 7) 그러나 결과제거청구권은 재산권만이 아닌 명예권 등에서도 발생할 수 있다는 점에서 물권적 청구권만으로 볼 수는 없으므로, 위의 공권설이 타당하다.

3. 성립요건

1) **'권력적 행정작용'으로 인한 침해** 권력작용에 의한 침해가 있어야 하므로 단순권력작용에 의한 침해는 포함되지만, 사법적 활동에 의한 침해는 제외된다. 부작위는 허용되지 않는다.53)

2) **개인적 공권의 침해** 권력작용에 의하여 개인의 공권, 즉 '법률상 이익이 침해'되어야 한다. 재산적 가치, 명예, 평판 등 정신적인 것도 가능하다.

3) **지속적인 위법상태의 발생** 권력적 침해에 따라 '위법한 상태'가 발생해야 하는데, 이는 사실심 변론종결시가 기준이다. 위법한 상태는 사실상태로 처음부터 또는 사후에 발생할 수 있다. 또한 위법한 침해상태는 계속되어야 한다. 왜냐하면, 결과제거청구권은 이러한 계속된 위법상태의 제거가 목적이기 때문이다.

4) **결과제거의 가능성, 허용성, 기대가능성** 제척사유(소극적 요건)로서 적법한 상태의 원상회복이 사실상 또는 법적으로 가능하여야 한다. 원상회복이 불가능하면, 단지 손해배상의 문제일 뿐이다. 원상회복에 높은 경비가 필요한 경우에는 기대가능성이 없다고 본다.

그 외에 국내문헌에서는 '상태책임'이므로 가해자의 주관적 요건(고의, 과실)은 불필

52) 독일에서는 결과제거청구권의 법적 근거로 「행정법원법」 제113조 제1항 제2문, 법치국가원칙(기본법 제20조 제3항) 등을 예로 드는데, 다수설은 자유권적 기본권의 방어권적 기능을 근거로 든다. 다만 이러한 학설에도 불구하고 결과제거청구권은 '법관법'에서 시작하여 법제도로서 승인되었기 때문에 '관습법'이라고 본다. *Erbguth*, 391.

53) *Erbguth,* 3. Aufl., 406. 반대입장 박균성.

요하다. 그러나 결과제거청구권은 침해행위의 위법성을 다투는 것이 아니라 그로 인하여 발생한 위법상태를 제거하는 것이다(Erbguth).

4. 내 용

행정상 결과제거청구권은 이론적으로는 위법한 상태를 야기한 권력적 행정작용을 행사한 행정청에게 대하여 청구하여야 하지만, 실질적으로는 결과제거를 할 수 있는 권한을 가진 행정청에 청구권을 행사하여야 한다.[54]

행정상 결과제거청구권을 행사하면, 1) 해당 행정청이 위법한 결과적 상태를 제거하므로 2) 원상회복이 된다. 한편 부수적인 결과로서 손해배상청구도 가능하다.

Ⅲ. 권리구제

행정상 결과제거청구권은 개별법에 의하여 다양한 형태로 청구될 수 있다. 다만, 개별법에 규정이 없는 경우에는 일반법에 의하여 공권에 대한 행정의 권력적 침해이기 때문에 행정소송인 당사자소송에 의하여야 한다. 물론 이 소송은 처분의 취소 등과 병합될 수 있다. 그러나 실무에서는 사권으로 보아 '민사소송'으로 행하고 있다.

54) 행정주체에게 청구해야 한다고 보기도 한다. 홍정선, 행정법특강, 573쪽.

제 8 장

행정소송법

행정은 법령에 의하여 국가임무를 집행하는 과정에서 상대방인 국민과 다양한 법관계를 갖는다. 그러나 행정과의 법관계에서 불만을 가진 상대방은 다양한 권리구제제도를 통하여 자신의 권리를 주장하고 관철하게 된다. 이러한 권리구제제도로서 행정법에서는 전통적으로 일반 정규재판권(민・형사소송) 외에 별도의 독자적인 행정재판권제도를 형성시켰다. 물론 다양한 유형의 행정상 분쟁은 사법제도에 의한 행정재판권 외에도 행정심판, 행정위원회 등의 보완적인 다양한 권리구제제도를 형성하고 있다.

따라서 행정소송법에서는 우선 행정상 권리구제제도를 개관하고, 전통적인 행정재판권에 의한 행정소송과 행정심판을 제외한 모든 행정상 분쟁해결제도를 '사전권리구제절차'로서 설명하기로 한다. 그리고 행정소송의 사전절차로서 약식절차인 행정심판제도를 개관하고, 그 이후에 본격적으로 사법제도에 기반하여 다양한 소송법적인 법제도를 포함한 행정소송제도를 개별 법제도별로 설명하기로 한다.

제 8 장 행정소송법

제 1 절 행정상 권리구제제도의 개관

Ⅰ. 행정상 권리구제제도의 개념

행정상 권리구제제도는 '행정권에 의하여 제한되거나 침해된 개인의 권리를 여러 권리구제기관에 의하여 구제하거나 보호하는 제도'이다.[1] 행정상 권리구제제도는 크게 1) 사전권리구제제도, 2) 행정심판, 3) 행정소송 등으로 구분한다.[2]

행정상 권리구제제도는 가장 먼저 형성되고 비교적 제도적으로 안정된 행정소송제도를 중심으로 운용된다. 1) 전통적으로 우리나라는 일본식으로 행정심판과 행정소송을 포함하여 '행정쟁송'[3]이라는 용어를 쓴다. 2) 그러나 행정심판은 '행정소송의 전심절차'로서 대다수의 행정소송절차를 준용하고 있으므로 크게는 행정소송의 일부로 볼 수 있다. 따라서 여기서는 행정심판과 그 밖의 사전권리구제제도를 '행정소송제도'라는 큰 틀에 포함하여 보기로 한다.

광의의 행정쟁송은 '행정상 법률관계에 관한 분쟁이나 의문이 있는 경우에 이해관계자의 쟁송제기에 의해 일정한 법판단기관(재정기관)이 재정하는 절차'이다. 이는 법판단기관이 '법원'인가의 여부나 절차요건의 약식여부를 불문하고 '일정한 법판단기관이 결정하는 것'을 말한다. 한편 협의의 행정쟁송은 '행정조직 내의 특별기관이 행정상 법률관계에 관한 분쟁을 재결하는 절차'를 말한다. 이는 행정심판처럼 행정기관에 의한 분쟁해결절차에 한정된다.

Ⅱ. 행정상 권리구제의 기능

1. 국민의 권리구제기능

행정상 권리구제제도는 우선 직접적으로 행정에 의하여 권익을 침해받은 국민에 대하여 권리를 보호하는 주관적인 권리구제기능을 담당한다(주관적 기능). 따라서 이는 행정권의 위법·부당한 행사에 대한 구제이므로, 민사소송 및 조정과 차이가

1) 일부에서는 '행정구제법'이라 하여 국가책임법과 행정쟁송법을 포괄하여 쓰기도 한다.
2) 여기서는 금전보상을 위한 국가책임법은 보충적인 권리구제제도이므로 제외한다.
3) 다만, 필요한 경우에는 제한적으로 '행정쟁송' 내지는 '쟁송'의 표현을 사용하기로 한다.

있다. 특히 우리나라는 독일처럼 주관적 권리구제를 중심으로 한다.

2. 행정의 적법성 및 합법성(합목적성) 통제

행정상 권리구제제도는 개인의 권리구제 외에도 분쟁해결과정에서 행정의 적법성 확보와 재량권 행사에 따른 합목적성의 통제에 간접적으로 기여한다(객관적 기능).

Ⅲ. 유 형

행정에서 법치국가원칙을 보장하기 위하여는 법에 기속된 행정 외에도 행정의 법집행에 대한 법적 통제(행정재판제도)가 도입되어야 한다. 다만, 법적 통제제도의 설치유형은 한 나라의 법정책적인 문제이다. 즉, 법원에 의하여 타율적인 통제를 할 것인가, 또는 행정기관에 의하여 자기통제를 할 것인가의 문제이다.

1. 대륙법계

대륙법계에서는 일반법과 다른 공법으로서의 '행정실체법체계'를 형성하였다. 따라서 사법제도 역시 '행정사건만을 관할하는 독립된 심판기관'을 가진다. '전문법원형' 내지 '행정국가형'이라 한다. 행정사건을 관할하기 위하여 프랑스는 행정기관 형태의 국사원(Conseil d'État), 독일은 행정재판권하에 다양한 행정법원(Verwaltungsgericht)을 설치하였다.4)

2. 영·미, 스칸디나비아법계

흔히 영미법계라고 하는 영국, 미국, 스칸디나비아제국의 법계는 실체법상 공사법의 구분이 없고, 사법제도도 하나의 대법원체제로 구성된다. '단일법원형'(일반법원형) 내지 '사법국가형'이라 한다.

그러나 최근 다양하고 전문적인 행정사건을 처리하기 위하여 단일의 대법원 외에 영국은 '행정심판소'(Administrative Tribunal), 미국은 통신위원회, 공정거래위원회 등의 '행정위원회'(Administrative Commission or Board) 내지 '독립규제위원회'(Independent Regulatory Commission) 등의 행정에 특수한 분쟁처리기관을 두고 있다.

3. 일본과 우리나라

일본과 우리나라는 근대화과정에서 대륙법을 받아들여 행정실체법과 행정재판

---

4) 독일에서 일반행정사건은 일반행정재판권을 관할하는 '연방행정법원'(BVerwG), 특수행정재판권으로서 조세사건은 '연방재정법원'(BFG), 사회보장사건은 '연방사회법원'(BSG)이 관할한다. 즉, 연방대법원 외에 수평적인 3개의 행정대법원을 가지고 있다.

제도를 가지고 있었다. 2차대전 이후 미군정에 의해 미국식 단일대법원제도(Supreme Court)가 도입되면서, 독립한 행정실체법과 행정절차법을 가지면서도 사법제도는 일원제형 사법제도(사법국가형)를 둔(서울고법 2005.12.21, 2005누4412) 일종의 절충형제도로 발전하였다.

다만, 최근 우리나라는 대륙법계의 '헌법재판소'와 부분적이나마 '행정법원'제도를 도입하면서 일본식의 절충형제도에서 사법절차에서도 대륙법계의 전문법원제도로 한 걸음 다가서고 있다.

제 2 절 사전권리구제절차

Ⅰ. 사전권리구제절차의 개념

사전권리구제절차는 '행정심판이나 행정소송의 제기 이전에 법원(사법기관)이 아닌 행정이나 다른 독립된 기관이 권리구제를 행하는 절차'를 말한다. 이는 행정작용을 위한 사전절차인 행정절차와는 달리 전통적인 사법제도 외의 모든 방법에 의한 권리구제를 목적으로 한다. 특히 소송절차와 달리 정형화된 절차가 아니라는 점이 특징이다. 국가별로는 독일에서는 일반적으로 사전권리구제절차를 다루고 있으나, 우리나라에서는 제한적으로 다루고 있다.[5]

Ⅱ. 사전권리구제절차의 유형

1. 항 변 (이의)

항변은 '행정청이 일정한 행정작용을 행하는 경우에 그에 대하여 이의가 있는 사람은 누구나 해당 행정기관에 대하여, 특히 공무담당자(공무원)에 대하여 구두로 이의를 제기하는 것'이다. 나아가 '담당자의 상관에게 구두로 불만을 토로하는 것'도 포함한다.

항변은 이처럼 아무런 형식이나 기간에 전혀 구애를 받지 않고, 반복적으로도 제기할 수 있다.[6] 이 점에서 전통적인 행정심판이나 행정소송과 구별된다. 다만, 직접적인 처분담당자라고 할 수 있는 공무담당자(공무원) 등에게 불만이나 반대의견을 진술하는 것을 '형식없는 권리구제'(formlose Rechtsbehelfe) 또는 '항변'이라고 정의한다.

---

5) '옴부즈만제도와 민원처리'라는 제목으로 다루기도 한다. 정하중, 868쪽 이하.
6) *Schenke*, S. 1.

물론 항변에 대하여 담당기관(공무담당자)은 어떠한 법적 심사권도, 답변의무도 갖지 않는다. 그러나 담당 공무원이 항변자의 주장에 쉽게 동의할 경우에는 가장 쉽고도 빠른 효과적인 권리구제수단이 된다는 점이 중요하다.

2. 진 정

1) 개 념 진정은 '법정의 형식이나 절차에 의하지 않고 국가기관에 대하여 널리 자신의 희망이나 요구를 진술하는 행위'이다. 즉, 자신의 권리가 위법 또는 부당하게 침해받았다고 주장하는 자가 국가기관 등에 자신의 권리 등을 구제해 줄 것을 비공식적으로 서면으로 요청하는 행위이다.

이러한 전통적인 권리구제방식은 왕권제하의 '상소', '신문고제도' 등의 읍소형에서 관습적으로 유래했다고도 볼 수 있다.[7] 물론 진정은 법적 구속이나 효과가 발생하지 않는 사실행위로서, 행정기관의 회답도 법적 의미가 없으며, 행정작용을 변경하는 경우에도 이는 '행정청의 직권에 의한 취소·변경행위'로 나타난다.

2) 종 류 진정에는 1) 협의의 진정으로 '위법 또는 부당한 자신의 권리침해를 국가기관(행정·사법기관)에 문서나 편지형식으로 써서 발송함으로써 그 구제를 요청하는 행위'가 있고, 2) 민원처리제도로서 '국가기관에서 민원처리를 위한 기관을 설치하여 상담 및 자치적으로 처리해 주는 제도'가 있다. 그러나 이는 권위주의 내지 관료주의적 해결방식이다.

민원처리기관으로는 정부민원 전반을 처리하기 위하여 국민권익위원회에 설치된 정부민원안내콜센터(110번)를 중심으로 한 정부민원처리제도, 대통령부속실과 국무총리실 및 정부부처의 민원상담실 및 지방자치단체 등에 설치된 시민상담실, 법률구조공단이나 각 지방검찰청에 설치된 사법부의 민원처리제도 등이 있다.

3. 청 원

청원은 '국가기관에 대하여 법령개정, 제도개선, 피해구제, 시정 등을 문서로서 요구하는 행위'이다. 청원에 대하여는 헌법상 청원권(제26조)과 단행법으로서 「청원법」이 있고, 입법청원에 대하여는 국회의 「국회청원심사규칙」이 있다.

「헌법」 제26조 ① 모든 국민은 법률이 정하는 바에 의하여 국가기관에 문서로 청원할 권리를 가진다. ② 국가는 청원에 대하여 심사할 의무를 진다.

청원제도의 특징은 1) 언제나 기간의 제한 없이, 2) 어떠한 국가기관에 대해서도, 3) 원칙적으로 어떠한 사항에 관해서도 청원이 가능하고, 4) 심사절차, 판정형

---

7) 진정제도는 권위주의적인 통치체제하에서 유용하였던 것으로 민주주의국가에서도 효용이 있어야 하는가는 다른 차원의 문제이다. 최근에는 무고나 인신공격으로도 사용되면서 그 효용성이 반감하기도 한다.

식, 판정내용에 제한이 없고, 5) 답변내용도 구속력이 없다는 것이다. 따라서 청원은 권리구제의 실무에서는 널리 쓰이지는 않고, 주로 '위법'이 아닌 적극적으로 입법이 요구되는 분야에서 종종 사용된다.[8)]

우리 헌법과 법률은 국가기관에 청원의 '심사의무'를 부과하고(제26조 제2항), 90일 이내에 심사결과에 대한 '통지의무'를 규정한다(청원법 제9조 제2항).

청원의 대상기관은 1) 국가, 2) 지방자치단체와 그 소속기관, 3) 법령에 의하여 행정권한을 가지고 있거나 행정권한을 위임 또는 위탁받은 법인·단체 또는 그 기관이나 개인이다(제3조).

청원사항은 1) 피해의 구제, 2) 공무원의 위법·부당한 행위에 대한 시정이나 징계의 요구, 3) 법률·명령·조례·규칙 등의 제정·개정 또는 폐지, 4) 공공의 제도 또는 시설의 운영, 5) 그 밖에 국가기관 등의 권한에 속하는 사항이다(제4조).

청원대상이 아닌 사항은 1) 감사·수사·재판·행정심판·조정·중재 등 다른 법령에 의한 조사·불복 또는 구제절차가 진행중인 때, 2) 허위의 사실로 타인으로 하여금 형사처분 또는 징계처분을 받게 하거나 국가기관 등을 중상모략하는 사항인 때, 3) 사인간의 권리관계 또는 개인의 사생활에 관한 사항인 경우는 청원을 수리하지 않는다(제5조). 따라서 위 사항을 제외한 모든 사항은 청원할 수 있다.

4. 옴부즈만제도

옴부즈만제도는 1809년에 스웨덴헌법에 의하여 설치된 것이 기원이고, 1980년대에 세계적으로 유행하였다. 본래 '위헌 내지 부정한 행정활동에 대하여 비사법적인 수단으로 국민을 보호하는 관직'을 옴부즈만(Ombudsman)이라 한 것에서 유래하였다.

옴부즈만의 특징은 1) 의회에 의해 임명되고, 2) 행정처분의 취소·변경권이 없고(Watchdog without teeth), 3) 구제의 신속성, 경제성 등이다.

옴부즈만의 유형은 1) 고전적 옴부즈만(의회), 2) 행정형 옴부즈만(행정기관, 감사원, 국민권익위원회, 정부 합동민원실), 3) 특별옴부즈만(소비자 옴부즈만, 공정거래 옴부즈만) 등으로 구분할 수 있다.

옴부즈만은 제3의 인물이 임명되며, 절차에 상관없이 조사할 수 있으나 그 구속력이 약하다는 단점이 있다. 최근 언론, 소비자 분야에서 응용되고 있다. 한편 옴부즈만의 설치근거는 반드시 법률로써 설치해야 하는 것은 아니고, 법규명령의 성질을 갖는 조례로써도 가능하다는 판례가 있다(대판 1997.4.11, 96추138).

대법원 1997. 4. 11, 96추138 **판결 【옴부즈만조례안재의결무효확인】**
합의제 행정기관인 옴부즈맨을 집행기관의 장인 도지사 소속으로 설치하는 데 있어서는 지방자치법 제107조 제1항의 규정에 따라 당해 지방자치단체의 조례로 정하면 되는 것이

8) 예를 들면, 과거에 법학전문대학원의 도입이 청원된 적이 있다.

지 헌법이나 다른 법령상으로 별도의 설치근거가 있어야 되는 것은 아니라 할 것이다.

5. 고충민원처리제도

1) **제도의 개관** 고충민원처리제도는 '행정기관등의 위법·부당하거나 소극적인 처분(사실행위 및 부작위를 포함) 및 불합리한 행정제도로 인하여 국민의 권리를 침해하거나 국민에게 불편 또는 부담을 주는 사항에 대하여 국민권익위원회에 고충민원(현역장병 및 군 관련 의무복무자의 고충민원을 포함)을 개인이 신청하면 국민권익위원회가 조사하여 처리하는 제도'이다(제2조 제5호).[9] 한편 지방자치단체에는 '시민고충처리위원회'를 둘 수 있다(제32조 이하).

고충민원의 예외는 정치사건(국가기밀, 공무상 비밀), 다른 국가기관 소관사항(국회, 법원 등), 수사 및 형집행, 타 법률상 불복구제절차, 판결 등으로 확정된 사항, 사인간의 관계나 개인의 사생활, 인사행정 등에 관한 사항이다(제43조). 따라서 고충민원을 제기할 수 없고, 국민권익위는 각하하거나 관계기관에 이송할 수 있다.

한편 국민권익위는 소송으로 구제될 수 있는 위법·부당한 처분 외에도 '불합리한 행정제도' 등도 처리대상으로 하여 상담·연구·조사하여 '합의의 권고'(제44조), '조정'(제45조), 관계기관의 장에게 '시정조치의 권고'(제46조 제1항), '의견표명'(제2항)이나 '제도개선의 권고'(제47조), 감사원에 '감사의 의뢰'(제51조) 등을 행한다. 따라서 분쟁처리를 넘어서 제한적이지만 제도개선도 한다는 점이 특징이다.

2) **행정심판과의 관계** 고충민원처리제도[10]를 '행정소송에 앞서 행해진다'는 점에서 '행정심판'으로 볼 것인가에 대하여 판례는 국민권익위에 의한 고충민원처리를 원칙적으로 행정심판으로 보지 않는다(대판 1995.9.29, 95누5332). 왜냐하면, 고충민원처리제도는 행정심판과 달리 소송절차를 준용하지 않기 때문이다. 다만, 절차법적인 측면에서는 행정심판의 청구기간의 도과를 막고 국민의 이익을 위하여 '고충처리의 신청시'를 '행정심판의 청구시'로 본다(같은 판례).

대법원 1995. 9. 29, 95누5332 **판결 【건물철거대집행계고처분등취소】**
행정규제및민원사무기본법(이하 "법"이라 한다)의 관계규정을 종합하여 보면, 국민고충처리제도는 국무총리 소속하에 설치된 국민고충처리위원회로 하여금 행정과 관련된 국민의 고

---

9) 1994년 「행정규제 및 민원사무기본법」에 의하여 국민의 고충민원 등을 상담하고, 조사·처리하기 위하여 '국민고충처리위원회'가 국무총리 산하에 설치되었다. 이는 이후 「민원사무처리에 관한 법률」에 근거하다가 2005년부터는 대통령 산하로서 「국민고충처리위원회의 설치 및 운영에 관한 법률」에 근거하여 국민의 대 행정기관에 대한 고충민원을 처리하였다. 2008년에는 새로 제정된 「부패방지 및 국민권익위원회의 설치와 운영에 관한 법률」에 따라 행정심판기능과 부패방지기능을 포함하여 국민권익위원회로 통합·운영되고 있다. 물론 국민권익위원회는 공직자 등의 부패방지행위, 행정에 대한 고충민원, 중앙행정심판위원회의 운영 등을 담당한다. 국민권익위원회의 홈페이지(http://www.acrc.go.kr/acrc/index.do).

10) 길준규, "우리나라 고충민원처리제도의 법정책적 검토", 『법과정책연구』 제10집 제1호, 2010. 6.

충민원을 상담·조사하여 행정기관의 처분등이 위법·부당하다고 인정할 만한 상당한 이유가 있는 경우에 관계행정기관의 장에게 적절한 시정조치를 권고하도록 함으로써 국민의 불편과 부담을 시정하기 위한 제도로서 행정심판법에 의한 행정심판 내지 다른 특별법에 따른 이의신청, 심사청구, 재결의 신청 등의 불복구제절차와는 제도의 취지나 성격을 달리하고 있으므로 국민고충처리위원회에 대한 고충민원의 신청이 행정소송의 전치절차로서 요구되는 행정심판청구에 해당하는 것으로 볼 수는 없고, 다만 국민고충처리위원회에 접수된 신청서가 행정기관의 처분에 대하여 시정을 구하는 취지임에 내용상 분명한 것으로서 위원회가 이를 당해 처분청 또는 그 재결청에 송부한 경우에 한하여 행정심판법 제17조 제2항, 제7항의 규정에 의하여 그 신청서가 국민고충처리위원회에 접수된 때에 행정심판청구가 제기된 것으로 볼 수 있다.

6. 대체적 분쟁해결제도

1) **개 념** 최근 미국을 중심으로 전통적인 사법제도에 대한 대안으로 '소송이 아닌 분쟁해결방식'이 등장하고 있다. 이 '소송외적인 분쟁해결제도' 또는 '소송을 대신하는 분쟁해결제도'를 대체적 분쟁해결제도(Alternative Dispute Resolution, ADR)라고 한다.

대체적 분쟁해결제도는 종래의 소송제도에 비하여 간편하고 신속한 절차, 저렴한 비용, 해당 분야의 전문가에 의한 조정, 부드러운 분쟁해결절차, 단순한 흑백논리의 해결이 아닌 다양한 해결방법 등의 장점을 가지고 있다. 물론 분쟁당사자가 대등하지 않은 경우에는 편향적이기 쉽고, 당사자의 수락이 없으면 법적 구속력이 없고, 절차담당자의 행위규범외의 위반에 대한 제재가 없다는 등의 문제점이 지적되고 있다.[11)]

최근에 우리나라에 소위 온라인분쟁해결제도(Online Dispute Resolution, ODR)가 도입되고 있으나, 분쟁조정신고는 온라인 방식도 효과적이지만, 분쟁조정 자체를 챗방식으로 운영하는 것은 실효성이 적다고 볼 것이다.[12)]

2) **유 형** 대체적 분쟁해결제도의 유형은 크게 협상(Negotiation), 화해(Conciliation), 조정(Mediation), 중재(Arbitration) 등이 있다.

화해는 '재판상 화해'와 '재판외의 화해'로 나뉜다. 이것은 미국의 협상과 유사한 자력구제의 일종이다. 재판상 화해는 재판에서 법관이 붙이는 화해로 화해시에는 확정판결과 같은 효력이 있다. 재판외 화해는 '민법상 화해계약으로 분쟁을 종료하는 것'을 말한다. 이 제도는 대륙법계에서는 이미 사법상의 사적 자치의 원칙에 의거하여 발전해 왔다.

조정은 '제3자(조정인)가 중립적인 지위에서 사건을 조사하고 분쟁당사자의 주장을

---

11) 길준규, "경제행정법상의 대체적 분쟁해결제도의 고찰", 『공법연구』 제32집제4호, 2004.3, 56쪽 이하.

12) ODR에 대하여는 이창범/이은선, 『온라인 개인정보분쟁해결제도 발전방안 연구』, 개인정보분쟁조정위원회, 2003 참조.

들은 후에 분쟁사건을 서로 수용하도록 중립적인 조정안을 당사자에 제시하는 절차' 이다. 이는 양 당사자가 수용할 경우에는 '화해의 효력'을 가진다. 조정은 '법원에 의한 조정'과 '기타 전문기관에 의한 조정'으로 구분된다. 기타 기관에 의한 조정은 '재판상 화해와 동일한 효력이 인정되어 확정판결과 동일한 효력이 인정되는 경우'와 단지 '민사상 합의와 같은 효력'으로 재판외의 효력에 한정되어 다시 소송으로 다툴 수 있는 경우가 있다. 조정은 '분쟁조정'이라고도 한다.

중재는 중재인의 중재에 의하여 분쟁을 해결하는 형태로, "당사자의 합의로 선출된 제3자인 중재인에 의하여 절차가 진행되며, 중재인이 분쟁해결에 대한 결정(중재안)을 내리면 분쟁당사자는 그 내용에 관계없이 중재안에 따라 법적으로 구속되는 절차"이다. 조정안의 수용이 임의적이라면, 중재안의 수용은 강제적이라는 점에서 소송절차에 유사하다고 볼 수 있다. 상사중재나 국제분쟁중재가 있다.

대부분의 행정법상의 대체적 분쟁해결제도는 조정에 속한다.

3) **행정법상 분쟁해결제도** 우리 행정부에 도입된 것으로는 개인정보분쟁조정위원회, 소비자분생조정위원회, 의료심사조정위원회, 건설분쟁조정위원회, 환경분쟁조정위원회, 저작권심의조정위원회, 금융분쟁심의조정위원회 등이 있다. 환경분쟁조정이 가장 활성화되어 있다고 볼 수 있다.

제 3 절 행정심판법

제 1 항 행정심판제도의 개관

Ⅰ. 행정심판의 개념

행정심판은 '행정기관이 행정상의 분쟁을 다투는 절차'를 말한다. 즉, 행정기관이 사법절차를 준용하여(준사법절차) 행정의 위법성과 부당성을 심사하는 것이다.

행정소송의 예외인 행정심판의 법적 근거로 「헌법」 제107조 제3항과 1984년에 일반법인 「행정심판법」이 제정되었고, 2009년에 전면개정되었다.

한편, 행정심판은 「행정심판법」의 적용여부에 따라서 형식적·실질적 의미의 행정심판으로 구분된다.

1. 형식적 의미의 행정심판

형식적 의미의 행정심판은 행정심판법의 적용을 받는 행정심판을 말한다. 따라서 행정심판법이 아닌 다른 법의 적용을 받는 '특별행정심판'이나 '다른 법률에 의

한 특례를 둔 경우'는 형식적 의미의 행정심판이 아니다. '일반행정심판'이라고도 한다.[13]

다만, 특별행정심판과 일반행정심판절차에 대한 특례도 그 특별법상에서 다른 규정이 없는 경우에는 행정심판법이 일반법이므로 행정심판법에 따른다(제4조 제2항).[14] 아울러 지방자치법에서는 '약식절차'가 규정되어 있다(제140조 제3항).

2. 실질적 의미의 행정심판

실질적 의미의 행정심판은 그 근거법에 상관없이 '실질적으로 행정기관이 행하는 행정법상의 분쟁해결절차'로서, '행정기관이 일정한 공법적 법판단으로서 행하는 준사법적 절차'를 말한다. 이중에서 특히 행정기관이 법판단기관(행정심판위원회)이 되는 경우를 협의로 본다. 법령에서는 행정심판 외에도 '이의신청', '재결신청', '심사청구', '심판청구', '재심청구', '재정' 등으로 규정된다.

3. 구별개념

1) **청원과 진정** 청원과 진정은 국가기관에 대하여 일정한 (정치적) 의사표현을 보장하기 위한 제도일 뿐, 사법절차를 준용한 국민의 권리구제를 위한 쟁송제도가 아니라는 점에서 행정심판과 차이가 있다.

행정심판은 사법절차를 준용하므로 청구권자 · 청구기간 · 청구사항에 일정한 제한이 있고, 심리절차 · 재결형식과 내용에 법적 제한이 있으나, 청원 등은 없다. 최종결정도 행정심판의 재결은 법적 효력이 있으나 청원 등은 없다.

2) **이의신청** 법령상에 규정된 이의신청은 그 법적 성질에 따라 행정심판과 이의신청으로 구분할 수 있다. 이의신청은 처분청에 대한 불복절차로 사법절차가 준용되지 않는 것을 말한다. 이의신청의 특징은 위법 또는 부당한 처분 등으로 권익을 침해당한 자가 1) '처분청'에 대하여 재심사를 구하는 절차이고,[15] 2) '개별법에 규정된 일정한 처분'에만 인정되며(국세기본법 제66조 제1항, 지방세기본법 제118조 등), 3) 사법절차가 준용되지 않는다.

---

13) 「행정심판법」 제1조는 행정심판을 "행정청의 위법 또는 부당한 처분이나 부작위로 침해된 국민의 권리 또는 이익의 침해를 구제"하기 위한 행정기관의 심판절차라고 규정한다.

14) 이론적으로는 「행정심판법」 제4조 제2항의 규정이 타당하지만, 「국세기본법」 제56조 제1항은 "행정심판법의 규정을 적용하지 아니한다"라고 규정하므로 법리적으로 모순이 된다. 입법론적으로 국세기본법 규정을 개정하여야 할 것이다.

15) 종전의 행정심판은 처분청의 직근상급행정기관인 '재결청'에 청구하였으나, 2008년 행정심판법개정으로 처분청이나 행정심판위원회에 청구하도록 규정함으로써 이의신청과의 구별이 덜 명확해졌다.

물론 제도적으로는 법정책적인 입장에서 1) 양자가 함께 인정되는 경우(국세기본법 제55조 제1항. 사회보장법분야), 2) 전심과 후심의 관계에 있는 경우, 3) 양자택일도 허용하는 경우 등이 있다.

3) **고충민원처리절차** 고충민원처리절차는 국민권익위법에 따라 국민권익위가 행정기관 등에 의한 고충민원에 대한 상담·조사·처리를 하는 제도이다. 이는 사법절차를 준용하지 않고, 단지 '권고결정'에 그친다는 점에서 행정심판이 아니다(대판 1995.9.29, 95누5332).

▣ 당사자심판 - 행정심판위원회와 유사한 '위원회'에서 재결하지만, 일반행정심판처럼 행정처분 등의 위법·부당을 다투는 것이 아니라 '공법상 법률관계의 형성 또는 존부에 관하여 다툼이 있는 경우 당사자의 신청에 의하여 권한있는 행정기관이 결정하는 심판'을 당사자심판이라고 한다.[16] 이는 '특별행정심판'으로 보기도 한다. 당사자심판은 모두 시심적 쟁송이며, 개별법에서 정한 경우에 한정된다. 대표적으로 공토법상의 토지수용위원회의 수용재결이다.

4. 존재근거

행정심판은 1) 행정의 자기통제 및 자기감독적 차원에서 행정청으로 하여금 다시 한 번 숙고의 기회를 부여하는 자율적 행정통제로서 의의가 있고, 권력분립주의의 입장에서 다른 국가기관의 개입 이전에 스스로 분쟁을 해결할 기회가 된다. 2) 행정능률의 측면에서 행정기관이 스스로 분쟁을 해결할 경우에는 신속하고 간편한 자기시정책이 될 수 있다. 3) 더욱이 행정소송과 달리 행정기관의 재량권행사에 대한 합목적성 통제인 부당문제까지 심사한다는 점에서는 권리구제에 더 효과적이다. 4) 단순 법기술자인 사법부에 비하여 전문적인 행정기관의 전문지식을 활용할 수 있다는 측면이 있다. 5) 행정심판에 의하여 분쟁이 종결될 경우에는 법원의 소송부담을 완화하는 소송경제적 장점이 있다.

Ⅱ. 법적 근거

1. 헌법적 근거

우리 헌법은 재판의 전심절차로 행정심판제도를 규정하면서, 심판절차는 법률로 정하고, 사법절차의 준용을 요구한다(제107조 제3항).[17] 따라서 행정심판은 이러한 헌법정신을 실현하는 데 적합한 것이어야 한다(헌재 2000.6.1, 98헌바8).

---

16) 홍정선(상), 779쪽.

17) 「헌법」 제107조 제3항 재판의 전심절차로서 행정심판을 할 수 있다. 행정심판의 절차는 법률로 정하되 사법절차가 준용되어야 한다.

헌법재판소 2000.6.1, 98**헌바**8 **【산업재해보상보험법 제94조 제2항 등 위헌소원】**
1. 헌법 제107조 제3항은 "재판의 전심절차로서 행정심판을 할 수 있다. 행정심판의 절차는 법률로 정하되, 사법절차가 준용되어야 한다"고 규정하고 있으므로, 입법자가 행정심판을 전심절차가 아니라 종심절차로 규정함으로써 정식재판의 기회를 배제하거나, 어떤 행정심판을 필요적 전심절차로 규정하면서도 그 절차에 사법절차가 준용되지 않는다면 이는 헌법 제107조 제3항, 나아가 재판청구권을 보장하고 있는 헌법 제27조에도 위반된다. 여기서 말하는 **"사법절차"를 특징지우는 요소로는 판단기관의 독립성 · 공정성, 대심적(對審的) 심리구조, 당사자의 절차적 권리보장 등을 들 수 있으나, 위 헌법조항은 행정심판에 사법절차가 "준용"될 것만을 요구하고 있으므로 위와 같은 사법절차적 요소를 엄격히 갖춰야 할 필요는 없다고 할지라도, 적어도 사법절차의 본질적 요소를 전혀 구비하지 아니하고 있다면 "준용"의 요구에마저 위반된다.**

2. 근거법

행정심판은 「행정심판법」을 일반법으로 하여 개별분야에 특별행정심판을 규율하는 특별법과 특례규정을 두고 있다.

Ⅲ. 행정소송과의 관계

행정심판은 행정소송 제기 전에 청구할 수 있는 전심절차(Vorverfahren)이다. 우리 행정소송법은 행정심판임의주의를 채택하므로 행정심판을 청구할 수도 있고 곧바로 행정소송을 제기할 수도 있다. 종전에는 행정소송을 제기하기 전에 행정심판을 반드시 거쳐야 하는 '행정심판전치주의'이었으나, 1994년 「행정소송법」 개정으로 행정심판임의주의로 전환하였다.[18]

한편 행정심판은 행정소송절차를 준용하므로 다수의 소송절차를 도입하였지만, 행정기관에 의한 법판단(심판)의 특성상 절차의 유연성을 가지고 있다.

▣ **행정소송과의 공통점** - 행정심판도 사법절차를 준용하므로 1) 당사자의 발의(쟁송제기)에 의한 개시, 2) 법률상 이익이 있는 자(원고적격)(행심법 제13조, 행소법 제12조), 3) 대심구조(심판청구인/처분청, 원고/피고), 4) 제3의 국가기관에 의한 법적 판단, 5) 적법한 쟁송제기 후 심리의무, 6) 청구 · 소의 변경인정(행심법 제29조, 행소법 제21조, 제22조), 7) 행정처분 등의 집행부정지원칙(행심법 제30조, 행소법 제23조), 8) 직권심리의 원칙(행심법 제39조, 행소법 제26조), 9) 구술심리의 보장(행심법 제40조, 행소법 제8조), 10) 불이익변경금지의 원칙(행심법 제47조 제2항, 행소법 제8조), 11) 공익에 따른 사정재결(사정판결)(행심법 제44조, 행소법 제28조), 12) 이해관계인 및 다른 행정청의 참여(행심법 제20조, 행소법 제16조, 제17조), 13) 판정행위에 특별한 효력부여(행심법 제49조, 행소법 제30조) 등이 있다.[19]

▣ **행정소송의 차이점** - 1) 소송사항에서 행정심판은 적법성 및 합목적성, 즉 위법과 부

18) 제도의 변화 : 소청전치주의 - 행정심판전치주의(1984) - 임의주의(1994).
19) 이러한 중복되는 법제도에 대한 자세한 설명은 행정소송법의 해당 부분을 참조하면 좋다.

당(행심법 제1조)이 대상이나, 행정소송은 '위법'(행소법 제1조)만이 대상이고, 2) 판정기관도 행정심판은 행정심판위원회(행정기관)이나, 행정소송은 '법원'이고, 3) 심리절차도 행정심판은 구두심리와 서면심리를 병용하나(행심법 제40조), 행정소송은 원칙적으로 구두심리주의이다(행소법 제8조 제2항). 4) 쟁송의 종류도 의무이행심판과 부작위위법확인소송에서 구별된다.

▣ 행정쟁송의 종류

1) 정식쟁송과 약식쟁송 (절차에 따른 분류) - 정식쟁송(정식절차)은 1) 구두변론의 기회, 2) 심판기관의 독립성이 있어야 한다. 따라서 양자를 다 충족하면, 행정소송처럼 정식쟁송이고, 어느 하나라도 부족하면, 행정심판처럼 약식쟁송(약식절차)이다.

2) 당사자쟁송과 항고쟁송 - 당사자쟁송은 '상호대립하는 대등한 당사자간에 법률상 다툼이 있는 경우, 일방당사자가 타방 당사자를 상대로 하여 제3자인 심판기관에 그 다툼에 대한 심판을 구하는 쟁송'이다. 항고쟁송은 '행정의 공권력행사를 전제로 하여, 그 행위의 위법 또는 부당을 주장하는 자가 그 심판을 구하는 쟁송'으로서 이의신청, 행정심판, 항고소송 등이 속한다.

3) 주관적 쟁송과 객관적 쟁송 - 주관적 쟁송은 '쟁송제기자의 개인적 권리보호를 직접 목적으로 하는 쟁송'으로, 항고쟁송과 당사자쟁송이 있다. 객관적 쟁송은 '법령의 객관적 적용 및 공익보호를 목적으로 하는 쟁송'으로, 민중쟁송과 기관쟁송이 있다. 이는 행정의 적법성을 보장하고, 법률이 특별히 인정하는 경우에만 허용된다(행소법 제45조).

4) 행정쟁송의 단계에 따른 구분 - 시심적 쟁송은 '법률관계의 형성 또는 존부에 관한 제1차적인 행정작용 그 자체가 쟁송의 형식에 의해 행해지는 경우'로서 당사자쟁송이 있고, 복심적 쟁송은 '이미 존재하는 행정작용의 하자에 대한 판단'으로 항고쟁송이 있다.

5) 기관쟁송과 민중쟁송(객관적 쟁송) - 행정의 적법성보장을 목적으로 하는 객관적 쟁송에는 기관쟁송과 민중쟁송이 있다. 기관소송은 행정법규의 적절한 적용을 위한 국가 또는 지방자치단체 기관 상호간의 쟁송이다(지방자치법 제107조, 제172조). 그 외에 권한쟁의 심판(헌법 제111조 제1항 제4호, 헌법재판소법 제61조 이하)이 있다. 민중소송은 행정법규의 위법한 적용을 시정하기 위하여 일반 민중이나 선거인에게 인정되는 쟁송이다. 주로 선거소송(공직선거법 제222조 이하)이다.

Ⅳ. 특별행정심판 및 특례절차

☞ 행정심판법은 사안의 전문성과 특수성을 살리기 위하여 특별히 필요한 경우에는 행정심판법에 따른 일반행정심판에 갈음하는 특별행정심판이나 행정심판절차에 대한 특례규정을 다른 법률에서 규정하도록 명문화하였다(제4조). 조세, 인사, 특허, 토지, 경찰, 사회보장 등의 분야에 특별행정심판 및 특례규정을 두고 있다.[20)]

1. 특별행정심판

특별행정심판은 '행정심판법 외에 별도의 '개별법에 규정된 다른 심판기관'이

---

20) 새 행정심판법은 특별행정심판을 규정하고, 특별행정심판이나 행정심판에 대한 특례를 신설·변경하는 입법시는 중앙행정심판위원회와 협의하도록 규정한다(제4조 제3항).

심리 · 재결하는 행정심판'을 말한다. 해당 분야의 전문성과 특수성을 고려하기 위한 것이다.

대표적인 특별행정심판으로는 1) 공무원인사소청심사제도(국가공무원법, 지방공무원법, 교육공무원법, 소방공무원법, 전투경찰대설치법, 법원공무원규칙 등), 2) 선거소청제도(공직선거법 제219조), 3) 국세, 관세, 지방세에 관하여 조세심판원이 심판하는 조세심판제도(국세기본법, 관세법, 지방세기본법), 4) 감사원심사청구제도(감사원법), 5) 특허심판원에 의한 특허심판제도(특허법, 실용신안법, 디자인법), 6) 해양안전심판원에 의한 해양안전심판제도(해양심판법)[21] 등이 있다.[22]

2. 약식절차 (특례)

한편 개별법령에서 '일반행정심판절차에 대한 특례규정'를 두어 행정심판절차를 축소한 약식절차를 규정하고 있다.

약식절차로 1) 토지거래계약불허가처분에 대한 이의신청(국토계획법), 2) 개발부담금의 부과 및 징수에 관한 이의신청(개발이익환수법), 3) 지방자치단체의 사용료 등의 부과처분에 대한 이의신청(지방자치법) 등이 있다.

3. 특별행정심판 및 특례 규정 남설의 제한

행정심판법은 행정심판법 외에 별도의 개별법률에 의한 특별행정심판절차나 행정심판절차에 대한 특례를 두기 위하여 관련법령의 개정시는 중앙행정심판위원회와 협의하도록 하여 특별행정심판의 남설을 제한한다(제4조).

V. 행정심판의 고지

1. 고지의 개념

고지제도는 '행정청이 처분을 할 때 처분의 상대방에게 행정심판의 청구여부, 청구하는 경우의 심판청구절차 · 심판청구기간 등을 알려주도록 하는 제도'이다(제58조).[23] 고지는 상대방에 대한 고지(직권고지), 이해관계인에 고지(청구고지)로 구분된

---

21) 해양안전심판의 재결에 대하여는 '대법원'이 전속관할이다.

22) 특별행정심판과 이의신청제도에 관한 연구로 신봉기/김광수/길준규, 『특별행정심판제도에 관한 연구』, 국민권익위원회, 2009 참조.

23) 「행정심판법」 제58조(행정심판의 고지) ① 행정청이 처분을 할 때에는 처분의 상대방에게 다음 각 호의 사항을 알려야 한다. 1. 해당 처분에 대하여 행정심판을 청구할 수 있는지 2. 행정심판을 청구하는 경우의 심판청구 절차 및 심판청구 기간
② 행정청은 이해관계인이 요구하면 다음 각 호의 사항을 지체 없이 알려 주어야 한다. 이 경우 서면으로 알려 줄 것을 요구받으면 서면으로 알려 주어야 한다. 1. 해당 처분이 행정심판의 대상이 되는 처분인지 2. 행정심판의 대상이 되는 경우 소관 위원회 및 심판청구 기간.

다. 고지제도를 인정하는 이유는 1) 행정구제(행정심판청구)의 실질적 보장, 2) 처분의 신중성(행정의 적정화)을 위해서이다.

입법적으로 고지제도는 행정절차법(오스트리아, 스위스), 행정심판법(일본), 행정소송법(독일)에서 규정한다. 우리나라는「행정심판법」(1985년),「행정절차법」(1998년),「정보공개법」에서 규정한다. 행정심판법상 고지는 '행정심판'에 한정되지만, 행정절차법상 고지는 '행정심판과 행정소송'에 대한 고지이다. 따라서 행정심판의 청구기간과 관련하여서는「행정절차법」 제27조 제5항과 제6항을 적용하지만, 행정소송의 제기와 관련한 불고지시는「행정절차법」 제26조가 준용된다(대판 2008.6.12, 2007두16875).

고지의 법적 성질은 '(비권력적) 사실행위'이다. 고지는 법률효과의 발생을 목적으로 하지 않으므로 그 자체는 행정쟁송의 대상이 아니기 때문이다. 한편 행정심판법상의 고지가 '훈시규정'인지, '강행 내지 의무규정'인지 대하여 고지의무의 위반시 일정한 절차상의 제한이 있다는 점에서는 '강행규정'으로 본다.

2. 종 류

1) 직권에 의한 고지 행정청이 처분을 할 때에는(제58조 제1항) 1) 고지대상은 구법과 달리 '모든 처분'이다. 이는 행정심판법뿐만이 아니라 다른 법에 의한 처분도 대상이다. 상대방의 신청에 따라 처분한 경우와 상대방에게 아무런 부담도 발생하지 않는 처분은 고지가 필요하지 않다는 견해도 있다(정하중). 2) 고지내용은 행정심판의 청구여부, 심판청구절차, 심판청구기간 등이다. 특히 행정심판 없이 행정소송을 제기할 수 있다는 뜻도 고지하여야 한다. 3) 고지의 시기는 처분시이나 단, 하자의 치유가 가능하다. 4) 고지방법은 입법규정이 없으므로 구술도 가능하다고 보나(정하중) 분쟁방지를 위하여는 서면으로 한다. 5) 고지의 상대방은 당해 처분의 상대방이고, 복효적 행정행위는 제3자에게 직권으로 알리는 것이다(제42조 제1항).

2) 청구(신청)에 의한 고지 행정청은 처분의 이해관계인(제3자)이 요구하면, 지체 없이 고지하여야 하고(제58조 제2항), 서면으로 요구시는 서면으로 고지하여야 한다.

청구에 의한 고지는 1) 고지청구권자는 요구한 처분에 대한 이해관계인이고, 2). 고지의 대상은 '모든 처분'이고, 3) 고지내용은 당해 처분이 행정심판의 대상이 되는 처분인지 여부, 행정심판의 대상이 되는 경우 소관 위원회 및 심판청구기간이며, 4) 고지시기는 이해관계인으로부터 요구받은 후 지체없이 알려야 하며, 일반적으로는 사회통념에 따라 결정하고, 5) 고지방법은 입법규정은 없으나, 서면으로 요구하면, 반드시 서면으로 고지하여야 한다(제2항).

3. 불고지 또는 오고지의 효과

1) **불고지의 효과** 행정청이 상대방에게 행정심판에 관하여 고지하지 않은 경우에(불고지), 1) 심판청구여부, 심판청구절차 및 심판청구기간을 고지하지 않아서 행정심판을 잘못 청구한 경우에 해당 행정기관은 심판청구서를 정당한 권한 있는 기관에 송부하고, 청구인에게 알려야 하며(제23조 제2항, 제3항), 심판청구기간은 최초행정기관에 심판청구서가 제출되었을 때에 행정심판이 청구된 것으로 청구기간을 계산하고, 2) 심판청구기간의 고지가 없었으므로 처분이 있었던 날로부터 180일을 기준으로 한다(제27조 제6항). 다만, 정당한 사유가 있는 경우에는 180일의 기간제한을 받지 않는다(제3항). 그러나 판례는 엄격하게 해석하고 있다(대판 1992.5.26, 92누206).

한편 행정소송의 불고지시에는 행정심판법이 적용되는 것이 아니라「행정절차법」제26조를 적용하여 처분일로부터 1년이 적용된다(대판 2008.6.12, 2007두16875).

2) **오고지의 효과** 행정청이 상대방에게 행정심판에 관하여 잘못 고지한 경우(오고지), 1) 심판청구절차를 잘못 고지하여 청구인이 행정심판을 잘못 청구한 경우에는 해당 행정기관은 정당한 권한이 있는 기관에 송부하고, 청구인에게 지체 없이 알려야 한다(제23조 제2항, 제3항). 2) 심판청구기간을 규정된 기간보다 긴 기간으로 고지한 경우에는 잘못 알린 기간 내에 청구하면 적법하게 행정심판을 청구한 것으로 본다(제27조 제5항).

3) **고지의 위법과 원처분** 행정청이 처분을 발급하면서 행정심판에 대하여 잘못 고지하였거나 고지하지 않은 경우에 원처분에 효력이 미치느냐의 문제에 대하여 판례는 '절차적 편의'에 불과하므로 원처분을 위법하게 만들지는 못한다고 본다(대판 1987.11.24, 87누529).

제 2 항 행정심판의 대상과 종류

Ⅰ. 행정심판의 심판대상

1. 개괄주의의 채택

행정심판법은 행정심판의 대상을 "행정청의 처분 또는 부작위"(제3조 제1항), "행정청의 위법·부당한 처분 또는 부작위"(제1조)로 규정한다. '(위법·부당한) 처분 또는 부작위'를 행정심판대상으로 하는 것을 '개괄주의'라고 한다(통설).

「행정심판법」 제3조(행정심판의 대상) ① 행정청의 처분 또는 부작위에 대하여는 다른 법률에 특별한 규정이 있는 경우 외에는 이 법에 따라 행정심판을 청구할 수 있다.
② 대통령의 처분 또는 부작위에 대하여는 다른 법률에서 행정심판을 청구할 수 있도록 정한 경우 외에는 행정심판을 청구할 수 없다.

그러나 이는 행정작용의 한 종류인 처분에만 제한하는 열기주의를 오해한 것이다 (☞행성소송의 개괄주의 부분 참조).

2. 처 분

행정심판법은 처분을 "행정청이 행하는 구체적 사실에 관한 법집행으로서의 공권력의 행사 또는 그 거부와 그 밖에 이에 준하는 행정작용"이라고 법적 정의한다(제2조 제1호). 다만, 다른 법률에 특별한 규정이 없는 한, '대통령의 처분 또는 부작위'는 제외한다(제3조 제2항).

법리적으로 처분은 '외부적 표시행위'이자 '공권력의 행사'이므로 행정청 등의 내부행위나 알선, 권고, 주의와 같은 비공식적 행정작용, 사실행위 등은 제외된다.

3. 부작위

행정심판의 대상이 되는 부작위는 단순한 행정기관의 부작위가 아니라, "행정청이 당사자의 신청에 대하여 상당한 기간 내에 일정한 처분을 하여야 할 법률상 의무가 있음에도 불구하고 이를 하지 아니하는 것"이다(제2조 제2호). 단지 의무위반, 즉 위법한 부작위만 대상이고, '부당한 부작위'는 제외된다.

Ⅱ. 행정심판의 종류

1. 취소심판

1) 개 념 취소심판은 "행정청의 위법 또는 부당한 처분을 취소하거나 변경하는 행정심판"이다(제5조 제1호). 이는 처분의 효력을 다투는 것으로 행정법관계의 조기안정을 위하여 일정한 청구기간의 제한이 있다.

2) 법적 성질 취소심판의 법적 성질에 대하여 1) 형성적 쟁송설은 일정한 법률관계를 성립시킨 행정행위의 효력을 다투어 당해 행정행위의 취소·변경을 통하여 그에 따른 법률관계를 변경 또는 소멸시킨다고 보고, 2) 확인적 쟁송설은 행정행위 발급 당시의 그 위법성·부당성을 확인한다고 본다. 3) 형성적 쟁송설이 통설이다.

2. 무효등확인심판

1) **개 념** 무효등확인심판은 "행정청의 처분의 효력 유무 또는 존재 여부를 확인하는 행정심판"이다(제5조 제2호). 이는 행정처분 등이 당연무효(중대하고도 명백한 하자)인 경우를 제외하고는 '처분인 듯 존재하는 외형'에 대한 공적 확인이 필요하므로 인정된다. 특징은 청구기간의 제한이 없고(제27조 제7항), 사정재결이 적용되지 않는다(제44조 제3항, 반대의견 김남진).

2) **법적 성질** 무효등확인심판의 법적 성질에 대하여 1) 확인적 쟁송설은 적극적으로 처분 등의 효력을 소멸시키거나 발생시키는 것이 아니라 처분등의 효력의 유무나 존재여부를 공권적으로 확인·선언하는 것이라고 보고, 2) 형성적 쟁송설은 무효와 취소의 상대화론을 전제로 처분등의 무효를 확정하고, 그 효력의 제거를 목적으로 하는 행정주체의 우월적 지위에서 행한 처분의 효력을 다투는 것이라고 보고, 3) 준형성적 쟁송설은 무효등을 확인·선언하는 점에서는 실질적으로 확인적 쟁송이지만 형식적으로는 행정주체의 우월적 지위에서 행한 처분의 효력유무 등을 직접 심판대상으로 하는 점에서 형성적 쟁송의 성질을 갖는다고 본다. 4) 준형성적 쟁송설이 통설이다.

3. 의무이행심판

1) **개 념** 의무이행심판은 "당사자의 신청에 대한 행정청의 위법 또는 부당한 거부처분이나 부작위에 대하여 일정한 처분을 하도록 하는 행정심판"이다(제5조 제3호). 심판대상은 "위법·부당한 거부처분과 부작위"이다. 부작위에 대한 의무이행확인심판에는 처분을 알 수 없으므로 청구기간의 제한이 없다(제27조 제7항). 그리고 성질상 행정소송법상의 부작위위법확인소송과 대비를 이룬다.

2) **법적 성질** 의무이행심판은 행정청에 대하여 일정한 처분을 할 것을 명하는 재결을 내리는 '이행쟁송'이다.

제 3 항 행정심판기관 (행정심판위원회)

Ⅰ. 개 념

행정심판기관은 '행정심판의 청구를 접수하여 심리·재결하는 권한을 가진 행정기관'이다. 행정심판기관은 종래 심리·의결기능을 가진 '행정심판위원회'와 형식적 재결기능을 가진 '재결청'으로 구분되었으나, 2008년 법개정으로 심리·재결기능을 가진 행정심판위원회로 일원화되었다.

Ⅱ. 행정심판위원회

1. 개 념

행정심판위원회는 '행정심판의 청구를 접수하여 심리·재결을 할 수 있는 권한을 가진 합의제 행정기관'이다. 행정심판위원회는 종전에는 심리·의결권을 가졌으나, 현재는 심리·재결권을 가진다.

행정심판위원회는 중앙행정심판위원회와 행정심판위원회(중앙행정심판위원회를 제외한 나머지 행정심판위원회)가 있다. 행정심판법에서 '위원회'라고 규정한 것은 양자를 합한 개념이므로 주의하여야 한다.

행정심판위원회는 '위원회'라는 점에서는 '합의제기관'이지만, 대외적으로 행정의 의사를 결정하여 표시한다는 점에서 형식적 의미의 '행정청'이다. 또한 형식적으로는 행정의 의사를 결정하지만, 실질적으로는 법집행으로서 국가임무를 수행하는 것이 아니라 법판단기능을 행하며, 법령도 '기관'으로 명시한다.

2. 설치유형

1) 직근상급행정청 소속의 행정심판위원회

전통적으로 행정심판에서는 행정청(처분청)의 처분 또는 부작위에 대한 행정심판 청구를 심리·재결하기 위하여 원칙적으로 해당 행정청(Ausgangsbehörde)의 직근상급행정청(nächsthöhere Behörde) 소속으로 행정심판위원회를 둔다.

이는 직근상급행정청이 재결청이 되던 종전의 법제에 따른 것이며, 이하의 경우는 직근상급행정청의 예에 해당된다. 한편 '행정청'은 '행정에 관한 의사를 결정하여 표시하는 국가 또는 지방자치단체의 기관, 그 밖의 법령 또는 자치법규에 따라 행정권한을 가지고 있거나 위탁을 받은 공공단체 및 그 기관 또는 사인'이다(제2조 제4호). 직근상급행정청은 당해 행정청의 제1차 감독기관이다.

(1) 중앙행정심판위원회 국가(행정부)나 광역지방자치단체에 속하는 행정기관에 대한 행정심판에는 행정부를 중심으로 하여 대량적인 사건처리를 위하여 국민권익위원회에 대규모의 중앙행정심판위원회[24]를 둔다(제6조 제2항).

중앙행심위의 심판대상은 1) 국가행정기관의 장 또는 소속행정청, 2) 특별시장·광역시장·특별자치시장·도지사·특별자치도지사(교육감 포함) 또는 특별시·광역시·

24) 이하에서는 '중앙행심위'로 약칭한다.

특별자치시·도·특별자치도의 의회(의장, 위원회의 위원장, 사무처장 등 의회 소속 모든 행정청 포함), 3) 지방자치법에 따른 지방자치단체조합 등 관계 법률에 따라 국가, 지방자치단체, 공공법인 등이 공동으로 설립한 행정청의 처분이나 부작위에 대한 심판청구이다(제6조 제2항).

(2) 시·도 행정심판위원회 국가(중앙행심위)와 마찬가지로 지방자치단체에는 자치행정의 특수성을 고려하여 시·도지사[25] 소속으로 시·도행정심판위원회를 둔다(제6조 제3항).

시·도행정심판위원회는 1) 시·도[26] 소속 행정청, 2) 시·군·구의 장, 소속행정청, 의회(의장, 위원회의 위원장, 사무처장 등 의회 소속 모든 행정청 포함), 3) 둘 이상의 기초지방자치단체·공공법인 등이 공동으로 설립한 행정청의 처분 또는 부작위에 대하여 심판한다(제6조 제3항).

(3) 특별지방행정기관 행정심판위원회 법무부 및 대검찰청(국가행정기관) 소속 특별지방행정기관의 장의 처분 또는 부작위에 대하여는 직근 상급행정기관이나 소관 감독행정기관이 중앙행정기관인 경우는 제외하고, 해당 행정청의 직근 상급행정청에 행정심판위원회를 둔다(제6조 제4항, 영 제3조).

(4) 특별행정심판기관 국세기본법상의 조세심판원, 국가공무원법상의 소청심사위원회 등의 특별행정심판도 크게는 직근상급행정청에 설치되는 유형에 속한다. 특별행정심판을 '제3의 기관에 의한 행정심판'으로도 보지만(홍정선), 이는 행정심판법이 적용되지 않는 특별행정심판기관이다.

2) 행정청 소속의 행정심판위원회

한편 대통령이나 기타 국가기관으로서 그 지위·성격의 독립성과 특수성 등이 인정된 행정청 또는 그 소속 행정기관은 그 행정청(처분청)에 행정심판위원회를 둔다. 이들 행정청은 소관 감독행정기관이 없으므로 행정청 소속으로 행정심판위원회를 두는 것이다(제6조 제1항).

행정청 소속 행정심판위원회는 1) 감사원, 국가정보원장, 그 밖에 대통령소속기관의 장(대통령실장, 방송통신위원회), 2) 국회사무총장, 법원행정처장, 헌법재판소사무처장 및 중앙선거관리위원회사무총장, 3) 국가인권위원회, 진실·화해를 위한 과거사정리위원회, 기타 지위·성격의 독립성과 특수성 등이 인정되어 대통령령으로 정하는 행정청에 설치된다(제6조 제1항). 위 행정청으로부터 위탁을 받은 행정청은 그 위탁받은 사무에 관하여 위탁한 행정청의 소속행정청으로 보아(제6조 제1항), 위탁한 행정청에 설치된 행정심판위원회에 행정심판을 청구하여야 한다.

---

25) '시·도지사'는 '특별시장·광역시장·특별자치시장·도지사·특별자치도지사, 시·도 교육감'을 약칭한다(제6조 제2항 제2호).

26) '시·도'는 '특별시·광역시·특별자치시·도·특별자치도'를 약칭한다(제6조 제2항 제2호).

3. 구 성

1) **중앙행정심판위원회** – 위원장 포함 50인 이내의 위원으로 구성되고, 상임위원은 4인 이내이며(제8조 제1항), 위원장은 국민권익위의 부위원장 중 1명이 되며, 필요시 상임위원이 직무대행할 수 있다(제8조 제2항). 중앙행심위에는 도로교통법상 운전면허사건을 전담하는 '소위원회'(위원 4명)를 둘 수 있고(제6항), 위원장이 지정하는 사건을 미리 검토하도록 '전문위원회'를 둘 수 있다(제8항). 위원회의 회의는 위원장 포함 9명으로 구성한다.

2) **행정심판위원회** – 중앙행심위를 제외한 나머지 행정심판위원회는 위원장 포함 30인 이내로 구성되고(제7조 제1항), 위원장은 위원회가 소속된 행정청이다. 단, 시·도행정심판위원회는 해당 지방자치단체의 조례에 의하여 공무원이 아닌 위원을 비상임위원장으로 정할 수 있다(제3항). 위원회 회의는 위원장과 위원장이 지정하는 8명의 위원 중 위촉위원(외부위원)을 6명 이상으로 구성하여 심판의 공정성을 확보하고자 하였다(제5항)

4. 위원 등의 제척·기피·회피

행정심판법은 심판의 공정성을 위하여 일반 사법제도와 마찬가지로 위원 등에 대한 제척, 기피, 회피에 관한 제도를 두고 있다(제10조). 위원장은 제척, 기피, 회피에 대한 소명사유를 듣고 해당여부를 결정하여야 한다.

1) 제척 - 법정사유(당사자 또는 사건내용과 특수한 이해관계가 있는 경우)가 있으면 당연히 법률상 그 사건에 대한 직무집행에서 배제되는 것이다(제10조 제1항). 위반하면, 본질적인 절차상의 하자로 무효가 된다. 제척의 효과는 법률상 당연히 발생한다. 2) 기피 - 제척사유 이외에 심리·의결의 공정을 의심할 만한 사유가 있는 때에 당사자의 신청에 기하여 위원장의 결정에 의하여 직무집행으로부터 배제되는 것이다(제2항). 이는 객관적 사정에 의한 것이다.[27] 3) 회피 - 위원 스스로가 제척 또는 기피의 사유가 있다고 인정하여 자발적으로 심리나 의결을 피하는 것이다(제3항).

5. 권 한

1) **심리권** 위원회[28]는 '재결의 기초가 되는 사실관계 및 법률관계를 명백히 하기 위하여 문서 또는 구술에 의한 당사자 및 관계인의 주장과 반박을 듣고 이를 뒷받침하는 증거 기타의 자료 등을 수집·조사하는 권한'인 심리권을 가진다(제39조, 제40조). 심리는 개별 사건단위로 하지만, 필요시에는 병합 및 분리할

---

27) 종전에 재결청이 없는 국무총리행정심판위원회에서의 제척, 기피, 회피의 판단문제는 위원장(법제처장)이라는 주장(김남진)이 있었으나 2008년 개정에서는 입법적으로 해결하였다.

28) 이하에서 '위원회'라 함은 중앙행정심판위원회와 기타 행정심판위원회를 포함하는 용어이다.

수 있다(제37조).

2) **기타 심리권에 부수된 권한** 위원회는 심리권을 효과적으로 행사하기 위하여 부수된 권한으로서 1) 청구인이 다수인 경우 선정대표자 선정권고권(제15조 제2항), 2) 청구인의 지위승계허가권(제16조), 3) 피청구인경정권(제17조 제2항), 4) 기타대리인의 선임허가권(제18조), 5) 제3자나 다른 행정청에 대한 심판참가요구권(제21조), 6) 청구변경신청의 허가권(제29조), 7) 청구인에 대한 보정요구권(제32조), 8) 증거조사권(제36조) 등을 갖는다.

3) **재결권** 위원회는 청구된 행정심판에 대한 심리를 마치면, 청구인의 청구에 대하여 법적 판단을 하는 권한(재결권, Bescheid)을 가진다(제43조). 종래에는 위원회가 재결을 실질적으로 구속하는 의결권만 가졌으나, 법개정으로 재결청(행정청)이 가졌던 재결권을 갖는다.

4) **시정조치요청권** 중앙행심위는 심판청구의 심리·재결시에 처분등의 근거가 되는 명령 등이[29] 1) 법령상의 수권근거가 없거나, 2) 상위법령에 위반되거나, 3) 국민에게 과도한 부담을 주는 등 현저하게 불합리하다고 인정되는 경우에는 관계 행정기관에게 개정·폐지 등의 적절한 시정조치를 요청할 수 있다(제59조).

5) **직접처분권** 위원회는 피청구인(행정청)이 처분을 하지 않는 경우에는 당사자(청구인)가 신청하면 기간을 정하여 서면으로 시정을 명령하고(시정명령권), 기간 내에 이행하지 않으면 직접 처분을 할 수 있다. 다만, 처분의 성질상 기타 불가피한 사유로 위원회가 직접 처분을 할 수 없는 경우에는 할 수 없다(제50조).

6. 권한의 위임

위원회의 권한 중에서 경미한 사항은 「국회규칙」, 「대법원규칙」, 「헌법재판소규칙」, 「중앙선거관리위원회규칙」 또는 대통령령이 정하는 바에 따라 위원장에게 위임할 수 있다(제61조).

제 4 항 행정심판의 당사자 및 관계인

Ⅰ. 당사자

1. 청구인

1) **개 념** 행정심판의 청구인은 '행정청의 처분 또는 부작위에 불복하

29) 대통령령, 총리령, 부령, 훈령, 예규, 고시, 조례, 규칙 등이다. 즉, 법규명령과 행정규칙 나아가 자치입법도 포괄한다.

여 그 취소 또는 변경을 구하는 행정심판을 청구하는 자'이다. 청구인은 처분의 상대방 외에 정당한 이해관계 있는 제3자도 될 수 있다.

행정심판의 청구인은 자연인이나 법인이다. 다만, 법인이 아닌 사단 또는 재단으로서 그 대표자나 관리인이 정하여져 있는 경우에는 그 사단이나 재단의 이름으로 심판청구를 할 수 있다(제14조).

2) **청구인적격 – 누가 행정심판을 청구할 수 있는가?**

(1) 법률상 이익이 있는 자 행정심판을 청구할 수 있는 자는 '당해 심판청구를 구할 법률상 이익이 있는 자'이다(제13조 제1항 1문).

행정심판법상의 '법률상 이익'의 범위는 1) 권리구제설, 2) 법률상 보호이익구제설, 3) 보호할 가치있는 이익구제설, 4) 행정의 적법성보장설로 나뉜다(☞주관적 공권 부분 참조). 심판청구를 구할 법률상 이익은 심판의 유형에 따라 1) 취소심판에서는 당해 처분의 취소 또는 변경을 구하는 것, 2) 무효등확인심판은 처분의 효력유무 또는 존재여부의 확인을 구하는 것, 3) 의무이행심판은 행정청의 거부처분·부작위에 대하여 일정한 처분을 구하는 것이다.

(2) 권리보호의 필요성 행정심판법은 '처분의 효과가 기간의 경과, 처분의 집행 그 밖의 사유로 인하여 소멸된 뒤에도 그 처분의 취소로 회복되는 법률상 이익이 있는 자'에게 심판청구를 인정한다(제13조 제1항 2문). 실제적인 '권리보호의 필요성'으로 '권리보호의 이익', '협의의 소의 이익'이라고도 한다.

(3) 부당의 문제 「행정심판법」 제13조 제1항은 "처분의 취소 또는 변경을 구할 법률상 이익이 있는 자"로 규정하여 행정심판대상을 '법률상 이익을 위법하게 침해한 경우'로 한정하였으나, 제1조에서 행정심판은 "위법·부당한 처분 등"에 의한 권리침해의 구제라고 규정하고 있다.[30] 따라서 일반적으로 행정심판은 '위법·부당한 침해'에 대한 구제라고 인식하고 있다는 점에서 '부당한 처분'이 배제되므로 양 규정의 충돌이 문제된다. 또한 위법에 이르지 않는 부당한 처분은 행정심판 외에는 구제수단이 없다는 점도 고려하여야 한다.

「행정심판법」 제13조 제1항("법률상 이익이 있는 자")에 대하여 1) 입법과오설은 동법 제1조가 "위법 또는 부당한 처분"에 대한 구제를 입법목적으로 한다는 점에서 제13조의 "법률상 이익" 규정은 부당한 처분 등을 배제하므로 '입법과오'라고 본다(김남진, 강구철, 김향기, 류지태, 홍준형). 2) 비과오설은 처분의 적법·타당성은 입구(쟁송제기단계)의 문제이고, 처분의 위법·부당의 문제는 출구(본안심리)의 문제이며, 부당한 처분에 의해서도 법률상 이익(권리)이 침해될 수 있다고 보므로 입법과오가 아니라고 본다(이명구, 김동희, 장

---

30) 「행정심판법」 제1조(목적) 이 법은 행정심판절차를 통하여 행정청의 위법 또는 부당한 처분이나 부작위로 침해된 국민의 권리 또는 이익의 침해를 구제하고, 아울러 행정의 적정한 운영을 꾀함을 목적으로 한다.

태주, 박균성). 3) 입법미비설은 부당한 행위도 법률상 이익을 침해할 수 있으므로 입법과오는 아니나 반사적 이익의 침해를 다툴 수 없으므로 '내용상 미흡한 조항'으로 본다(홍정선). 즉 침해의 내용인 위법이나 부당의 문제가 아니라 침해의 대상인 법률상 이익의 문제라고 본다. 4) 이는 법률상 이익 규정을 남용한 결과 행정심판의 입법목적이자 존재이유인 부당성심사를 입법상 배제한 것이므로 입법과오설이 타당하다.

3) **다수의 청구인 (선정대표자의 선정)** 여러 명의 청구인이 공동으로 심판청구를 할 때에는 청구인들 중에서 3명 이하의 선정대표자를 선정할 수 있다(제15조 제1항).

청구인들이 선정하지 않는 경우는 위원회가 필요시 선정을 권고할 수 있다(제2항). 선정대표자는 다른 청구인을 위한 모든 행위를 할 수 있다. 단, 심판청구의 취하는 다른 청구인의 동의를 얻어 서면으로 소명하여야 한다(제3항). 청구인은 선정대표자를 통하여서만 사건에 관한 행위를 할 수 있고(제4항), 선정대표자의 해임·변경이 가능하지만, 이를 위원회에 통지하여야 한다(제5항). 당사자 외의 자를 선정대표자로 선정한 행위는 효력이 없다(대판 1991.1.25, 90누7791).

대법원 1991. 1. 25. **선고** 90**누**7791 **판결 【재결처분취소】**
소외 한국미디어센타주식회사가 서울특별시장을 피청구인으로 하여 제기한 행정심판청구에 대한 것으로서 원고는 그 회사의 대표이사일 뿐 그 당사자가 아니라고 판단한 조치는 옳다고 할 것이며, 위 행정심판 절차에서 청구인들이 당사자가 아닌 원고 개인을 선정대표자로 선정한 바 있더라도 행정심판법 제11조에 의하면 선정대표자는 청구인 중에서 이를 선정하여야 하는 것이므로 당사자가 아닌 원고 개인에 대한 선정행위는 그 효력을 갖는 것은 아니어서 그 선정으로 말미암아 원고 개인이 위 행정심판 절차의 당사자가 되게 되는 것도 아니다. 또 회사의 대표이사라는 이유만으로는 그 회사가 받은 행정처분의 취소를 구할 법률상의 이익이 있다고 할 수는 없다.

4) **지위승계** 청구인의 지위승계는 당연승계와 허가승계가 있다. '당연승계'는 1) 청구인의 사망시에 상속인 기타 법령에 의해 권리·이익을 승계한 자가, 2) 법인의 합병시는 합병 후 존속하는 법인 또는 합병에 의해 설립되는 법인이 지위를 승계한다(제16조). 지위승계자는 서면으로 위원회에 신고하여야 한다(제3항). '허가승계'는 심판청구의 대상인 처분에 관련되는 권리·이익의 양수자가 관할 위원회의 허가를 받아 승계하는 것이다(제5항).

5) **대리인** 청구인은 법정대리인 외에 1) 청구인의 배우자, 청구인 또는 배우자의 사촌 이내의 혈족, 2) 청구인이 법인, 법인격 없는 사단 또는 재단인 경우 소속 임직원, 3) 변호사, 4) 다른 법률의 규정에 의하여 심판청구의 대리를 할 수 있는 자, 5) 그 밖에 위원회의 허가를 받은 자를 대리인으로 선임할 수 있다(제18조 제1항).

2. 피청구인

1) **개 념** 피청구인은 "처분을 한 행정청"(처분청이나 부작위청)이다. 단, 의무이행심판은 처분이 없이 거부처분이나 처분신청에 대한 부작위의 위법 등을 다투는 것이므로 "청구인의 (처분에 대한) 신청을 받은 행정청"이다(제17조 제1항).

2) **피청구인 적격** 행정심판의 피청구인은 '해당 처분·부작위를 한 처분청'이 되는 것이 원칙이다. 단, 처분 등의 권한이 다른 행정청에 승계된 경우에는 승계한 행정청(승계청)이 피청구인이 된다(제17조 제1항). 이는 소송(기술)의 편의를 위한 것이다.

3) **피청구인의 경정** 피청구인의 경정은 1) 청구인이 피청구인을 잘못 지정한 경우, 2) 행정심판청구 이후에 처분 등의 권한이 다른 행정청에 승계된 경우에 위원회가 당사자의 신청이나 직권으로 피청구인의 변경을 결정할 수 있다(제17조 제2항, 제5항). 당사자는 위원회의 결정에 이의신청할 수 있다.

피청구인의 경정결정시 위원회는 결정정본을 당사자와 새로운 피청구인에게 송달하고, 종전의 심판청구는 취하되며, 새로운 심판청구는 처음에 심판청구를 한 때에 행정심판이 청구된 것으로 본다(제3항, 제4항).

4) **대리인** 피청구인은 심판대리를 위하여 대리인으로서 1) 소속직원, 2) 변호사, 3) 다른 법률의 규정에 의하여 심판청구의 대리를 할 수 있는 자, 4) 그 밖에 위원회의 허가를 받은 자를 선임할 수 있다(제18조 제2항).

Ⅱ. 관계인

1. 참가인

참가인은 '행정심판의 결과에 대하여 이해관계가 있는 제3자 또는 다른 행정청으로서, 위원회의 허가를 받아 사건에 참가하는 당사자 외의 자'를 말한다. 이때 이해관계인은 '당해 심판청구에 대한 재결의 주문에 의하여 법률상 이익을 침해받을 자'를 말한다. 참가인의 지위는 행정심판절차에서 당사자가 할 수 있는 심판절차상의 행위를 할 수 있다(제22조 제1항). 참가인의 절차적 지위를 보장하기 위하여 관련서류를 송달하도록 하고 있다.

참가방법은 1) 이해관계가 있는 제3자나 행정청이 신청하여 위원회의 허가를 받아 참가할 수 있고(제20조), 2) 위원회가 직권으로 이해관계인에게 참가를 요구할 수 있다(제21조). 요구에 의한 참가시는 이해관계인은 참가여부를 지체 없이 위원회에 통지하여야 한다.

2. 대리인

행정심판의 당사자는 대리인을 선임하여 당해 심판청구에 관한 행위를 하게 할 수 있다. 대리인은 심판청구의 취하를 제외하고 본인을 위하여 심판청구에 관한 모든 행위를 할 수 있다(제18조 제3항). (☞ 청구인과 피청구인의 대리인의 자격에 대하여는 위의 청구인, 피청구인의 대리인 부분을 참조)

제 5 항 행정심판절차(청구, 심리, 재결)

Ⅰ. 행정심판의 청구

1. 행정심판의 청구절차

1) **행정심판청구서의 작성** 행정심판은 '심판청구서'[31]라는 서면에 일정한 사항을 작성하여 행정처분 등의 발급시에 고지된 행정청 또는 위원회에 신청하여야 한다(선택적 청구). 이때 행정심판청구서의 서면작성의무는 법적 안정성을 위하여 요구하는 것으로 서면주의라고 한다(제28조 제1항). 기재사항은 주로 행정심판의 청구요건을 중심으로 한다.

행정심판의 청구요건으로 처분에 대한 심판청구는 1) 청구인의 이름과 주소 또는 사무소(원고의 확정), 2) 피청구인(처분청)과 위원회(피고의 확정), 3) 심판청구의 대상이 되는 처분의 내용(소송대상의 확정), 4) 처분이 있음을 알게 된 날, 5) 심판청구의 취지 및 이유(요구사항과 그 이유), 6) 피청구인(처분청)의 행정심판 고지 유무와 그 내용, 7) 청구인 등의 기명날인이다(제2항, 제5항).

부작위에 대한 심판청구는 1), 2), 5)와 그 부작위의 전제가 되는 신청의 내용과 날짜를 적어야 하고(제3항), 청구인이 법인이거나 법인격없는 사단 또는 재단이거나 선정대표자, 대리인 등에 의하여 청구되는 경우는 2), 3)과 그 대표자, 관리인, 선정대표자 또는 대리인의 이름과 주소를 적어야 한다(제4항).

2) **행정심판청구서의 제출** 행정심판청구인은 심판청구서를 작성하여 피청구인(처분청)이나 위원회에 제출하여야 한다(제23조 제1항).[32] 이러한 제출을 '행정심판의 청구'라고 한다.[33]

---

31) 물론 판례에 따라 청구인이 반드시 제목을 '심판청구서'로 쓰지 않아도 된다는 주장도 있다. 대판 1985.7.9, 83누189; 홍정선, 610쪽.

32) 1995년 법개정 이전에는 반드시 처분청을 경유하여 재결청에 청구하는 '처분청경유주의'이었고, 1995년 개정으로 청구인의 편의와 권리보호를 위하여 처분청 또는 재결청에서 어느 한 곳에만 청구하면 되었으나, 2008년 개정으로 처분청 또는 위원회에 청구하면 된다.

한편 2006년부터 온라인행정심판을 도입하였고, 법적 근거는 전자정부법에 두었으나,[34] 새 법은 전자정보처리조직을 통한 행정심판을 직접 규정하였다(제52조).

3) 피청구인의 접수처리

(1) **송부의무** - 한편 행정심판의 미고지나 오고지로 인하여 청구인이 행정심판청구서를 다른 행정기관에 잘못 제출한 경우에는 그 행정기관은 지체 없이 정당한 권한이 있는 피청구인(처분청)에게 보내야 하고(이송의무), 이송사실을 지체 없이 청구인에게 알려야 한다(제23조 제2항, 제3항).

(2) **직권취소권** - 행정심판청구서를 받은 피청구인(처분청)은 심판청구를 검토하여 이유있다고 인정하면, 심판청구의 취지에 따라 직권으로 처분의 취소·변경, 확인 또는 신청에 따른 처분을 할 수 있다. 이 경우 서면으로 청구인에게 알려야 하고, 위원회에 직권취소사실을 증명하는 서류를 제출하여야 한다(제25조). 이는 처분청의 자기통제로서 재결이 아니라 '원 처분의 변경'에 불과하다.

(3) **접수처리의무** (답변서 작성) - 피청구인(처분청)이 심판청구서를 직접 접수받거나 위원회로부터 송부받으면, 10일 이내에 위원회에 심판청구서와 답변서[35]를 보내야 하고, 청구인에게 답변서 부본을 보내야 한다(제24조). 제3자의 심판청구시는 지체 없이 처분의 상대방에게 그 사실을 알리고, 사본을 송달하여야 한다.

4) 위원회의 접수처리 위원회가 행정심판 청구서를 받으면, 지체 없이 부본을 피청구인(처분청)에게 보내야 하고, 피청구인으로부터 답변서를 받으면, 답변서 부본을 청구인에게 송달하여야 한다(제26조).

2. 행정심판의 심판청구기간

행정심판은 '법에서 정한 심판청구기간 내'에 청구하여야 한다. 물론 이 요건은 취소심판과 거부처분에 대한 의무이행심판에만 적용되고, 처음부터 처분의 효력이 없는 무효등확인심판과 처분이 없부작위에 대한 의무이행심판에서는 배제된다(제27조 제7항).

'심판청구기간'이라는 기간제한제도를 두는 것은 행정법관계를 조기에 안정시키고자 하는 법적 안정성에서 인정되는 것으로 충분한 권리구제와 법률관계의 안정을 고려한 입법정책의 문제이다. 다만, 심판청구기간이 짧다는 지적이 있다.

1) 원 칙 행정심판은 1) '처분이 있음을 알게 된 날'부터 90일 이내에,

---

33) 구법에서는 '행정심판의 청구의 제기'라고 규정하였다. 이는 적절한 표현이 아니다.
34) 김병기, "행정개혁법제의 쟁점과 전망",『법제연구』제34호, 2008. 6, 170쪽 이하.
35) 답변서에는 1) 처분 또는 부작위의 근거와 이유, 2) 심판청구의 취지와 이유에 대응하는 답변, 3) 제3자의 심판청구시는 처분의 상대방의 이름, 주소, 연락처와 상대방에게의 통지, 사본송달의 의무이행여부를 기재하여야 한다.「행정심판법」제24조 제4항.

2) '처분이 있었던 날'로부터 180일 이내에 청구하여야 한다(제27조 제1항, 제3항). 양자 중 어느 하나라도 경과하면 심판청구를 할 수 없다.

'처분이 있음을 안 날'은 '당해 처분을 현실적으로 안 날'을 말하며(대판 1964.9.8, 63누196), 이는 '불변기간'이고(제4항), 그 준수여부는 심판청구요건이므로 위원회의 직권조사사항이다. 즉, "처분을 기재한 서류가 당사자의 주소에 송달되는 등으로 사회통념상 처분이 있음을 상대방이 알 수 있는 상태에 놓여진 때에는 반증이 없는 한 그 처분이 있음을 알았다고 추정할 수 있다(대판 1995.11.24, 95누11535)." 다만, 고시나 공고에 의한 처분인 경우에는 고시일 또는 고시 후 5일이 경과한 날로 본다.

'처분이 있었던 날'은 '처분이 효력을 발생한 날'이다(대판 1977.11.22, 77누195). 즉, '당해 처분이 대외적으로 표시되어 효력이 발생된 날'이다.

2) **예 외** 심판청구기간의 예외는 다음과 같다.

(1) 정당한 사유 행정심판을 청구하지 못한 정당한 사유가 존재하는 경우에 처분이 있었던 날로 부터 180일 이내의 규정은 적용되지 않는다(제3항 단서). 이것은 '객관적 사유'이어야 하고, 처분의 존재를 모르는 제3자에게도 인정된다(대판 1988.9.27, 88누29; 1991.5.28, 90누1359).

(2) 불가항력 불가항력(천재지변, 전쟁, 사변 등) 등의 사유시는 90일 이내에 심판청구가 불가능한 경우에는 사유소멸일로부터 14일, 국외에서 청구시는 사유소멸일로부터 30일 이내에 청구하여야 한다(제2항).

(3) 오고지 처분청이 규정된 청구기간보다 긴 기간으로 잘못 알린 경우(오고지)에는 '잘못 알린 기간'에 청구하면 된다(제5항).

(4) 불고지 처분청이 청구기간을 알리지 않은 경우(불고지)에는 '처분일로부터 180일 이내'에 심판청구를 하여야 한다(제6항).

(5) 특별행정심판 특별행정심판은 심판청구기간을 달리 정할 수 있다. 예를 들면, 토지수용재결에 대한 이의신청과 공무원법상의 소청심사는 30일 이내에 청구하여야 한다.

(6) 다른 행정기관에 청구된 경우 처분청의 잘못된 고지로 청구인이 다른 행정기관에 잘못 청구한 경우에는 그 행정기관은 지체없이 권한있는 행정청에게 송부해야 하고(제23조 제2항), 이 경우 최초 행정기관에 심판청구서가 제출된 때에 행정심판이 청구된 것으로 본다(제4항, 대판 1982.6.8, 80누482).

3. 심판청구의 변경·취하

1) **심판청구의 변경** 행정심판청구의 변경은 '청구인이 심판청구의 계속 중에 당초에 청구한 취지나 이유를 변경하는 것'이다. 1) 청구의 변경으로 청구인이 해당 행정심판의 '청구의 기초에 변경이 없는 범위 내'에서 청구의 취지와 내

용을 변경하는 것이다(제29조 제1항). 2) 처분변경에 따른 청구의 변경으로 행정심판이 청구된 후에 피청구인(처분청)이 새로운 처분을 하거나 심판청구의 대상인 처분을 변경하는 경우에는 청구인은 그 처분에 맞추어 청구의 취지나 이유를 변경할 수 있다(제2항).

청구의 기초에 변경이 없는 범위는 '청구한 사건의 동일성을 깨지 않는 범위'를 말한다. 여기에는 '추가적 변경'(청구의 확장, 별개의 청구추가)과 '교환적 변경'(새로운 청구)이 포함된다. 청구의 변경요건은 1) 청구의 기초가 변경되지 않아야 하고(변경시 다른 처분이다), 2) 심판청구가 지연되지 않아야 하며, 3) 심판청구 전 위원회의 결정이 있어야 한다.

위원회가 청구의 변경결정을 하면, 행정심판은 변경된 청구의 취지나 이유로 처음부터 행정심판이 청구된 것으로 본다(제8항). 청구인보호를 위한 제도이다.

2) **심판청구의 취하** 청구인은 심판청구를, 참가인은 참가신청을 위원회의 의결 전까지 서면으로 취하할 수 있다(제42조).

행정심판청구의 취하는 '청구인이 위원회에 대하여 심판청구를 철회하는 일방적인 의사표시'이다. 이는 청구인이 취하서에 서명하거나 날인하여 피청구인 또는 위원회에 서면으로 제출하여야 하고, 위원회는 취하서를 받으면 지체없이 다른 관계기관, 청구인, 참가인에게 취하사실을 알려야 한다(제42조). 취하는 '의결 전'까지 가능하며, 그 효력은 심판청구가 소급적으로 소멸한다.

한편 참가신청의 취하는 참가인이 동일한 절차로 참가신청을 취하할 수 있다.

4. 행정심판청구의 효과

1) **심판청구의 효력** 행정심판이 청구되면, 위원회는 당해 사건을 조사하여 심리·재결할 의무가 있다. 특히 제3자가 행정심판을 청구한 경우에는 처분의 상대방에게 통지하여야 한다.

실무에서 행정청은 심판청구가 모이면 해당 사건기록을 소속 행정심판위원에게 송부한 후에 회의를 소집하고, 회의일에 위원회가 해당 청구사건을 결정한다.[36]

2) **처분 등의 효력**

(1) **집행정지제도** 행정심판의 청구는 처분의 효력이나 그 집행 또는 절차의 속행에 영향을 주지 않는다(제30조). 행정심판법이 집행부정지의 원칙을 채택한 결과이다. 다만, 처분이나 그 집행 또는 절차의 속행으로 인하여 생길 회복하기 어려운 손해를 예방하기 위하여 긴급한 필요가 있다고 인정할 때에는 직권으로 또

36) 위원회에 개업중인 변호사가 행정심판위원으로 참여하고 사안에 따라 사건을 수임받아 대리인을 맡기도 한다. 이는 '일종의 이해관계인'으로 행정심판의 공정성확보를 위하여 위원의 제척, 기피, 회피제도를 보완한다는 점에서 법제적으로 또는 정책적으로 금지되어야 할 것이다.

는 당사자의 신청에 의하여 처분의 집행 또는 절차의 속행의 전부 또는 일부의 정지를 결정하는 예외적 집행정지를 허용한다(제30조 제2항, 제3항). 이는 '집행정지제도'라고 한다. 위원장이 직권으로 결정하고, 추인을 받기도 한다(제6항).

(2) 임시처분제도 개정 행정심판법에서는 위원회가 처분 또는 부작위가 위법·부당하다고 상당히 의심되는 경우로서 처분 또는 부작위 때문에 당사자에 대한 중대한 불이익이나 급박한 위험을 막기 위하여 임시의 지위를 정할 필요가 있는 경우에 직권으로 또는 당사자의 신청에 의하여 임시처분을 결정할 수 있다고 하여 임시처분제도를 규정하였다(제31조 제1항).

이는 '일종의 가구제제도'로서 절차는 집행정지제도를 준용하며, 집행정지로 목적을 달성할 수 있을 경우에는 허용되지 않는다(제1항). 이는 청구인의 권리보호를 위한 경우이나 행정심판기관이 새로운 지위를 설정한다는 우려가 있다.

Ⅱ. 행정심판의 심리

1. 심리의 개념

위원회의 심리는 '위원회가 재결의 기초가 되는 청구인이 주장한 사실관계와 그에 관련된 법률관계를 명백히 하기 위하여 당사자 및 관계인의 주장과 반박(답변서)을 듣고 증거 기타의 자료를 수집·조사하는 일련의 절차'를 말한다.

2. 심리의 내용과 범위

1) 심리의 내용

(1) 요건심리 '행정심판청구에 필요한 형식적 요건(청구요건)의 충족여부에 대한 심리'를 말한다. 이는 행정심판에 대한 일종의 형식심사이다.

심리내용은 청구요건인 1) 행정심판의 대상(처분·부작위), 2) 피청구인과 위원회의 관할(권한), 3) 필요한 절차의 경유, 4) 행정심판 청구기간, 5) 심판청구서의 기재사항 등이다. 이러한 청구요건을 흠결한 경우에는 위원회가 부적법하다고 하여 심판청구를 각하하게 된다.

하자가 경미한 경우(부적법하나 보정할 수 있다고 인정하는 경우)에는 위원회가 1) 상당한 기간을 정하여 보정하도록 요구하거나(보정서제출), 2) 경미한 사항은 직권보정할 수 있다(제32조 제1항).

(2) 본안심리 본안심리는 행정심판청구인이 주장하는 청구가 옳은가 여부를 심리하는 것이다. 따라서 청구인의 주장이 정당하면 인용하게 되고, 부당하면

기각하게 된다. 본안심리후에는 재결로서 결정하게 된다.

2) 심리의 범위

(1) 처분권주의(불고불리의 원칙)·불이익변경의 금지 위원회는 청구인이 주장한 청구대상인 처분 또는 부작위 외의 사항에 대하여는 재결하지 못한다(제47조 제1항). '불고불리의 원칙'이라고도 한다. 한편 청구인이 처음 발급받은 처분(원처분)보다 불리하게 재결하여서는 안 된다(제2항). '불이익변경금지의 원칙'이 적용되기 때문이다.37)

(2) 위법·부당의 판단 위원회는 행정심판의 심리로서 해당 처분 등에 대한 위법과 부당에 대한 판단을 하여야 한다. 단, 부작위의 부당성판단은 제외된다(부작위위법확인소송의 법률상 의무).

3. 심리의 원칙과 절차

1) 심리원칙 행정심판은 1) 사법절차를 준용하여 대심주의(당사자주의)를 취한다. 이는 당사자 쌍방에게 공격·방어방법을 제출할 수 있는 대등한 기회를 보장하는 제도이다. 2) 변론주의이지만, 당사자가 주장하지 않은 사실에 대하여서도 행정의 공익성에 따라 심리할 수 있는 직권심리주의(직권탐지주의)를 규정하였다(제39조). 3) 심리는 구술심리나 서면심리로 한다. 1995년 법개정으로 구술심리도 가능하고, 특히 당사자가 구술심리를 신청한 경우에는 서면심리만으로 결정할 수 있다고 인정되는 경우 이외에는 구술심리를 하여야 한다(제40조 제1항). 4) 심리는 원칙적으로 '공개주의'이지만(제41조), 학설은 '비공개주의'로 보고 있다.38) (☞ 자세한 것은 행정소송법상 심리원칙 참조)

2) 심리절차 위원회는 1) 심리의 신속성과 경제성을 위하여 필요하다고 인정하는 경우에는 관련되는 심판청구를 병합할 수 있고(청구의 병합), 2) 병합된 관련 청구를 분리하여 심리할 수 있고(제37조), 3) 아울러 '제3자의 참가'로서 심판결과에 대하여 이해관계있는 제3자나 (다른) 행정청에 심판참가를 요구할 수 있다(제21조 제1항). 위원회는 관련 행정기관 등에 대하여 사건 심리에 필요한 자료제출, 위원회 회의참석과 의견진술, 의견서제출을 요구할 수 있다(제35조).

3) 당사자의 절차적 권리 행정심판에서 인정되는 당사자의 절차적 권리로서는 1) 위원·직원에 대한 기피신청(제10조 제2항, 제7항), 2) 구술심리신청권(제40조 제1항 단서), 3) 피청구인의 답변서 제출요구의무(제24조), 4) 보충서면제출권(제33조), 5) 물적 증거제출권(제34조), 6) 증거조사신청권(제36조 제1항), 7) 청구인지위승계(제16조

---

37) 종전에는 불이익변경금지의 원칙에 대하여 행정의 적법성을 근거로 한 소극설(윤세창)과 개인의 권리구제를 중시하는 적극설(김남진, 이상규)이 있었다.

38) 비공개주의로 보는 이유를 서면주의 등을 근거로 들지만(장태주, 홍정선), 법 제40조 제1항에서 오히려 구술심리를 먼저 열거한다는 점으로 보아 법규정상 '서면주의'로 보기 어렵고, 이는 단지 행정관행의 문제일 뿐이다. 단지 위원의 발언내용 등은 비공개이다(제41조).

제8항), 심판참가(제20조 제6항), 청구변경불허가(제29조 제7항) 등에 관한 위원회의 결정에 대한 이의신청권 등이 인정되고 있다.

Ⅲ. 행정심판의 재결

1. 재결의 개념

재결은 '행정심판의 청구에 대하여 위원회가 행하는 판단'을 말한다(제2조 제3호). 이는 청구인의 주장(청구)에 대한 위원회의 법적 판단인 결정이다. 재결의 법적 성질은 '확인행위'인 처분이고, 기속행위인 '준사법행위'이다.

2. 재결의 절차, 기간, 범위, 방식

1) **재결절차** 재결절차는 법률로 정하되, 사법절차가 준용되어야 하고(헌법 제107조 제3항), 심리·재결기관인 위원회가 재결권을 갖는다. 위원회는 심리후 바로 재결한다.

2) **재결기간** 재결은 피청구인(행정청) 또는 위원회가 심판청구서를 받은 날로부터 60일 이내에 결정하여야 한다. 단, 부득이한 사정이 있는 경우에는 위원장이 1차에 한해서 30일을 연장할 수 있다(제45조 제1항).

3) **재결의 범위** 위원회는 1) 불고불리의 원칙에 따라 '심판청구의 대상이 되는 처분 또는 부작위 외의 사항에 대하여는 재결하지 못한다'(제47조 제1항). 2) 불이익변경금지의 원칙에 따라 '심판청구의 대상이 되는 처분보다 청구인에게 불리한 재결을 하지 못한다'(제1항).

4) **재결의 방식** 재결은 '서면'으로 하고(제46조 제1항), 위원회는 '재결서'를 작성하여야 한다. 이는 법적 안정성을 위한 요식행위이다.

> 재결서의 기재사항은 1) 사건번호와 사건명, 2) 당사자·대표자 또는 대리인의 이름과 주소, 3) 주문, 4) 청구의 취지, 5) 이유, 6) 재결한 날짜, 7) 기명날인이다(제2항). 단, 재결서에 기재하는 이유에는 주문내용이 정당함을 인정할 수 있는 정도로 판단을 표시하여야 한다(제3항).[39]
>
> 재결이 효력을 발휘하기 위하여는 위원회는 지체없이 당사자에게 재결서의 정본을 송달하여야 하고, 송달함으로써 효력이 발생한다(제48조). 참가인에게는 등본을 송달하나, 이는 효력과는 무관하다.

---

39) 재결서에 행정심판법에 따라 불복고지에 관한 사항도 기재하여야 한다고 보나(홍정선), 제58조는 처분시 행정심판의 고지이다.

3. 재결의 법적 성질, 종류, 효력

1) 재결의 법적 성질

(1) 행정행위여부 재결의 법적 성질에 대하여 '행정행위의 일종'(홍정선), '행정행위와 유사한 효력'(장태주), 준법률행위인 일종의 확인행위(정형근) 등으로 본다. 재결은 처분에 준한다.

(2) 재결의 통보 위원회는 지체없이 당사자에게 재결서의 정본을 송달하여야 하고, 청구인에게 송달되었을 때에 효력이 생긴다(제48조 제2항). 단, 명령재결이 아닌 형성재결의 경우는 위원회로부터 형성재결을 통보받은 처분청이 행하는 재결결과의 통보는 행정행위가 아니라 '사실행위'이다(대판 1997.5.30, 96누14678).

2) 재결의 종류

(1) 각하재결 재결의 종류를 심리절차순서로 설명하면, 각하재결(却下裁決)은 우선 청구인이 제출한 행정심판청구서를 중심으로 요건심리를 한 후에 '심판청구요건을 충족하지 못한 심판청구에 대하여 부적법하다고 판단하여 본안의 심리를 거절하는 재결'이다(제43조 제1항). 단순한 요건 불비에 대하여는 보정제도가 있으므로 각하하면 안 되고, 청구기간의 도과 등은 각하된다.

(2) 기각재결 기각재결(棄却裁決)은 '청구인의 청구가 요건심리를 거쳐 본안심리 후에 심판청구가 이유가 없다고 인정하여 청구(청구인의 주장)를 배척하고 원처분을 지지하는 재결'이다(제43조 제2항). 물론 기각재결 후에도 처분청은 직권으로 처분의 취소변경이 가능하다.

(3) 인용재결 인용재결은 '본안심리 후에 청구인의 심판청구가 이유가 있다고 인정하여 심판청구인의 청구취지를 받아들이는 재결'이다. 즉, 청구인의 주장이 옳다고 인정하여 청구인의 주장을 받아들이는 재결이다.

> 인용재결은 심판의 종류에 따라서 1) 취소심판에서는 취소심판의 청구가 이유가 있다고 인정하면, 위원회 스스로 (원)처분을 취소하는 취소재결 또는 다른 처분으로 변경하는 변경재결, 처분을 다른 처분으로 변경할 것을 피청구인(처분청)에게 명령하는 변경명령재결을 한다(제43조 제3항). 취소재결과 변경재결은 형성재결이다. 2) 무효등확인심판에서는 심판청구가 이유가 있다고 인정하면 처분의 효력유무 또는 존재여부에 대하여 확인하는 확인재결로(제4항), 처분(무효·유효)확인재결, 처분(부존재·존재)확인재결, 처분실효확인재결을 한다. 확인재결은 행정법관계의 특성상 제3자에게도 효력이 미친다. 3) 의무이행심판에서는 의무이행심판의 청구가 이유가 있다고 인정하여 지체 없이 신청에 따른 (이행)처분을 하는 처분재결(형성재결)을 하거나 처분을 할 것을 피청구인(처분청)에게 명령하는 처분명령재결을 한다(제5항). 특히 재량위반으로

처분청에게 다시 결정하라는 재결은 불특정한 처분을 명령하는 처분명령재결이 될 수 있다.

(4) 사정재결 사정재결은 심판청구에 대한 본안심리 결과, 위원회가 청구인의 '심판청구가 이유가 있다고 인정하는 경우에도 이를 인용하는 것이 공공복리에 크게 위배된다고 인정하여 그 심판청구를 기각하는 재결'이다(제44조 제1항). 이 경우 위원회는 청구인에 대하여 상당한 구제방법을 취하여야 하고(제2항), 이는 취소심판, 의무이행확인심판에만 적용되고 무효등확인심판에는 적용되지 않는다(제3항).

3) 재결의 효력

재결은 행정행위와 유사한 효력이 발생하는데, 1) 기속력(구속력)은 피청구인인 행정청과 그 밖의 관계행정청을 기속하는 효력이다(제49조 제1항). 이로써 행정청에게는 재결에 반하는 처분을 동일인에게 다시 발급할 수 없다는 '반복금지의무'가 발생한다(대판 1983.8.23, 82누302). 한편 처분의 거부나 부작위에 대한 이행명령재결은 이전의 신청한 내용대로 처분해야 한다는 재처분의무가 발생한다(제2항). 2) 형성력은 재결에 의한 인용정도에 따라 원처분이 취소되고, 취소부분의 새로운 효력이 발생하는 것이다. 특히 취소명령재결이 아닌 취소재결은 재결의 형성력으로 별도의 행정처분없이도 당연히 취소되어 소멸된다(대판 1997.5.30, 96누14678). 3) 불가쟁력으로 청구인은 행정심판 재청구가 불가능하다(제51조). 다만, 재결 자체의 고유한 위법인 경우에는 행정소송으로 가능하다. 그리고 행정소송에 대한 제소기간이 도과하면 재결은 확정된다. 4) 불가변력(자박력)이 행정청에게 발생하는데, 재결 후에는 위원회도 취소나 변경이 불가능하다.

4. 재결에 대한 불복

1) 행정심판 재청구의 금지 재결의 불가쟁력으로 재결 및 같은 처분 또는 부작위에 대하여 다시 행정심판을 청구할 수 없다(제51조). 단, 다단계의 행정심판이 있는 경우는 예외이다(국세기본법, 사회보장법).

2) 재결에 대한 행정소송 재결에 대하여 불복하면, 행정소송을 청구할 수 있다. 그러나 재결 자체에 대한 행정소송은 원칙적으로 불가능하다. 이는 우리 행정소송법이 소송대상을 '원처분주의'로 규정하고 있기 때문이다. 다만, 재결 자체에 고유한 위법이 있을 때에는 행정소송의 제기가 가능하다(행소법 제19조 단서)(☞재결소송참조).

제 4 절 행정소송의 개설

제 1 항 행정소송의 개념과 특성

Ⅰ. 행정소송의 개념

1. 의 의

행정소송은 '행정법관계에 관한 분쟁에 대하여 법원이 정식소송절차로 행하는 재판'을 말한다.[40] 따라서 행정소송은 1) '법원'이 행한다는 점에서는 행정작용이 아닌 '사법작용'이고, 2) 법원이 행하는 일반 민사소송이나 형사소송과 달리 '행정사건'(공법상 법률관계)에 관한 재판이며, 3) '정식소송절차'(구두변론주의, 심판기관의 독립성)에 의하므로 행정심판(약식쟁송절차)과 구분된다.

관련 개념으로 행정소송실무에서는 '공법법규의 적용에 관한 소송사건'을 '행정사건'이라 한다. '행정소송을 처리하는 권한'은 '행정재판권'(Verwaltungsgerichtbarkeit)이라고 하며, 민사재판권 및 형사재판권과 구분된다.
민사소송과의 구분 - 공법과 사법의 구별이론, 처분성, 국가의 사경제적 작용
헌법소송과의 구분 - 비헌법적인 공법상 분쟁, 공권력의 행사에 대한 보충성

2. 행정소송의 기능

「행정소송법」 제1조를 보면, 행정소송은 1) 주관적 소송의 측면에서 개인의 권리를 구제하는 기능을 하고(주관적 기능), 2) 객관적 소송의 측면에서 행정의 적법성을 보장함으로써 행정의 자기통제를 하고 있다(객관적 기능).

「행정소송법」 제1조(목적) 이 법은 행정소송절차를 통하여 행정청의 위법한 처분 그 밖에 공권력의 행사·불행사 등으로 인한 국민의 권리 또는 이익의 침해를 구제하고, 공법상의 권리관계 또는 법적용에 관한 다툼을 적정하게 해결함을 목적으로 한다.

행정소송제도의 유형은 1) 독자적인 행정법원제도를 가진 행정국가형(전문법원형)으로 프랑스의 국사원(행정기관형), 독일의 행정법원이 있고, 2) 행정사건도 일반법원이 관할하는 사법국가형(단일법원형), 3) 절충형으로 일반법원의 특별부형태로서 행정부를 두는 우리나라와 일본이 있다.[41]

---

40) 이러한 개념정의는 장태주, 718쪽; 정하중, 700쪽; 법원행정처, 『법원실무제요(행정)』, 전정증보판, 1997, 1쪽.

41) 특히 우리나라와 일본은 미국의 점령으로 행정재판소가 폐지됨으로써 일반법원구조에 속하였으나, 1998년에 행정법원이 신설되었다. 그러나 항소·상고의 일반법원 관할은 여전히 대법원이므로 절충형태에서 전문법원형태로 약간 진일보한 형편이다. 그러나 실무는 여전히 사법국가

☞ 한편 우리 행정소송법은 일본법을 그대로 적용한 1951년 '의용행정소송법'(총 14조)을 1984년에 전면개정하였고, 1994년에는 사법개혁의 일환으로서 행정법원을 설치하여 3심제가 되었고, 행정심판이 임의주의로 전환하였으며, 제소기간이 연장되었다. 최근 새로운 행정소송법개정안이 나왔으나 아직 갈 길이 멀다.

Ⅱ. 행정소송절차의 특수성

1. 개 설

행정소송은 민사소송이나 형사소송과 다른 특수성으로는 1) 주관적인 개인의 권리구제기능 이외에 객관적인 행정통제기능도 수행하고, 2) 대상이 주로 '처분'(행정행위)이며, 3) 공익과 사익간 이익형량을 하며, 4) 전심절차로 행정심판제도를 두고, 5) 관할법원의 특수성으로 행정법원이 설치되고(제9조 제1항, 제40조 제1항), 6) 피고가 '처분 등을 행한 처분청'이며(제13조), 7) 처분 외의 원상회복, 손해배상 등의 관련청구소송의 이송·병합제도(제10조), 8) 집행부정지원칙(제23조), 9) 직권심리주의 (제26조), 10) 사정판결제도(제28조), 11) 제소기간의 제한(제20조), 12) 제3자의 소송참가제도(제16조) 등이 있다.

2. 일반소송절차인 민사소송절차의 준용

행정소송은 민사소송에 대하여 특별한 절차를 규정하지만, 일반적인 소송절차는 민사소송절차를 준용한다(제8조 제2항). 실무에서는 민사소송규칙 등 법원조직 및 민사소송에 관한 각종 법령을 준용한다.

행정소송에 준용되는 민사소송절차는 소송절차상의 공평·신속·경제의 원리, 법관의 제척·기피·회피, 당사자의 확정 및 정정, 비법인사단의 당사자능력, 선정당사자제도, 필요적 공동소송인의 추가, 변호사보수의 소송비용산입 등 소송비용, 기일 및 기간, 송달, 재판의 종류 및 형식, 소송절차의 중단·중지, 변론과 그 준비, 증거조사, 책문권의 포기 및 상실, 상소제도 등이 있다.

「행정소송법」 제8조 ② 행정소송에 관하여 이 법에 특별한 규정이 없는 사항에 대하여는 법원조직법과 민사소송법 및 민사집행법의 규정을 준용한다.

Ⅲ. 행정소송의 종류

1. 성질에 따른 분류

행정소송을 성질에 따라서 구분하면, 1) 형성소송은 '행정법상 법률관계를 변동(발생, 변경, 소멸)시키는 판결을 구하는 소'이고, 창설적 효력을 가지며, 주로 취소

주의원칙을 견지하고 있고, 행정사건을 전담할 행정법관이 양성되지 못하고 있다.

소송이고, 2) 확인소송은 '특정한 권리 또는 법률관계의 존재 또는 부존재의 확인을 구하는 소'로서 무효등확인소송, 부작위위법확인소송, 확인효를 가지는 당사자소송 등이 속하고, 3) 이행소송(급부소송)은 '이행청구권의 확정과 이에 따른 이행명령을 목적으로 하는 소'로서 의무이행소송, 이행명령을 목적으로 하는 당사자소송 등이 이에 속한다.

2. 내용에 따른 분류

한편 행정소송을 내용에 따라 구분하면, 1) 개인의 권리보호를 목적으로 하는 '주관적 소송'으로서 항고소송과 당사자소송이 있고, 2) 공익실현 및 행정의 적법성보장을 목적으로 하는 '객관적 소송'으로서 민중소송과 기관소송이 있다. 외국에서는 규범통제소송도 있다.

1) 항고소송 - 행정청의 위법한 처분 등이나 부작위로 인한 권리를 침해받은 자가 제기하는 소송이다(제3조 제1호).
   (1) 취소소송 - 행정청의 위법한 처분등을 취소 또는 변경하는 소송이고(제4조 제1호), 무효인 행정행위에 대한 무효선언적 취소소송도 인정한다(통설 · 판례).
   (2) 무효등확인소송 - 행정청의 처분등의 효력유무 또는 존재여부를 확인하는 소송이다(제4조 제2호).
   (3) 부작위위법확인소송 - 행정청의 부작위가 위법하다는 것을 확인하는 소송이다.
2) 당사자소송 - 행정청의 처분 등을 원인으로 한 법률관계에 관한 소송, 그 밖에 공법상의 법률관계에 관한 소송이다(제3조 제2호).
3) 민중소송 - 국가 또는 공공단체의 기관이 법률에 위반되는 행위를 할 때에 직접 자기의 법률상 이익과 관계없이 그 시정을 구하기 위하여 제기하는 소송이다(제3조 제3호).
4) 기관소송 - 국가나 공공단체의 기관 상호간의 권한의 존부 또는 그 행사에 관한 다툼을 해결하기 위한 소송으로, 소위 관할권문제의 소송이다. 단, 헌재법 제2조의 헌재관할인 권한쟁의심판은 예외로 한다.

Ⅳ. 행정소송의 한계

1. 사법본질에 의한 한계

행정소송은 일반소송과 마찬가지로 법원조직법의 규정에 따라 헌법에 특별한 규정이 있는 경우를 제외하고는 '일체의 법률상 쟁송'에 대하여만 재판한다(제2조 제1항). '법률상 쟁송'이란 '권리주체간의 구체적인 법률관계에서 특정인이 자신의 법률상 이익이나 특정한 법령의 해석 및 적용 등을 다투는 것'을 말한다. 즉, '구체적 사건성'이 있어야 하고, '법령의 해석 · 적용'을 대상으로 하여야 한다.

행정소송도 사법제도이므로 전통적인 사법제도가 가진 한계가 그대로 적용된다. 사법권의 본질적 한계를 보면, 1) 처분권주의(구체적 규범통제)로서 행정소송은 '구체적 사건성', 즉 원고가 구체적인 소를 제기하여야만 소송절차(심리)가 개시되고, 2) 행정소송은 주관적 소송의 원칙에 따라서 개인의 권리구제가 목적이므로 단체소송이나 반사적 이익의 구제가 제외된다.

따라서 사실행위는 법률상 쟁송이 아니므로 행정소송의 대상이 아니며, 우리나라는 구체적 규범통제를 채택하고 있으므로 처분성을 갖는 법규명령이나 조례가 아닌 한, 추상적인 법령은 추상적 규범통제처럼 소송의 대상이 아니다. 기관소송 등의 객관적 소송의 경우에는 법령의 규정이 있는 경우에만 제한적으로 인정된다.

법적용상의 문제로서는 단순한 훈시규정이나 재량행위, 판단여지, 통치행위, 특별권력관계 등도 행정법령의 적용에 따른 개인의 법률상 이익의 침해가 아니라는 점에서 행정소송에서 배제된다.

2. 권력분립주의에 의한 한계

법치국가적 한계로서 권력분립주의에 따라 다른 국가기관의 권한에 속하는 모든 분쟁을 법적으로, 특히 행정소송으로 해결할 수 있는 것은 아니다. 따라서 국가원수의 통치행위, 의회의 면책특권, 행정부의 재량과 판단여지, 특별권력관계, 사법적인 행정 등이 행정소송의 예외로 된다.

이외에도 행정부에게 일정한 행위의 이행을 명령하는 이행소송 등도 현행 행정소송법제하에서는 배제된다. 다만, 행정소송법상 이행소송 등의 인정여부와 관련하여 1) 소극설은 현행 「행정소송법」 제3조와 제4조 등에서 행정소송의 종류를 제한적으로 열거하므로 행정기관에 대하여 적극적으로 형성판결 또는 이행판결을 할 수 없다고 보고, 2) 적극설은 행정소송의 종류조항은 단지 예시적이므로 행정소송법상의 변경의 의미를 적극적으로 보고, 3) 절충설은 헌법상 재판청구권에 비추어 보아 실효성있는 권리구제가 불가능한 경우에는 허용된다고 본다. 4) 판례는 소극설을 취한다. 따라서 판례상 의무이행소송, 적극적 형성판결, 작위의무확인소송, 예방적 부작위 소송 등은 부인된다.

3. 개괄주의

우리 행정소송법은 전통적으로 행정소송의 대상에 대하여 '개괄주의'를 채택한다고 본다. 그리고 개괄주의를 '행정법원이 모든 행정법상의 분쟁에 대하여 관할권을 갖는 방식'이라고 설명한다.[42]

▣ **개괄주의** - 우리나라는 일본법에 따라 행정소송의 대상을 정하는 방식에서 '일체의 행정상 쟁송에 대하여 소송을 허용하는 것'을 개괄주의라 하고, '법령에서 열기된 사항에 대하여 소송을 허용하는 것'을 열기주의라고 구분한다. 즉 행정심판 청구사항을 개별조항마다 명시하지 않았다는 의미에서의 개괄주의라고 본다.[43]

---

42) 홍정선, 633쪽.

그러나 독일에서의 개괄주의는 '모든 공법상 분쟁에 대하여 행정재판권에 제소할 수 있는 경우'이고, '행정작용의 유형에 따라 행정소송절차가 개시되거나 제한되는 경우'는 열기주의로 본다. 특히 종전 독일 행정소송법의 개정전의 처분중심의 행정소송제도를 열기주의라고 본다. 따라서 열기주의는 '행정법원에 제소할 수 있는지 여부를 개별 법령에서 매 규정마다 규정하고 있는 것'이 아니라, '행정작용의 종류에 따라 제소여부 및 행정소송의 종류를 구분하는 것'을 말한다.[44] 즉, 행정작용의 종류에 따라 행정재판권(행정소송)이 제한되기 때문이다.

제 2 항 행정재판권의 개시

☞ 개인이 자신의 어떠한 법관계에 관한 분쟁이 '공법상 분쟁'에 속한다고 보아서 행정소송을 제기하고자 하는 경우에 원고나 법원은 우선 해당 분쟁에서 도출되는 자신의 청구권(권리)이 행정재판권에 속하는 권리인지를 살펴보아야 한다. 즉, 원고의 주장(소송물)을 기점으로 하여 행정재판권의 지정 등이 시작한다.

Ⅰ. 원고의 주장

☞ 소송의 대상인 원고의 주장이 있어야지만, 행정재판권을 비롯한 행정소송이 절차적으로 시작할 수 있다. 따라서 원고의 주장을 소송대상으로 보아 행정재판권의 개시를 비롯한 재판절차를 살펴보기로 한다.

원고는 자신의 권리침해에 대한 주장(청구권)이 1) 어떠한 재판권에 속하는지를 먼저 결정하고, 2) 해당 재판권에 속하는 법원에 소를 제기하고, 3) 해당 법원은 이러한 원고의 주장을 바탕으로 소송절차를 시작함으로써, 소위 권리구제절차(Rechtsweg)가 시작한다고 볼 수 있다.[45]

Ⅱ. 행정재판권의 개시

1. 행정재판권의 개념

행정재판권(Verwaltungsgerichtbarkeit)은 '법원이 행정소송을 처리하도록 법에 의하여 부여받은 권한'이다. 이는 "행정법의 영역에서 단지 법률에만 종속된 독립한 기관에

43) 南 博方, 『行政法』, 第三版, 2000, 228頁.

44) 다양한 행정작용이 발생하기 전의 독일의 구 행정소송체계를 따른 일본법제를 계승한 현행 처분소송체계를 폐기하지 않고, 단순히 개선하려고 노력하는 한(행정소송법안), 모든 행정작용에 대하여 원칙적으로 행정소송을 제기할 수 있는 다원화된 행정작용체제하의 새로운 행정소송법을 규정한 전후의 독일행정소송법과 같은 '개괄주의'는 존재하지 않는다.

45) 원고의 주장으로부터 1) 국내·외재판권의 구분, 2) 행정/민사/형사/헌법재판권의 구분, 3) 관할법원의 구분, 4) 소의 종류의 구분까지 이루어진다고 볼 수 있다.

의하여 판결을 법률상으로 규율하는 형식"이라고도 정의한다.[46] 이는 민사소송에 대한 권한인 민사재판권이나 형사소송에 대한 권한인 형사재판권과 구분된다.

2. 행정재판권의 지정

1) **개 념** 어떤 소송을 행정소송으로 재판하기 위하여는 원고는 물론 담당 법관은 해당 분쟁이 우선 1) '우리나라의 재판권'(Gerichtsbarkeit)에 속하는지, 그 다음에는 2) 어떤 재판권, 즉 '행정재판권'에 속하는지를 판단하여야 한다. 왜냐하면 해당 분쟁이 행정재판권에 속해야지만, 행정소송으로서 재판을 할 수 있기 때문이다.

2) **지정유형** 행정재판권의 지정[47]은 한 나라의 행정재판권 발전과 깊이 관련된다. 행정재판권은 일반적으로 1) '성문법에 의한 지정'(지정규정), 2) 역사적 이유와 관행에 따른 '전승적 지정', 3) 해당 사건과의 '사실관련성에 의한 지정' 등으로 행해진다. 물론 법령의 규정에 의하여 지정되는 것이 대표적이다.

우리나라는 법원조직법 규정을 행정재판권 지정규정으로 볼 수 있다.[48] 따라서 행정법원은 '행정사건과 다른 법률에서 정한 사건'에 행정재판권을 갖는다(제40조의4). 다른 법률에 의하여 행정재판권이 지정된 예로는 공정거래법이 있다.[49]

한편 다른 법률이나 다른 절차에 의하여 소송(불복절차)이 예정되어 있는 경우는 항고소송의 대상이 아니라는 판례(대판 2000.3.28, 99두11264)와 주장[50]도 '법률에 의하여 재판권을 지정'한 사례이다. 따라서 이것도 행정재판권의 문제이다.

3) **공 · 사법의 구별이론에 의한 재판권 지정**

행정재판권에 대한 별다른 지정규정이 없는 경우에는 해당 분쟁이 '공법상 분쟁'인지를 법리적으로 판단하여야 한다. 그러나 우리나라는 독일처럼 모든 공법상 분쟁에 행정재판권을 열어 놓은 '개괄주의'와는 전혀 다르므로 공법상 분쟁을 인정할 일반조항이 없어서 문제가 된다.

행정재판권 지정에 대한 특별한 규정이 없는 경우에 '공법상 분쟁'에 해당하는지 여부는 주로 공 · 사법의 구별이론에 따른다. 따라서 이러한 구분론에 따라 '공법'으로 판단되면 '공법상 분쟁'으로서 비로소 행정재판권에 속하여, 행정소송

---

46) 행정재판권은 행정법분야에서 ·단지 법률에만 종속되는 독립한 기관에 의하여 사법이 법률상 규율되는 형식이라고도 본다. 길준규, "우리 사법제도하의 행정재판권", 『한양법학』 제10집, 1999. 12, 268쪽 이하; *Würtenberger*, S. 1.

47) 행정재판권의 지정에 관하여는 길준규, "공법상 분쟁의 다른 재판권에의 지정", 『공법연구』 제29집 제1호, 2000. 11, 341쪽 이하.

48) 「법원조직법」 제40조의4(심판권) 행정법원은 행정소송법에서 정한 행정사건과 다른 법률에 의하여 행정법원의 권한에 속하는 사건을 제1심으로 심판한다.

49) 「공정거래법」 제55조(불복의 소의 전속관할) 제54조(소의 제기)의 규정에 의한 불복의 소는 공정거래위원회의 소재지를 관할하는 서울고등법원을 전속관할로 한다.

50) 홍정선, 646쪽.

을 개시하게 된다.

공·사법 구별이론을 보면, 1) 주체설은 국가 등의 '행정주체'가 법률관계의 일방당사자인 경우에는 공법, 사인간의 법률관계를 규율하면 사법으로 보고, 2) 이익설은 로마시대 울피아누스가 주장한 학설로 '공익'의 실현에 기여하면 공법, 사익실현에 기여하면 사법이고, 3) 성질설(생활관계설)은 어떤 법률관계가 수직관계 내지 상하관계를 규율하면 공법, 대등관계를 규율하면 사법이며, 4) 신주체설(특별법설)은 어떤 법 규정에서 모든 자연인과 법인에게 권리와 의무가 귀속하면 사법이고, 행정주체에게만 권리나 의무가 귀속하면 공법이라고 본다. 5) 물론 최근에는 신주체설이 다수설이나 실무에서는 어느 것도 절대적이지 않다. 따라서 주로 '주체설'로 쉽게 구분한 후에 불가능하면 '이익설'이나 '성질설'을 결합하여 구분하는 경향이 있다.

Ⅲ. 행정재판권의 구조

1. 우리 행정재판권

우리나라는 사법국가형인 미국식의 대법원제도를 채택하고 있다. 다만, 사법개혁에 따라 설치된 행정법원에서 제1심 행정사건을 다루게 된다. 물론 지방과 제2심부터는 행정재판권은 전적으로 다시 '고등법원 - 대법원' 체제에 속하게 된다. 다만, 우리나라는 독일처럼 별도의 특별행정재판권(조세, 사회) 등을 두고 있지 않고 일반행정재판권만으로 구성되어 있다.

물론 어떠한 분쟁이 행정재판권에 속할 경우에도, 행정재판권 내 행정법원간의 '관할'이 결정되어야 한다(☞관할문제는 취소소송 부분을 참조). 나아가 관할문제 외에도 원고의 주장을 살펴보아 해당 '행정소송의 종류'를 판단하여 소송절차가 개시되어야 한다.

2. 행정재판권의 구성

행정재판권에 대하여 법원조직법은 행정법원이 제1심이고(제40조의4), 행정법원의 재판에 대하여는 고등법원에 항소(제28조), 고등법원의 재판에 대하여는 대법원에 상고할 수 있다고(제14조) 규정함으로써 3심제를 도입하고 있다. 다만, 행정법원이 설치되지 않은 지역은 행정법원의 설치시까지 지방법원 본원이 관할한다(부칙 제2조).

아울러 행정재판권은 판사 3인으로 구성된 합의부에서 행하고, 단 행정법원 합의부가 단독판사가 심판할 것으로 결정한 사건은 단독판사가 행할 수 있다(제7조 제3항).

3. 행정소송의 진행

어떤 분쟁이 행정재판권에 속하면, 소위 행정소송으로서 재판절차가 개시된다. 이러한 재판절차는 크게 소송의 '허용성심사'(Zulässigkeit)와 '이유심사'(Begründetheit)로 구성된다. 물론 이러한 구조는 우리 사법제도와도 유사하다.

따라서 허용성 심사는 어떠한 분쟁이 행정소송으로 제기될 수 있는지에 대한 '본안판단요건'(Sachbeurteilungsvorausssetzungen) 내지 '소송요건'이라고 하는 법정의 절차적 요건에 대한 심리를 말한다. 이러한 절차법적 심리를 마치면, 제소자의 주장이 이유가 있는지에 대하여 소위 본안판단으로서 이유심사를 하게 된다.

Ⅰ. 재판권의 지정 - 행정사건인지? (공사법구별론 등)
- 우리나라의 재판권?
- 어느 재판권? 행정재판권의 지정
- 재판관할 - 어느 법원이 담당할지?
- 소송물(원고의 주장) - 어떤 소송으로 할지?

Ⅱ. 본안전 소송요건 (소장) - 소송요건의 적법성 (Zulässigkeit)
(1) 요건심리
- 원고적격 (법률상 이익 침해의 개연성)　　- 피고적격
- 위법한 처분 등의 존재(소송물) : 처분 등/재결
- 재판관할　- 제소기간　- 전심절차　- 형식요건(소장)　- 권리보호의 필요성
(2) 본안전 절차적 문제
- 소의 변경　　- 관련청구소송의 병합과 이송
- 피고의 경정　　- 소송참가(제3자, 다른 행정청, 대리인)

Ⅲ. 소송의 심리 (본안심리) - 소송이유의 정당성 (Begründetheit)
- 절차법원칙　　- 입증책임　　- 가구제(집행정지)
- 본안판단 (위법성/법률상 이익의 침해)

Ⅳ. 소송의 종료 :
- 종국판결 등 - 소송비용 - 상소제도(항고, 상고) - 재심

제 5 절 항고소송

항고소송의 개념은 '행정청의 처분등이나 부작위에 대하여 제기하는 소송'이다(제3조 제1호). 따라서 항고소송은 '공권력의 행사나 불행사의 위법여부, 즉 처분의 변경, 확인 등을 다투는 소송'으로서 그 종류는 '취소소송', '무효등확인소송', '부작위위법확인소송'의 3가지 법정항고소송이 규정되어 있다.[51]

51) 행정소송제도를 설명하는 방식에는 1) 행정소송법처럼 취소소송에서 설명하고, 다른 소송에서는 준용조항을 중심으로 특별한 법리를 설명하거나 2) 처음부터 개별 소송제도를 설명하면서

제 1 항 취소소송

Ⅰ. 취소소송 일반

1. 취소소송의 개념

취소소송은 '행정청의 위법한 처분 등을 취소 또는 변경하는 소송'이다(제4조 제1호).[52] 취소소송은 항고소송의 중심이 되며, 행정소송의 중요한 부분을 차지한다.

취소소송의 대상은 행정청의 '처분과 재결'이다. 그러나 '원처분주의'이므로 원칙적으로 처분이 대상이고, 재결은 당해 '재결 자체의 고유한 위법이 있음을 이유로 하는 경우'만 대상이 된다(제19조). 취소소송의 특징은 '소급효'와 '제3자효'를 가지며(제29조 제1항), 처분청과 그 밖의 관계행정청을 기속한다(제30조 제1항).

2. 법적 성질

취소소송은 개인의 권리구제가 중심이 되는 주관적 소송이다. 또한 취소소송은 행정행위의 위법을 이유로 해당 행정행위를 취소 또는 변경함으로써 해당 법률관계를 변경 또는 소멸시키기 때문에 형성소송으로 본다(대판 1996.2.9, 95누14978).

다수설과 판례인 '형성소송설' 외에 1) 취소소송도 무효등확인소송과 더불어 항고소송의 하부유형이므로 확인소송으로 보아야 한다는 항고소송설, 2) 행정행위의 발급당시의 위법성을 확인한다는 확인소송설(박정훈), 3) 확인적 성질과 효력을 다투는 형성적 성질도 갖는다는 '준형성소송설'(구제소송설)도 있다.

3. 취소소송의 대상 (소송물)

취소소송의 대상(Streitgegenstand)이 무엇인가 하는 '소송대상의 문제'를 우리나라에서는 '소송물이론'이라 한다. 이러한 소송의 대상문제는 행정소송여부, 소송의 종류, 중복제소, 소의 변경과 청구의 병합 등의 판단에 기여한다.

취소소송의 소송물에 대하여 1) '취소를 구하는 원고의 소송상의 청구권'2) 위법한 처분으로 '자신의 권리가 침해되었다는 원고의 주장'(김남진, 류지태, 홍정선, 홍준형), 3) 분쟁행위, 즉 다툼이 있는 행정행위 자체, 4) '처분의 위법성 일반'(김도창, 김동희, 김철용, 박윤흔, 정하중, 김연태), 다만, 개별 위법사유가 아니라 모든 위법사유가 소송물이라고 보고, 5) '개개의 위법사유'라는 견해 등이 있다. 6) 판례는 취소의 원인이

각 소송의 종류별로 설명하는 방식이 있다.

52) 취소소송에 대하여 판례는 "위법한 행정처분의 취소를 구하는 소는 위법한 처분에 의하여 발생한 위법상태를 배제하여 원상으로 회복시키고, 그 처분으로 침해되거나 방해받은 권리와 이익을 보호, 구제하고자 하는 소송이다"(대판 1997.1.24, 95누17403).

되는 처분의 위법성 일반으로 본다(대판 1989.4.11, 87누647). 7) 소송은 원고의 권리가 침해되었다는 주장을 대상으로 법원이 이로부터 법적 관계를 도출하여 그 위법여부를 판단대상으로 하여 심리하는 것이므로 원고의 주장이 맞다.

대법원 1989. 4. 11. **선고** 87누647 **판결 【양도소득세등부과처분취소】**
과세처분취소소송의 소송물은 그 취소원인이 되는 위법성일반이라고 할 것이다.

판례는 취소판결의 기판력은 소송물로 된 행정처분의 위법성 존부에 관한 판단 그 자체에만 미치는 것이므로 전소와 후소가 그 소송물을 달리하는 경우에는 전소 확정판결의 기판력이 후소에 미치지 않는다고 본다(대판 1996.4.26, 95누5820).

4. 다른 소송과의 관계

1) 무효등확인소송과의 관계

(1) 병렬관계 취소소송과 무효등확인소송은 서로 주위적·예비적 청구를 할 수 있으므로 병합은 가능하지만, 선택적 청구로서의 병합이나 단순병합은 허용되지 않는다(대판 1999.8.20, 97누6889).[53] 따라서 취소소송에 대한 기각판결이 나면 그 판결의 기판력은 후소인 무효등확인소송에도 미친다(대판 1993.4.27, 92누9777).

(2) 포섭관계 취소소송으로 제소하였더라도, 무효확인을 구하는 취지가 포함되어 있어야 무효선언을 구하는 취소소송이 된다. 무효확인소송으로 제소하였더라도, 취소소송으로 구하는 취지가 포함된 것으로 본다(대판 1976.2.24, **75누128**). 다만, 취소판결을 하려면 취소소송의 (제소)요건을 갖추어야 한다(같은 판결).

2) 당사자소송과의 관계

단순위법한 처분 등에 대한 소송은 취소소송으로만 가능하다. 일설에서는 '공정력' 때문이라고 하지만, 이는 '법적 안정성' 때문에 인정되는 것이다. 따라서 처분의 효력을 직접 당사자소송 등으로 다툴 수 없다.

Ⅱ. 취소소송의 제기와 소송요건

1. 취소소송의 제기

취소소송의 제기는 '처분 등의 상대방이 원고가 되어 취소소송의 소송요건에 맞게 소장을 작성하여 관할법원에 제출하는 것'이다. 이 때 소송요건은 '원고가 소송을 제기하여 원고의 주장에 대한 본안판단(이유심사)을 받기 위한 전제조건'이다. 소송요건으로서 우리 법은 다음과 같이 규정하고 있다.

---

53) 이는 취소소송과 무효확인소송을 동시에 한 사건으로 청구할 수 있는 것이 아니라 취소소송(무효확인소송)을 청구하면서 부수적으로 무효확인을 주장한다는 의미이다.

2. 소송요건

취소소송의 소송요건은 1) '소를 제기할 자격이 있는 자'(원고적격)가, 2) 처분 등을 한 '행정청'을 상대로(피고적격), 3) '관할법원'에, 4) '일정한 기간' 내에(제소기간), 5) '일정한 형식'으로(소장), 6) '일정한 사전절차'를 거쳐(전심절차), 7) 위법한 '처분 등'을 이유로(소송대상) 제기하여야 하며, 8) 처분 등의 취소나 변경을 구할 실제적 이익(권리보호의 필요)이 있어야 한다.

> 소송요건간의 차이는 원고, 소송대상, 권리보호의 필요는 행정소송의 실질적 요건이고, 나머지는 형식적 요건이다.[54] 원고는 위 8가지 소송요건을 갖추어 소장을 작성하여 관할법원에 제출하여야 한다(소의 제기). 법원은 소장에 기재된 사항(소송요건)을 중심으로 형식심사인 '요건심리'를 하는데, 소송요건의 구비여부는 법원의 직권심사 사항이다(대판 1955.1.12, 4288행상126). 이때 소송요건이 결여된 소에 대하여 법원은 각하판결을 하게 된다.
>
> 이하에서는 소장의 작성 및 제출, 관할법원, 제소기간, 사전절차의 경유 등의 형식적 소송요건을 먼저 다루고, 나머지를 실질적 요건으로 하여, 원고적격(권리보호의 필요), 피고적격, 소송대상(처분 등의 존재)로 다루기로 한다.

Ⅲ. 형식적 소송요건

1. 소 장

행정의 상대방이 소를 제기하려면, 먼저 위의 소송요건에 맞게 소장을 작성하여 해당 행정법원에 제출하여야 한다.[55] 소장은 소송요건중에서 소송절차상 제일 먼저 검토되고, 소장에 원고, 피고, 소송대상 등의 소송요건이 포괄되어 있다.

2. 재판관할

1) **행정재판권의 지정** 소가 제기되면, 해당 소송에 대한 재판권(한)을 지정하여야 한다. 우선 우리나라의 재판권에 속하는지를 검토하고, 그 다음에는 어떤

---

54) 장태주, 737쪽.

55) 소장작성 및 제출은 행정법원 민원실에 가면, 소송유형별로 견본을 비치하고 있다. 이에 따라 소장의 기재사항에 맞게 작성하고, 증거서류를 첨부하고, 소가(소송가액)를 산정한 인지료와 송달료 납부영수증을 붙이고, 접수하면 소가 제기된 것이다. 특히 소장의 청구취지는 소송으로 원하는 바를 적고(○○처분을 취소한다), 청구원인에는 소의 원인과 다툼이 되는 사실관계와 법률관계를 기입한다. 접수한 법원은 소장접수시 참여사무관이 소장을 검토하여 보정권고를, 소장 검토후 담당법관(재판장)이 보정명령을 할 수 있다. 이후 법원은 소장부본을 사건유형별 소송진행안내서를 포함하여 피고에게 송달하고 피고는 답변서를 제출하게 된다.

재판권에 속하는 지도 검토되어야 한다.

그리고 행정재판권에 속한다고 판단하여 행정재판권이 개시되면, 그 다음에 행정재판권 내에서 어떤 행정법원이 사건을 관할할 것인지의 재판관할이 문제된다.

2) **사물관할** (심급관할) 행정소송법 및 다른 법률에 의하여 행정재판권(행정법원의 심판권한)에 속하는 행정사건은 제1심인 지방법원인 행정법원이 심판한다(법조법 제40조의4). 즉, 행정소송은 행정법원이 관할이다. 행정법원이 설치되지 않은 지역은 지방법원 본원이 제1심이다. 단, 공정거래법(제55조), 약관법(제30조의2) 등은 서울고등법원을 전속관할로 하는 2심제이다.

3) **토지관할** 행정소송의 토지관할은 원칙적으로 '피고(행정청)의 소재지'를 관할하는 행정법원이다(제9조 제1항). 단, 현재는 서울에만 행정법원이 있고, 지방에는 지방법원 합의부가 설치되어 있다(각급법원설치법 제4조).

토지관할의 예외는 1) 중앙행정기관 또는 그 장이 피고인 경우는 대법원소재지의 행정법원이고(제9조 제1항 단서), 2) 토지의 수용 기타 부동산 또는 특정의 장소에 관계되는 처분 등에 대한 경우에는 그 부동산 또는 장소의 소재지를 관할하는 행정법원이다(제2항). 3) 토지관할은 전속관할이 아닌 '임의관할주의'(대판 1994.1.24, 93누18655)이므로 민사소송법상 합의관할(제29조)과 응소관할(제30조)이 인정될 수 있다.

4) **관할법원에의 이송** 원고가 관할을 위배하여 관할이 아닌 법원에 소송을 제기한 경우에 원고로부터 소를 제기받은 법원(수소법원)은 1) 소송의 전부 또는 일부가 그 관할에 속하지 않은 때(행소법 제8조 제2항, 민소법 제34조 제1항)와, 2) 원고의 고의나 중과실없이 심급을 달리하는 법원에 잘못 제기된 경우(행소법 제7조)에 '결정'으로 관할법원으로 이송한다(이송결정). 이때 소의 제소시점은 상대방의 권리보호를 위하여 '이송시'로 본다(대판 1969.3.18, 64누51). 이는 '관할법원에의 이송제도'이다. 만약, 수소법원이 행정법원은 아니지만, 지방법원 본원이어서 행정사건도 관할이 있으면 행정소송으로 심리하여야 하고, 그렇지 않으면 이송해야 한다(대판 1973.4.25, 73누5).

3. 사전절차의 경유여부 (행정심판의 전치)

행정소송의 소송요건으로 해당 소송이 법령에 규정된 사전절차(행정심판 등)를 거쳤는지 여부를 검토해야 한다.

1) **행정심판임의주의** (원칙) 우리나라는 행정소송의 제기 전에 전심절차(사전절차)로서 행정심판제도를 두고 있다(헌법 제107조 제3항). 다만, 종전의 독일식 행정심판전치주의에서 1998년부터 일본식의 '임의주의'로 변경되었다. 행정심판임의주

의는 '행정심판을 거치지 않고도 행정소송을 제기할 수 있다는 절차원칙'을 말한다(제18조). '임의적 행정심판전치주의'라고도 한다. 행정심판법상 행정심판 외에 특별법상 행정심판(특별행정심판)에도 원칙적으로 적용된다.

2) **예 외** 행정심판임의주의의 예외로서 개별법률이 행정심판(재결)을 거치지 않으면 취소소송을 제기할 수 없다고 명문으로 규정한 때에는 '행정심판전치주의'가 된다(제18조 단서).[56] '필요적 행정심판전치주의'라고도 한다.

이때 '다른 법률'이란 '행정심판법 외의 법률'을 말하며, '해당 규정'은 반드시 '일의적인 명문규정'을 말한다. 특별행정심판이 전치주의를 규정하더라도 위헌은 아니다(헌재 2007.1.17, 2005헌바86). 행정심판의 전치여부는 법원의 '직권조사사항'이다.

현재 행정심판전치주의를 채택한 경우는 공무원소청심사(국가공무원법, 지방공무원법 등), 조세심판의 심사청구와 심판청구(국세기본법, 관세법, 지방세기본법), 운전면허 취소·정지 등의 처분(도로교통법), 해양안전심판(해양심판법) 등이 있다.

3) **예외적 전치주의의 예외** 이것은 행정심판을 진행중 또는 행정심판을 청구조차 하지 않은 채 행정소송을 제기하는 경우이다.

(1) 행정심판은 제기하되 재결을 거치지 않고 취소소송을 제기할 수 있는 경우 (제18조 제2항) - i) 행정심판청구일로부터 60일이 지나도 재결이 없는 경우(제1호), ii) 처분의 집행 또는 절차의 속행으로 생길 중대한 손해를 예방하여야 할 긴급한 필요가 있는 때(제2호)(대판 1990.10.26, 90누5528), iii) 법령상 행정심판기관(행정심판위원회)이 의결·재결하지 못할 사유가 있는 때(제3호), iv) 그 밖의 정당한 사유(제4호) 등이다.

(2) 행정심판을 제기함이 없이 행정소송을 제기하는 경우 (제18조 제3항) - i) 동종사건에 대하여 이미 행정심판의 기각결정이 있는 때(제1호)(대판 1988.2.23, 87누704), ii) 서로 내용상 관련되는 처분 또는 같은 목적을 위하여 단계적으로 진행되는 처분 중 어느 하나가 이미 행정심판의 재결을 거친 때(제2호)(대판 1986.7.22, 85누297; 1989.1.24, 87누322), iii) 행정청이 사실심의 변론종결후 소송의 대상인 처분을 변경하여 당해 변경된 처분에 관하여 소를 제기한 때(제3호), iv) 처분을 행한 행정청이 행정심판을 거칠 필요가 없다고 잘못 알린 때(제4호), v) 처분의 변경에 따라 소를 변경하는 때(제21조 제1항, 제3항) 등이다.

4. 제소기간

취소소송은 법률관계의 법적 안정성을 위하여 '불가쟁력'의 전제로서 제소기간제도를 두고 있다. 제소기간은 '원고의 소송제기가 허용되는 기간'이다. 따라서 제소기간이 경과(도과)하면, 해당 행정행위는 불가쟁력이 발생하여 상대방(원고)은

---

56) 이를 '필요적 전치주의'라고도 한다. 장태주, 799쪽; 홍정선, 697쪽.

더 이상 분쟁을 다툴 수 없고, 해당 법률관계는 법적 안정성을 위하여 확정된다. 제소기간은 무효등확인소송에는 적용되지 않지만, 무효선언적 취소소송으로 제기한 경우에는 적용된다(대판 1993.3.12, 92누11039).

제소기간은 소송요건이면서 법원의 직권조사사항이므로 요건심리에서 명백히 한 후에 본안심리를 해야 한다. 따라서 본안심리단계라고 하여 그 흠결이 치유되지 않는다(대판 1987.1.20, 86누490). 제소기간은 주로 하자승계시에 중요하며, 항고소송에서는 처분을 기준으로 판단한다. 단계별 처분은 처분별로 제소기간을 산정하여야 하고, 동일소송물이 아니므로 청구취지의 추가·변경시가 제소기간 산정에 기준이 된다.

1) 행정심판을 청구하지 않은 경우 행정심판을 청구하지 않고 바로 취소소송을 제기하는 경우에는 '처분이 있음을 안 날'로부터 '90일 이내'에 제기하여야 한다(제20조 제1항). '처분등이 있은 날'로부터 '1년'을 경과하면 정당한 사유가 없이는 취소소송을 제기할 수 없다(동조 제2항). 제소기간의 경과여부는 '법원의 직권조사사항'이다(대판 1981.1.27, 80누447).

이때 '90일'은 불변기간이고(동조 제3항), 법원도 이 기간을 가감할 수 없으나(민소법 제172조 제1항), 원거리자를 위하여는 부가기간을 정할 수 있고(민소법 제172조 제2항), 정당한 사유시는 그 사유해소일로부터 2주 내에 소송행위를 추완(추후보완)할 수 있다(민소법 제173조 제1항), 국외에서 추완시는 30일이다(행소법 제5조).

【판례해설】 1) '처분 등이 있음을 안 날'은 '처분 등이 있다는 것을 현실적으로 안 날'(대판 1991.6.28, 90누6521), 즉 대외적으로 효력이 발생한 것이다(대판 1967.11.21, 67누129). 다만, 고시나 공고 등의 불특정 다수인에 대한 처분은 '고시나 공고 등이 효력을 발생한 날'이 처분이 있었음을 안 날이다(대판 2006.4.14, 2004두3847). 2) '처분이 있은 날'은 '처분 등이 효력을 발생한 날'이다(대판 1990.7.1, 90누2284).

두 제소기간 중에서 어느 한 요건만 경과해도 제소기간은 만료된다. 다만, 정당한 사유가 있는 경우에는 1년이 지나도 제소할 수 있다(제20조 제2항 단서). 정당한 사유는 객관적 사유로서 1) 당사자가 책임을 질 수 없는 사유(민소법 제173조 제1항), 2) 천재·지변·전쟁·사변 등의 불가항력 사유를 포괄하는 넓은 개념으로 사회통념에 따라 판단한다(대판 1991.6.28, 90누6521). 3) 한편 해당 법제상 소송제기가 불가능하다가 위헌결정으로서 비로소 소송제기가 가능한 경우는 '처분일'이 아니라 '위헌결정'이 기준이 된다.

2) 행정심판을 거치는 경우 원고가 행정심판을 청구한 경우에는 일반행정소송에 적용하는 제소기간의 기산점과 다르다. 이는 1) 다른 법률에서 행정심판의 재결을 거치지 않으면 취소소송을 제기할 수 없도록 전치주의로 규정한 경우(제18조 제1항 단서), 2) 전치주의는 아니지만 행정심판을 할 수 있는 경우, 3) 행정

심판을 해야 한다고 잘못 고지한 경우는 '행정심판의 재결서 정본을 송달받은 날'로부터 '90일' 이내에 행정소송을 제기하여야 한다(제20조 제1항 단서).

단, 다른 법률에 의하여 행정심판 전치주의가 규정되었음에도 불구하고 예외사유에 해당하는 경우에는 행정소송을 청구할 수 있는데(제18조 제2항, 제3항), 이 경우는 처분 등이 있음을 안 날로부터 90일, 처분 등이 있은 날로부터 1년의 제소기간의 제한이 없다.

3) **적용대상** 제소기간은 원고 외에도 법률상 이익이 침해된 제3자가 정당한 이유가 없는 경우에도 적용된다(대판 1991.6.28, 90누6521). 무효등확인소송에는 적용되지 않으나, 취소소송을 하여 무효확인선언을 하는 경우에는 적용된다.

특별법상 제소기간에 대한 특례로 '60일', '30일'(공토법 제85조 제1항), '60일'(보안관찰법 제23조) 등을 규정하기도 한다. 한편 청구취지의 변경에 의한 소의 변경이 있는 경우는 원칙적으로 새로운 소가 제기된 시점인 '소의 변경시'가 기준이 된다(대판 2004.11.25, 2004두7023).

Ⅳ. 행정청의 처분 등

취소소송은 '처분 등'을 대상으로 한다. 따라서 처분과 재결이 취소소송의 '대상적격'이다.

1. 처 분

1) **처분의 개념** 행정소송법은 '처분 등'의 개념을 "행정청이 행하는 구체적 사실에 관한 법집행으로서의 공권력의 행사 또는 그 거부와 그 밖에 이에 준하는 행정작용 및 행정심판에 대한 재결"이라고 법적 정의하였다(제2조 제1항 제1호). 처분의 존재여부는 다른 소송요건처럼 당연히 '법원의 직권조사사항'이다(대판 2004.12.24, 2003두15195). 다만, 행정소송 외의 '다른 법률에 의하여 불복절차가 있는 처분'은 항고소송의 대상이 아니다(대판 2000.3.28, 99두11264). 예를 들면, 불복절차로 형사소송을 규정한 검사의 기소처분이다.

행정소송법상의 처분규정과 실체법상의 행정행위의 개념이 동일한지 여부에 대하여 1) 실체법상 개념설(일원설)은 이론적으로 행정행위와 처분을 같다고 보고(석종현, 강구철, 신보성, 류지태, 홍정선), 2) 쟁송법상 처분개념설(이원설)은 실체법상 행정행위와 쟁송법상 처분을 구분하는데, 비록 이론상 동일함에도 불구하고 처분개념을 확대하여 권리구제를 넓히자는 것이다(김도창, 이상규, 박윤흔, 김남진, 김동희, 변재옥, 천병태, 한견우, 홍준형) (☞ 행정행위의 개념 참조).

2) **처분의 성립요건** 처분의 개념적 요소는 효력요건과 더불어 처분여부를 판단하는 처분의 성립요건으로 기능한다.

(1) '행정청'의 행위 - 처분은 '행정청'의 행위이다. 이때 행정청(처분청)은 행정조직법상의 개념이 아니라 기능적으로 파악하여 법령에 의하여 행정권한을 위탁·위임받은 행정기관, 합의제기관, 공공단체, 사인까지 포함한다. 판례는 '지방의회의 의결'도 처분으로 본다(대판 1993.11.26, 93누7341; 1994.10.11, 94두23).

【판례해설】 행정청에 관한 주요 판례로 1) 군의관의 신체등위판정에서 군의관은 행정청이 아니고 지방병무청장이 병역처분을 하는 행정청이다(대판 1993.8.27, 93누3356). 2) 성업공사의 공매처분은 공매위임청인 세무서장이 아니라 '수임청'이며 실제공매자인 성업공사이다(대판 1997.2.28, 96누1757). 3) 한국전력공사의 부정당업자제재처분에서 중앙행정기관도 아니고, 위임·위탁사실도 없으므로 '사법상 통지행위'에 불과하다(대결 1999.11.26, 99부3). 4) 한국마사회의 조교사 및 기수의 면허부여 및 취소행위는 위탁받은 행정권한의 행사가 아니고 사법상 법률관계에 의한 단체 내부의 징계 내지 제재처분이다(대판 2008.1.31, 2005두8269). 5) 도시재개발법상의 재개발조합의 관리처분계획은 법률에 의하여 특수한 목적을 부여받은 특수한 행정주체이므로 특정한 공공사무를 행하는 것이다(대판 2002.12.10, 2001두6333). 6) 지방의회의장에 대한 불신임의결은 의장권한을 박탈하는 '처분'이다(대결 1994.10.11, 94두23). 7) 지방의회의장선거는 지방의회의 의사를 결정하고 의장에게 직무권한을 부여하는 '처분'이다(대판 1995.1.12, 94두2602).

(2) 구체적 사실에 대한 규율행위 - 처분은 구체적 사실을 규율하는 행위이다. '구체적 사실'이란 '처분이 개별(특정) 사건을 규율하는 행위'라는 것이다. 다만, 다수인을 대상으로 하는 일반처분도 구체적 사실을 규율하는 일반적·구체적 규율이므로 포함된다.

(3) 법집행 (법적 규율) - 처분은 법집행하는 행위이다. 법집행은 '국민의 권리나 의무에 직접 영향을 미치는 행위'를 말한다.[57] 이는 '법적 규율'이라고 하는데, 법적 규율은 '외부적 행위'로서 직접 상대방의 권리나 의무에 영향을 미치는 의사표시이다. 따라서 '행정의 내부적 행위'는 법적 규율이 흠결되어 있으므로 처분이 아니다. 또한 '직접적인 법적 효과'가 있어야 하므로, 사실상의 결과실현만을 목적으로 하는 비권력적 사실행위나 행정청의 내부행위인 과세표준결정(대판 1996.9.24, 95누12842), 공정거래위원회의 고발조치(대판 1995.5.12, 94누13794) 등은 처분성이 없다. 다만, 법규명령이나 조례도 직접 국민의 권리의무에 변동을 일으키는 경우에는 처분성이 있다.

(4) '공권력의 행사'인 행위 - 처분은 '공권력의 행사'이다. 공권력의 행사는 '행정청이 우월적인 지위에서 국민에게 일방적으로 명령하거나 강제하는 행위'(권력적 단독행위)이다. 단, 법원집달관의 자이레대사관에 대한 명도집행(대판 1997.4.25, 96다16940), 건

57) 판례는 "특정사항에 대하여 법규에 의한 권리의 설정 또는 의무의 부담을 명하며, 기타 법률상의 효과를 발생케 하는 등의 국민의 권리의무에 직접 관계가 있는 행위"로 본다(대판 1967.6.27, 67누44) 최근 판례는 국민의 권리의무에 직접적으로 영향을 미치는 행위라고 한다(대판 2007.10.11, 2007두1316).

설부장관의 국립공원지정처분에 따른 경주시장이 행한 경계측량 및 표지의 설치 등(대판 1992.10.13, 92누2325)은 공권력의 행사가 아닌 사실상의 행위이므로 처분이 아니다.

3) **판례의 태도** 행정청의 어떠한 행위를 '처분'으로 볼 것인가에 대하여는 판례는 위의 행정처분의 성립요건외에도 효력요건을 고려하고 그 외에도 다른 사항을 고려한다(대판 2007.10.11, 2007두1316).[58]

대법원 2007. 10. 11. **선고** 2007**두**1316 **판결 【건축허가신청불허가처분취소】**
행정청의 어떤 행위를 행정처분으로 볼 것이냐의 문제는 추상적, 일반적으로 결정할 수 없고, 구체적인 경우 행정처분은 행정청이 공권력의 주체로서 행하는 구체적 사실에 관한 법집행으로서 국민의 권리의무에 직접적으로 영향을 미치는 행위라는 점을 염두에 두고, 관련 법령의 내용 및 취지와 그 행위가 주체·내용·형식·절차 등에 있어서 어느 정도로 행정처분으로서의 성립 내지 효력요건을 충족하고 있는지 여부, 그 행위와 상대방 등 이해관계인이 입는 불이익과의 실질적 견련성, 그리고 법치행정의 원리와 당해 행위에 관련한 행정청 및 이해관계인의 태도 등을 참작하여 개별적으로 결정하여야 할 것이다.

2. 거부처분 (공권력행사의 거부)

1) **개 념** 거부처분은 '공권력행사의 거부'이다. 거부처분은 '개인이 행정청에 대하여 일정한 처분을 신청한 경우에 행정청이 그 신청에 따른 처분을 거부하는 경우'이다. 따라서 행정청이 아무것도 하지 않은 '부작위'와는 구분된다.

거부처분은 1) 명백한 거부의 의사표시를 담은 '거부처분의 통지' 외에도 2) 법령에서 일정기간이 경과하면 거부로 간주하는 '간주거부'와 3) 법령의 규정이 없는 상태에서 신청에 대한 응답이 없는 '묵시적 거부'도 포함된다. 4) 한편 반복된 거부처분은 '새로운 거부처분'으로 본다(대판 2002.3.29, 2000두6084).

【판례해설】 최근 판례는 '거부의 의사표시가 없었더라도 본인이 알았거나 알 수 있었을 때'에는 거부처분으로 볼 수 있다고 판시하였다(검사임용거부판결 : 대판 1991.2.12, 90누5825). 국립대학교수의 임용기간만료시 재임용을 거부하는 취지의 임용기간만료통지도 처분으로 보았다(대판 2004.4.22, 2000두7735).

2) **성립요건** 판례가 행정청의 거부행위에 처분성을 인정하는 성립요건은 1) 신청한 행위가 '공권력행사'(즉, 처분) 또는 이에 준하는 행정작용에 해당될 것, 2) 행정청의 거부행위가 신청인의 법률관계에 영향을 미칠 것(대판 1989.12.12, 89누5348), 3) 신청인에게 '법규상 또는 조리상의 신청권'이 있을 것이다.

대법원 2007. 10. 11. **선고** 2007**두**1316 **판결 【건축허가신청불허가처분취소】**
국민의 적극적 행위 신청에 대하여 행정청이 그 신청에 따른 행위를 하지 않겠다고 거부한

---

58) 처분의 요건 외에 다른 사항을 잔뜩 열거하는 판례의 태도는 궁극적으로 법관의 임의성에 의존하려는 것이어서 옳지 않다.

행위가 항고소송의 대상이 되는 행정처분에 해당하는 것이라고 하려면, 그 신청한 행위가 공권력의 행사 또는 이에 준하는 행정작용이어야 하고, 그 거부행위가 신청인의 법률관계에 어떤 변동을 일으키는 것이어야 하며, 그 국민에게 그 행위발동을 요구할 법규상 또는 조리상의 신청권이 있어야 한다고 할 것인바, 여기에서 '신청인의 법률관계에 어떤 변동을 일으키는 것'이라는 의미는 신청인의 실체상의 권리관계에 직접적인 변동을 일으키는 것은 물론, 그렇지 않다 하더라도 신청인이 실체상의 권리자로서 권리를 행사함에 중대한 지장을 초래하는 것도 포함한다고 해석함이 상당하다(대판 2002.11.22, 2000두9229 등 참조).

법규상 또는 조리상 신청권의 법적 성질에 대하여 1) 대상적격설은 관계법규의 해석으로 그러한 신청권의 인정여부를 추상적으로 결정하는 것은 '형식적 신청권'으로 보아 처분성의 인정, 즉 소의 대상적격에 관한 문제라고 보고(김남진/김연태), 2) 원고적격설은 신청권의 존재여부는 대상적격이 아니라 원고적격의 문제라고 보며(홍정선), 3) 본안요건설은 신청권 존부의 문제는 본안에서 판단해야 된다고 보며(홍준형), 4) 신청권은 대상적격이 아니라 처분개념의 합치여부이므로 신청권의 판단은 객관적·외형적 판단을 넘어서 사인의 개별·구체적 상황을 고려해야 한다는 견해가 있다(박정훈).

3. 재 결

1) 재결의 개념 재결은 "행정심판의 청구에 따라 행정심판위원회가 행하는 법적 판단"이다(행심법 제2조 제1항 제3호). 재결에는 당사자심판이나 이의신청에 의한 재결도 포함된다.

2) 원처분주의 우리 행정소송법은 원칙적으로 '행정청(처분청)의 처분'을 소송대상으로 하는 원처분주의를 채택하고 있다(제19조). 다만, 예외적으로 '재결'을 소송대상으로 하는 재결주의를 취한다.

재결주의는 '예외적으로 재결 자체의 고유한 위법이 있는 경우에 한하여 행정소송의 제기를 허용하는 것'이다(제19조 단서). 따라서 재결에 고유한 위법이 없음에도 제기된 행정소송은 기각된다.[59] 재결주의(재결소송)을 채택한 경우는 1) 감사원의 재심의판정(대판 1984.4.10, 84누9) 2) 중앙노동위원회의 재심판정(대판 1995.9.15, 95누6724), 3) 특허심판원의 심의 등이 있다.

3) 재결소송 재결소송은 원처분주의의 예외인 재결주의가 적용되어 '재결자체의 고유한 위법이 있는 경우에 제기하는 소송'이다. 재결소송이 인정되는 '재결자체의 고유한 위법'은 재결의 주체, 절차, 형식, 내용의 위법으로 나누어 볼 수 있다. 즉, 1) 권한없는 기관이 재결하거나 행정심판위원회의 구성에 위법사유가

59) 재결자체의 고유한 위법이 없음에도 재결을 다투는 경우는 1) 「행정소송법」 제19조 단서를 소극적 소송요건으로 보는 각하판결설(김용섭), 2) 재결자체의 위법은 본안판단사항이므로 기각판결설(김향기, 윤영선)이 있다. 3) 판례는 원처분의 당부와 상관없이 기각해야 한다고 본다(대판 1994.1.25, 93누16901).

있는 경우(주체), 2) 행정심판위원회의 재결절차에 위법이 있는 경우(절차), 3) 서면주의 위반이나 주요기재사항의 누락이 있는 경우이다(형식). 4) 내용상의 위법은 재결자체의 고유한 위법에 포함되지 않는다는 견해(서원우, 김학세)도 있으나 다수견해는 '위법'으로 본다.

대법원 1997. 9. 12. **선고** 96누14661 **판결 【공장설립변경신고수리취소처분취소】**
행정소송법 제19조에서 말하는 '재결 자체에 고유한 위법'이란 원처분에는 없고 재결에만 있는 재결청의 권한 또는 구성의 위법, 재결의 절차나 형식의 위법, 내용의 위법 등을 뜻하고, 그 중 내용의 위법에는 위법·부당하게 인용재결을 한 경우가 해당한다.

재결의 종류별로 보면, 1) 각하재결은 행정심판을 받을 권리를 박탈한 것이므로 원처분자체에는 없는 고유한 위법이어서 재결소송의 대상이 된다. 2) 기각재결은 원처분을 유지하여 원처분과 동일하므로 재결자체에 고유한 위법이 없다. 그러나 심판청구대상이 아닌 사항에 대한 재결이나 원처분보다 불리한 재결은 고유한 재결이므로 가능하다. 3) 인용재결은 원칙적으로 고유한 위법이 없으나, 행정심판 청구요건을 결여하였는데도 각하하지 않고 인용재결한 경우는 고유한 위법이 있다. 예는 관념의 통지에 대한 재결(대판 1993.8.24, 92누1865), 자기완결적인 신고에 대한 수리처분에 대한 재결(대판 2001.5.29, 99두10292)이다. 제3자효 행정행위에 대한 인용재결에는 인정론(홍정선), 불인정론(김용섭, 박균성)이 있다. 일부인용재결이나 수정재결은 수정되고 남은 원처분을 다퉈야 하므로 재결주의가 적용되지 않는다(대판 1993.8.24, 93누5673). 4) 형성재결의 경우에 행정심판위원회로부터 재결통보를 받은 처분청이 행한 재결결과의 통보는 '사실행위'로 행정행위가 아니다(대판 1997.5.30, 96누14678; 1998.4.24, 97누17131). 형성재결인 취소재결은 취소재결 자체가 소의 대상이고(대판 1997.12.23, 96누10911), 명령재결인 취소명령재결의 경우는 재결과 재결에 따른 처분인지가 논란이 있으나, 판례는 양자 모두 소송의 대상이라고 본다(대판 1993.9.28, 92누15093).

4. 그 밖에 이에 준하는 행정작용

행정소송법에서 규정하는 "그 밖에 이에 준하는 행정작용"은 공권력의 행사나 거부처분이 아니어도 '행정청의 대외적 작용으로서 개인의 권익에 구체적으로 영향을 미치는 작용'이라고 본다. 일반적으로 권력적 사실행위, 도시계획결정, 처분적 명령 등이 포함된다고 본다.[60] 실무에서는 처분성이 있다고 본다.

그 밖에 이에 준하는 행정작용에 대하여 1) 법집행으로서 공권력 행사이기는 하지만 전형적인 행정행위가 아닌 것으로 권력적 사실행위를 포함하는 견해(김남진/김연태), 2) 공권력 행사인 처분에 개별적 · 일반적 규율인 일반처분도 포함하는 견해(류지태), 3) 일반처분과 처분법령에 한정하는 견해(정하중), 4) 쟁송법상 처분개념설을 주장하여 권

60) 개별 행정작용의 처분여부는 장태주, 749~759쪽; 홍정선, 650~652쪽 참조.

력적 사실행위, 행정내부행위, 행정지도, 행정조사 등을 포함하는 견해가 있다.

【판례해설】 처분성을 인정한 판례는 행정재산의 사용허가(대판 2001.6.15, 99두509), 두밀분교설치폐지조례(대판 1996.9.20, 95누8003), 금융감독원장의 금융기관임원에 대한 문책경고 - 직업의 자유를 제한하는 등 상대방의 권리의무에 직접 영향을 미치는 행위(대판 2005.2.17, 2003두14765), 노동조합규약의 변경보완시정명령 - 노동행정에 관한 행정관청의 의사를 조합에게 직접 표시한 법적 행위(대판 1993.5.11, 91누10787) 등이 있다.

처분성을 부인한 판례는 분양대상자선정행위(대판 2000.3.28, 99두11264), 공장입지기준확인(대판 2003.2.11, 2002두10735) 등이 있다.

5. 처분의 위법성

취소소송의 대상이 되는 처분은 '위법'하여야 하며, 단순히 재량을 그르친 부당의 경우는 포함되지 않는다. 예외적으로 '재량의 일탈·남용'은 위법이 된다(제27조). 그리고 최근에는 '행정법의 일반원칙 위반'도 위법이 된다.

Ⅴ. 당사자

1. 개 설

우리 행정소송법에서는 '행정소송에 참여하는 자'를 민사소송과 마찬가지로 당사자(Partei)라고 규정한다.61) (소송)당사자에는 원고와 피고가 있다. 행정소송에서는 소송당사자 외에 이해관계있는 제3자와 다른 행정청이 소송에 참가할 수 있다. 당사자에 대하여 원고적격, 피고적격, 권리보호의 필요성을 소송요건으로 정하고 있다.

1) **당사자능력** 당사자능력(Parteifähigkeit)은 '소송상의 당사자(원고, 피고, 소송참가인)가 될 수 있는 법률상 능력'이다(행소법 제8조 제2항, 민소법 제51조). 추상적인 소송참가자격을 말한다. 당사자능력은 소송법관계의 권리주체이므로 민법상 '권리능력자'이면 족하고, 법인격없는 사단이나 재단도 그 대표자로 가능하다.

【판례해설】 1) 당사자능력이 없는 경우는 중앙종단에 가입된 개별사찰(대판 1991.2.22, 90누5641), 태고종에 등록된 조계종종단 사찰(대판 1992.2.25, 88누4058), 비법인인 노동조합이 1명만 남은 1인조합 등이고, 2) 당사자능력이 있는 경우는 장로교총회 신학연구원의 운영을 위한 이사회(대판 1998.7.24, 96누14937), 특허무효심판의 심결취소소송 계속중 청구한 회사가 청산종결의 등기가 경료된 경우(대판 2005.11.24, 2003후2515) 등이다.

2) **당사자적격** 당사자적격은 '특정한 소송사건에서 당사자로서 소송을 수행하고 본안판결을 받기에 적합한 자격'이다. 즉, '소송능력'(Prozessfähigkeit)으로, '소송절차에서의 유효한 소송행위를 하기 위한 행위능력'을 말한다. 이는 소송대상

---

61) 독일은 행정소송은 대등한 관계가 아니므로 당사자 대신에 '참가자'(Beteiligte)라고 쓴다.

인 처분에 법률상 이해관계를 갖는 자를 포함한다.

2. 원고적격

취소소송의 원고적격은 '원고가 될 수 있는 자격'으로 '처분 등의 취소를 소구할 수 있는 자격'을 말한다. 즉, 소를 제기할 수 있는 권능(Klagebefugnis)이다. 원고적격은 '소권' 내지 '제소권능'이라고도 한다.

원고적격을 규정한 「행정소송법」 제12조는, 일반적으로 제1문은 '누가 소송의 원고가 될 수 있는가'의 '원고적격'으로, 제2문은 '소송을 통하여 권리보호의 실효성이 있느냐'의 '권리보호의 필요성'으로 해석한다.[62)]

「행정소송법」 제12조(원고적격) 취소소송은 처분등의 취소를 구할 법률상 이익이 있는 자가 제기할 수 있다. 처분등의 효과가 기간의 경과, 처분등의 집행 그 밖의 사유로 인하여 소멸된 뒤에도 그 처분등의 취소로 인하여 회복되는 법률상 이익이 있는 자의 경우에는 또한 같다.

1) **법률상 이익** 원고적격에 대하여 행정소송법은 '처분 등의 취소를 구할 법률상 이익이 있는 자'라고 규정한다(제12조). 즉, 법률상 이익이 있는 자만이 행정소송을 제기할 수 있다. 법률상 이익여부는 사실심 변론종결시가 기준이 된다.

"법률상 이익" 규정에 대하여 1) 권리구제설은 재판의 목적은 실체법상의 권리보호에 있으므로 '실체법상의 공권 내지 권리'를 의미한다고 보고(박윤흔, 석종현 월89/5), 2) 법률상 이익구제설은 권리를 침해당한 자 이외에 법률상 보호이익, 즉 처분의 근거법규 및 관련법규의 목적론적인 해석에 의하여 '법에 의하여 보호되는 개별적·직접적·구체적인 이익'이라고 보고, 3) 보호가치이익구제설은 법상 이익과 사실상 이익을 불문하고 '실질적으로 보호가치있는 이익'이라고 본다(서원우 연90/9, 천병태 연87/5). 4) 적법성 보장설은 행정소송의 기능을 중시하여 처분의 위법을 다투는데 가장 적합한 이해관계에 있는 자가 소송을 제기할 수 있다고 본다. 5) 판례는 '근거법률에 의하여 보호되는 직접적이고 구체적인 이익'이 있는 경우로 보아서 '법률상 이익구제설'을 견지하나[63)] 근거법률을 넘어서 관계법령까지 확장하고, 문리해석을 넘어서 목적론적 해석까지 확장하고 있다. 6) 법에서 보호하는 이익은 권리이므로 권리구제설이 타당하고, 소송상 권리가 확대될 수 있을 뿐이다.

대법원 1989. 5. 23. **선고** 88누8135 **판결 【가건물철거대집행계고처분청구】**
행정소송법상 취소소송이나 부작위위법확인소송에 있어서는 당해 행정처분 또는 부작위의 직접상대방이 아닌 제3자라 하더라도 당해 행정처분의 취소 또는 부작위위법확인을 받을

62) 광의의 소의 이익을 1) 원고적격, 2) 권리보호의 자격(청구대상의 적격), 3) 권리보호의 필요(협의의 소의 이익)으로 보기도 한다(장태주).

63) 대판 1987.5.26, 87누119; 1989.5.23, 88누8135; 1995.9.26, 94누14544; 1997.4.25, 96누14906; 1999.6.11, 96누10614; 1999.12.7, 97누12556.

법률상의 이익이 있는 경우에는 원고적격이 인정된다 하겠으나 여기서 말하는 법률상의 이익은 당해 처분 또는 부작위의 근거법률에 의하여 보호되는 직접적이고 구체적인 이익이 있는 경우를 말하고, 다만 간접적이거나 사실적, 경제적 관계를 가지는데 불과한 경우는 여기에 포함되지 아니한다 할 것이다(대판 1987.5.26, 87누119 참조).

한편 법률상 이익을 인정하는 법령의 범위에 대하여는 1) 당해 처분의 근거법률의 규정과 취지, 2) 처분근거법률 외에 관련법률의 규정과 취지, 3) 당해 처분법률 외 관련법률은 물론 기본권규정도 고려하여야 한다고 본다. 4) 판례는 1)설(대판 1971.3.23, 70누164; 2002.8.23, 2002추61), 2)설(대판 2004.8.16, 2003두2175; 2006.3.16, 2006두330; 2005.5.12, 2004두14229)로 나뉜다. 5) 3)설이 타당하다.

2) **제3자** 처분의 상대방 외에도 자신의 법률상 이익이 침해된 제3자에게 원고적격을 인정하여 해당 처분의 취소 등을 다툴 수 있다(대판 1975.5.13, 73누96, 97; 2005.5.12, 2004두14229). 제3자에게 원고적격이 인정되는 대표적인 예가 경쟁자소송, 경원자소송, 인인소송이다.

(1) 경쟁자소송 (Konkurrenzklage) - '서로 경쟁관계에 있는 자 중에서 특정인에게만 발급된 수익적 행정행위가 그와 경쟁관계에 있는 다른 자에게는 불이익이 되어 그의 법률상 이익을 침해하게 되어 그 법률상 불이익을 이유로 해당 행정청의 처분 등을 다투는 소송'이다. 이 경우에 경쟁자가 갖는 법률상 불이익이 원고적격을 위한 법률상 이익으로 인정될 것인가의 문제이다. 주로 보조금이나 특허에서 문제되고, 독점적 경영권의 보호가 문제된다. 일반적으로 '특허'는 주로 '법률상 이익'으로 보므로 경쟁자소송이 허용되지만(대판 1992.7.10, 91누9107), '허가'는 대부분 '반사적 이익'으로 보므로 허용되지 않는 경향이 있다. 우리나라에서는 주로 기존업자가 신규업자에 행해진 처분을 다투는 소송으로서, 법규정이 기존업자의 경영상 이익을 보호하는 취지로 규정한 경우에는 인정된다.

【판례해설】 신규허가 등에 대한 기존업자의 불이익에 대하여 1) 신규목욕장업경영허가(대판 1963.8.31, 63누101), 신규석탄가공업허가(대판 1980.7.22, 80누33 · 34), 숙박업구조변경허가(대판 1990.8.14, 89누7900)는 법률상 이익을 부정하였으나, 2) 동일 사업구역 내의 개별화물자동차운송사업면허의 발급을 늘리는 보충인가처분(대판 1992.7.10, 91누9107)에서는 법률상 이익을 인정하였다.

(2) 경원자소송 - '서로 같은 수익적 행정행위(인 · 허가 등)를 신청한 경쟁관계(경원관계)에서 신청행위가 허용된 자에 대하는 허용받지 못한 다른 신청자가 자신의 권리침해를 다투는 소송'이다. 크게는 경쟁자소송에 속한다.

【판례해설】 자동차운송사업면허에서는 경원자에게 당사자적격을 인정하였고(대판 1990.10.12, 90두6026), LPG충전소설치허가는 당사자적격은 인정되나, 처분의 취소를 구할 정당한 이익이 없다고 보았다(대판 1992.5.8, 91누13274).

(3) 인인소송 - '이웃사람 또는 해당 지역내에 거주하는 자가 특정인에 대한 수익적 행정행위로 법률상 불이익이 초래된 경우에 다투는 소송'이다. 즉, 건축법상 이웃주민의 불이익을 다투는 소송이다.

【판례해설】 판례는 1) 주거지역 내의 건축법상 제한면적을 초과한 연탄제조공장의 건축허가취소(대판 1975.5.13, 73누96, 97), 공설화장장을 설치하는 도시계획결정의 취소(대판 1995.9.26, 94누14544), 원자로시설부지사전승인처분의 취소(대판 1998.9.4, 97누19588), 사전환경성검토협의 대상지역 내에 포함될 개연성이 높은 주민이 협의대상인 창업사업계획승인처분과 공장설치승인처분의 취소(대판 2006.12.22, 2006두14001), 납골당설치장소로부터 500미터 내의 20호 이상의 인가밀집지역의 주민의 납골당설치신고수리처분의 취소(대판 2011.9.8, 2009두6766)에 법률상 이익을 인정하였고, 2) 상수원보호구역변경처분의 취소를 구할 법률상 이익은 없다고 보았다(대판 1995.9.26, 94누14544).

3) **법 인** 원칙적으로는 법인격 있는 단체에게 원고적격이 인정되며, 물론 법인격 없는 단체는 원칙적으로 민사소송에서처럼 대표자를 통하여 단체의 이름으로 제소할 수 있다(민사소송법 제5조). 따라서 법인격 없는 단체도 법률상 이익이 있는 범위 내에서는 행정소송이 가능하다.

【판례해설】 개별사건에서 사법상 법인에게 구체적으로 법률상 이익을 인정한 사례는 적다. 공법인의 경우는 국가도 자치사무를 다툴 수는 있으나 기관위임사무는 다툴 수 없으며(대판 2007.9.20, 2005두6935), 국가의 기관은 원고가 될 수 없다(대판 2007.9.20, 2005두6935). 자치사무와 위임사무에 관한 단체장의 처분에 인용재결이 내려진 경우에 지방자치단체의 제소가능성을 판례는 불가하다고 본다(대판 1998.5.8, 97누15432). 한편 행정심판에서 인용재결이 내려진 경우에 피청구인이 행정청이 그에 불복할 수 있느냐에 대하여 찬성론(홍정선)에도 불구하고 판례는 불가하다고 본다(대판 1998.5.8, 97누1543). 최근 지방자치단체에게 항고소송의 원고적격을 인정한 예가 있다(대판 2014.2.27, 2012두22980).

대법원 2014. 2. 27. **선고** 2012두22980 **판결 【건축협의취소처분취소】**
<u>건축협의 취소는 비록 그 상대방이 다른 지방자치단체 등 행정주체라 하더라도 '행정청이 행하는 구체적 사실에 관한 법집행으로서의 공권력 행사'(행정소송법 제2조 제1항 제1호)로서 처분에 해당한다고 볼 수 있고, 지방자치단체인 원고가 이를 다툴 실효적 해결 수단이 없는 이상, 원고는 피고를 상대로 항고소송을 통해 이 사건 건축협의의 취소의 취소를 구할 수 있다고 봄이 타당하다.</u>

4) **권리보호의 필요성** (협의의 소의 이익)

(1) **개 념** 권리보호의 필요성(Rechtsschutzbedürfnis)은 '소제기에 대한 현실적 필요성(이익)으로서 본안판결을 구하는 것을 정당화시킬 수 있는 구체적 실익 내지 현실적 필요성'이다. 즉, 소송에서 승소한다고 하더라도 현실적으로 권리구제가 가능해야 한다는 것이다. 예를 들면, 목적물이 멸실된 경우에는 소송을 할 필요성이 없는 것이다. '협의의 소의 이익', '권리보호의 이익'이라고도 한다.

(2) **행정소송법 제12조 제2문의 의미** 행정소송법 제12조는 소의 이익을

포함하여 원고적격으로 규정하고 있다. 이에 대하여 입법과오설은 제1문은 원고적격으로 제2문은 권리보호의 필요성으로 해석하여 제2문의 법률상 이익은 정당한 이익으로 해석하고, 입법비과오설은 제2문도 원고적격규정으로 보고, 권리보호의 필요성은 판례와 학설로 인정된다고 보는 것이다.

(3) 판단기준 권리보호의 필요성여부는 법원의 '직권조사사항'으로, 판단기준은 1) 소송보다 더 쉬운 목적을 달성할 방법이 있는 경우, 2) 원고의 권리보호가 단지 이론적인 의미만 있는 경우, 3) 권리보호가 아닌 부당한 목적으로 소를 제기하는 경우 등이다(홍정선, 하명호).

권리보호의 필요성은 위법한 처분 등에 의하여 침해된 권리 등을 구제하기 위하여 위법상태를 배제하고 처분 등이 행하여지기 전의 상태로 원상회복시키는 것이다. 따라서 원칙은 처분 등의 효력이 존재하고, 원상회복이 가능하여야 한다.

위 기준에 따르면, 1) 처분이 취소된 경우, 2) 처분의 효력기간이 경과하여 처분이 소멸한 경우(영업정지처분의 정지기간경과, 대판 1989.11.14, 89누4833), 3) 처분 등이 취소되더라도 원상회복이 불가능한 경우(대판 1992.4.24, 91누11131), 4) 처분 후의 사정에 의하여 이익침해가 해소된 경우(대판 1993.11.9, 93누6867; 1996.2.23, 95누2865), 5) 처분 등의 취소로 인하여 회복되는 법률상 이익이 없는 경우 등에는 인정되지 않는다.

그러나 반대로 처분의 존재에 따라서 후행의 가중적 제재처분이나 연관되는 후행처분이 있는 경우에는 선행처분 등의 취소로 인하여 후행처분에 대한 법률상 이익이 인정되는 경우에는 권리보호의 필요성을 인정하고 있다.

대법원 1999. 2. 5. **선고** 98**두**13997 **판결 【감리원업무정지처분취소】**
<u>건설기술관리법시행령에서 감리원에 대한 제재적인 업무정지처분을 일반정지처분과 가중정지처분의 2단계 조치로 규정하면서 전자의 제재처분을 좀 더 무거운 후자의 제재처분의 요건으로 규정하고 있는 이상, 원고로서는 이 사건 감리원 업무정지처분에서 정한 업무정지기간이 도과되었다 하더라도 이 사건 처분을 그대로 방치하여 둠으로써 장래 가중된 감리원 업무정지의 행정처분을 받게 될 우려가 있다는 점에서 감리원으로서 업무를 행할 수 있는 법률상 지위에 대한 위험이나 불안을 제거하기 위하여 이 사건 처분의 취소를 구할 법률상 이익이 있다</u>고 보아야 할 것이다(대법원 1991.8.27. 선고 91누3512 판결 참조).

3. 피고적격

☞ 피고적격은 행정법상 분쟁에서 누구를 피고로 하여 소송을 제기할 것인가의 문제이다. 그러나 우리나라는 대부분의 행정소송이 처분청위주라는 점이 특징적이다.

1) 처분청주의 취소소송의 피고는 원칙적으로 '처분 등을 행한 행정청'이다(제13조 제1항).[64] 처분 등을 행한 행정청은 '(원)처분을 행한 행정청'(처분청)과

64) 행정소송에서 누가 피고가 될 것인가는 법정책적인 문제로 권리주체인 행정주체 또는 행정청을 피고로 할 수 있다. 우리나라는 '행정청'을 피고로 한다.

'행정심판위원회'가 될 수 있다. 다만, 처분청의 처분권한의 유무는 직권조사사항은 아니다(대판 1996.6.25, 96누570; 1997.6.19, 95누8669).

이때 행정청은 조직법상 개념이 아닌 '실제 처분을 발할 수 있는 자'로서 기능적인 개념으로 넓게 이해한다. 다만, 판례는 외부적인 명의로 발급한 행정청을 중시한다. 행정청에는 행정부의 합의제행정기관(대판 1997.3.28, 95누7055), 국회, 법원 등의 기관이나 지방의회도 포함된다. 특히 지방의회는 의결기관의 성격을 갖지만 판례는 징계의결, 불신임결의, 의장선거 등에서 피고로 인정한다.

2) **예 외** 처분청주의의 예외는 1) 국가공무원법에서 각급공무원에 대하여 대통령이 행한 처분은 '소속장관'이고(제16조 제2항), 예를 들면, 검사임용거부처분의 취소소송은 법무부장관이 피고이다(대결 1990.3.14, 90두4).[65] 2) 행정권한의 위임·위탁관계에서는 행정권한의 '수임·수탁청', 행정권한의 대리·내부위임에서는 '본인·위임청'이 피고가 된다. 공법인의 위임도 권한위임과 같다. 3) 권한의 승계시는 '승계청'(제13조 제1항 단서)이 처분청이 되는 것이 원칙이다.

【판례해설】 1) 내부위임관계도 명의자여부에 따라 위임청의 명의이면 '위임청'이, 수임청명의이면 '수임청'이 피고이다. '수임청이 위임청의 명의를 표시하지 않고 자신(수임청)의 명의로 처분한 경우'에는 수임청이 피고가 된다(대판 1994.8.12, 94누2763). 공법인이 피고로 되는 경우로 공법인이 법률상 공공사업시행자로서 이주대책을 시행하는 경우(대한주택공사)는 당해 공법인(대판 1994.5.24, 92다35783), 택지개발사업에 따른 이주대책에 관한 처분에 대한 취소소송은 지방도시공사(대판 2007.8.23, 2005두3776), 성업공사의 공매처분은 위임청인 세무서가 아니라 실제 공매를 행한 성업공사(대판 1997.2.28, 96누1757) 등이 피고이다. 2) 대리관계에서도 처분권없는 행정청이 대리관계를 밝히지 않고 처분한 경우는 처분청(대리청)이, 대리관계는 명시적으로 밝히지 않았더라도 산하기관으로서 대리의 의사로 처분한 경우는 피대리청이 피고가 된다(대결 2006.2.23, 2005부4). 3) 기관폐지 등의 경우는 그 처분에 관한 '사무가 귀속되는 국가 또는 공공단체'(동조 제2항)가 피고가 된다. 단, 소송제기 후 발생한 권한승계는 아래의 피고경정을 해야 한다.

3) **지방자치단체에 대한 소송지휘** 행정소송을 수행하는 경우에 행정청은 법무부장관의 소송지휘를 받는다(국가소송법 제6조 제1항).

이 경우에 지방자치가 보장되는 지방자치단체도 법무부장관의 소송지휘를 받아야 하는가가 문제된다. 1) 긍정설은 패소방지와 법집행의 전국적 통일성확보를 위하여 그리고 소송은 사법사무이므로 지방자치와 무관하다고 보고, 2) 부정설에서는 이중결재로 인력과 예산의 낭비로 사후보고제로 하되, 예외적으로 협의하에 소송지휘권을 인정하자고 주장한다(홍정선).

---

65) 유사한 예로 국회의장의 처분은 국회사무총장이, 대법원장은 법원행정처장이, 헌법재판소상은 헌법재판소사무처장이 피고가 된다.

4. 피고의 경정

1) **개 념** 피고경정은 '소송의 계속중에 피고로 지정된 자를 다른 자로 변경하는 것'이다(제14조). 이는 복잡한 행정조직과 잦은 행정조직의 변경, 소의 종류의 변경 때문에 피고가 잘못 지정되거나 피고가 바뀐 경우에 종래의 소는 각하되고 새로운 소를 제기하여야 하므로 제소기간의 도과 등을 막고 절차경제에 기여하기 위한 절차의 편의를 위한 제도이다.

2) **원 인** 피고경정이 발생하는 경우는 1) 원고가 피고를 잘못 지정한 경우(제14조 제1항), 2) 행정조직변경에 따른 행정청의 권한승계에 따른 승계청(제13조 제1항), 3) 소송계속중 소의 변경에 의한 피고의 경정(제21조 제1항)이다. 주요 제도는 행정소송법 제14조의 원고가 잘못 지정한 경우를 중심으로 설명한다.

3) **허용요건** 피고경정의 허용요건으로서 1) 피고를 잘못 지정한 때는(제14조 제1항) 피고적격이 없는 경우로 고의·과실여부를 불문하고 제소시를 기준으로 하고, 2) 행정청의 권한 승계·조직변경시는(제13조 제1항 단서) 당사자의 신청 또는 법원의 직권으로 승계청 및 권한귀속기관으로 변경하고, 3) 소의 변경시는 원고의 신청으로 피고의 경정을 인정한다(제21조 제1항, 제4항).[66] 단, 소의 변경과 피고의 경정은 구분되지만 이는 실무상 인정한다.

4) **절 차** 피고경정절차는 원고 또는 당사자의 신청 및 직권으로 법원이 조사하여 결정한다(재량사항). 단, 피고경정은 '사실심변론종결시'까지 가능하다(대결 2006.2.23, 2005부4). 법원의 피고경정결정은 결정의 정본(서면)을 피고에게 송달하여야 한다(제14조 제2항).

5) **효 과** 피고경정의 효과는 피고경정으로 새 피고가 지정되면, 새로운 피고에 대한 소송은 처음에 소를 제기한 때에 제기된 것으로 보고, 종전 피고에 대한 소송은 취하된 것으로 본다(제14조 제4항, 제5항). 변경 전의 소송자료는 당사자의 주장에 따라 승계할 수 있다고 본다(이상규, 김남진). 피고경정신청에 대한 법원의 각하결정에 대하여는 즉시항고할 수 있다(제3항).

5. 다수인의 소송 (공동소송)

여러 사람이 행정소송을 청구하는 경우 또는 여러 사람에 대하여 소송을 청구하는 경우에는 각 당사자는 '공동소송인'이 될 수 있다(제15조). 이는 민사소송법에 따라 대표자를 선정하여 소송을 진행할 수 있다(선정대표자제도).

---

66) 다만, 판례는 '소의 종류의 변경에 따른 당사자의 변경'은 '교환적 변경'에 한정한다.

독일에서 환경단체 등에게 인정되는 단체소송(Verbandklage)은 우리 개인정보보호법상의 개인정보소송에 제한적으로 도입되었고, 증권관련집단소송법에 도입된 미국식의 집단소송(Class Action)은 아직 행정법에는 도입되지 않았다.[67]

Ⅵ. 본안전 소송절차

1. 취소소송 제기의 효과

원고가 취소소송의 소장을 행정법원에 접수시키면, 취소소송이 제기된 것으로 보아 '소제기의 효과'가 발생한다.

취소소송이 제기되면, 소제기의 효과, 즉 '소송계속의 효과'로 1) 원고의 중복제소가 금지되고, 2) 제3자 등에 소송참가의 기회제공(제16조, 제17조), 3) 관련청구의 이송과 병합(제10조), 4) 법원에게 심리 및 판결의무가 부과되며, 5) 잠정적 권리보호를 위하여 집행정지결정(제23조) 등이 가능하다.[68]

2. 소송참가제도

1) 개 념 소송참가는 '소송당사자(원고, 피고) 외의 제3자가 자신의 법률상 지위를 보호하기 위하여 계속중인 타인간의 소송에 참가하는 것'을 말한다. 소송참가에는 '제3자의 소송참가'와 '다른 행정청의 소송참가'가 있다. 이때의 소송참가는 독립당사자참가가 아니라 '보조참가'이다. 소송참가제도는 항고소송, 당사자소송, 객관소송에도 준용된다(제38조, 제44조 제1항, 제46조).

행정작용의 특성상 상대방 외에 다른 사람의 이해관계가 관련되기 쉽다. 따라서 행정소송은 복효적 행정행위 등으로 민사소송보다 제3자보호가 더 필요하고, 대세적 효력 때문에 「행정소송법」 제16조상 취소판결의 효력은 제3자에게도 미치므로 제3자의 권익보호가 더 필요하다. 제3자와 다른 행정청은 소송참가할 수 있고, 신청이나 직권에 의하여 참가할 수 있다. 소송참가는 '판결선고 전'까지는 가능하다고 본다.

2) 제3자의 소송참가

(1) 개 념 제3자의 소송참가는 '당해 취소소송의 결과로 권리 등이 침해될 수 있는 제3자에게 신청 또는 직권으로 소송에 참가시켜 공격방어방법을 제출할 기회를 제공하며, 적정한 심리 · 재판을 실현하기 위하여 마련된 제도'이다(제16조).

---

67) 길준규, 「개인정보보호를 위한 징벌적 손해배상제도와 집단소송제도의 도입에 관한 연구」, 정보통신부, 2007. 5.

68) 소제기의 효과를 장태주 교수님은 실체법 · 절차법적 효과로(808쪽 이하), 홍정선 교수님은 주관적 · 객관적 효과로 구분하신다(상, 930쪽 이하).

제3자는 '소송당사자 이외의 자'이다. 이것은 이해관계 있는 제3자를 미리 소송에 참가시킴으로써 제3자의 재심청구(제31조)를 미연에 방지하기 위한 것이다. 따라서 제3자에게는 실질적으로 당사자로서의 지위를 갖는 '민사소송법상 공동소송인'에 준하는 지위를 인정하고 있다. 제3자는 소송에서 공격방어방법을 제출할 수 있다.

(2) 성립요건 제3자가 소송참가하기 위한 요건은 1) 심급에 관계없이 '타인간의 행정소송이 계속중'일 것, 2) 소송결과에 '정당한 이해관계있는 제3자'일 것이다. '정당한 이해관계'는 사실상·경제상·감정상의 이해관계가 아니라 '법률상의 이해관계'를 말한다(대판 2000.9.8, 99다26924).

이때 제3자는 '소송결과에 따라 권리·이익의 침해를 받는 자'이고, '소송결과'는 '판결 주문'만이 아니라, '판결에 따른 새로운 처분에 의한 침해'도 포함된다.

제3자는 원고·피고 어느 쪽으로도 참가가 가능하다. 물론 국가나 공공단체는 가능하나, 행정청은 당사자능력이 없으므로 제외된다.

(3) 절 차 제3자가 소송참가하기 위한 절차로는 1) 당사자·제3자의 신청 또는 직권에 의하여 법원의 결정으로 허가한다. 참가신청은 일정한 형식(요식)없이 참가취지(참가방향의 선택)와 이유를 명시하면 된다(민소법 제72조). 2) 당사자 및 제3자의 의견청취로서 참가신청하는 경우에 법원은 이유를 심리하여 허가나 각하결정을 한다. 허가결정이나 직권참가의 경우는 사전에 당사자와 제3자의 의견청취를 한다(제16조 제2항). 3) 법원의 신청각하결정에 대하여 제3자는 '즉시항고'가 가능하다(제3항). 단, 당사자는 이의신청할 수 없다(김남진/김연태, 정하중).

(4) 참가인의 지위 및 효과 제3자 참가결정시에 그 법적 지위는 「민사소송법」 제67조를 준용하여 공동소송참가인으로서 '공동소송적 보조참가인'이다(박윤흔/정형근, 정하중). 이때 소송참가인의 지위를 취득한 제3자는 실제로 소송참가여부에 상관없이 판결의 효력이 적용되고, 판결확정 후에는 재심의 소를 제기할 수 없다.

3) **행정청의 소송참가** 행정청의 소송참가는 '다른 행정청을 소송에 참가시킬 필요가 있다고 인정할 때 법원이 결정으로 허가하는 제도'이다(제17조 제1항).

흔히 처분청 이외의 다른 행정청도 협의나 승인 등으로 관련되는 경우가 많다. 특히 '상급감독청'이나 '관계행정청'이 문제된다. 단, 행정청의 소송참가는 '피고행정청을 위한 참가'만 가능하다. 「민사소송법」 제76조를 준용하여 다른 행정청의 지위는 '보조참가인'의 지위를 가진다(제3항). 법원은 참가결정시 당사자 및 당해 행정청의 의견을 들어야 하지만(제2항), 불복절차는 없다.

4) **민사소송법에 따른 소송참가의 허용여부** 한편 민사소송법상의 소송참가를 행정소송에서 허용할 것인가에 대하여 1) 제3자가 자신을 위하여가 아니라

당사자 일방의 승소를 보조하기 위하여 참가하는 경우로 보조참가(민소법 제71조)의 요건을 충족하면 허용한다(대판 2002.9.24, 99두1519). 다만, 이 경우에는 판결의 참가적 효력만 받는다. 2) 제3자가 자신의 청구를 주장하는 독립당사자참가는 행정소송에서는 인정하기 어렵다(정하중; 대판 1970.8.31, 70누70 · 91). 3) 공동소송참가로서 독자적인 청구가 가능한 필요적 공동소송인의 지위를 부여하자는 입장(이상규)도 있다. 당사자적격, 소송요건을 충족하면 허용하자는 견해(정하중)도 있으나 제3자에게 독자적인 청구를 인정할 수 없다.

5) **대리인** 행정소송법은 소송대리에 대한 특별한 규정이 없으므로, 민사소송법을 준용한다. 다만, 국가를 당사자 또는 참가인으로 하는 소송은 법무부장관 등의 소송에의 관여가 인정된다(국가소송법 제1조, 제4조). 특히 항고소송에서는 행정청이 그 소속직원을 소송수행자로 지정하여 소송을 수행할 수 있다(제5조).

3. 관련청구소송의 이송과 병합 (청구의 병합)

1) **개 념** 관련청구소송의 이송과 병합은 '취소소송과 관련청구소송이 각각 다른 법원에 계속되고 있는 경우에 관련청구소송이 계속된 법원이 상당하다고 인정하는 때에는 당사자의 신청 또는 직권에 의하여 이를 취소소송이 계속된 법원으로 이송하여 병합하는 것'이다(제10조). 이는 서로 관련되는 여러 개의 청구(소송)를 우선 한 법원으로 이송하고(관련청구의 이송), 주된 하나의 소송으로 병합하여(관련청구의 병합) 하나의 소송절차로 통일하여 심리의 중복과 판결의 모순을 막고 신속하게 심판하는 제도이다.

관련청구소송은 1) 당해 처분 등과 관련되는 손해배상 · 부당이득반환 · 원상회복 등 청구소송(제10조 제1항 제1호), 2) 당해 처분 등과 관련되는 취소소송(제1항 제2호)이라고 규정하고 있다. 제1호는 처분 등이 원인으로 발생한 청구(손해배상), 처분 등의 취소를 선결문제로 하는 청구(부당이득반환, 재산권의 반환, 명도, 등기 등) 등이다. 제2호는 i) 당해 처분과 하나의 절차를 구성하는 다른 처분의 취소를 구하는 소송, ii) 당해 처분에 관한 재결의 취소를 구하는 소송, iii) 재결의 대상인 처분의 취소소송, iv) 당해 처분이나 재결의 취소변경 등을 구하는 제3자의 취소소송 등을 말한다.

'관련'의 개념은 1) 청구의 내용 또는 발생원인이 법률상 · 사실상 공통된 것이거나, 2) 병합되는 청구가 당해 처분으로 인한 경우, 3) 행정처분의 취소 · 변경을 선결문제로 하는 경우 등을 말한다.

2) **관련청구소송의 이송** 관련청구소송의 이송은 '항고소송과 관련청구소송이 각각 다른 법원에 계속되어 있는 경우에 관련청구소송이 계속된 법원은 당사자의 신청 또는 직권에 의하여 이를 항고소송이 제기된 법원에 이송하는 것'을 말

한다(제10조 제1항).

관련법원의 이송여부에 대한 결정은 민사소송법에 따라 결정하되, 이송결정과 이송신청의 기각결정에 대하여 즉시항고할 수 있다(민소법 제39조). 이송결정의 효과는 이송받은 법원을 기속하며, 이송받은 법원은 다시 다른 법원에 이송하지 못한다(민소법 제38조). 이송결정이 확정되면 당해 소송은 처음부터 이송받은 법원에 계속된 것으로 간주된다(민소법 제40조 제1항).

3) **관련청구소송의 병합** 관련청구소송의 병합은 '동일한 원고가 동일한 피고에 대하여 하나의 소송절차에서 수 개의 청구를 하는 경우에 사실심의 변론종결시까지 관련청구소송을 병합하거나 피고 외의 자를 상대로 한 관련청구소송을 취소소송이 계속된 법원에 병합하여 제기하는 제도'를 말한다(제10조 제2항).

이때 병합결정은 '법원의 재량'이다. 실무에서는 '청구취지의 확장'이라 한다. 한편 객관적 병합은 '당사자간의 복수 청구의 병합'(제2항 전단)이고, 주관적 병합은 '피고 외의 자를 상대로 한 관련청구소송의 병합'이다(제2항의 후단).

관련청구의 병합의 요건은 1) 병합될 취소소송이 '적법'하여야 하고, 2) 병합될 소송은 '관련청구소송'이어야 하고, 즉, 주된 행정소송에 관련청구소송을 병합하여야 하고, 3) '사실심변론종결 전'에 해야 한다.

【판례해설】 논리상 서로 양립할 수 없는 청구, 예를 들면 무효등확인소송과 취소소송은 선택적 청구로서의 병합이나 단순병합은 허용되지 않고(대판 1999.8.20, 97누6889),[69] 단지 주위적·예비적 청구로만 병합이 가능하다(대판 1970.5.12, 69누149; 1971.2.25, 70누125). 예비적 청구를 한 경우는 심판의 순서에 구속되며(대판 2000.11.16, 98다22253), 예비적 청구도 역시 소송요건을 갖추어야 한다(대판 1999.8.20, 97누6889).

실무상 관련청구의 병합청구절차는 소제기단계(원시적 병합)인 경우에는 소장에 관련청구까지 포함하여 청구하면 되고, 소제기후(후발적 병합)인 경우에는 관련청구를 포함하는 소변경서를 제출한다(사법연수원).

대법원 2014. 4. 24. **선고** 2012두6773 **판결 【수용보상금증액청구】**
청구의 선택적 병합은 원고가 양립할 수 있는 수 개의 경합적 청구권에 기하여 동일 취지의 급부를 구하거나 양립할 수 있는 수 개의 형성권에 기하여 동일한 형성적 효과를 구하는 경우에 그 어느 한 청구가 인용될 것을 해제조건으로 하여 수 개의 청구에 관한 심판을

69) 청구의 선택적 병합이란 원고가 양립할 수 있는 수개의 경합적 청구권에 기하여 동일 취지의 급부를 구하거나 양립할 수 있는 수개의 형성권에 기하여 동일한 형성적 효과를 구하는 경우에 그 어느 한 청구가 인용될 것을 해제조건으로 하여 수개의 청구에 관한 심판을 구하는 병합 형태이므로 논리적으로 양립할 수 없는 수개의 청구는 성질상 선택적 병합으로 동일 소송절차내에서 동시에 심판될 수 없는 것이고 이러한 수개의 청구가 동일 소송절차내에서 모순없이 심리되기 위하여는 그 청구간에 주위적, 예비적인 관계가 있을 것을 요한다. 대법원 1982. 7.13. 선고 81다카1120 판결 [소유권이전등기]

구하는 병합 형태이므로, 논리적으로 양립할 수 없는 수 개의 청구는 선택적 병합이 허용되지 아니한다(대법원 1982. 7. 13. 선고 81다카1120 판결 참조). 그런데 잔여지의 수용청구와 잔여지의 가격감소로 인한 손실보상청구는 서로 양립할 수 없는 관계에 있어 선택적 병합이 불가능한데 원심이 위 두 청구의 선택적 병합 청구를 허가한 것 또한 잘못이다.

4. 소의 변경

1) 개 념

소의 변경은 '소송의 계속중에 원고가 심판을 청구한 사항(소송물)을 변경하는 것'을 말한다. 변경내용은 청구의 취지 또는 원인 등이다.[70] 실무에서는 '청구의 변경'이라고도 한다. 이는 구소가 종료하고, 새로운 소가 시작하는 것을 막기 위한 절차적인 차원에서 인정하는 것이다.

취소소송은 제소기간의 제한이 있으므로 이때 소의 변경은 민사소송과 달리 제소기간의 소급효를 인정하여 기존 소송절차가 유지되고, 소송자료는 승계된다. 따라서 청구의 변경으로 변경된 소는 '변경전의 구소가 제기된 때'에 제기된 것으로 본다.

소의 변경의 종류는 종전의 청구는 철회하고 새로운 청구를 한 것으로 보는 '교환적 변경'과 종전의 청구는 그대로 둔 상태에서 새로운 청구를 하는 것으로 보는 '추가적 변경'이 있는데, 행정소송법은 교환적 변경을 말하는 것이다.

2) 종 류

(1) 소의 종류의 변경 소의 종류의 변경은 '취소소송을 (당해 처분 등에 관계되는 사무가 귀속하는 국가 또는 공공단체에 대한) 당사자소송 또는 취소소송 외의 항고소송으로 변경하는 것'이다(제21조 제1항). 이는 원고가 주장한 청구의 기초에 변경이 없는 한, 원고가 사실심변론종결시까지 신청하여 법원의 결정으로 허가한다.

소의 변경에 대한 요건은 1) 기존의 소인 취소소송이 계속되고 있을 것(사실심 변론종결시까지), 2) 원고의 신청, 3) 당해 처분 등에 관계되는 사유가 귀속하는 국가 또는 공공단체에 대한 당사자소송 또는 취소소송 외에 항고소송으로의 변경, 4) 청구의 기초에 변경이 없을 것(청구의 기초, 즉 '구청구와 신청구가 법적·사실적으로 동일기반 위에서 있을 것'), 5) 법원이 '상당하다'고 인정하여 허가결정을 할 것, 6) 새로이 피고가 될 자의 의견을 청취할 것 등이다(제3항).

이때 '청구의 기초에 변경이 없을 것'은 청구의 동일성인데, 이에 대하여 1) 이익설은 '사실적인 분쟁이익 자체가 공통적인 때'로 보고(홍정선), 2) 사실설은 '권리관계의 발생원인인 근본적인 사실이 공통적인 경우'로 보거나(이상규), '신·구청구의 사실간에 심리의 계속을 정당화할 정도의 공통성이 있는 경우'로 보는 것이며, 3) 병용설은 '신·구청구의 재판자료가 공통일 뿐만 아니라 이익관계도 서로 공통적인 경우'로 보

70) 소의 변경에서 당사자(피고)도 가능하다고 보는 견해(홍정선(상), 923쪽)도 있으나, 판례는 교환적 변경에 한정하고 있다(대결 1989.10.27, 89두1). 당사자를 변경하기 위하여 소의 변경을 하는 것이 아니라 당사자소송으로 소가 변경되므로 당사자(피고)가 변경되는 것이다(장태주, 810쪽).

는 것이다(홍준형, 윤영선).

법원이 '상당하다'고 인정하는 소위 상당성의 요건은 단지 소송절차를 지연케 함이 현저한 경우는 예외로 한다. 보다 더 넓은 개념은 원고의 권익구제의 입장에서 판단하여야 한다(대판 1992.12.24, 92누3335).

소의 변경절차는 원고의 신청에 따라 법원은 위 요건을 판단하여 허가로 결정하고, 허가결정시는 법원은 새로이 피고가 될 자의 의견을 듣고(제21조 제2항) 결정의 정본을 새로운 피고에게 송달하여야 한다(제4항).

소의 변경에 따른 효과는 신소는 변경된 소를 제기한 때 제기된 것으로 보고, 구소는 취하된 것으로 본다(제4항).

불복방법은 법원이 원고의 소변경신청을 허가결정하면, 피고는 즉시항고할 수 있다(제3항). 소변경 불허결정에는 즉시항고할 수 없다.

한편 관련청구소송의 병합의 경우도 '소변경의 의사'가 있는 것으로 보기도 한다(대판 1992.12.24, 92누3335).

(2) 처분변경으로 인한 소의 변경 처분변경으로 인한 소의 변경은 '행정청이 소제기 후 소송대상인 처분을 변경한 때에 법원은 원고의 신청에 따라 청구의 취지 또는 원인(소의 변경)을 허가하는 경우'이다(제22조 제1항). 이는 소송중에 행정청(처분청)이나 행정심판의 재결로 처분이 변경되어 기존의 소가 각하되고 새로운 소가 제기되는 것을 막기 위한 것이다.

성립요건은 1) 원고의 신청, 2) 처분의 변경이 있음을 안 날로부터 60일 내에(제22조 제2항), 3) 사실심 변론종결시까지, 4) 행정심판을 전치해야 하는 경우에도 행정심판을 거칠 필요가 없고, 5) 법원의 변경허가결정 등이다.

처분변경에 따른 소의 변경의 법적 효과는 구소는 변경된 소를 처음에 제기한 때에 제기된 것으로 보며, 변경된 구소는 취하된 것으로 본다.

소의 변경절차는 소의 종류의 변경과 같으나, 법원의 허가결정에 대하여 독립하여 불복할 수 없다.

(3) 민사소송법에 의한 청구변경 행정소송법상의 소의 변경에 대한 규정은 '민사소송법상의 청구변경제도'를 배척하는 것은 아니므로 민사소송법 준용규정(제8조 제2항)에 따라 원고는 1) 소송절차를 현저히 지연시키지 않는 한, 2) 청구의 기초에 변경이 없는 한도 내에서, 3) 사실심의 변론종결시까지, 4) 민사소송법 규정에 의거하여 청구취지 또는 청구원인을 변경할 수 있다(제262조).[71] 이는 항고소송을 민사소송으로, 민사소송을 항고소송으로 변경하는 것도 허용된다.

---

71) 장태주, 812쪽 이하.

5. 집행정지제도 - 잠정적 권리보호

1) **집행부정지 원칙** 행정소송에서는 취소소송을 제기하여도 '처분 등의 효력이나 그 집행 또는 절차의 속행'에 영향을 주지 않는다(제23조 제1항). 이를 '집행부정지의 원칙'이라고 한다.

취소소송이 제기되더라도 판결까지는 많은 시일이 소요되므로, 원고의 권리구제의 실효성을 위해 잠정적으로 처분의 효력 등을 정지시키거나(집행정지제도), 판결시까지의 '임시조치'(가처분)가 필요하다. 이러한 잠정적인 권리보호제도는 행정행위의 공정력 또는 입법정책적 고려에서 행정의 신속성, 실효성 등을 위하여 인정되었다. 프랑스와 일본은 집행부정지제도를, 독일은 개인의 권리구제를 위하여 집행정지제도를 원칙으로 채택하고 있다. 물론 어느 것을 선택할 것인가는 법정책의 문제이다.

2) **예외적 집행정지** 처분 등의 효력이나 그 집행 또는 절차의 속행으로 인하여 생길 회복하기 어려운 손해를 예방할 긴급한 필요가 있다고 인정할 때에는 법원은 예외적으로 원고의 신청이나 직권으로 처분 등의 효력이나 그 집행 또는 절차의 속행의 전부 또는 일부에 대하여 집행정지결정을 할 수 있다. 다만, 처분의 효력정지는 처분 등의 집행 또는 절차의 속행을 정지함으로써 목적을 달성할 수 있는 경우에는 허용되지 않는다(제23조 제2항). 이것이 집행정지제도이다.

집행정지제도는 무효등확인소송에 준용되나, 부작위위법확인소송에는 인정되지 않고, 집행정지를 구할 '법률상 이익'이 있어야 한다(대결 2000.10.10, 2000무17).

집행정지의 법적 성질은 1) 집행정지결정은 행정처분에 대한 효력정지이므로 행정작용이지만 단지 법률이 법원에 그 권한을 부여한 것이라고 보는 행정작용설이 있으나, 2) 원고의 권리보전을 위하여 법원이 계쟁처분의 집행을 잠정적으로 정지하는 보전소송절차라고 보는 사법작용설이 통설이다.

아울러 집행정지는 잠정적인 권리보호를 위한 소극적 작용이므로 적극적으로 임시조치를 하는 가구제와 구분된다.

3) **집행정지신청을 위한 요건**

☞ 집행정지를 위한 적극적 요건은 1) 처분 등의 존재, 2) 본안소송의 계속, 3) 회복하기 어려운 손해예방이 필요할 것(집행정지의 이익), 4) 긴급한 필요 등이고, 소극적 요건은 5) 공공복리에 중대한 영향을 미칠 우려가 있는 경우(제23조 제3항), 6) 본안청구의 이유없이 명백하지 않을 것(승소가능성이 없음)에는 허용되지 않는다.

(1) **처분 등의 존재** 집행정지의 대상은 '처분 등의 효력이나 그 집행 또는 절차의 속행'이므로 우선 '처분 등'이 존재하여야 한다. 물론 집행정지는 처분 등의 효력이나 그 집행 또는 절차의 속행 이전의 상태를 소극적으로 유지하는 것을 목적으로 하는 잠정적 조치이다.

따라서 처분 등이 효력이 없거나 거부처분처럼 정지할 처분이 없거나 적극적인 행정청의 행위를 요구하는 경우에는 집행정지가 인정되지 않는다는 것이 통설과 판례이다. 단, 존속기한 등의 기간제한이 있는 허가사업자의 갱신허가 거부처분은 집행정지의 실익이 있으므로 제한적으로 인정하자는 제한적 긍정설이 있다(홍정선, 박균성).

【판례해설】 판례는 국립대학교불합격처분(대판 1963.6.29, 62두9), 투전기업소허가갱신불허가처분(대판 1992.2.13, 91두47), 교도소장의 접견허가거부처분(대판 1991.5.2, 91두15)은 '거부처분'으로 신청이익이 없다고 보아 기각하였다.

판례와 일부학설(사법연수원, 박균성)은 집행정지신청을 위한 현실적 이익 즉, '권리보호의 필요성'이 있어야 한다고 보기도 하나 이는 요건으로 보기는 어렵다.

(2) 본안소송의 계속 집행정지신청을 하려면, 우선 소송이 본안심리단계에서 계속중이어야 한다(본안소송의 계속). 즉, 소송이 소송요건을 충족하여(적법한 소송), 본안심리가 시작하여 판결 전까지 신청하여야 한다. 아울러 본안심리에서 원고와 피고간의 다툼이 있어야 한다. 집행정지는 본안에 대한 잠정적인 권리보호이므로 (본안)소송이 취하되면, 집행정지결정도 당연히 그 효력이 소멸한다(대결 1995.2.28, 94두36). 집행정지의 신청대상과 본안소송의 대상이 동일하거나 밀접한 관련성을 가져야 한다(홍정선).

(3) 회복하기 어려운 손해예방이 필요할 것 '회복하기 어려운 손해'[72]는 '판결시까지 기다릴 경우 원상회복이 안 되는 손해'를 말하고, 이는 '사회통념상 참기 어려운 유·무형의 손해로서 금전보상이 불가능한 것'이다(대판 1992.8.8, 92두30; 1987.6.23, 86두18). 즉, '금전보상으로는 사회통념상 원고가 참고 견딜 수 없거나 참고 견디기 현저히 곤란한 경우의 유·무형의 손해'로 본다.

(4) 긴급한 필요 등 회복하기 어려운 손해의 발생이 절박하여 그 손해를 피하기 위하여 본안판결까지 기다릴 수 없는 긴급한 필요가 있어야 한다(대결 2004.5.12, 2003무41). 즉, 긴급한 필요는 회복하기 어려운 손해와 연계해서 보기도 한다(장태주).

(5) 공공복리에 중대한 영향을 미칠 우려가 있는 경우 개인의 권리구제를 위한 집행정지가 '공동체의 이익', 즉 공공복리에 중대한 영향을 미칠 우려가 있는 경우에는 허용되지 않는다(제23조 제3항).

공공복리에 미칠 영향이 중대한지의 여부는 절대적 기준에 의한 판단이 아니라, 신청인의 '회복하기 어려운 손해'와 '공공복리' 양자를 비교·교량하여, 전자를 희생

72) '회복하기 어려운 손해'에 대한 자세한 판례분석은 김병기, "행정소송상 집행정지의 요건으로서의 회복하기 어려운 손해와 그 주장·소명책임", 『공법연구』 제28집 제4호 제2권, 2006. 6, 319쪽 이하.

하더라도 후자를 옹호하여야 할 필요가 있는지 여부에 따라 상대적·개별적으로 판단되어야 한다(대결 2001.2.28, 2000무45 등 참조). 물론 공공복리에 대한 중대한 영향을 미칠 우려에 대한 입증책임은 행정청이 진다(대결 1999.12.20, 99무42).

(6) 본안청구의 이유없음이 명백하지 않을 것 집행정지결정을 위하여는 원고가 청구한 본안청구가 이유가 없지 않아야 한다. 이는 전혀 승소의 가능성이 없음에도 집행정지신청을 허용해서는 안 된다는 의미이다.

한편 판례는 종전의 "본안청구가 이유없음이 명백하지 않아야 한다"(대결 1992.6.8, 92두14)에서 적극적으로 "본안청구가 적법하여야 한다"로 점차 변경하고 있다(대결 1995.2.28, 94두36). 이는 실무에서 승소가능성이 낮은 경우에도 집행정지가 남용되므로 승소가능성이 있는 경우로 제한하기 위함이다. 다만, 집행정지신청에서 처분의 적법성을 다투는 것은 아니다(대결 1994.9.24, 94두42).

대법원 1995. 2. 28. 자 94두36 결정 【부정당업자제재처분효력정지】
행정처분의 효력정지나 집행정지를 구하는 신청사건에 있어서는 행정처분 자체의 적법여부는 궁극적으로 본안재판에서 심리를 거쳐 판단할 성질의 것이므로 원칙적으로 판단할 것이 아니고, 그 행정처분의 효력이나 집행을 정지할 것인가에 관한 행정소송법 제23조 제2항 소정의 요건의 존부만이 판단의 대상이 된다고 할 것이지만(당원 1991.5.2. 자 91두15 결정; 1992.9.26. 자 92두35 결정 참조), 나아가 집행정지는 행정처분의 집행부정지원칙의 예외로서 인정되는 것이고 또 본안에서 원고가 승소할 수 있는 가능성을 전제로 한 권리보호수단이라는 점에 비추어 보면 집행정지사건 자체에 의하여도 신청인의 본안청구가 적법한 것이어야 한다는 것을 집행정지의 요건에 포함시켜야 할 것이다.

4) 집행정지결정절차 집행정지는 당사자의 신청 또는 직권에 의해 본안계쟁법원이 결정한다(제23조 제2항). 신청인은 신청사유를 소명해야 한다(제4항). 적극적 요건에 대한 소명책임은 신청인에게, 소극적 요건은 행정청에게 있다고 볼 수 있다.

집행정지의 내용은 처분 등의 효력이나 그 집행 또는 절차의 속행의 일부 또는 전부를 정지하는 것이다. 처분의 효력정지는 처분의 집행 또는 절차속행의 정지로 목적을 달성할 수 있는 경우에는 허용되지 않는다.

5) 집행정지의 효력 집행정지의 효력은 1) 처분 등의 효력정지의 경우, '당해 처분이 없었던 것과 같은 상태'를 실현하고(형성력), 2) 대인적 효력으로 '당사자, 관계행정청 그리고 제3자'에게도 미치고(기속력), 3) 시간적 효력으로 원칙은 집행정지결정의 주문에서 '존속시기'를 정하나, 주문에서 정하지 않는 경우는 '당해 청구에 대한 본안판결이 확정될 때'(판결선고시)까지 존속한다.

집행정지결정은 집행정지가 공공복리에 중대한 영향을 미치거나 정지사유가 없어진 때에, 신청이나 직권에 의하여 법원의 결정으로 취소한다(제24조 제1항). 사유는 신청자가 소명하여야 한다(제2항).

6) **불복절차** 법원의 집행정지결정 또는 그 취소결정에 대하여는 즉시항고할 수 있다. 단, 즉시항고는 결정의 집행을 정지하지 못한다(제23조 제5항).

6. 민사소송법상의 가처분제도

가처분은 '금전 이외의 특정한 급부를 목적으로 하는 청구권의 집행보전을 도모하거나 쟁의있는 권리관계에 대하여 임시의 지위를 정함을 목적으로 하는 민사소송법상의 가구제(보전처분)제도'를 말한다.

가처분제도에 대한 명문규정이 없는 행정소송법에서 민사소송법상 가처분의 인정여부에 대하여, 1) 적극설은 민사소송법 준용조항이 있고, 권리구제의 실효성을 이유로 긍정하고(이상규, 변재옥, 석종현/송동수), 2) 소극설은 법원의 가처분은 권력분립주의에 반하고, 집행정지는 가처분을 배제하므로 부정하고(서원우, 박균성, 박윤흔/정형근), 3) 절충설(제한적 긍정설)은 집행정지제도가 적용되지 않는 범위에서만 가처분을 인정하자는 것이다(김남진/김연태, 홍정선, 홍준형, 류지태/박종수). 4) 판례는 행소법상 명문규정이 없고 집행부정지원칙을 규정한 행소법규정은 민사소송법상 가처분규정에 대한 특별규정이므로 이를 준용할 수 없다고 본다. 5) 우리 법조현실로 볼 때 가처분을 인정하면 그 남용으로 처분 등을 시행하기 어려우므로 부정해야 한다.

Ⅶ. 취소소송의 심리 - 본안절차

1. 본안절차

원고의 소장접수로 소송이 제기되면, 소송이 시작하여 피고가 답변서를 제출하고 준비서면, 증거조사를 거쳐 변론준비절차를 통한 주장과 사실관계(증거)를 정리하고, 변론기일에 변론 및 증인조사로 변론을 종결하는 시점까지를 본안절차라고 볼 수 있다. 변론종결 이후에는 선고기일을 정하여 판결선고를 한다.

2. 취소소송의 심리

1) **심리의 개념** 심리는 '행정소송에 대하여 판결을 하기 위하여 그 기초가 될 소송자료(사실과 증거)를 수집·정리하는 절차'를 말한다. 이는 민사소송법을 준용한다(제8조 제2항).

2) **심리의 구분**

(1) **요건심리** 요건심리는 '소송요건(제소기간, 전심절차, 관할권, 피고의 지정 등)을 갖추었는가의 여부에 대한 심리'를 말한다. 소송의 형식심사로 판단시기는 '사실심 변론종결시'이며, '법원의 직권조사사항'이다. 소송요건을 갖추지 못하면 부적

법한 소로써 소 각하판결을 한다.

(2) 본안심리 본안심리는 '소송요건을 갖춘 소에 대하여 그 실질적 내용을 심사하여 소송상 청구를 인용할 것인지, 기각할 것인지에 대해 판단하는 심리'이다. 이는 소송의 내용, 즉 원고의 주장에 대한 심사이다.

3) **심리원칙**(행정소송의 절차법원칙)

(1) 처분권주의 처분권주의(Verfügungsgrundsatz)는 '절차의 개시(소의 제기), 진행(상소의 제기등), 종결(소의 취하)과 심판대상의 결정이 당사자의 의사에 맡겨져 있는 것'을 말한다(민소법 제203조). 이는 법원이나 국가가 직권으로 결정하는 형사소송의 직권주의와 구별된다. 법원은 소의 제기가 없거나 청구한 범위를 넘어서 재판할 수 없다.

(2) 직권심리주의 소송은 일반적으로 '판결의 기초가 되는 소송자료의 수집·제출책임을 당사자에게 맡기고, 당사자가 자신에게 유리한 사실을 제출하면 이것만을 재판의 기초로 삼는다'는 변론주의(Verhandlungsgrundsatz)를 기본으로 한다. 그러나 행정소송에서는 민사소송과 달리 행정의 적법성 확보라는 공익적인 견지에서 '법원은 필요하다고 인정할 때에는 직권으로 증거조사를 할 수 있고, 당사자가 주장하지 아니한 사실에 대하여도 판단할 수 있다'는 직권심리주의(Untersuchungsgrundsatz)를 규정한다(제26조). 직권탐지주의라고도 한다.

「행정소송법」 제26조의 입법태도에 대하여 1) '변론주의보충설'(이상규, 변재옥)은 당사자가 제출한 증거로 충분한 심증을 얻기 어렵거나 공정 타당한 재판을 확보하기 위하여 당사자의 주장사실에 관하여 법원이 직권으로 하는 증거조사에 불과하다고 보아 변론주의를 부분적으로 보완하기 위한 예외조문에 불과하다고 보고, 2) '직권탐지주의설'은 보충적 증거조사를 넘어 당사자가 주장하지 않은 사실에도 행정의 공익성을 확보하기 위하여 직권심리가 가능하다고 본다(김남진, 박윤흔; 대판 1986.6.24, 85누321; 1989.8.8, 88누3604). 3) 이는 행정소송도 일반 소송절차이므로 변론주의를 기반으로 하지만, 행정소송이 '행정의 적법성 보장'이라는 공익적인 측면에서 특별한 제도로서 직권심리주의를 인정하는 것이다. 행정소송은 개인의 권리구제 외에도 행정의 적법성 확보라는 공익성의 측면이 있으므로 법원은 직접 직권심리가 가능하다.[73]

(3) 기타 일반심리원칙 그 밖에 행정소송에도 적용되는 일반 소송법원칙으로 1) 구술심리주의는 행정소송의 심리는 서면으로 행하지 않고, 구술의 소송행위로 진행한다는 것이고(민소법 제124조 제1항), 2) 공개심리주의는 근대국가 이전의 관변사법을 넘어서 심리는 공개함이 원칙이라는 것이고(헌법 제109조), 3) 직접심리주의는 판결을 하는 법관이 변론의 청취, 증거조사도 직접 행한다는 것이고, 4) 쌍방심문주의(무기평등의

73) 길준규, "행정소송법상의 직권탐지주의에 대한 이해", 『토지공법연구』 제44집, 2009. 5. 25, 259쪽 이하.

원칙)은 당사자 쌍방에게 주장·진술 기회를 평등하게 부여하는 것이다.

4) 심리방법

(1) 행정심판기록제출명령제도 법원은 당사자의 신청이 있는 경우 결정으로서 '재결을 행한 행정청'74)에 대하여 지체없이 행정심판에 관한 기록을 법원에 제출할 것을 명할 수 있다(제25조). 나아가 행정청에 대한 서류의 열람 및 복사청구권도 인정해야 한다는 주장도 있다(김동희). 이는 소송경제를 위한 것이다.

(2) 위법판단의 기준시 처분 등이 행해진 뒤에 당해 처분 등의 수권근거인 법령의 변경이나 사실상태가 변화한 경우에, 법원은 어느 시점의 사실 및 법령을 기준으로 처분의 위법성을 판단할 것인가의 문제이다. 이에 대하여 1) 당해 처분이 현행법령상 유지될 수 있는가 여부를 중요시하는 '판결시설'이 있으나, 2) 법적 안정성과 신뢰보호를 위하여 처분시의 법령 및 사실을 기준으로 하는 '처분시설'이 통설과 판례이다(대판 1987.8.18, 87누235; 1983.6.28, 82누182).

(3) 주장책임 주장책임은 '당사자가 변론에서 자기에게 유리한 주요사실을 주장하지 않으면, 그 사실이 없는 것으로 간주되어 불이익을 받게 되는 것'을 말한다. 물론 예외적으로 법원이 판단할 수도 있다(제26조). 이는 변론주의를 기반으로 한 것이므로 직권심리주의에서는 그 의미가 약화되어 있다.

(4) 입증책임 입증책임은 '소송상 일정한 사실의 존부가 확정되지 않은 경우에 불리한 법적 판단을 받게 될 당사자 일방의 위험 내지 부담'을 말한다.

이는 어떤 당사자가 입증책임을 질 것인가의 입증책임분배가 문제가 된다. 입증책임의 부담여부에 따라 1) 원고책임설은 행정소송에서는 행정행위에 공정력이 있다고 보아 원고가 부담한다고 보고, 2) 피고책임설은 법치국가에서는 행정청 스스로 위법이 없음을 입증해야 한다고 보고, 3) 행정행위의 내용에 따른 분류설은 국민의 권리와 자유를 제한하거나 의무를 부과하는 행정행위는 행정청이, 국민이 자기의 권리나 이익의 확장을 구하는 거부처분의 취소는 원고가 입증책임을 부담한다고 본다. 4) 법률요건분류설은 각 당사자는 자기에게 유리한 법규범의 모든 요건사실의 존재에 관하여 입증책임을 진다고 본다. 다수설과 판례이다(대판 1984.7.24, 84누124).

3. 본안판단 (이유의 심사) − 위법성, 법률상 이익

1) 개　설 취소소송이 제기되면, 소송요건에 대한 요건심리의 형식심사를 거쳐서 본안심리에서는 원고의 주장에 대한 이유심사(본안판단)를 하여야 한다. 취소소송의 본안판단은 1) 처분 등의 위법성과 2) 그로 인한 원고의 법률상이익의

74) 이는 행정심판법개정을 반영하지 못한 입법적 미비로, '행정심판위원회'로 개정되어야 한다.

침해여부이다.[75] 물론 판례는 '처분 등의 위법성 일반'에 한정하고 있다.

이유심사(본안판단)를 거쳐 '이유가 없으면' 기각(판결)하고, '이유가 있으면' 인용(판결)을 한다.

2) **위법성** 원고의 주장이 이유가 있기 위하여는 피고의 처분이 '위법'하여야 한다. 위법성(Rechtswidrigkeit)은 우선 형식적으로 '상위법령을 위반하는 것'이다. '상위법령'은 외부효를 가진 법령, 즉 '법규'에 한정해서 보기도 한다(홍정선). 한편 실질적인 위법판단은 우리 판례처럼 행정규칙에 법규성을 인정하는 경우, 재량의 일탈·남용, 행정법의 일반원칙의 위반도 위법으로 본다.

그 외에는 처분 등의 성립요건과 효력요건을 위반하는 경우에 중대명백한 하자는 무효로 효력이 없지만, 그에 이르지 않는 하자는 단순위법으로 보아 취소사유로 본다.

3) **법률상 이익의 침해** 원고의 주장이 이유가 있기 위하여는 처분 등이 위의 위법요건에 해당하여 위법한 것 외에도 그로 인하여 '원고의 권리침해'(Rechtsverletzung)가 있어야 한다. 물론 우리 판례는 권리개념을 확장하여 '법률상 이익'으로 보므로, 원고의 법률상 이익을 침해하여야 한다. 주의할 점은 소송요건에서의 원고적격상 법률상 이익의 침해는 형식심사로서의 '개연성'만을 의미하므로 본안판단에서의 최종 확정과는 구분되어야 한다.

Ⅷ. 취소소송의 종료와 판결 등

1. 취소소송의 종료

취소소송의 종료는 판결전에 당사자의 의사(행위)에 의하여 종료되는 원고의 소취하, 청구의 포기와 인낙, 당사자의 소멸, 소송상 화해가 있고, 최종적으로 (종국)판결에 의하여 종료된다.

1) **소의 취하** 소의 취하는 '원고가 제기한 소송의 전부 또는 일부를 판결이 확정될 때까지 철회한다고 법원에 대하여 표시하는 일방적 의사표시'이다(민소법 제266조 제1항). 이는 처분권주의에 따른 결과이다.

소의 취하방법은 원고가 본안에서 1) 준비서면 제출시, 2) 준비절차에서 진술시에 할 수 있으며, 3) 변론 후에는 피고의 동의를 요한다(민소법 제266조 제2항). 소의 취하는 확정판결과 동일한 효력이 생긴다(민소법 제220조). 일반적으로 서면이 원칙이나 변론이나 준비절차에서는 구술도 가능하다(민소법 제266조 제3항).

행정소송과 민사소송인 관련청구가 병합된 경우에는 행정소송의 취하시에 병합된

75) *Erbguth*, 237; 홍정선(상), 931쪽 이하.

관련청구소송도 각하된다는 견해가 있지만, 별개의 소로 보아 심리하거나 관할법원으로 이송하여야 한다. 참가인이 있는 경우에는 참가인이 동의하여야 한다.

2) **청구의 포기·인낙** 취소소송은 원고가 청구를 포기하거나 피고가 인낙하는 경우에도 종료한다. 청구의 포기는 '원고가 자기의 소송상의 청구가 이유없음을 자인하는 법원에 대한 일방적 의사표시'이다. 청구의 인낙(認諾)은 '피고가 원고의 소송상의 청구가 이유가 있다고 자인하는 법원에 대한 일방적 의사표시'이다. 양자는 당사자가 조서에 기재한 경우에는 확정판결과 동일한 효력이 생기고(민소법 제220조), 소송은 종료한다.

청구의 포기와 인낙제도는 행정소송법상 명문규정이 없으나 1) 청구의 포기는 소송경제상, 청구의 인낙은 기속행위에는 부정되지만 재량행위에는 허용하는 것으로 준용할 수 있다는 견해(류지태)가 있으나 2) 사법과 달리 행정소송에는 공익성과 제3자효 등의 인정을 이유로 사적 자치를 허용하는 제도이어서 반대하는 견해가 다수이다(김남진, 이상규, 장태주, 홍준형).

3) **소송상의 화해** 취소소송에서 법관은 최종판결 전에 조정을 권고할 수 있고, 이에 동의하여 조정안을 작성하면 소송은 판결없이 종료한다. 이러한 조정의 법적 성질이 '소송상 화해'이다. 소송상의 화해는 '소송계속중 당사자 쌍방이 소송물인 권리관계의 주장을 서로 양보하여 소송을 종료시키기로 하는 기일에 있어서의 합의'를 말한다. 민사소송에서 화해조서는 '확정판결'과 같은 효력이 있다(민소법 제220조). 이는 대체적 분쟁해결제도의 도입 준거가 된다.

행정소송법에서는 과거에 '귀속재산처리사건'(대판 1955.9.2, 4287행상59)에서 소송상 화해를 인정하였으나, 이론적으로는 1) 재량행위에서 재량의 남용이 아닌 경우는 가능하다는 긍정설(류지태)도 있지만, 2) 전통적으로 행정의 법률적합성에 따라 화해가 허용될 수 없고, 처분은 제3자에게도 효력이 있으므로 부정하거나(김남진, 이상규, 홍준형), 3) 제한적으로 긍정한다(장태주). 4) 독일법에서도 '재판상 화해'가 인정되고, 사회의 발전과 분쟁의 복잡화 그리고 기존 사법제도의 한계에 따라서 행정법에서도 다양한 대체적 분쟁해결제도가 도입되거나 도입이 논의되고 있다. 이러한 맥락에서 본다면, 법치국가원칙을 해하지 않는 한도에서는 적극적으로 도입을 검토하여야 할 것이다. 유사한 맥락에서 실무에서는 행정소송에서 화해와 조정을 허용하지 않는다.

4) **당사자의 소멸** 취소소송은 소송당사자의 소멸로 종료할 수 있다. 당사자의 소멸은 '원고가 사망하거나, 소송물인 권리관계의 성질상 승계자가 없는 경우에 소송이 종료하는 것'을 말한다. 처분청이 없게 된 경우는 처분 등의 사무가 귀속되는 국가 또는 공공단체가 새로운 피고가 되므로 소송이 종료하지 않는다(제13조 제2항).

5) **종국판결에 의한 종료** 취소소송은 법원의 '(종국)판결'에 의하여 종료하는 것이 일반적이다. 종국판결은 상소기간의 도과, 상소의 포기로 확정된다. 판결에 대하여는 항을 바꾸어서 설명한다.

2. 취소소송의 판결

1) **판결의 개념** 판결(Urteil)이란 '법원이 소송사건에서 변론을 거쳐 최종적으로 법적 판단을 선언하는 행위'를 말한다. 집행정지 등에서처럼 '구두변론이 없이 행하는 법원의 법적 판단'은 결정(Entscheidung)이라고 한다.

2) **판결의 종류**

(1) **중간판결과 종국판결** 중간판결은 '소송진행중의 쟁점을 해결하기 위한 확인적 성질의 판결'이고, 종국판결은 '당해 소송의 전부나 일부를 그 심급으로서 종료시키는 판결'이다.

(2) **소송판결과 본안판결** 소송판결은 '요건심리의 결과 소송요건이 흠결됨을 이유로 본안심리 없이 당해 소송을 부적법한 것으로 각하하는 각하판결'이다. 각하판결을 받으면, 소송요건을 보완하여 다시 소를 제기할 수 있다. 본안판결은 '소송의 청구에 대한 위법, 즉 이유의 (내용적인) 판단을 의미하는 판결'로서 '인용판결'이나 '기각판결'이 있다.

(3) **기각판결과 인용판결** 기각판결은 '원고의 청구가 이유가 없다고 인정하여(즉, 위법하지 않다고 인정하여) 원고의 청구를 배척하고, 원처분을 지지하는 판결'이고, 인용판결은 '원고의 청구가 이유가 있다고 인정하여 그 청구의 전부 또는 일부를 받아들이는 판결'이다. 즉, 행정청의 위법한 처분 등을 취소·변경하는 판결이다.

> 취소소송의 인용판결은 처분 등의 취소판결, 변경판결, 재결의 취소·변경판결, 무효선언을 하는 취소판결이 있고, 법적 성질은 상대방의 권리의무에 영향을 미치는 형성판결이다. 아울러 원고의 청구중 일부만 위법이 있는 경우에는 일부취소판결을 할 수 있다.

3) **사정판결**

(1) **개 념** 사정판결은 '원고의 청구가 이유있다고 인정하는 경우에, 즉 행정청의 처분이 하자가 있음을 인정하는 경우에도 처분 등을 취소하는 것이 현저하게 공공복리에 적합하지 아니한 때에 공익적인 차원에서 원고의 청구를 기각하는 판결'이다(제28조 제1항). 기각판결의 일종이다. 주로 다수의 법률관계가 형성되었거나 기존의 법률관계를 바꾸는 것이 공공복리에 어긋나는 경우에 쓰인다.

사정판결은 처분 등을 유지할 중대한 공공복리가 인정되는 경우 형식적으로 원고의 청구를 기각하지만(원고패소), 실질적으로는 피고의 패소처럼 소송비용을 피고가 부담하고 원고에 대한 배상조치 등의 권리보호를 하는 판결이다. 다만, 위법한 처분 등을 유지하므로 행정의 법률적합성에 어긋나고, 개인의 권리구제에 충실하지 못하고 공공복리를 이유로 개인에게 희생을 강요하는 문제 때문에 그 요건을 엄격히 해석하여 제한적으로 선고하여야 한다.[76] 그러나 위법한 처분으로 법률상 이익을 침해당한 자의 기본권을 침해하고, 법치행정에 반하는 위헌적인 제도는 아니라고 본다(대판 2009.12.10, 2009두8359). 사정판결에 대한 주장·입증책임은 행정청이 부담하여야 한다(장태주).

사정판결의 적용범위는 '취소소송'만이고, 무효 등의 하자가 있는 경우에까지 사정판결을 하면 원고에게 너무 가혹하고, 부작위처분은 기성의 효과가 없고, 무효에는 존속할 처분이 없으므로 성질상 무효등확인소송과 부작위위법확인소송에는 적용하지 않는다. 무효인 처분을 기초로 한 기성사실의 회복이 현저히 공공복리에 반하는 경우는 허용해야 한다는 의견이 있다(김향기).

(2) 요 건 사정판결을 하기 위한 요건은 1) '원고의 청구가 이유 있을 것'(처분 등의 위법), 즉 소송요건을 갖추고 본안심리 결과 처분이 위법하여 원고의 법률상 이익이 침해되었을 것, 2) '판결시점의 사태가 원고의 주장을 인용하는 것이 현저히 공공복리에 적합하지 않을 것'이다. 따라서 사회전체의 이익과 개인의 피해를 엄격하게 비교형량하여 결정한다. 사정판결은 판결시(변론종결시)가 기준이 된다(대판 1970.3.24, 69누29).[77] 3) 피고의 신청이 있을 것(법원의 직권도 가능),[78] 피고의 신청여부에 대하여는 사정판결이 변론주의를 배제하는 것이 아니므로 직권으로 불가능하다는 입장(김남진/김연태, 홍정선, 류지태)이 있지만, 판례는 행정소송법(제26조와 제28조 제1항)의 취지에 따라 직권으로 사정판결할 수 있다고 본다(대판 1993. 2.14, 90누9032; 2006.9.22, 2005두2506). 4) 원고가 입을 손해와 배상방법, 기타 사정에 대한 사전조사하고(제28조 제2항), 이는 공공복리와의 이익형량 및 배상방법의 결정에 근거가 된다. 5) 원고를 보호하는 후속조치의 고려 등이 있다.

(3) 원고의 보호와 권리구제 사정판결은 1) 판결의 주문에서 처분 등이 위법함을 명시하고, 2) 청구기각판결로 원고의 주장은 배척하지만, 3) 원고의 보호

76) 장태주, 841쪽, 홍정선(상), 963쪽.

77) 예를 들면, 로스쿨 선정절차의 위법을 이유로 이미 운영중인 로스쿨 전체를 인가취소할 수 없고, 환지예정지 지정처분이 위법하여 이를 취소하고 새로운 환지예정지를 지정하기 위하여 환지계획을 변경해야 하는 경우는 종래의 처분에 따라 사실관계를 형성한 다른 이해관계인의 이익이 문제된다(대판 1992.2.14, 90누9032).

78) 피고인 행정청의 신청이 필요한가의 문제에는 명문규정이 없다. 그럼에도 이론적으로는 인정하고 있으나(김남진/김연태, 류지태), 판례는 법원이 사정판결을 할 필요가 있을 때에는 당사자의 명백한 주장이 없는 경우에도 기록에 나타난 사실을 기초로 하여 직권으로 사정판결할 수 있다고 본다(대판 1992.2.14, 90누9032; 2001.1.19, 99누9674). 홍정선, 745쪽.

를 위하여 대상, 소송비용(피고부담), 손해배상 등 후속처분 등을 고려해야 하고, 4) 상고(불복수단)가 가능하여야 한다. 단, 최종심인 대법원에서는 불복수단이 없다.

특히 원고의 보호를 위하여 관련 손해배상, 재해시설 설치 기타 적당한 구제방법을 취소소송이 계속된 법원에 병합하여 제기할 수 있다(제28조 제3항).

4) 판결의 방식

판결서의 작성은 요식행위로서의 '서면주의'이다. 판결서에는 당사자(원고와 피고)와 각 법정대리인, 주문, 청구의 취지, 이유, 변론종결연월일, 법원, 판결법관의 서명・날인 등이 포함되어야 한다(민소법 제208조 제1항).[79]

판결절차는 선고기일에 판결을 선고하여야 하고(판결원본에 의한 주문 낭독, 필요시 이유의 요지설명), 판결은 선고기일에 대외적 효력이 발생한다.

3. 판결의 효력

행정소송법은 취소소송 판결의 효력에 대하여 '기속력'(제30조)과 '제3자의 효력'(제29조 제1항)만 규정하고, 나머지 효력은 민사소송법을 준용하거나 법이론에 맡겨져 있다.[80]

1) **자박력**(불가변력) 자박력은 선고법원에 대한 효력으로 '판결이 일단 선고되면, 선고법원 자신도 이를 취소・변경하지 못하는 기속'을 말한다. '불가변력'이라고도 한다. 단, 판결의 제목이나 내용의 명백한 오류(단순한 오기・오산)는 법원의 직권 또는 당사자의 신청으로 경정결정할 수 있다(민소법 제211조 제1항).

2) **불가쟁력**(형식적 확정력) 불가쟁력은 소송당사자에 대한 효력으로 '판결 이후에 상고기간의 경과 또는 상고의 포기 등으로 인하여 취소소송의 판결을 더 이상 정식재판절차를 통하여 다툴 수 없게 되는 효력'을 말한다. '형식적 확정력'이라고도 한다. 주로 소송당사자나 승계인을 구속하는 것으로, 법원은 더 이상 다툴 수 없으니 당연히 더 이상 법적으로 판단할 수 없다는 의미이다. 단, 당사자가 책임질 수 없는 사유로 상소기간의 경과나 상소의 추완, 재심(류지태) 등의 경우는 예외로서 배제된다(민소법 제173조 제1항).

3) **기판력**(실질적 확정력) 기판력은 '원고의 청구(소송물)에 대해 법원이 판단(판결)하여 법적으로 확정되면, 이후 같은 사항이 문제된 경우에 당사자는 판례에 반하는 주장으로 다시 소를 제기할 수 없으며(불가쟁력), 법원도 판례와 모순되는 판단을 해서는 안 된다(불가변력)는 구속력을 받는 효력'을 말한다. 이는 명문규

---

79) 판결문에 해외출장 등을 이유로 담당 법관의 서명 등이 없는 경우가 흔하다. 이는 법관이 법을 안 지키는 예이므로 절차적으로 해결하여야 할 것이다.

80) 판결의 효력은 행정행위의 효력과 유사한데, 다만, 그 명칭에서는 옛것을 유지하고 있으므로 병기하므로 읽는 이들의 주의를 요한다.

정은 없으나, 민사소송법 규정을 준용하여(민소법 제216조, 제218조) 실무에서는 흔히 '기판력'이라고 부른다. 소송의 반복과 모순된 판결을 막고자 법치국가원리의 하부 원칙인 법적 안정성을 위하여 인정하는 것이다.

따라서 이미 확정판결이 있는 사항에 다시 소를 제기하는 경우에는 상대방은 기판력을 근거로 각하를 청구할 수 있으며, 당해 법원도 기판력이 인정되는 경우에는 각하해야 한다. 기판력의 효력은 '사실심 변론종결시'를 기준으로 발생한다.

1) 주관적 효력범위는 소송당사자 및 이와 동일시할 수 있는 승계인, 보조참가인(대판 1966.12.6, 66다1880)이다. 기판력의 상대성으로, 처분청이 속한 국가나 공공단체에는 미친다. 제3자에게는 원칙적으로 효력이 미치지 않지만, 소송참가한 경우에는 효력이 미친다. 2) 객관적 효력범위는 '판결주문사항', 즉 '소송물에 대한 판단'에 한정된다(민소법 제216조). 이외에 판결이유에서 제시된 법률관계에는 미치지 않는다.

대법원 1987. 6. 9. **선고** 86**다카**2756 **판결 【가옥명도등】**
확정판결의 기판력이라 함은 확정판결의 주문에 포함된 법률적 판단의 내용은 이후 그 소송당사자의 관계를 규율하는 새로운 기준이 되는 것이므로 동일한 사항이 소송상문제가 되었을 때 당사자는 이에 저촉되는 주장을 할 수 없고 법원도 이에 저촉되는 판단을 할 수 없는 기속력을 의미하는 것이고, 이 경우 적극당사자(원고)가 되어 주장하는 경우는 물론이고 소극당사자(피고)로서 항변하는 경우에도 그 기판력에 저촉되는 주장은 할 수 없는 것이다. 물론 기판력의 객관적 범위는 그 판결의 주문에 포함되는 것 즉 소송물로 주장된 법률관계의 존부에 관한 판단의 결론 그 자체에만 미치는 것이고 판결이유에 설시된 그 전제가 되는 법률관계의 존부에까지 미치는 것이 아니라 할 것임은 소론과 같다.

3) 취소소송의 판결이 확정된 후에 국가배상소송을 제기하는 경우, 취소판결의 국가배상사건에 대한 기판력에 대하여 1) 양자의 소송물인 위법성이 동일하므로 통일적인 분쟁해결을 위해 기판력이 미친다고 보는 견해(정하중), 2) 양자의 소송물이 다르므로 안 미친다고 보는 견해(서원우), 3) 피해자의 효과적인 권리보호를 위하여 취소소송의 청구기각판결은 미치지 않으나, 인용판결은 미친다고 보는 견해(홍준형) 등이 있다. 4) 양자의 위법성(소송물)이 다르므로 미치지 않는다고 보아야 한다.

4) **형성력**　　판결의 형성력은 '판결의 취지에 따라 법률관계가 발생·변경·소멸하는 효력'을 말한다. 즉, 판결에 따라 행정청의 별도의 행위가 없어도 해당 행정행위는 당연히 처분시로 소급하여 취소되는 것이다. 단, 벌칙규정은 소급하지 않는 경우도 있다.

취소판결의 제3자효 규정(제29조 제1항)을 근거로 '대외적인 효력'(대세효)으로 제3자 등에도 효력을 미친다. 이 경우 효력이 미치는 제3자의 범위에 대하여는 1) 소송에 참여한 제3자에게만 효력이 미친다는 견해(상대적 형성력설), 2) 절대적 대세효에 따라 모든 제3자에게 미친다는 견해(절대적 형성력설)가 있다. 3) 제3자는 해당 취소판결과 직접 이해관계가 있는 자이다. 따라서 소송에 참여하지 않는 제3자에게는 효력을 미치지 않는다고 보아야 할 것이다.

5) 기속력

(1) 개념과 성질 판결의 기속력은 행정청에 대한 효력으로서 '당사자인 행정청과 관계 행정청이 판결의 취지에 따라 행위할 의무를 발생시키는 효력'이다(제30조 제1항). '구속력'이라고도 한다. 행정소송의 인용판결에만 인정되고, 취소소송과 나머지 항고소송, 그리고 당사자소송에 준용된다.

기속력의 법적 성질에 대하여는 1) 기판력설은 판결의 효력상 당연한 '기판력의 일종'으로 처분청외에도 관계행정청에게 미친다고 보고(대판 1962.3.15, 4294행상131; 1990.12.11, 90누3560), 2) 특수효력설은 기판력과 달리 취소판결의 실효성을 담보하기 위하여 행정청에게 행위의무를 부과하는 실정법이 부여한 특수한 효력(실체법적 효력)이라고 본다. 3) 통설은 특수효력설이고, 판례는 입장이 불분명하다.[81]

(2) 내 용 행정청은 기속력에 따라 1) 판결에 맞는 적극적 처분의무, 2) 저촉되지 않는 부작위의무, 3) 결과제거의무를 진다.

1) 반복금지효(부작위 의무)는 행정청은 확정판결에 저촉되는 행위를 해서는 안 되는 의무이다. 따라서 같은 사실관계에 같은 근거로 같은 내용의 처분을 해서는 안 된다. 단, 절차나 형식상의 하자는 적법한 절차나 형식으로 새로운 동일한 내용의 행정행위를 할 수 있다(대판 1987.2.10, 86누91).

2) 재처분의무(적극적 처분의무)는 거부처분 취소판결이나 부작위위법 확인판결의 경우 처분청은 판결의 취지에 따라 원래 신청에 대한 처분을 해야 하는 의무이다. 이때 절차상 하자를 이유로 취소판결을 한 경우에는 동일한 절차상 위법을 반복하지 않고 적법한 절차에 따른 처분을 해야 한다.[82] 실체법상 위법으로 취소된 경우에는 기본적 사실관계와 동일한 사유로 다시 거부처분을 할 수 없다. 한편 제3자의 절차상 위법주장에 따라 취소된 경우에는 적법한 절차에 따라 처분해야 한다(제30조 제3항).

3) 결과제거의무로서 행정청은 위법한 처분에 의하여 초래된 상태를 제거해야 하는 의무를 진다.

(3) 효력의 범위

1) 주관적 범위로 취소판결은 처분청 외 그 밖의 관계행정청에게 효력을 미친다. 관계행정청은 '조직법상의 같은 조직상의 행정청뿐만 아니라 취소된 처분 등과 관련이 있는 모든 행정청'이다. 2) 객관적 범위는 판결주문과 전제가 된 요건사실의 인정

81) 장태주, 849쪽; 홍정선, 755쪽. 그러나 판례가 기판력과 기속력을 구분하지 않으므로 기판력설을 지지하는 것으로 평가하기도 한다. 장태주, 849쪽.

82) 이를 '재처분의무'라고 보기도 한다. 장태주, 850쪽.

과 효력의 판단에만 효력을 미친다. 3) 시간적 범위로 취소판결이 확정된 이후에 행정청이 처분 이전의 사유로서 판결에 저촉되는 처분을 하면, 판결의 기속력을 위반하게 된다. 위반한 처분의 효력은 취소설이 있으나, 무효설이 통설·판례이다(대판 1989. 9.12, 89누985; 1982.6.11, 80누104; 1990.12.11, 90누3560).

그러나 사실심변론종결시 이후의 새로운 사유(대판 1999.12.28, 98두1895), 처분후 신법상의 사유(대판 1998.1.7, 97두22)를 내세워 다시 거부처분하는 것은 기속력에 반하지 않는다. 다만, 개정된 법령에 따라 새로운 사유로 재차 거부처분하는 경우에도 개정법령에 규정된 경과규정을 간과한 거부처분은 기속력에 반하여 무효이다(대결 2002.12.11, 2002무22).

(4) 위반의 효력 기속력을 위반한 동일내용의 처분은 위법하여 무효이다(대판 1982.5. 11, 80누104).

6) 집행력 (간접강제) 판결이 확정되면, 행정청은 판결의 기속력에 따라 판결의 취지에 따른 처분을 할 의무가 있다(제30조 제2항). 이 때 행정청이 처분의무를 이행하지 않는 경우에 비대체적 작위의무를 진다는 점에서 민사집행법(제261조)의 규정을 들어 간접강제에 대하여 규정하고 있다.

즉, 판결의 집행력은 '판결로 명령한 이행의무를 강제집행절차에 의해 실현할 수 있는 효력'을 말한다. 물론 일반적인 취소판결은 '형성판결'이므로 행정청이 따로 이행의무를 지지 않는다. 이는 '간접강제'라고도 한다.

집행력에 따른 간접강제로서 행정청이 부작위처분과 거부처분의 경우에 적극적 처분의무를 이행하지 않는 경우(제30조 제2항)에 제1심 수소법원은 당사자의 신청에 의하여 결정으로서 상당한 기간을 정하여 행정청이 그 기간 내에 이행하지 않는 때에는 그 지연기간에 따른 배상이나 즉시배상을 할 것을 명할 수 있다(제34조 제1항). 부작위위법확인소송에도 준용된다. 그러나 거부처분에 대한 무효등 확인판결에는 적용할 수 없다. 입법론으로서 의무이행소송의 도입을 주장하기도 한다.[83]

7) 위헌판결 등의 공고 취소소송의 선결문제로 행정주체의 명령·규칙이 위헌·위법으로 제청되어 대법원판결에 의하여 헌법과 법률에 위반된다고 확정된 경우에는 대법원은 지체 없이 안전행정부장관에게 통보하여야 한다(제6조 제1항). 통보받은 안전행정부장관은 지체 없이 관보에 게재하여야 한다(제6조 제2항).

위헌 내지 위법인 명령이나 규칙은 그 폐지가 아니라 행정기관이 적용거부해야 하므로, 법적 안정성과 법치국가의 확립을 위하여 이를 공고하는 것이다.

83) 홍정선, 762쪽.

4. 소송비용의 부담

판결에 따라 행정소송이 종료되면, 소송비용의 부담문제가 발생한다. 이는 민사소송법상 '소송비용부담의 원칙'에 따라 패소자가 부담하되(민소법 제98조), 행정청이 속한 법인(국가, 공공단체)이 부담한다. 원고의 청구가 일부 인용된 경우에는 당사자들이 부담할 비용을 법원이 정한다(민소법 제101조).

특칙으로는 1) 사정판결로 청구가 기각되거나, 2) 행정청이 처분 등을 취소 또는 변경함으로 인하여 청구가 각하 또는 기각된 경우에는 피고가 부담한다(제32조). 3) 소송비용에 관한 재판이 확정된 때에는 피고 또는 참가인이었던 행정청이 소속하는 국가 또는 공공단체에 그 효력을 미친다(제33조).

Ⅸ. 상소 및 제3자의 재심청구

1. 상소 (항소와 상고)

행정소송에서는 일반법원과 마찬가지로 취소판결에 이의가 있는 당사자는 고등법원에 '항소'하고, 항소심에도 이의가 있는 경우에는 대법원에 '상고'하는 상소제도가 있다. 상고에 대하여는 「상고심절차에 관한 특례법」이 적용된다.

특히 상고의 남발을 막기 위하여 당사자의 상고이유에 일정사유를 포함하지 않은 경우에는 심리를 계속하지 않고 판결로 상고를 기각하는 상고심사제인 '심리불속행제도'를 두고 있다(법 제2조). 심리불속행사유는 법 제4조 제1항에 규정하고 있다. 이러한 심리불속행제도는 소송당사자의 재판청구권을 제한할 위험이 있는데, 헌재는 합헌으로 보았으나(헌재 2002.6.27, 2002헌마18), 타당하지 않다.

2. 재심제도

1) **민사소송법에 의한 재심** 행정소송에도 민사소송법상에서 인정되는 확정된 종국판결의 하자가 있는 경우에는 재심이 인정된다. 즉, 확정된 종국판결에 재심사유에 해당하는 하자가 있는 경우에 판결을 한 법원에 대하여 그 판결의 취소와 사건의 재심사를 구하는 특별한 불복신청방법이다(민소법 제451조 이하).

2) **제3자의 재심청구** 행정소송에 특유한 것은 제3자에 의한 재심청구제도이다. 이는 '처분 등의 취소판결에 의하여 권리 등을 침해받은 제3자가 자기에게 책임없는 사유(정당한 사유)로 소송에 참가하지 못함으로써 판결의 결과에 중대한 영향을 미칠 공격 및 방어방법을 제출하지 못한 경우에 확정된 종국판결을 대상으로 재심을 청구하는 것'이다(제31조 제1항). 즉, 당해 처분 등에 정당한 이해관

계있는 제3자에게 소송참가를 허용하였음에도 불구하고 정당한 사유로 참가하지 못한 경우를 보호하는 제도이다.

따라서 재심청구의 당사자로서 원고는 '취소판결에 의하여 권리 · 이익의 침해를 받은 제3자'이고, 피고는 '확정판결에 나타난 원고와 피고'가 공동피고가 된다. 재심청구기간은 확정판결이 있음을 안 날부터 30일, 확정된 날부터 1년이고, 이는 '불변기간'이다(제31조 제2항, 제3항).

3. 헌법소원

행정소송에서 패소한 경우에 헌법소송(헌법소원)을 청구할 수 있을 것인가가 문제된다. 행정소송이 판결로 확정되면, 원칙적으로 확정판결의 기판력 때문에 헌법소원을 제기할 수 없다(헌재 1998.5.28, 91헌마98, 93헌마253). 이는 헌법소원의 대상에서 법원의 재판을 제외한 것과 같은 취지이다(헌재법 제68조 제1항). 다만, 예외적으로 위헌선언된 법령을 적용하여 국민의 기본권을 침해한 판결의 경우에는 원행정처분에 대한 헌법소원이 가능하다(헌재 1997.12.24, 96헌마172·173).

제 2 항 무효등확인소송

Ⅰ. 개 념

1. 의 의

무효등확인소송은 '행정청의 처분등의 효력유무 또는 존재여부를 확인하는 소송'이다(제4조 제2호). 이는 당연무효임에도 불구하고 유효인 듯한 처분등의 외관을 재판을 통하여 공적으로 제거하는 것이 목적이다(대판 1967.3.28, 67누14).

무효등확인소송의 종류는 존재 · 부존재확인소송, 유효 · 무효 · 실효확인소송 등이 있으나, 주로 무효확인소송이 문제된다. 무효등확인소송의 특징은 처분이 '당연무효'이어서 유효한 기존의 처분이 존재하지 않으므로 예외적 행정심판전치주의(제18조), 제소기간(제20조), 재량처분의 취소(제27조), 사정판결(제28조) 등에 제약이 없다.

무효등확인소송은 처분 등의 존부를 확인하는 것이므로 사실관계의 확인을 구하거나(대판 1991.12.24, 91누1974) 의무의 확인을 구하는 작위의무확인소송도 인정되지 않는다(대판 1990.11.23, 90누578).

2. 법적 성질

무효등확인소송의 법적 성질은 처분 등의 효력유무 또는 존재여부를 확인하는

'확인소송'이고, 판결도 확인판결이다.

종전에는 무효확인소송이 '당사자소송'인가에 논란이 있었으나 현행법에서는 공권력발동에 대한 항고소송으로 규정한다. 다만, 확인판결이 제3자에게도 효력을 미치므로 형성판결과 유사하다고 보아 준항고소송의 성격도 갖는다(홍정선).

3. 당사자소송과의 관계

현행 행정소송법제하에서는 '처분의 무효확인' 등은 무효확인소송으로 '공법상 법률관계나 권리의 확인'은 당사자소송으로 진행된다. 물론 처분 등에 따른 법률관계상의 권리구제를 위하여 처분 등에 대한 무효확인소송과 처분등으로 발생한 법률관계에 대한 당사자소송이 가능하지만(홍정선), 실무에서는 '당사자소송의 보충성'으로서 항고소송이 가능하면, 당사자소송이 불가하다고 보기도 한다.[84]

Ⅱ. 주요 소송요건

1. 준용규정

취소소송의 소송요건은 무효등확인소송에의 준용규정(제38조 제1항)에 따라 원칙적으로 그대로 적용된다. 따라서 취소소송의 재판관할(제9조), 피고적격(제13조), 피고경정(제14조), 공동소송(제15조) 등이 준용된다. 다만, 준용규정이 없는 예외적 행정심판전치주의(제18조), 제소기간(제20조) 등이 적용되지 않는다(준용배제).

2. 재판관할

무효등확인소송의 제1심 법원은 피고의 소재지를 관할하는 행정법원이다(제9조, 제38조).

3. 소송대상 - 처분 등

무효등확인소송의 소송대상은 취소소송과 같이 '처분등'이다(제19조, 제38조 제1항). 그러나 '객관적인 당연무효'이면 안 되고, 적어도 '유효한 처분 등으로 보이는 외관'이 존재하여야 한다. 따라서 법규범이나 문서 등의 사실관계, 법률관계의 확인은 대상이 아니다.[85]

---

84) 사법연수원, 행정구제법, 2007, 17쪽.

85) 일부 판례는 "행정소송에 있어서 확인의 소는 권리 또는 법률관계의 존부확정을 목적으로 하는 소송"이라고 보기도 한다(대판 1991.12.24, 91누1974).

4. 원고적격

무효등확인소송은 처분등의 효력유무, 존재여부의 확인을 구할 법률상 이익이 있는 자가 제기할 수 있다(제35조).

'확인을 구할 법률상 이익'의 의미에 대하여 1) 즉시확정이익설은 무효인 듯한 처분등으로 인한 현존하는 불안이나 위험 등을 제거하기 위한 민사소송상의 즉시확정의 이익으로 무효확인소송은 보충적으로 적용된다고 보고, 2) 법적 보호이익설은 민사소송상의 확인의 이익보다 더 넓은 개념으로 취소소송의 법률상 이익과 같은 관념이라고 보아, 보충성이 적용되지 않는다고 본다. 3) 판례는 종래 무효등확인소송을 보충적인 소송으로 보아서 즉시확정의 이익이 요구된다고 보았으나(대판 1989.10.10, 89누3397), 2008년에 판례변경을 하여 즉시확정의 이익과 보충성이 요구되지 않는다고 본다(대판 2008.3.20, **2007두6342**).

대법원 2008. 3. 20. **선고** 2007두6342 **판결 【하수도원인자부담금부과처분취소】**
행정소송은 행정청의 위법한 처분 등을 취소·변경하거나 그 효력 유무 또는 존재 여부를 확인함으로써 국민의 권리 또는 이익의 침해를 구제하고, 공법상의 권리관계 또는 법 적용에 관한 다툼을 적정하게 해결함을 목적으로 하는 것이므로, 대등한 주체 사이의 사법상 생활관계에 관한 분쟁을 심판대상으로 하는 민사소송과는 그 목적, 취지 및 기능 등을 달리한다. 또한 행정소송법 제4조에서는 무효확인소송을 항고소송의 일종으로 규정하고 있고, 행정소송법 제38조 제1항에서는 처분 등을 취소하는 확정판결의 기속력 및 행정청의 재처분 의무에 관한 행정소송법 제30조를 무효확인소송에도 준용하고 있으므로 무효확인판결 자체만으로도 실효성을 확보할 수 있다. 그리고 무효확인소송의 보충성을 규정하고 있는 외국의 일부 입법례와는 달리 우리나라 행정소송법에는 명문의 규정이 없어 이로 인한 명시적 제한이 존재하지 않는다. 이와 같은 사정을 비롯하여 행정에 대한 사법통제, 권익구제의 확대와 같은 행정소송의 기능 등을 종합하여 보면, 행정처분의 근거 법률에 의하여 보호되는 직접적이고 구체적인 이익이 있는 경우에는 행정소송법 제35조에 규정된 '무효확인을 구할 법률상 이익'이 있다고 보아야 하고, 이와 별도로 무효확인소송의 보충성이 요구되는 것은 아니므로 행정처분의 무효를 전제로 한 이행소송 등과 같은 직접적인 구제수단이 있는지 여부를 따질 필요가 없다고 해석함이 상당하다.

무효등확인소송은 처음부터 당연무효이므로 단지 처분의 외관제거만이 목적임에도 여전히 취소소송처럼 '권리보호의 필요성'이 요구된다. 판례는 무효확인판결로 원상회복되는 것이 아니므로(대판 2002.6.14, 2002두1823) 또는 어떠한 외관도 존재하지 않으므로(대판 1990.10.30, 90누3218) 확인의 이익이 없다고 보기도 한다.

Ⅲ. 본안전 소송절차 - 소제기의 효과

☞ 무효등확인소송에서도 소가 제기되면, 소송계속상태가 발생하여 제3자와 다른 행정청에 소송참가의 기회가 생기고(제16조, 제17조), 관련청구소송의 이송 및 병합을 할 수 있으며(제10조), 소의 변경(제21조, 제37조), 집행정지결정(제23조)을 할 수 있는 것은 취소소송과 동일하게 준용된다(제38조 제1항).

1. 관련소송의 이송과 병합

관련청구소송의 계속법원은 무효등확인소송이 계속된 법원으로 이송할 수 있으며, 사실심 변론종결시까지 관련청구소송을 당해 법원에 병합이 가능하다(제10조, 제38조).

2. 집행정지결정

무효확인소송에서는 처분의 효력이 없다고 생각할 수 있으나, 처분인 듯한 외관을 가지고 있으므로 집행정지결정이 가능하다.

3. 소의 변경

무효등확인소송을 다른 항고소송이나 당사자소송으로 소를 변경하는 경우는 청구의 기초에 변경이 없는 한, 사실심의 변론종결시까지 원고의 신청으로 법원이 소의 변경을 허가한다(제21조). 처분의 변경으로 인한 소의 변경도 가능하다(제22조).

다만, 행정처분의 무효확인의 소에는 처분의 취소를 구하지 않는다고 밝히지 않는 이상 취소를 구하는 취지도 포함되어 있다고 볼 수 있으나, 전심절차(취소소송의 요건)를 거치지 않은 무효확인의 소는 취소를 구하는 취지가 포함되었다고 볼 수 없다(대판 1987.4.28, 86누887).

Ⅳ. 소송의 심리

1. 심리원칙의 준용

무효등확인소송에서도 변론주의원칙, 직권심리주의(제26조), 행정심판기록 제출명령(제25조) 등이 준용된다. 기타 처분권주의, 구두심리주의, 직접심리주의, 공개심리주의, 쌍방심리주의 등 심리원칙이 무효등확인소송에서도 준용된다.

2. 입증책임

무효등확인소송에서 처분이 무효인 경우에도 취소소송과 입증책임이 같은가에 대하여 1) 취소소송과 같이 동일하다는 입증책임분배설(김도창, 이상규, 홍정선)과 2) 무효등확인소송과 취소소송간에 소송형식의 차이, 무효등확인소송의 취소소송에 대한 예외성, 하자의 중대명백의 예외성 등을 이유로 원고책임설(박윤흔)이 주장된다. 3) 판례는 당연무효를 구하는 경우에는 원고가 그 하자의 중대명백성을 입증하여야 한다고 본다(대판 1976.1.13, 75누175; 1984.2.28, 82누154).

3. 위법판단의 기준시

무효등확인소송에서 위법판단의 기준시는 처분시이다.

4. 선결문제

처분 등의 효력이나 존재여부가 민사소송에서 본안판단의 전제가 된 경우(제11조)를 선결문제라고 하는데, 해당 민사법원이 처분청에 통지하고 선결문제를 판단하는 것을 말한다.

선결문제의 판단에 대하여 1) 무효인 경우는 민사법원이 선결문제로 판단할 수 있고(대판 1971.5.24, 71다744), 2) 취소사유인 경우에는 처분의 효력에 따라 해당 처분의 취소 등은 항고소송절차에 따라야 한다(대판 1975.4.22, 74다1548). 단, 국가배상사건에서는 위법여부를 직접 판단할 수 있다(대판 1974.3.12, 73다228).[86]

Ⅴ. 소송의 종료

1. 준용규정

무효등확인소송에 대하여 취소소송에서의 판결의 효력이 준용된다. 처분의 무효를 확인하는 소송판결은 제3자에도 효력을 미치고, 집행정지결정과 그 취소결정 역시 제3자효를 갖는다(제29조). 판결의 기속력도 당사자인 행정청과 그 밖의 관계행정청을 기속한다(제30조). 제3자의 재심청구도 준용한다(제31조). 소송비용에 관한 재판의 효력도 재판확정시 피고 또는 참가인이었던 행정청이 속하는 국가·공공단체에게 효력을 미친다.

2. 사정판결

무효등확인소송에는 사정판결의 준용규정이 없으므로(제38조 제1항), 1) 종전에는 무효와 취소의 상대성, 사정판결이 반드시 원고에 불리하지 않은 점, 무효처분도 기존 사실관계를 존중할 필요성 등으로 유추적용이 가능하다는 긍정설(서원우, 김남진, 강구철)이 있었으나, 2) 통설과 판례는 무효등확인소송에는 무효인 처분을

86) 정형근, 『행정법』, 2013, 541쪽 이하.

존치할 이유가 없으므로 인정하지 않는다(김도창, 이상규, 박윤흔, 변재옥, 김동희, 홍준형; 대판 1987.3.10, 84누158).

3. 판결의 효력

무효확인판결도 형성적 효과를 가진다고 보아 제3자에 대한 효력은 인정한다(제29조). 무효확인판결에도 기속력규정을 준용하여 거분처분인 경우에도 재처분의무가 인정되지만, 간접강제는 허용되지 않는다고 본다(대판 1998.12.24, 98무37).

제 3 항 부작위위법확인소송

Ⅰ. 개 념

부작위위법확인소송은 '행정청이 당사자의 신청에 대하여 상당한 기간 내에 일정한 처분을 하여야 할 법률상 의무가 있음에도 불구하고 이를 하지 않은 행정청의 부작위가 위법하다는 것을 확인하는 소송'이다(제2조 제1항 제2호, 제4조 제3호).

이는 상대방이 신청한 처분에 대하여 행정청이 상당기간 아무런 응답이 없는 경우에 행정청의 응답을 신속하게 하여 부작위(무응답)라는 소극적인 위법상태의 제거를 목적으로 하는 제도이다(대판 1993.4.23, 92누17099).

부작위위법확인소송은 독일의 의무이행소송의 도입론에 대한 소극적 입법이었다. 따라서 '작위의무확인'은 인정되지 않는다(대판 1989.1.24, 88누3116).

부작위위법확인소송의 법적 성질은 행정청의 일정한 행위의무의 위법성을 확인받기 위한 '확인소송'이고, 판결도 '확인판결'이다. 따라서 의무이행처럼 일정한 법률관계의 변동을 목적으로 하는 것은 아니다. 그러나 단순한 부작위가 아니라 공권력의 행사로서 처분의무를 전제하므로 '항고소송'으로 분류된다.

Ⅱ. 소송의 대상

1. 부작위의 개념

소송대상은 '행정청의 부작위'이다. 부작위는 '당사자의 신청에 대하여 상당한 기간 내에 일정한 처분을 하여야 할 법률상 의무가 있음에도 불구하고 이를 하지 아니하는 것'이다(제2조 제1항 제2호). 따라서 거부처분은 대상이 아니다.

2. 부작위의 성립요건

부작위가 성립하려면, 1) 당사자(원고)의 신청에, 2) 상당한 기간 내에, 3) 행정청이 일정한 처분을 하여야 할 법률상 의무가 있음에도 불구하고, 4) 그 처분을 하지 않았어야 한다.

1) **당사자의 신청** 당사자의 신청, 즉 행정청의 부작위를 다투기 위하여는 우선 '원고'가 피고인 행정청에 처분을 적법하게 신청하였어야 한다(대판 1989.7.11, 87누415).[87]

원고가 신청한 행위는 신청내용에 상관없이 '행정소송법상 처분으로 인정되는 행위'이어야 한다(대판 1989.7.11, 87누415). 따라서 항고소송의 대상인 처분이 아닌 사법상의 법률행위나 공법상 계약관계는 인정되지 않는다(대판 1991.11.8, 90누9391).

원고의 신청행위에 신청권이 있어야 하는가에는 1) 신청권과 상관없이 처분을 신청한 것으로 신청이 존재한다고 보는 견해(홍정선)가 있으나, 2) 판례는 해당 행정행위를 행정청에 요구할 법규상 또는 조리상 권리가 있어야 한다고 본다(대판 1988.2.23, 87누438). 즉, 당사자의 신청이 법령에 명문규정으로 명시된 경우(여권법 제9조, 광업법 제15조)와 법령의 해석상 당해 규정이 특정인의 신청을 전제로 한 경우도 포함한다.

대법원 1990. 5. 25. **선고** 89누5768 **판결 【대지인도등부작위위법확인】**
행정청이 국민으로부터 어떤 신청을 받고서도 그 신청에 따르는 내용의 행위를 하지 아니한 것이 항고소송의 대상이 되는 위법한 부작위가 된다고 하기 위하여서는 국민이 행정청에 대하여 그 신청에 따른 행정행위를 해줄 것을 요구할 수 있는 법규상 또는 조리상의 권리가 있어야 하며, 이러한 권리에 의하지 아니한 신청을 행정청이 받아들이지 아니하였다고 해서 이때문에 신청인의 권리나 법적이익에 어떤 영향을 준다고 할 수 없는 것이므로 위법한 부작위라고 할 수 없다(당원 1988. 2. 23.선고 87누438 판결; 1989. 10. 24.선고 89누725 판결 참조).

한편 신청권의 법적 성질에 대하여는 1) 신청권의 판단에서 신청인을 추상적으로 판단하므로 대상적격으로 보는 견해(김남진/김연태), 2) 신청으로 행정청의 처분의무가 발생한다는 점에서 신청에는 신청권이 있어야 한다는 견해(김동희, 박균성), 3) 부작위에는 신청권이 포함되지 않으므로 신청권은 원고적격으로 보아야 한다는 견해(류지태, 홍정선), 4) 부작위의 인정은 원고의 신청이면 되므로 신청권의 존재는 본안의 문제로 보는 견해(이상규, 홍준형)가 있다. 5) 판례는 대상적격과 원고적격으로 보는 듯하다.

2) **상당한 기간의 경과** 원고의 신청에 대한 행정청의 부작위가 '상당한 기간'이 경과하였어야 한다(대판 1990.9.25, 89누4758). 이때 상당한 기간은 '사회통념에 따라 신청에 따른 처분을 하는데 소요될 것으로 인정되는 기간'이다. 법령에 처분을 할 기간이 정해진 경우 그에 따르고, 기타는 「민원사무처리법」 제6조가 기

---

87) 당사자의 신청이 적법한 것일 필요가 없다는 입장도 있다. 홍정선, 784.

준이 된다.

3) **행정청의 일정한 처분을 할 법률상 (응답)의무** 원고의 신청에 행정청이 '일정한 처분을 하여야 할 법률상 응답의무'가 있어야 한다. 즉, "법규상 또는 조리상의 권리에 기한 신청에 대하여 상당한 기간 내에 그 신청을 인용하는 적극적 처분 또는 각하하거나 기각하는 등의 소극적 처분을 하여야 할 법률상의 응답의무가 있음에도 불구하고 이를 하지 아니하는 경우"이다(대판 1990.9.25, 89누4758). 이는 신청에 따른 처분이 명문규정이거나, 당해 처분의 성질이나, 법령의 취지로 보아 기속행위인 경우에 생긴다.

4) **부작위 (행정청이 처분을 하지 않았을 것)** 행정청이 원고의 신청에 대하여 소극적으로 처분을 하지 않아야 한다. 즉, 부작위하였어야 한다. 이는 '처분으로 볼 행위가 외관상 존재하지 않아야 한다'(처분의 부존재).

단, 일정상태의 부작위는 거부처분으로 보는 규정(간주거부)이 있는 경우, 묵시적 거부처분이 있는 경우 등의 거부처분이 있었다면, 이는 거부처분취소소송으로 제기해야 하고, 부작위위법확인소송을 제기하면 각하된다.

Ⅲ. 기타 주요 소송요건

1. 행정심판전치주의

의무이행심판이나 부당한 거부처분이나 부작위에 대하여 일정한 처분을 하도록 청구하는 행정심판에는 예외적 전치주의가 요구된다(제18조, 제38조 제2항). 물론 의무이행심판(이행심판)과 부작위위법확인소송(확인소송)간에는 청구취지, 심리범위, 재결 및 판결의 효력 등에서 차이가 있다(김동희 연 86/3, 김남진).

2. 제소기간

부작위위법확인소송의 제소기간은 처분이 없었으므로 원칙적으로 제한이 없다. 다만, 행정심판을 거친 경우에는 재결을 받았으므로 취소소송이 준용되어 행정심판의 재결서의 정본을 '송달받은 날'로부터 '90일' 이내이고, 이는 '불변기간'이다(제20조 제1항, 제3항).[88]

---

88) 원칙적으로 행정청의 부작위는 상대방에 대한 통지 등이 없어서 처분의 기산일을 설정할 수 없으므로 부작위가 계속되는 한, 위법의 확인을 구할 이익이 있다고 보아 제소기간의 제한을 받지 않는다. 단, 전심절차(행정심판)을 거친 경우에는 재결이 기준이 되므로 제소기간 내에 소를 제기하여야 한다(대판 2009.7.23, 2008두10560).

3. 원고적격

부작위위법확인소송은 '처분의 신청을 한 자'로서 부작위의 위법의 확인을 구할 법률상 이익이 있는 자만이 제기할 수 있다(제36조).

처분신청자의 신청권여부에 대하여 1) 실제신청자설은 '실질적으로 처분을 신청한 자이면 되고, 신청권여부를 다툴 필요가 없다고 보고(이상규, 홍준형), 2) 신청권자설은 '법규상 또는 조리상 응답신청권이 있는 자'로 한정하여 신청권이 없는 자는 청구를 기각하고(박윤흔, 김동희, 홍정선, 박균성), 3) 원고적격설은 '부작위로 인하여 자신의 법률상 이익이 침해되었다고 주장하는 자'라고 보고(김남진), 4) 판례는 신청권자로 보고, '신청권'을 '법규상 또는 조리상 권리'로 본다(대판 1990.5.25, 89누5786). 5) 신청자로 보면 원고적격이 넓어지나, 소송경제를 위하여 신청권자로 한정하는 것이 타당하며, 신청권은 당연히 '법령상 또는 조리상 신청권'이 있어야 한다.

4. 피고적격

부작위위법확인소송에서의 피고는 '행위의무가 있음에도 부작위한 행정청'이다(제13조, 제14조, 제38조 제2항).

5. 준용규정

부작위위법확인소송에는 '관할'(제9조, 제38조 제2항) 등을 준용한다.

Ⅳ. 소제기의 효과

1. 준용규정

부작위위법확인소송에는 소제기로 취소소송의 '관련청구의 이송·병합규정'(제10조), '소송참가'(제16조, 제17조), '제소기간'(제20조) 등이 준용된다(제38조 제2항). 다만, 부작위의 성질상 집행정지나, 처분변경에 의한 소의 변경은 인정되지 않는다.

2. 소의 변경

부작위위법확인소송은 소의 계속중에 행정청이 처분을 하고 원고가 불복하는 경우 취소소송으로 변경이 가능하다. 당사자소송으로 변경은 가능하나 법원의 허가가 필요하다(제21조, 제37조). 다만, 부작위법확인소송은 항고소송의 보충적 성격이 있으므로 예비적 청구로 제소가 가능하다.

Ⅴ. 소송의 심리

1. 준용규정

부작위위법확인소송에는 취소소송의 '직권심리주의'(제26조), '행정심판기록제출명령'(제25조), '재량처분의 취소'규정(제27조) 등이 준용된다.

2. 심리의 범위

부작위위법확인소송에서 심리의 범위는 원칙적으로 행정청의 부작위가 위법하다는 것이다. 그러나 이를 넘어서 원고가 신청한 처분의 실체적 내용에까지 미칠 수 있는가에 대하여 1) 절차적 심리설(소극설, 부작위 위법확인설)은 해당 법원이 처분의 실체적 내용을 판단하는 경우에는 의무이행소송이 될 수 있으므로 단지 소송물인 부작위의 위법성 확인에 그친다고 본다. 2) 실체적 심리설(적극설)은 법원은 행정청의 방치행위(부작위)의 적부에 대한 심리만이 아니라 신청한 처분의 실체적 내용의 적부도 심리하여 처리방향의 법률적 판단을 하여야 한다고 본다(김도창). 3) 통설과 판례는 '절차적 심리설'의 입장에서 부작위위법확인의 판결은 단지 행정청의 응답의무를 확보하는 데 그친다고 본다(대판 1992.7.28, 91누7361).

3. 입증책임

부작위위법확인소송에서는 '일정한 처분을 신청한 사실 및 원고에게 처분의 신청권이 있다는 것'은 원고가, '상당한 기간의 경과에 대한 정당화 사유'는 피고인 행정청이 입증책임을 부담한다.

4. 위법판단의 기준시

부작위위법확인소송은 행정청의 처분이 없는 부작위이므로 소제기 이전(처분시)의 처분의 법적합성 판단이 아니라 신청된 처분에 대한 피고의 법률상 응답의무에 대한 판단으로 '판결시'(사실심의 구두변론종결시)에 부작위의 위법여부를 확인하는 것이다(대판 1990.9.25, 89누4758). 따라서 다른 소송이 처분시설인 것과 달리 판결시가 기준이다.

Ⅵ. 소송의 종료

판결의 효력은 기본적으로 취소소송과 같다. 다만, 판결의 기속력에서 적극적 처분의무가 존재하지 않는다. 그 밖에 제3자의 재심청구, 소송비용, 거부처분취소 판결의 간접강제 등의 규정이 준용된다.

▣ 무명항고소송

우리 행정소송법은 국가의 공권력행사에 대한 항고소송의 종류로 취소소송, 무효등 확인소송, 부작위위법확인소송만을 규정하였다(제4조). 따라서 법에서 규정한 것 외의 항고소송으로 가능할 수 있는 소송을 일본처럼 '무명항고소송' 또는 '법정외 항고소송'이라고 부른다. 이는 낡은 현행법하에서 특히 국민의 권리구제강화, 행정의 다양화 등으로 행정구제의 실질화를 위하여 인정을 주장하고(김향기), 부작위위법확인소송 외에는 부정하기도 한다(이상규).[89]

1. 의무이행소송 - 의무이행소송은 '행정청으로 일정한 행위(처분)를 하도록 명령하는 이행판결을 하는 소송'이다. 1) 부정하는 입장은 권력분립상 법원이 행정청에 의무를 부과할 수 없고, 법원은 사후심사기관이며, 이를 인정하면 부작위법확인소송이 무의미해진다고 본다(김도창, 류지태/박종수, 홍준형). 2) 긍정하는 입장은 권력분립원리는 기능분립으로 이해해야 하며, 행정심판전치에서 이미 행정권의 1차적 판단권이 행사된 것이며, 행소법 제4조는 예시규정에 불과하다고 본다. 3) 판례는 인정하지 않는다(대판 1989.9.12, 87누868).

2. 예방적 부작위소송 - '법원이 행정청에 대하여 일정한 침익적인 처분을 해서는 안 된다는 부작위를 명령하는 판결을 구하는 소송'이다. 판례는 인정하지 않는다(대판 1987.3.24, 86누182).

제 6 절 당사자소송

Ⅰ. 당사자소송의 개념

당사자소송은 "행정청의 처분등을 원인으로 하는 법률관계에 관한 소송 그 밖에 공법상의 법률관계에 관한 소송으로서 그 법률관계의 한쪽 당사자를 피고로 하는 소송"이다(제3조 제2호). 당사자소송은 공법상 법률관계, 즉 공법상 권리나 의무에 관하여 다투는 소송이다. 이는 '공법상 당사자소송'이라고도 한다.

항고소송이 '행정이 우월적 지위에서 행한 공권력행사(처분)에 대하여 다투는 것'이라면, 당사자소송은 '공법상 법률관계의 대등한 당사자로서 다투는 소송'이다. 당사자

89) 우리나라는 아직도 세계대전 이전의 독일 행정소송법제를 운용하는 일본처럼 처분중심의 행정소송체제이어서 처분외 행정작용이나 의무(이행), 확인소송이 불가능하다. 이는 독일이 전후 개정한 '공법상 분쟁'에 대한 항고·확인·이행소송 체제로 개정하면 쉽게 해결될 문제이다.

소송은 '법률관계'에 관한 소송이므로 민사소송과 유사하지만, '공법상' 법률관계에 대한 소송이므로 '사법상' 법률관계에 대한 민사소송과 구분된다. 실무에서는 민사소송도 아니고 행정소송에 전형적인 항고소송도 아니어서 시행하기 어렵다는 점이 있으나, 그 법적 성질이 '확인소송'과 '이행소송'이어서 최근 자주 이용된다.

당사자소송에 대하여는 독일의 전전(戰前)규정, 일본의 「행정사건소송법」 제4조, 구 「행정소송법」 제1조에서 '공법상 권리관계에 관한 소송'으로 규정하였다.

Ⅱ. 종 류

1. 실질적 당사자소송

1) 개 념 실질적 당사자소송은 '공법상의 법률관계에 관한 소송'이다. 이는 공법상 법률관계에 관한 소송이므로 그 법률관계의 한쪽 당사자를 피고로 하는 소송이다. 당사자소송의 원칙적인 형태이다.

당사자소송은 행정주체와 국민간의 다양한 공법상 법률관계, 즉 공법상 권리와 의무에 관하여 다투는 소송이며, 권리 등을 다투므로 원고나 피고는 '권리주체'이어야 하므로 피고는 행정청이 아니라 그 행정청이 속한 행정주체이다.

2) 법적 성질과 내용 당사자소송은 개인의 권리구제를 중심으로 하는 주관적 소송이다. 이는 주로 공법상 권리나 의무의 이행 또는 확인을 다투는 이행소송이나 확인소송으로 진행된다.

3) 실질적 당사자소송의 유형

(1) 처분등을 원인으로 하는 법률관계에 관한 소송 행정소송법이 규정한 "행정청의 처분 등을 원인으로 하는 법률관계에 관한 소송"을 말한다(제3조 제2호). 따라서 '처분등이 원인이 되어 발생한 공법상 법률관계에 관한 소송으로 처분 자체의 무효나 취소가 목적이 아니라 처분등으로 발생한 공법상 법률관계를 대상으로 하는 소송'이다.

이는 적법한 처분을 원인으로 하는 손실보상청구소송(형식적 당사자소송에 의한 경우는 제외)이나 과세처분에 따른 세금과오납을 다투는 공법상 부당이득반환청구소송 등이 있다. 이러한 분쟁은 실무에서는 주로 민사소송으로 다루어지나, 최근 하천법상 손실보상청구는 당사자소송으로 보았다(대판 2006.5.18, 2004다6207).

(2) 공법상 법률관계에 관한 소송 행정소송법상 "그 밖에 공법상 법률관계에 관한 소송"을 말한다. 이는 행정청의 처분과는 상관없는 '순수한 행정법상 법률관계에 관한 소송'이다.

그 유형으로는 1) 공법상 계약에 관한 소송, 2) 공법상 채권관계(공법상 임치, 부당이득, 사무관리 등), 3) 법령 또는 행정처분에 의하여 금전채권이 확정되는 공법상 금전급부청구소송(공무원의 봉급청구소송 · 연금청구소송, 납세의무부존재확인소송),[90] 4) 공법상 지위 · 신분확인소송(공무원, 학생), 5) 공법상 결과제거청구소송, 6) 그 밖에 공법상 권리나 의무에 관한 소송 등이 있다.

2. 형식적 당사자소송

1) 개 념 형식적 당사자소송은 '행정청의 처분 · 재결 등이 원인이 되어 형성된 법률관계에 다툼이 있는 경우 그 원인이 되는 처분 · 재결 등의 효력을 직접 다투는 것이 아니라 처분 등의 결과로서 형성된 법률관계에 대하여 그 한쪽 당사자를 피고로 하여 제기하는 소송'을 말한다.

이는 일본의 토지수용법제에서 토지소유자와 사업시행자의 토지수용보상금 문제에 토지수용위원회가 개입하여 재결로 결정한 경우에 이러한 분쟁관계는 소송의 실질은 항고소송이지만 소송경제상 '당사자소송의 형식'을 취하는 것이다.[91] 따라서 행정청의 결정(처분)에 의하여 제3자(사업시행자)와 법률관계가 형성되어 행정청과는 처분, 제3자와는 공법상 법률관계가 문제된다. 이 경우 형식적인 처분보다는 실질적인 공법상 법률관계로 당사자소송을 하자는 것이다. 이는 일본 「행정사건소송법」 제4조에서 유래하였고, 우리나라는 개별법에 근거가 있는 경우로 한정된다.

2) 인정여부 현행 행정소송법 규정(제3조 제2호, 제39조 이하)하에서 형식적 당사자소송을 인정할 것인가로 문제된다. 1) 긍정설은 행정소송법(제3조 제2호 등)이 민중소송, 기관소송처럼 "법률이 정한 경우에, 법률에 정한 자에 한하여 제기할 수 있다"는 소위 제한규정(법정주의)을 당사자소송에는 두고 있지 않으므로 실질적 당사자소송에 포함된다고 보아 개별법의 수권규정이 없이도 가능하다고 본다(이상규). 2) 부정설은 원인인 처분 등은 그대로 두고 결과인 법률관계를 다투는 것은 행정행위의 공정력 등에 반하며, 개별법의 규정이 없으면 원고 · 피고의 적격성, 소송제기기간 등 소송요건이 불명확하므로 소송진행이 어렵다는 입장이다(김남진, 김동희, 홍정선). 3) 부정설이 통설이다.

3) 법적 성질 형식적 당사자소송이 1) 처분을 원인으로 형성된 법률관계라는 점에서 실질은 처분을 다투므로 항고소송의 일종으로 보는 항고소송설, 2) 처분에 대한 불복이 아닌 공법상 법률관계에 대한 소송이라고 보는 당사자소송설, 3) 판례는 당사자소송으로 본다(대판 1991.11.26, 91누285).

---

90) 최근 수신료징수권한 분쟁을 '공법상 당사자소송'으로 보았다. 대판 2008.7.24, 2007다25261.

91) 일본은 사인에게 토지수용을 인정하고, 이에 저항하는 국민을 강제집행하고, 보상가격이 문제되면 행정청이 개입하여 신속하게 처리하고, 나아가 소송마저도 단번에 처리하도록 하였던 것이다. 이러한 친기업적인 법제를 우리는 아무런 비판이나 반성없이 그대로 베낀 것이다.

4) 개별법상 근거규정

(1) 공토법 현행 「공토법」상 보상금의 증감에 관한 소송에서는 원고가 토지소유자 또는 관계인인 경우는 사업시행자를, 사업시행자는 토지소유자나 관계인을 피고로 하여 행정청(토지수용위원회)을 제외하고 소송을 제기하도록 하였다(제85조 제2항). 이는 '형식적 당사자소송'이라고 입법적으로 해결한 것이다.92)

(2) 특허법 「특허법」상 보상금 또는 대가에 대한 심결 · 결정 또는 재정에 관한 불복의 소에서는 보상금 지급할 관서 또는 출원인 · 특허권자 등을 피고로 한다(제190조). 「디자인법」, 「실용신안법」, 「상표법」 등에서 준용하고 있다.

(3) 전기통신기본법 현행 통신법에서는 이용자에 대한 통신사업자의 손해배상(전기통신사업법 제33조)에 대하여 양자간의 협의가 이뤄지지 않은 경우에 방송통신위원회가 '재정'으로 결정하는데(제45조), 이 재정에 대한 소송이다.93)

Ⅲ. 소송요건

1. 재판관할

행정법원이 제1심 관할법원이다. 국가, 공공단체가 피고인 경우 관계행정청의 소재지를 피고의 소재지로 한다(제40조). 당사자소송은 행정법원 관할이므로 민사소송과 구분해야 하는 가장 큰 이유가 된다.

2. 제소기간

당사자소송의 제소기간이 개별 법령에서 정하여져 있는 때에는 그 기간은 '불변기간'으로 한다(제41조). 이는 처분이나 재결로 형성되는 '형식적 당사자소송'에 해당된다.

3. 원고적격

당사자소송의 원고적격에 대하여는 행정소송법상에 규정이 없으므로 민사소송법을 준용한다(제8조 제2항). 따라서 '공법상 법률관계에서 권리나 의무를 갖는 자'가 원고가 될 수 있다.

92) 종전 구 「토지수용법」 제75조의2 제2항은 보상금증감소송에서 행정청(재결청)을 포함하여 기업자와 토지소유자 또는 관계인간의 소송을 인정하였다.

93) 정하중, 『행정법개론』, 857쪽.

4. 피고적격

당사자소송의 피고는 국가, 공공단체, 그 밖의 권리주체(공무수탁사인)이다(제39조). 당사자소송은 자체가 공법상 '법률관계'에 관한 소송이므로 원칙적으로 '권리주체'만 소송주체로 되므로 항고소송과 달리 행정청이 배제된다(대판 2000.9.8, 99두2765; 2001.12.11, 2001두7794). 다만, 예외적으로 국가소송, 즉 국가를 당사자로 하는 소송에서는 '법무부장관'이 국가를 대표한다(국가소송법).

Ⅳ. 기타규정의 준용여부

1. 준용규정

당사자소송에는 관련청구의 이송과 병합, 피고경정, 공동소송, 소의 변경, 소송참가, 행정심판기록청구명령, 직권심리주의, 판결의 구속력, 소송비용부담 등 주로 소송의 신속한 처리나 실체적 진실발견, 재판의 적정 등을 기하기 위한 규정들이 준용된다(제44조).

2. 준용되지 않는 규정

그 밖에 행정심판전치주의, 소송대상, 집행정지, 사정판결, 제3자의 재심청구 등 취소소송에 특유한 규정은 당사자소송에는 준용되지 않는다.

Ⅴ. 소송의 종료

1. 판결의 기판력과 구속력

판결의 기속력은 준용하지만(제44조), 판결의 제3자효는 당사자소송에는 인정되지 않는다. 재처분의무나 간접강제 등은 적용되지 않는다.

2. 가집행선고의 제한

당사자소송에서 국가등에 대하여 가집행할 수 있는가의 문제에 대하여 가집행을 제한한 「소송촉진등에 관한 특례법」이 평등원칙위반으로 위헌결정을 받았다(헌재 1989.1.25, 88헌마1). 판례도 재산권청구를 인용하는 판결을 하는 경우에는 가집행선고를 할 수 있다고 본다(대판 2000.11.28, 99두3416). 이에 대하여 현행 행정소송법은 국가를 당사자로 하는 당사자소송에서는 가집행선고가 불가하다고 규정하고 있다

(제43조). 따라서 해석상 논란이 있다.

헌법재판소 1989. 1. 25. 선고 88헌가7 【소송촉진등에관한특례법제6조의위헌심판】
소송촉진등에관한특례법 제6조 제1항 중 단서 부분은 재산권과 신속한 재판을 받을 권리의 보장에 있어서 합리적 이유없이 소송당사자를 차별하여 국가를 우대하고 있는 것이므로 헌법 제11조 제1항에 위반된다.

대법원 2000. 11. 28. 선고 99두3416 판결 【환매대금이의재결처분취소】
행정소송법 제8조 제2항에 의하면 행정소송에도 민사소송법의 규정이 일반적으로 준용되므로 법원으로서는 공법상 당사자소송에서 재산권의 청구를 인용하는 판결을 하는 경우 가집행선고를 할 수 있다고 볼 것이다.

3. 소송비용

소송비용에 대하여는 취소소송의 규정(제32조, 제33조)을 준용한다(제44조).

제 7 절 객관적 소송

Ⅰ. 개 념

우리 행정소송법은 개인에 대한 권리구제 외에도 제한적이지만, 객관적 소송을 규정하고 있다. 즉 객관적 소송은 '행정의 적법성 보장을 목적으로 하는 소송'으로서, 개인의 권리구제를 목적으로 하지 않는 소송이다. 다만, 우리나라는 개인적 권리구제를 중심이므로, '특별히 법이 인정하는 경우'(법정주의)에만 소의 제기가 가능하다.

Ⅱ. 유 형

1. 민중소송

1) 개 념 민중소송은 '국가 또는 공공단체의 기관이 법률에 위반되는 행위를 한 때에 직접 자기의 법률상 이익과는 관계없이 그 시정을 구하기 위하여 제기하는 소송'이다(제3조 제3호). 민중소송은 "법률이 정한 경우에 법률에 정한 자에 한하여 제기할 수 있다"(제45조). 주로 선거소송에서 문제된다. 법적 성질은 '객관적 소송'이다.

2) 종 류

(1) 공직선거법상 선거소송

가. 대통령·국회의원 선거소송 대통령선거 및 국회의원선거에서 선거의 효력에 관하여 이의가 있는 선거인·정당(후보자를 추천한 정당에 한함) 또는 후보자는 선거일부터 30일 이내에 당해 선거구선거관리위원회위원장을 피고로 하여 '대법원'에 소를 제기할 수 있다(제222조 제1항).

나. 지방의회의원·지방자치단체장 선거소송 지방의회의원 및 지방자치단체의 장의 선거에 있어서 선거의 효력에 관한 결정에 불복이 있는 소청인(당선인을 포함)은 당해 선거구선거관리위원회위원장을 피고로 하여 그 결정서를 받은 날부터 10일 이내에, 일정기간 내에 결정하지 아니한 때에는 그 기간이 종료된 날부터 10일 이내에 비례대표시·도의원선거 및 시·도지사선거는 대법원에, 지역구시·도의원선거, 자치구·시·군의원선거 및 자치구·시·군의 장 선거는 그 선거구를 관할하는 '고등법원'에 소를 제기할 수 있다(제222조 제2항).

(2) 공직선거법상 당선소송 대통령, 국회의원, 지방의회의원, 지방자치단체장의 선거에서 당선의 효력(제233조)이나 선거에 관한 규정에 위반된 사실이 있는 때라도 선거의 결과에 영향을 미쳤다고 인정하는 때(제224조)에 다투는 소송이다. 해당 선거의 후보자 또는 그 후보자를 낸 정당이 당선결정일로부터 30일 이내에 당선인 또는 당선결정권자 등을 피고로 하여 대법원 등에 제기한다. 판결은 선거의 전부나 일부의 무효 또는 당선의 무효를 결정하거나 판결한다(제224조). 주관적 소송으로 보는 입장도 있다(정형근).

(3) 국민투표법 국민투표의 효력에 관하여 이의가 있는 투표인은 투표인 10만인 이상의 찬성을 얻어 중앙선거관리위원회 위원장을 피고로 하여 투표일로부터 20일 이내에 대법원에 제소할 수 있다(국민투표법 제92조).

(4) 주민투표법 주민투표의 효력에 관하여 이의가 있는 주민투표권자는 주민투표권자 총수의 100분의 1 이상의 서명으로 주민투표결과가 공표된 날부터 14일 이내에 관할선거관리위원회 위원장을 피소청인으로 하여 시·군 및 자치구에서는 특별시·광역시·도 선거관리위원회에, 특별시·광역시 및 도에서는 중앙선거관리위원회에 소청할 수 있다. 위 선관위의 소청에 대한 결정에 관하여 불복이 있는 소청인은 관할선거관리위원회위원장을 피고로 하여 그 결정서를 받은 날(결정서를 받지 못한 때에는 결정기간이 종료된 날)부터 10일 이내에 특별시·광역시 및 도에서는 대법원에, 시·군 및 자치구에서는 관할 고등법원에 제소할 수 있다(주민투표법 제25조 제2항).

(5) 주민소송 주민감사를 청구한 주민이 감사청구한 사항과 관련하여 위법한 행위나 업무를 게을리한 사실에 대하여 해당 지방자치단체장을 피고로 하여 소송을 제기하는 것이다(지자법 제17조 제1항).

(6) 정보공개소송 정보공개법상에 정보공개를 구하는 소송을 말한다. 이는 민중소송이 아닌 주관적 소송이라는 견해(홍정선)도 있으나, 자신의 법률상 이익의 침해가 전제되지 않는다는 점에서 객관소송인 민중소송으로 보아야 할 것이다.

(7) 개인정보단체소송 개인정보보호법에서는 집단분쟁조정을 신청한 경우에 법령상 규정된 단체에게 단체소송권을 부여하고 있다. 이는 현재 민사소송규칙에 따라 개인정보단체소송규칙이 제정되어 있다.

2. 기관소송

1) 개 념 기관소송은 '국가 또는 공공단체의 기관 상호간에 권한의 존부 또는 그 행사에 관한 다툼이 있을 때에 이에 대하여 제기하는 소송'이다(제3조 제4호). 이는 동일한 행정주체 내의 기관간의 권한을 다투는 소송을 말한다. 일종의 '권한소송'이다.

국가기관 상호간의 소송과 행정주체상호간(국가와 지방자치단체간, 지방자치단체상호간)의 권한소송은 헌법재판소의 관할사항(헌법 제111조 제1항 제4호, 헌재법 제61조이하)인 권한쟁의심판에 속하므로 기관소송에서 배제된다.[94)]

행정주체 내의 권한분쟁은 행정조직법상 상급기관이 조정하기도 한다. 국가행정기관상호간의 권한쟁의는 상급기관인 대통령이 해결하는 것이 원칙이고,[95)] 이는 헌법상으로도 행정각부간의 권한이 획정되어 있다(헌법 제89조).

한편 기관소송이 법령상 규정된 경우에만 허용된다는 점에서 '기관소송법정주의'라고도 한다. 이것이 기관소송의 활성화를 해친다는 비판이 있다.[96)] 실제로 기관소송은 지방자치단체(감독관청)가 지방의회의 의결의 위법을 통제하는 수단일 뿐이다.

2) 법적 성질

(1) 객관적 소송 기관소송의 법적 성질은 법률이 정한 자만 제기할 수 있고, 이는 행정의 적법성 유지라는 측면에서 객관적 소송이라고 본다. 다만, 각

---

94) 기관소송은 1984년 행정소송법 개정으로 도입되었으나, 1988년 헌법재판소법 제정으로 권한쟁의심판이 규정되어, 같은 해에 기관소송에서 권한쟁의심판을 제외하도록 다시 행정소송법을 개정하였다. 자세히는 백윤기, "권한쟁의심판과 기관소송", 『재판자료』 제76집, 1997, 351쪽 이하.

95) 헌법은 '행정각부간의 권한 획정'과 '정부안의 권한의 위임 또는 배정에 관한 기본계획'을 단지 국무회의 심의사항으로 규정하였을 뿐이므로(제89조 제10호, 제11호), 국가행정기관의 권한분쟁을 최종적으로 국무회의가 정한다고 보기보다는 대통령이 정하는 것으로 보아야 할 것이다. 정부조직법 제11조.

96) 이기우, "기관소송", 『고시계』, 1992. 11, 52쪽.

기관이 가지는 권한이라는 측면에서 주관적 성격을 가진다고도 본다(홍정선).

(2) 같은 행정주체 내부의 기관간의 소송 기관소송의 법적 성질은 1) 같은 행정주체 내부의 기관간의 소송에 한정하여 보는 견해(홍정선, 정하중), 2) 같은 행정주체 내부로 한정하지 않고 양 당사자가 '행정주체가 아닌 기관'이면 족하다고 보는 견해(박윤흔/정형근, 이광윤, 박균성)가 있다. 3) 법령의 규정을 보면, '같은 행정주체 내부의 기관간의 소송'으로 보아야 할 것이다.

3) 종 류

(1) 지방자치법상 기관소송

가. 단체장에 의한 제소 지방자치단체가 지방의회 의결(조례 등)의 위법성을 통제하기 위한 수단으로 기관소송을 허용하는 경우이다. '순수한 형태의 기관소송' 또는 '지방자치법 제107조에 의한 기관소송'이라고도 한다.

> 지방자치단체장은 지방의회의 의결이 월권, 법령위반, 공익을 현저히 침해한다고 인정되면 재의를 요구하고(제1항), 재의결된 사항이 법령에 위반된다고 인정되면, 대법원에 제소할 수 있다(제3항). '지방자치법상의 기관소송'이다.[97]

나. 상급관청에 의한 제소 이외에도 '감독기관'이 지방의회의 의결에 대한 감독수단으로서 기관소송을 허용하는 경우이다. 이는 '변형된 형태의 기관소송' 또는 '지방자치법 제172조에 의한 기관소송'이다.

> 1) 감독관청(시·도는 주무부장관, 시·군·자치구는 시·도지사)이 지방의회의 의결이 법령위반 또는 공익을 현저히 침해한다고 판단되어 재의를 요구하면, 지방자치단체장은 이유를 붙여 재의를 요구하여야 하고(제1항), 재의결된 사항이 법령에 위반된다고 판단되면, 재의결된 날로부터 20일 이내에 대법원에 제소할 수 있다(제3항). 이때 집행정지결정도 신청할 수 있다.
>
> 2) 지방자치단체가 제소하지 않는 경우에는 감독관청이 제소지시, 직접제소, 집행정지결정을 신청할 수 있다(제4항, 제6항).[98] 감독관청인 국가의 주무부장관이 둘 이상이거나 불분명하면 안전행정부장관이 시행한다(제8항).

(2) 지방교육자치법상 기관소송

> 교육감은 교육·학예에 관한 시·도의회의 의결이 법령에 위반되거나 공익을 현저히 저해한다고 판단될 때에는 그 의결사항을 이송받은 날로부터 20일 이내에 이유를 붙여 재의를 요구할 수 있다. 교육감이 교육부장관으로부터 재의요구를 하도록 요청받은 경우는 시·도의회에 재의를 요구하여야 하고(지방교육법 제28조 제1항), 재의결된 사항이 법령에 위반된다고 판단될 때에는 교육감은 재의결된 날로부터 20일 이내에 대

97) '지방의회 등의 의결무효소송'이라고도 한다. 정하중, 865쪽.
98) 법조항간에 중복규정하고 있다. 입법론으로 수정되어야 한다.

법원에 제소할 수 있다(제3항). 감독청인 교육부장관은 재의결일로부터 20일 이후 7일 이내에 교육감에게 제소지시하거나 직접 제소할 수 있고, 집행정지도 신청할 수 있다.

Ⅲ. 소송요건

1. 준용규정

관련법령상의 소송의 성질에 따라 그 성질에 반하지 않는 한 취소소송(제46조 제1항), 확인소송(제2항), 당사자소송(제3항)에 관한 규정을 준용한다.

2. 관 할

객관적 소송에 대한 관할 역시 관련 법률에서 규정하는 바에 따른다. 주로 대법원(기초지방단체장과 지방의원선거는 고등법원)이 제1심으로 되어 있다.

3. 원고적격

객관적 소송은 '법률에 정한 자'에 한하여 제기할 수 있다(제45조). 따라서 관련 법률에서 규정된 자만이 소송을 제기할 수 있다.

4. 피고적격

객관적 소송에서의 피고적격은 역시 '관련 법률에서 규정된 행정기관'만이 가능하다.

Ⅳ. 특수문제

1. 지방감독소송 (감독처분에 대한 소송)

1) **개 념** 지방감독소송은 '지방자치행정에서 지방감독(국가감독)에 따른 감독처분에 관한 소송으로 지방자치단체의 장(교육감포함)이 감독관청의 감독처분에 대하여 제기하는 소송'이다. 이는 지방자치법에 규정되어 있으며, 지방교육법에 준용조항이 있다(제3조).

2) **유 형**

(1) 지방사무감독처분소송 지방자치단체의 장(교육감)은 '지방사무'에 관한 명령이나 처분에 대한 감독청의 위법 또는 현저한 공익위반을 이유로 한 시정명령(서면), 취소 또는 정지에 대하여 이의가 있는 때에는 그 취소 또는 정지처분을 통보받은 날로부터 15일 이내에 대법원에 소를 제기할 수 있다(지방자치법 제169조 제2항).

(2) 위임사무감독처분소송 지방자치단체의 장(교육감)이 법령에 따른 '위임사무'의 관리와 집행을 명백히 게을리하는 경우에 감독청은 이행명령, 행·재정상 조치, 행정대집행을 할 수 있고, 이때 해당 지방자치단체의 장등은 단지 감독청의 이행명령에 대하여만, 이행명령서를 접수한 날부터 15일 이내에 대법원에 소를 제기할 수 있다. 이 경우 지방자치단체의 장은 이행명령의 집행을 정지하게 하는 집행정지결정을 신청할 수 있다(제170조 제3항).

3) 법적 성질

(1) 지방사무감독처분소송 자치사무에 대한 감독처분에 관한 소송의 법적 성질에 대하여는 1) 기관소송설(한견우), 2) 기관소송은 행정주체 내부의 기관에 관한 소송에 한정되지만, 이 소송은 내부기관간의 소송이 아니고, 지방자치단체는 자치사무에 대하여는 주관적 이익도 있으며, 감독청의 자치사무에 대한 시정명령 등은 '처분'이라고 보는 항고소송설(홍정선)이 있다. 3) 판례는 기관소송의 절차를 유지하였다. 4) 동일한 행정주체간의 다툼이 아닌, 즉 국가와 지방자치단체(장)과의 분쟁이라는 점에서 권한쟁의심판으로 보아야 할 것이다.

(2) 위임사무감독처분소송 위임사무에 대한 감독처분에 관한 소송의 법적 성질에 대하여는 1) 해당 지방자치단체가 위임한 행정주체의 기관의 성질을 가지므로 같은 행정주체 내부의 기관간의 다툼으로 보는 기관소송설(박균성, 한견우), 2) 감독청의 명령에 불복하는 소송으로 보는 항고소송설(신봉기), 3) 직무이행명령은 행정내부적인 행위이므로 그 불복은 항고소송도 아니고 동일한 법주체 내부의 소송도 아니라고 보는 특수소송설(홍정선)이 있다. 4) 위임사무는 수임청이 위임(관)청의 기관의 법적 지위를 가지므로 동일한 행정주체 내의 기관간의 분쟁으로 보아 기관소송으로 보아야 할 것이다.

4) 감독처분에 대한 권한쟁의심판 청구 여부 감독처분에 대하여 감독처분소송외에 자치권침해를 이유로 헌법재판소에 권한쟁의심판을 청구할 수 있는가에 대하여 1) 대법원에 감독처분소송이 가능함에도 헌재에 권한쟁의심판을 청구하는 것은 사법체계에 혼란을 줄 수 있으므로 청구할 수 없다는 견해(대법원), 2) 자치권침해에 대하여 보충성의 원칙 규정이 없으므로 권한쟁의심판청구가 가능하다는 견해(헌법재판소), 3) 행정소송(대법원에 대한 감독처분소송)이 불가능 한경우에 권한쟁의심판을 청구할 수 있다는 견해(이기우)가 있다. 4) 위임사무는 기관소송으로 자치사무는 권한쟁의심판을 제기할 수 있는 것으로 보아야 할 것이다.

2. 권한쟁의심판

1) 개 념 권한쟁의심판은 "국가기관상호간, 국가기관과 지방자치단체간

및 지방자치단체상호간의 권한쟁의에 관한 심판"(헌재법 제2조 제4호), 즉 "국가기관 상호간, 국가기관과 지방자치단체간 및 지방자치단체 상호간에 권한의 존부 또는 범위에 관하여 다툼이 있을 때에 당해 국가기관 또는 지방자치단체가 헌법재판소에 청구하는 심판"이다(제61조 제1항).

심판청구는 '피청구인(다른 행정주체)의 처분 또는 부작위가 헌법 또는 법률에 의하여 부여받은 청구인의 권한을 침해하였거나 침해할 현저한 위험이 있는 때'에 한하여 청구할 수 있다(제2항). 이는 헌법재판소가 관할하는 헌법소송이다.

2) **법적 성질** 권한쟁의심판은 국가기관상호간을 제외한 나머지 쟁의는 '다른 행정주체상호간의 분쟁'이라는 점에서 같은 행정주체내부의 분쟁, 특히 지방자치단체내의 기관간의 분쟁을 다투는 기관소송과는 명확하게 구분된다.

3) 유 형 권한쟁의심판의 유형으로는 1) 국가기관 상호간의 권한쟁의심판에는 국회, 정부, 법원 및 중앙선거관리위원회 상호간의 권한쟁의심판이 있고, 2) 국가기관과 지방자치단체간의 권한쟁의심판에는 정부와 특별시·광역시 또는 도간의 권한쟁의심판, 정부와 시·군 또는 지방자치단체인 구(자치구)간의 권한쟁의심판이 있고, 3) 지방자치단체 상호간의 권한쟁의심판에는 특별시·광역시 또는 도 상호간의 권한쟁의심판, 시·군 또는 자치구 상호간의 권한쟁의심판, 특별시·광역시 또는 도와 시·군 또는 자치구간의 권한쟁의심판이 있다(제62조 제1항). 4) 권한쟁의가 '지방교육법에 따른 교육·학예에 관한 지방자치단체의 사무에 관한 것'인 때에는 교육감이 당사자가 된다(제2항).

4) **심판절차** 심판절차는 헌법소송이므로 헌재법에 따르고, 관련 규정이 없는 경우에는 헌법재판의 성질에 반하지 않는 한도 내에서 민사소송에 관한 법령을 준용하되, 행정소송법을 함께 준용한다. 다만, 민사소송에 관한 법령이 행정소송법에 저촉될 때에는 준용하지 않는다(제40조). 따라서 법적용순서는 1) 헌재법, 2) 행정소송법, 3) 민사소송에 관한 법령이다.

청구인은 그 사유가 있음을 안 날부터 60일 이내에, 그 사유가 있은 날부터 180일 이내에 다른 행정주체를 피청구인으로 하여 권한쟁의심판을 헌법재판소에 청구하여야 한다(제63조). 한편 헌법재판소는 권한쟁의심판 청구시 직권 또는 청구인의 신청에 의하여 종국결정의 선고시까지 심판대상인 피청구인의 처분의 효력을 정지하는 결정을 할 수 있다(제65조).

5) **결정의 내용과 효력** 헌법재판소는 1) 심판대상인 국가기관 또는 지방자치단체의 권한의 유무 또는 범위에 관하여 판단하여, '피청구인의 행위의 위헌·위법여부' 및 '청구인의 권한 침해여부'를 판단하고, 2) 권한침해의 원인이 된 피청구인의 처분을 취소하거나 그 무효를 확인할 수 있고, 부작위에 대한 심판청

구를 인용하는 결정을 한 때에는 피청구인은 결정 취지에 따른 처분을 하여야 한다(제66조). 1)은 필요적 판단이고, 2)는 재량사항이라고 한다.[99)]

헌법재판소의 결정은 모든 국가기관과 지방자치단체를 기속한다(제67조 제1항). 이는 결정의 '기속력'이다. 다만, 국가기관 또는 지방자치단체의 처분을 취소하는 결정은 그 처분의 상대방에 대하여 이미 생긴 효력에 영향을 미치지 않는다(제2항).

99) 한수웅, "국회의장과 의원 간 권한쟁의심판의 결정 내용 및 효력", 『법률신문』 제3932호, 2011. 5. 2. 헌법재판소는 피청구인의 위헌·위법여부와 권한침해여부의 확인에만 그쳐야 하고, 피청구인의 처분에 대한 취소 등의 형성적 결정은 자제하여야 하지만, 헌재결정의 기속력이 이미 동일행위 반복금지를 넘어 권한침해행위의 위헌·위법성을 제거해야 할 의무까지 수반한다고 본다.

참고문헌

강의중/권배근/김창규/박창석/박효근/이석희/이호용/조태제, 『행정법』, 교학연구사, 2008.

강현호, 『행정법총론』, 제2판, 박영사, 2007.

김남진, 『행정법Ⅰ』, 제7판, 법문사, 2002.

______/김연태, 『행정법Ⅰ』, 제13판, 법문사, 2009.

김남철, 『행정법강론』, 박영사, 2014.

김동희, 『행정법Ⅰ』, 제14판, 박영사, 2008.

김성수, 『행정법Ⅰ』, 법문사, 1998.

김용섭/신봉기/김광수/이희정, 『판례교재행정법』, 법문사, 2009.

김중권, 『행정법 기본연구Ⅰ』, 법문사, 2008.

김중권, 『김중권의 행정법』, 법문사, 2013.

김철용, 『행정법Ⅰ』, 제9판, 박영사, 2006.

류지태, 『행정법신론』, 제11판, 신영사, 2007.

______/박종수, 『행정법신론』, 제13판, 박영사, 2009.

박균성, 『행정법강의』, 제11판, 박영사, 2014.

______, 『행정법론(상)』, 제10판, 박영사, 2011.

박윤흔, 『최신행정법강의(상)』, 개정29판, 박영사, 2004.

박종국, 『신행정법강의』, 개정증보판, 동방도서, 2006.

석종현, 『일반행정법(상)』, 제11판, 삼영사, 2005.

______/송동수, 『일반행정법(상)』, 제11판, 삼영사, 2009.

신봉기, 『판례이론 행정법강의』, 2007년판, 대명출판사, 2007.

______, 『행정법의 주요판례』, 대명출판사, 2009.

______, 『행정법개론』, 삼영사, 2011.

이광윤, 『일반행정법』, 법문사, 2006.

이철주/강경선/김민배, 『행정법Ⅰ』, 한국방송통신대학교출판부, 2006.

장태주, 『행정법개론』, 제9판, 법문사, 2011.

정하중, 『행정법총론』, 제3판, 법문사, 2005.

______, 『행정법개론』, 제6판, 법문사, 2012.

정형근, 『행정법』, 제2판, 피앤씨미디어, 2014.

천병태/김명길, 『행정법총론』(행정법Ⅰ), 개정 제7판, 삼영사, 2008.

______, 『행정구제법』(행정법Ⅱ), 전면개정 제5판, 삼영사, 2006.

최정일, 『행정법의 정석Ⅰ』, 박영사, 2009.

한견우, 『현대행정법강의』, 제3판, 신영사, 2008.

홍정선, 『행정법특강』, 제13판, 박영사, 2014.
______, 『행정법원론(상)』, 제20판, 박영사, 2012.
홍준형, 『행정법』, 초판, 법문사, 2011.

南 博方, 『行政法』, 第三版, 有斐閣, 2000.

Achterberg, Nobert : Allgemeines Verwaltungsrecht, 2. Aufl., Heidelberg : C. F. Müller, 1986.
Brand, Jürgen : Grundbegriff des Allgemeinen Verwaltungsrechts - Eine Einführung für soziale Berufe, Köln : W. Kohlhammer, 1978.
Bull, Hans Peter/Mehde, Veith : Allgemeines Verwaltungsrecht, 7. Aufl., Heidelberg : C. F. Müller, 2005.
Detterbeck, Steffen : Allgemeines Verwaltungsrecht, 7. Aufl., München : C. H. Beck, 2009.
Erbguth, Wilfried : Allgemeines Verwaltungsrecht, 3. Aufl., Baden-Bdaen : Nomos, 2009.
Erichsen, Hans-Uwe/Ehlers, Dirk : Allgemeines Verwaltungsrecht, 12. Aufl., Berlin : De Gruyter, 2002.
Fehling/Kastner/Wahrendorf (Hrsg.) : Verwaltungsrecht - VwVfG · VwGO, Baden-Baden : Nomos, 2006.
Fleiner, F. : Institutionen des deutschen Verwaltungsrechts, 8. Aufl., 1928.
Forsthoff, Ernst : Lehrbuch des Verwaltungsrecht, 10. Aufl., München : C. H. Beck, 1973.
Götz, Volkmar : Allgemeines Verwaltungsrecht, 4. Aufl., München : C. H. Beck, 1997.
Hoffmann-Riem, Wolfgang/Schmidt-Aßmann, Eberhard/Voßkuhle, Andreas : Grundlagen des Verwaltungsrechts, Bd. Ⅰ, München : C. H. Beck, 2006.
______, Grundlagen des Verwaltungsrechts, Bd. Ⅱ, München : C. H. Beck, 2008.
______, Grundlagen des Verwaltungsrechts, Bd. Ⅲ, München : C. H. Beck, 2009.
Ipsen, Jörn : Allgemeines Verwaltungsrecht, 5. Aufl., Köln : Heymann, 2007.
Jellinek, Walter : Verwaltungsrecht, 3. Aufl., 1931.
Knack, Hans Joachim : Verwaltungsverfahrensgesetz, 6. Aufl., Köln : Heymann, 1998.
Mayer, Franz/Kopp, Ferdinand : Allgemeines Verwaltungsrecht, Stuttgart : Booberg, 5. Aufl., 1985.
Maurer, Hartmut : Allgemeines Verwaltungsrecht, 17. Aufl., München : C. H. Beck, 2009.
Mayer, Otto : Deutsches Verwaltungsrecht, Bd. 1, 3. Aufl., 1924 (Nachdruck : Berlin : Humbolt, 1969).
Merk, Wilhelm : Deutsches Verwaltungsrecht, Bd. 1. Berlin : Humbolt, 1962.
______, Deutsches Verwaltungsrecht, Bd. 2. Berlin : Humbolt, 1970.

Ossenbühl, Fritz : Staatshaftungsrecht, 3. Aufl., München : C. H. Beck, 1983.

Peine, Franz-Joseph : Allgemeines Verwaltungsrecht, 9. Aufl., Heidelberg : C. F. Müller, 2009.

Püttner, Günter : Allgemeines Verwaltungsrecht, 6. Aufl., Düsseldorf : Werner, 1983.

Schmalz, Dieter : Allgemeines Verwaltungsrecht und Grundlagen des Verwaltungsrechtsschutzes, 3. Aufl., Baden-Baden : Nomos, 1998.

Schmidt, Rolf : Allgemeines Verwaltungsrecht, Bremen: Grasberg, 11. Aufl., 2007.

Schmidt, Walter : Einführung in die Probleme des Verwaltungsrechts, München : C. H. Beck, 1982.

Windthost, Kay/Sproll, Hans-Dieter : Staatshaftungsrecht, München : C. H. Beck, 1994.

Wittern, Andreas : Grundriß des Verwaltungsrechts, 18. Aufl., Köln : W. Kohlhammer, 1994.

Würtenberger, Thomas : Verwaltungsprozeßrecht, 2. Aufl., München : C. H. Beck, 2006.

Wolff, Hans J./Bachof, Otto/Stober, Rolf/Kluth, Winfried : Verwaltungsrecht I, 12. Aufl., München : C. H. Beck, 2007.

Wolff, Hans J./Bachof, Otto/Stober, Rolf : Verwaltungsrecht, Bd. 2, 6. Aufl., München : C. H. Beck, 2000.

* 인용방법

위의 책은 본문에서 약어(저자와 쪽수 또는 저자만)로만 인용된다. 그리고 인용문헌의 범위는 입수된 책만 대상으로 하였음을 양해바란다.

사항색인

길 준 규 – Prof. Dr. Dr. iur. Kil Joon Kyu

한양대학교 법학사, 법학석사, 박사과정수료
독일 쾰른대학교 법학박사(Dr. iur.), 한양대학교 법학박사(Ph. D. in Law)
호남대, 대진대 교수 역임, 현 아주대학교 법학전문대학원 교수
국회 법사위, 행정자치부, 법무부, 정보통신부 등 자문위원
국세공무원교육원, 정보통신공무원, 서울 · 광주 · 전북 공무원 교육원 출강
사법 · 행정 · 변호사시험 출제위원, 노무사, 세무사, 공인중개사 등 각급시험 출제
한국공법학회 및 한국토지공법학회 학술상 수상
한국공법학회 상임이사, 한국토지공법학회 연구이사, 한국법정책학회 감사

Der Schutz Privater im Wettbewerb mit der öffentlichen Hand nach deutschem und koreanischem Recht, Köln : Diss., 1999.
독일연방정부론, 공저, 2001.
정보사회에서의 개인정보보호, 호남대출판부, 2004.
행정법입문, 박영사, 2008.
Eine kritische Betrachtung über die Rekommunalisierung privatisierter Leistungen in der Republik Korea - ein schließlich rechtvergelichender Bewertungen mi denen im deutschem Recht, 2013.

외 저서 40여 권, 논문 90여 편.

제7판 **행정법총론**

2008년 3월 10일 초판발행
2015년 2월 25일 제7판인쇄
2015년 3월 1일 제7판발행

저 자 길 준 규
발 행 인 고 호 균
발 행 처 **법 영 사**

135-835 서울시 강남구 대치동 611
전화 (501)8898(대) Fax (501)8895
등록 1987. 5. 11. 제3-125호(윤)
Homepage : www.bubyoungsa.co.kr
E-mail : bypuco@chol.com

※ 파본은 교환해 드립니다. 정가 31,000원

ISBN 978-89-7032-304-6